四库全书精华

思源——编著

江西美术出版社
全国百佳出版单位

图书在版编目（CIP）数据

四库全书精华 / 思源编著 . -- 南昌 : 江西美术出
版社 , 2018.5
ISBN 978-7-5480-5072-8

Ⅰ . ①四… Ⅱ . ①思… Ⅲ . ①《四库全书》
Ⅳ . ① Z121.5

中国版本图书馆 CIP 数据核字 (2018) 第 026172 号

出 品 人：周建森
责任编辑：陈军 廖静
责任印制：谭勋

四库全书精华 思源 编著

出 版：江西美术出版社
社 址：南昌市子安路 66 号 邮编：330025
电 话：0791-86566274
发 行：010-88893001
印 刷：三河市双峰印装有限公司
版 次：2018 年 5 月第 1 版
印 次：2018 年 5 月第 1 次印刷
开 本：850mm × 1180mm 1/32
印 张：22
ISBN：978-7-5480-5072-8
定 价：39.80 元

前言

中华民族的古代典籍可谓“浩如烟海”“汗牛充栋”，几千年来，我们的先人为后世留下了数量宏大、令人叹为观止的文献典籍，其中有一部被人称为“千古巨制，文化渊薮”的宏幅巨制，即“四库全书”。

《四库全书》是我国古代的一部综合性丛书。清高宗弘历（1711～1799年）敕辑。弘历曾数诏各省访书呈送京师，并于乾隆三十七年（1772年）设“四库全书馆”始修此书。至乾隆四十六年（1781年）综编抄录第一部，历时10年。此后又缮写七部，分藏于文渊、文源、文津、文溯、文汇、文宗、文澜七阁，现存文渊、文溯、文津、文澜四部，其余均毁于战火。1983年，台湾商务印书馆据台北所藏文渊阁本影印出版了《影印文渊阁四库全书》，后来上海又据该本影印出版了缩印本。

《四库全书》的编纂工程浩大，机构庞杂，人员众多，除以刘统勋、于敏中等30人为正副总裁外，下设总纂处、总阅处和总校官等，据“《四库全书》在事诸臣职名清单”所载，有362人参与了编纂工作，而其中又以总纂官纪昀、陆锡熊、戴震为最有力。

纪昀（1724～1805年），字晓岚，一字春帆，直隶献县（今河北）人。清学者，文学家。乾隆年间进士，官至礼部尚书、协办大学士，谥文达。纪氏贯彻儒籍，旁通百家，能诗善文。在四库馆总纂官任上，凡六经传注得失，诸史异同，子集支分派别，以及词曲医卜之类，罔不抉奥提纲，穷源究委。每进一书，仿刘向例，作“提要”冠诸简首，并纂《四库全书总目》。

另有《纪文达公遗集》和《阅微草堂笔记》等。陆锡熊（？~1792年），字建男，号耳山，江苏上海人（今上海市）。清学者，乾隆进士。官至福建学政、都察院左都御史。在四库馆总纂官任内，对采进各省遗书中字画之讹者、卷数之脱落者、篇第之倒置与他本之互异及与晁公武、陈振孙的书目记录不同者，皆加考证。又总撰人的生平，撮书中之大概，为全书提要。并编纂《契丹国志》《胜朝殉节诸臣表》《唐桂二王本末》《河源纪略》《历代职官表考》等。此外，尚著有《篁村诗钞》《宝奎堂文集》《补陈寿礼志》《炳烛偶钞》等。戴震（1723~1777年），字东原，安徽休宁人。清代思想家、学者。问学于婺源江永。博闻强记，对天文、数学、历史、地理的研究均有精深的造诣，又精通古音，立韵类正转旁转之例。因戴氏学识渊博，修《四库全书》时，以举人身份被特召为纂修官，整理了北魏郦道元的地理名著《水经注》，全书经、史、水利、天算、楚辞等类提要出自其手。在馆五年，病死。著有《原善》《原象》《孟子字义疏证》《声韵考》《声类考》《方言疏证》等，后人编有《戴氏遗书》。

《四库全书》收录我国历代典籍3505种，共79327卷，分装36304册，约997000000字（因七阁全书抄成时间不同，抽补散失情况各异，某种、卷、册数的统计也不尽相同，此据文津阁本）。分经、史、子、集四部，四十四类，六十六属。经部收录儒家经典、注释与讨论经学的著作，以及为读书治学做准备之小学书。下分十类：易、书、诗、礼、春秋、孝经、五经总义、四书、乐（古代的《乐经》已失传，此类收录关于古代音乐理论和古乐器著作）、小学（研究字义、字形和音韵的著作）。史部收录各种体裁的历史、地理及目录书等。下分十五类：正史、编年、纪事本末、别史、杂史、诏令奏议、传记、史钞、载记（记载各据一方的王朝或外国历史的著作）、时令、地理、职官、政书、目录、史评。子部收录先秦以来诸子百家和释道著作（不包括宗教经典），下分十四类：儒家、兵家、法家、农家、医家、天文算法、术数（占卜吉凶的书）、艺术、谱录（器物、生物、植物、食品等图谱或辞典）、杂家、类书、小说家、释家、道家。集部收录历代诗文集以及文学评论、词曲方面的著作，下分五类：楚辞、别集、总集、诗文评、词曲（个人或多人词集，词、曲评论，关于词曲创作理论、格式和用韵书，不包括曲文）。

该书编选书目，辑补残缺，校勘文字，订正讹误，删去邪佞不雅之言，改正有辱清廷之语，抽毁反满思想之作，厘定篇第卷序，收录宏富，反映了我国古代文化面貌。本书特点有：（1）广征集，严审定。所收书籍来源广泛，包括敕撰本（清代皇帝的著作和清初以来根据皇帝命令编纂的书籍）和内府本，自《永乐大典》中辑录的佚书，各省采进与私家进献本，当时坊市间流行的“通行本”。仅地方各省就呈送图书约13000多种，以江苏和浙江两地为最多，交四库馆评定处理，选择底本，撰写考证、提要，注明应刻、应抄或应存意见，呈总纂官修改审订，最后由皇帝御批决定。对敕撰本，列为“应刻书籍”，除抄入《四库全书》外，另行刊刻印刷，以广流传；对内容合格著作，列为“应抄书籍”，原书抄入《四库全书》；对不同于上述两条，又不必明令禁止的书籍，列入“应存书籍”，原书不收进《四库全书》，仅在《四库全书总目》里列入书目和提要；对内容“违碍”之书，定为“应禁书籍”或全书毁掉，或抽毁。（2）鸿才硕学，荟萃一堂。总裁于敏中、刘统勋，副总裁彭元瑞、朱陆等皆负时望，负责实际编务之总纂官纪昀、陆锡熊，总校官陆费稚，编纂如戴震、邵晋涵、周永年、翁方纲、姚鼐、祁韵士、王太岳诸人，都为一时名宿，乾隆年间名儒学者，咸被网罗。（3）内容丰富，知识浩瀚。全书包容了社会、历史、政治制度、哲学、宗教、民族、艺术、医学、天象、舆地、物产等方面的重要著述。从所收各书的著者看，远起上古，近至明清，历代人著述俱全（清代除皇帝著述和官修书外，对当时还在者概不收录）。尤其值得注意的是全书收录妇女著作5种，如宋李清照的《漱玉词》、朱淑真的《断肠词》等，佛教徒著作44种，少数民族学者著作，如元代蒙古族纳新的《河朔访古记》和萨都剌的《雁门集》，四库馆副总裁金简的《武英殿聚珍版程式》等。该书还收录了朝鲜、越南、日本、印度、意大利、比利时、德意志等国学者的十几种著作。（4）全书体例严谨，庋藏划一。《四库全书总目》集中反映了这方面的成就。《总目》是一部由《四库全书》分类目录和各书提要两部分内容合成的大型目录，集中体现了《四库全书》的知识体系。《四库全书》在分类方面继承了前人以经、史、子、集四部分类的方法并使之完善，部下分类、类下分属。每类书以作者时代先后为序，历代帝王著作列于本时代之首，作者时代不详者参考同一时代与之往来者安排次第，无考者置于本时代之末。全书分类详明，条理井然，每部书各从其类，严谨有序，形成有机的整体。每书之前冠提要，首开列书名、卷数、采进来历；次考证作者名号、籍贯、官阶或主要经历，介绍该书性质、内容大要，评论其得失利弊，略述书之版本流传。为读者阅读指明了方法与途径。（5）该书副产品卓有成就。在编纂《四库全书》过程中，产生了一系列与之相关的派生著作，比较重要的有《四库全书荟要》《四库全书总目》《四库全书考证》《武英殿聚珍版丛书》等。

该书荟萃我国历代典籍精华，是18世纪世界上唯一之文化巨著。它的卷数和册数是《永乐大典》的三倍多，即使与同时代法国狄德罗主编的《百科全书》相比，它的字数也要多出44倍有余，对中国乃至世界文化发展都有深远影响。主要表现在：（1）“千册万帙，汇为一团”，整理保存了我国古代文化遗产。清王朝以中央政府的力量，广搜群书，辑佚编纂，集散为整，聚私为公，对历代典籍做了一次彻底整理，保存了大批有价值的著作。近代学者萧一山评论说：《四库全书》“以万千之遗书而汇为一团，以多数之简册而勒成一部，不惟齐整，易于保存，且完备，易于寻觅，吾国先人之宝籍得赖以不坠者，亦斯役之力也。”其中许多当时已很罕见的宋元时代的刻本和旧抄本，在征集时重现，许多久已失传的著作从古书中辑录出来，仅从《永乐大典》中辑出收入《四库全书》的就达385种之多。其中如《九章算术》《孙子算经》《海岛算经》《夏侯阳算经》《五经算术》等，几部重要数学著作都在失传两三百年后得以重现。（2）学术影响，广泛深远。突出表现在刊刻丛书、辑佚、校勘、目录学及出版印刷方面。自《四库全书》问世后，学者争相传抄，有些人在传抄校对之后，仿武英殿罕见书例，大量刻为丛书，出现了像《学津讨原》《墨海金壶》《守山阁丛书》等一批高质量的丛书，并发展成很多类型：辑佚丛书、郡邑丛书、氏族丛书、专类丛书等。四库馆臣从《永乐大典》中辑出大量世间不闻的著作，此举引起学者们的注意，使辑佚、校补成为一时风气，并发展为专门学问，出现了像严可均的《全上古秦汉三国六朝文》、黄奭《汉学堂丛书》、马国翰的《玉函山房辑佚书》等一批重要辑佚著作，为后人保存了大量研究资料。四库馆臣在修书过程中，注重对古籍的校勘，使大量古书恢复了本来面目。他们的校勘成果集中体现在《四库全书考证》一书中，此后的学者如卢文弨、黄丕烈、顾广圻、孙星衍、阮元等人，更将辑佚、校勘和出版结合起来，将自己校勘的书籍开雕付印，推动了我国出版印刷事业的发展。在《四库全书》的编纂过程中，产生了《四库全书总目》这部在中国目录学史上集大成的著作，从而推动了清代目录学的发展，使元、明到清初一直遭受冷遇的目录学成了兴盛一时的“显学”，各种版本目录、藏书志和题跋层出不穷。总之，该书的编纂，不仅推动了学术发展，而且对我国古代政治、经济、科学技术、哲学思想，以及文学艺术等方面的研究提供了丰富的资料。同时，有一点也需要注意，乾隆名为“稽古右文”，实则“寓禁于征”，大量查禁、删改、销毁书籍。根据流传至今的几种禁毁书目和有关档案材料记载，全毁书2400多种，抽毁书400多种，铲毁、烧毁书版七、八万块；同时大兴文字狱，根据《清代文字狱档》《文献丛编》《掌故丛编》等史料记载，四库开馆后10年内发生文字狱48起。收入《四库全书》的典籍，不少在经篡改删削后，减低甚至丧失了原有的史料价值，并给后人利用增加了困难。因而整个四库全书的编撰、钦定色彩非常浓厚。

随着国内20世纪七八十年代两次文化热的升温，特别是进入21世纪以来，系统整理与保存中国古代传统文化的呼声日渐高涨，根据当代中国社会的现实需要，及国内文史学界专家学者们对图书分类、内容增删等方面所提出的具体而切实的建议，本编委会编辑出版了这套《四库全书精华》，出于篇幅方面的考虑，对各部图书进行有重点、有选择地收入，主要收录那些具有典型意义，可视为典范著作的古籍。经部立足于儒家的四书五经，小学、注疏部分不收。史部收集前四史及《国语》《战国策》中的部分章卷，以此展示史部的精华。子部则广泛收录各家各派的代表性著作，以儒、释、道、兵家为重点，力图展现中华文明丰富多彩的内容。集部由楚辞开头，继以文艺理论，终以诗、词、曲、剧为代表的文艺创作。我们的主旨是：在忠于《四库全书》原本的基础上，尽力压缩“钦定”的内容，提高诸子及文学艺术的地位和分量，以满足现实大众的需要。

目录

经部

大学

中庸

孟子

论语

易经

诗经

史部

战国策

国语

子部

六韬

三略

孙子兵法

吴子兵法

司马法

尉缭子

李卫公问对

管子

庄子

集部

楚辞

文心雕龙

王勃诗

杨炯诗

孟浩然诗

高适诗

岑参诗

王昌龄诗

李白诗

杜甫诗

白居易诗

刘禹锡诗

柳宗元诗

韩愈诗

李贺诗

杜牧诗

李商隐诗

范仲淹词

张先词

柳永词

苏轼词

秦观词

李清照词

经部

大学

——春秋·曾参等 著

大学之道，在明明德，在亲民，在止于至善。知止而后有定，定而后能静，静而后能安，安而后能虑，虑而后能得。物有本末，事有终始，知所先后，则近道矣。

古之欲明明德于天下者，先治其国。欲治其国者，先齐其家。欲齐其家者，先修其身。欲修其身者，先正其心。欲正其心者，先诚其意。欲诚其意者，先致其知。致知在格物。物格而后知至，知至而后意诚，意诚而后心正，心正而后身修，身修而后家齐，家齐而后国治，国治而后天下平。自天子以至于庶人，一是皆以修身为本，其本乱而末治者否矣。其所厚者薄，而其所薄者厚，未之有也。

《康诰》曰："克明德。"《大甲》曰："顾湜天之明命。"《帝典》曰："克明峻德。"皆自明也。

汤之《盘铭》曰："苟日新，日日新，又日新。"《康诰》曰："作新民。"《诗》曰："周虽旧邦，其命惟新。"是故君子无所不用其极。

《诗》云："邦畿千里，惟民所止。"《诗》云："缗蛮黄鸟，止于丘隅。"子曰："于止，知其所止。可以人而不如鸟乎？"《诗》云："穆文王，于缉熙敬止！"为人君，止于仁；为人臣，止于敬；为人子，止于孝；为人父，止于慈；与国人交，止于信。《诗》云："瞻彼淇澳，菉竹猗猗。有斐君子，如切如磋，如琢如磨。瑟兮僩兮，赫兮喧兮。有斐君子，终不可諠兮！""如切如磋"者，道学也。"如琢如磨"者，自修也。"瑟兮僩兮"者，恂慄也。"赫兮喧兮"者，威仪也。"有斐君子，终不可諠兮"者，道盛德至善，民之不能忘也。《诗》云："于戏前王不忘！"君子贤其贤而亲其亲，小人乐其乐而利其利，此以没世不忘也。

子曰："听讼，吾犹人也。必也使无讼乎！"无情者不得尽其辞，大畏民志。此谓知本。

此谓知本，此谓知之至也。

所谓诚其意者，毋自欺也。如恶恶臭，如好好色，此之谓自谦。故君子必慎其独也。小人闲居为不善，无所不至，见君子而后厌然，掩其不善而著其善。人之视己，如见其肺肝然，则何益矣！此谓诚于中，形于外，故君子必慎其独也。曾子曰："十目所视，十手所指，其严乎？"富润屋，德润身，心广体胖，故君子必诚其意。

所谓修身在正其心者：身有所忿懥，则不得其正；有所恐惧，则不得其正；有所好乐，则不得其正；有所忧患，则不得其正。心不在焉，视而不见，听而不闻，食而不知其味。此谓修身在正其心。

所谓齐其家在修其身者：人之其所亲爱而辟焉，之其所贱恶而辟焉，之其所敬畏而辟焉，之其所哀矜而辟焉，之其所懒惰而辟焉。故好而知其恶，恶而知其美者，天下鲜矣。故谚有之曰："人莫知其子之恶，莫知其苗之硕。"此谓身不修不可以齐其家。

所谓治国必先齐其家者，其家不可教而能教人者，无之，故君子不出家而成教于国。孝者，所以事君也；弟者，所以事长也；慈者，所以使众也。《康诰》曰："如保赤子。"心诚求之，虽不中，不远矣。未有学养子而后嫁者也。一家仁，一国兴仁；一家让，一国兴让；一人贪戾，一国作乱。其机如此，此谓一言偾事，一人定国。尧、舜率天下以仁，而民从之。桀、纣率天下以暴，而民从之。其所令反其所好，而民不从。是故君子有诸己而后求诸人，无诸己而后非诸人。所藏乎身不恕，而能喻诸人者，未之有也。故治国在齐其家。《诗》云："桃之夭夭，其叶蓁蓁。之子于归，宜其家人。"宜其家人，而后可以教国人。《诗》云："宜兄宜弟。"宜兄宜弟，而后可以教国人。《诗》云："其仪不忒，正是四国。"其为父子兄弟足法，而后民法之也。此谓治国在齐其家。

所谓平天下在治其国者，上老老，而民兴孝；上长长，而民兴弟；上恤孤，而民不倍；是以君子有絜矩之道也。所恶于上，毋以使下；所恶于下，毋以事上；所恶于前，毋以先后；所恶于后，毋以从前；所恶于右，毋以交于左；所恶于左，毋以交于右。此之谓絜矩之道。《诗》云："乐只君子，民之父母。"民之所好好之，民之所恶恶之，此之谓民之父母。《诗》云：“节彼南山，维石岩岩。赫赫师尹，民具尔瞻。”有国者不可以不慎，辟，则为天下僇矣。《诗》云：“殷之未丧师，克配上帝。仪监于殷，峻命不易。”道得众则得国，失众则失国。

是故君子先慎乎德。有德此有人，有人此有土，有土此有财，有财此有用。德者本也，财者末也。外本内末，争民施夺。是故财聚则民散，财散则民聚。是故言悖而出者，亦悖而入；货悖而入者，亦悖而出。《康诰》曰：“惟命不于常。”道善则得之，不善则失之矣。《楚书》曰：“楚国无以为宝，惟善以为宝。”舅犯曰：“亡人无以为宝，仁亲以为宝。”

《秦誓》曰：“若有一个臣，断断兮无他技，其心休休焉，其如有容焉。人之有技，若己有之；人之彦圣，其心好之，不啻若自其口出。寔能容之，以能保我子孙黎民，尚亦有利哉！人之有技，媢疾以恶之；人之彦圣，而违之俾不通。寔不能容，以不能保我子孙黎民，亦曰殆哉！”唯仁人，放流之，迸诸四夷，不与同中国。此谓唯仁人为能爱人，能恶人。见贤而不能举，举而不能先，命也；见不善而不能退，退而不能远，过也。好人之所恶，恶人之所好，是谓拂人之性，灾必逮夫身。是故君子有大道，必忠信以得之，骄泰以失之。

生财有大道。生之者众，食之者寡，为之者疾，用之者舒，则财恒足矣。仁者以财发身，不仁者以身发财。未有上好仁，而下不好义者也，未有好义，其事不终者也；未有府库财，非其财者也。孟献子曰：“畜马乘，不察于鸡豚；伐冰之家，不畜牛羊；百乘之家，不畜聚敛之臣。与其有聚敛之臣，宁有盗臣。”此谓国不以利为利，以义为利也。长国家而务财用者，必自小人矣。彼为善之。小人之使为国家，灾害并至，虽有善者，亦无如之何矣！此谓国不以利为利，以义为利也。

中庸

——战国·子思 著

天命之谓性，率性之谓道，修道之谓教。道也者，不可须臾离也，可离非道也。是故君子戒慎乎其所不睹，恐惧乎其所不闻。莫见乎隐，莫显乎微，故君子慎其独也。喜怒哀乐之未发，谓之中；发而皆中节，谓之和。中也者，天下之大本也；和也者，天下之达道也。致中和：天地位焉，万物育焉。

仲尼曰："君子中庸，小人反中庸。君子之中庸也，君子而时中；小人之中庸也，小人而无忌惮也。"

子曰："中庸其至矣乎！民鲜能久矣！"

子曰："道之不行也，我知之矣：知者过之，愚者不及也；道之不明也，我知之矣：贤者过之，不肖者不及也。人莫不饮食也，鲜能知味也。"

子曰："道其不行矣夫！"

子曰："舜其大知也与！舜好问而好察迩言，隐恶而扬善，执其两端，用其中于民，其斯以为舜乎！"

子曰："人皆曰'予知'，驱而纳诸罟擭陷阱之中，而莫之知辟也。人皆曰'予知'，择乎中庸，而不能期月守也。"

子曰："回之为人也，择乎中庸，得一善则拳拳服膺而弗失之矣。"

子曰："天下国家可均也，爵禄可辞也，白刃可蹈也，中庸不可能也。"

子路问强。子曰："南方之强与？北方之强与？抑而强与？宽柔以教，不报无道，南方之强也，君子居之。衽金革，死而不厌，北方之强也，而强者居之。故君子和而不流，强哉矫！中立而不倚，强哉矫！国有道，不变塞焉，强哉矫！国无道，至死不变，强哉矫！"

子曰："素隐行怪，后世有述焉，吾弗为之矣。君子遵道而行，半途而废，吾弗能已矣。君子依乎中庸，遁世不见知而不悔，唯圣者能之。君子之道费而隐。夫妇之愚，可以与知焉；及其至也，虽圣人亦有所不知焉。夫妇之不肖，可以能行焉；及其至也，虽圣人亦有所不能焉。天地之大也，人犹有所憾。故君子语大，天下莫能载焉；语小，天下莫能破焉。《诗》云：‘鸢飞戾天，鱼跃于渊。’言其上下察也。君子之道，造端乎夫妇；及其至也，察乎天地。”

子曰：“道不远人。人之为道而远人，不可以为道。《诗》云：‘伐柯伐柯，其则不远。’执柯以伐柯，睨而视之，犹以为远。故君子以人治人，改而止。忠恕违道不远，施诸己而不愿，亦勿施于人。君子之道四，丘未能一焉：所求乎子，以事父，未能也；所求乎臣，以事君，未能也；所求乎弟，以事兄，未能也；所求乎朋友，先施之，未能也，庸德之行，庸言之谨；有所不足，不敢不勉，有余不敢尽；言顾行，行顾言，君子胡不慥慥尔！”

君子素其位而行，不愿乎其外。素富贵，行乎富贵；素贫贱，行乎贫贱；素夷狄，行乎夷狄；素患难，行乎患难；君子无入而不自得焉。在上位不陵下，在下位不援上，正己而不求于人，则无怨。上不怨天，下不尤人。故君子居易以俟命，小人行险以徼幸。子曰：“射有似乎君子，失诸正鹄，反求诸其身。”

君子之道，辟如行远必自迩，辟如登高必自卑。《诗》曰：“妻子好合，如鼓瑟琴。兄弟既翕，和乐且耽。宜尔室家，乐尔妻帑。”子曰：“父母其顺矣乎！”

子曰：“鬼神之为德，其盛矣乎！视之而弗见，听之而弗闻，体物而不可遗。使天下之人，齐明盛服，以承祭祀，洋洋乎如在其上，如在其左右。

《诗》曰：‘神之格思，不可度思！矧可射思！’夫微之显，诚之不可掩如此夫。”

子曰：“舜其大孝也与！德为圣人，尊为天子，富有四海之内。宗庙飨之，子孙保之。故大德必得其位，必得其禄，必得其名，必得其寿。故天之生物，必因其材而笃焉。故栽者培之，倾者覆之。《诗》曰：‘嘉乐君子，宪宪令德。宜民宜人，受禄于天。保佑命之，自天申之。’故大德者必受命。”

子曰：“无忧者，其惟文王乎！以王季为父，以武王为子，父作之，子述之。武王缵大王、王季、文王之绪，壹戎衣而有天下，身不失天下之显名。尊为天子，富有四海之内。宗庙飨之，子孙保之。武王末受命。周公成文、武之德，追王大王、王季，上祀先公以天子之礼。斯礼也，达乎诸侯、大夫及士、庶人。父为大夫，子为士，葬以大夫，祭以士。父为士，子为大夫，葬以士，祭以大夫。期之丧，达乎大夫。三年之丧，达乎天子。父母之丧，无贵贱，一也。”

子曰：“武王、周公，其达孝矣乎！夫孝者，善继人之志，善述人之事者也。春秋修其祖庙，陈其宗器，设其裳衣，荐其时食。宗庙之礼，所以序昭穆也。序爵，所以辨贵贱也。序事，所以辨贤也，旅酬下为上，所以逮贱也。燕毛，所以序齿也。践其位，行其礼，奏其乐，敬其所尊，爱其所亲，事死如事生，事亡如事存，孝之至也。郊社之礼，所以事上帝也。宗庙之礼，所以祀乎其先也。明乎郊社之礼、禘尝之义，治国其如示诸掌乎！”

哀公问政。子曰：“文、武之政，布在方策。其人存，则其政举；其人亡，则其政息。人道敏政，地道敏树。夫政也者，蒲卢也。故为政在人，取人以身，修身以道，修道以仁。仁者人也，亲亲为大；义者宜也，尊贤为大。亲亲之杀，尊贤之等，礼所生也。在下位不获乎上，民不可得而治矣！故君子不可以不修身；思修身，不可以不事亲；思事亲，不可以不知人；思知人，不可以不知天。

“天下之达道五，所以行之者三。曰：君臣也，父子也，夫妇也，昆弟也，朋友之交也。五者，天下之达道也。知、仁、勇三者，天下之达德也，所以行之者，一也。或生而知之，或学而知之，或困而知之；及其知之，一也。或安而行之，或利而行之，或勉强而行之；及其成功，一也。”子曰：“好学近乎知，力行近乎仁，知耻近乎勇。知斯三者，则知所以修身；知所以修身，则知所以治人；知所以治人，则知所以治天下国家矣。

“凡为天下国家有九经，曰：修身也，尊贤也，亲亲也，敬大臣也，体群臣也，子庶民也，来百工也，柔远人也，怀诸侯也。修身则道立，尊贤则不惑，亲亲则诸父昆弟不怨，敬大臣则不眩，体群臣则士之报礼重，子庶民则百姓劝，来百工则财用足，柔远人则四方归之，怀诸侯则天下畏之。齐明盛服，非礼不动，所以修身也；去谗远色，贱货而贵德，所以劝贤也；尊其位，重其禄，同其好恶，所以劝亲亲也；官盛任使，所以劝大臣也；忠信重禄，所以劝士也；时使薄敛，所以劝百姓也；日省月试，既禀称事，所以劝百工也；送往迎来，嘉善而矜不能，所以柔远人也；继绝世，举废国，治乱持危，朝聘以时，厚往而薄来，所以怀诸侯也。

“凡为天下国家有九经，所以行之者一也。凡事，预则立，不预则废。言前定则不跲，事前定则不困，行前定则不疚，道前定则不穷。

“在下位不获乎上，民不可得而治矣；获乎上有道：不信乎朋友，不获乎上矣；信乎朋友有道：不顺乎亲，不信乎朋友矣；顺乎亲有道：反诸身不诚，不顺乎亲矣；诚身有道：不明乎善，不诚乎身矣。诚者，天之道也；诚之者，人之道也。诚者不勉而中，不思而得，从容中道，圣人也。诚之者，择善而固执之者也。

“博学之，审问之，慎思之，明辨之，笃行之。有弗学，学之弗能，弗措也；有弗问，问之弗知，弗措也；有弗思，思之弗得，弗措也；有弗辨，辨之弗明，弗措也；有弗行，行之弗笃，弗措也。人一能之己百之，人十能之己千之。果能此道矣，虽愚必明，虽柔必强。”

“自诚明，谓之性。自明诚，谓之教。诚则明矣，明则诚矣。”

唯天下至诚，为能尽其性；能尽其性；则能尽人之性；能尽人之性，则能尽物之性；能尽物之性，则可以赞天地之化育；可以赞天地之化育，则可以与天地参矣。

其次致曲。曲能有诚，诚则形，形则著，著则明，明则动，动则变，变则化。唯天下至诚为能化。

至诚之道，可以前知。国家将兴，必有祯祥。国家将亡，必有妖孽。见乎蓍龟，动乎四体，祸福将至：善，必先知之；不善，必先知之。故至诚如神。

诚者，自成也；而道，自道也。诚者，物之终始，不诚无物。是故君子诚之为贵。诚者，非自成己而已也，所以成物也。成己，仁也；成物，知也。性之德也，合外内之道也，故时措之宜也。

故至诚无息。不息则久，久则徵，徵则悠远，悠远则博厚，博厚则高明。博厚，所以载物也；高明，所以覆物也；悠久，所以成物也。博厚配地，高明配天，悠久无疆。如此者，不见而章，不动而变，无为而成。天地之道，可一言而尽也。其为物不二，则其生物不测。天地之道，博也，厚也，高也，明也，悠也，久也。今夫天，斯昭昭之多，及其无穷也，日月星辰系焉，万物覆焉。今夫地，一撮土之多，及其广厚，载华岳而不重，振河海而不泄，万物载焉。今夫山，一卷石之多，及其广大，草木生之，禽兽居之，宝藏兴焉。今夫水，一勺之多，及其不测，鼋鼍、蛟龙、鱼鳖生焉，货财殖焉。《诗》云："维天之命，於穆不已！"盖曰天之所以为天也。"於乎不显，文王之德之纯！"盖曰文王之所以为文也，纯亦不已。

大哉，圣人之道！洋洋乎发育万物，峻极于天。优优大哉！礼仪三百，威仪三千，待其人而后行。故曰：苟不至德，至道不凝焉。故君子尊德行而道问学，致广大而尽精微，极高明而道中庸；温故而知新，敦厚以崇礼。是故居上不骄，为下不倍，国有道，其言足以兴；国无道，其默足以容。《诗》曰："既明且哲，以保其身。"其此之谓与！

子曰："愚而好自用，贱而好自专；生乎今之世，反古之道。如此者，裁及其身者也。"非天子，不议礼，不制度，不考文。今天下，车同轨，书同文，行同伦。虽有其位，苟无其德，不敢作礼乐焉；虽有其德，苟无其位，亦不敢作礼乐焉。子曰："吾说夏礼，杞不足征也。吾学殷礼，有宋存焉。吾学周礼，今用之，吾从周。"

王天下有三重焉，其寡过矣乎！上焉者虽善无征，无征不信，不信民弗从；下焉者虽善不尊，不尊不信，不信民弗从。故君子之道，本诸身，征诸庶民，考诸三王而不缪，建诸天地而不悖，质诸鬼神而无疑，百世以俟圣人而不惑。质诸鬼神而无疑，知天也；百世以俟圣人而不惑，知人也。是故君子动而世为天下道，行而世为天下法，言而世为天下则。远之则有望，近之则不厌。《诗》曰："在彼无恶，在此无射，庶几夙夜，以永终誉！"君子未有不如此而早有誉于天下者也。

仲尼祖述尧、舜，宪章文、武；上律天时，下袭水土。譬如天地之无不持载，无不覆帱；譬如四时之错行，如日月之代明。万物并育而不相害，道并行而不相悖。小德川流，大德敦化。此天地之所以为大也。

唯天下至圣，为能聪明睿智，足以有临也；宽裕温柔，足以有容也；发强刚毅，足以有执也；齐庄中正，足以有敬也；文理密察，足以有别也。溥博渊泉，而时出之。溥博如天，渊泉如渊。见而民莫不敬，言而民莫不信，行而民莫不说。是以声名洋溢乎中国，施及蛮貊。舟车所至，人力所通，天之所覆，地之所载，日月所照，霜露所队，凡有血气者，莫不尊亲，故曰配天。

唯天下至诚，为能经纶天下之大经，立天下之大本，知天地之化育。夫焉有所倚？肫肫其仁！渊渊其渊！浩浩其天！苟不固聪明圣知达天德者，其孰能知之？

《诗》曰："衣锦尚䌹，恶其文之著也。故君子之道，闇然而日章；小人之道，的然而日亡。君子之道：淡而不厌，简而文，温而理，知远之近，知风之自，知微之显，可与入德矣。"《诗》云："潜虽伏矣，亦孔之昭！"故君子内省不疚，无恶于志。君子之所不可及者，其唯人之所不见乎！《诗》云："相在尔室，尚不愧于屋漏。"故君子不动而敬，不言而信。《诗》曰："奏假无言，时靡有争。"是故君子不赏而民劝，不怒而民威于鈇钺。《诗》曰："不显惟德，百辟其刑之。"是故君子笃恭而天下平。《诗》云："予怀明德，不大声以色。"子曰："声色之于以化民，末也。"《诗》曰："德輶如毛，毛犹有伦"；"上天之载，无声无臭"，至矣！

孟子

——战国·孟轲 著

卷一 梁惠王章句上

第一章

孟子见梁惠王。王曰："叟，不远千里而来，亦将有以利吾国乎？"

孟子对曰："王，何必曰利？亦有仁义而已矣。王曰何以利吾国，大夫曰何以利吾家？士庶人曰何以利吾身？上下交征利而国危矣。万乘之国，弑其君者，必千乘之家；千乘之国，弑其君者，必百乘之家。万取千焉，千取百焉，不为不多矣。苟为后义而先利，不夺不餍。未有仁而遗其亲者也，未有义而后其君者也。王亦曰仁义而已矣，何必曰利？"

第二章

孟子见梁惠王。王立于沼上，顾鸿雁麋鹿，曰："贤者亦乐此乎？"

孟子对曰："贤者而后乐此，不贤者虽有此，不乐也。《诗》云：'经始灵台，经之营之。庶民攻之，不日成之。经始勿亟，庶民子来。王在灵囿，麀鹿攸伏。麀鹿濯濯，白鸟鹤鹤。王在灵沼，於牣鱼跃。'文王以民力为台为沼，而民欢乐之，渭其台曰'灵台'，谓其沼曰'灵沼'，乐其有麋鹿鱼鳖。古之人与民偕乐，故能乐也。《汤誓》曰：'时日害丧，予及女偕亡。'民欲与之偕亡，虽有台池鸟兽，岂能独乐哉？"

第三章

梁惠王曰："寡人之于国也，尽心焉耳矣。河内凶，则移其民于河东，移其粟于河内。河东凶亦然。察邻国之政，无如寡人之用心者。邻国之民不加少，寡人之民不加多，何也？"

孟子对曰：“王好战，请以战喻：填然鼓之，兵刃既接，弃甲曳兵而走。或百步而后止，或五十步而后止。以五十步笑百步，则何如？”

曰：“不可；直不百步耳，是亦走也。”

曰：“王如知此，则无望民之多于邻国也。不违农时，谷不可胜食也；数罟不入洿池，鱼鳖不可胜食也；斧斤以时入山林，材木不可胜用也。谷与鱼鳖不可胜食，材木不可胜用，是使民养生丧死无憾也。养生丧死无憾，王道之始也。

“五亩之宅，树之以桑，五十者可以衣帛矣。鸡豚狗彘之畜，无失其时，七十者可以食肉矣。百亩之田，勿夺其时，数口之家可以无饥矣。谨庠序之教，申之以孝悌之义，颁白者不负戴于道路矣。七十者衣帛食肉，黎民不饥不寒，然而不王者，未之有也。

“狗彘食人食而不知检，涂有饿莩而不知发；人死，则曰：‘非我也，岁也。’是何异于刺人而杀之，曰：‘非我也，兵也。’王无罪岁，斯天下之民至焉。”

第四章

梁惠王曰：“寡人愿安承教。”

孟子对曰：“杀人以梃与刃，有以异乎？”

曰：“无以异也。”

“以刃与政，有以异乎？”

曰：“无以异也。”

曰：“庖有肥肉，厩有肥马，民有饥色，野有饿莩，此率兽而食人也。兽相食，且人恶之；为民父母，行政不免于率兽而食人，恶在其为民父母也？仲尼曰：‘始作俑者，其无后乎！’为其象人而用之也。如之何其使斯民饥而死也？”

第五章

梁惠王曰：“晋国，天下莫强焉，叟之所知也。及寡人之身，东败于齐，长子死焉；西丧地于秦七百里；南辱于楚。寡人耻之，愿比死者一洒之，如之何则可？”

孟子对曰："地方百里而可以王。王如施仁政于民，省刑罚，薄税敛，深耕易耨；壮者以暇日，修其孝悌忠信，入以事其父兄，出以事其长上，可使制梃以挞秦楚之坚甲利兵矣。

"彼夺其民时，使不得耕耨以养其父母。父母冻饿，兄弟妻子离散。彼陷溺其民，王往而征之，夫谁与王敌！故曰：'仁者无敌。'王请勿疑！"

第六章

孟子见梁襄王，出，语人曰："望之不似人君，就之而不见所畏焉。卒然问曰：'天下恶乎定？'吾对曰：'定于一。''孰能一之？'对曰：'不嗜杀人者能一之。''孰能与之？'对曰：'天下莫不与也。王知夫苗乎？七八月之间旱，则苗槁矣。天油然作云，沛然下雨，则苗浡然兴之矣。其如是，孰能御之？今夫天下之人牧，未有不嗜杀人者也。如有不嗜杀人者，则天下之民，皆引领而望之矣。诚如是也，民归之，由水之就下，沛然谁能御之？'"

第七章

齐宣王问曰："齐桓、晋文之事可得闻乎？"

孟子对曰："仲尼之徒，无道桓文之事者，是以后世无传焉，臣未之闻也。无以，则王乎？"

曰："德何如则可以王矣？"

曰："保民而王，莫之能御也。"

曰："若寡人者，可以保民乎哉？"

曰："可。"

曰："何由知吾可也？"

曰："臣闻之胡龁曰：王坐于堂上，有牵牛而过堂下者，王见之，曰：'牛何之？'对曰：'将以衅钟。'王曰：'舍之！吾不忍其觳觫，若无罪而就死地。'对曰：'然则废衅钟与？'曰：'何可废也？以羊易之！'——不识有诸？"

曰："有之。"

曰："是心足以王矣，百姓皆以王为爱也，臣固知王之不忍也。"

王曰："然，诚有百姓者。齐国虽褊小，吾何爱一牛？即不忍其觳觫，若无罪而就死地，故以羊易之也。"

曰："王无异于百姓之以王为爱也。以小易大，彼恶知之？王若隐其无罪而就死地，则牛羊何择焉？"

王笑曰："是诚何心哉？我非爱其财而易之以羊也。宜乎百姓之谓我爱也。"

曰："无伤也，是乃仁术也，见牛未见羊也。君子之于禽兽也，见其生，不忍见其死；闻其声，不忍食其肉。是以君子远庖厨也。"

王说，曰："《诗》云：'他人有心，予忖度之。'夫子之谓也。夫我乃行之，反而求之，不得吾心。夫子言之，于我心有戚戚焉。此心之所以合于王者，何也？"

曰："有复于王者曰：'吾力足以举百钧，而不足以举一羽；明足以察秋毫之末，而不见舆薪，则王许之乎？"

曰："否。"

"今恩足以及禽兽，而功不至于百姓者，独何与？然而一羽之不举，为不用力焉；舆薪之不见，为不用明焉；百姓之不见保，为不用恩焉。故王之不王，不为也，非不能也。"

曰："不为者与不能者之形，何以异？"

曰："挟大山以超北海，语人曰'我不能。'是诚不能也。为长者折枝，语人曰'我不能。'是不为也，非不能也。故王之不王，非挟泰山以超北海之类也；王之不王，是折枝之类也。

"老吾老，以及人之老；幼吾幼，以及人之幼，天下可运于掌。《诗》云：'刑于寡妻，至于兄弟，以御于家邦。'言举斯心，加诸彼而已。故推恩足以保四海，不推恩无以保妻子。古之人所以大过人者，无他焉，善推其所为而已矣。今恩足以及禽兽，而功不至于百姓者，独何与？

"权，然后知轻重；度，然后知长短。物皆然，心为甚，王请度之！

"抑王兴甲兵，危士臣，构怨于诸侯，然后快于心与？"

王曰："否，吾何快于是？将以求吾所大欲也。"

曰："王之所大欲，可得闻与？"

王笑而不言。

曰："为肥甘不足于口与？轻暖不足于体与？抑为采色不足视于目与？声音不足听于耳与？便嬖不足使令于前与？王之诸臣皆足以供之，而王岂为是哉？"

曰："否，吾不为是也。"

曰："然则王之所大欲可知已，欲辟土地，朝秦楚，莅中国而抚四夷也。以若所为求若所欲，犹缘木而求鱼也。"

王曰："若是其甚与？"

曰："殆有甚焉。缘木求鱼，虽不得鱼，无后灾；以若所为求若所欲，尽心力而为之，后必有灾。"

曰："可得闻与？"

曰："邹人与楚人战，则王以为孰胜？"

曰："楚人胜。"

曰："然则小固不可以敌大，寡固不可以敌众，弱固不可以敌强。海内之地方千里者九，齐集有其一。以一服八，何以异于邹敌楚哉？盖亦反其本矣。

"今王发政施仁，使天下仕者皆欲立于王之朝，耕者皆欲耕于王之野，商贾皆欲藏于王之市，行旅皆欲出于王之涂，天下之欲疾其君者，皆欲赴愬于王。其若是，孰能御之？"

王曰："吾惛，不能进于是矣。愿夫子辅吾志，明以教我；我虽不敏，请尝试之。"

曰："无恒产而有恒心者，惟士为能；若民，则无恒产，因无恒心；苟无恒心，放辟邪侈，无不为已。及陷于罪，然后从而刑之，是罔民也。焉有仁人在位，罔民而可为也？是故明君制民之产，必使仰足以事父母，俯足以畜妻子，乐岁终身饱，凶年免于死亡；然后驱而之善，故民之从之也轻。

"今也制民之产，仰不足以事父母，俯不足以畜妻子；乐岁终身苦，凶年不免于死亡。此惟救死而恐不赡，奚暇治礼义哉？

"王欲行之，则盍反其本矣：五亩之宅，树之以桑，五十者可以衣帛矣。鸡豚狗彘之畜，无失其时，七十者可以食肉矣。百亩之田，勿夺其时，八口之家可以无饥矣。谨庠序之教，申之以孝悌之义，颁白者不负戴于道路矣。老者衣帛食肉，黎民不饥不寒，然而不王者，未之有也。”

卷二　梁惠王章句下

第一章

庄暴见孟子，曰：“暴见于王，王语暴以好乐，暴未有以对也。”曰：“好乐何如？”

孟子曰：“王之好乐甚，则齐国其庶几乎！”

他日，见于王，曰：“王尝语庄子以好乐，有诸？”

王变乎色，曰：“寡人非能好先王之乐也，直好世俗之乐耳。”

曰：“王之好乐甚，则齐其庶几乎，今之乐犹古之乐也。”

曰：“可得闻与？”

曰：“独乐乐，与人乐乐，孰乐？”

曰：“不若与人。”

曰：“与少乐乐，与众乐乐，孰乐？”

曰：“不若与众。”

“臣请为王言乐。今王鼓乐于此，百姓闻王钟鼓之声，管籥之音，举疾首蹙頞而相告曰：‘吾王之好鼓乐，夫何使我至于此极也：父子不相见，兄弟妻子离散。’今王田猎于此，百姓闻王车马之音，见羽旄之美，举疾首蹙頞而相告曰：‘吾王之好田猎，夫何使我至于此极也：父子不相见，兄弟妻子离散。’此无他，不与民同乐也。

“今王鼓乐于此，百姓闻王钟鼓之声，管籥之音，举欣欣然有喜色而相告曰：‘吾王庶几无疾病与，何以能鼓乐也？’今王田猎于此，百姓闻王车马之音，见羽旄之美，举欣欣然有喜色而相告曰：‘吾王庶几无疾病与，何以能田猎也？’此无他，与民同乐也。今王与百姓同乐，则王矣。”

第二章

齐宣王问曰："文王之囿方七十里，有诸？"

孟子对曰："于传有之。"

曰："若是其大乎？"

曰："民犹以为小也。"

曰："寡人之囿方四十里，民犹以为大，何也？"

曰："文王之囿方七十里，刍荛者往焉，雉兔者往焉，与民同之，民以为小，不亦宜乎？臣始至于境，问国之大禁，然后敢入。臣闻郊关之内，有囿方四十里，杀其麋鹿者如杀人之罪，则是方四十里为阱于国中。民以为大，不亦宜乎？"

第三章

齐宣王问曰："交邻国有道乎？"

孟子对曰："有。惟仁者为能以大事小，是故汤事葛，文王事昆夷；惟智者为能以小事大，故太王事獯鬻，勾践事吴。以大事小者，乐天者也；以小事大者，畏天者也。乐天者保天下，畏天者保其国。《诗》云：'畏天之威，于时保之。'"

王曰："大哉言矣！寡人有疾，寡人好勇。"

对曰："王请无好小勇。夫抚剑疾视曰：'彼恶敢当我哉！'此匹夫之勇，敌一人者也。王请大之！

"《诗》云：'王赫斯怒，爰整其旅，以遏徂莒，以笃周祜，以对于天下。'此文王之勇也。文王一怒而安天下之民。

"《书》曰：'天降下民，作之君，作之师，惟曰其助上帝宠之四方。有罪无罪惟我在，天下曷敢有越厥志？'一人衡行于天下，武王耻之。此武王之勇也。而武王亦一怒而安天下之民。今王亦一怒而安天下之民，民唯恐王之不好勇也。"

第四章

齐宣王见孟子于雪宫。王曰："贤者亦有此乐乎？"

孟子对曰："有。人不得，则非其上矣。不得而非其上者，非也；为民上而不与民同乐者，亦非也。乐民之乐者，民亦乐其乐；忧民之忧者，民亦忧其忧。乐以天下，忧以天下，然而不王者，未之有也。

“昔者齐景公问于晏子曰：‘吾欲观于转附朝儛，遵海而南，放于琅琊，吾何修而可以比于先王观也？’

“晏子对曰：‘善哉问也！天子适诸侯曰巡狩。巡狩者，巡所守也。诸侯朝于天子曰述职。述职者，述所职也。无非事者。春省耕而补不足，秋省敛而助不给。夏谚曰：“吾王不遊，吾何以休？吾王不豫，吾何以助？一遊一豫，为诸侯度。”今也不然：师行而粮食，饥者弗食，劳者弗息。睊睊胥谗，民乃作慝。方命虐民，饮食若流。流连荒亡，为诸侯忧。从流下而忘反谓之流，从流上而忘反谓之连，从兽无厌谓之荒，乐酒无厌谓之亡。先王无流连之乐、荒亡之行。唯君所行也。’

“景公说，大戒于国，出舍于郊。于是始兴发补不足。召大师曰：‘为我作君臣相说之乐！’盖《徵招》《角招》是也。其诗曰：‘畜君何尤？’畜君者，好君也。”

第五章

齐宣王问曰：“人皆谓我毁明堂，毁诸？已乎？”

孟子对曰：“夫明堂者，王者之堂也。王欲行王政，则勿毁之矣。”

王曰：“王政可得闻与？”

对曰：“昔者文王之治岐也，耕者九一，仕者世禄，关市讥而不征，泽梁无禁，罪人不孥。老而无妻曰鳏，老而无夫曰寡，老而无子曰独，幼而无父曰孤。此四者，天下之穷民而无告者。文王发政施仁，必先斯四者。《诗》云：‘哿矣富人，哀此茕独。’”

王曰：“善哉言乎！”

曰：“王如善之，则何为不行？”

王曰：“寡人有疾，寡人好货。”

对曰：“昔者公刘好货，《诗》云：‘乃积乃仓，乃裹糇粮，于橐于囊，思戢用光。弓矢斯张，干戈戚扬，爰方启行。’故居者有积仓，行者有裹囊也，然后可以爰方启行。王如好货，与百姓同之，于王何有？”

王曰：“寡人有疾，寡人好色。”

对曰：“昔者太王好色，爱厥妃。《诗》云：‘古公亶父，来朝走马，率西水浒，至于岐下，爰及姜女，聿来胥宇。’当是时也，内无怨女，外无旷夫。王如好色，与百姓同之，于王何有？”

第六章

孟子谓齐宣王曰：“王之臣有托其妻子于其友而之楚游者，比其反也，则冻馁其妻子，则如之何？”

王曰：“弃之。”

曰：“士师不能治士，则如之何？”

王曰：“已之。”

曰：“四境之内不治，则如之何？”

王顾左右而言他。

第七章

孟子见齐宣王，曰：“所谓故国者，非谓有乔木之谓也，有世臣之谓也。王无亲臣矣，昔者所进，今日不知其亡也。”

王曰：“吾何以识其不才而舍之？”

曰：“国君进贤，如不得已，将使卑逾尊，疏逾戚，可不慎与！左右皆曰贤，未可也；诸大夫皆曰贤，未可也；国人皆曰贤，然后察之，见贤焉，然后用之。左右皆曰不可，勿听；诸大夫皆曰不可，勿听；国人皆曰不可，然后察之，见不可焉，然后去之。左右皆曰可杀，勿听；诸大夫皆曰可杀，勿听；国人皆曰可杀，然后察之，见可杀焉，然后杀之。故曰，国人杀之也。如此，然后可以为民父母。”

第八章

齐宣王问曰：“汤放桀，武王伐纣，有诸？”

孟子对曰："于传有之。"

曰："臣弑其君，可乎？"

曰："贼仁者谓之'贼'，贼义者谓之'残'，残贼之人谓之'一夫'。闻诛一夫纣矣，未闻弑君也。"

第九章

孟子见齐宣王，曰："为巨室，则必使工师求大木。工师得大木，则王喜，以为能胜其任也。匠人斫而小之，则王怒，以为不胜其任矣。夫人幼而学之，壮而欲行之，王曰，'姑舍女所学而从我'，则何如？今有璞玉于此，虽万镒，必使玉人雕琢之。至于治国家，则曰，'姑舍女所学而从我'，则何以异于教玉人雕琢玉哉？"

第十章

齐人伐燕，胜之。宣王问曰："或谓寡人勿取，或谓寡人取之。以万乘之国伐万乘之国，五旬而举之，人力不至于此。不取，必有天殃。取之，何如？"

孟子对曰："取之而燕民悦，则取之。古之人有行之者，武王是也。取之而燕民不悦，则勿取。古之人有行之者，文王是也。以万乘之国伐万乘之国，箪食壶浆以迎王师，岂有他哉？避水火也。如水益深，如火益热，亦运而已矣。"

第十一章

齐人伐燕，取之。诸侯将谋救燕。宣王曰："诸侯多谋伐寡人者，何以待之？"

孟子对曰："臣闻七十里为政于天下者，汤是也。未闻以千里畏人者也。《书》曰：'汤一征，自葛始。'天下信之，东面而征，西夷怨；南面而征，北狄怨，曰：'奚为后我？'民望之，若大旱之望云霓也。归市者不止，耕者不变，诛其君而吊其民，若时雨降，民大悦。《书》曰：'徯我后，后来其苏。'今燕虐其民，王往而征之，民以为将拯己于水火之中也，箪食壶浆以迎王师。若杀其父兄，系累其子弟，毁其宗庙，迁其重器，如之何其可也？天下固畏齐之强也，今又倍地而不行仁政，是动天下之兵也。王速出令，反其旄倪，止其重器，谋于燕众，置君而后去之，则犹可及止也。”

第十二章

邹与鲁閧。穆公问曰："吾有司死者三十三人，而民莫之死也。诛之，则不可胜诛；不诛，则疾视其长上之死而不救，如之何则可也？"

孟子对曰："凶年饥岁，君之民，老弱转乎沟壑，壮者散而之四方者，几千人矣；而君之仓廪实，府库充，有司莫以告，是上慢而残下也。曾子曰：'戒之戒之！出乎尔者，反乎尔者也。'夫民今而后得反之也。君无尤焉！君行仁政，斯民亲其上，死其长矣。"

第十三章

滕文公问曰："滕，小国也，间于齐、楚。事齐乎？事楚乎？"

孟子对曰："是谋，非吾所能及也。无已，则有一焉：凿斯池也，筑斯城也，与民守之，效死而民弗去，则是可为也。"

第十四章

滕文公问曰："齐人将筑薛，吾甚恐，如之何则可？"

孟子对曰："昔者大王居邠，狄人侵之，去之岐山之下居焉。非择而取之，不得已也。苟为善，后世子孙必有王者矣。君子创业垂统，为可继也。若夫成功，则天也。君如彼何哉？强为善而已矣。"

第十四章

滕文公问曰："滕，小国也；竭力以事大国，则不得免焉，如之何则可？"

孟子对曰："昔者大王居邠，狄人侵之。事之以皮币，不得免焉；事之以犬马，不得免焉；事之以珠玉，不得免焉。乃属其耆老而告之曰：'狄人之所欲者，吾土地也。吾闻之也：君子不以其所以养人者害人。二三子何患乎无君？我将去之。'去邠，逾梁山，邑于岐山之下居焉。邠人曰：'仁人也，不可失也。'从之者如归市。

"或曰：'世守也，非身之所能为也。效死勿去。'

"君请择于斯二者。"

第十五章

鲁平公将出，嬖人臧仓者请曰："他日君出，则必命有司所之。今乘舆已驾矣，有司未知所之，敢请。"

公曰："将见孟子。"

曰："何哉，君所为轻身以先于匹夫者？以为贤乎？礼义由贤者出，而孟子之后丧逾前丧。君无见焉！"

公曰："诺。"

乐正子入见，曰："君奚为不见孟轲也？"

曰："或告寡人曰：'孟子之后丧逾前丧'，是以不往见也。"

曰："何哉，君所谓逾者？前以士，后以大夫；前以三鼎，而后以五鼎与？"

曰："否，谓棺椁衣衾之美也。"

曰："非所谓逾也，贫富不同也。"

乐正子见孟子，曰："克告于君，君为来见也。嬖人有臧仓者沮君，君是以不果来也。"

曰："行，或使之；止，或尼之。行止，非人所能也。吾之不遇鲁侯，天也。臧氏之子焉能使予不遇哉？"

卷三　公孙丑章句上

第一章

公孙丑问曰："夫子当路于齐，管仲、晏子之功，可复许乎？"

孟子曰："子诚齐人也，知管仲、晏子而已矣。或问乎曾西曰：'吾子与子路孰贤？'曾西蹵然曰：'吾先子之所畏也。'曰：'然则吾子与管仲孰贤？'曾西艴然不悦，曰：'尔何曾比予于管仲？管仲得君如彼其专也，行乎国政如彼其久也，功烈如彼其卑也；尔何曾比予于是！’”

曰：“管仲，曾西之所不为也，而子为我愿之乎？”

曰：“管仲以其君霸，晏子以其君显。管仲、晏子，犹不足为与？”

曰：“以齐王，由反手也。”

曰：“若是，则弟子之惑滋甚。且以文王之德，百年而后崩，犹未洽于天下；武王、周公继之，然后大行。今言王若易然，则文王不足法与？”

曰：“文王何可当也？由汤至于武丁，贤圣之君六七作，天下归殷久矣，久则难变也。武丁朝诸侯，有天下，犹运之掌也。纣之去武丁未久也，其故家遗俗，流风善政，犹有存者；又有微子、微仲、王子比干、箕子、胶鬲——皆贤人也——相与辅相之，故久而后失之也。尺地莫非其有也，一民莫非其臣也；然而文王犹方百里起，是以难也。齐人有言曰：‘虽有智慧，不如乘势；虽有镃基，不如待时。’今时则易然也：夏后、殷、周之盛，地未有过千里者也，而齐有其地矣；鸡鸣狗吠相闻，而达乎四境，而齐有其民矣。地不改辟矣，民不改聚矣，行仁政而王，莫之能御也。且王者之不作，未有疏于此时者也；民之憔悴于虐政，未有甚于此时者也。饥者易为食，渴者易为饮。孔子曰：‘德之流行，速于置邮而传命。’当今之时，万乘之国行仁政，民之悦之，犹解倒悬也。故事半古之人，功必倍之，唯此时为然。”

第二章

公孙丑问曰：“夫子加齐之卿相，得行道焉，虽由此霸王，不异矣。如此，则动心否乎？”

孟子曰：“否。我四十不动心。”

曰：“若是，则夫子过孟贲远矣。”

曰：“是不难，告子先我不动心。”

曰：“不动心有道乎？”

曰：“有。北宫黝之养勇也：不肤挠，不目逃，思以一豪挫于人，若挞之于市朝；不受于褐宽博，亦不受于万乘之君；视刺万乘之君，若刺褐夫；无严诸侯，恶声至，必反之。孟施舍之所养勇也，曰：‘视不胜犹胜也；量敌而后进，虑胜而后会，是畏三军者也。舍岂能为必胜哉？能无惧而已矣。’孟施舍似曾子，北宫黝似子夏。夫二子之勇，未知其孰贤，然而孟施舍守约也。昔者曾子谓子襄曰：‘子好勇乎？吾尝闻大勇于夫子矣：自反而不缩，虽褐宽博，吾不惴焉；自反而缩，虽千万人，吾往矣。’孟施舍之守气，又不如曾子之守约也。”

曰：“敢问夫子之不动心与告子之不动心，可得闻与？”

“告子曰：‘不得于言，勿求于心；不得于心，勿求于气。’不得于心，勿求于气，可；不得于言，勿求于心，不可。夫志，气之帅也；气，体之充也。夫志至焉，气次焉；故曰：‘持其志，无暴其气。’”

“既曰‘志至焉，气次焉。’又曰‘持其志，无暴其气者。’何也？”

曰：“志壹则动气，气壹则动志也。今夫蹶者趋者，是气也，而反动其心。”

“敢问夫子恶乎长？”

曰：“我知言，我善养吾浩然之气。”

“敢问何谓浩然之气？”

曰：“难言也。其为气也，至大至刚，以直养而无害，则塞于天地之间。其为气也，配义与道；无是，馁也。是集义所生者，非义袭而取之也。行有不慊于心，则馁矣。我故曰，告子未尝知义，以其外之也。必有事焉而勿正，心勿忘，勿助长也。无若宋人然：宋人有悯其苗之不长而揠之者，芒芒然归，谓其人曰：‘今日病矣，予助苗长矣！’其子趋而往视之，苗则槁矣。天下之不助苗长者寡矣。以为无益而舍之者，不耘苗者也；助之长者，揠苗者也——非徒无益，而又害之。”

“何谓知言？”

曰：“诐辞知其所蔽，淫辞知其所陷，邪辞知其所离，遁辞知其所穷。生于其心，害于其政；发于其政，害于其事。圣人复起，必从吾言矣。”

“宰我、子贡善为说辞，冉牛、闵子、颜渊善言德行。孔子兼之，曰：‘我于辞命，则不能也。’然则夫子既圣矣乎？”

曰：“恶！是何言也？昔者子贡问于孔子曰：‘夫子圣矣乎？’孔子曰：‘圣则吾不能，我学不厌而教不倦也。’子贡曰：‘学不厌，智也；教不倦，仁也。仁且智，夫子既圣矣。’夫圣，孔子不居——是何言也？”

“昔者窃闻之：子夏、子游、子张皆有圣人之一体，冉牛、闵子、颜渊则具体而微，敢问所安。”

曰：“姑舍是。”

曰：“伯夷、伊尹何如？”

曰：“不同道。非其君不事，非其民不使；治则进，乱则退，伯夷也。何事非君，何使非民；治亦进，乱亦进，伊尹也。可以仕则仕，可以止则止，可以久则久，可以速则速，孔子也。皆古圣人也，吾未能有行焉。乃所愿，则学孔子也。”

“伯夷、伊尹于孔子，若是班乎？”

曰：“否。自有生民以来，未有孔子也。”

曰：“然则有同与？”

曰：“有。得百里之地而君之，皆能以朝诸侯，有天下；行一不义，杀一不辜，而得天下，皆不为也。是则同。”

曰：“敢问其所以异。”

曰：“宰我、子贡、有若，智足以知圣人，汙不至阿其所好。宰我曰：‘以予观于夫子，贤于尧、舜远矣。’子贡曰：‘见其礼而知其政，闻其乐而知其德，由百世之后，等百世之王，莫之能违也。自生民以来，未有夫子也。’有若曰：‘岂唯民哉？麒麟之于走兽，凤凰之于飞鸟，泰山之于丘垤，河海之于行潦，类也。圣人之于民，亦类也。出乎其类，拔乎其萃，自生民以来，未有盛于孔子也。’”

第三章

孟子曰：“以力假仁者霸，霸必有大国。以德行仁者王，王不待大，汤以七十里，文王以百里。以力服人者，非心服也，力不赡也；

以德服人者，中心悦而诚服也，如七十子之服孔子也。《诗》云：‘自西自东，自南自北，无思不服。’此之谓也。”

第四章

孟子曰：“仁则荣，不仁则辱；今恶辱而居不仁，是犹恶湿而居下也。如恶之，莫如贵德而尊士，贤者在位，能者在职；国家闲暇，及是时，明其政刑。虽大国，必畏之矣。《诗》云：‘迨天之未阴雨，彻彼桑土，绸缪牖户。今此下民，或敢侮予？’孔子曰：‘为此诗者，其知道乎！能治其国家，谁敢侮之？’今国家闲暇，及是时，般乐怠敖，是自求祸也。祸福无不自己求之者。《诗》云：‘永言配命，自求多福。’《太甲》曰：‘天作孽，犹可违；自作孽，不可活。’此之谓也。”

第五章

孟子曰：“尊贤使能，俊杰在位，则天下之士皆悦而愿立于其朝矣。市，廛而不征，法而不廛，则天下之商皆悦而愿藏于其市矣。关，讥而不征，则天下之旅皆悦而愿出于其路矣。耕者，助而不税，则天下之农皆悦而愿耕于其野矣。廛，无夫里之布，则天下之民皆悦而愿为之氓矣。信能行此五者，则邻国之民仰之若父母矣。率其子弟，攻其父母，自生民以来未有能济者也。如此，则无敌于天下。无敌于天下者，天吏也；然而不王者，未之有也。”

第六章

孟子曰：“人皆有不忍人之心。先王有不忍人之心，斯有不忍人之政矣。以不忍人之心，行不忍人之政，治天下可运之掌上。所以谓人皆有不忍人之心者，今人乍见孺子将入于井，皆有怵惕恻隐之心——非所以内交于孺子之父母也，非所以要誉于乡党朋友也，非恶其声而然也。由是观之，无恻隐之心，非人也；无羞恶之心，非人也；无辞让之心，非人也；无是非之心，非人也。恻隐之心，仁之端也；羞恶之心，义之端也；辞让之心，礼之端也；是非之心，智之端也。人之有是四端也，犹其有四体也。有是四端而自谓不能者，自贼者也；谓其君不能者，贼其君者也。凡有四端于我者，知皆扩而充之矣，若火之始然，泉之始达。苟能充之，足以保四海；苟不充之，不足以事父母。”

第七章

孟子曰：“矢人岂不仁于函人哉？矢人唯恐不伤人，函人唯恐伤人；巫匠亦然，故术不可不慎也。孔子曰：‘里仁为美。择不处仁，焉得智？’夫仁，天之尊爵也，人之安宅也。莫之御而不仁，是不智也。不仁、不智，无礼、无义，人役也。人役而耻为役，由弓人而耻为弓，矢人而耻为矢也。如耻之，莫如为仁。仁者如射，射者正己而后发；发而不中，不怨胜己者，反求诸己而已矣。”

第八章

孟子曰：“子路，人告之以有过，则喜。禹闻善言，则拜。大舜有大焉：善与人同，舍己从人，乐取于人以为善。自耕稼、陶、渔以至为帝，无非取于人者。取诸人以为善，是与人为善者也。故君子莫大乎与人为善。”

第九章

孟子曰：“伯夷，非其君，不事；非其友，不友。不立于恶人之朝，不与恶人言；立于恶人之朝，与恶人言，如以朝衣朝冠坐于涂炭。推恶恶之心，思与乡人立，其冠不正，望望然去之，若将浼焉。是故诸侯虽有善其辞命而至者，不受也。不受也者，是亦不屑就已。柳下惠不羞汙君，不卑小官；进不隐贤，必以其道；遗佚而不怨，阨穷而不悯。故曰：‘尔为尔，我为我，虽袒裼裸裎于我侧，尔焉能浼我哉？’故由然与之偕而不自失焉，援而止之而止。援而止之而止者，是亦不屑去已。”孟子曰：“伯夷隘，柳下惠不恭。隘与不恭，君子不由也。”

卷四　公孙丑章句下

第一章

孟子曰："天时不如地利，地利不如人和。三里之城，七里之郭，环而攻之而不胜。夫环而攻之，必有得天时者矣；然而不胜者，是天时不如地利也。城非不高也，池非不深也，兵革非不坚利也，米粟非不多也，委而去之，是地利不如人和也。故曰：域民不以封疆之界，固国不以山溪之险，威天下不以兵革之利。得道者多助，失道者寡助。寡助之至，亲戚畔之；多助之至，天下顺之。以天下之所顺，攻亲戚之所畔；故君子有不战，战必胜矣。"

第二章

孟子将朝王，王使人来曰："寡人如就见者也，有寒疾，不可以风。朝将视朝，不识可使寡人得见乎？"

对曰："不幸而有疾，不能造朝。"

明日，出吊于东郭氏。公孙丑曰："昔者辞以病，今日吊，或者不可乎？"

曰："昔者疾，今日愈，如之何不吊？"

王使人问疾，医来。孟仲子对曰："昔者有王命，有采薪之忧，不能造朝；今病小愈，趋造于朝，我不识能至否乎？"使数人要于路，曰："请必无归，而造于朝！"不得已而之景丑氏宿焉。景子曰："内则父子，外则君臣，人之大伦也。父子主恩，君臣主敬。丑见王之敬子也，未见所以敬王也。"

曰："恶，是何言也！齐人无以仁义与王言者，岂以仁义为不美也？其心曰'是何足与言仁义也'云尔，则不敬莫大乎是。我非尧舜之道，不敢以陈于王前，故齐人莫如我敬王也。"

景子曰："否，非此之谓也。礼曰：'父召，无诺；君命召，不俟驾。'固将朝也，闻王命而遂不果，宜与夫礼若不相似然。"

曰："岂谓是与？曾子曰：'晋楚之富，不可及也。彼以其富，我以吾仁；彼以其爵，我以吾义，吾何慊乎哉？’夫岂不义而曾子言之？是或一道也。天下有达尊三：爵一，齿一，德一。朝廷莫如爵，乡党莫如齿，辅世长民莫如德。恶得有其一以慢其二哉！故将大有为之君，必有所不召之臣，欲有谋焉，则就之。其尊德乐道，不如是，不足与有为也。故汤之于伊尹，学焉而后臣之，故不劳而王；桓公之于管仲，学焉而后臣之，故不劳而霸。今天下地丑德齐，莫能相尚，无他，好臣其所教，而不好臣其所受教。汤之于伊尹，桓公之于管仲，则不敢召。管仲且犹不可召，而况不为管仲者乎？”

第三章

陈臻问曰：“前日于齐，王馈兼金一百，而不受；于宋，馈七十镒而受；于薛，馈五十镒而受。前日之不受是，则今日之受非也；今日之受是，则前日之不受非也。夫子必居一于此矣。”

孟子曰：“皆是也。当在宋也，予将有远行，行者必以赆，辞曰‘馈赆’，予何为不受？当在薛也，予有戒心，辞曰‘闻戒，故为兵馈之’，予何为不受？若于齐，则未有处也。无处而馈之，是货之也。焉有君子而可以货取乎？”

第四章

孟子之平陆，谓其大夫曰：“子之持戟之士，一日而三失伍，则去之否乎？”

曰：“不待三。”

“然则子之失伍也亦多矣。凶年饥岁，子之民，老羸转于沟壑，壮者散而之四方者，几千人矣。”

曰：“此非距心之所得为也。”

曰：“今有受人之牛羊而为之牧之者，则必为之求牧与刍矣。求牧与刍而不得，则反诸其人乎？抑亦立而视其死与？”

曰：“此则距心之罪也。”

他日，见于王曰：“王之为都者，臣知五人焉。知其罪者，唯孔距心。”为王诵之。

王曰：“此则寡人之罪也。”

第五章

孟子谓蚳蛙曰：“子之辞灵丘而请士师，似也，为其可以言也。今既数月矣，未可以言与？”

蚳蛙谏于王而不用，致为臣而去。

齐人曰：“所以为蚳蛙则善矣；所以自为，则吾不知也。”

公都子以告。

曰：“吾闻之也：有官守者，不得其职则去；有言责者，不得其言则去。我无官守，我无言责也，则吾进退，岂不绰绰然有余裕哉？”

第六章

孟子为卿于齐，出吊于滕，王使盖大夫王欢为辅行。王欢朝暮见，反齐滕之路，未尝与之言行事也。

公孙丑曰：“齐卿之位，不为小矣；齐滕之路，不为近矣，反之而未尝与言行事，何也？”

曰：“夫既或治之，予何言哉？”

第七章

孟子自齐葬于鲁，反于齐，止于嬴。

充虞请曰：“前日不知虞之不肖，使虞敦匠事。严，虞不敢请。今愿窃有请也：木若以美然。”

曰：“古者棺椁无度，中古棺七寸，椁称之。自天子达于庶人，非直为观美也，然后尽于人心。不得，不可以为悦；无财，不可以为悦。得之，为有财，古之人皆用之，吾何为独不然？且比化者，无使土亲肤，于人心独无恔乎？吾闻之君子，不以天下俭其亲。”

第八章

沈同以其私问曰：“燕可伐与？”

孟子曰：“可。子哙不得与人燕，子之不得受燕于子哙。有仕于此，而子悦之，不告于王而私与之吾子之禄爵；夫士也，亦无王命而私受之于子，则可乎？何以异于是？”

齐人伐燕。

或问曰：“劝齐伐燕，有诸？”

曰：“未也。沈同问‘燕可伐与’，吾应之曰‘可’，彼然而伐之也。彼如曰‘孰可以伐之’，则将应之曰：‘为天吏，则可以伐之。’今有杀人者，或问之曰‘人可杀与’，则将应之曰‘可’。彼如曰‘孰可以杀之’，则将应之曰：‘为士师，则可以杀之。’今以燕伐燕，何为劝之哉？”

第九章

燕人畔。王曰：“吾甚惭于孟子。”

陈贾曰：“王无患焉。王自以为与周公孰仁且智？”

王曰：“恶！是何言也！”

曰：“周公使管叔监殷，管叔以殷畔。知而使之，是不仁也；不知而使之，是不智也。仁智，周公未之尽也，而况于王乎？贾请见而解之。”

见孟子，问曰：“周公何人也？”

曰：“古圣人也。”

曰：“使管叔监殷，管叔以殷畔也，有诸？”

曰：“然。”

曰：“周公知其将畔而使之与？”

曰：“不知也。”

“然则圣人且有过与？”

曰：“周公，弟也；管叔，兄也。周公之过，不亦宜乎？且古之君子，过则改之；今之君子，过则顺之。古之君子，其过也，如日月之食，民皆见之，及其更也，民皆仰之。今之君子，岂徒顺之，又从为之辞。”

第十章

孟子致为臣而归。王就见孟子，曰："前日愿见而不可得，得侍，同朝甚喜；今又弃寡人而归，不识可以继此而得见乎？"

对曰："不敢请耳，固所愿也。"

他日，王谓时子曰："我欲中国而授孟子室，养弟子以万钟，使诸大夫国人皆有所矜式。子盍为我言之！"

时子因陈子而以告孟子，陈子以时子之言告孟子。

孟子曰："然，夫时子恶知其不可也？如使予欲富，辞十万而受万，是为欲富乎？季孙曰：'异哉子叔疑！使己为政，不用，则亦已矣，又使其子弟为卿。人亦孰不欲富贵？而独于富贵之中，有私龙断焉。'古之为市也，以其所有易其所无者，有司者治之耳。有贱丈夫焉，必求龙断而登之，以左右望，而罔市利。人皆以为贱，故从而征之。征商，自此贱丈夫始矣。"

第十一章

孟子去齐，宿于昼。有欲为王留行者，坐而言。不应，隐几而卧。

客不悦曰："弟子齐宿而后敢言，夫子卧而不听，请勿复敢见矣。"

曰："坐！我明语子。昔者鲁缪公无人乎子思之侧，则不能安子思；泄柳、申详，无人乎缪公之侧，则不能安其身。子为长者虑，而不及子思；子绝长者乎？长者绝子乎？"

第十二章

孟子去齐。尹士语人曰："不识王之不可以为汤武，则是不明也；识其不可，然且至，则是干泽也。千里而见王，不遇故去，三宿而后出昼，是何濡滞也？士则兹不悦。"

高子以告。

曰："夫尹士恶知予哉？千里而见王，是予所欲也；不遇故去，岂予所欲哉？予不得已也。予三宿而出昼，于予心犹以为速，王庶几改之！王如改诸，则必反予。夫出昼，而王不予追也，予然后浩然有归志。予虽然，岂舍王哉！王由足用为善。王如用予，则岂徒齐民安，天下之民举安。王庶几改之！予日望之！予岂若是小丈夫然哉？谏于其君而不受，则怒，悻悻然见于其面，去则穷日之力而后宿哉？”

尹士闻之，曰："士诚小人也。”

第十三章

孟子去齐，充虞路问曰："夫子若有不豫色然。前日虞闻诸夫子曰：‘君子不怨天，不尤人。’”

曰："彼一时，此一时也。五百年必有王者兴，其间必有名世者。由周而来，七百有余岁矣。以其数，则过矣；以其时考之，则可矣。夫天未欲平治天下也；如欲平治天下，当今之世，舍我其谁也？吾何为不豫哉？”

第十四章

孟子去齐，居休。公孙丑问曰："仕而不受禄，古之道乎？”

曰："非也。于崇，吾得见王，退而有去志，不欲变，故不受也。继而有师命，不可以请。久于齐，非我志也。”

卷五 滕文公章句上

第一章

滕文公为世子，将之楚，过宋而见孟子。孟子道性善，言必称尧舜。

世子自楚反，复见孟子。孟子曰："世子疑吾言乎？夫道一而已矣。成覸谓齐景公曰：‘彼，丈夫也；我，丈夫也；吾何畏彼哉？’颜渊曰：‘舜，何人也？予，何人也？有为者亦若是。’公明仪曰：‘文王，我师也；周公岂欺我哉？’今滕，绝长补短，将五十里也，犹可以为善国。《书》曰：‘若药不瞑眩，厥疾不瘳。’”

第二章

滕定公薨，世子谓然友曰：“昔者孟子尝与我言于宋，于心终不忘。今也不幸至于大故，吾欲使子问于孟子，然后行事。”

然友之邹问于孟子。

孟子曰：“不亦善乎！亲丧，固所自尽也。曾子曰：‘生，事之以礼；死，葬之以礼，祭之以礼，可谓孝矣。’诸侯之礼，吾未之学也；虽然，吾尝闻之矣。三年之丧，齐疏之服，飦粥之食，自天子达于庶人，三代共之。”

然友反命，定为三年之丧。父兄百官皆不欲，曰：“吾宗国鲁先君莫之行，吾先君亦莫之行也，至于子之身而反之，不可。且《志》曰：‘丧祭从先祖。’曰：‘吾有所受之也。’”

谓然友曰：“吾他日未尝学问，好驰马试剑。今也父兄百官不我足也，恐其不能尽于大事，子为我问孟子！”

然友复之邹问孟子。

孟子曰：“然，不可以他求者也。孔子曰：‘君薨，听于冢宰，歠粥，面深墨，即位而哭，百官有司莫敢不哀，先之也。’上有好者，下必有甚焉者矣。君子之德，风也；小人之德，草也。草尚之风，必偃。是在世子。”

然友反命。

世子曰：“然，是诚在我。”五月居庐，未有命戒。百官族人，可谓曰知。及至葬，四方来观之，颜色之戚，哭泣之哀，吊者大悦。

第三章

滕文公问为国。

孟子曰：“民事不可缓也。《诗》云：‘昼尔于茅，宵尔索绹；亟其乘屋，其始播百谷。’民之为道也，有恒产者有恒心，无恒产者无恒心。苟无恒心，放辟邪侈，无不为已。及陷乎罪，然后从而刑之，是罔民也。焉有仁人在位，罔民而可为也？是故贤君必恭俭礼下，取于民有制。阳虎曰：‘为富不仁矣，为仁不富矣。’

“夏后氏五十而贡，殷人七十而助，周人百亩而彻，其实皆什一也。彻者，彻也；助者，藉也。龙子曰：‘治地莫善于助，莫不善于贡。’贡者，挍数岁之中以为常。乐岁，粒米狼戾，多取之而不为虐，则寡取之；凶年，粪其田而不足，则必取盈焉。为民父母，使民盻盻然，将终岁勤动，不得以养其父母，又称贷而益之，使老稚转乎沟壑，恶在其为民父母也？夫世禄，滕固行之矣。《诗》云：‘雨我公田，遂及我私。’维助为有公田。由此观之，虽周亦助也。

“设为庠序学校以教之。庠者，养也；校者，教也；序者，射也。夏曰校，殷曰序，周曰庠；学则三代共之，皆所以明人伦也。人伦明于上，小民亲于下。有王者起，必来取法，是为王者师也。

“《诗》云：‘周虽旧邦，其命惟新。’文王之谓也。子力行之，亦以新子之国！”

使毕战问井地。

孟子曰：“子之君将行仁政，选择而使子，子必勉之！夫仁政，必自经界始。经界不正，井地不均，谷禄不平，是故暴君污吏必慢其经界。经界既正，分田制禄可坐而定也。

“夫滕，壤地褊小，将为君子焉，将为野人焉？无君子，莫治野人；无野人，莫养君子。请野九一而助，国中什一使自赋。卿以下必有圭田，圭田五十亩，余夫二十五亩。死徙无出乡，乡田同井，出入相友，守望相助，疾病相扶持，则百姓亲睦。方里而井，井九百亩，其中为公田。八家皆私百亩，同养公田；公事毕，然后敢治私事，所以别野人也。此其大略也；若夫润泽之，则在君与子矣。”

第四章

有为神农之言者许行，自楚之滕，踵门而告文公曰：“远方之人闻君行仁政，愿受一廛而为氓。”文公与之处。其徒数十人，皆衣褐、捆屦、织席以为食。

陈良之徒陈相与其弟辛，负耒耜而自宋之滕，曰：“闻君行圣人之政，是亦圣人也，愿为圣人氓。”

陈相见许行而大悦，尽弃其学而学焉。

陈相见孟子，道许行之言曰：“滕君则诚贤君也；虽然，未闻道也。贤者与民并耕而食，饔飧而治。今也滕有仓廪府库，则是厉民而以自养也，恶得贤？”

孟子曰：“许子必种粟而后食乎？”

曰：“然。”

“许子必织布然后衣乎？”

曰：“否，许子衣褐。”

“许子冠乎？”

曰：“冠。”

曰：“奚冠？”

曰：“冠素。”

曰：“自织之与？”

曰：“否，以粟易之。”

曰：“许子奚为不自织？”

曰：“害于耕。”

曰：“许子以釜甑爨，以铁耕乎？”

曰：“然。”

“自为之与？”

曰：“否，以粟易之。”

“以粟易械器者，不为厉陶冶；陶冶亦以其械器易粟者，岂为厉农夫哉？且许子何不为陶冶，舍皆取诸其宫中而用之？何为纷纷然与百工交易？何许子之不惮烦？”

曰：“百工之事固不可耕且为也。”

“然则治天下独可耕且为与？有大人之事，有小人之事。且一人之身，而百工之所为备，如必自为而后用之，是率天下而路也。故曰：或劳心，或劳力。劳心者治人，劳力者治于人；治于人者食人，治人者食于人，天下之通义也。

“当尧之时，天下犹未平，洪水横流，泛滥于天下，草木畅茂，禽兽繁殖，五谷不登，禽兽逼人，兽蹄鸟迹之道交于中国。尧独忧之，举舜而敷治焉。舜使益掌火，益烈山泽而焚之，禽兽逃匿。禹疏九河，瀹济漯而注诸海，决汝汉，排淮泗而注之江，然后中国可得而食也。当是时也，禹八年于外，三过其门而不入，虽欲耕，得乎？

“后稷教民稼穑，树艺五谷；五谷熟而民人育。人之有道也，饱食、暖衣、逸居而无教，则近于禽兽。圣人有忧之，使契为司徒，教以人伦——父子有亲，君臣有义，夫妇有别，长幼有序，朋友有信。放勋曰：‘劳之来之，匡之直之，辅之翼之，使自得之，又从而振德之。’圣人之忧民如此，而暇耕乎？

“尧以不得舜为己忧，舜以不得禹、皋陶为己忧。夫以百亩之不易为己忧者，农夫也。分人以财谓之惠，教人以善谓之忠，为天下得人者谓之仁。是故以天下与人易，为天下得人难。孔子曰：‘大哉尧之为君！惟天为大，惟尧则之，荡荡乎民无能名焉！君哉舜也！巍巍乎有天下而不与焉！’尧舜之治天下，岂无所用其心哉？亦不用于耕耳。

“吾闻用夏变夷者，未闻变于夷者也。陈良，楚产也，悦周公、仲尼之道，北学于中国。北方之学者，未能或之先也。彼所谓豪杰之士也。子之兄弟事之数十年，师死而遂倍之！昔者孔子没，三年之外，门人治任将归，入揖于子贡，相向而哭，皆失声，然后归。子贡反，筑室于场，独居三年，然后归。他日，子夏、子张、子游以有若似圣人，欲以所事孔子事之，强曾子。曾子曰：‘不可，江汉以濯之，秋阳以暴之，皜皜乎不可尚已。’今也南蛮鴃舌之人，非先王之道，子倍子之师而学之，亦异于曾子矣。吾闻出于幽谷迁于乔木者，未闻下乔木而入于幽谷者。《鲁颂》曰：‘戎狄是膺，荆舒是惩。’周公方且膺之，子是之学，亦为不善变矣。”

“从许子之道，则市贾不贰，国中无伪；虽使五尺之童适市，莫之或欺。布帛长短同，则贾相若；麻缕丝絮轻重同，则贾相若；五谷多寡同，则贾相若；屦大小同，则贾相若。”

曰：“夫物之不齐，物之情也；或相倍蓰，或相什百（一作伯），或相千万。子比而同之，是乱天下也。巨屦小屦同贾，人岂为之哉？从许子之道，相率而为伪者也，恶能治国家？”

第五章

墨者夷之因徐辟而求见孟子。孟子曰：“吾固愿见，今吾尚病，病愈，我且往见，夷子不来！”

他日，又求见孟子。孟子曰：“吾今则可以见矣。不直，则道不见；我且直之。吾闻夷子墨者，墨之治丧也，以薄为其道也；夷子思以易天下，岂以为非是而不贵也；然而夷子葬其亲厚，则是以所贱事亲也。”

徐子以告夷子。

夷子曰：“儒者之道，古之人若保赤子，此言何谓也？之则以为爱无差等，施由亲始。”

徐子以告孟子。

孟子曰：“夫夷子信以为人之亲其兄之子，为若亲其邻之赤子乎？彼有取尔也。赤子匍匐将入井，非赤子之罪也。且天之生物也，使之一本，而夷子二本故也。盖上世尝有不葬其亲者，其亲死，则举而委之于壑。他日过之，狐狸食之，蝇蚋姑嘬之。其颡有泚，睨而不视。夫泚也，非为人泚，中心达于面目，盖归反蘽梩而掩之。掩之诚是也，则孝子仁人之掩其亲，亦必有道矣。”

徐子以告夷子。夷子怃然为间曰：“命之矣。”

卷六 滕文公章句下

第一章

陈代曰：“不见诸侯，宜若小然；今一见之，大则以王，小则以霸。且《志》曰‘枉尺而直寻’，宜若可为也。”

孟子曰：“昔齐景公田，招虞人以旌，不至，将杀之。志士不忘在沟壑，勇士不忘丧其元。孔子奚取焉？取非其招不往也。如不待其招而往，何哉？且夫枉尺而直寻者，以利言也。如以利，则枉寻直尺而利，亦可为与？昔者赵简子使王良与嬖奚乘，终日而不获一禽。嬖奚反命曰：‘天下之贱工也。’或以告王良。良曰：‘请复之。’

强而后可，一朝而获十禽。嬖奚反命曰：‘天下之良工也。’简子曰：‘我使掌与女乘。’谓王良。良不可，曰：‘吾为之范我驰驱，终日不获一；为之诡遇，一朝而获十。《诗》云：不失其驰，舍矢如破。我不贯与小人乘，请辞。’御者且羞与射者比；比而得禽兽，虽若丘陵，弗为也。如枉道而从彼，何也？且子过矣：枉己者，未有能直人者也。”

第二章

景春曰：“公孙衍、张仪岂不诚大丈夫哉？一怒而诸侯惧，安居而天下熄。”

孟子曰：“是焉得为大丈夫乎？子未学礼乎？丈夫之冠也，父命之；女子之嫁也，母命之，往送之门，戒之曰：‘往之女家，必敬必戒，无违夫子！’以顺为正者，妾妇之道也。居天下之广居，立天下之正位，行天下之大道；得志与民由之，不得志，独行其道。富贵不能淫，贫贱不能移，威武不能屈，此之谓大丈夫。”

第三章

周霄问曰：“古之君子仕乎？”

孟子曰：“仕。《传》曰：‘孔子三月无君，则皇皇如也，出疆必载质。’公明仪曰：‘古之人三月无君，则吊。’”

“三月无君则吊，不以急乎？”

曰：“士之失位也，犹诸侯之失国家也。《礼》曰：‘诸侯耕助，以供粢盛；夫人蚕缫，以为衣服。牺牲不成，粢盛不洁，衣服不备，不敢以祭。惟士无田，则亦不祭。’牲杀、器皿、衣服不备，不敢以祭，则不敢以宴，亦不足吊乎？”

“出疆必载质，何也？”

曰：“士之仕也，犹农夫之耕也；农夫岂为出疆舍其耒耜哉？”

曰：“晋国亦仕国也，未尝闻仕如此其急。仕如此其急也，君子之难仕，何也？”

曰：“丈夫生而愿为之有室，女子生而愿为之有家；父母之心，人皆有之。不待父母之命、媒妁之言，钻穴隙相窥，逾墙相从，则父母国人皆贱之。古之人未尝不欲仕也，又恶不由其道。不由其道而往者，与钻穴隙之类也。”

第四章

彭更问曰："后车数十乘，从者数百人，以传食于诸侯，不以泰乎？"

孟子曰："非其道，则一箪食不可受于人；如其道，则舜受尧之天下，不以为泰——子以为泰乎？"

曰："否。士无事而食，不可也。"

曰："子不通功易事，以羡补不足，则农有余粟，女有余布；子如通之，则梓匠轮舆皆得食于子。于此有人焉，入则孝，出则悌，守先王之道，以待后之学者，而不得食于子。子何尊梓匠轮舆，而轻为仁义者哉？"

曰："梓匠轮舆，其志将以求食也；君子之为道也，其志亦将以求食与？"

曰："子何以其志为哉？其有功于子，可食而食之矣。且子食志乎？食功乎？"

曰："食志。"

曰："有人于此，毁瓦画墁，其志将以求食也，则子食之乎？"

曰："否。"

曰："然则子非食志也，食功也。"

第五章

万章问曰："宋，小国也；今将行王政，齐楚恶而伐之，则如之何？"

孟子曰："汤居亳，与葛为邻，葛伯放而不祀。汤使人问之曰：'何为不祀？'曰：'无以供牺牲也。'汤使遗之牛羊。葛伯食之，又不以祀。汤又使人问之曰：'何为不祀？'曰：'无以供粢盛也。'汤使亳众往为之耕，老弱馈食。葛伯率其民，要其有酒食黍稻者夺之，不授者杀之。有童子以黍肉饷，杀而夺之。《书》曰：'葛伯仇饷。'

此之谓也。为其杀是童子而征之，四海之内皆曰：‘非富天下也，为匹夫匹妇复雠也。’‘汤始征，自葛载’，十一征而无敌于天下。东面而征，西夷怨；南面而征，北狄怨，曰：‘奚为后我？’民之望之，若大旱之望雨也。归市者弗止，芸者不变，诛其君，吊其民，如时雨降。民大悦。《书》曰：‘徯我后，后来其无罚！’‘有攸不惟臣，东征，绥厥士女，篚厥玄黄，绍我周王见休，惟臣附于大邑周。’其君子实玄黄于篚以迎其君子，其小人箪食壶浆以迎其小人；救民于水火之中，取其残而已矣。《太誓》曰：‘我武惟扬，侵于之疆，则取于残，杀伐用张，于汤有光。’不行王政云尔；苟行王政，四海之内皆举首而望之，欲以为君。齐楚虽大，何畏焉？”

第六章

孟子谓戴不胜曰：“子欲子之王之善与？我明告子。有楚大夫于此，欲其子之齐语也，则使齐人傅诸？使楚人傅诸？”

曰：“使齐人傅之。”

曰：“一齐人傅之，众楚人咻之，虽日挞而求其齐也，不可得矣；引而置之庄岳之间数年，虽日挞而求其楚，亦不可得矣。子谓薛居州，善士也，使之居于王所。在于王所者，长幼卑尊皆薛居州也，王谁与为不善？在王所者，长幼卑尊皆非薛居州也，王谁与为善？一薛居州，独如宋王何！”

第七章

公孙丑问曰：“不见诸侯何义？”

孟子曰：“古者不为臣不见。段干木逾垣而辟之，泄柳闭门而不内，是皆已甚；迫，斯可以见矣。阳货欲见孔子而恶无礼，大夫有赐于士，不得受于其家，则往拜其门。阳货瞰孔子之亡也，而馈孔子蒸豚；孔子亦瞰其亡也，而往拜之。当是时，阳货先，岂得不见？曾子曰：‘胁肩谄笑，病于夏畦。’子路曰：‘未同而言，观其色赧赧然，非由之所知也。’由是观之，则君子之所养，可知已矣。”

第八章

戴盈之曰：“什一，去关市之征，今兹未能，请轻之，以待来年，然后已，何如？”

孟子曰：“今有人日攘其邻之鸡者，或告之曰：‘是非君子之道。’曰：‘请损之，月攘一鸡，以待来年，然后已。’如知其非义，斯速已矣，何待来年？”

第九章

公都子曰：“外人皆称夫子好辩，敢问何也？”

孟子曰：“予岂好辩哉？予不得已也。天下之生久矣，一治一乱。当尧之时，水逆行，泛滥于中国，蛇龙居之，民无所定；下者为巢，上者为营窟。《书》曰：‘洚水警余。’洚水者，洪水也。使禹治之。禹掘地而注之海，驱蛇龙而放之菹；水由地中行，江、淮、河、汉是也。险阻既远，鸟兽之害人者消，然后人得平土而居之。

“尧舜既没，圣人之道衰，暴君代作，坏宫室以为污池，民无所安息；弃田以为园囿，使民不得衣食。邪说暴行又作，园囿、污池、沛泽多而禽兽至。及纣之身，天下又大乱。周公相武王，诛纣伐奄，三年讨其君，驱飞廉于海隅而戮之，灭国者五十，驱虎、豹、犀、象而远之，天下大悦。《书》曰：‘丕显哉，文王谟！丕承者，武王烈！佑启我后人，咸以正无缺。’

“世衰道微，邪说暴行有作，臣弑其君者有之，子弑其父者有之。孔子惧，作《春秋》。《春秋》，天子之事也；是故孔子曰：‘知我者其惟《春秋》乎！罪我者其惟《春秋》乎！’

“圣王不作，诸侯放恣，处士横议，杨朱、墨翟之言盈天下。天下之言，不归杨，则归墨。杨氏为我，是无君也；墨氏兼爱，是无父也。无父无君，是禽兽也。公明仪曰：‘庖有肥肉，厩有肥马；民有饥色，野有饿莩，此率兽而食人也。’杨墨之道不息，孔子之道不著，是邪说诬民，充塞仁义也。仁义充塞，则率兽食人，人将相食。吾为此惧，闲先圣之道，距杨墨，放淫辞，邪说者不得作。作于其心，害于其事；作于其事，害于其政。圣人复起，不易吾言矣。

“昔者禹抑洪水而天下平，周公兼夷狄、驱猛兽而百姓宁，孔子成《春秋》而乱臣贼子惧。《诗》云：‘戎狄是膺，荆舒是惩，则莫我敢承。’无父无君，是周公所膺也。我亦欲正人心，息邪说，距诐行，放淫辞，以承三圣者，岂好辩哉？予不得已也。能言距杨墨者，圣人之徒也。”

第十章

匡章曰：“陈仲子岂不诚廉士哉？居于陵，三日不食，耳无闻，目无见也。井上有李，螬食实者过半矣，匍匐往，将食之；三咽，然后耳有闻，目有见。”

孟子曰：“于齐国之士，吾必以仲子为巨擘焉。虽然，仲子恶能廉？充仲子之操，则蚓而后可者也。夫蚓，上食槁壤，下饮黄泉。仲子所居之室，伯夷之所筑与？抑亦盗跖之所筑与？所食之粟，伯夷之所树与？抑亦盗跖之所树与？是未可知也。”

曰：“是何伤哉？彼身织屦，妻辟纑，以易之也。”

曰：“仲子，齐之世家也；兄戴，盖禄万钟。以兄之禄为不义之禄而不食也，以兄之室为不义之室而不居也，辟兄离母，处于於陵。他日归，则有馈其兄生鹅者，己频顣曰：‘恶用是鶃鶃者为哉？’他日，其母杀是鹅也，与之食之。其兄自外至，曰：‘是鶃鶃之肉也。’出而哇之。以母则不食，以妻则食之；以兄之室则弗居，以于陵则居之，是尚为能充其类也乎？若仲子者，蚓而后充其操者也。”

卷七　离娄章句上

第一章

孟子曰：“离娄之明、公输子之巧，不以规矩，不能成方圆；师旷之聪，不以六律，不能正五音；尧舜之道，不以仁政，不能平治天下。今有仁心仁闻而民不被其泽，不可法于后世者，不行先王之道也。故曰：徒善不足以为政，徒法不能以自行。《诗》云：‘不愆不忘，率由旧章。’遵先王之法而过者，未之有也。圣人既竭目力焉，继之以规矩准绳，以为方圆平直，不可胜用也；既竭尔力焉，继之以六律正五音，不可胜用也；既竭心思焉，继之以不忍人之政，而仁覆天下矣。故曰：为高必因丘陵，为下必因川泽；为政不因先王之道，可谓智乎？是以惟仁者宜在高位。不仁而在高位，是播其恶于众也。上无道揆也，下无法守也；朝不信道，工不信度，君子犯义，小人犯刑，国之所存者幸也。故曰：城郭不完，兵甲不多，非国之灾也；田野不辟，货财不聚，非国之害也。上无礼，下无学，贼民兴，丧无日矣。《诗》曰：‘天之方蹶，无然泄泄。’泄泄犹沓沓也。事君无义，进退无礼，言则非先王之道者，犹沓沓也。故曰：责难于君谓之恭，陈善闭邪谓之敬，吾君不能谓之贼。”

第二章

孟子曰：“规矩，方圆之至也；圣人，人伦之至也。欲为君，尽君道；欲为臣，尽臣道。二者皆法尧舜而已矣。不以舜之所以事尧事君，不敬其君者也；不以尧之所以治民治民，贼其民者也。孔子曰：‘道二，仁与不仁而已矣。’暴其民甚，则身弑国亡；不甚，则身危国削，名之曰‘幽’、‘厉’，虽孝子慈孙，百世不能改也。《诗》云：‘殷鉴不远，在夏后之世。’此之谓也。”

第三章

孟子曰：“三代之得天下也以仁，其失天下也以不仁。国之所以废兴存亡者亦然。天子不仁，不保四海；诸侯不仁，不保社稷；卿大夫不仁，不保宗庙；士庶人不仁，不保四体。今恶死亡而乐不仁，是犹恶醉而强酒。”

第四章

孟子曰：“爱人不亲，反其仁；治人不治，反其智；礼人不答，反其敬——行有不得者皆反求诸己，其身正而天下归之。《诗》云：‘永言配命，自求多福。’”

第五章

孟子曰：“人有恒言，皆曰：‘天下国家。’天下之本在国，国之本在家，家之本在身。”

第六章

孟子曰：“为政不难，不得罪于巨室。巨室之所慕，一国慕之；一国之所慕，天下慕之。故沛然德教溢乎四海。”

第七章

孟子曰：“天下有道，小德役大德，小贤役大贤；天下无道，小役大，弱役强。斯二者，天也。顺天者存，逆天者亡。齐景公曰：‘既不能令，又不受命，是绝物也。’涕出而女于吴。今也小国师大国而耻受命焉，是犹弟子而耻受命于先师也。如耻之，莫若师文王。师文王，大国五年，小国七年，必为政于天下矣。《诗》云：‘商之孙子，其丽不亿。上帝既命，侯于周服。侯服于周，天命靡常。殷士肤敏，祼将于京。’孔子曰：‘仁不可为众也。夫国君好仁，天下无敌。’今也，欲无敌于天下而不以仁，是犹执热而不以濯也。《诗》云：‘谁能执热，逝不以濯？’”

第八章

孟子曰：“不仁者可与言哉？安其危而利其灾，乐其所以亡者。不仁而可与言，则何亡国败家之有！有孺子歌曰：‘沧浪之水清兮，可以濯我缨；沧浪之水浊兮，可以濯我足。’孔子曰：‘小子听之！清斯濯缨，浊斯濯足矣。自取之也。’夫人必自侮，然后人侮之；家必自毁，而后人毁之；国必自伐，而后人伐之。《太甲》曰：‘天作孽，犹可违；自作孽，不可活。’此之谓也。”

第九章

孟子曰：“桀纣之失天下也，失其民也；失其民者，失其心也。得天下有道：得其民，斯得天下矣；得其民有道：得其心，斯得民矣；得其心有道：所欲与之聚之，所恶勿施尔也。民之归仁也，犹水之就下、兽之走圹也。故为渊驱鱼者，獭也；为丛驱爵者，鹯也；为汤武驱民者，桀与纣也。今天下之君有好仁者，则诸侯皆为之驱矣。虽欲无王，不可得已。今之欲王者，犹七年之病求三年之艾也。苟为不畜，终身不得。苟不志于仁，终身忧辱，以陷于死亡。《诗》云：'其何能淑，载胥及溺。'此之谓也。"

第十章

孟子曰："自暴者，不可与有言也；自弃者，不可与有为也。言非礼义，谓之自暴也；吾身不能居仁由义，谓之自弃也。仁，人之安宅也；义，人之正路也。旷安宅而弗居，舍正路而不由，哀哉！"

第十一章

孟子曰："道在迩而求诸远，事在易而求诸难：人人亲其亲、长其长，而天下平。"

第十二章

孟子曰："居下位而不获于上，民不可得而治也。获于上有道，不信于友，弗获于上矣。信于友有道，事亲弗悦，弗信于友矣。悦亲有道，反身不诚，不悦于亲矣。诚身有道，不明乎善，不诚其身矣。是故诚者，天之道也；思诚者，人之道也。至诚而不动者，未之有也；不诚，未有能动者也。"

第十三章

孟子曰："伯夷辟纣，居北海之滨，闻文王作，兴曰：'盍归乎来！吾闻西伯善养老者。'太公辟纣，居东海之滨，闻文王作，兴曰：'盍归乎来！吾闻西伯善养老者。'二老者，天下之大老也，而归之，是天下之父归之也。天下之父归之，其子焉往？诸侯有行文王之政者，七年之内，必为政于天下矣。"

第十四章

孟子曰："求也为季氏宰，无能改于其德，而赋粟倍他日。孔子曰：'求非我徒也，小子鸣鼓而攻之可也。'由此观之，君不行仁政而富之，皆弃于孔子者也，况于为之强战？争地以战，杀人盈野；争城以战，杀人盈城，此所谓率土地而食人肉，罪不容于死。故善战者服上刑，连诸侯者次之，辟草莱、任土地者次之。"

第十五章

孟子曰："存乎人者，莫良于眸子。眸子不能掩其恶。胸中正，则眸子瞭焉；胸中不正，则眸子眊焉。听其言也，观其眸子，人焉廋哉？"

第十六章

孟子曰："恭者不侮人，俭者不夺人。侮夺人之君，惟恐不顺焉，恶得为恭俭？恭俭岂可以声音笑貌为哉？"

第十七章

淳于髡曰："男女授受不亲，礼与？"

孟子曰："礼也。"

曰："嫂溺，则援之以手乎？"

曰："嫂溺不援，是豺狼也。男女授受不亲，礼也；嫂溺，援之以手者，权也。"

曰："今天下溺矣，夫子之不援，何也？"

曰："天下溺，援之以道；嫂溺，援之以手——子欲手援天下乎？"

第十八章

公孙丑曰："君子之不教子，何也？"

孟子曰："势不行也。教者必以正；以正不行，继之以怒。继之以怒，则反夷矣。'夫子教我以正，夫子未出于正也。'则是父子相夷也。父子相夷，则恶矣。古者易子而教之，父子之间不责善。责善则离，离则不祥莫大焉。”

第十九章

孟子曰：“事，孰为大？事亲为大。守，孰为大？守身为大。不失其身而能事其亲者，吾闻之矣；失其身而能事其亲者，吾未之闻也。孰不为事？事亲，事之本也；孰不为守？守身，守之本也。曾子养曾皙，必有酒肉；将彻，必请所与；问有余，必曰‘有’。曾皙死，曾元养曾子，必有酒肉；将彻，不请所与；问有余，曰：‘亡矣。’——将以复进也。此所谓养口体者也。若曾子，则可谓养志也。事亲若曾子者，可也。”

第二十章

孟子曰：“人不足与适也，政不足间也；唯大人为能格君心之非。君仁，莫不仁；君义，莫不义；君正，莫不正。一正君而国定矣。”

第二十一章

孟子曰：“有不虞之誉，有求全之毁。”

第二十二章

孟子曰：“人之易其言也，无责耳矣。”

第二十三章

孟子曰：“人之患在好为人师。”

第二十四章

乐正子从于子敖之齐。

乐正子见孟子。孟子曰：“子亦来见我乎？”

曰：“先生何为出此言也？”

曰：“子来几日矣？”

曰：“昔者。”

曰：“昔者，则我出此言也，不亦宜乎？”

曰："舍馆未定。"

曰："子闻之也，舍馆定，然后求见长者乎？"

曰："克有罪。"

第二十五章

孟子谓乐正子曰："子之从于子敖来，徒铺啜也。我不意子学古之道而以铺啜也。"

第二十六章

孟子曰："不孝有三，无后为大。舜不告而娶，为无后也，君子以为犹告也。"

第二十七章

孟子曰："仁之实，事亲是也；义之实，从兄是也；智之实，知斯二者弗去是也；礼之实，节文斯二者是也；乐之实，乐斯二者，乐则生矣；生则恶可已也，恶可已，则不知足之蹈之，手之舞之。"

第二十八章

孟子曰："天下大悦而将归己。视天下悦而归己，犹草芥也，惟舜为然。不得乎亲，不可以为人；不顺乎亲，不可以为子。舜尽事亲之道而瞽瞍厎豫，瞽瞍厎豫而天下化，瞽瞍厎豫而天下之为父子者定，此之谓大孝。"

卷八　离娄章句下

第一章

孟子曰："舜生于诸冯，迁于负夏，卒于鸣条，东夷之人也。文王生于岐周，卒于毕郢，西夷之人也。地之相去也千有余里，世之相后也千有余岁。得志行乎中国，若合符节，先圣后圣，其揆一也。"

第二章

子产听郑国之政，以其乘舆济人于溱洧。孟子曰：“惠而不知为政。岁，十一月，徒杠成；十二月，舆梁成，民未病涉也。君子平其政，行辟人可也，焉得人人而济之？故为政者，每人而悦之，日亦不足矣。”

第三章

孟子告齐宣王曰：“君之视臣如手足，则臣视君如腹心；君之视臣如犬马，则臣视君如国人；君之视臣如土芥，则臣视君如寇仇。”

王曰：“礼，为旧君有服。何如，斯可为服矣？”

曰：“谏行言听，膏泽下于民；有故而去，则君使人导之出疆，又先于其所往；去三年不反，然后收其田里。此之谓三有礼焉。如此，则为之服矣。今也为臣，谏则不行，言则不听；膏泽不下于民；有故而去，则君搏执之，又极之于其所往；去之日，遂收其田里。此之谓寇仇。寇仇，何服之有？”

第四章

孟子曰：“无罪而杀士，则大夫可以去；无罪而戮民，则士可以徙。”

第五章

孟子曰：“君仁，莫不仁；君义，莫不义。”

第六章

孟子曰：“非礼之礼，非义之义，大人弗为。”

第七章

孟子曰：“中也养不中，才也养不才，故人乐有贤父兄也。如中也弃不中，才也弃不才，则贤不肖之相去，其间不能以寸。”

第八章

孟子曰：“人有不为也，而后可以有为。”

第九章

孟子曰：“言人之不善，当如后患何？”

第十章

孟子曰：“仲尼不为已甚者。”

第十一章

孟子曰：“大人者，言不必信，行不必果，惟义所在。”

第十二章

孟子曰：“大人者，不失其赤子之心者也。”

第十三章

孟子曰：“养生者不足以当大事，惟送死可以当大事。”

第十四章

孟子曰：“君子深造之以道，欲其自得之也。自得之，则居之安；居之安，则资之深；资之深，则取之左右逢其原，故君子欲其自得之也。”

第十五章

孟子曰：“博学而详说之，将以反说约也。”

第十六章

孟子曰：“以善服人者，未有能服人者也；以善养人，然后能服天下。天下不心服而王者，未之有也。”

第十七章

孟子曰："言无实不祥。不祥之实，蔽贤者当之。"

第十八章

徐子曰："仲尼亟称于水，曰：'水哉，水哉！'何取于水也？"

孟子曰："源泉混混，不舍昼夜，盈科而后进，放乎四海。有本者如是，是之取尔。苟为无本，七八月之间雨集，沟浍皆盈；其涸也，可立而待也。故声闻过情，君子耻之。"

第十九章

孟子曰："人之所以异于禽兽者几希，庶民去之，君子存之。舜明于庶物，察于人伦，由仁义行，非行仁义也。"

第二十章

孟子曰："禹恶旨酒而好善言。汤执中，立贤无方。文王视民如伤，望道而未之见。武王不泄迩，不忘远。周公思兼三王，以施四事；其有不合者，仰而思之，夜以继日；幸而得之，坐以待旦。"

第二十一章

孟子曰："王者之迹熄而《诗》亡，《诗》亡然后《春秋》作。晋之《乘》，楚之《梼杌》，鲁之《春秋》，一也。其事则齐桓、晋文，其文则史。孔子曰：'其义则丘窃取之矣。'"

第二十二章

孟子曰："君子之泽五世而斩，小人之泽五世而斩。予未得为孔子徒也，予私淑诸人也。"

第二十三章

孟子曰："可以取，可以无取，取伤廉；可以与，可以无与，与伤惠；可以死，可以无死，死伤勇。"

第二十四章

逄蒙学射于羿，尽羿之道，思天下惟羿为愈己，于是杀羿。孟子曰："是亦羿有罪焉。"

公明仪曰："宜若无罪焉。"

曰："薄乎云尔，恶得无罪？郑人使子濯孺子侵卫，卫使庾公之斯追之。子濯孺子曰：'今日我疾作，不可以执弓，吾死矣夫！'问其仆曰：'追我者谁也？'其仆曰：'庾公之斯也。'曰：'吾生矣。'其仆曰：'庾公之斯，卫之善射者也；夫子曰吾生，何谓也？'曰：'庾公之斯学射于尹公之他，尹公之他学射于我。夫尹公之他，端人也，其取友必端矣。'庾公之斯至，曰：'夫子何为不执弓？'曰：'今日我疾作，不可以执弓。'曰：'小人学射于尹公之他，尹公之他学射于夫子。我不忍以夫子之道反害夫子。虽然，今日之事，君事也，我不敢废。'抽矢，扣轮，去其金，发乘矢而后反。"

第二十五章

孟子曰："西子蒙不洁，则人皆掩鼻而过之；虽有恶人，齐戒沐浴，则可以祀上帝。"

第二十六章

孟子曰："天下之言性也，则故而已矣。故者以利为本。所恶于智者，为其凿也。如智者若禹之行水也，则无恶于智矣。禹之行水也，行其所无事也。如智者亦行其所无事，则智亦大矣。天之高也，星辰之远也，苟求其故，千岁之日至，可坐而致也。"

第二十七章

公行子有子之丧，右师往吊。入门，有进而与右师言者，有就右师之位而与右师言者。孟子不与右师言，右师不悦曰："诸君子皆与欢言，孟子独不与欢言，是简欢也。"

孟子闻之，曰："礼，朝廷不历位而相与言，不逾阶而相揖也。我欲行礼，子敖以我为简，不亦异乎？"

第二十八章

孟子曰："君子所以异于人者，以其存心也。君子以仁存心，以礼存心。仁者爱人，有礼者敬人。爱人者，人恒爱之；敬人者，人恒敬之。有人于此，其待我以横逆，则君子必自反也：我必不仁也，必无礼也，此物奚宜至哉？其自反而仁矣，自反而有礼矣，其横逆由是也，君子必自反也，我必不忠。自反而忠矣，其横逆由是也，君子曰：'此亦妄人也已矣。如此，则与禽兽奚择哉？于禽兽又何难焉？'是故君子有终身之忧，无一朝之患也。乃若所忧则有之：舜，人也；我，亦人也。舜为法于天下，可传于后世，我由未免为乡人也，是则可忧也。忧之如何？如舜而已矣。若夫君子所患则亡矣。非仁无为也，非礼无行也。如有一朝之患，则君子不患矣。"

第二十九章

禹、稷当平世，三过其门而不入，孔子贤之。颜子当乱世，居于陋巷，一箪食，一瓢饮；人不堪其忧，颜子不改其乐，孔子贤之。孟子曰："禹、稷、颜回同道。禹思天下有溺者，由己溺之也；稷思天下有饥者，由己饥之也，是以如是其急也。禹、稷、颜子易地则皆然。今有同室之人斗者，救之，虽被发缨冠而救之，可也；乡邻有斗者，被发缨冠而往救之，则惑也，虽闭户可也。"

第三十章

公都子曰："匡章，通国皆称不孝焉，夫子与之游，又从而礼貌之，敢问何也？"

孟子曰："世俗所谓不孝者五：惰其四支，不顾父母之养，一不孝也；博弈好饮酒，不顾父母之养，二不孝也；好货财，私妻子，不顾父母之养，三不孝也；从耳目之欲，以为父母戮，四不孝也；好勇斗狠，以危父母，五不孝也。章子有一于是乎？夫章子，子父责善而不相遇也。责善，朋友之道也；父子责善，贼恩之大者。夫章子，岂不欲有夫妻子母之属哉？为得罪于父，不得近，出妻屏子，终身不养焉。其设心以为不若是，是则罪之大者，是则章子已矣。"

第三十一章

曾子居武城，有越寇。或曰："寇至，盍去诸？"曰："无寓人于我室，毁伤其薪木。"寇退，则曰："修我墙屋，我将反。"寇退，曾子反。左右曰："待先生如此其忠且敬也，寇至，则先去以为民望；寇退，则反，殆于不可。"沈犹行曰："是非汝所知也。昔沈犹有负刍之祸，从先生者七十人，未有与焉。"

子思居于卫，有齐寇。或曰："寇至，盍去诸？"子思曰："如伋去，君谁与守？"

孟子曰："曾子、子思同道。曾子，师也，父兄也；子思，臣也，微也。曾子、子思易地则皆然。"

第三十二章

储子曰："王使人瞯夫子，果有以异于人乎？"孟子曰："何以异于人哉？尧舜与人同耳。"

第三十三章

齐人有一妻一妾而处室者，其良人出，则必餍酒肉而后反。其妻问所与饮食者，则尽富贵也。其妻告其妾曰："良人出，则必餍酒肉而后反；问其与饮食者，尽富贵也，而未尝有显者来，吾将瞯良人之所之也。"

蚤起，施从良人之所之，遍国中无与立谈者。卒之东郭墦间，之祭者，乞其余；不足，又顾而之他——此其为餍足之道也。

其妻归，告其妾，曰："良人者，所仰望而终身也，今若此——"与其妾讪其良人，而相泣于中庭，而良人未之知也，施施从外来，骄其妻妾。

由君子观之，则人之所以求富贵利达者，其妻妾不羞也，而不相泣者，几希矣。

论语

——春秋·孔子及其门人 著

第一篇 学 而

子曰："学而时习之，不亦说乎？有朋自远方来，不亦乐乎？人不知而不愠，不亦君子乎？"

有子曰："其为人也孝弟，而好犯上者，鲜矣；不好犯上，而好作乱者，未之有也。君子务本，本立而道生。孝弟也者，其为仁之本与！"

子曰："巧言令色，鲜矣仁！"

曾子曰："吾日三省吾身：为人谋而不忠乎？与朋友交而不信乎？传不习乎？"

子曰："道千乘之国，敬事而信，节用而爱人，使民以时。"

子曰："弟子入则孝，出则弟，谨而信，泛爱众而亲仁。行有余力，则以学文。"

子夏曰："贤贤易色；事父母，能竭其力；事君，能致其身；与朋友交，言而有信。虽曰未学，吾必谓之学矣。"

子曰："君子不重则不威，学则不固。主忠信。无友不如己者。过则勿惮改。"

曾子曰："慎终追远，民德归厚矣。"

子禽问于子贡曰："夫子至于是邦也，必闻其政。求之与？抑与之与？"子贡曰："夫子温、良、恭、俭、让以得之。夫子之求之也，其诸异乎人之求之与？"

子曰："父在，观其志；父没，观其行；三年无改于父之道，可谓孝矣。"

有子曰："礼之用，和为贵。先王之道斯为美。小大由之，有所不行。知和而和，不以礼节之，亦不可行也。"

有子曰："信近于义，言可复也。恭近于礼，远耻辱也。因不失其亲，亦可宗也。"

子曰："君子食无求饱，居无求安，敏于事而慎于言，就有道而正焉，可谓好学也已。"

子贡曰："贫而无谄，富而无骄，何如？"子曰："可也。未若贫而乐，富而好礼者也。"子贡曰："《诗》云'如切如磋，如琢如磨。'其斯之谓与？"子曰："赐也，始可与言《诗》已矣，告诸往而知来者。"

子曰："不患人之不己知，患不知人也矣。"

第二篇 为 政

子曰："为政以德，譬如北辰，居其所而众星共之。"

子曰："《诗》三百,一言以蔽之，曰'思无邪'。"

子曰："道之以政，齐之以刑，民免而无耻。道之以德，齐之以礼，有耻且格。"

子曰："吾十有五而志于学，三十而立，四十而不惑，五十而知天命，六十而耳顺，七十而从心所欲不逾矩。"

孟懿子问孝，子曰："无违。"樊迟御，子告之曰："孟孙问孝于我，我对曰：无违。"樊迟曰："何谓也？"子曰："生事之以礼，死葬之以礼，祭之以礼。"

孟武伯问孝。子曰："父母唯其疾之忧。"

子游问孝。子曰："今之孝者，是谓能养。至于犬马，皆能有养；不敬，何以别乎？"

子夏问孝。子曰："色难。有事，弟子服其劳；有酒食，先生馔，曾是以为孝乎？"

子曰："吾与回言终日，不违，如愚。退而省其私，亦足以发，回也不愚。"

子曰："视其所以，观其所由，察其所安。人焉廋哉？人焉廋哉？"

子曰："温故而知新，可以为师矣。"

子曰："君子不器。"

子贡问君子。子曰："先行其言，而后从之。"

子曰："君子周而不比，小人比而不周。"

子曰："学而不思则罔，思而不学则殆。"

子曰："攻乎异端，斯害也已。"

子曰："由！诲女知之乎！知之为知之，不知为不知，是知也。"

子张学干禄。子曰："多闻阙疑，慎言其余，则寡尤；多见阙殆，慎行其余，则寡悔。言寡尤，行寡悔，禄在其中矣。"

哀公问曰："何为则民服？"孔子对曰："举直错诸枉，则民服；举枉错诸直，则民不服。"

季康子问："使民敬、忠以劝，如之何？"子曰："临之以庄，则敬；孝慈，则忠；举善而教不能，则劝。"

或谓孔子曰："子奚不为政？"子曰："《书》云：孝乎，惟孝友于兄弟？施于有政，是亦为政，奚其为政？"

子曰："人而无信，不知其可也。大车无輗，小车无軏，其何以行之哉？"

子张问："十世可知也？"子曰："殷因于夏礼，所损益可知也。周因于殷礼，所损益，可知也。其或继周者，虽百世，可知也。"

子曰："非其鬼而祭之，谄也。见义不为，无勇也。"

第三篇　八　佾

孔子谓季氏："八佾舞于庭，是可忍也，孰不可忍也。"

三家者以《雍》彻。子曰："'相维辟公，天子穆穆'，奚取于三家之堂？"

子曰："人而不仁，如礼何？人而不仁，如乐何？"

林放问礼之本。子曰："大哉问！礼，与其奢也，宁俭。丧，与其易也，宁戚。"

子曰："夷狄之有君，不如诸夏之亡也。"

季氏旅于泰山。子谓冉有曰："女弗能救与？"对曰："不能。"子曰："呜呼！曾谓泰山不如林放乎？"

子曰："君子无所争。必也射乎！揖让而升，下而饮，其争也君子。"

子夏问曰："'巧笑倩兮，美目盼兮，素以为绚兮'，何谓也？"子曰："绘事后素。"曰："礼后乎？"子曰："起予者商也！始可与言《诗》已矣。"

子曰："夏礼，吾能言之，杞不足征也。殷礼，吾能言之，宋不足征也。文献不足故也，足，则吾能征之矣。"

子曰："禘，自既灌而往者，吾不欲观之矣。"

或问禘之说。子曰："不知也。知其说者之于天下也，其如示诸斯乎？"指其掌。

祭如在，祭神如神在。子曰："吾不与祭，如不祭。"

王孙贾问曰："与其媚于奥，宁媚于灶，何谓也？"子曰："不然。获罪于天，无所祷也。"

子曰："周监于二代，郁郁乎文哉！吾从周。"

子入大庙，每事问。或曰："孰谓鄹人之子知礼乎？入大庙，每事问。"子闻之，曰："是礼也。"

子曰："射不主皮，为力不同科，古之道也。"

子贡欲去告朔之饩羊。子曰："赐也！尔爱其羊，我爱其礼。"

子曰："事君尽礼，人以为谄也。"

定公问："君使臣，臣事君，如之何？"孔子对曰："君使臣以礼，臣事君以忠。"

子曰："《关雎》乐而不淫，哀而不伤。"

哀公问社于宰我。宰我对曰："夏后氏以松，殷人以柏，周人以栗，曰使民战栗。"子闻之，曰："成事不说，遂事不谏，既往不咎。"

子曰："管仲之器小哉！"或曰："管仲俭乎？"曰："管氏有三归，官事不摄，焉得俭？""然则管仲知礼乎？"曰："邦君树塞门，管氏亦树塞门。邦君为两君之好，有反坫，管氏亦有反坫。管氏而知礼，孰不知礼？"

子语鲁大师乐，曰：“乐其可知也：始作，翕如也；从之，纯如也，皦如也，绎如也，以成。”

仪封人请见，曰：“君子之至于斯也，吾未尝不得见也。”从者见之。出曰：“二三子何患于丧乎？天下之无道也久矣，天将以夫子为木铎。”

子谓《韶》：“尽美矣，又尽善也。”谓《武》：“尽美矣，未尽善也。”

子曰：“居上不宽，为礼不敬，临丧不哀，吾何以观之哉？”

第四篇　里　仁

子曰：“里仁为美。择不处仁，焉得知？”

子曰：“不仁者不可以久处约，不可以长处乐。仁者安仁，知者利仁。”

子曰：“唯仁者能好人，能恶人。”

子曰：“苟志于仁矣，无恶也。”

子曰：“富与贵，是人之所欲也；不以其道得之，不处也。贫与贱，是人之所恶也；不以其道得之，不去也。君子去仁，恶乎成名？君子无终食之间违仁，造次必于是，颠沛必于是。”

子曰：“我未见好仁者、恶不仁者。好仁者，无以尚之；恶不仁者，其为仁矣，不使不仁者加乎其身。有能一日用其力于仁矣乎？我未见力不足者。盖有之矣，我未之见也。”

子曰：“人之过也，各于其党。观过，斯知仁矣。”

子曰：“朝闻道，夕死可矣。”

子曰：“士志于道，而耻恶衣恶食者，未足与议也。”

子曰：“君子之于天下也，无适也，无莫也，义之与比。”

子曰：“君子怀德，小人怀土；君子怀刑，小人怀惠。”

子曰：“放于利而行，多怨。”

子曰：“能以礼让为国乎？何有？不能以礼让为国，如礼何？”

子曰：“不患无位，患所以立。不患莫己知，求为可知也。”

子曰：“参乎！吾道一以贯之。”曾子曰：“唯。”子出，门人问曰：“何谓也？”曾子曰：“夫子之道，忠恕而已矣。”

子曰：“君子喻于义，小人喻于利。”

子曰：“见贤思齐焉，见不贤而内自省也。”

子曰：“事父母几谏，见志不从，又敬不违，劳而不怨。”

子曰：“父母在，不远游，游必有方。”

子曰：“三年无改于父之道，可谓孝矣。”

子曰：“父母之年，不可不知也。一则以喜，一则以惧。”

子曰：“古者言之不出，耻躬之不逮也。”

子曰：“以约失之者，鲜矣。”

子曰：“君子欲讷于言而敏于行。”

子曰：“德不孤，必有邻。”

子游曰：“事君数，斯辱矣。朋友数，斯疏矣。”

第五篇　公冶长

子谓公冶长：“可妻也。虽在缧绁之中，非其罪也。”以其子妻之。

子谓南容：“邦有道，不废；邦无道，免于刑戮。”以其兄之子妻之。

子谓子贱：“君子哉若人！鲁无君子者，斯焉取斯？”

子贡问曰：“赐也何如？”子曰：“女，器也。”曰：“何器也？”曰：“瑚琏也。”

或曰：“雍也仁而不佞。”子曰：“焉用佞？御人以口给，屡憎于人。不知其仁，焉用佞？”

子使漆雕开仕。对曰：“吾斯之未能信。”子说。

子曰：“道不行，乘桴浮于海，从我者，其由与？”子路闻之喜。子曰：“由也好勇过我，无所取材。”

孟武伯问：“子路仁乎？”子曰：“不知也。”又问。子曰：“由也，千乘之国，可使治其赋也，不知其仁也。”“求也何如？”子曰：

"求也，千室之邑，百乘之家，可使为之宰也，不知其仁也。""赤也何如？"子曰："赤也，束带立于朝，可使与宾客言也，不知其仁也。"

子谓子贡曰："女与回也孰愈？"对曰："赐也何敢望回？回也闻一以知十，赐也闻一以知二。"子曰："弗如也，吾与女弗如也。"

宰予昼寝。子曰："朽木不可雕也，粪土之墙不可杇也。于予与何诛？"子曰："始吾于人也，听其言而信其行；今吾于人也，听其言而观其行。于予与改是。"

子曰："吾未见刚者。"或对曰："申枨。"子曰："枨也欲，焉得刚？"

子贡曰："我不欲人之加诸我也，吾亦欲无加诸人。"子曰："赐也，非尔所及也。"

子贡曰："夫子之文章，可得而闻也；夫子之言性与天道，不可得而闻也。"

子路有闻，未之能行，惟恐有闻。

子贡问曰："孔文子何以谓之'文'也？"子曰："敏而好学，不耻下问，是以谓之'文'也。"

子谓子产："有君子之道四焉：其行己也恭，其事上也敬，其养民也惠，其使民也义。"

子曰："晏平仲善与人交，久而敬之。"

子曰："臧文仲居蔡，山节藻棁，何如其知也？"

子张问曰："令尹子文三仕为令尹，无喜色；三已之，无愠色。旧令尹之政，必以告新令尹。何如？"子曰："忠矣。"曰："仁矣乎？"曰："未知，焉得仁？""崔子弑齐君，陈文子有马十乘，弃而违之。至于他邦，则曰：'犹吾大夫崔子也'。违之。之一邦，则又曰：'犹吾大夫崔子也。'"违之。何如？"子曰："清矣。"曰："仁矣乎？"曰："未知。焉得仁？"

季文子三思而后行。子闻之，曰："再，斯可矣。"

子曰："宁武子，邦有道则知；邦无道则愚。其知可及也，其愚不可及也。"

子在陈，曰："归与！归与！吾党之小子狂简，斐然成章，不知所以裁之。”

子曰：“伯夷、叔齐不念旧恶，怨是用希。”

子曰：“孰谓微生高直？或乞醯焉，乞诸其邻而与之。”

子曰：“巧言、令色、足恭，左丘明耻之，丘亦耻之。匿怨而友其人，左丘明耻之，丘亦耻之。”

颜渊、季路侍。子曰：“盍各言尔志？”子路曰：“愿车马、衣轻裘，与朋友共，蔽之而无憾。”颜渊曰：“愿无伐善，无施劳。”子路曰：“愿闻子之志。”子曰：“老者安之，朋友信之，少者怀之。”

子曰：“已矣乎！吾未见能见其过而内自讼者也。”

子曰：“十室之邑，必有忠信如丘者焉，不如丘之好学也。”

第六篇 雍 也

子曰：“雍也可使南面。”

仲弓问子桑伯子。子曰：“可也，简。”仲弓曰：“居敬而行简，以临其民，不亦可乎？居简而行简，无乃大简乎？”子曰：“雍之言然。”

哀公问：“弟子孰为好学？”孔子对曰：“有颜回者好学，不迁怒，不贰过。不幸短命死矣。今也则亡，未闻好学者也。”

子华使于齐，冉子为其母请粟。子曰：“与之釜。”请益。曰：“与之庾。”冉子与之粟五秉。子曰：“赤之适齐也，乘肥马，衣轻裘。吾闻之也：君子周急不继富。”原思为之宰，与之粟九百，辞。子曰：“毋！以与尔邻里乡党乎！”

子谓仲弓曰：“犁牛之子骍且角，虽欲勿用，山川其舍诸？”

子曰：“回也，其心三月不违仁，其余则日月至焉而已矣。”

季康子问：“仲由可使从政也与？”子曰：“由也果，于从政乎何有？”曰：“赐也可使从政也与？”曰：“赐也达，于从政乎何有？”曰：“求也可使从政也与？”曰：“求也艺，于从政乎何有？”

季氏使闵子骞为费宰。闵子骞曰：“善为我辞焉！如有复我者，则吾必在汶上矣。”

伯牛有疾，子问之，自牖执其手，曰：“亡之，命矣夫！斯人也而有斯疾也！斯人也而有斯疾也！”

子曰：“贤哉，回也！一箪食，一瓢饮，在陋巷，人不堪其忧，回也不改其乐。贤哉，回也！”

冉求曰：“非不说子之道，力不足也。”子曰：“力不足者，中道而废，今女画。”

子谓子夏曰：“女为君子儒，无为小人儒。”

子游为武城宰。子曰：“女得人焉尔乎？”曰：“有澹台灭明者，行不由径，非公事，未尝至于偃之室也。”

子曰：“孟之反不伐，奔而殿，将入门，策其马，曰：‘非敢后也，马不进也。’”

子曰：“不有祝鮀之佞，而有宋朝之美，难乎免于今之世矣。”

子曰：“谁能出不由户？何莫由斯道也？”

子曰：“质胜文则野，文胜质则史。文质彬彬，然后君子。”

子曰：“人之生也直，罔之生也幸而免。”

子曰：“知之者不如好之者，好之者不如乐之者。”

子曰：“中人以上，可以语上也；中人以下，不可以语上也。”

樊迟问知。子曰：“务民之义，敬鬼神而远之，可谓知矣。”问仁。曰：“仁者先难而后获，可谓仁矣。”

子曰：“知者乐水，仁者乐山。知者动，仁者静，知者乐，仁者寿。”

子曰：“齐一变，至于鲁；鲁一变，至于道。”

子曰：“觚不觚，觚哉！觚哉！”

宰我问曰：“仁者，虽告之曰‘井有仁焉’，其从之也？”子曰：“何为其然也？君子可逝也，不可陷也；可欺也，不可罔也。”

子曰：“君子博学于文，约之以礼，亦可以弗畔矣夫。”

子见南子，子路不说。夫子矢之曰：“予所否者，天厌之！天厌之！”

子曰：“中庸之为德也，其至矣乎！民鲜久矣。”

子贡曰：“如有博施于民而能济众，何如？可谓仁乎？”子曰：

“何事于仁！必也圣乎！尧舜其犹病诸！夫仁者，己欲立而立人，己欲达而达人。能近取譬，可谓仁之方也已。”

第七篇 述而

子曰："述而不作，信而好古，窃比于我老彭。"

子曰："默而识之，学而不厌，诲人不倦，何有于我哉？"

子曰："德之不修，学之不讲，闻义不能徙，不善不能改，是吾忧也。"

子之燕居，申申如也，夭夭如也。

子曰："甚矣吾衰也！久矣吾不复梦见周公！"

子曰："志于道，据于德，依于仁，游于艺。"

子曰："自行束脩以上，吾未尝无诲焉。"

子曰："不愤不启，不悱不发。举一隅不以三隅反，则不复也。"

子食于有丧者之侧，未尝饱也。子于是日哭，则不歌。

子谓颜渊曰："用之则行，舍之则藏，惟我与尔有是夫。"子路曰："子行三军，则谁与？"子曰："暴虎冯河，死而无悔者，吾不与也。必也临事而惧，好谋而成者也。"

子曰："富而可求也，虽执鞭之士，吾亦为之。如不可求，从吾所好。"

子之所慎：齐、战、疾。

子在齐闻《韶》，三月不知肉味，曰："不图为乐之至于斯也。"

冉有曰："夫子为卫君乎？"子贡曰："诺，吾将问之。"入，曰："伯夷、叔齐何人也？"曰："古之贤人也。"曰："怨乎？"曰："求仁而得仁，又何怨？"出，曰："夫子不为也。"

子曰："饭疏食饮水，曲肱而枕之，乐亦在其中矣。不义而富且贵，于我如浮云。"

子曰："加我数年，五十以学《易》，可以无大过矣。"

子所雅言，《诗》《书》、执礼，皆雅言也。

叶公问孔子于子路，子路不对。子曰：“女奚不曰：其为人也，发愤忘食，乐以忘忧，不知老之将至云尔。”

子曰：“我非生而知之者，好古，敏以求之者也。”

子不语怪、力、乱、神。

子曰：“三人行，必有我师焉。择其善者而从之，其不善者而改之。”

子曰：“天生德于予，桓魋其如予何？”

子曰：“二三子以我为隐乎？吾无隐乎尔。吾无行而不与二三子者，是丘也。”

子以四教：文、行、忠、信。

子曰：“圣人，吾不得而见之矣；得见君子者，斯可矣。”子曰：“善人，吾不得而见之矣；得见有恒者，斯可矣。亡而为有，虚而为盈，约而为泰，难乎有恒矣。”

子钓而不纲，弋不射宿。

子曰：“盖有不知而作之者，我无是也。多闻，择其善者而从之；多见而识之；知之次也。”

互乡难与言，童子见，门人惑。子曰：“与其进也，不与其退也，唯何甚？人洁己以进，与其洁也，不保其往也。”

子曰：“仁远乎哉？我欲仁，斯仁至矣。”

陈司败问：“昭公知礼乎？”孔子曰：“知礼。”孔子退，揖巫马期而进之，曰：“吾闻君子不党，君子亦党乎？君取于吴，为同姓，谓之吴孟子。君而知礼，孰不知礼？”巫马期以告。子曰：“丘也幸，苟有过，人必知之。”

子与人歌而善，必使反之，而后和之。

子曰：“文，莫吾犹人也。躬行君子，则吾未之有得。”

子曰：“若圣与仁，则吾岂敢！抑为之不厌，诲人不倦，则可谓云尔已矣。”公西华曰：“正唯弟子不能学也。”

子疾病，子路请祷。子曰：“有诸？”子路对曰：“有之。《诔》曰：‘祷尔于上下神祇。’”子曰：“丘之祷久矣。”

子曰：“奢则不孙，俭则固。与其不孙也，宁固。”

子曰：“君子坦荡荡，小人长戚戚。”

子温而厉，威而不猛，恭而安。

第八篇 泰 伯

子曰："泰伯，其可谓至德也已矣。三以天下让，民无得而称焉。"

子曰："恭而无礼则劳，慎而无礼则葸，勇而无礼则乱，直而无礼则绞。君子笃于亲，则民兴于仁；故旧不遗，则民不偷。"

曾子有疾，召门弟子曰："启予足，启予手！《诗》云：'战战兢兢，如临深渊，如履薄冰。'而今而后，吾知免夫！小子！"

曾子有疾，孟敬子问之。曾子言曰："鸟之将死，其鸣也哀。人之将死，其言也善。君子所贵乎道者三：动容貌，斯远暴慢矣；正颜色，斯近信矣；出辞气，斯远鄙倍矣。笾豆之事，则有司存。"

曾子曰："以能问于不能，以多问于寡；有若无，实若虚，犯而不校。昔者吾友尝从事于斯矣。"

曾子曰："可以托六尺之孤，可以寄百里之命，临大节而不可夺也：君子人与？君子人也！"

曾子曰："士不可以不弘毅，任重而道远。仁以为己任，不亦重乎？死而后已，不亦远乎？"

子曰："兴于《诗》，立于礼，成于乐。"

子曰："民可使由之，不可使知之。"

子曰："好勇疾贫，乱也，人而不仁，疾之已甚，乱也。"

子曰："如有周公之才之美，使骄且吝，其余不足观也已。"

子曰："三年学，不至于谷，不易得也。"

子曰："笃信好学，守死善道，危邦不入，乱邦不居。天下有道则见，无道则隐。邦有道，贫且贱焉，耻也；邦无道，富且贵焉，耻也。"

子曰："不在其位，不谋其政。"

子曰："师挚之始，《关雎》之乱，洋洋乎盈耳哉。"

子曰："狂而不直，侗而不愿，悾悾而不信，吾不知之矣。"

子曰："学如不及，犹恐失之。"

子曰："巍巍乎，舜禹之有天下也而不与焉。"

子曰："大哉尧之为君也！巍巍乎！唯天为大，唯尧则之。荡荡乎！民无能名焉。巍巍乎其有成功也，焕乎其有文章！"舜有臣五人而天下治。武王曰："予有乱臣十人。"孔子曰："才难，不其然乎？唐虞之际，于斯为盛，有妇人焉，九人而已。三分天下有其二，以服事殷。周之德，其可谓至德也已矣？"

子曰："禹，吾无间然矣。菲饮食而致孝乎鬼神，恶衣服而致美乎黻冕，卑宫室而尽力乎沟洫。禹，吾无间然矣。"

第九篇 子 罕

子罕言利与命与仁。

达巷党人曰："大哉孔子！博学而无所成名。"子闻之，谓门弟子曰："吾何执？执御乎？执射乎？吾执御矣。"

子曰："麻冕，礼也；今也纯，俭，吾从众。拜下，礼也；今拜乎上，泰也。虽违众，吾从下。"

子绝四：毋意，毋必，毋固，毋我。

子畏于匡。曰："文王既没，文不在兹乎？天之将丧斯文也，后死者不得与于斯文也。天之未丧斯文也，匡人其如予何？"

太宰问于子贡曰："夫子圣者与？何其多能也？"子贡曰："固天纵之将圣，又多能也。"子闻之，曰："太宰知我乎！吾少也贱，故多能鄙事。君子多乎哉？不多也。"牢曰："子云：'吾不试，故艺。'"

子曰："吾有知乎哉？无知也。有鄙夫问于我，空空如也，我叩其两端而竭焉。"

子曰："凤鸟不至，河不出图，吾已矣夫！"

子见齐衰者、冕衣裳者与瞽者，见之，虽少，必作；过之，必趋。

颜渊喟然叹曰："仰之弥高，钻之弥坚，瞻之在前，忽焉在后。

夫子循循然善诱人，博我以文，约我以礼，欲罢不能。既竭吾才，如有所立卓尔。虽欲从之，末由也已。”

子疾病，子路使门人为臣。病间，曰：“久矣哉！由之行诈也！无臣而为有臣。吾谁欺，欺天乎？且予与其死于臣之手也，毋宁死于二三子之手乎？且予纵不得大葬，予死于道路乎？”

子贡曰：“有美玉于斯，韫椟而藏诸？求善贾而沽诸？”子曰：“沽之哉！沽之哉！我待贾者也！”

子欲居九夷。或曰：“陋，如之何？”子曰：“君子居之，何陋之有？”

子曰：“吾自卫反鲁，然后乐正，《雅》《颂》各得其所。”

子曰：“出则事公卿，入则事父兄，丧事不敢不勉，不为酒困，何有于我哉？”

子在川上，曰：“逝者如斯夫！不舍昼夜。”

子曰：“吾未见好德如好色者也。”

子曰：“譬如为山，未成一篑，止，吾止也。譬如平地，虽覆一篑，进，吾往也。”

子曰：“语之而不惰者，其回也与？”

子谓颜渊，曰：“惜乎！吾见其进也，未见其止也。”

子曰：“苗而不秀者有矣夫！秀而不实者有矣夫！”

子曰：“后生可畏，焉知来者之不如今也？四十、五十而无闻焉，斯亦不足畏也已。”

子曰：“法语之言，能无从乎？改之为贵。巽与之言，能无说乎？绎之为贵。说而不绎，从而不改，吾末如之何也已矣。”

子曰：“主忠信，毋友不如己者，过则勿惮改。”

子曰：“三军可夺帅也，匹夫不可夺志也。”

子曰：“衣敝缊袍，与衣狐貉者立，而不耻者，其由也与？‘不忮不求，何用不臧？’”子路终身诵之。子曰：“是道也，何足以臧？”

子曰：“岁寒，然后知松柏之后凋也。”

子曰：“知者不惑，仁者不忧，勇者不惧。”

子曰：“可与共学，未可与适道；可与适道，未可与立；可与立，未可与权。”

“唐棣之华，偏其反而。岂不尔思？室是远而。”子曰：“未之思也。夫何远之有？”

第十篇　乡党

孔子于乡党，恂恂如也，似不能言者。其在宗庙朝廷，便便言，唯谨尔。

朝，与下大夫言，侃侃如也；与上大夫言，訚訚如也。君在，踧踖如也，与与如也。

君召使摈，色勃如也，足躩如也。揖所与立，左右手，衣前后，襜如也。趋进，翼如也。宾退，必复命曰：“宾不顾矣。”

入公门，鞠躬如也，如不容。立不中门，行不履阈。过位，色勃如也，足躩如也，其言似不足者。摄齐升堂，鞠躬如也，屏气似不息者。出，降一等，逞颜色，怡怡如也。没阶，趋，翼如也。复其位，踧踖如也。

执圭，鞠躬如也，如不胜。上如揖，下如授。勃如战色，足蹜蹜如有循。享礼，有容色。私觌，愉愉如也。

君子不以绀緅饰，红紫不以为亵服。当暑，袗絺绤，必表而出之。缁衣，羔裘；素衣，麑裘；黄衣，狐裘。亵裘长，短右袂。必有寝衣，长一身有半。狐貉之厚以居。去丧无所不佩。非帷裳，必杀之。羔裘玄冠不以吊。吉月，必朝服而朝。

齐，必有明衣，布。齐必变食，居必迁坐。

食不厌精，脍不厌细。食饐而餲，鱼馁而肉败，不食。色恶，不食。臭恶，不食。失饪，不食。不时，不食。割不正，不食。不得其酱，不食。肉虽多，不使胜食气。唯酒无量，不及乱。沽酒市脯，不食。不撤姜食，不多食。祭于公，不宿肉。祭肉不出三日，出三日，不食之矣。食不语，寝不言。虽疏食菜羹，瓜祭，必齐如也。

席不正，不坐。

乡人饮酒，杖者出，斯出矣。

乡人傩，朝服而立于阼阶。

问人于他邦，再拜而送之。康子馈药，拜而受之，曰："丘未达，不敢尝。"

厩焚。子退朝，曰："伤人乎？"不问马。

君赐食，必正席先尝之。君赐腥，必熟而荐之。君赐生，必畜之。侍食于君，君祭，先饭。疾，君视之，东首，加朝服，拖绅。君命召，不俟驾行矣。

入太庙，每事问。

朋友死，无所归，曰："于我殡。"朋友之馈，虽车马，非祭肉，不拜。

寝不尸，居不容。

见齐衰者，虽狎必变；见冕者与瞽者，虽亵必以貌。凶服者式之。式负版者。有盛馔，必变色而作。迅雷风烈必变。

升车，必正立，执绥。车中不内顾，不疾言，不亲指。

色斯举矣，翔而后集。曰："山梁雌雉，时哉时哉！"子路共之，三嗅而作。

第十一篇 先 进

子曰："先进于礼乐，野人也；后进于礼乐，君子也。如用之，则吾从先进。"

子曰："从我于陈蔡者，皆不及门也。"德行：颜渊、闵子骞、冉伯牛、仲弓。言语：宰我、子贡。政事：冉有、季路。文学：子游、子夏。

子曰："回也，非助我者也，于吾言无所不说。"

子曰："孝哉闵子骞！人不间于其父母昆弟之言。"

南容三复白圭，孔子以其兄之子妻之。

季康子问："弟子孰为好学？"孔子对曰："有颜回者好学，不幸短命死矣，今也则亡。”

颜渊死，颜路请子之车以为之椁。子曰：“才不才，亦各言其子也。鲤也死，有棺而无椁。吾不徒行以为之椁。以吾从大夫之后，不可徒行也。”

颜渊死，子曰：“噫！天丧予！天丧予！”

颜渊死，子哭之恸。从者曰：“子恸矣！”曰：“有恸乎？非夫人之为恸而谁为？”

颜渊死，门人欲厚葬之。子曰：“不可。”门人厚葬之。子曰：“回也视予犹父也，予不得视犹子也，非我也，夫二三子也。”

季路问事鬼神。子曰：“未能事人，焉能事鬼？”曰：“敢问死。”曰：“未知生，焉知死？”

闵子侍侧，訚訚如也；子路，行行如也；冉有、子贡，侃侃如也。子乐。“若由也，不得其死然。”

鲁人为长府。闵子骞曰：“仍旧贯，如之何？何必改作？”子曰：“夫人不言，言必有中。”

子曰：“由之瑟，奚为于丘之门？”门人不敬子路。子曰：“由也升堂矣，未入于室也。”

子贡问：“师与商也孰贤？”子曰：“师也过，商也不及。”曰：“然则师愈与？”子曰：“过犹不及。”

季氏富于周公，而求也为之聚敛而附益之。子曰：“非吾徒也，小子鸣鼓而攻之，可也。”

柴也愚，参也鲁，师也辟，由也喭。

子曰：“回也其庶乎，屡空。赐不受命，而货殖焉，亿则屡中。”

子张问善人之道。子曰：“不践迹，亦不入于室。”

子曰：“论笃是与，君子者乎？色庄者乎？”

子路问：“闻斯行诸？”子曰：“有父兄在，如之何其闻斯行之？”冉有问：“闻斯行诸？”子曰：“闻斯行之。”公西华曰：“由也问闻斯行诸，子曰‘有父兄在’；求也问闻斯行诸，子曰‘闻斯行之’。赤也惑，敢问。”子曰：“求也退，故进之。由也兼人，故退之。”

子畏于匡，颜渊后。子曰：“吾以女为死矣。”曰：“子在，回何敢死？”

季子然问：“仲由、冉求可谓大臣与？”子曰：“吾以子为异之问，曾由与求之问。所谓大臣者，以道事君，不可则止。今由与求也，可谓具臣矣。”曰：“然则从之者与？”子曰：“弑父与君，亦不从也。”

子路使子羔为费宰。子曰：“贼夫人之子。”子路曰：“有民人焉，有社稷焉，何必读书，然后为学？”子曰：“是故恶夫佞者。”

子路、曾皙、冉有、公西华侍坐。子曰：“以吾一日长乎尔，毋吾以也。居则曰：‘不吾知也！’如或知尔，则何以哉？”子路率尔而对曰：“千乘之国，摄乎大国之间，加之以师旅，因之以饥馑，由也为之，比及三年，可使有勇，且知方也。”夫子哂之。“求！尔如何？”对曰：“方六七十，如五六十，求也为之，比及三年，可使足民。如其礼乐，以俟君子。”“赤！尔何如？”对曰：“非曰能之，愿学焉。宗庙之事，如会同，端章甫，愿为小相焉。”“点！尔何如？”鼓瑟希，铿尔，舍瑟而作，对曰：“异乎三子者之撰。”子曰：“何伤乎？亦各言其志也。”曰：“莫春者，春服既成，冠者五六人，童子六七人，浴乎沂，风乎舞雩，咏而归。”夫子喟然叹曰：“吾与点也！”三子者出，曾皙后。曾皙曰：“夫三子者之言何如？”子曰：“亦各言其志也已矣。”曰：“夫子何哂由也？”曰：“为国以礼，其言不让，是故哂之。唯求则非邦也与？安见方六七十如五六十而非邦也者？唯赤则非邦也与？宗庙会同，非诸侯而何？赤也为之小，孰能为之大？”

第十二篇 颜 渊

颜渊问仁。子曰：“克己复礼为仁。一日克己复礼，天下归仁焉。为仁由己，而由人乎哉？”颜渊曰：“请问其目。”子曰：“非礼勿视，非礼勿听，非礼勿言，非礼勿动。”颜渊曰：“回虽不敏，请事斯语矣。”

仲弓问仁。子曰："出门如见大宾，使民如承大祭。己所不欲，勿施于人。在邦无怨，在家无怨。"仲弓曰："雍虽不敏，请事斯语矣。"

司马牛问仁。子曰："仁者其言也讱。"曰："其言也讱，斯谓之仁已乎？"子曰："为之难，言之得无讱乎？"

司马牛问君子。子曰："君子不忧不惧。"曰："不忧不惧，斯谓之君子已乎？"子曰："内省不疚，夫何忧何惧？"

司马牛忧曰："人皆有兄弟，我独亡。"子夏曰："商闻之矣：死生有命，富贵在天。君子敬而无失，与人恭而有礼。四海之内，皆兄弟也。君子何患乎无兄弟也？"

子张问明。子曰："浸润之谮，肤受之愬，不行焉，可谓明也已矣。浸润之谮，肤受之愬，不行焉，可谓远也已矣。"

子贡问政。子曰："足食，足兵，民信之矣。"子贡曰："必不得已而去，于斯三者何先？"曰："去兵。"子贡曰："必不得已而去，于斯二者何先？"曰："去食。自古皆有死，民无信不立。"

棘子成曰："君子质而已矣，何以文为？"子贡曰："惜乎夫子之说君子也。驷不及舌。文犹质也，质犹文也。虎豹之鞟犹犬羊之鞟。"

哀公问于有若曰："年饥，用不足，如之何？"有若对曰："盍彻乎？"曰："二，吾犹不足，如之何其彻也？"对曰："百姓足，君孰与不足？百姓不足，君孰与足？"

子张问崇德辨惑。子曰："主忠信，徙义，崇德也。爱之欲其生，恶之欲其死。既欲其生，又欲其死，是惑也。'诚不以富，亦祇以异。'"

齐景公问政于孔子。孔子对曰："君君，臣臣，父父，子子。"公曰："善哉！信如君不君，臣不臣，父不父，子不子，虽有粟，吾得而食诸？"

子曰："片言可以折狱者，其由也与？"子路无宿诺。

子曰："听讼，吾犹人也。必也，使无讼乎！"

子张问政。子曰："居之无倦，行之以忠。"

子曰："博学于文，约之以礼，亦可以弗畔矣夫。"

子曰："君子成人之美，不成人之恶。小人反是。"

季康子问政于孔子。孔子对曰：“政者，正也。子帅以正，孰敢不正？”

季康子患盗，问于孔子。孔子对曰：“苟子之不欲，虽赏之不窃。”

季康子问政于孔子曰：“如杀无道，以就有道，何如？”孔子对曰：“子为政，焉用杀？子欲善而民善矣。君子之德风，小人之德草，草上之风，必偃。”

子张问：“士何如斯可谓之达矣？”子曰：“何哉，尔所谓达者？”子张对曰：“在邦必闻，在家必闻。”子曰：“是闻也，非达也。夫达也者，质直而好义，察言而观色，虑以下人。在邦必达，在家必达。夫闻也者，色取仁而行违，居之不疑。在邦必闻，在家必闻。”

樊迟从游于舞雩之下，曰：“敢问崇德、修慝、辨惑。”子曰：“善哉问！先事后得，非崇德与？攻其恶，无攻人之恶，非修慝与？一朝之忿，忘其身，以及其亲，非惑与？”

樊迟问仁。子曰：“爱人。”问知，子曰：“知人。”樊迟未达。子曰：“举直错诸枉，能使枉者直。”樊迟退，见子夏曰：“乡也吾见于夫子而问知。子曰：‘举直错诸枉，能使枉者直’。何谓也？”子夏曰：“富哉言乎！舜有天下，选于众，举皋陶，不仁者远矣。汤有天下，选于众，举伊尹，不仁者远矣。”

子贡问友。子曰：“忠告而善道之，不可则止，毋自辱焉。”

曾子曰：“君子以文会友，以友辅仁。”

第十三篇 子 路

子路问政。子曰：“先之劳之。”请益，曰：“无倦。”

仲弓为季氏宰，问政。子曰：“先有司，赦小过，举贤才。”曰：“焉知贤才而举之？”曰：“举尔所知；尔所不知，人其舍诸？”

子路曰：“卫君待子而为政，子将奚先？”子曰：“必也正名乎！”子路曰：“有是哉，子之迂也！奚其正？”子曰：“野哉，由也！君子于其所不知，盖阙如也。名不正，则言不顺；言不顺，则事不成；事不成，则礼乐不兴；礼乐不兴，则刑罚不中；刑罚不中，则民无所措手足。故君子名之必可言也，言之必可行也。君子于其言，无所苟而已矣。”

樊迟请学稼。子曰：“吾不如老农。”请学为圃。曰：“吾不如老圃。”樊迟出，子曰：“小人哉，樊须也！上好礼，则民莫敢不敬；上好义，则民莫敢不服；上好信，则民莫敢不用情。夫如是，则四方之民襁负其子而至矣，焉用稼？”

子曰：“诵《诗》三百，授之以政，不达；使于四方，不能专对；虽多，亦奚以为？”

子曰：“其身正，不令而行；其身不正，虽令不从。”

子曰：“鲁卫之政，兄弟也。”子谓卫公子荆：“善居室。始有，曰：‘苟合矣。’少有，曰：‘苟完矣。’富有，曰：‘苟美矣’”。

子适卫，冉有仆。子曰：“庶矣哉！”冉有曰：“既庶矣，又何加焉？”曰：“富之。”曰：“既富矣，又何加焉？”曰：“教之。”

子曰：“苟有用我者，期月而已可也，三年有成。”

子曰：“‘善人为邦百年，亦可以胜残去杀矣。’诚哉是言也！”

子曰：“如有王者，必世而后仁。”

子曰：“苟正其身矣，于从政乎何有？不能正其身，如正人何？”

冉子退朝。子曰：“何晏也？”对曰：“有政。”子曰：“其事也。如有政，虽不吾以，吾其与闻之。”

定公问：“一言而可以兴邦，有诸？”孔子对曰：“言不可以若是其几也。人之言曰：‘为君难，为臣不易。’如知为君之难也，不几乎一言而兴邦乎？”曰：“一言而丧邦，有诸？”孔子对曰：“言不可以若是其几也。人之言曰：‘予无乐乎为君，唯其言而莫予违也。’如其善而莫之违也，不亦善乎？如不善而莫之违也，不几乎一言而丧邦乎？”

叶公问政。子曰：“近者说，远者来。”

子夏为莒父宰，问政。子曰：“无欲速，无见小利。欲速则不达，见小利则大事不成。”

叶公语孔子曰："吾党有直躬者，其父攘羊，而子证之。"孔子曰："吾党之直者异于是：父为子隐，子为父隐，直在其中矣。"

樊迟问仁。子曰："居处恭，执事敬，与人忠。虽之夷狄，不可弃也。"

子贡问曰："何如斯可谓之士矣？"子曰："行己有耻，使于四方，不辱君命，可谓士矣。"曰："敢问其次。"曰："宗族称孝焉，乡党称弟焉。"曰："敢问其次。"曰："言必信，行必果，硁硁然小人哉！抑亦可以为次矣。"曰："今之从政者何如？"子曰："噫！斗筲之人，何足算也！"

子曰："不得中行而与之，必也狂狷乎！狂者进取，狷者有所不为也。"

子曰："南人有言曰：'人而无恒，不可以作巫医。'善夫！""不恒其德，或承之羞。"子曰："不占而已矣。"

子曰："君子和而不同，小人同而不和。"

子贡问曰："乡人皆好之，何如？"子曰："未可也。""乡人皆恶之，何如？"子曰："未可也。不如乡人之善者好之，其不善者恶之。"

子曰："君子易事而难说也；说之不以道，不说也；及其使人也，器之。小人难事而易说也；说之虽不以道，说也；及其使人也，求备焉。"子曰："君子泰而不骄，小人骄而不泰。"

子曰："刚、毅、木、讷，近仁。"

子路问曰："何如斯可谓之士矣？"子曰："切切偲偲，怡怡如也，可谓士矣。朋友切切偲偲，兄弟怡怡。"

子曰："善人教民七年，亦可以即戎矣。"

子曰："以不教民战，是谓弃之。"

第十四篇　宪　问

宪问耻，子曰："邦有道，谷；邦无道，谷，耻也。"

"克、伐、怨、欲，不行焉，可以为仁矣？"子曰："可以为难矣，仁则吾不知也。”

子曰：“士而怀居，不足以为士矣。”

子曰：“邦有道，危言危行；邦无道，危行言孙。”

子曰：“有德者必有言，有言者不必有德。仁者必有勇，勇者不必有仁。”

南宫适问于孔子曰：“羿善射，奡荡舟，俱不得其死然。禹稷躬稼而有天下。”夫子不答。南宫适出，子曰：“君子哉若人！尚德哉若人！”

子曰：“君子而不仁者有矣夫，未有小人而仁者也。”

子曰：“爱之，能勿劳乎？忠焉，能勿诲乎？”

子曰：“为命，裨谌草创之，世叔讨论之，行人子羽修饰之，东里子产润色之。”

或问子产。子曰：“惠人也。”问子西，曰：“彼哉！彼哉！”问管仲。曰：“人也。夺伯氏骈邑三百，饭疏食，没齿无怨言。”

子曰：“贫而无怨难，富而无骄易。”

子曰：“孟公绰为赵魏老则优，不可以为滕薛大夫。”

子路问成人。子曰：“若臧武仲之知，公绰之不欲，卞庄子之勇，冉求之艺，文之以礼乐，亦可以为成人矣。”曰：“今之成人者何必然？见利思义，见危授命，久要不忘平生之言，亦可以为成人矣。”

子问公叔文子于公明贾曰：“信乎，夫子不言不笑不取乎？”公明贾对曰：“以告者过也。夫子时然后言，人不厌其言；乐然后笑，人不厌其笑；义然后取，人不厌其取。”子曰：“其然？岂其然乎？”

子曰：“臧武仲以防求为后于鲁，虽曰不要君，吾不信也。”

子曰：“晋文公谲而不正，齐桓公正而不谲。”

子路曰：“桓公杀公子纠，召忽死之，管仲不死。曰未仁乎？”子曰：“桓公九合诸侯，不以兵车，管仲之力也！如其仁，如其仁。”

子贡曰：“管仲非仁者与？桓公杀公子纠，不能死，又相之。”子曰：“管仲相桓公，霸诸侯，一匡天下，民到于今受其赐。微管仲，吾其被发左衽矣。岂若匹夫匹妇之为谅也，自经于沟渎而莫之知也？”

公叔文子之臣大夫僎与文子同升诸公。子闻之，曰：“可以为‘文’矣。”

子言卫灵公之无道也，康子曰：“夫如是，奚而不丧？”孔子曰：“仲叔圉治宾客，祝鮀治宗庙，王孙贾治军旅。夫如是，奚其丧？”

子曰：“其言之不怍，则为之也难。”

陈成子弑简公。孔子沐浴而朝，告于哀公曰：“陈恒弑其君，请讨之。”公曰：“告夫三子。”孔子曰：“以吾从大夫之后，不敢不告也。君曰‘告夫三子’者。”之三子告，不可。孔子曰：“以吾从大夫之后，不敢不告也。”

子路问事君。子曰：“勿欺也，而犯之。”

子曰：“君子上达，小人下达。”

子曰：“古之学者为己，今之学者为人。”

蘧伯玉使人于孔子，孔子与之坐而问焉，曰：“夫子何为？”对曰：“夫子欲寡其过而未能也。”使者出。子曰：“使乎！使乎！”

子曰：“不在其位，不谋其政。”

曾子曰：“君子思不出其位。”

子曰：“君子耻其言而过其行。”

子曰：“君子道者三，我无能焉：仁者不忧，知者不惑，勇者不惧。”子贡曰：“夫子自道也。”

子贡方人。子曰：“赐也贤乎哉？夫我则不暇。”

子曰：“不患人之不己知，患其不能也。”

子曰：“不逆诈，不亿不信，抑亦先觉者，是贤乎！”

微生亩谓孔子曰：“丘何为是栖栖者与？无乃为佞乎？”孔子曰：“非敢为佞也，疾固也。”

子曰：“骥不称其力，称其德也。”

或曰：“以德报怨，何如？”子曰：“何以报德？以直报怨，以德报德。”

子曰：“莫我知也夫！”子贡曰：“何为其莫知子也？”子曰：“不怨天，不尤人，下学而上达。知我者，其天乎！”

公伯寮诉子路于季孙。子服景伯以告，曰："夫子固有惑志于公伯寮，吾力犹能肆诸市朝。"子曰："道之将行也与，命也；道之将废也与，命也。公伯寮其如命何！"

子曰："贤者辟世，其次辟地，其次辟色，其次辟言。"

子曰："作者七人矣。"

子路宿于石门。晨门曰："奚自？"子路曰："自孔氏。"曰："是知其不可而为之者与？"

子击磬于卫。有荷蒉而过孔氏之门者，曰："有心哉，击磬乎！"既而曰："鄙哉硁硁乎！莫己知也，斯己而已矣。'深则厉，浅则揭'。"子曰："果哉，末之难矣！"

子张曰："《书》云：'高宗谅阴，三年不言。'何谓也？"子曰："何必高宗，古之人皆然。君薨，百官总己以听于冢宰三年。"

子曰："上好礼，则民易使也。"

子路问君子。子曰："修己以敬。"曰："如斯而已乎？"曰："修己以安人。"曰："如斯而已乎？"曰："修己以安百姓。修己以安百姓，尧舜其犹病诸？"

原壤夷俟。子曰："幼而不孙弟，长而无述焉，老而不死，是为贼。"以杖叩其胫。

阙党童子将命。或问之曰："益者与？"子曰："吾见其居于位也，见其与先生并行也。非求益者也，欲速成者也。"

第十五篇 卫灵公

卫灵公问陈于孔子。孔子对曰："俎豆之事，则尝闻之矣；军旅之事，未之学也。"明日遂行。

在陈绝粮，从者病，莫能兴。子路愠见，曰："君子亦有穷乎？"子曰："君子固穷，小人穷斯滥矣。"

子曰："赐也，女以予为多学而识之者与？"对曰："然。非与？"曰："非也。予一以贯之。"

子曰："由！知德者鲜矣。"

子曰："无为而治者其舜也与？夫何为哉？恭己正南面而已矣。"

子张问行。子曰："言忠信，行笃敬，虽蛮貊之邦行矣；言不忠信，行不笃敬，虽州里行乎哉？立，则见其参于前也；在舆，则见其倚于衡也。夫然后行。"子张书诸绅。

子曰："直哉史鱼！邦有道，如矢；邦无道，如矢。君子哉蘧伯玉！邦有道，则仕；邦无道，则可卷而怀之。"

子曰："可与言而不与之言，失人；不可与言而与之言，失言。知者不失人，亦不失言。"

子曰："志士仁人，无求生以害仁，有杀身以成仁。"

子贡问为仁，子曰："工欲善其事，必先利其器。居是邦也，事其大夫之贤者，友其士之仁者。"

颜渊问为邦。子曰："行夏之时，乘殷之辂，服周之冕，乐则《韶》《舞》。放郑声，远佞人。郑声淫，佞人殆。"

子曰："人无远虑，必有近忧。"

子曰："已矣乎！吾未见好德如好色者也。"

子曰："臧文仲其窃位者与？知柳下惠之贤，而不与立也。"

子曰："躬自厚而薄责于人，则远怨矣。"

子曰："不曰'如之何，如之何'者，吾未如之何也已矣。"

子曰："群居终日，言不及义，好行小慧，难矣哉！"

子曰："君子义以为质，礼以行之，孙以出之，信以成之。君子哉！"

子曰："君子病无能焉，不病人之不己知也。"

子曰："君子疾没世而名不称焉。"

子曰："君子求诸己，小人求诸人。"

子曰："君子矜而不争，群而不党。"

子曰："君子不以言举人，不以人废言。"

子贡问曰："有一言而可以终身行之者乎？"子曰："其'恕'乎！己所不欲，勿施于人。"

子曰："吾之于人也，谁毁谁誉？如有所誉者，其有所试矣。斯民也，三代之所以直道而行也。"

子曰："吾犹及史之阙文也。有马者借人乘之。今亡矣夫！"

子曰："巧言乱德。小不忍，则乱大谋。"

子曰："众恶之，必察焉；众好之，必察焉。"

子曰："人能弘道，非道弘人。"

子曰："过而不改，是谓过矣。"

子曰："吾尝终日不食，终夜不寝以思，无益，不如学也。"

子曰："君子谋道不谋食。耕也，馁在其中矣；学也，禄在其中矣。君子忧道不忧贫。"

子曰："知及之，仁不能守之，虽得之，必失之。知及之，仁能守之，不庄以莅之，则民不敬。知及之，仁能守之，庄以莅之，动之不以礼，未善也。"

子曰："君子不可小知，而可大受也。小人不可大受，而可小知也。"

子曰："民之于仁也，甚于水火。水火，吾见蹈而死者矣，未见蹈仁而死者也。"

子曰："当仁，不让于师。"

子曰："君子贞而不谅。"

子曰："事君，敬其事而后其食。"

子曰："有教无类。"

子曰："道不同，不相为谋。"

子曰："辞达而已矣。"

师冕见，及阶，子曰："阶也。"及席，子曰："席也。"皆坐。子告之曰："某在斯，某在斯。"师冕出。子张问曰："与师言之道与？"子曰："然；固相师之道也。"

第十六篇　季　氏

季氏将伐颛臾。冉有、季路见于孔子，曰："季氏将有事于颛臾。"孔子曰："求！无乃尔是过与？夫颛臾，昔者先王以为东蒙主，且在邦域之中矣，是社稷之臣也。何以伐为？"冉有曰："夫子欲之，吾二臣者皆不欲也。”孔子曰：“求！周任有言曰：‘陈力就列，不能者止。’危而不持，颠而不扶，则将焉用彼相矣？且尔言过矣。虎兕出于柙，龟玉毁于椟中，是谁之过与？”

冉有曰：“今夫颛臾，固而近于费。今不取，后世必为子孙忧。”孔子曰：“求！君子疾夫舍曰‘欲之’，而必为之辞。丘也闻：有国有家者，不患寡而患不均，不患贫而患不安。盖均无贫，和无寡，安无倾。夫如是，故远人不服，则修文德以来之。既来之，则安之。今由与求也相夫子，远人不服而不能来也，邦分崩离析而不能守也，而谋动干戈于邦内。吾恐季孙之忧，不在颛臾，而在萧墙之内也。”

孔子曰：“天下有道，则礼乐征伐自天子出；天下无道，则礼乐征伐自诸侯出。自诸侯出，盖十世希不失矣；自大夫出，五世希不失矣；陪臣执国命，三世希不失矣。天下有道，则政不在大夫。天下有道，则庶人不议。”

孔子曰：“禄之去公室，五世矣，政逮于大夫，四世矣，故夫三桓之子孙微矣。”

孔子曰：“益者三友，损者三友。友直，友谅，友多闻，益矣。友便辟，友善柔，友便佞，损矣。”

孔子曰：“益者三乐，损者三乐。乐节礼乐，乐道人之善，乐多贤友，益矣。乐骄乐，乐佚游，乐宴乐，损矣。”

孔子曰：“侍于君子有三愆：言未及之而言，谓之躁，言及之而不言，谓之隐，未见颜色而言，谓之瞽。”

孔子曰：“君子有三戒：少之时，血气未定，戒之在色；及其壮也，血气方刚，戒之在斗；及其老也，血气既衰，戒之在得。”

孔子曰：“君子有三畏：畏天命，畏大人，畏圣人之言。小人不知天命而不畏也，狎大人，侮圣人之言。”

孔子曰：“生而知之者，上也；学而知之者，次也；困而学之，又其次也；困而不学，民斯为下矣。”

孔子曰：“君子有九思：视思明，听思聪，色思温，貌思恭，言思忠，事思敬，疑思问，忿思难，见得思义。”

孔子曰：“见善如不及，见不善如探汤。吾见其人矣，吾闻其语矣。隐居以求其志，行义以达其道。吾闻其语矣，未见其人也。”

齐景公有马千驷，死之日，民无德而称焉。伯夷、叔齐饿于首阳之下，民到于今称之。其斯之谓与？

陈亢问于伯鱼曰：“子亦有异闻乎？”对曰：“未也。尝独立，鲤趋而过庭。曰：‘学诗乎？’对曰：‘未也。’‘不学诗，无以言。’鲤退而学诗。他日，又独立，鲤趋而过庭。曰：‘学礼乎？’对曰：‘未也。’‘不学礼，无以立。’鲤退而学礼。闻斯二者。”陈亢退而喜曰：“问一得三，闻诗，闻礼，又闻君子之远其子也。”

邦君之妻，君称之曰夫人，夫人自称曰小童；邦人称之曰君夫人，称诸异邦曰寡小君；异邦人称之，亦曰君夫人。

易经

——商朝·姬昌 著

上经

乾卦第一

☰乾：元，亨，利，贞。

初九 潜龙勿用。

九二 见龙在田，利见大人。

九三 君子终日乾乾，夕惕若厉，无咎。

九四 或跃在渊，无咎。

九五 飞龙在天，利见大人。

上九 亢龙，有悔。

用九 见群龙无首，吉。

坤卦第二

☷坤：元，亨，利牝马之贞。君子有攸往，先迷，后得主，利。西南得朋，东北丧朋。安贞吉。

初六 履霜，坚冰至。

六二 直方大，不习，无不利。

六三 含章可贞。或从王事，无成有终。

六四 括囊，无咎无誉。

六五 黄裳，元吉。

上六 龙占于野，其血玄黄。

用六 利永贞。

屯卦第三

☳屯：元亨，利贞；勿用有攸往，利建侯。

初九 磐桓，利居贞，利建侯。

六二 屯如，邅如，乘马班如，匪寇婚媾。女子贞不字，十年乃字。

六三 即鹿无虞，惟入于林中，君子几，不如舍，往吝。

六四 乘马班如，求婚媾；往吉，无不利。

九五 屯其膏。小，贞吉；大，贞凶。

上六 乘马班如，泣血涟如。

蒙卦第四

☶蒙：亨。匪我求童蒙，童蒙求我；初筮告，再三渎，渎则不告。利贞。

初六 发蒙，利用刑人，用说桎梏，以往吝。

九二 包蒙，吉。纳妇，吉，子克家。

六三 勿用取女，见金夫，不有躬，无攸利。

六四 困蒙，吝。

六五 童蒙，吉。

上九 击蒙，不利为寇，利御寇。

需卦第五

䷄需：有孚，光亨，贞吉，利涉大川。

初九　需于郊，利用恒，无咎。

九二　需于沙，小有言；终吉。

九三　需于泥，致寇至。

六四　需于血，出自穴。

九五　需于酒食，贞吉。

上六　入于穴，有不速之客三人来；敬之，终吉。

讼卦第六

䷅讼：有孚窒，惕，中吉；终凶，利见大人。不利涉大川。

初六　不永所事；小有言，终吉。

九二　不克讼，归而逋，其邑人三百户，无眚。

六三　食旧德，贞厉，终吉。或从王事，无成。

九四　不克讼，复即命，渝，安贞，吉。

九五　讼，元吉。

上九　或锡之鞶带，终朝三褫之。

师卦第七

䷆师：贞，丈人，吉，无咎。

初六　师出以律，否臧凶。

九二　在师中，吉，无咎；王三锡命。

六三　师或舆尸，凶。

六四　师左次，无咎。

六五　田有禽，利执言，无咎；长子帅师，弟子舆尸，贞凶。

上六　大君有命，开国承家，小人勿用。

比卦第八

䷇比：吉，原筮，元永贞，无咎。不宁方来，后夫凶。

初六　有孚比之，无咎；有孚盈缶，终来有它吉。

六二 比之自内，贞吉。

六三 比之匪人。

六四 外比之，贞吉。

九五 显比；王用三驱，失前禽，邑人不诫，吉。

上六 比之无首，凶。

小畜卦第九

☴小畜：亨，密云不雨，自我西郊。

初九 复自道，何其咎？吉。

九二 牵复，吉。

九三 舆说辐，夫妻反目。

六四 有孚；血去惕出，无咎。

九五 有孚挛如，富以其邻。

上九 既雨既处，尚德载；妇贞厉，月几望；君子征凶。

履卦第十

☰履虎尾，不咥人，亨。

初九 素履，往无咎。

九二 履道坦坦，幽人贞吉。

六三 眇能视，跛能履，履虎尾，咥人凶；武人为于大君。

九四 履虎尾，愬愬，终吉。

九五 夬履，贞厉。

上九 视履考祥，其旋元吉。

泰卦第十一

☷泰：小往大来，吉，亨。

初九 拔茅茹，以其汇；征吉。

九二 包荒，用冯河，不遐遗；朋亡，得尚于中行。

九三 无平不陂，无往不复；坚贞无咎，勿恤其孚，于食有福。

六四 翩翩不富，以其邻，不戒以孚。

六五 帝乙归妹，以祉元吉。

上六 城复于隍；勿用师。自邑告命，贞吝。

否卦第十二

䷋否之匪人，不利君子贞；大往小来。

初六 拔茅茹，以其汇；贞吉亨。

六二 包承，小人吉；大人否亨。

六三 包羞。

九四 有命，无咎，畴离祉。

九五 休否，大人吉；其亡其亡，系于苞桑。

上九 倾否，先否后喜。

同人卦第十三

䷌同人于野，亨，利涉大川，利君子贞。

初九 同人于门，无咎。

六二 同人于宗，吝。

九三 伏戎于莽，升其高陵，三岁不兴。

九四 乘其墉，弗克攻，吉。

九五 同人，先号咷，而后笑，大师克相遇。

上九 同人于郊，无悔。

大有卦第十四

䷍大有：元亨。

初九 无交害，匪咎；艰则无咎。

九二 大车以载，有攸往，无咎。

九三 公用亨于天子，小人弗克。

九四 匪其彭，无咎。

六五 厥孚交如，威如，吉。

上九 自天祐之，吉，无不利。

谦卦第十五

䷎谦：亨，君子有终。

初六 谦谦君子，用涉大川，吉。

六二 鸣谦，贞吉。

九三 劳谦君子，有终吉。

六四 无不利，㧑谦。

六五 不富以其邻；利用侵伐，无不利。

上六 鸣谦，利用行师，征邑国。

豫卦第十六

䷏豫：利建侯行师。

初六 鸣豫，凶。

六二 介于石，不终日，贞吉。

六三 盱豫悔；迟有悔。

九四 由豫，大有得；勿疑，朋盍簪。

六五 贞吉，恒不死。

上六 冥豫，成有渝，无咎。

随卦第十七

䷐随：元亨，利贞，无咎。

初九 官有渝，贞吉；出门交有功。

六二 系小子，失丈夫。

六三 系丈夫，失小子；随有求得，利居贞。

九四 随有获，贞凶；有孚在道以明，何咎？

九五 孚于嘉，吉。

上六 拘系之，乃从维之；王用亨于西山。

蛊卦第十八

䷑蛊：元亨，利涉大川；先甲三日，后甲三日。

初六 干父之蛊，有子，考无咎。厉终吉。

九二 干母之蛊，不可贞。

九三 干父之蛊，小有悔，无大咎。

六四 裕父之蛊，往见吝。

六五 干父之蛊，用誉。

上九 不事王侯，高尚其事。

临卦第十九

䷒临：元亨，利贞；至于八月有凶。

初九 咸临，贞吉。

九二 咸临，吉，无不利。

六三 甘临，无攸利；既忧之，无咎。

六四 至临，无咎。

六五 知临，大君之宜，吉。

上六 敦临，吉，无咎。

观卦第二十

䷓观：盥而不荐，有孚颙若。

初六 童观，小人无咎，君子吝。

六二 阚观，利女贞。

六三 观我生，进退。

六四 观国之光，利用宾于王。

九五 观我生，君子无咎。

上九 观其生，君子无咎。

噬嗑卦第二十一

䷔噬嗑：亨，利用狱。

初九 屦校灭趾，无咎。

六二 噬肤，灭鼻，无咎。

六三 噬腊肉，遇毒；小吝，无咎。

九四 噬乾胏，得金矢；利坚贞，吉。

六五 噬乾肉，得黄金；贞厉，无咎。

上九 何校灭耳，凶。

贲卦第二十二

䷕贲：亨，小利有攸往。

初九 贲其趾，舍车而徒。

六二 贲其须。

九三 贲如，濡如，永贞吉。

六四 贲如，皤如，白马翰如；匪寇，婚媾。

六五 贲于丘园，束帛戋戋；吝，终吉。

上九 白贲，无咎。

剥卦第二十三

䷖剥：不利有攸往。

初六 剥床以足，蔑；贞凶。

六二 剥床以辨，蔑；贞凶。

六三 剥之，无咎。

六四 剥床以肤，凶。

六五 贯鱼以宫人宠，无不利。

上九 硕果不食，君子得舆，小人剥庐。

复卦第二十四

䷗复：亨，出入无疾，朋来无咎；反复其道，七日来复。利有攸往。

初九 不远复，无祇悔，元吉。

六二 休复，吉。

六三 频复，厉无咎。

六四 中行独复。

六五 敦复，无悔。

上六 迷复，凶，有灾眚。用行师，终有大败；以其国君凶；至于十年不克征。

无妄卦第二十五

☰无妄：元亨，利贞。其匪正有眚，不利有攸往。

初九 无妄，往吉。

六二 不耕获，不菑畬，则利有攸往。

六三 无妄之灾，或系之牛，行人之得，邑人之灾。

九四 可贞，无咎。

九五 无妄之疾，勿药有喜。

上九 无妄，行有眚，无攸利。

大畜卦第二十六

☶大畜：利贞；不家食，吉；利涉大川。

初九 有厉，利已。

九二 舆说轮輹。

九三 良马逐，利坚贞；日闲舆卫，利有攸往。

六四 童牛之牿，元吉。

六五 豮豕之牙，吉。

上九 何天之衢，亨。

颐卦第二十七

☶颐：贞吉；观颐，自求口实。

初九 舍尔灵龟，观我朵颐，凶。

六二 颠颐；拂经，于丘颐，征凶。

六三 拂颐；贞凶，十年勿用，无攸利。

六四 颠颐，吉；虎视眈眈，其欲逐逐，无咎。

六五 拂经，居贞吉；不可涉大川。

上九 由颐，厉吉，利涉大川。

大过卦第二十八

䷛大过：栋桡；利有攸往，亨。

初六 藉用白茅，无咎。

九二 枯杨生稊，老夫得其女妻；无不利。

九三 栋桡，凶。

九四 栋隆，吉；有它，吝。

九五 枯杨生华，老妇得其士夫；无咎无誉。

上六 过涉灭顶；凶，无咎。

坎卦第二十九

䷜习坎：有孚，维心亨；行有尚。

初六 习坎，入于坎窞，凶。

九二 坎有险，求小得。

六三 来之坎坎，险且枕，入于坎窞。勿用。

六四 樽酒，簋，贰用缶，纳约自牖，终无咎。

九五 坎不盈，祇既平，无咎。

上六 系用徽纆，寘于丛棘，三岁不得，凶。

离卦第三十

䷝离：利贞，亨。畜牝牛，吉。

初九 履错然，敬之，无咎。

六二 黄离，元吉。

九三 日昃之离，不鼓缶而歌，则大耋之嗟，凶。

九四 突如其来如，焚如，死如，弃如。

六五 出涕沱若，戚嗟若，吉。

上九 王用出征，有嘉折首，获匪其丑，无咎。

下经

咸卦第三十一

䷞咸：亨，利贞；取女吉。

初六 咸其拇。

六二 咸其腓，凶，居吉。

九三 咸其股，执其随，往吝。

九四 贞吉，悔亡；憧憧往来，朋从尔思。

九五 咸其脢，无悔。

上六 咸其辅颊舌。

恒卦第三十二

䷟恒：亨，无咎，利贞，利有攸往。

初六 浚恒，贞凶，无攸利。

九二 悔亡。

九三 不恒其德，或承之羞；贞吝。

九四 田无禽。

六五 恒其德，贞；妇人吉；夫子凶。

上六 振恒，凶。

遯卦第三十三

䷠遯：亨，小利贞。

初六 遯尾，厉，勿用有攸往。

六二 执之用黄牛之革，莫之胜说。

九三 系遯，有疾厉；畜臣妾，吉。

九四 好遯，君子吉，小人否。

九五 嘉遯，贞吉。

上九 肥遯，无不利。

大壮卦第三十四

䷡大壮：利贞。

初九 壮于趾，征凶；有孚。

九二 贞吉。

九三 小人用壮，君子用罔，贞厉。羝羊触藩，羸其角。

九四 贞吉，悔亡；藩决不羸，壮于大舆之輹。

六五 丧羊于易，无悔。

上六 羝羊触藩，不能退，不能遂，无攸利；艰则吉。

晋卦第三十五

䷢晋：康候用锡马蕃庶，昼日三接。

初六 晋如摧如，贞吉；罔孚，裕无咎。

六二 晋如愁如，贞吉；受兹介福，于其王母。

六三 众允，悔亡。

九四 晋如鼫鼠，贞厉。

六五 悔亡，失得勿恤；往吉，无不利。

上九 晋其角，维用伐邑，厉吉，无咎；贞吝。

明夷卦第三十六

䷣明夷：利艰贞。

初九 明夷于飞，垂其翼；君子于行，三日不食。有攸往，主人有言。

六二 明夷，夷于左股，用拯马壮，吉。

九三 明夷于南狩，得其大首；不可疾，贞。

六四 入于左腹，获明夷之心，于出门庭。

六五 箕子之明夷，利贞。

上六 不明晦；初登于天，后入于地。

家人卦第三十七

䷤家人：利女贞。

初九　闲有家，悔亡。

六二　无攸遂，在中馈，贞吉。

九三　家人嗃嗃，悔厉吉；妇子嘻嘻，终吝。

六四　富家，大吉。

九五　王假有家，勿恤，吉。

上九　有孚威如，终吉。

睽卦第三十八

䷥睽：小事吉。

初九　悔亡；丧马，勿逐自复；见恶人，无咎。

九二　遇主于巷，无咎。

六三　见舆曳，其牛掣；其人天且劓。无初有终。

九四　睽孤；遇元夫，交孚，厉无咎。

六五　悔亡；厥宗噬肤，往何咎？

上九　睽孤，见豕负涂，载鬼一车，先张之弧，后说之弧；匪寇，婚媾；往遇雨则吉。

蹇卦第三十九

䷦蹇：利西南，不利东北；利见大人，贞吉。

初六　往蹇，来誉。

六二　王臣蹇蹇，匪躬之故。

九三　往蹇，来反。

六四　往蹇，来连。

九五　大蹇，朋来。

上六　往蹇，来硕，吉，利见大人。

解卦第四十

䷧解：利西南；无所往，其来复吉；有攸往，夙吉。

初六　无咎。

九二　田获三狐，得黄矢；贞吉。

六三　负且乘，致寇至；贞吝。

九四　解而拇，朋至斯孚。

六五　君子维有解，吉，有孚于小人。

上六　公用射隼于高墉之上，获之，无不利。

损卦第四十一

䷨损：有孚，元吉，无咎，可贞，利有攸往。曷之用？二簋可用享。

初九　已事遄往，无咎；酌损之。

九二　利贞，征凶；弗损益之。

六三　三人行，则损一人；一人行，则得其友。

六四　损其疾，使遄有喜，无咎。

六五　或益之十朋之龟，弗克违，元吉。

上九　弗损益之；无咎，贞吉，利有攸往，得臣无家。

益卦第四十二

䷩益：利有攸往，利涉大川。

初九　利用为大作，元吉，无咎。

六二　或益之十朋之龟，弗克违，永贞吉；王用享于帝，吉。

六三　益之用凶事，无咎；有孚中行，告公用圭。

六四　中行告公从，利用为依迁国。

九五　有孚惠心，勿问元吉，有孚惠我德。

上九　莫益之，或击之，立心勿恒，凶。

夬卦第四十三

䷪夬：扬于王庭，孚号有厉；告自邑，不利即戎；利有攸往。

初九　壮于前趾，往不胜为咎。

九二　惕号，莫夜有戎，勿恤。

九三　壮于頄，有凶；君子夬夬独行遇雨，若濡有愠，无咎。

九四　臀无肤，其行次且；牵羊悔亡，闻言不信。

九五 苋陆夬夬，中行，无咎。

上六 无号，终有凶。

姤卦第四十四

䷫姤：女壮，勿用取女。

初六 系于金柅，贞吉；有攸往，见凶，羸豕孚蹢躅。

九二 包有鱼，无咎。不利宾。

九三 臀无肤，其行次且；厉，无大咎。

九四 包无鱼，起凶。

九五 以杞包瓜；含章，有陨自天。

上九 姤其角；吝，无咎。

萃卦第四十五

䷬萃：亨；王假有庙，利见大人，亨，利贞；用大牲吉。利有攸往。

初六 有孚不终，乃乱乃萃；若号，一握为笑，勿恤，往无咎。

六二 引吉，无咎；孚乃利用禴。

六三 萃如嗟如，无攸利；往无咎，小吝。

九四 大吉，无咎。

九五 萃有位，无咎，匪孚；元永贞，悔亡。

上六 赍咨涕洟，无咎。

升卦第四十六

䷭升：元亨。用见大人，勿恤，南征吉。

初六 允升，大吉。

九二 孚乃利用禴，无咎。

九三 升虚邑。

六四 王用亨于岐山，吉，无咎。

六五 贞，吉升阶。

上六 冥升，利于不息之贞。

困卦第四十七

䷮困：亨；贞，大人吉，无咎；有言不信。

初六　臀困于株木，入于幽谷，三岁不觌。

九二　困于酒食，朱绂方来，利用享祀；征凶，无咎。

六三　困于石，据于蒺藜；入于其宫，不见其妻，凶。

九四　来徐徐，困于金车，吝，有终。

九五　劓刖，困于赤绂；乃徐有说，利用祭祀。

上六　困于葛藟，于臲卼；曰动悔，有悔，征吉。

井卦第四十八

䷯井：改邑不改井，无丧无得，往来井井，汔至，亦未繘井，羸其瓶，凶。

初六　井泥不食，旧井无禽。

九二　井谷射鲋，瓮敝漏。

九三　井渫不食，为我心恻；可用汲，王明并受其福。

六四　井甃，无咎。

九五　井洌，寒泉食。

上六　井收，勿幕；有孚，元吉。

革卦第四十九

䷰革：巳日乃孚，元亨，利贞，悔亡。

初九　巩用黄牛之革。

六二　巳日乃革之，征吉，无咎。

九三　征凶，贞厉；革言三就，有孚。

九四　悔亡，有孚改命，吉。

九五　大人虎变，未占有孚。

上六　君子豹变，小人革面；征凶，居贞吉。

鼎卦第五十

䷱鼎：元吉，亨。

初六 鼎颠趾，利出否；得妾以其子，无咎。

九二 鼎有实，我仇有疾，不我能即，吉。

九三 鼎耳革，其行塞，雉膏不食；方雨亏悔，终吉。

九四 鼎折足，覆公𫗧，其形渥，凶。

六五 鼎黄耳，金铉，利贞。

上九 鼎玉铉，大吉，无不利。

震卦第五十一

䷲震：亨，震来虩虩，笑言哑哑；震惊百里，不丧匕鬯。

初九 震来虩虩，后笑言哑哑，吉。

六二 震来，厉；亿丧贝，跻于九陵，勿逐，七日得。

六三 震苏苏，震行无眚。

九四 震遂泥。

六五 震往来，厉；亿无丧，有事。

上六 震索索，视矍矍，征凶；震不于其躬于其邻，无咎；婚媾有言。

艮卦第五十二

䷳艮：艮其背，不获其身；行其庭，不见其人。无咎。

初六 艮其趾，无咎，利永贞。

六二 艮其腓，不拯其随，其心不快。

九三 艮其限，列其夤，厉熏心。

六四 艮其身，无咎。

六五 艮其辅，言有序，悔亡。

上九 敦艮，吉。

渐卦第五十三

䷴渐：女归吉，利贞。

初六 鸿渐于干，小子厉，有言，无咎。

六二 鸿渐于磐，饮食衎衎，吉。

九三 鸿渐于陆，夫征不复，妇孕不育，凶；利御寇。

六四 鸿渐于木，或得其桷，无咎。

九五 鸿渐于陵，妇三岁不孕；终莫之胜，吉。

上九 鸿渐于陆，其羽可用为仪，吉。

归妹卦第五十四

䷵归妹：征凶，无攸利。

初九 归妹以娣，跛能履，征吉。

九二 眇能视，利幽人之贞。

六三 归妹以须，反归以娣。

九四 归妹愆期，迟归有时。

六五 帝乙归妹，其君之袂，不如其娣之袂良；月几望，吉。

上六 女承筐，无实；士刲羊，无血。无攸利。

丰卦第五十五

䷶丰：亨，王假之；勿忧，宜日中。

初九 遇其配主，虽旬无咎，往有尚。

六二 丰其蔀，日中见斗，往得疑疾；有孚发若。吉。

九三 丰其沛，日中见沬。折其右肱，无咎。

九四 丰其蔀，日中见斗；遇其夷主，吉。

六五 来章，有庆誉，吉。

上六 丰其屋，蔀其家，闚其户，阒其无人，三岁不觌，凶。

旅卦第五十六

䷷旅：小亨，旅，贞吉。

初六 旅琐琐，斯其所取灾。

六二 旅即次，怀其资，得童仆贞。

九三 旅焚其次，丧其童仆，贞厉。

九四 旅于处，得其资斧，我心不快。

六五 射雉，一矢亡；终以誉命。

上九 鸟焚其巢，旅人先笑，后号咷；丧牛于易，凶。

巽卦第五十七

☴巽：小亨，利有攸往，利见大人。

初六 进退，利武人之贞。

九二 巽在床下，用史、巫纷若，吉，无咎。

九三 频巽，吝。

六四 悔亡，田获三品。

九五 贞吉，悔亡，无不利；无初有终；先庚三日，后庚三日，吉。

上九 巽在床下，丧其资斧；贞凶。

兑卦第五十八

☱兑：亨，利贞。

初九 和兑，吉。

九二 孚兑，吉，悔亡。

六三 来兑，凶。

九四 商兑未宁，介疾有喜。

九五 孚于剥，有厉。

上六 引兑。

涣卦第五十九

☴涣：亨，王假有庙，利涉大川，利贞。

初六 用拯，马壮，吉。

九二 涣奔其机，悔亡。

六三 涣其躬，无悔。

六四 涣其群，元吉；涣有丘，匪夷所思。

九五 涣汗其大号，涣王居，无咎。

上九 涣其血去逖出，无咎。

节卦第六十

䷻节：亨；苦节不可贞。

初九 不出户庭，无咎。

九二 不出门庭，凶。

六三 不节若，则嗟若，无咎。

六四 安节，亨。

九五 甘节，吉，往有尚。

上六 苦节；贞凶，悔亡。

中孚卦第六十一

䷼中孚：豚鱼吉。利涉大川。利贞。

初九 虞吉，有它不燕。

九二 鸣鹤在阴，其子和之；我有好爵，吾与尔靡之。

六三 得敌，或鼓或罢，或泣或歌。

六四 月几望，马匹亡，无咎。

九五 有孚挛如，无咎。

上九 翰音登于天，贞凶。

小过卦第六十二

䷽小过：亨，利贞；可小事，不可大事；飞鸟遗之音，不宜上，宜下，大吉。

初六 飞鸟以凶。

六二 过其祖，遇其妣；不及其君，遇其臣，无咎。

九三 弗过防之，从或戕之，凶。

九四 无咎，弗过遇之；往厉必戒，勿用永贞。

六五 密云不雨，自我西郊；公弋取彼在穴。

上六 弗遇过之，飞鸟离之，凶，是谓灾眚。

既济卦第六十三

䷾既济：亨小，利贞；初吉终乱。

初九 曳其轮，濡其尾，无咎。

六二 妇丧其茀，勿逐，七日得。

九三 高宗伐鬼方，三年克之，小人勿用。

六四 繻有衣袽，终日戒。

九五 东邻杀牛，不如西邻之禴祭，实受其福。

上六 濡其首，厉。

未济卦第六十四

䷿未济：亨；小狐汔济，濡其尾，无攸利。

初六 濡其尾，吝。

九二 曳其轮，贞吉。

六三 未济，征凶；利涉大川。

九四 贞吉，悔亡；震用伐鬼方，三年有赏于大国。

六五 贞吉，无悔；君子之光。有孚吉。

上九 有孚于饮酒，无咎；濡其首，有孚失是。

诗经

——春秋·孔子 删订

国风

周南

关雎

关关雎鸠，在河之洲。窈窕淑女，君子好逑。

参差荇菜，左右流之。窈窕淑女，寤寐求之。

求之不得，寤寐思服。优哉悠哉，辗转反侧。

参差荇菜，右右采之。窈窕淑女，琴瑟友之。

参差荇菜，左右芼之。窈窕淑女，钟鼓乐之。

葛覃

葛之覃兮，施于中谷，维叶萋萋。黄鸟于飞，集于灌木，其鸣喈喈。

葛之覃兮，施于中谷，维叶莫莫。是刈是濩，为絺为绤，服之无斁。

言告师氏，言告言归。薄污我私，薄浣我衣，害浣害否？归宁父母。

卷耳

采采卷耳，不盈顷筐。嗟我怀人，寘彼周行。
陟彼崔嵬，我马虺隤。我姑酌彼金罍，维以不永怀。
陟彼高冈，我马玄黄。我姑酌彼兕觥，维以不永伤。
陟彼砠矣，我马瘏矣。我仆痡矣，云何吁矣！

樛木

南有樛木，葛藟累之。乐只君子，福履绥之。
南有樛木，葛藟荒之。乐只君子，福履将之。
南有樛木，葛藟萦之。乐只君子，福履成之。

麟之趾

麟之趾，振振公子。于嗟麟兮！
麟之定，振振公姓。于嗟麟兮！
麟之角，振振公族。于嗟麟兮！

召南

鹊巢

维鹊有巢，维鸠居之。之子于归，百两御之。
维鹊有巢，维鸠方之。之子于归，百两将之。
维鹊有巢，维鸠盈之。之子于归，百两成之。

采蘩

于以采蘩？于沼于沚。于以用之？公侯之事。

于以采蘩？于涧之中。于以用之？公侯之宫。

被之僮僮，夙夜在公。被之祁祁，薄言还归。

草虫

喓喓草虫，趯趯阜螽。未见君子，忧心忡忡。亦既见止，亦既觏止，我心则降。

陟彼南山，言采其蕨。未见君子，忧心惙惙。亦既见止，亦既觏止，我心则说。

陟彼南山，言采其薇。未见君子，我心伤悲。亦既见止，亦既觏止，我心则夷。

采蘋

于以采蘋？南涧之滨。于以采藻？于彼行潦。

于以盛之？维筐及筥。于以湘之？维锜及釜。

于以奠之？宗室牖下。谁其尸之？有齐季女。

野有死麕

野有死麕，白茅包之。有女怀春，吉士诱之。

林有朴樕，野有死鹿。白茅纯束，有女如玉。

舒而脱脱兮！无感我帨兮！无使尨也吠！

何彼秾矣

何彼秾矣？唐棣之华。曷不肃雍，王姬之车。

何彼秾矣？华如桃李。平王之孙，齐侯之子。

其钓维何？维丝伊缗。齐侯之子，平王之孙。

驺虞

彼茁者葭，壹发五豝。于嗟乎驺虞！

彼茁者蓬，壹发五豵。于嗟乎驺虞！

邶风

柏舟

泛彼柏舟，亦泛其流。耿耿不寐，如有隐忧。微我无酒，以敖以游。

我心匪鉴，不可以茹。亦有兄弟，不可以据。薄言往愬，逢彼之怒。

我心匪石，不可转也。我心匪席，不可卷也。威仪棣棣，不可选也。

忧心悄悄，愠于群小。觏闵既多，受侮不少。静言思之，寤辟有摽。

日居月诸，胡迭而微。心之忧矣，如匪浣衣。静言思之，不能奋飞。

绿衣

绿兮衣兮，绿衣黄里。心之忧矣，曷维其已！
绿兮衣兮，绿衣黄裳。心之忧矣，曷维其亡！
绿兮丝兮，女所治兮。我思古人，俾无訧兮！
絺兮绤兮，凄其以风。我思古人，实获我心！

静女

静女其姝，俟我于城隅。爱而不见，搔首踟蹰。
静女其娈，贻我彤管。彤管有炜，说怿女美。
自牧归荑，洵美且异。匪女之为美，美人之贻！

新台

新台有泚，河水弥弥。燕婉之求，籧篨不鲜。
新台有洒，河水浼浼。燕婉之求，籧篨不殄。
渔网之设，鸿则离之。燕婉之求，得此戚施。

二子乘舟

二子乘舟，泛泛其景。愿言思子，中心养养。

二子乘舟，泛泛其逝。愿言思子，不瑕有害。

鄘风

《鄘风》计十篇，兼言卫国事。其中《载驰》一篇极为有名，其作者许穆夫人是中国和世界历史上有据可查的第一位女诗人。

柏舟

泛彼柏舟，在彼中河。髧彼两髦，实维我仪。之死矢靡它。母也天只！不谅人只！

泛彼柏舟，在彼河侧。髧彼两髦，实维我特。之死矢靡慝。母也天只！不谅人只！

墙有茨

墙有茨，不可埽也。中冓之言，不可道也。所可道也，言之丑也。

墙有茨，不可襄也。中冓之言，不可详也。所可详也，言之长也。

墙有茨，不可束也。中冓之言，不可读也。所可读也，言之辱也。

君子偕老

君子偕老，副笄六珈。委委佗佗，如山如河。象服是宜，子之不淑，云如之何？

玼兮玼兮，其之翟也。鬒发如云，不屑髢也，玉之瑱也，象之揥也，扬且之皙也。胡然而天也，胡然而帝也。

瑳兮瑳兮，其之展也。蒙彼绉絺，是绁袢也。子之清扬，扬且之颜也。展如之人兮，邦之媛也。

卫风

淇奥

瞻彼淇奥，绿竹猗猗。有匪君子，如切如磋，如琢如磨。瑟兮僩兮，赫兮咺兮！有匪君子，终不可谖兮！

瞻彼淇奥，绿竹青青。有匪君子，充耳琇莹，会弁如星。瑟兮僩兮，赫兮咺兮。有匪君子，终不可谖兮！

瞻彼淇奥，绿竹如箦。有匪君子，如金如锡，如圭如璧。宽兮绰兮，猗重较兮！善戏谑兮，不为虐兮！

考槃

考槃在涧，硕人之宽。独寐寤言，永矢弗谖。

考槃在阿，硕人之薖。独寐寤歌，永矢弗过。

考槃在陆，硕人之轴。独寐寤宿，永矢弗告。

硕人

硕人其颀，衣锦褧衣。齐侯之子，卫侯之妻。东宫之妹，邢侯之姨，谭公维私。

手如柔荑，肤如凝脂。领如蝤蛴，齿如瓠犀。螓首蛾眉，巧笑倩兮，美目盼兮。

硕人敖敖，说于农郊。四牡有骄，朱幩镳镳。翟茀以朝，大夫夙退，无使君劳。

河水洋洋，北流活活。施罛濊濊，鳣鲔发发。葭菼揭揭，庶姜孽孽，庶士有朅。

氓

氓之蚩蚩，抱布贸丝。匪来贸丝，来即我谋。送子涉淇，至于顿丘。匪我愆期，子无良媒。将子无怒，秋以为期。

乘彼垝垣，以望复关。不见复关，泣涕涟涟。既见复关，载笑载言。尔卜尔筮，体无咎言。以尔车来，以我贿迁。

桑之未落，其叶沃若。于嗟鸠兮，无食桑葚。于嗟女兮，无与士耽！士之耽兮，犹可说也。女之耽兮，不可说也！

桑之落矣，其黄而陨。自我徂尔，三岁食贫。淇水汤汤，渐车帷裳。女也不爽，士贰其行。士也罔极，二三其德！

三岁为妇，靡室劳矣。夙兴夜寐，靡有朝矣。言既遂矣，至于暴矣。兄弟不知，咥其笑矣。静言思之，躬自悼矣。

及尔偕老，老使我怨。淇则有岸，隰则有泮。总角之宴，言笑晏晏。信誓旦旦，不思其反。反是不思，亦已焉哉！

王风

黍离

彼黍离离，彼稷之苗。行迈靡靡，中心摇摇。知我者，谓我心忧；不知我者，谓我何求。悠悠苍天，此何人哉？

彼黍离离，彼稷之穗。行迈靡靡，中心如醉。知我者，谓我心忧；不知我者，谓我何求。悠悠苍天，此何人哉？

彼黍离离，彼稷之实。行迈靡靡，中心如噎。知我者，谓我心忧？不知我者，谓我何求。悠悠苍天，此何人哉？

君子于役

君子于役，不知其期。曷至哉？鸡栖于埘，日之夕矣，羊牛下来。君子于役，如之何勿思？

君子于役，不日不月。曷其有佸？鸡栖于桀，日之夕矣，羊牛下括。君子于役，苟无饥渴！

君子阳阳

君子阳阳，左执簧，右招我由房。其乐只且！

君子陶陶，左执翿，右招我由敖。其乐只且！

扬之水

扬之水，不流束薪。彼其之子，不与我戍申。怀哉怀哉，曷月予还归哉？

扬之水，不流束楚。彼其之子，不与我戍甫。怀哉怀哉，曷月予还归哉。

扬之水，不流束蒲。彼其之子，不与我戍许，怀哉怀哉，曷月予还归哉？

郑风

缁衣

缁衣之宜兮，敝予又改为兮。适子之馆兮，还予授子之粲兮。

缁衣之好兮，敝予又改造兮。适子之馆兮，还予授子之粲兮。

缁衣之席兮，敝予又改作兮。适子之馆兮，还予授子之粲兮。

将仲子

将仲子兮，无逾我里。无折我树杞，岂敢爱之？畏我父母？仲可怀也？父母之言，亦可畏也。

将仲子兮，无逾我墙。无折我树桑，岂敢爱之？畏我诸兄。仲可怀也，诸兄之言，亦可畏也。

将仲子兮，无逾我园。无折我树檀，岂敢爱之？畏人之多言。仲可怀也，人之多言，亦可畏也！

野有蔓草

野有蔓草，零露漙兮。有美一人，清扬婉兮。邂逅相遇，适我愿兮。

野有蔓草，零露瀼瀼。有美一人，婉如清扬。邂逅相遇，与子偕臧！

溱 洧

溱与洧，方涣涣兮。士与女，方秉蕑兮。女曰："观乎？"士曰："既且。""且往观乎？"洧之外，洵訏且乐。维士与女，伊其相谑，赠之以芍药。

溱与洧，浏其清矣。士与女，殷其盈矣。女曰："观乎？"士曰："既且。""且往观乎？"洧之外，洵訏且乐。维士与女，伊其将谑，赠之以芍药。

齐 风

鸡 鸣

鸡既鸣矣，朝既盈矣。匪鸡则鸣，苍蝇之声。

东方明矣，朝既昌矣。匪东方则明，月出之光。

虫飞薨薨，甘与子同梦。会且归矣，无庶予子憎。

还

子之还兮，遭我乎猺之间兮。并驱从两肩兮，揖我谓我儇兮。

子之茂兮，遭我乎猺之道兮。并驱从两牡兮，揖我谓我好兮。

子之昌兮，遭我乎猺之阳兮。并驱从两狼兮，揖我谓我臧兮。

著

俟我于著乎而，充耳以素乎而，尚之以琼华乎而。

俟我于庭乎而，充耳以青乎而，尚之以琼莹乎而。

俟我于堂乎而，充耳以黄乎而，尚之以琼英乎而。

东方之日

东方之日兮，彼姝者子。在我室兮，在我室兮，履我即兮。

东方之月兮，彼姝者子。在我闼兮，在我闼兮，履我发兮。

魏风

葛屦

纠纠葛屦，可以履霜。掺掺女手，可以缝裳。要之襋之，好人服之。

好人提提，宛然左辟。佩其象揥，维是褊心。是以为刺。

汾沮洳

彼汾沮洳，言采其莫。彼其之子，美无度。美无度，殊异乎公路。

彼汾一方，言采其桑。彼其之子，美如英。美如英，殊异乎公行。

彼汾一曲，言采其蕒。彼其之子，美如玉。美如玉，殊异乎公族。

园有桃

园有桃，其实之殽。心之忧矣，我歌且谣。不知我者，谓我士也骄。彼人是哉，子曰何其？心之忧矣，其谁知之？其谁知之，盖亦勿思。

园有棘，其实之食。心之忧矣，聊以行国。不知我者，谓我士也罔极。彼人是哉，子曰何其？心之忧矣，其谁知之？其谁知之，盖亦勿思。

陟 岵

陟彼岵兮，瞻望父兮。父曰嗟予子行役，夙夜无已。上慎旃哉，犹来无止。

陟彼屺兮，瞻望母兮。母曰嗟予季行役，夙夜无寐。上慎旃哉，犹来无弃。

陟彼冈兮，瞻望兄兮。兄曰嗟予弟行役，夙夜必偕。上慎旃哉，犹来无死。

十亩之间

十亩之间兮，桑者闲闲兮，行与子还兮。

十亩之外兮，桑者泄泄兮，行与子逝兮。

伐 檀

坎坎伐檀兮，置之河之干兮，河水清且涟猗。不稼不穑，胡取禾三百廛兮？不狩不猎，胡瞻尔庭有县貆兮？彼君子兮，不素餐兮！

坎坎伐辐兮，置之河之侧兮，河水清且直猗。不稼不穑，胡取禾三百亿兮？不狩不猎，胡瞻尔庭有县特兮？彼君子兮，不素食兮！

坎坎伐轮兮，置之河之漘兮，河水清且沦猗。不稼不穑，胡取禾三百囷兮？不狩不猎，胡瞻尔庭有县鹑兮？彼君子兮，不素飧兮！

硕 鼠

硕鼠硕鼠，无食我黍。三岁贯女，莫我肯顾。逝将去女，适彼乐土。乐土乐土，爰得我所。

硕鼠硕鼠，无食我麦。三岁贯女，莫我肯德。逝将去女，适彼乐国。乐国乐国，爰得我直。

硕鼠硕鼠，无食我苗。三岁贯女，莫我肯劳。逝将去女，适彼乐郊。乐郊乐郊，谁之永号？

唐 风

唐始立于周成王统治时期，其地域相当于今山西中部太原一带。唐地有晋水，所以后来改国号为晋，唐风即晋风。

《唐风》十二篇，作于东周春秋时期，唐地土瘠民贫，又曾有分封曲沃的政治变乱，人民生活动荡不安，故而《唐风》中充溢着消极颓废，失望求助的情绪。

蟋蟀

蟋蟀在堂，岁聿其莫。今我不乐，日月其除。无已大康，职思其居！好乐无荒，良士瞿瞿。

蟋蟀在堂，岁聿其逝。今我不乐，日月其迈。无以大康，职思其外！好乐无荒，良士蹶蹶。

蟋蟀在堂，役车其休。今我不乐，日月其慆。无已大康，职思其忧！好乐无荒，良士休休。

无衣

岂曰无衣七兮？不如子之衣，安且吉兮！

岂曰无衣六兮？不如子之衣，安且燠兮！

有杕之杜

有杕之杜，生于道左。彼君子兮，噬肯适我？中心好之，曷饮食之？

有杕之杜，生于道周。彼君子兮，噬肯来游？中心好之，曷饮食之？

葛生

葛生蒙楚，蔹蔓于野。予美亡此，谁与独处？
葛生蒙棘，蔹蔓于域。予美亡此，谁与独息？
角枕粲兮，锦衾烂兮。予美亡此，谁与独旦？
夏之日，冬之夜。百岁之后，归于其居。
冬之夜，夏之日。百岁之后，归于其室。

采苓

采苓采苓，首阳之颠。人之为言，苟亦无信。舍旃舍旃，苟亦无然。人之为言，胡得焉？

采苦采苦，首阳之下。人之为言，苟亦无与。舍旃舍旃，苟亦无然。人之为言，胡得焉？

采葑采葑，首阳之东。人之为言，苟亦无从。舍旃舍旃，苟亦无然。人之为言，胡得焉？

秦风

车邻

有车邻邻，有马白颠。未见君子，寺人之令。

阪有漆，隰有栗。既见君子，并坐鼓瑟。今者不乐，逝者其耋。

阪有桑，隰有杨。既见君子，并坐鼓簧。今者不乐，逝者其亡。

驷驖

驷驖孔阜，六辔在手。公之媚子，从公于狩。

奉时辰牡，辰牡孔硕。公曰左之，舍拔则获。

游于北园，四马既闲。輶车鸾镳，载猃歇骄。

小戎

小戎俴收，五楘梁辀。游环胁驱，阴靷鋈续。文茵畅毂，驾我骐异马。言念君子，温其如玉。在其板屋，乱我心曲。

四牡孔阜，六辔在手。骐骝是中，騧骊是骖。龙盾之合，鋈以觼軜。言念君子，温其在邑。方何为期，胡然我念之？

俴驷孔群，厹予鋈錞。蒙伐有苑，虎韔镂膺。交韔二弓，竹闭绲縢。言念君子，载寝载兴。厌厌良人，秩秩德音。

蒹葭

蒹葭苍苍，白露为霜。所谓伊人，在水一方。溯洄从之，道阻且长。溯游从之，宛在水中央。

蒹葭凄凄，白露未晞。所谓伊人，在水之湄。溯洄从之，道阻且跻。溯游从之，宛在水中坻。

蒹葭采采，白露未已。所谓伊人，在水之涘。溯洄从之，道阻且右。溯游从之，宛在水中沚。

终南

终南何有？有条有梅。君子至止，锦衣狐裘。颜如渥丹，其君也哉！

终南何有？有纪有堂。君子至止，黻衣绣裳。佩玉将将，寿考不忘！

黄鸟

交交黄鸟，止于棘。谁从穆公？子车奄息。维此奄息，百夫之特。临其穴，惴惴其栗。彼苍者天，歼我良人！如可赎兮，人百其身！

交交黄鸟，止于桑。谁从穆公？子车仲行。维此仲行，百夫之防。临其穴，惴惴其栗。彼苍者天，歼我良人！如可赎兮，人百其身！

交交黄鸟，止于楚。谁从穆公？子车鍼虎。维此鍼虎，百夫之御。临其穴，惴惴其栗。彼苍者天，歼我良人！如可赎兮，人百其身！

晨风

鴥彼晨风，郁彼北林。未见君子，忧心钦钦。如何如何？忘我实多！

山有苞栎，隰有六驳。未见君子，忧心靡乐。如何如何？忘我实多！

山有苞棣，隰有树檖。未见君子，忧心如醉。如何如何？忘我实多！

无衣

岂曰无衣？与子同袍。王于兴师，修我戈矛，与子同仇。

岂曰无衣？与子同泽。王于兴师，修我矛戟，与子偕作。

岂曰无衣？与子同裳。王于兴师，修我甲兵，与子偕行。

渭阳

我送舅氏，曰至渭阳。何以赠之？路车乘黄。

我送舅氏，悠悠我思。何以赠之？琼瑰玉佩。

权舆

於我乎！夏屋渠渠。今也每食无余。于嗟乎！不承权舆！

於我乎！每食四簋。今也每食不饱。于嗟乎！不承权舆！

陈风

宛丘

子之汤兮，宛丘之上兮。洵有情兮，而无望兮。

坎其击鼓，宛丘之下。无冬无夏，值其鹭羽。

坎其击缶，宛丘之道。无冬无夏，值其鹭翿。

东门之枌

东门之枌，宛丘之栩。子仲之子，婆娑其下。

穀旦于差，南方之原。不绩其麻，市也婆娑。

穀旦于逝，越以鬷迈。视尔如荍，贻我握椒。

泽陂

彼泽之陂，有蒲与荷。有美一人，伤如之何！寤寐无为，涕泗滂沱。

彼泽之陂，有蒲与蕑。有美一人，硕大且卷。寤寐无为，中心悁悁。

彼泽之陂，有蒲菡萏。有美一人，硕大且俨。寤寐无为，辗转伏枕。

桧风

羔裘

羔裘逍遥，狐裘以朝。岂不尔思？劳心忉忉。

羔裘翱翔，狐裘在堂。岂不尔思？我心忧伤。

羔裘如膏，日出有曜。岂不尔思？中心是悼。

素冠

庶见素冠兮，棘人栾栾兮，劳心慱慱兮。

庶见素衣兮，我心伤悲兮，聊与子同归兮。
庶见素韠兮，我心蕴结兮，聊与子如一兮。

隰有苌楚

隰有苌楚，猗傩其枝。夭之沃沃，乐子之无知！
隰有苌楚，猗傩其华。夭之沃沃，乐子之无家！
隰有苌楚，猗傩其实。夭之沃沃，乐子之无室。

匪风

匪风发兮，匪车偈兮。顾瞻周道，中心怛兮。
匪风飘兮，匪车嘌兮。顾瞻周道，中心吊兮。
谁能亨鱼？溉之釜鬵。谁将西归？怀之好音。

曹风

蜉蝣

蜉蝣之羽，衣裳楚楚。心之忧矣，于我归处！
蜉蝣之翼，采采衣服。心之忧矣，于我归息！
蜉蝣掘阅，麻衣如雪。心之忧矣，于我归说！

候人

彼候人兮，何戈与祋。彼其之子，三百赤芾。
维鹈在梁，不濡其翼。彼其之子，不称其服。
维鹈在梁，不濡其咮。彼其之子，不遂其媾。
荟兮蔚兮，南山朝隮。婉兮娈兮，季女斯饥。

鸤鸠

鸤鸠在桑，其子七兮。淑人君子，其仪一兮。其仪一兮，心如结兮。

鸤鸠在桑，其子在梅。淑人君子，其带伊丝。其带伊丝，其弁伊骐。

鸤鸠在桑，其子在棘。淑人君子，其仪不忒。其仪不忒，正是四国。

鸤鸠在桑，其子在榛。淑人君子，正是国人。正是国人，胡不万年！

下泉

洌彼下泉，浸彼苞稂。忾我寤叹，念彼周京。
洌彼下泉，浸彼苞萧。忾我寤叹，念彼京周。
洌彼下泉，浸彼苞蓍。忾我寤叹，念彼京师。
芃芃黍苗，阴雨膏之。四国有王，郇伯劳之。

豳风

七月

七月流火，九月授衣。一之日觱发，二之日栗烈。无衣无褐，何以卒岁！三之日于耜，四之日举趾。同我妇子，馌彼南亩。田畯至喜。

七月流火，九月授衣。春日载阳，有鸣仓庚。女执懿筐，遵彼微行，爰求柔桑。春日迟迟，采蘩祁祁。女心伤悲，殆及公子同归。

七月流火，八月萑苇。蚕月条桑，取彼斧斨。以伐远扬，猗彼女桑。七月鸣鵙，八月载绩，载玄载黄，我朱孔阳，为公子裳。

四月秀葽，五月鸣蜩。八月其获，十月陨萚。一之日于貉，取彼狐狸，为公子裘。二之日其同，载缵武功。言私其豵，献豜于公。

五月斯螽动股，六月莎鸡振羽。七月在野，八月在宇，九月在户，十月蟋蟀入我床下。穹窒熏鼠，塞向墐户。嗟我妇子，曰为改岁，入此室处。

六月食郁及薁，七月亨葵及菽。八月剥枣，十月获稻。为此春酒，以介眉寿。七月食瓜，八月断壶。九月叔苴，采荼薪樗，食我农夫。

九月筑场圃，十月纳禾稼。黍稷重穋，禾麻菽麦。嗟我农夫，我稼既同，上入执宫功。昼尔于茅，宵尔索绹。亟其乘屋，其始播百谷。

二之日凿冰冲冲，三之日纳于凌阴，四之日其蚤，献羔祭韭。九月肃霜，十月涤场。朋酒斯飨，日杀羔羊，跻彼公堂。称彼兕觥，万寿无疆！

鸱鸮

鸱鸮鸱鸮，既取我子，无毁我室，恩斯勤斯，鬻子之闵斯！
迨天之未阴雨，彻彼桑土，绸缪牖户，今女下民，或敢侮予。
予手拮据，予所捋荼，予所蓄租，予口卒瘏。曰予未有室家。
予羽谯谯，予尾翛翛，予室翘翘，风雨所飘摇。予维音哓哓！

雅

小雅

鹿鸣

呦呦鹿鸣，食野之苹。我有嘉宾，鼓瑟吹笙。吹笙鼓簧，承筐是将。人之好我，示我周行。

呦呦鹿鸣，食野之蒿。我有嘉宾，德音孔昭。视民不恌，君子是则是效。我有旨酒，嘉宾式燕以敖。

呦呦鹿鸣，食野之芩。我有嘉宾，鼓瑟鼓琴。鼓瑟鼓琴，和乐且湛。我有旨酒，以燕乐嘉宾之心。

四牡

四牡騑騑，周道倭迟。岂不怀归？王事靡盬，我心伤悲。
四牡騑騑，嘽嘽骆马。岂不怀归？王事靡盬，不遑启处。
翩翩者鵻，载飞载下。集于苞栩，王事靡盬，不遑将父。
翩翩者鵻，载飞载止。集于苞杞，王事靡盬，不遑将母。
驾彼四骆，载骤骎骎。岂不怀归？是用作歌，将母来谂。

皇皇者华

皇皇者华，于彼原隰。駪駪征夫，每怀靡及。
我马维驹，六辔如濡。载驰载驱，周爰咨诹。
我马维骐，六辔如丝。载驰载驱，周爰咨谋。
我马维骆，六辔沃若。载驰载驱，周爰咨度。
我马维骃，六辔既均，载驰载驱，周爰咨询。

常 棣

常棣之华，鄂不韡韡。凡今之人，莫如兄弟。

死丧之威，兄弟孔怀。原隰裒矣，兄弟求矣。

脊令在原，兄弟急难。每有良明，况也永叹。

兄弟阋于墙，外御其务。每有良朋，烝也无戎。

丧乱既平，既安且宁。虽有兄弟，不如友生。

傧尔笾豆，饮酒之饫。兄弟既具，和乐且孺。

妻子好合，如鼓瑟琴。兄弟既翕，和乐且湛。

宜尔室家，乐尔妻帑。是究是图，亶其然乎？

伐 木

伐木丁丁，鸟鸣嘤嘤。出自幽谷，迁于乔木。嘤其鸣矣，求其友声。相彼鸟矣，犹求友声。矧伊人矣，不求友生？神之听之，终和且平。

伐木许许，酾酒有藇。既有肥羜，以速诸父。宁适不来，微我弗顾。於粲洒埽，陈馈八簋。既有肥牡，以速诸舅。宁适不来，微我有咎。

伐木于阪，酾酒有衍。笾豆有践，兄弟无远。民之失德，乾糇以愆。有酒湑我，无酒酤我。坎坎鼓我，蹲蹲舞我。迨我暇矣，饮此湑矣。

小 旻

旻天疾威，敷于下土。谋犹回遹，何日斯沮？谋臧不从，不臧覆用。我视谋犹，亦孔之邛。

潝潝訿訿，亦孔之哀。谋之其臧，则具是违。谋之不臧，则具是依。我视谋犹，伊于胡底！

我龟既厌，不我告犹。谋夫孔多，是用不集。发言盈庭，谁敢执其咎？如匪行迈谋，是用不得于道。

哀哉为犹，匪先民是程；匪大犹是经。维迩言是听，维迩言是争。如彼筑室于道谋，是用不溃于成。

国虽靡止，或圣或否。民虽靡朊，或哲或谋，或肃或艾。如彼泉流，无沦胥以败。

不敢暴虎，不敢冯河。人知其一，莫知其他。战战兢兢，如临深渊，如履薄冰。

小宛

宛彼鸣鸠，翰飞戾天。我心忧伤，念昔先人。明发不寐，有怀二人。

人之齐圣，饮酒温克。彼昏不知，壹醉日富。各敬尔仪，天命不又。

中原有菽，庶民采之。螟蛉有子，蜾蠃负之。教诲尔子，式穀似之。

题彼脊令，载飞载鸣。我日斯迈，而月斯征。夙兴夜寐，无忝尔所生。

交交桑扈，率场啄粟。哀我填寡，宜岸宜狱。握粟出卜，自何能穀？

温温恭人，如集于木。惴惴小心，如临于谷。战战兢兢，如履薄冰。

小弁

弁彼鸒斯，归飞提提。民莫不穀，我独于罹。何辜于天，我罪伊何？心之忧矣，云如之何？

踧踧周道，鞫为茂草。我心忧伤，惄焉如捣。假寐永叹，维忧用老。心之忧矣，疢如疾首。

维桑与梓，必恭敬止。靡瞻匪父，靡依匪母。不属于毛，不离于里。天之生我，我辰安在？

菀彼柳斯，鸣蜩嘒嘒。有漼者渊，萑苇淠淠。譬彼舟流，不知所届。心之忧矣，不遑假寐。

鹿斯之奔，维足伎伎。雉之朝雊，尚求其雌。譬彼坏木，疾用无枝。心之忧矣，宁莫之知！

相彼投兔，尚或先之。行有死人，尚或墐之。君子秉心，维其忍之。心之忧矣，涕既陨之。

君子信谗，如或酬之。君子不惠，不舒究之。伐木掎矣，析薪杝矣。舍彼有罪，予之佗矣！

莫高匪山，莫浚匪泉。君子无易由言，耳属于垣。无逝我梁，无发我笱。我躬不阅，遑恤我后！

巧言

悠悠昊天，曰父母且。无罪无辜，乱如此怃。昊天已威，予慎无罪。昊天泰怃，予慎无辜。

乱之初生，僭始既涵。乱之又生，君子信谗。君子如怒，乱庶遄沮。君子如祉，乱庶遄已。

君子屡盟，乱是用长。君子信盗，乱是用暴。盗言孔甘，乱是用餤。匪其止共，维王之邛。

奕奕寝庙，君子作之，秩秩大猷，圣人莫之。他人有心，予忖度之。跃跃毚兔，遇犬获之。

荏染柔木，君子树之。往来行言，心焉数之。蛇蛇硕言，出自口矣。巧言如簧，颜之厚矣。

彼何人斯，居河之麋？无拳无勇，职为乱阶。既微且尰，尔勇伊何？为犹将多，尔居徒几何？

何人斯

彼何人斯？其心孔艰。胡逝我梁，不入我门？伊谁云从，维暴之云？

二人从行，谁为此祸？胡逝我梁，不入唁我？始者不如今，云不我可。

彼何人斯，胡逝我陈？我闻其声，不见其身。不愧于人，不畏于天。

彼何人斯，其为飘风？胡不自北，胡不自南？胡逝我梁，祇搅我心？

尔之安行，亦不遑舍。尔之亟行，遑脂尔车。壹者之来，云何其盱？

尔还而入，我心易也。还而不入，否难知也。壹者之来，俾我祇也。

伯氏吹壎，仲氏吹篪。及尔如贯，谅不我知。出此三物，以诅尔斯！

为鬼为蜮，则不可得。有靦面目，视人罔极。作此好歌，以极反侧。

巷伯

萋兮斐兮，成是贝锦。彼谮人者，亦已大甚！

哆兮侈兮，成是南箕。彼谮人者，谁適与谋！

缉缉翩翩，谋欲谮人。慎尔言也，谓尔不信。

捷捷幡幡，谋欲谮言。岂不尔受？既其女迁！

骄人好好，劳人草草。苍天苍天，视彼骄人，矜此劳人。

彼谮人者，谁適与谋。取彼谮人，投畀豺虎。豺虎不食，投畀有北。有北不受，投畀有昊。

杨园之道，猗于亩丘。寺人孟子，作为此诗。凡百君子，敬而听之。

谷风

习习谷风，维风及雨。将恐将惧，维予与女。将安将乐，女转弃予。

习习谷风，维风及颓。将恐将惧，置予于怀。将安将乐，弃予如遗。

习习谷风，维山崔嵬。无草不死，无木不萎。忘我大德，思我小怨。

蓼莪

蓼蓼者莪，匪莪伊蒿。哀哀父母，生我劬劳。

蓼蓼者莪，匪莪伊蔚。哀哀父母，生我劳瘁。

缾之罄矣，维罍之耻。鲜民之生，不如死之久矣！无父何怙？无母何恃？出则衔恤，入则靡至。

父兮生我，母兮鞠我。拊我畜我，长我育我，顾我复我，出入腹我。欲报之德，昊天罔极。

南山烈烈，飘风发发。民莫不穀，我独何害？

南山律律，飘风拂拂。民莫不穀，我独不卒。

大东

有饛簋飧，有捄棘匕。周道如砥，其直如矢。君子所履，小人所视。睠然顾之，潸焉出涕。

小东大东，杼柚其空。纠纠葛屦，可以履霜。佻佻公子，行彼周行。既往既来，使我心疚。

有冽氿泉，无浸获薪。契契寤叹，哀我惮人。薪是获薪，尚可载也。哀我惮人，亦可息也。

东人之子，职劳不来。西人之子，粲粲衣服。舟人之子，熊罴是裘。私人之子，百僚是试。

或以其酒，不以其浆。鞙鞙佩璲，不以其长。维天有汉，监亦有光。跂彼织女，终日七襄。

虽则七襄，不成报章。睆彼牵牛，不以服箱。东有启明，西有长庚。有捄天毕，载施之行。

维南有箕，不可以簸扬。维北有斗，不可以挹酒浆。维南有箕，载翕其舌。维北有斗，西柄之揭。

四月

四月维夏，六月徂暑。先祖匪人，胡宁忍予！
秋日凄凄，百卉俱腓。乱离瘼矣，爰其适归？
冬日烈烈，飘风发发。民莫不穀，我独何害？
山有嘉卉，侯栗侯梅。废为残贼，莫知其尤。
相彼泉水，载清载浊。我日构祸，曷云能穀？
滔滔江汉，南国之纪。尽瘁以仕，宁莫我有。
匪鹑匪鸢，翰飞戾天。匪鳣匪鲔，潜逃于渊。
山有蕨薇，隰有杞桋。君子作歌，维以告哀。

北山

陟彼北山，言采其杞。偕偕士子，朝夕从事。王事靡盬，忧我父母。

溥天之下，莫非王土。率土之滨，莫非王臣。大夫不均，我从事独贤。

四牡彭彭，王事傍傍。嘉我未老，鲜我方将，旅力方刚，经营四方。

或燕燕居息，或尽瘁事国。或息偃在床，或不已于行。

或不知叫号，或惨惨劬劳。或栖迟偃仰，或王事鞅掌。

或湛乐饮酒，或惨惨畏咎。或出入风议，或靡事不为。

无将大车

无将大车，祇自尘兮。无思百忧，祇自疷兮。

无将大车，维尘冥冥。无思百忧，不出于颎。

无将大车，维尘雝兮。无思百忧，祇自重兮。

小明

明明上天，照临下土。我征徂西，至于艽野。二月初吉，载离寒暑。心之忧矣，其毒大苦。念彼共人，涕零如雨。岂不怀归？畏此罪罟。

昔我往矣，日月方除。曷云其还？岁聿云莫。念我独兮，我事孔庶。心之忧矣，惮我不暇。念彼共人，睠睠怀顾。岂不怀归？畏此谴怒。

昔我往矣，日月方奥。曷云其还？政事愈蹙。岁聿云莫，采萧获菽。心之忧矣，自诒伊戚。念彼共人，兴言出宿。岂不怀归？畏此反覆。

嗟尔君子，无恒安处。靖共尔位，正直是与。神之听之，式穀以女。

嗟尔君子，无恒安息。靖共尔位，好是正直。神之听之，介尔景福。

鼓钟

鼓钟将将，淮水汤汤，忧心且伤。淑人君子，怀允不忘。

鼓钟喈喈，淮水湝湝，忧心且悲。淑人君子，其德不回。

鼓钟伐鼛，淮有三洲，忧心且妯。淑人君子，其德不犹。

鼓钟钦钦，鼓瑟鼓琴，笙磬同音。以雅以南，以籥不僭。

绵蛮

绵蛮黄鸟，止于丘阿。道之云远，我劳如何！饮之食之，教之诲之。命彼后车，谓之载之。

绵蛮黄鸟，止于丘隅。岂敢惮行？畏不能趋。饮之食之，教之诲之。命彼后车，谓之载之。

绵蛮黄鸟，止于丘侧。岂敢惮行？畏不能极。饮之食之，教之诲之。命彼后车，谓之载之。

瓠叶

幡幡瓠叶，采之亨之。君子有酒，酌言尝之。

有兔斯首，炮之燔之。君子有酒，酌言献之。

有兔斯首，燔之炙之。君子有酒，酌言酢之。

有兔斯首，燔之炮之。君子有酒，酌言酬之。

渐渐之石

渐渐之石，维其高矣。山川悠远，维其劳矣。武人东征，不皇朝矣。

渐渐之石，维其卒矣。山川悠远，曷其没矣？武人东征，不皇出矣。

有豕白蹢，烝涉波矣。月离于毕，俾滂沱矣。武人东征，不皇他矣。

苕之华

苕之华，芸其黄矣。心之忧矣，维其伤矣。

苕之华，其叶青青。知我如此，不如无生。

牂羊坟首，三星在罶。人可以食，鲜可以饱。

何草不黄

何草不黄，何日不行？何人不将，经营四方？

何草不玄，何人不矜？哀我征夫，独为匪民。

匪兕匪虎，率彼旷野。哀我征夫，朝夕不暇。

有芃者狐，率彼幽草。有栈之车，行彼周道。

大 雅

文 王

文王在上，於昭于天！周虽旧邦，其命维新。有周不显，帝命不时。文王陟降，在帝左右。

亹亹文王，令闻不已。陈锡哉周，侯文王孙子。文王孙子，本支百世。凡周之士，不显亦世。

世之不显，厥犹翼翼。思皇多士，生此王国。王国克生，维周之桢。济济多士，文王以宁。

穆穆文王，於缉熙敬止。假哉天命！有商孙子。商之孙子，其丽不亿。上帝既命，侯于周服。

侯服于周，天命靡常。殷士肤敏，祼将于京。厥作祼将，常服黼冔。王之荩臣，无念尔祖？

无念尔祖，聿修厥德。永言配命，自求多福。殷之未丧师，克配上帝。宜鉴于殷，骏命不易。

命之不易，无遏尔躬。宣昭义问，有虞殷自天。上天之载，无声无臭。仪刑文王，万邦作孚。

大 明

明明在下，赫赫在上。天难忱斯，不易维王。天位殷適，使不挟四方。

挚仲氏任，自彼殷商。来嫁于周，曰嫔于京。乃及王季，维德之行。大任有身，生此文王。

维此文王，小心翼翼。昭事上帝，聿怀多福。厥德不回，以受方国。

天监在下，有命既集。文王初载，天作之合。在洽之阳，在渭之涘。文王嘉止，大邦有子。

大邦有子，伣天之妹。文定厥祥，亲迎于渭。造舟为梁，不显其光。

有命自天，命此文王：于周于京，缵女维莘，长子维行，笃生武王。保右命尔，燮伐大商。

殷商之旅，其会如林。矢于牧野，维予侯兴。上帝临女，无二尔心！

牧野洋洋，檀车煌煌，驷騵彭彭。维师尚父，时维鹰扬，凉彼武王。肆伐大商，会朝清明！

绵

绵绵瓜瓞，民之初生，自土沮漆。古公亶父，陶复陶穴，未有家室。

古公亶父，来朝走马。率西水浒，至于岐下。爰及姜女，聿来胥宇。

周原朊朊，堇荼如饴。爰始爰谋，爰契我龟。曰止曰时，筑室于兹。

乃慰乃止，乃左乃右。乃疆乃理，乃宣乃亩。自西徂东，周爰执事。

乃召司空，乃召司徒，俾立室家。其绳则直，缩版以载，作庙翼翼。

捄之陾陾，度之薨薨，筑之登登，削屡冯冯。百堵皆兴，鼛鼓弗胜。

乃立皋门，皋门有伉。乃立应门，应门将将。乃立冢土，戎丑攸行。

肆不殄厥愠，亦不陨厥问。柞棫拔矣，行道兑矣。混夷駾矣，维其喙矣！

虞芮质厥成，文王蹶厥生。予曰有疏附，予曰有先后，予曰有奔奏，予曰有御侮。

棫朴

芃芃棫朴，薪之槱之。济济辟王，左右趣之。

济济辟王，左右奉璋。奉璋峨峨，髦士攸宜。

淠彼泾舟，烝徒楫之。周王于迈，六师及之。

倬彼云汉，为章于天。周王寿考，遐不作人。

追琢其章，金玉其相。勉勉我王，纲纪四方。

旱麓

瞻彼旱麓，榛楛济济。岂弟君子，干禄岂弟。

瑟彼玉瓒，黄流在中。岂弟君子，福禄攸降。

鸢飞戾天，鱼跃于渊。岂弟君子，遐不作人。

清酒既载，骍牡既备。以享以祀，以介景福。

瑟彼柞棫，民所燎矣。岂弟君子，神所劳矣。

莫莫葛藟，施于条枚。岂弟君子，求福不回。

思齐

思齐大任，文王之母。思媚周姜，京室之妇。大姒嗣徽音，则百斯男。

惠于宗公，神罔时怨，神罔时恫。刑于寡妻，至于兄弟，以御于家邦。

雝雝在宫，肃肃在庙。不显亦临，无射亦保。

肆戎疾不殄，烈假不瑕。不闻亦式，不谏亦入。

肆成人有德，小子有造。古之人无斁，誉髦斯士。

皇矣

皇矣上帝，临下有赫。监观四方，求民之莫。维此二国，其政不获。维彼四国，爰究爰度。上帝耆之，憎其式廓。乃眷西顾，此维与宅。

作之屏之，其菑其翳。修之平之，其灌其栵。启之辟之，其柽其椐。攘之剔之，其檿其柘。帝迁明德，串夷载路。天立厥配，受命既固。

帝省其山，柞棫斯拔，松柏斯兑。帝作邦作对，自大伯王季。维此王季，因心则友，则友其兄，则笃其庆，载锡之光。受禄无丧，奄有四方。

维此王季，帝度其心，貊其德音。其德克明，克明克类，克长克君，王此大邦，克顺克比。比于文王：其德靡悔。既受帝祉，施于孙子。

帝谓文王，无然畔援，无然歆羡，诞先登于岸。密人不恭，敢距大邦，侵阮徂共。王赫斯怒，爰整其旅，以按徂旅。以笃于周祜，以对于天下。

依其在京，侵自阮疆。陟我高冈，无矢我陵，我陵我阿。无饮我泉，我泉我池。度其鲜原，居岐之阳，在渭之将，万邦之方，下民之王！

帝谓文王：予怀明德，不大声以色，不长夏以革。不识不知，顺帝之则。帝谓文王，询尔仇方，同尔兄弟，以尔钩援，与尔临冲，以伐崇墉。

临冲闲闲，崇墉言言，执讯连连，攸馘安安。是类是祃，是致是附，四方以无侮。临冲茀茀，崇墉仡仡。是伐是肆，是绝是忽，四方以无拂。

灵台

经始灵台，经之营之。庶民攻之，不日成之。
经始勿亟，庶民子来。王在灵囿，麀鹿攸伏。
麀鹿濯濯，白鸟翯翯。王在灵沼，於牣鱼跃。
虡业维枞，贲鼓维镛。於论鼓钟，於乐辟廱。
於论鼓钟，於乐辟廱。鼍鼓逢逢，矇瞍奏公。

下武

下武维周，世有哲王。三后在天，王配于京。
王配于京，世德作求。永言配命，成王之孚。
成王之孚，下土之式。永言孝思，孝思维则。
媚兹一人，应侯顺德。永言孝思，昭哉嗣服！

昭兹来许，绳其祖武。于万斯年，受天之祜！

受天之祜，四方来贺。于万斯年，不遐有佐。

文王有声

文王有声，遹骏有声。遹求厥宁，遹观厥成。文王烝哉！

文王受命，有此武功。既伐于崇，作邑于丰。文王烝哉！

筑城伊淢，作丰伊匹。匪棘其欲，遹追来孝。王后烝哉！

王公伊濯，维丰之垣。四方攸同，王后维翰。王后烝哉！

丰水东注，维禹之绩。四方攸同，皇王维辟。皇王烝哉！

镐京辟雍，自西自东。自南自北，无思不服。皇王烝哉！

考卜维王，宅是镐京。维龟正之，武王成之。武王烝哉！

丰水有芑，武王岂不仕？诒厥孙谋，以燕翼子。武王烝哉！

生 民

厥初生民，时维姜嫄。生民如何？克禋克祀。以弗无子，履帝武敏歆，攸介攸止。载震载夙，载生教育，时维后稷。

诞弥厥月，先生如达。不坼不副，无菑无害。以赫厥灵，上帝不宁。不康禋祀，居然生子。

诞置之隘巷，牛羊腓字之。诞置之平林，会伐平林。诞置之寒冰，鸟覆翼之。鸟乃去矣，后稷呱矣。实覃实讦，厥声载路。

诞实匍匐，克岐克嶷，以就口食。蓺之荏菽，荏菽旆旆，禾役穟穟，麻麦幪幪，瓜瓞唪唪。

诞后稷之穑，有相之道。茀厥丰草，种之黄茂。实方实苞，实种实褎，实发实秀，实坚实好。实颖实栗，即有邰家室。

诞降嘉种，维秬维秠，维穈维芑，恒之秬秠。是获是亩，恒之穈芑。是任是负，以归肇祀。

诞我祀如何？或舂或揄，或簸或蹂。释之叟叟，烝之浮浮。载谋载惟，取萧祭脂，取羝以軷，载燔载烈，以兴嗣岁。

卬盛于豆，于豆于登。其香始升，上帝居歆。胡臭亶时，后稷肇祀，庶无罪悔，以迄于今。

颂

周颂

清庙

於穆清庙，肃雝显相。济济多士，秉文之德。

对越在天，骏奔走在庙。不显不承，无射于人斯！

维天之命

维天之命，於穆不已。於乎不显，文王之德之纯！

假以溢我，我其收之。骏惠我文王，曾孙笃之。

维清

维清缉熙，文王之典。肇禋，迄用有成，维周之祯。

烈文

烈文辟公，锡兹祉福。惠我无疆，子孙保之。无封靡于尔邦，维王其崇之。念兹戎功，继序其皇之。无竞维人，四方其训之。不显维德，百辟其刑之。於乎，前王不忘！

天作

天作高山，大王荒之。彼作矣，文王康之。彼徂矣岐，有夷之行，子孙保之！

鲁颂

駉

駉駉牡马，在坰之野。薄言駉者，有驈有皇，有骊有黄，以车彭彭。思无疆，思马斯臧。

駉駉牡马，在坰之野。薄言駉者，有骓有駓，有骍有骐，以车伾伾，思无期，思马斯才。

駉駉牡马，在坰之野，薄言駉者，有驒有骆，有駵有雒，以车绎绎。思无斁，思马斯作。

駉駉牡马，在坰之野，薄言駉者，有骃有騢，有驔有鱼，以车祛祛。思无邪，思马斯徂。

有駜

有駜有駜，駜彼乘黄。夙夜在公，在公明明。振振鹭，鹭于下。鼓咽咽，醉言舞。于胥乐兮！

有駜有駜，駜彼乘牡。夙夜在公，在公饮酒。振振鹭，鹭于飞。鼓咽咽，醉言归。于胥乐兮！

有駜有駜，駜彼乘駽。夙夜在公，在公载燕。自今以始，岁其有。君子有穀，诒孙子。于胥乐兮！

泮水

思乐泮水，薄采其芹。鲁侯戾止，言观其旂。其旂茷茷，鸾声哕哕。无小无大，从公于迈。

思乐泮水，薄采其藻。鲁侯戾止，其马蹻蹻。其马蹻蹻，其音昭昭。载色载笑，匪怒伊教。

思乐泮水，薄采其茆。鲁侯戾止，在泮饮酒。既饮旨酒，永锡难老。顺彼长道，屈此群丑。

穆穆鲁侯，敬明其德。敬慎威仪，维民之则。允文允武，昭假烈祖。靡有不孝，自求伊祜。

明明鲁侯，克明其德。既作泮宫，淮夷攸服。矫矫虎臣，在泮献馘。淑问如皋陶，在泮献囚。

济济多士，克广德心。桓桓于征，狄彼东南。烝烝皇皇，不吴不扬。不告于訩，在泮献功。

角弓其觩，束矢其搜。戎车孔博，徒御无斁。既克淮夷，孔淑不逆。式固尔犹，淮夷卒获。

翩彼飞鸮，集于泮林。食我桑黮，怀我好音。憬彼淮夷，来献其琛。元龟象齿，大赂南金。

閟宫

閟宫有侐，实实枚枚。赫赫姜嫄，其德不回。上帝是依，无灾无害。弥月不迟，是生后稷，降之百福。黍稷重穋，植稚菽麦。奄有下国，俾民稼穑，有稷有黍，有稻有秬。奄有下土，缵禹之绪。

后稷之孙，实维大王。居岐之阳，实始翦商。至于文武，缵大王之绪。致天之届，于牧之野。无贰无虞，上帝临女。敦商之旅，克咸厥功。王曰叔父！建尔元子，俾侯于鲁。大启尔宇，为周室辅。

乃命鲁公，俾侯于东。锡之山川，土田附庸。周公之孙，庄公之子。龙旂承祀，六辔耳耳。春秋匪解，享祀不忒。皇皇后帝，皇祖后稷，享以骍牺，是飨是宜，降福既多，周公皇祖，亦其福女。

秋而载尝，夏而楅衡。白牡骍刚，牺尊将将。毛炰胾羹，笾豆大房。万舞洋洋，孝孙有庆。俾尔炽而昌，俾尔寿而臧。保彼东方，鲁邦是常。不亏不崩，不震不腾。三寿作朋，如冈如陵。

公车千乘，朱英绿縢。二矛重弓，公徒三万。贝胄朱綅，烝徒增增。戎狄是膺，荆舒是惩，则莫我敢承。俾尔昌而炽，俾尔寿而富。黄发台背，寿胥与试。俾尔昌而大，俾尔耆而艾。万有千岁，眉寿无有害。

泰山岩岩，鲁邦所詹。奄有龟蒙，遂荒大东。至于海邦，淮夷来同。莫不率从，鲁侯之功。

保有凫绎，遂荒徐宅，至于海邦。淮夷蛮貊，及彼南夷，莫不率从。莫敢不诺，鲁侯是若。

天赐公纯嘏，眉寿保鲁。居常与许，复周公之宇。鲁侯燕喜，令妻寿母，宜大夫庶士，邦国是有。既多受祉，黄发儿齿。

徂徕之松，新甫之柏。是断是度，是寻是尺。松桷有舄，路寝孔硕。新庙奕奕，奚斯所作。孔曼且硕，万民是若。

商 颂

那

猗与那与！置我鞉鼓。奏鼓简简，衎我烈祖。汤孙奏假，绥我思成。鞉鼓渊渊，嘒嘒管声。既和且平，依我磬声。於赫汤孙，穆穆厥声。庸鼓有斁，万舞有奕。我有嘉客，亦不夷怿。自古在昔，先民有作。温恭朝夕，执事有恪。顾予烝尝，汤孙之将。

烈祖

嗟嗟烈祖，有秩斯祜。申锡无疆，及尔斯所。既载清酤，赉我思成。亦有和羹，既戒既平。鬷假无言，时靡有争。绥我眉寿，黄耇无疆。约軝错衡，八鸾鸧鸧。以假以享，我受命溥将。自天降康，丰年穰穰。来假来飨，降福无疆。顾予烝尝，汤孙之将！

玄鸟

天命玄鸟，降而生商，宅殷土芒芒。古帝命武汤，正域彼四方。方命厥后，奄有九有。商之先后，受命不殆，在武丁孙子。武丁孙子，武王靡不胜。龙旂十乘，大糦是承。邦畿千里，维民所止。肇域彼四海，四海来假。来假祈祈，景员维河。殷受命咸宜，百禄是何。

长发

濬哲维商，长发其祥。洪水芒芒，禹敷下土方。外大国是疆，幅陨既长。有娀方将，帝立子生商。

玄王桓拨，受小国是达，受大国是达。率履不越，遂视既发。相土烈烈，海外有截。

帝命不违，至于汤齐。汤降不迟，圣敬日跻，昭假迟迟，上帝是祗，帝命式于九围。

受小球大球，为下国缀旒，何天之休。不竞不絿，不刚不柔，敷政优优，百禄是遒。

受小共大共，为下国骏厖，何天之龙。敷奏其勇，不震不动，不戁不竦。百禄是总。

武王载旆，有虔秉钺。如火烈烈，则莫我敢曷。苞有三蘖，莫遂莫达。九有有截，韦顾既伐，昆吾夏桀。

昔在中叶，有震且业。允也天子，降予卿士。实维阿衡，实左右商王。

史部

战国策

——西汉·刘向 著

卫鞅亡魏入秦

卫鞅亡魏入秦，孝公以为相，封之于商，号曰商君。商君治秦，法令至行，公平无私，罚不讳强大，赏不私亲近。法及太子，黥劓其傅。期年之后，道不拾遗，民不妄取，兵革大强，诸侯畏惧。然刻深寡恩，特以强服之耳。

孝公行之八年，疾且不起，欲传商君，辞不受。孝公已死，惠王代后，莅政有顷，商君告归。人说惠王曰："大臣太重者，国危；左右太亲者，身危。今秦妇人婴儿皆言商君之法，莫言大王之法，是商君反为主，大王更为臣也。且夫商君，固大王仇雠也，愿大王图之！"商君归还，惠王车裂之，而秦人不怜。

张仪说秦王

张仪说秦王曰："臣闻之：弗知而言为不智，知而不言为不忠。为人臣，不忠当死，言不审亦当死。虽然，臣愿悉言所闻，大王裁其罪。臣闻天下阴燕阳魏，连荆固齐，收余韩成从，将西南以与强秦为难。臣窃笑之。世有三亡，而天下得之，其此之谓乎！臣闻之曰：'以乱攻治者亡，以邪攻正者亡，以逆攻顺者亡。'今天下之府库不盈，囷仓空虚，悉其士民，张军数千百万，白刃在前，斧质在后，而皆去走不能死。非其百姓不能死也，其上不能杀也。言赏则不与，言罚则不行。赏罚不行，故民不死也。

"今秦出号令而行赏罚，有攻无攻相事也。出其父母怀衽之中，生未尝见寇也，闻战，顿足徒裼，犯白刃，蹈煨炭，断死于前者，比是也。夫断死与断生也不同，而民为之者，是贵奋也。一可以胜十，十可以胜百，百可以胜千，千可以胜万，万可以胜天下矣。今秦地形，断长续短，方数千里；名师数百万；秦之号令赏罚，地形利害，天下莫如也。以此与天下，天下不足兼而有也。是知秦战未尝不胜，攻未尝不取，所当未尝不破也。开地数千里，此甚大功也。然而甲兵顿，士民病，蓄积索，田畴荒，囷仓虚，四邻诸侯不服，伯王之名不成，此无异故，谋臣皆不尽其忠也。

"臣敢言往昔。昔者，齐南破荆，东破宋，西服秦，北破燕，中使韩魏之君；地广而兵强，战胜攻取，诏令天下；济清河浊，足以为限，长城巨防，足以为塞。齐，五战之国也，一战不胜而无齐。故由此观之：夫战者，万乘之存亡也。且臣闻之曰：'削株掘根，无与祸邻，祸乃不存。'秦与荆人战，大破荆，袭郢，取洞庭、五都、江南。荆王亡奔走，东伏于陈。当是之时，随荆以兵，则荆可举，举荆，则其民足贪也，地足利也；东以强齐、燕，中陵三晋。然则是一举而伯王之名可成也，四邻诸侯可朝也。而谋臣不为，引军而退，与荆人和。令荆人收亡国，聚散民，立社主，置宗庙；令帅天下西面以与秦为难。此固已无伯王之道一矣。天下有比志而军华下，大王以诈破之，兵至梁郭。围梁数旬，则梁可拔；拔梁，则魏可举；举魏，则荆、赵之志绝；荆、赵之志绝，则赵危；赵危，而荆孤；东以强齐、燕，中陵三晋。然则是一举而伯王之名可成也，四邻诸侯可朝也。而谋臣不为，引军而退，与魏氏和。令魏氏收亡国，聚散民，立社主，置宗庙，此固已无伯王之道二矣。前者穰侯之治秦也，用一国之兵，而欲以成两国之功，是故兵终身暴灵于外，士民潞病于内，伯王之名不成，此固已无伯王之道三矣。赵氏，中央之国也，杂民之所居也。其民轻而难用，号令不治，赏罚不信，地形不便，上非能尽其民力。彼固亡国之形也，而不忧民氓，悉其士民，军于长平之下，以争韩之上党。大王以诈破之，拔武安。当是时，赵氏上下不相亲也，贵贱不相信，然则是邯郸不守。拔邯郸，完河间，引军而去，西攻修武，逾羊肠，降代、上党。代三十六县，上党十七县，不用一领甲，不苦一民，皆秦之有也。代、上党不战而已为秦矣；东阳河外不战而已反为齐矣，中呼池以北不战而已为燕矣。然则是举赵则韩必亡，韩亡则荆、魏不能独立，荆、魏不能独立，则是一举而坏韩、蠹魏、挟荆，以东弱齐、燕，决白马之口，以流魏氏。一举而三晋亡，从者败，大王拱手以须，天下遍随而伏，伯王之名可成也。而谋臣不为，引军而退，与赵氏为和。以大王之明，秦兵之强，伯王之业，地尊不可得，乃取欺于亡国，是谋臣之拙也。

"且夫赵当亡不亡，秦当伯不伯，天下固量秦之谋臣一矣。乃复悉卒以攻邯郸，不能拔也。弃甲兵怒，战栗而却，天下固量秦力二矣。军乃引退，并于李下，大王又并军而致与战。非能厚胜之也，又交罢却，天下固量秦力三矣。内者量吾谋臣，外者极吾兵力。由是观之：臣以天下之从，岂其难矣？内者吾甲兵顿，士民病，蓄积索，田畴荒，囷仓虚；外者天下比志甚固。愿大王有以虑之也。

"且臣闻之，'战战栗栗，日慎一日'，苟慎其道，天下可有也。何以知其然也？昔者纣为天子，帅天下将甲百万，左饮于淇谷，右饮于洹水，淇水竭而洹水不流，以与周武为难。武王将素甲三千领，战一日，破纣之国，禽其身、据其地而有其民，天下莫不伤。智伯帅三国之众，以攻赵襄主于晋阳，决水灌之，三年，城且拔矣。襄主错龟数策占兆，以视利害，何国可降，而使张孟谈。于是潜行而出，反智伯之约，得两国之众，以攻智伯之国，禽其身，以成襄子之功。今秦地断长续短，方数千里，名师数百万，秦国号令赏罚，地形利害，天下莫如也。以此与天下，天下可兼而有也。

"臣昧死望见大王，言所以一举破天下之从，举赵亡韩，臣荆、魏，亲齐、燕，以成伯王之名，朝四邻诸侯之道。大王试听其说，一举而天下之从不破，赵不举，韩不亡，荆、魏不臣，齐、燕不亲，伯王之名不成，四邻诸侯不朝，大王斩臣以徇于国，以主为谋不忠者。"

司马错与张仪争论于秦惠王前

司马错与张仪争论于秦惠王前。司马错欲伐蜀，张仪曰："不如伐韩。"王曰："请闻其说。"

对曰："亲魏善楚，下兵三川，塞轘辕、缑氏之口，当屯留之道，魏绝南阳，楚临南郑，秦攻新城、宜阳，以临二周之郊，诛周主之罪，侵楚、魏之地。周自知不救，九鼎宝器必出。据九鼎，按图籍，挟天子以令天下，天下莫敢不听，此王业也。今夫蜀，西辟之国，而戎狄之长也。弊兵劳众，不足以成名；得其地，不足以为利。臣闻'争名者于朝，争利者于市'。今三川周室，天下之市朝也，而王不争焉，顾争于戎狄，去王业远矣。"

司马错曰："不然！臣闻之：'欲富国者务广其地，欲强兵者务富其民，欲王者务博其德。三资者备，而王随之矣。'今王之地小民贫，故臣愿从事于易。夫蜀，西辟之国也，而戎狄之长也，而有桀纣之乱。以秦攻之，譬如使豺狼逐群羊也。取其地足以广国也，得其财足以富民，缮兵不伤众，而彼已服矣。故拔一国，而天下不以为暴；利尽西海，诸侯不以为贪。是我一举而名实两副，而又有禁暴正乱之名。今攻韩劫天子，劫天子，恶名也，而未必利也。又有不义之名，而攻天下之所不欲，危！臣请谒其故：周，天下之宗室也；齐，韩、周之与国也。周自知失九鼎，韩自知亡三川，则必将二国并力合谋，以因于齐、赵，而求解乎楚、魏；以鼎与楚，以地与魏，王不能禁。此臣所谓'危'，不如伐蜀之完也。"惠王曰："善，寡人听子。"卒起兵伐蜀，十月取之，遂定蜀。蜀主更号为侯，而使陈庄相蜀。蜀既属，秦益强富厚，轻诸侯。

魏谓魏冉

魏谓魏冉曰："公闻东方之语乎？"曰："弗闻也。"曰："辛、张阳、毋泽说魏王、薛公、公叔也，曰：'臣战，载主契国，以与王约，必无患矣。若有败之者，臣请挈领。然而臣有患也。夫楚王之以其臣请挈领，然而臣有患也；夫楚王之以其国依冉也，而事臣之主，此臣之甚患也。’今公东而因言于楚，是令张仪之言为禹，而务败公之事也。公不如反公国，德楚，而观薛公之为公也；观三国之所求于秦而不能得者，请以号三国以自信也；观张仪与泽之所不能得于薛公者也，而公请之以自重也。”

邯郸之难

邯郸之难，赵求救于齐。田侯召大臣而谋曰："救赵，孰与勿救？"邹子曰："不如勿救。"段干纶曰："弗救，则我不利！"田侯曰："何哉？"对曰："夫魏氏兼邯郸，其于齐何利哉？"

田侯曰："善。"乃起兵，曰："军于邯郸之郊！"段干纶曰："臣之求利且不利者，非此也。夫救邯郸，军于其郊，是赵不拔而魏全也，故不如南攻襄陵以弊魏。邯郸拔而承魏之敝，是赵破而魏弱也。"

田侯曰："善。"乃起兵南攻襄陵。七月，邯郸拔，齐因承魏之弊，大破之桂陵。

苏秦为赵合从

苏秦为赵合从，说齐宣王曰："齐南有太山，东有琅琊，西有清河，北有渤海，此所谓四塞之国也。齐地方二千里，带甲数十万，粟如丘山。齐车之良，五家之兵，疾如锥矢，战如雷电，解如风雨。即有军役，未尝倍太山，绝清河，涉渤海也。临淄之中七万户，臣窃度之，下户三男子，三七二十一万，不待发于远县，而临淄之卒，固以二十一万矣。临淄甚富而实，其民无不吹竽鼓瑟、击筑弹琴、斗鸡走犬、六博蹴鞠者。临淄之途，车毂击，人肩摩，连衽成帷，举袂成幕，挥汗成雨。家敦而富，志高而扬。夫以大王之贤与齐之强，天下不能当。今乃西面事秦，窃为大王羞之！

“且夫韩、魏之所以畏秦者，以与秦接界也。兵出而相当，不至十日，而战胜存亡之机决矣。韩、魏战而胜秦，则兵半折，四境不守；战而不胜，以亡随其后。是故韩、魏之所以重与秦战，而轻为之臣也。今秦攻齐则不然：倍韩、魏之地，至卫阳晋之道，径亢父之险，车不得方轨，马不得并行，百人守险，千人不能过也。秦虽欲深入，则狼顾，恐韩、魏之议其后也。是故恫疑虚猲，高跃而不敢进。则秦不能害齐，亦已明矣！夫不深料秦之不奈我何也，而欲西面事秦，是君臣之计过也。今无臣事秦之名，而有强国之实，臣固愿大王之少留计！”

齐王曰：“寡人不敏，今主君以赵王之教诏之，敬奉社稷以从。”

张仪为秦连横说齐王

张仪为秦连横，说齐王曰：“天下强国，无过齐者；大臣父兄殷众富乐，无过齐者。然而，为大王计者，皆为一时说而不顾万世之利。从人说大王者，必谓：‘齐西有强赵，南有韩、魏，负海之国也。地广人众，兵强士勇，虽有百秦，将无奈我何！”大王览其说，而不察其至实！夫从人朋党比周，莫不以从为可。臣闻之，齐与鲁三战而鲁三胜，国以危，亡随其后，虽有胜名，而有亡之实，是何故也？齐大而鲁小。今赵之与秦也，犹齐之于鲁也。秦、赵战于河漳之上，再战而再胜秦；战于番吾之下，再战而再胜秦。四战之后，赵亡卒数十万，邯郸仅存，虽有胜秦之名，而国破矣！是何故也？秦强而赵弱也。今秦、楚，嫁子取妇，为昆弟之国。韩献宜阳，魏效河外，赵入朝黾池，割河间以事秦。大王不事秦，秦驱韩、魏攻齐之南地，悉赵涉河关，指抟关，临淄、即墨，非王之有也！国一日被攻，虽欲事秦，不可得也！是故愿大王熟计之。”

齐王曰：“齐僻陋隐居，托于东海之上，未尝闻社稷之长利。今大客幸而教之，请奉社稷以事秦。”献鱼盐之地三百于秦也。

秦攻赵

秦攻赵，赵令楼缓以五城求讲于秦，而与之伐齐。齐王恐，因使人以十城求讲于秦。楼子恐，因以上党二十四县许秦王。赵足之齐，谓齐王曰：“王欲秦、赵之解乎？不如从合于赵。赵必倍秦，倍秦，则齐无患矣！”

秦攻赵长平

秦攻赵长平，齐、燕救之。秦计曰：“齐、燕救赵，亲则将退兵，不亲则且遂攻之。”

赵无以食，请粟于齐，而齐不听。苏秦谓齐王曰：“不如听之，以却秦兵；不听，则秦兵不却。是秦之计中，而齐、燕之计过也！且赵之于燕、齐，隐蔽也，犹齿之有唇也，唇亡则齿寒。今日亡赵，则明日及齐、楚矣。且夫救赵之务，宜若奉漏瓮，沃焦釜。夫救赵，高义也；却秦兵，显名也。义救亡赵，威却强秦兵，不务为此而务爱粟，则为国计者过矣！”

齐欲伐魏

齐欲伐魏。淳于髡谓齐王曰：“韩子卢者，天下之疾犬也；东郭逡者，海内之狡兔也。韩子庐逐东郭逡，环山者三，腾山者五，兔极于前，犬废于后，犬兔俱罢，各死其处。田父见之，无劳倦之苦而擅其功，今齐、魏久相持，以顿其兵，弊其众，臣恐强秦、大楚承其后，有田父之功！”齐王惧，谢将休士也。

齐人有冯谖者

齐人有冯谖者，贫乏不能自存，使人属孟尝君，愿寄食门下。孟尝君曰：“客何好？”曰：“客无好也。”曰：“客何能？”曰：“客无能也。”孟尝君笑而受之，曰：“诺。”

左右以君贱之也，食以草具。居有顷，倚柱弹其剑，歌曰：“长铗归来乎！食无鱼。”左右以告，孟尝君曰：“食之，比门下之客。”居有顷，复弹其铗，歌曰：“长铗归来乎！出无车。”左右皆笑之，以告，孟尝君曰：“为之驾，比门下之车客。”于是乘其车，揭其剑，过其友，曰：“孟尝君客我！”后有顷，复弹其剑铗，歌曰：“长铗归来乎！无以为家。”左右皆恶之，以为贪而不知足。孟尝君问：“冯公有亲乎？”对曰：“有老母。”孟尝君使人给其食用，无使乏。于是冯谖不复歌。

后孟尝君出记，问门下诸客：“谁习计会，能为文收责于薛者乎？”冯谖署曰：“能。”孟尝君怪之，曰“此谁也？”左右曰：“乃歌夫‘长铗归来’者也。”孟尝君笑曰：“客果有能也，吾负之，未尝见也。”请而见之，谢曰：“文倦于事，愦于忧，而性懧愚，沉于国家之事，开罪于先生。先生不羞，乃有意欲为收责于薛乎？”冯谖曰：“愿之。”

于是约车治装，载券契而行，辞曰：“责毕收，以何市而反？”孟尝君曰：“视吾家所寡有者。”驱而之薛，使吏召诸民当偿者，悉来合券。券遍合，起，矫命以责赐诸民，因烧其券。民称万岁。

长驱到齐，晨而求见。孟尝君怪其疾也，衣冠而见之，曰：“责毕收乎？来何疾也！”曰：“收毕矣。”“以何市而反？”冯谖曰：“君云‘视吾家所寡有者’，臣窃计，君宫中积珍宝，狗马实外厩，美人充下陈，君家所寡有者，以义耳！窃以为君市义。”孟尝君曰：“市义奈何？”曰：“今君有区区之薛，不拊爱子其民，因而贾利之！臣窃矫君命，以责赐诸民，因烧其券，民称万岁，乃臣所以为君市义也。”孟尝君不说，曰：“诺！先生休矣！”

后期年，齐王谓孟尝君曰：“寡人不敢以先王之臣为臣！”孟尝君就国于薛，未至百里，民扶老携幼迎君道中。孟尝君顾谓冯谖：“先生所为文市义者，乃今日见之！”冯谖曰：“狡兔有三窟，仅得免其死耳！今君有一窟，未得高枕而卧也！请为君复凿二窟！”

孟尝君予车五十乘，金五百斤，西游于梁。谓惠王曰：“齐放其大臣孟尝君于诸侯，诸侯先迎之者，富而兵强。”于是梁王虚上位，以故相为上将军，遣使者黄金千斤、车百乘往聘孟尝君。冯谖先驱，诫孟尝君曰：“千斤，重币也；百乘，显使也。齐其闻之矣！”梁使三反，孟尝君固辞不往也。

齐王闻之，君臣恐惧，遣太傅赍黄金千斤，文车二驷，服剑一，封书，谢孟尝君，曰：“寡人不祥，被于宗庙之祟，沉于谄谀之臣，开罪于君。寡人不足为也，愿君顾先王之宗庙，姑反国统万人乎？”冯谖诫孟尝君曰：“愿请先王之祭器，立宗庙于薛。”庙成，还报孟尝君曰：“三窟已就，君姑高枕为乐矣！”

孟尝君为相数十年，无纤介之祸者，冯谖之计也。

齐宣王见颜斶

齐宣王见颜斶，曰：“斶前！”斶亦曰：“王前！”宣王不悦。左右曰：“王，人君也；斶，人臣也。王曰‘斶前’，斶亦曰‘王前’，可乎？”斶对曰：“夫斶前为慕势，王前为趋士，与使斶为慕势，不如使王为趋士。”

王忿然作色，曰：“王者贵乎？士贵乎？”对曰：“士贵耳！王者不贵！”王曰：“有说乎？”曰：“有！昔者，秦攻齐，令曰：‘有敢去柳下季垄五十步而樵采者，死不赦！’令曰：‘有能得齐王头者，封万户侯，赐金千镒。’由是观之，生王之头，曾不若死士之垄也。”宣王默然不悦。左右皆曰：“斶来！斶来！大王据万乘之地，而建千石钟，万石虡；天下之士仁义，皆来役处；辩知并进，莫不来语；东西南北，莫敢不服。求万物无不备具，而百姓无不亲附。今夫士之高者，乃称匹夫，徒步而处农亩；下则鄙野、监门、闾里。士之贱也亦甚矣！”斶对曰：“不然！斶闻古大禹之时，诸侯万国。何则？德厚之道，得贵士之力也。故舜起农亩，出于野鄙，而为天子。及汤之时，诸侯三千。当今之世，南面称寡者，乃二十四。由此观之，非得失之策与？稍稍诛灭，灭亡无族之时，欲为监门、闾里，安可得而有乎哉？是故《易传》不云乎：‘居上位，未得其实以喜其为名者，必以骄奢为行。据慢骄奢，则凶从之。是故，无其实而喜其名者削，无德而望其福者约，无功而受其禄者辱，祸必握。’故曰：‘矜功不立，虚愿不至。’此皆幸乐其名华，而无其实德者也。是以尧有九佐，舜有七友，禹有五丞，汤有三辅，自古及今，而能虚成名于天下者，无有！是以君王无羞亟问，不愧下学，是故成其道德而扬功名于后世者，尧、舜、禹、汤、周文王是也。故曰：‘无形者，形之君也；无端者，事之本也。’夫上见其原，下通其流，至圣人明学，何不吉之有哉？《老子》曰：‘虽贵，必以贱为本；虽高，必以下为基。’是以侯王称孤寡、不谷，是其贱之本与？夫孤寡者，人之困贱下位也？而侯王以自谓，岂非下人而尊贵士与？夫尧传舜，舜传禹，周成王任周公旦，而世世称曰明主，是以明乎士之贵也。”

宣王曰：“嗟乎！君子焉可侮哉？寡人自取病耳！及今闻君子之言，乃今闻细人之行。愿请受为弟子。且颜先生与寡人游，食必太牢，出必乘车，妻子衣服丽都。”颜斶辞去曰：“夫玉生于山，制则破焉，非弗宝贵矣，然大璞不完；士生乎鄙野，推选则禄焉，非不得尊遂也，然而形神不全。斶愿得归，晚食以当肉，安步以当车，无罪以当贵，清静贞正以自虞。制言者王也，尽忠直言者，斶也。言要道已备矣，愿得赐归，安行而反臣之邑屋。”则再拜而辞去也。

斶知足矣，归反朴，则终身不辱也。

管燕得罪齐王

管燕得罪齐王，谓其左右曰："子孰而与我赴诸侯乎？"左右嘿然莫对。管燕连然流涕曰："悲夫，士何其易得而难用也！"田需对曰："士三食不得餍，而君鹅鹜有余食；下宫糅罗纨，曳绮縠，而士不得以为缘。且财者，君之所轻；死者，士之所重。君不肯以所轻与士，而责士以所重事君，非士易得而难用也！"

田单将攻狄

田单将攻狄，往见鲁仲子。仲子曰："将军攻狄，不能下也。"田单曰："臣以五里之城，七里之郭，破亡馀卒，破万乘之燕，复齐墟。攻狄而不下，何也？"上车弗谢而去。遂攻狄，三月而不克之也。齐婴儿谣曰："大冠若箕，修剑拄颐；攻狄不能下，垒枯丘。"

田单乃惧，问鲁仲子曰："先生谓单不能下狄，请闻其说！"鲁仲子曰："将军之在即墨，坐而织蒉，立则丈插，为士卒倡曰：'可往矣？宗庙亡矣！云白尚矣！归于何党矣？'当此之时，将军有死之心，而士卒无生之气，闻若言，莫不挥泣奋臂而欲战。此所以破燕也。当今将军东有夜邑之奉，西有菑上之虞，黄金横带，而驰乎淄渑之间，有生之乐，无死之心。所以不胜者也！"田单曰："单有心，先生志之矣！"

明日，乃厉气循城，立于矢石之所及，援枹鼓之，狄人乃下。

齐楚构难

齐、楚构难，宋请中立。齐急宋，宋许之。子象为楚谓宋王曰："楚以缓失宋，将法齐之奇也。齐以急得宋，后将常急矣。是从齐而攻楚，未必利也。齐战胜楚，势必危宋；不胜，是以弱宋干强楚也。而令两万乘之国常以急求所欲，国必危矣！"

张仪为秦破从连横

张仪为秦破从连横，说楚王曰："秦地半天下，兵敌四国，被山带河，四塞以为固。虎贲之士百余万，车千乘，骑万匹，粟如丘山。法令既明，士卒安难乐死，主严以明，将知以武。虽无出兵甲，席卷常山之险，折天下之脊，天下后服者先亡。且夫为从者无以异于驱群羊而攻猛虎也。夫虎之与羊，不格明矣。今大王不与猛虎，而与群羊，窃以为大王之计过矣！

"凡天下强国，非秦而楚，非楚而秦，两国敌侔交争，其势不两立。而大王不与秦，秦下甲兵，据宜阳，韩之上地不通；下河东，取成皋，韩必入臣于秦。韩入臣，魏则从风而动。秦攻楚之西，韩、魏攻其北，社稷岂得无危哉？且夫约从者，聚群弱而攻至强也。夫以弱攻强，不料敌而轻战，国贫而骤举兵，此危亡之术也。臣闻之，'兵不如者，勿与挑战；粟不如者，勿与持久'。夫从人者，饰辩虚辞，高主之节行，言其利而不言其害，卒有楚祸，无及为已！是故，愿大王之熟计之也！

"秦西有巴、蜀，方船积粟，起于汶山，循江而下，至郢三千余里。舫船载卒，一舫载五十人，与三月之粮，下水而浮，一日行三百余里，里数虽多，不费汗马之劳。不至十日，而距扞关，扞关惊，则从竟陵已东尽城守矣，黔中、巫郡，非王之有已。秦举甲出之武关，南面而攻，则北地绝。秦兵之攻楚也，危难在三月之内，而楚恃诸侯之救，在半岁之外，此其势不相及也。夫恃弱国之救，而忘强秦之祸，此臣之所以为大王之患也。

"且大王尝与吴人五战三胜而亡之，陈卒尽矣；有偏守新城，而居民苦矣。臣闻之，'攻大者易危，而民弊者怨于上。'夫守易危之功，而逆强秦之心，臣窃为大王危之！且夫秦之所以不出甲于函谷关十五年以攻诸侯者，阴谋有吞天下之心也。楚尝与秦构难，战于汉中，楚人不胜，通侯、执珪死者七十余人，遂亡汉中。楚王大怒，兴师袭秦，战于蓝田，又却。此所谓两虎相搏者也。夫秦、楚相弊，而韩、魏以全制其后，计无危于此者矣。是故愿大王熟计之也！

“秦下兵攻卫、阳晋，必开扃天下之匈。大王悉起兵以攻宋，不至数月而宋可举，举宋而东指，则泗上十二诸侯，尽王之有已。凡天下所信约从亲坚者苏秦，封为武安君而相燕，即阴与燕王谋破齐，共分其地。乃佯有罪，出走入齐，齐王因受而相之。居二年而觉，齐王大怒，车裂苏秦于市。夫以一诈伪反覆之苏秦，而欲经营天下，混一诸侯，其不可成也亦明矣。

“今秦之与楚也，接境壤界，固形亲之国也。大王诚能听臣，臣请秦太子入质于楚，楚太子入质于秦；请以秦女为大王箕帚之妾，效万家之都，以为汤沐之邑；长为昆弟之国，终身无相攻击。臣以为计无便于此者。故敝邑秦王使使臣献书大王之从车下风，须以决事。”

楚王曰：“楚国僻陋，托东海之上；寡人年幼，不习国家之长计。今上客幸教以明制，寡人闻之，敬以国从。”乃遣使车百乘，献鸡骇之犀、夜光之璧于秦王。

张仪相秦

张仪相秦，谓昭睢曰：“楚无鄢、郢、汉中，有所更得乎？”曰：“无有。”曰：“无昭睢、陈轸，有所更得乎？”曰：“无所更得。”张仪曰：“为仪谓楚王逐昭睢、陈轸，请复鄢、郢、汉中。”昭睢归报楚王，楚王说之。

有人谓昭睢曰：“甚矣，楚王不察于争名者也！韩求相工陈籍而周不听，魏求相綦毋恢而周不听，何以也？周曰：‘是列县畜我也。’今楚，万乘之强国也；大王，天下之贤主也。今仪曰‘逐君与陈轸’，而王听之，是楚自行不如周，而仪重于韩、魏之王也。且仪之所行，有功名者，秦也，所欲贵富者，魏也。欲为攻于魏必南伐楚。故攻有道，外绝其交，内逐其谋臣。陈轸，夏人也，习于三晋之事，故逐之，则楚无谋臣矣；今君能用楚之众，故亦逐之，则楚众不用矣。此所谓内攻之者也，而王不知察。今君何不见臣于王，请为王使齐交不绝。齐交不绝，仪闻之，其效鄢、郢、汉中必缓矣。是昭雎之言不信也，王必薄之。”

秦败楚汉中

秦败楚汉中。楚王入秦，秦王留之。游腾为楚谓秦王曰：“王挟楚王而与天下攻楚，则伤行矣；不与天下共攻之，则失利矣。王不如与之盟而归之。楚王畏，必不敢倍盟。背盟，王因与三国攻之，义也。”

陈轸告楚之魏

陈轸告楚之魏。张仪恶之于魏王曰：“轸犹善楚，为求地甚力。”左爽谓陈轸曰：“仪善于魏王，魏王甚信之。公虽百说之，犹不听也。公不如以仪之言为资，而得复楚。”陈轸曰：“善。”因使人以仪之言闻于楚。楚王喜，欲复之。

客说春申君

客说春申君曰：“汤以亳，武王以鄗，皆不过百里以有天下。今孙子，天下贤人也，君籍之以百里势，臣窃以为不便于君。何如？”春申君曰：“善。”于是使人谢孙子。孙子去之赵，赵以为上卿。

客又说春申君曰：“昔伊尹去夏入殷，殷王而夏亡；管仲去鲁入齐，鲁弱而齐强。夫贤者之所在，其君未尝不尊，国未尝不荣也。今孙子，天下贤人也，君何辞之？”春申君又曰：“善。”于是使人请孙子于赵。

孙子为书谢曰：“疠人怜王，此不恭之语也。虽然，不可不审察也，此为劫弑死亡之主言也。夫人主年少而矜材，无法术以知奸，则大臣主断国，私以禁诛于己也，故弑贤长而立幼弱，废正适而立不义。《春秋》戒之，曰：‘楚王子围聘于郑，未出竟，闻王病，反，问疾，遂以冠缨绞王，杀之，因自立也。齐崔杼之妻美，庄公通之。崔杼帅其群党而攻。庄公请与分国，崔杼不许；欲自刃于庙，崔杼不许。庄公走出，逾于外墙，射中其股，遂杀之，而立其弟景公。’近代所见：李况用赵，饿主父于沙丘，百日而杀之；淖齿用齐，擢闵王之筋，县于其庙梁，宿夕而死。夫疠虽痈肿胞疾，上比前世，未至绞缨射股；下比近代，未至擢筋而饿死也。夫劫弑死亡之主也，心之忧劳，形之困苦，必甚于疠矣！由此观之，疠虽怜王可也！”因为赋曰：“宝珍隋珠，不知佩兮。祎布与锦，不知异兮。闾姝子奢，莫知媒兮。嫫母求之，又甚喜之兮。以瞽为明，以聋为聪，以是为非，以吉为凶。呜呼上天！曷惟其同！”《诗》曰：“上天甚神，无自瘵也！”

苏秦说李兑

苏秦说李兑曰：“洛阳乘轩里苏秦，家贫亲老，无罢车驽马，桑轮蓬箧，羸滕负书担橐，触尘埃，蒙霜露，越漳河，足重茧，日百而舍，造外阙，愿见于前，口道天下之事。”李兑曰：“先生以鬼之言见我则可，若以人之事，兑尽知之矣。”苏秦对曰：“臣固以鬼之言见君，非以人之言也。”李兑见之。苏秦曰：“今日臣之来也暮，后郭门，藉席无所得，寄宿人田中，旁有大丛。夜半，土偶与木梗斗曰：‘汝不如我。我者乃土也。使我逢疾风淋雨，坏沮，乃复归土；今汝非木之根，则木之枝耳。汝逢疾风淋雨，漂入漳河，东流至海，泛滥无所止。’臣窃以为土梗胜也。今君杀主父而族之，君之立于天下，危于累卵！君听臣计则生，不听臣计则死。”李兑曰：“先生就舍，明日复来见兑也。”苏秦出。

李兑舍人谓李兑曰：“臣窃观君与苏公谈也，其辩过君，其博过君。君能听苏公之计乎？”李兑曰：“不能。”舍人曰：“君即不能，愿君坚塞两耳，无听其谈也。”明日复见，终日谈而去。舍人出送苏君，苏秦谓舍人曰："昨日我谈粗而君动，今日精而君不动，何也？"舍人曰："先生之计大而规高，吾君不能用也。乃我请君塞两耳，无听谈者。虽然，先生明日复来，吾请资先生厚用。"

明日来，抵掌而谈。李兑送苏秦明月之珠，和氏之璧，黑貂之裘，黄金百镒。苏秦得以为用，西入于秦。

武灵王平昼闲居

武灵王平昼闲居，肥义待坐，曰："王虑世事之变，权甲兵之用，念简、襄之迹，计胡、狄之利乎？"王曰："嗣立不忘先德，君之道也；错质务明主之长，臣之论也。是以贤君静而有道民便事之教，动有明古先世之功；为人臣者，穷有弟长辞让之节，通有补民益主之业。此两者，君臣之分也。今吾欲继襄主之业，启胡、翟之乡，而卒世不见也。敌弱者，用力少而功多，可以无尽百姓之劳，而享往古之勋。夫有高世之功者，必负遗俗之累；有独知之虑者，必被庶人之怨。今吾将胡服骑射以教百姓，而势必议寡人矣。"

肥义曰："臣闻之，'疑事无功，疑行无名'，今王即定负遗俗之虑，殆毋顾天下之议矣。夫论至德者，不和于俗；成大功者，不谋于众。昔舜舞有苗，而禹袒入裸国，非以养欲而乐志也，欲以论德而邀功也。愚者闇于成事，智者见于未萌，王其遂行之。"王曰："寡人非疑胡服也，吾恐天下笑之。狂夫之乐，知者哀焉；愚者之笑，贤者戚焉。世有顺我者，则胡服之功，未可知也。虽驱世以笑我，胡地、中山，吾必有之。"

王遂胡服，使王孙緤告公子成曰："寡人胡服，且将以朝，亦欲叔之服之也。家听于亲，国听于君，古今之公行也。子不反亲，臣不逆主，先王之通谊也。今寡人作教易服而叔不服，吾恐天下议之也。夫制国有常，而利民为本；从政有经，而令行为上。故明德在于论贱，行政在于信贵。今胡服之意，非以养欲而乐志也。事有所出，功有所止，事成功立，然后德且见也。今寡人恐叔逆从政之经，以辅公叔之议。且寡人闻之，‘事利国者行无邪，因贵戚者名不累’，故寡人愿募公叔之义，以成胡服之功。使緤谒之叔，请服焉！”公子成再拜曰：“臣固闻王之胡服也，不佞寝疾，不能趋走，是以不先进。王今命之，臣固敢竭其愚忠。臣闻之：‘中国者，聪明睿智之所居也，万物财用之所聚也，贤圣之所教也，仁义之所施也。《诗》、《书》、礼乐之所用也，异敏技艺之所试也，远方之所观赴也，蛮夷之所义行也。’今王释此，而袭远方之服，变古之教，易古之道，逆人之心，畔学者，离中国，臣愿大王图之！”

使者报王，王曰：“吾固闻叔之病也。”即之公叔成家，自请之曰：“夫服者，所以便用也；礼者，所以便事也。是以圣人观其乡而顺宜，因其事而制礼，所以利其民而厚其国也。被发文身，错臂左衽，瓯越之民也；黑齿雕题，鳀冠秫缝，大吴之国也。礼服不同，其便一也。是以乡异而用变，事异而礼易。是故圣人苟可以利其民，不一其用；果可以便其事，不同其礼。儒者一师而礼异，中国同俗而教离，又况山谷之便乎？故去就之变，知者不能一；远近之服，贤圣不能同。穷乡多异，曲学多辨，不知而不疑，异于已而不非者，公于求善也。今卿之所言者，俗也；吾之所言者，所以制俗也。今吾国东有河、薄洛之水，与齐、中山同之，而无舟楫之用，自常山以至代、上党，东有燕、东胡之境，西有楼烦、秦、韩之边，而无骑射之备。故寡人且聚舟楫之用，求水居之民。以守河、薄洛之水；变服骑射，以备其参胡、楼烦、秦、韩之边。且昔者简主不塞晋阳，以及上党，而襄主兼戎取代以攘诸胡，此愚知之所明也。先时中山负齐之强兵，侵掠吾地，系累吾民，引水围鄗，非社稷之神灵，即鄗几不守。先王忿之，其怨未能报也。今骑射之服，近可以备上党之形，远可以报中山之怨。而叔也顺中国之俗以逆简、襄之意，恶变服之名，而忘国事之耻，非寡人所望于子！”

公子成再拜稽首曰：“臣愚不达于王之议，敢道世俗之间。今欲继简、襄之意，以顺先王之志，臣敢不听令！”再拜，乃赐胡服。

赵文进谏曰：“农夫劳而君子养焉，政之经也；愚者陈意而知者论焉，教之道也；臣无隐衷，君无蔽言，国之禄也。臣虽愚，愿竭其忠。”王曰：“虑无恶扰，忠无过罪，子其言乎！”赵文曰：“当世辅俗，古之道也；衣服有常，礼之制也；修法无愆，民之职也；三者先圣之所以教。今君释此而袭远方之服，变古之教，易古之道，故臣愿王之图之！”王曰：“子言，世俗之间。常民溺于习俗，学者沉于所闻，此两者，所以成官而顺政也，非所以观远而论始也。且夫三代不同服而王，五伯不同教而政。知者作教，而愚者制焉；贤者议俗，不肖者拘焉。夫制于服之民，不足与论心；拘于俗之众，不足与致意。故势与俗化，而礼与变俱，圣人之道也。承教而动，循法无私，民之职也。知学之人，能与闻迁；达礼之变，能与时化。故为己者不待人，制今者不法古。子其释之！”

赵造谏曰：“隐衷不竭，奸之属也；以私诬国，贼之类也。犯奸者身死，贼国者族宗。此两者，先圣之明刑，臣下之大罪也。臣虽愚，愿尽其忠，无遁其死。”王曰：“竭意不讳，忠也；上无蔽言，明也；忠不辟危，明不拒人。子其言乎！”赵造曰：“臣闻之：‘圣人不易民而教，知者不变俗而动。因民而教者，不劳而成功；据俗而动者，虑径而易见也。’今王易初不循俗，胡服不顾世，非所以教民而成礼也。且服奇者志淫，俗辟者乱民。是以莅国者不袭奇辟之服，中国不近蛮夷之行。非所以教民而成礼者也！且循法无过，修礼无邪。臣愿王之图之！”王曰：“古今不同俗，何古之法？帝王不相袭，何礼之循？宓戏、神农，教而不诛；黄帝、尧、舜，诛而不怒。及至三王，观时而制法，因事而制礼；法度制令，各顺其宜；衣服器械，各便其用。故礼世不必一其道，便国不必法古。圣人之兴也，不相袭而王；夏殷之衰也，不易礼而灭。然则反古未可非，而循礼未足多也！且服奇而志淫，是邹、鲁无奇行也；俗辟而民易，是吴、越无俊民也。是以圣人利身之谓服，便事之谓教，进退之谓节，衣服之制，所以齐常民，非所以论贤者也。故圣与俗流，贤与变俱。谚曰：‘以书为御者，不尽于马之情，以古制今者，不达于事之变。’故循法之功不足以高世；法古之学，不足以制今。子其勿反也！”

赵燕后胡服

赵燕后胡服，王令让之，曰："事主之行，竭意尽力，微谏而不谇，应对而不怨，不逆上以自伐，不立私以为名。子道顺而不拂，臣行让而不争。子用私道者，家必乱；臣用私义者，国必危。反亲以为行，慈父不子；逆主以自成，惠主不臣也。寡人胡服，子独弗服，逆主罪莫大焉！以从政为累，以逆主为高，行私莫大焉！故寡人恐亲犯刑戮之罪，以明有司之法。"

赵燕再拜稽首曰："前吏命胡服，施及贱臣，臣以失令过期，更不用侵，辱教，王之惠也。臣敬循衣服以待今日！"

秦围赵之邯郸

秦围赵之邯郸。魏安釐王使将军晋鄙救赵，畏秦，止于荡阴不进。魏王使客将军辛垣衍间入邯郸，因平原君谓赵王曰："秦所以急围赵者，前与齐闵王争强为帝，已而复归帝，以齐故。今齐闵王已益弱，方今唯秦雄天下，此非必贪邯郸，其意欲求为帝。赵诚发使尊秦昭王为帝，秦必喜，罢兵去。"平原君犹豫未有所决。

此时鲁仲连适游赵，会秦围赵。闻魏将欲令赵尊秦为帝，乃见平原君曰："事将奈何矣？"平原君曰："胜也何敢言事！百万之众折于外，今又内围邯郸而不去。魏王使客将军辛垣衍令赵帝秦，今其人在是，胜也何敢言事！"鲁仲连曰："始吾以君为天下之贤公子也，吾乃今然后知君非天下之贤公子也！梁客辛垣衍安在？吾请为君责而归之。"平原君曰："胜请为召而见之于先生。"平原君遂见辛垣衍，曰："东国有鲁连先生，其人在此，胜请为绍介而见之于将军。"辛垣衍曰："吾闻鲁仲连先生，齐国之高士也。衍，人臣也，使事有职。吾不愿见鲁仲连先生也。"平原君曰："胜已泄之矣。"辛垣衍许诺。

鲁仲连见辛垣衍而无言。辛垣衍曰："吾视居此围城之中者，皆有求于平原君者也。今吾视先生之玉貌，非有求于平原君者，曷为久居此围城之中而不去也？”鲁仲连曰：“世以鲍焦无从容而死者，皆非也。今众人不知，则为一身。彼秦者，弃礼义而上首功之国也。权使其士，虏使其民。彼则肆然而为帝，过而遂正于天下，则连有赴东海而死矣，吾不忍为之民也。所以见将军者，欲以助赵也。”辛垣衍曰：“先生助之奈何？”鲁仲连曰：“吾将使梁及燕助之，齐、楚则固助之矣。”辛垣衍曰：“燕则吾请以从矣；若乃梁，则吾乃梁人也，先生恶能使梁助之耶？”鲁连曰：“梁未睹秦称帝之害故也。使梁睹秦称帝之害，则必助赵矣。”辛垣衍曰：“秦称帝之害将奈何？”鲁仲连曰：“昔齐威王尝为仁义矣，率天下诸侯而朝周。周贫且微，诸侯莫朝，而齐独朝之。居岁余，周烈王崩，诸侯皆吊，齐后往。周怒，赴于齐曰：‘天崩地坼，天子下席。东藩之臣田婴齐后至，则斮之！’威王勃然怒曰：‘叱嗟，而母婢也！’卒为天下笑。故生则朝周，死则叱之，诚不忍其求也！彼天子固然，其无足怪。”辛垣衍曰：“先生独未见夫仆乎？十人而从一人者，宁力不胜智不若耶？畏之也！”鲁仲连曰：“然梁之比于秦，若仆耶？”辛垣衍曰：“然。”鲁仲连曰：“然吾将使秦王烹醢梁王。”辛垣衍怏然不悦，曰：“嘻，亦太甚矣，先生之言也！先生又恶能使秦王烹醢梁王？”

鲁仲连曰：“固也。待吾言之。昔者，鬼侯、鄂侯、文王，纣之三公也，鬼侯有子而好，故入之于纣，纣以为恶，醢鬼侯。鄂侯争之急，辨之疾，故脯鄂侯。文王闻之，喟然而叹，故拘之于牖里之库，百日而欲舍之死。曷为与人俱称帝王，卒就脯醢之地也？齐闵王将之鲁，夷维子执策而从，谓鲁人曰：‘子将何以待吾君？’鲁人曰：‘吾将以十太牢待子之君。’夷维子曰：‘子安取礼而来待吾君？彼吾君者，天子也。天子巡狩，诸侯辟舍，纳于筦键，摄衽抱几，视膳于堂下，天子已食，退而听朝也。’鲁人投其籥，不果纳，不得入于鲁。将之薛，假途于邹。当是时，邹君死，闵王欲入吊。夷维子谓邹之孤曰：‘天子吊，主人必将倍殡柩，设北面于南方，然后天子南面吊也。’邹之群臣曰：“必若此，吾将伏剑而死！’故不敢入于邹，邹、鲁之臣，生则下得事养，死则不得饭含，然且欲行天子之礼于邹、鲁之臣，不果纳。今秦万乘之国，梁亦万乘之国，俱据万乘之国，交有称王之名，睹其一战而胜，欲从而帝之，是使三晋之大臣不如邹、鲁之仆妾也。且秦无已而帝，则且变易诸侯之大臣，彼将夺其所谓不肖而予其所谓贤，夺其所憎而与其所爱。彼又将使其子女谗妾为诸侯妃姬，处梁之宫，梁王安得晏然而已乎？而将军又何以得故宠乎？”于是，辛垣衍起，再拜，谢曰：“始以先生为庸人，吾乃今日而知先生为天下之士也。吾请去，不敢复言帝秦！”

秦将闻之，为却军五十里。适会魏公子无忌夺晋鄙军以救赵击秦，秦军引而去。于是平原君欲封鲁仲连，鲁仲连辞让者三，终不肯受。平原君乃置酒，酒酣，起，前，以千金为鲁连寿。鲁连笑曰：“所贵于天下之士者，为人排患、释难、解纷乱而无所取也。即有所取者，是商贾之人也，仲连不忍为也。”遂辞平原君而去，终身不复见。

赵太后新用事

赵太后新用事，秦急攻之。赵氏求救于齐，齐曰：“必以长安君为质，兵乃出。”太后不肯，大臣强谏，太后明谓左右：“有复言令长安君为质者，老妇必唾其面！”

左师触龙言愿见太后，太后盛气而揖之。入而徐趋，至而自谢，曰：“老臣病足，曾不能疾走，不得见久矣。窃自恕，而恐太后玉体之有所郄也，故愿望见太后。”太后曰：“老妇恃辇而行。”曰：“日食饮得无衰乎？”曰：“恃鬻耳。”曰：“老臣今者殊不欲食，乃自强步，日三四里，少益耆食，和于身也。”太后曰：“老妇不能。”太后之色少解。

左师公曰：“老臣贱息舒祺，最少，不肖。而臣衰，窃爱怜之，愿令得补黑衣之数，以卫王宫，没死以闻。”太后曰：“敬诺。年几何矣？”对曰：“十五岁矣。虽少，愿及未填沟壑而托之。”太后曰：“丈夫亦爱怜其少子乎？”对曰：“甚于妇人。”太后笑曰：“妇人异甚！”对曰：“老臣窃以为媪之爱燕后，贤于长安君。”曰：“君过矣！不若长安君之甚。”左师公曰：“父母之爱子，则为之计深远。媪之送燕后也，持其踵为之泣，念悲其远也，亦哀之矣！已行，非弗思也，祭祀必祝之，祝曰：‘必勿使反。’岂非计久长有子孙相继为王也哉？”太后曰：“然。”左师公曰：“今三世以前，至于赵之为赵，赵主之子孙侯者，其继有在者乎？”曰：“无有。”曰：“微独赵，诸侯有在者乎？”曰：“老妇不闻也。”“此其近者祸及身，远者及其子孙。岂人主之子孙则必不善哉？位尊而无功，奉厚而无劳，而挟重器多也。今媪尊长安君之位，而封之以膏腴之地，多与之重器，而不及今令有功于国。一旦山陵崩，长安君何以自托于赵？老臣以媪为长安君计短也，故以为其爱不若燕后。”太后曰：“诺！恣君之所使之。”于是为长安君约车百乘质于齐。齐兵乃出。

子义闻之，曰：“人主之子也，骨肉之亲也，犹不能恃无功之尊，无劳之奉，而守金玉之重也，而况人臣乎？”

秦使王翦攻赵

秦使王翦攻赵，赵使李牧、司马尚御之。李牧数破走秦军，杀秦将桓齮。王翦恶之，乃多与赵王宠臣郭开等金，使为反间，曰：“李牧、司马尚欲与秦反赵，以多取封于秦。”赵王疑之，使赵葱及颜聚代将，斩李牧，废司马尚。后三月，王翦因急击，大破赵，杀赵军，虏赵王迁及其将颜聚，遂灭赵。

齐魏战于马陵

齐、魏战于马陵，齐大胜魏，杀太子申，覆十万之军。魏王召惠施而告之曰：“夫齐，寡人之仇也，怨之至死不忘！国虽小，吾常欲悉起兵而攻之，何如？”对曰：“不可。臣闻之，王者得度，而霸者知计。今王所以告臣者，疏于度而远于计。王固先属怨于赵，而后与齐战。今战不胜，国无守战之备，王又欲悉起而攻齐，此非臣之所谓也。王若欲报齐乎？则不如因变服折节而朝齐，楚王必怒矣。王游人而合其斗，则楚必伐齐。以休楚而伐罢齐，则必为楚禽矣。是王以楚毁齐也！”

魏王曰：“善。”乃使人报于齐，愿臣畜而朝。田婴许诺。张丑曰：“不可！战不胜魏而得朝礼，与魏和而下楚，此可以大胜也。今战胜魏，覆十万之军而禽太子申，臣万乘之魏而卑秦、楚，此其暴戾定矣。且楚王之为人也，好用兵而甚务名，终为齐患者，必楚也。”

田婴不听，遂内魏王而与之并朝齐侯，再三。赵氏丑之。楚王怒，自将而伐齐，赵应之，大败齐于徐州。

穰侯攻大梁

穰侯攻大梁，乘北郢，魏王且从。谓穰侯曰：“君攻楚，得宛、穰以广陶；攻齐，得刚、博以广陶；攻魏，得许、鄢陵以广陶。秦王不问者，何也？以大梁之未亡也。今日大梁亡，许、鄢陵必议，议则君必穷。为君计者，勿攻便。”

秦赵构难而战

秦、赵构难而战。谓魏王曰：“不如齐、赵而构之秦。王不构赵，赵不以毁构矣；而构之秦，赵必复斗，必重魏。是并制秦、赵之事也。王欲焉而收齐、赵攻荆，欲焉而收荆、赵攻齐，欲王之东长之待之也。”

三晋已破智氏

三晋已破智氏，将分其地。段规谓韩王曰：“分地必取成皋。”韩王曰：“成皋，石溜之地也，寡人无所用之。”段规曰：“不然！臣闻一里之厚而动千里之权者，地利也；万人之众而破三军者，不意也。王用臣言，则韩必取郑矣。”

王曰：“善。”果取成皋。至韩之取郑也，果从成皋始。

国语

——春秋·左丘明 著

祭公谏征犬戎

穆王将征犬戎，祭公谋父谏曰：“不可！先王耀德不观兵。夫兵戢而时动，动则威，观则玩，玩则无震。是故周文公之《颂》曰：‘载戢干戈，载櫜弓矢。我求懿德，肆于时夏，允王保之。’先王之于民也，懋正其德而厚其性，阜其财求而利其器用，明利害之乡，以文修之，使务利而避害，怀德而畏威，故能保世以滋大。

“昔我先王世后稷，以服事虞、夏。及夏之衰也，弃稷不务，我先王不窋用失其官，而自窜于戎、狄之间，不敢怠业，时序其德，纂修其绪，修其训典，朝夕恪勤，守以敦笃，奉以忠信，奕世载德，不忝前人。至于武王，昭前之光明而加之以慈和，事神保民，莫弗欣喜。商王帝辛，大恶于民。庶民不忍，欣戴武王，以致戎于商牧。是先王非务武也，勤恤民隐而除其害也。

“夫先王之制：邦内甸服，邦外侯服，侯、卫宾服，夷、蛮要服，戎、狄荒服。甸服者祭，侯服者祀，宾服者享，要服者贡，荒服者王。日祭、月祀、时享、岁贡、终王，先王之训也。有不祭则修意，有不祀则修言，有不享则修文，有不贡则修名，有不王则修德，序成而有不至则修刑。于是乎有刑不祭，伐不祀，征不享，让不贡，告不王。于是乎有刑罚之辟，有攻伐之兵，有征讨之备，有威让之令，有文告之辞。布令陈辞而又不至，则增修于德而无勤民于远，是以近无不听，远无不服。

“今自大毕、伯士之终也，犬戎氏以其职来王，天子曰：‘予必以不享征之，且观之兵。’其无乃废先王之训而王几顿乎！吾闻夫犬戎树惇，帅旧德而守终纯固，其有以御我矣！”

王不听，遂征之，得四白狼、四白鹿以归。自是荒服者不至。

王孙满观秦师

二十四年，秦师将袭郑，过周北门。左右皆免胄而下拜，超乘者三百乘。

王孙满观之，言于王曰：“秦师必有谪。”王曰：“何故？”对曰：“师轻而骄，轻则寡谋，骄则无礼。无礼则脱，寡谋自陷。入险而脱，能无败乎？秦师无谪，是道废也。”

是行也，秦师还，晋人败诸崤，获其三帅丙、术、视。

曹刿问战

长勺之役，曹刿问所以战于庄公。公曰：“余不爱衣食于民，不爱牲玉于神。”对曰：“夫惠本而后民归之志，民和而后神降之福。若布德于民而平均其政事，君子务治而小人务力；动不违时，财不过用；财用不匮，莫不能使共祀。是以用民无不听，求福无不丰。今将惠以小赐，祀以独恭。小赐不咸，独恭不优。不咸，民不归也；不优，神弗福也。将何以战？夫民求不匮于财，而神求优裕于享者也，故不可以不本。”公曰：“余听狱虽不能察，必以情断之。”对曰：“是则可矣。知夫苟中心图民，智虽弗及，必将至焉。”

里革论君过

晋人杀厉公，边人以告，成公在朝。公曰："臣杀其君，谁之过也？"大夫莫对，里革曰："君之过也。夫君人者，其威大矣。失威而至于杀，其过多矣。且夫君也者，将牧民而正其邪者也。若君纵私回而弃民事，民旁有慝无由省之，益邪多矣。若以邪临民，陷而不振，用善不肯专，则不能使，至于殄灭而莫之恤也，将安用之？桀奔南巢，纣踣于京，厉流于彘，幽灭于戏，皆是术也。夫君也者，民之川泽也。行而从之，美恶皆君之由，民何能为焉？"

仲尼论大骨

吴伐越，堕会稽，获骨焉，节专车。吴子使来好聘，且问之仲尼，曰："无以吾命。"宾发币于大夫，及仲尼，仲尼爵之。

既彻俎而宴，客执骨而问曰："敢问骨何为大？"仲尼曰："丘闻之：昔禹致群神于会稽之山，防风氏后至，禹杀而戮之，其骨节专车，此为大矣。"客曰："敢问谁守为神？"仲尼曰："山川之灵，足以纪纲天下者，其守为神；社稷之守者，为公侯。皆属于王者。"客曰："防风何守也？"仲尼曰："汪芒氏之君也，守封、嵎之山者也，为漆姓。在虞、夏、商为汪芒氏，于周为长狄，今为大人。"客曰："人长之极几何？"仲尼曰："僬侥氏长三尺，短之至也。长者不过十之，数之极也。"

管仲对齐桓公

桓公自莒反于齐，使鲍叔为宰。辞曰："臣，君之庸臣也。君加惠于臣，使不冻馁，则是君之赐也。若必治国家者，则非臣之所能也。若必治国家者，则其管夷吾乎？臣之所不若夷吾者五：宽惠柔民，弗若也；治国家不失其柄，弗若也；忠信可结于百姓，弗若也；制礼义可法于四方，弗若也；执枹鼓立于军门，使百姓皆加勇焉，弗若也。”桓公曰：“夫管夷吾射寡人中钩，是以滨于死。”鲍叔对曰：“夫为其君动也。君若宥而反之，夫犹是也。”桓公曰：“若何？”鲍子对曰“请诸鲁。”桓公曰：“施伯，鲁君之谋臣也，夫知吾将用之，必不予我矣。若之何？”鲍子对曰：“使人请诸鲁，曰：‘寡君有不令之臣在君之国，欲以戮之于群臣，故请之。’则予我矣。”

桓公使请诸鲁，如鲍叔之言。庄公以问施伯，施伯对曰：“此非欲戮之也，欲用其政也。夫管子，天下之才也，所在之国，则必得志于天下。令彼在齐，则必长为鲁国忧矣。”庄公曰：“若何？”施伯对曰：“杀而以其尸授之。”

庄公将杀管仲，齐使者请曰：“寡君欲亲以为戮，若不生得以戮于群臣，犹未得请也。请生之。”于是庄公使束缚以予齐使，齐使受之而退。

比至，三衅三浴之。桓公亲逆之于郊，而与之坐而问焉，曰：“昔吾先君襄公筑台以为高位，田、狩、罼、弋，不听国政，卑圣侮士，而唯女是崇。九妃、六嫔，陈妾数百，食必粱肉，衣必文绣。戎士冻馁，戎车待游车之裹，戎士待陈妾之馀。优笑在前，贤材在后，是以国家不日引，不月长。恐宗庙之不扫除，社稷之不血食，敢问为此若何？”

管子对曰：“昔吾先王昭王、穆王，世法文、武远绩以成名，合群叟，比校民之有道者，设象以为民纪，式权以相应，比缀以度，竱本肇末，劝之以赏赐，纠之以刑罚，班序颠毛，以为民纪统。”桓公曰：“为之若何？”管子对曰：“昔者圣王之治天下也，参其国而伍其鄙，定民之居，成民之事，陵为之终，而慎用其六柄焉。”

桓公曰：“成民之事若何？”管子对曰：“四民者，勿使杂处，杂处则其言哤，其事易。”公曰：“处士、农、工、商若何？”管子对曰：“昔圣王之处士也，使就闲燕；处工，就官府；处商，就市井；处农，就田野。

“令夫士，群萃而州处，闲燕则父与父言义，子与子言孝，其事君者言敬，其幼者言悌。少而习焉，其心安焉，不见异物而迁焉，是故其父兄之教不肃而成，其子弟之学不劳而能。夫是，故士之子恒为士。

“令夫工，群萃而州处，审其四时，辨其功苦，权节其用，论比协材，旦暮从事，施于四方，以饬其子弟，相语以事，相示以巧，相陈以功，少而习焉，其心安焉，不见异物而迁焉。是故其父兄之教不肃而成，其子弟之学不劳而能。夫是，故工之子恒为工。

“令夫商，群萃而州处，察其四时，而监其乡之资，以知其市之贾，负、任、担、荷，服牛、轺马，以周四方，以其所有，易其所无，市贱鬻贵，旦暮从事于此，以饬其子弟，相语以利，相示以赖，相陈以知贾。少而习焉，其心安焉，不见异物而迁焉。是故其父兄之教不肃而成，其子弟之学不劳而能。夫是，故商之子恒为商。

“令夫农，群萃而州处，察其四时，权节其用，耒、耜、耞、芟，及寒，击菒除田，以待时耕；及耕，深耕而疾耰之，以待时雨；时雨既至，挟其枪、刈、耨、镈，以旦暮从事于田野。脱衣就功，首戴茅蒲，身衣袯襫，沾体涂足，暴其发肤，尽其四支之敏，以从事于田野。少而习焉，其心安焉，不见异物而迁焉。是故其父兄之教不肃而成，其子弟之学不劳而能。是故农之子恒为农，野处而不昵。其秀民之能为士者，必足赖也。有司见而不以告，其罪五。有司已于事而竣。”

桓公曰：“定民之居若何？”管子对曰：“制国以为二十一乡。”桓公曰：“善。”管子于是制国以为二十一乡：工商之乡六；士农之乡十五；公帅五乡焉，国子帅五乡焉，高子帅五乡焉。参国起案，以为三官，臣立三宰，工立三族，市立三乡，泽立三虞，山立三衡。

桓公曰：“吾欲从事于诸侯，其可乎？”管子对曰：“未可。国未安。”桓公曰：“安国若何？”管子对曰：“修旧法，择其善者而业用之；遂滋民，与无财，而敬百姓，则国安矣。”桓公曰：“诺。”遂修旧法，择其善者而业用之；遂滋民，与无财，而敬百姓。国既安矣，桓公曰：“国安矣，其可乎？”管子对曰：“未可。君若正卒伍，修甲兵，则大国亦将正卒伍，修甲兵，则难以速得志矣。君有攻伐之器，小国诸侯有守御之备，则难以速得志矣。君若欲速得志于天下诸侯，则事可以隐，令可以寄政。”桓公曰：“为之若何？”管子对曰：“作内政而寄军令焉。”桓公曰：“善。”

管子于是制国：五家为轨，轨为之长；十轨为里，里有司；四里为连，连为之长；十连为乡，乡有良人焉。以为军令：五家为轨，故五人为伍，轨长帅之；十轨为里，故五十人为小戎，里有司帅之；四里为连，故二百人为卒，连长帅之；十连为乡，故二千人为旅，乡良人帅之；五乡一帅，故万人为一军，五乡之帅帅之。三军，故有中军之鼓，有国子之鼓，有高子之鼓。春以蒐振旅，秋以狝治兵。是故卒伍整于里，军旅整于郊。内教既成。令勿使迁徙。伍之人祭祀同福，死丧同恤，祸灾共之。人与人相畴，家与家相畴，世同居，少同游。故夜战声相闻，足以不乖；昼战目相见，足以相识。其欢欣足以相死。居同乐，行同和，死同哀。是故守则同固，战则同强，君有此士也三万人，以方行于天下，以诛无道，以屏周室，天下大国之君莫之能御。

公子重耳出亡

二十二年，公子重耳出亡，及柏谷，卜适齐、楚。狐偃曰：“无卜焉。夫齐、楚道远而望大，不可以困往。道远难通，望大难走，困往多悔。困且多悔，不可以走望。若以偃之虑，其狄乎！夫狄近晋而不通，愚陋而多怨，走之易达。不通可以窜恶，多怨可与共忧。今若休忧于狄，以观晋国，且以监诸侯之为，其无不成。”乃遂之狄。

处一年，公子夷吾亦出奔，曰：“盍从吾兄窜于狄乎？”冀芮曰：“不可，后出同走，不免于罪。且夫偕出偕入难，聚居异情恶，不若走梁。梁近于秦，秦亲吾君。吾君老矣，子往，骊姬惧，必援于秦。以吾存也，且必告悔，是吾免也。”乃遂之梁。居二年，骊姬使奄楚以环释言。四年，复为君。

重耳适齐

文公在狄十二年，狐偃曰："日，吾来此也，非以狄为荣，可以成事也。吾曰：'奔而易达，困而有资，休以择利，可以戾也。'今戾久矣，戾久将底。底著滞淫，谁能兴之？盍速行乎？吾不适齐、楚，避其远也。蓄力一纪，可以远矣。齐侯长矣，而欲亲晋。管仲殁矣，多谗在侧。谋而无正，衷而思始。夫必追择前言，求善以终，餍迩逐远，远人入服，不为邮矣。会其季年可也，兹可以亲。"皆以为然。

乃行，过五鹿，乞食于野人。野人举块以与之，公子怒，将鞭之。子犯曰："天赐也。民以土服，又何求焉？天事必象，十有二年，必获此土。二三子志之。岁在寿星及鹑尾，其有此土乎！天以命矣，复于寿星，必获诸侯。天之道也，由是始之。有此，其以戊申乎！所以申土也。"再拜稽首，受而载之。遂适齐。

寺人勃鞮求见文公

初，献公使寺人勃鞮伐公于蒲城，文公逾垣，勃鞮斩其袪。及入，勃鞮求见，公辞焉，曰："骊姬之谗，尔射余于屏内，困余于蒲城，斩余衣袪。又为惠公从余于渭滨，命曰三日，若宿而至。若干二命，以求杀余。余于伯楚屡困，何旧怨也？退而思之，异日见我。"对曰："吾以君为已知之矣，故入；犹未知之也，又将出矣。事君不贰是谓臣，好恶不易是谓君。君君臣臣，是谓明训。明训能终，民之主也。二君之世，蒲人、狄人，余何有焉？除君之恶，唯力所及，何贰之有？今君即位，其无蒲、狄乎？伊尹放太甲而卒以为明王，管仲贼桓公而卒以为侯伯，乾时之役，申孙之矢集于桓钩，钩近于袪，而无怨言，佐相以终，克成令名。今君之德宇，何不宽裕也？恶其所好，其能久矣？君实不能明训，而弃民主。余，罪戾之人也，又何患焉？且不见我，君其无悔乎！"

于是吕甥、冀芮畏逼，悔纳文公，谋作乱，将以己丑焚公宫，公出救火而遂杀之。伯楚知之，故求见公。公遽出见之，曰："岂不如女言？然是吾恶心也，吾请去之。"伯楚以吕、郤之谋告公。公惧，乘驲自下，脱会秦伯于王城，告之乱故。及己丑，公宫火，二子求公不获，遂如河上，秦伯诱而杀之。

文公遽见竖头须

文公之出也，竖头须，守藏者也，不从。公入，乃求见，公辞焉以沐。谓谒者曰："沐则心覆，心覆则图反，宜吾不得见也。从者为羁绁之仆，居者为社稷之守，何必罪居者！国君而仇匹夫，惧者众矣。"谒者以告，公遽见之。

赵衰三让贤

文公问元帅于赵衰，对曰："郤縠可，行年五十矣，守学弥惇。夫先王之法志，德义之府也。夫德义，生民之本也；能惇笃者，不忘百姓也。请使郤縠。"公从之。

公使赵衰为卿，辞曰："栾枝贞慎，先轸有谋，胥臣多闻，皆可以为辅佐，臣弗若也。"乃使栾枝将下军，先轸佐之。取五鹿，先轸之谋也。郤縠卒，使先轸代之。胥臣佐下军。

公使原季为卿，辞曰："夫三德者，偃之出也。以德纪民，其章大矣，不可废也。"使狐偃为卿，辞曰："毛之智，贤于臣，其齿又长。毛也不在位，不敢闻命。"乃使狐毛将上军，狐偃佐之。

狐毛卒，使赵衰代之，辞曰："城濮之役，先且居之佐军也善，军伐有赏，善君有赏，能其官有赏。且居有三赏，不可废也。且臣之伦，箕郑、胥婴、先都在。"乃使先且居将上军。

公曰："赵衰三让。其所让，皆社稷之卫也。废让，是废德也。"以赵衰之故，蒐于清原，作五军。使赵衰将新上军，箕郑佐之；胥婴将新下军，先都佐之。子犯卒，蒲城伯请佐，公曰："夫赵衰三让不失义。让，推贤也；义，广德也。德广贤至，又何患矣！请令衰也从子。"乃使赵衰佐新上军。

晋败楚师于鄢陵

厉公六年，伐郑，且使苦成叔及栾黡兴齐、鲁之师。楚恭王帅东夷救郑。

楚半阵，公使击之。栾书曰："君使黡也兴齐、鲁之师，请俟之。"郤至曰："不可。楚师将退，我击之，必以胜归。夫阵不违忌，一间也；夫南夷与楚来而不与阵，二间也；夫楚与郑阵而不与整，三间也；且其士卒在阵而哗，四间也；夫众闻哗则必惧，五间也。郑将顾楚，楚将顾夷，莫有斗心，不可失也。"公说。

于是败楚师于鄢陵，栾书是以怨郤至。

范文子不欲争郑

鄢之役，晋人欲争郑，范文子不欲，曰："吾闻之，为人臣者，能内睦而后图外，不睦内而图外，必有内争，盍姑谋睦乎？考讯其阜以出，则怨靖。"

韩献子不从召

栾武子、中行献子围公于匠丽氏，乃召韩献子。献子辞曰："弑君以求威，非吾所能为也。威行为不仁，事废为不智，享一利亦得一恶，非所务也。昔者吾畜于赵氏，赵孟姬之谗，吾能违兵。人有言曰：'杀老牛莫之敢尸。'而况君乎？二三子不能事君，安用厥也？"

中行偃欲伐之，栾书曰："不可。其身果而辞顺。顺无不得，果无不彻，犯顺不祥，伐果不克，夫以果戾顺行，民不犯也，吾虽欲攻之，其能乎？”乃止。

师旷论乐

平公说新声，师旷曰：“公室其将卑乎！君之明兆于衰矣。夫乐以开山川之风也，以耀德于广远也。风德以广之，风山川以远之，风物以听之，修诗以咏之，修礼以节之。夫德广远而有时节，是以远服而迩不迁。”

赵简子问贤

赵简子问于壮驰兹曰：“东方之士孰为愈？”壮驰兹拜曰：“敢贺！”简子曰：“未应吾问，何贺？”对曰：“臣闻之：国家之将兴也，君子自以为不足；其亡也，若有馀。今主任晋国之政而问及小人，又求贤人，吾是以贺。”

赵襄子使新稚穆子伐狄

赵襄子使新稚穆子伐狄，胜左人、中人，遽人来告，襄子将食，寻饭有恐色。侍者曰：“狗之事大矣，而主之色不怡，何也？”襄子曰：“吾闻之：德不纯而福禄并至，谓之幸。夫幸非福，非德不当雍，雍不为幸，吾是以惧。”

平王之末

幽王八年而桓公为司徒，九年而王室始骚，十一年而毙，及平王之末，而秦、晋、齐、楚代兴，秦景、襄于是乎取周土，晋文侯于是乎定天子，齐庄、僖于是乎小伯，楚蚡冒于是乎始启濮。

夫差伐齐

吴王夫差既许越成，乃大戒师徒，将以伐齐。申胥进谏曰："昔天以越赐吴，而王弗受。夫天命有反，今越王勾践恐惧而改其谋，舍其愆令，轻其征赋，施民所善，去民所恶，身自约也，裕其众庶，其民殷众，以多甲兵。越之在吴，犹人之有腹心之疾也。夫越王之不忘败吴，于其心也侙然，服士以伺吾间。今王非越是图，而齐、鲁以为忧。夫齐、鲁譬诸疾，疥癣也，岂能涉江、淮而与我争此地哉？将必越实有吴土。

"王其盍亦鉴于人，无鉴于水！昔楚灵王不君，其臣箴谏以不入。乃筑台于章华之上，阙为石郭，陂汉，以象帝舜。罢弊楚国，以间陈、蔡。不修方城之内，逾诸夏而图东国，三岁于沮、汾以服吴、越。其民不忍饥劳之殃，三军叛王于乾溪。王亲独行，屏营仿偟于山林之中，三日乃见其涓人畴。王呼之曰：'余不食三日矣。'畴趋而进，王枕其股以寝于地。王寐，畴枕王以墣而去之。王觉而无见也，乃匍匐将入于棘闱，棘闱不纳，乃入芋尹申亥氏焉。王缢，申亥负王以归，而土埋之其室。此志也，岂遽忘于诸侯之耳乎？

"今王既变鲧、禹之功，而高高下下，以罢民于姑苏。天夺吾食，都鄙荐饥。今王将很天而伐齐。夫吴民离矣，体有所倾，譬如群兽然，一个负矢，将百群皆奔，王其无方收也。越人必来袭我，王虽悔之，其犹有及乎？"王弗听。十二年，遂伐齐。齐人与战于艾陵，齐师败绩，吴人有功。

勾践袭吴

吴王夫差既杀申胥，不稔于岁，乃起师北征。阙为深沟，通于商、鲁之间，北属之沂，西属之济，以会晋公午于黄池。

于是越王勾践乃命范蠡、舌庸，率师沿海泝淮以绝吴路。败王子友于姑熊夷。越王勾践乃率中军泝江以袭吴，入其郛，焚其姑苏，徙其大舟。

吴、晋争长未成，边遽乃至，以越乱告。吴王惧，乃合大夫而谋曰："越为不道，背其齐盟。今吾道路修远，无会而归，与会而先晋，孰利？"王孙雒曰："夫危事不齿，雒敢先对。二者莫利。无会而归，越闻章矣，民惧而走，远无正就。齐、宋、徐、夷曰：'吴既败矣！'将夹沟而㢊我，我无生命矣。会而先晋，晋既执诸侯之柄以临我，将成其志以见天子。吾须之不能，去之不忍。若越闻愈章，吾民恐叛。必会而先之。"

王乃步就王孙雒曰："先之，图之将若何？"王孙雒曰："王其无疑！吾道路悠远，必无有二命，焉可以济事。"王孙雒进，顾揖诸大夫曰："危事不可以为安，死事不可以为生，则无为贵智矣。民以恶死而欲贵富以长没也，与我同。虽然，彼近其国，有迁；我绝虑，无迁。彼岂能与我行此危事也哉？事君勇谋，于此用之。今夕必挑战，以广民心。请王励士，以奋其朋势。劝之以高位重畜，备刑戮以辱其不励者，令各轻其死。彼将不战而先我，我既执诸侯之柄，以岁之不获也，无有诛焉，而先罢之，诸侯必说。既而皆入其地，王安挺志，一日惕，一日留，以安步王志。必设以此民也，封于江、淮之间，乃能至于吴。"吴王许诺。

勾践灭吴

吴王夫差还自黄池，息民不戒。越大夫种乃唱谋曰："吾谓吴王将遂涉吾地，今罢师而不戒以忘我，我不可以怠。日臣尝卜于天，今吴民既罢，而大荒荐饥，市无赤米，而囷鹿空虚，其民必移就蒲蠃于东海之滨。天占既兆，人事又见，我蔑卜筮矣。王若今起师以会，夺之利，无使夫悛。夫吴之边鄙远者，罢而未至，吴王将耻不战，必不须至之会也，而以中国之师与我战。若事幸而从我，我遂践其地，其至者亦将不能之会也已，吾用御儿临之。吴王若愠而又战，奔遂可出。若不战而结成，王安厚取名而去之。”越王曰：“善哉！”乃大戒师，将伐吴。

楚申包胥使于越，越王勾践问焉，曰：“吴国为不道，求残我社稷宗庙，以为平原，弗使血食。吾欲与之徼天之衷，唯是车马、兵甲、卒伍既具，无以行之。请问战奚以而可？”包胥辞曰：“不知。”王固问焉，乃对曰：“夫吴，良国也，能博取于诸侯。敢问君王之所以与之战者？”王曰：“在孤之侧者，觞酒、豆肉、箪食，未尝敢不分也。饮食不致味，听乐不尽声，求以报吴。愿以此战。”包胥曰：“善则善矣，未可以战也。”王曰：“越国之中，疾者吾问之，死者吾葬之，老其老，慈其幼，长其孤，问其病，求以报吴。愿以此战。”包胥曰：“善则善矣，未可以战也。”王曰：“越国之中，吾宽民以子之，忠惠以善之。吾修令宽刑，施民所欲，去民所恶，称其善，掩其恶，求以报吴。愿以此战。”包胥曰：“善则善矣，未可以战也。”王曰：“越国之中，富者吾安之，贫者吾与之，救其不足，裁其有馀，使贫富皆利之，求以报吴。愿以此战。”包胥曰：“善则善矣，未可以战也。”王曰：“越国南则楚，西则晋，北则齐，春秋皮币、玉帛、子女以宾服焉，未尝敢绝，求以报吴。愿以此战。”包胥曰：“善哉！蔑以加焉，然犹未可以战也。夫战，智为始，仁次之，勇次之。不智，则不知民之极，无以诠度天下之众寡；不仁，则不能与三军共饥劳之殃；不勇，则不能断疑以发大计。”越王曰：“诺。”

越王勾践乃召五大夫，曰：“吴为不道，求残吾社稷宗庙，以为平原，不使血食。吾欲与之徼天之衷，唯是车马、兵甲、卒伍既具，无以行之。吾问于王孙包胥，既命孤矣；敢访诸大夫，问战奚以而可？勾践愿诸大夫言之，皆以情告，无阿孤，孤将以举大事。”大夫舌庸乃进对曰：“审赏则可以战乎？”王曰：“圣。”大夫苦成进对曰：“审罚则可以战乎？”王曰：“猛。”大夫种进对曰：“审物则可以战乎？”王曰：“辩。”大夫蠡进对曰：“审备则可以战乎？”王曰：“巧。”大夫皋如进对曰：“审声则可以战乎？”王曰：“可矣。”

王乃命有司大令于国曰："苟任戎者，皆造于国门之外。"王乃命于国曰："国人欲告者来告，告孤不审，将为戮不利，及五日必审之，过五日，道将不行。"

王乃入命夫人。王背屏而立，夫人向屏。王曰："自今日以后，内政无出，外政无入。内有辱，是子也；外有辱，是我也。吾见子于此止矣。"王遂出。夫人送王，不出屏，乃阖左阖，填之以土，去笄侧席而坐，不扫。王背檐而立，大夫向檐。王命大夫曰："食土不均，地之不修，内有辱于国，是子也；军士不死，外有辱，是我也。自今日以后，内政无出，外政无入，吾见子于此止矣。"王遂出，大夫送王不出檐，乃阖左阖，填之以土，侧席而坐，不扫。

王乃之坛列，鼓而行之，至于军，斩有罪者以徇，曰："莫如此以环瑱通相问也。"明日徙舍，斩有罪者以徇，曰："莫如此不从其伍之令。"明日徙舍，斩有罪者以徇，曰："莫如此不用王命。"明曰徙舍，至于御儿，斩有罪者以徇，曰："莫如此淫逸不可禁也。"

王乃命有司大徇于军，曰："有父母耆老而无昆弟者，以告。"王亲命之曰："我有大事，子有父母耆老，而子为我死，子之父母将转于沟壑，子为我礼已重矣。子归，殁而父母之世。后若有事，吾与子图之。"明日徇于军，曰："有兄弟四五人皆在此者，以告。"王亲命之曰："我有大事，子有昆弟四五人皆在此，事若不捷，则是尽也。择子之所欲归者一人。"明日徇于军，曰："有眩瞀之疾者，以告。"王亲命之曰："我有大事，子有眩瞀之疾，其归若已。后若有事，吾与子图之。"明日徇于军，曰："筋力不足以胜甲兵，志行不足以听命者归，莫告。"明日，迁军接和，斩有罪者以徇，曰："莫如此志行不果。"于是人有致死之心，王乃命有司大徇于军，曰："谓二三子归而不归，处而不处，进而不进，退而不退，左而不左，右而不右，身斩，妻子鬻。"

于是吴王起师，军于江北，越王军于江南。越王乃中分其师以为左右军，以其私卒君子六千人为中军。明日将舟战于江，及昏，乃令左军衔枚溯江五里以须，亦令右军衔枚逾江五里以须。夜中，乃命左军，右军涉江鸣鼓中水以须。吴师闻之，大骇，曰："越人分为二师，将以夹攻我师。”乃不待旦，亦中分其师，将以御越。越王乃令其中军衔枚潜涉，不鼓不噪以袭攻之，吴师大北。越之左军、右军乃遂涉而从之，又大败之于没，又郊败之，三战三北，乃至于吴。越师遂入吴国，围王台。

吴王惧，使人行成，曰：“昔不谷先委制于越君，君告孤请成，男女服从。孤无奈越之先君何，畏天之不祥，不敢绝祀，许君成，以至于今。今孤不道，得罪于君王，君王以亲辱于弊邑。孤敢请成，男女服为臣御。”越王曰：“昔天以越赐吴，而吴不受；今天以吴赐越，孤敢不听天之命，而听君之令乎？”乃不许成。因使人告于吴王曰：“天以吴赐越，孤不敢不受。以民生之不长，王其无死！民生于地上，寓也，其与几何？寡人其达王于甬句东，夫妇三百，唯王所安，以没王年。”夫差辞曰：“天既降祸于吴国，不在前后，当孤之身，寔失宗庙社稷。凡吴土地人民，越既有之矣，孤何以视于天下！”夫差将死，使人说于子胥曰：“使死者无知，则已矣；若其有知，吾何面目以见员也！”逐自杀。

越灭吴，上征上国，宋、郑、鲁、卫、陈、蔡执玉之君皆入朝。夫唯能下其群臣，以集其谋故也。

范蠡论战

至于玄月，王召范蠡而问焉，曰：“谚有之曰：‘觥饭不及壶飧。’今岁晚矣，子将奈何？”对曰：“微君王之言，臣故将谒之。臣闻从时者，犹救火、追亡人也，蹶而趋之，唯恐弗及。”王曰：“诺。”遂兴师伐吴，至于五湖。

吴人闻之，出而挑战，一日五反。王弗忍，欲许之。范蠡进谏曰：“夫谋之廊庙，失之中原，其可乎？王姑勿许也。臣闻之，得时无怠，时不再来，天予不取，反为之灾。赢缩转化，后将悔之。天节固然，唯谋不迁。”王曰：“诺。”弗许。

范蠡曰：“臣闻古之善用兵者，赢缩以为常，四时以为纪，无过天极，究数而止。天道皇皇，日月以为常，明者以为法，微者则是行。阳至而阴，阴至而阳；日困而还，月盈而匡。古之善用兵者，因天地之常，与之俱行。后则用阴，先则用阳；近则用柔，远则用刚。后无阴蔽，先无阳察，用人无艺，往从其所，刚强以御，阳节不尽，不死其野。彼来从我，固守勿与。若将与之，必因天地之灾，又观其民之饥饱劳逸以参之。尽其阳节，盈吾阴节，而夺之。宜为人客，刚强而力疾；阳节不尽，轻而不可取；宜为人主，安徐而重固；阴节不尽，柔而不可迫。凡陈之道，设右以为牝，益左以为牡，蚤晏无失，必顺天道，周旋无究。今其来也，刚强而力疾，王姑待之！”王曰：“诺。”弗与战。

史记

——西汉·司马迁 著

项羽本纪

项籍者，下相人也，字羽。初起时，年二十四。其季父项梁，梁父即楚将项燕，为秦将王翦所戮者也。项氏世世为楚将，封于项，故姓项氏。

项籍少时，学书不成，去；学剑，又不成。项梁怒之。籍曰：“书足以记名姓而已。剑一人敌，不足学，学万人敌。”于是项梁乃教籍兵法，籍大喜，略知其意，又不肯竟学。

项梁尝有栎阳逮，乃请蕲狱掾曹咎书，抵栎阳狱掾司马欣，以故事得已。

项梁杀人，与籍避仇于吴中，吴中贤士大夫皆出项梁下。每吴中有大徭役及丧，项梁常为主办，阴以兵法部勒宾客及子弟，以是知其能。

秦始皇帝游会稽，渡浙江，梁与籍俱观。籍曰："彼可取而代也！"梁掩其口，曰："毋妄言，族矣！"梁以此奇籍。籍长八尺余，力能扛鼎，才气过人，虽吴中子弟皆已惮籍矣。

秦二世元年七月，陈涉等起大泽中。其九月，会稽守通谓梁曰："江西皆反，此亦天亡秦之时也。吾闻先即制人，后则为人所制。吾欲发兵，使公及桓楚将。"是时桓楚亡在泽中。梁曰："桓楚亡，人莫知其处，独籍知之耳。"梁乃出，诫籍持剑居外待。梁复入，与守坐。曰："请召籍，使受命召桓楚。"守曰："诺。"梁召籍入。须臾，梁眴籍曰："可行矣！"于是籍遂拔剑斩守头。项梁持守头，佩其印绶。门下大惊，扰乱，籍所击杀数十百人。一府中皆慑伏，莫敢起。梁乃召故所知豪吏，谕以所为起大事，遂举吴中兵。使人收下县，得精兵八千人。梁部署吴中豪杰为校尉、侯、司马。有一人不得用，自言于梁。梁曰："前时某丧使公主某事，不能办，以此不任用公。"众乃皆伏。于是梁为会稽守，籍为裨将，徇下县。

广陵人召平于是为陈王徇广陵，未能下。闻陈王败走，秦兵又且至，乃渡江矫陈王命，拜梁为楚王上柱国。曰："江东已定，急引兵西击秦。"项梁乃以八千人渡江而西。闻陈婴已下东阳，使使与连和俱西。陈婴者，故东阳令史，居县中，素信谨，称为长者。东阳少年杀其令，相聚数千人，欲置长，无适用，乃请陈婴。婴谢不能，遂强立婴为长，县中从者得二万人。少年欲立婴便为王，异军苍头特起。陈婴母谓婴曰："自我为汝家妇，未尝闻汝先古之有贵者。今暴得大名，不祥。不如有所属，事成犹得封侯，事败易以亡，非世所指名也。"婴乃不敢为王。谓其军吏曰："项氏世世将家，有名于楚。今欲举大事，将非其人不可。我倚名族，亡秦必矣。"于是众从其言，以兵属项梁。项梁渡淮，黥布、蒲将军亦以兵属焉。凡六七万人，军下邳。

当是时，秦嘉已立景驹为楚王，军彭城东，欲距项梁。项梁谓军吏曰："陈王先首事，战不利，未闻所在。今秦嘉倍陈王而立景驹，逆无道。"乃进兵击秦嘉。秦嘉军败走，追之至胡陵。嘉还战一日，嘉死，军降。景驹走，死梁地。项梁已并秦嘉军，军胡陵，将引军而西。章邯军至栗，项梁使别将朱鸡石、余樊君与战。余樊君死，朱鸡石军败，亡走胡陵。项梁乃引兵入薛，诛鸡石。

项梁前使项羽别攻襄城，襄城坚守不下。已拔，皆坑之。还报项梁。项梁闻陈王定死，召诸别将会薛计事。此时沛公亦起沛，往焉。

居鄛人范增，年七十，素居家，好奇计，往说项梁曰："陈胜败固当。夫秦灭六国，楚最无罪。自怀王入秦不反，楚人怜之至今，故楚南公曰'楚虽三户，亡秦必楚也'。今陈胜首事，不立楚后而自立，其势不长。今君起江东，楚蜂午起之将皆争附君者，以君世世楚将，为能复立楚之后也。"于是项梁然其言，乃求楚怀王孙心民间，为人牧羊，立以为楚怀王，从民所望也。陈婴为楚上柱国，封五县，与怀王都盱眙。项梁自号为武信君。

居数月，引兵攻亢父，与齐田荣、司马龙且军救东阿，大破秦军于东阿。田荣即引兵归，逐其王假。假亡走楚。假相田角亡走赵。角弟田间故齐将，居赵不敢归。田荣立田儋子市为齐王。项梁已破东阿下军，遂追秦军。数使使趣齐兵，欲与俱西。田荣曰："楚杀田假，赵杀田角、田间，乃发兵。"项梁曰："田假为与国之王，穷来从我，不忍杀之。"赵亦不杀田角、田间以市于齐，齐遂不肯发兵助楚。

项梁使沛公及项羽别攻城阳，屠之。西破秦军濮阳东，秦兵收入濮阳。沛公、项羽乃攻定陶。定陶未下，去。西略地至雍丘，大破秦军，斩李由。还攻外黄，外黄未下。

项梁起东阿，西，比至定陶，再破秦军，项羽等又斩李由，益轻秦，有骄色。宋义乃谏项梁曰："战胜而将骄卒惰者败，今卒少惰矣，秦兵日益，臣为君畏之。"项梁弗听，乃使宋义使于齐。道遇齐使者高陵君显，曰："公将见武信君乎？"曰："然。"曰："臣论武信君军必败，公徐行即免死，疾行则及祸。"秦果悉起兵益章邯，击楚军，大破之定陶，项梁死。沛公、项羽去外黄攻陈留，陈留坚守，不能下。沛公、项羽相与谋曰："今项梁军破，士卒恐。"乃与吕臣军俱引兵而东。吕臣军彭城东，项羽军彭城西，沛公军砀。

章邯已破项梁军，则以为楚地兵不足忧，乃渡河击赵，大破之。当此时，赵歇为王，陈馀为将，张耳为相，皆走入钜鹿城。章邯令王离、涉间围巨鹿，章邯军其南，筑甬道而输之粟。陈馀为将，将卒数万人而军钜鹿之北，此所谓河北之军也。

楚兵已破于定陶，怀王恐，从盱眙之彭城，并项羽、吕臣军自将之。以吕臣为司徒，以其父吕青为令尹，以沛公为砀郡长，封为武安侯，将砀郡兵。

初，宋义所遇齐使者高陵君显在楚军，见楚王曰："宋义论武信君之军必败，居数日，军果败。兵未战而先见败征，此可谓知兵矣。"王召宋义与计事而大说之。因置以为上将军，项羽为鲁公，为次将，范增为末将，救赵，诸别将皆属宋义，号为卿子冠军。行至安阳，留四十六日不进。项羽曰："吾闻秦军围赵王钜鹿，疾引兵渡河，楚击其外，赵应其内，破秦军必矣。"宋义曰："不然。夫搏牛之虻不可以破虮虱。今秦攻赵，战胜则兵罢，我承其敝；不胜，则我引兵鼓行而西，必举秦矣。故不如先斗秦赵。夫被坚执锐，义不如公；坐而运策，公不如义。"因下令军中曰："猛如虎，很如羊，贪如狼，强不可使者，皆斩之。"乃遣其子宋襄相齐，身送之至无盐，饮酒高会。天寒大雨，士卒冻饥。项羽曰："将戮力而攻秦，久留不行。今岁饥民贫，士卒食芋菽，军无见粮，乃饮酒高会，不引兵渡河因赵食，与赵并力攻秦，乃曰'承其敝'。夫以秦之强，攻新造之赵，其势必举赵。赵举而秦强，何敝之承！且国兵新破，王坐不安席，埽境内而专属于将军，国家安危，在此一举。今不恤士卒而徇其私，非社稷之臣。"项羽晨朝上将军宋义，即其帐中斩宋义头，出令军中曰："宋义与齐谋反楚，楚王阴令羽诛之。"当是时，诸将皆慑服，莫敢枝梧。皆曰："首立楚者，将军家也。今将军诛乱。"乃相与共立羽为假上将军。使人追宋义子，及之齐，杀之。使桓楚报命于怀王。怀王因使项羽为上将军。当阳君、蒲将军皆属项羽。

项羽已杀卿子冠军，威震楚国，名闻诸侯，乃遣当阳君、蒲将军将卒二万渡河，救钜鹿。战少利，陈余复请兵。项羽乃悉引兵渡河，皆沉船，破釜甑，烧庐舍，持三日粮，以示士卒必死，无一还心。于是至则围王离，与秦军遇，九战，绝其甬道，大破之，杀苏角，虏王离。涉间不降楚，自烧杀。

当是时，楚兵冠诸侯。诸侯军救钜鹿下者十余壁，莫敢纵兵。

及楚击秦，诸将皆从壁上观。楚战士无不一以当十，楚兵呼声动天，诸侯军无不人人惴恐。于是已破秦军，项羽召见诸侯将，入辕门，无不膝行而前，莫敢仰视。项羽由是始为诸侯上将军，诸侯皆属焉。

章邯军棘原，项羽军漳南，相持未战。秦军数却，二世使人让章邯。章邯恐，使长史欣请事。至咸阳，留司马门三日，赵高不见，有不信之心。长史欣恐，还走其军，不敢出故道。赵高果使人追之，不及。欣至军，报曰："赵高用事于中，下无可为者。今战能胜，高必疾妒吾功；战不能胜，不免于死。愿将军孰计之。"陈余亦遗章邯书曰："白起为秦将，南征鄢郢，北坑马服，攻城略地，不可胜计，而竟赐死。蒙恬为秦将，北逐戎人，开榆中地数千里，竟斩阳周。何者？功多，秦不能尽封，因以法诛之。今将军为秦将三岁矣，所亡失以十万数，而诸侯并起，滋益多。彼赵高素谀日久，今事急，亦恐二世诛之，故欲以法诛将军以塞责，使人更代将军以脱其祸。夫将军居外久，多内郤，有功亦诛，无功亦诛。且天之亡秦，无愚智皆知之。今将军内不能直谏，外为亡国将，孤特独立而欲常存，岂不哀哉！将军何不还兵与诸侯为从，约共攻秦，分王其地，南面称孤。此孰与身伏𫓧质，妻子为僇乎？"章邯狐疑，阴使候始成使项羽，欲约。约未成，项羽使蒲将军日夜引兵度三户，军漳南，与秦战，再破之。项羽悉引兵击秦军汙水上，大破之。

章邯使人见项羽，欲约。项羽召军吏谋曰："粮少，欲听其约。"军吏皆曰："善。"项羽乃与期洹水南殷虚上。已盟，章邯见项羽而流涕，为言赵高。项羽乃立章邯为雍王，置楚军中。使长史欣为上将军，将秦军为前行。

到新安，诸侯吏卒异时故繇使屯戍过秦中，秦中吏卒遇之多无状，及秦军降诸侯，诸侯吏卒乘胜多奴虏使之，轻折辱秦吏卒。秦吏卒多窃言曰："章将军等诈吾属降诸侯，今能入关破秦，大善；即不能，诸侯虏吾属而东，秦必尽诛吾父母妻子。"诸将微闻其计，以告项羽。项羽乃召黥布、蒲将军计曰："秦吏卒尚众，其心不服，至关中不听，事必危，不如击杀之，而独与章邯、长史欣、都尉翳入秦。"于是楚军夜击坑秦卒二十余万人新安城南。

行略定秦地。函谷关有兵守关，不得入。又闻沛公已破咸阳，项羽大怒，使当阳君等击关。项羽遂入，至于戏西。沛公军霸上，未得与项羽相见。沛公左司马曹无伤使人言于项羽曰："沛公欲王关中，使子婴为相，珍宝尽有之。"项羽大怒，曰："旦日飨士卒，为击破沛公军！"

当是时，项羽兵四十万，在新丰鸿门；沛公兵十万，在霸上。范增说项羽曰："沛公居山东时，贪于财货，好美姬。今入关，财物无所取，妇女无所幸，此其志不在小。吾令人望其气，皆为龙虎，成五采，此天子气也，急击勿失。"

楚左尹项伯者，项羽季父也，素善留侯张良。张良是时从沛公。项伯乃夜驰之沛公军，私见张良，具告以事，欲呼张良与俱去，曰："毋从俱死也。"张良曰："臣为韩王送沛公，沛公今事有急，亡去不义，不可不语。"良乃入，具告沛公。沛公大惊，曰："为之奈何？"张良曰："谁为大王为此计者？"曰："鲰生说我曰'距关，毋内诸侯，秦地可尽王也'。故听之。"良曰："料大王士卒足以当项王乎？"沛公默然，曰："固不如也，且为之奈何？"张良曰："请往谓项伯，言沛公不敢背项王也。"沛公曰："君安与项伯有故？"张良曰："秦时与臣游，项伯杀人，臣活之。今事有急，故幸来告良。"沛公曰："孰与君少长？"良曰："长于臣。"沛公曰："君为我呼入，吾得兄事之。"张良出，要项伯。项伯即入见沛公。沛公奉卮酒为寿，约为婚姻，曰："吾入关，秋毫不敢有所近，籍吏民，封府库，而待将军。所以遣将守关者，备他盗之出入与非常也。日夜望将军至，岂敢反乎！愿伯具言臣之不敢倍德也。"项伯许诺，谓沛公曰："旦日不可不早自来谢项王。"沛公曰："诺。"于是项伯复夜去，至军中，具以沛公言报项王。因言曰："沛公不先破关中，公岂敢入乎？今人有大功而击之，不义也，不如因善遇之。"项王许诺。

沛公旦日从百余骑来见项王，至鸿门，谢曰："臣与将军戮力而攻秦，将军战河北，臣战河南，然不自意能先入关破秦，得复见将军于此。今者有小人之言，令将军与臣有郤。"项王曰："此沛公左司马曹无伤言之；不然，籍何以至此？"项王即日因留沛公与饮。项王、项伯东向坐，亚父南向坐。亚父者，范增也。沛公北向坐，张良西向侍。范增数目项王，举所佩玉玦以示之者三，项王默然不应。范增起，出召项庄，谓曰："君王为人不忍，若入前为寿，寿毕，请以剑舞，因击沛公于坐，杀之。不者，若属皆且为所虏。"庄则入为寿。寿毕，曰："君王与沛公饮，军中无以为乐，请以剑舞。"项王曰："诺。"项庄拔剑起舞，项伯亦拔剑起舞，常以身翼蔽沛公，庄不得击。于是，张良至军门，见樊哙。樊哙曰："今日之事何如？"良曰："甚急。今者项庄拔剑舞，其意常在沛公也。"哙曰："此迫矣，臣请入，与之同命。"哙即带剑拥盾入军门。交戟之卫士欲止不内，樊哙侧其盾以撞，卫士仆地，哙遂入，披帷西向立，嗔目视项王，头发上指，目眦尽裂。项王按剑而跽曰："客何为者？"张良曰："沛公之参乘樊哙者也。"项王曰："壮士！赐之卮酒。"则与斗卮酒。哙拜谢，起，立而饮之。项王曰："赐之彘肩。"樊哙覆其盾于地，加彘肩上，拔剑切而啖之。项王曰："壮士，能复饮乎？"樊哙曰："臣死且不避，卮酒安足辞！夫秦王有虎狼之心，杀人如不能举，刑人如恐不胜，天下皆叛之。怀王与诸将约曰'先破秦入咸阳者王之'。今沛公先破秦入咸阳，豪毛不敢有所近，封闭宫室，还军霸上，以待大王来。故遣将守关者，备他盗出入与非常也。劳苦而功高如此，未有封侯之赏，而听细说，欲诛有功之人。此亡秦之续耳，窃为大王不取也。"项王未有以应，曰："坐。"樊哙从良坐。坐须臾，沛公起如厕，因招樊哙出。

沛公已出，项王使都尉陈平召沛公。沛公曰："今者出，未辞也，为之奈何？"樊哙曰："大行不顾细谨，大礼不辞小让。如今人方为刀俎，我为鱼肉，何辞为？"于是遂去。乃令张良留谢。良问曰："大王来何操？"曰："我持白璧一双，欲献项王；玉斗一双，欲与亚父。会其怒，不敢献，公为我献之。"张良曰："谨诺。"

当是时，项王军在鸿门下，沛公军在霸上，相去四十里。沛公则置车骑，脱身独骑，与樊哙、夏侯婴、靳强、纪信等四人持剑盾步走，从郦山下，道芷阳间行。沛公谓张良曰："从此道至吾军，不过二十里耳。度我至军中，公乃入。"

沛公已去，间至军中。张良入谢，曰："沛公不胜杯杓，不能辞，谨使臣良奉白璧一双，再拜献大王足下，玉斗一双，再拜奉大将军足下。"项王曰："沛公安在？"良曰："闻大王有意督过之，脱身独去，已至军矣。"项王则受璧，置之坐上。亚父受玉斗，置之地，拔剑撞而破之，曰："唉！竖子不足与谋。夺项王天下者，必沛公也，吾属今为之虏矣。"

沛公至军，立诛杀曹无伤。

居数日，项羽引兵西屠咸阳，杀秦降王子婴，烧秦宫室，火三月不灭。收其货宝妇女而东。人或说项王曰："关中阻山河四塞，地肥饶，可都以霸。"项王见秦宫室皆以烧残破，又心怀思，欲东归，曰："富贵不归故乡，如衣绣夜行，谁知之者！"说者曰："人言楚人沐猴而冠耳，果然。"项王闻之，烹说者。

项王使人致命怀王。怀王曰："如约。"乃尊怀王为义帝。项王欲自王，先王诸将相。谓曰："天下初发难时，假立诸侯后以伐秦。然身被坚执锐首事，暴露于野三年，灭秦定天下者，皆将相诸君与籍之力也。义帝虽无功，故当分其地而王之。"诸将皆曰："善。"乃分天下，立诸将为侯王。

项王、范增疑沛公之有天下，业已讲解，又恶负约，恐诸侯叛之，乃阴谋曰："巴、蜀道险，秦之迁人皆居蜀。"乃曰："巴、蜀亦关中地也。"故立沛公为汉王，王巴、蜀、汉中，都南郑。而三分关中，王秦降将以距塞汉王。项王乃立章邯为雍王，王咸阳以西，都废丘。长史欣者，故为栎阳狱掾，尝有德于项梁；都尉董翳者，本劝章邯降楚。故立司马欣为塞王，王咸阳以东至河，都栎阳；立董翳为翟王，王上郡，都高奴。徙魏王豹为西魏王，王河东，都平阳。瑕丘申阳者，张耳嬖臣也，先下河南郡，迎楚河上，故立申阳为河南王，都洛阳。韩王成因故都，都阳翟。赵将司马卬定河内，数有功，故立卬为殷王，王河内，都朝歌。徙赵王歇为代王。赵相张耳素贤，又从入关，故立耳为常山王，王赵地，都襄国。当阳君黥布为楚将，常冠军，故立布为九江王，都六。鄱君吴芮率百越佐诸侯，又从入关，故立芮为衡山王，都邾。义帝柱国共敖将兵击南郡，功多，因立敖为临江王，都江陵。徙燕王韩广为辽东王。燕将臧荼从楚救赵，因从入关，故立荼为燕王，都蓟。徙齐王田市为胶东王。齐将田都从共救赵，因从入关，故立都为齐王，都临菑。故秦所灭齐王建孙田安，项羽方渡河救赵，田安下济北数城，引其兵降项羽，故立安为济北王，都博阳。田荣者，数负项梁，又不肯将兵从楚击秦，以故不封。成安君陈余弃将印去，不从入关，然素闻其贤，有功于赵，闻其在南皮，故因环封三县。番君将梅鋗功多，故封十万户侯。项王自立为西楚霸王，王九郡，都彭城。

汉之元年四月，诸侯罢戏下，各就国。

项王出之国，使人徙义帝，曰："古之帝者地方千里，必居上游。"乃使使徙义帝长沙郴县。趣义帝行。其群臣稍稍背叛之。乃阴令衡山、临江王击杀之江中。韩王成无军功，项王不使之国，与俱至彭城，废以为侯，已又杀之。臧荼之国，因逐韩广之辽东，广弗听，荼击杀广无终，并王其地。

田荣闻项羽徙齐王市胶东，而立齐将田都为齐王，乃大怒，不肯遣齐王之胶东，因以齐反，迎击田都。田都走楚。齐王市畏项王，乃亡之胶东就国。田荣怒，追击，杀之即墨。荣因自立为齐王，而西击杀济北王田安，并王三齐。荣与彭越将军印，令反梁地。陈余阴使张同、夏说说齐王田荣曰："项羽为天下宰，不平。今尽王故王于丑地，而王其群臣诸将善地，逐其故主，赵王乃北居代。余以为不可。闻大王起兵，且不听不义，愿大王资余兵，请以击常山，以复赵王，请以国为捍蔽。"齐王许之，因遣兵之赵。陈余悉发三县兵，与齐并力击常山，大破之。张耳走归汉。陈余迎故赵王歇于代，反之赵。赵王因立陈余为代王。

是时，汉还定三秦。

项羽闻汉王皆已并关中，且东，齐、赵叛之，大怒。乃以故吴令郑昌为韩王，以距汉。令萧公角等击彭越。彭越败萧公角等。汉使张良徇韩，乃遗项羽书曰："汉王失职，欲得关中，如约即止，不敢东。"又以齐、梁反书遗项王曰："齐欲与赵并灭楚。"楚以此故无西意，而北击齐。征兵九江王布，布称疾不往，使将将数千人行。

项王由此怨布也。

汉之二年冬，项羽遂北至城阳，田荣亦将兵会战。田荣不胜，走至平原，平原民杀之。遂北烧夷齐城郭室屋，皆坑田荣降卒，系虏其老弱妇女，徇齐至北海，多所残灭，齐人相聚而叛之。于是田荣弟田横收齐亡卒，得数万人，反城阳。项王因留，连战未能下。

春，汉王部五诸侯兵，凡五十六万人，东伐楚。项王闻之，即令诸将击齐，而自以精兵三万人南从鲁出胡陵。四月，汉皆已入彭城，收其货宝美人，日置酒高会。项王乃西从萧，晨击汉军而东，至彭城，日中，大破汉军。汉军皆走，相随入谷、泗水，杀汉卒十余万人。汉卒皆南走山，楚又追击至灵壁东睢水上。汉军却，为楚所挤，多杀，汉卒十余万人皆入睢水，睢水为之不流。围汉王三匝。于是大风从西北而起，折木发屋，扬沙石，窈冥昼晦，逢迎楚军。楚军大乱，坏散，而汉王乃得与数十骑遁去。欲过沛，收家室则西。楚亦使人追之沛，取汉王家。家皆亡，不与汉王相见。汉王道逢得孝惠、鲁元，乃载行。楚骑追汉王，汉王急，推堕孝惠、鲁元车下，滕公常下收载之。如是者三。曰：“虽急不可以驱，奈何弃之？”于是遂得脱。求太公、吕后，不相遇。审食其从太公、吕后间行，求汉王，反遇楚军。楚军遂与归，报项王，项王常置军中。

是时，吕后兄周吕侯为汉将兵居下邑，汉王间往从之，稍稍收其士卒。至荥阳，诸败军皆会。萧何亦发关中老弱未傅悉诣荥阳，复大振。楚起于彭城，常乘胜逐北，与汉战荥阳南京、索间，汉败楚，楚以故不能过荥阳而西。

项王之救彭城，追汉王至荥阳，田横亦得收齐，立田荣子广为齐王。汉王之败彭城，诸侯皆复与楚而背汉。汉军荥阳，筑甬道属之河，以取敖仓粟。

汉之三年，项王数侵夺汉甬道，汉王食乏，恐，请和，割荥阳以西为汉。项王欲听之。历阳侯范增曰：“汉易与耳，今释弗取，后必悔之。”项王乃与范增急围荥阳。汉王患之，乃用陈平计间项王。项王使者来，为太牢具，举欲进之。见使者，详惊愕曰：“吾以为亚父使者，乃反项王使者。”更持去，以恶食食项王使者。使者归报项王。项王乃疑范增与汉有私，稍夺之权。范增大怒，曰："天下事大定矣，君王自为之。愿赐骸骨归卒伍。"项王许之。行未至彭城，疽发背而死。

汉将纪信说汉王曰："事已急矣，请为王诳楚为王，王可以间出。"于是汉王夜出女子荥阳东门被甲二千人，楚兵四面击之。纪信乘黄屋车，傅左纛，曰："城中食尽，汉王降。"楚军皆呼万岁。汉王亦与数十骑从城西门出，走成皋。项王见纪信，问："汉王安在？"信曰："汉王已出矣。"项王烧杀纪信。

汉王使御史大夫周苛、枞公、魏豹守荥阳。周苛、枞公谋曰："反国之王，难与守城。"乃共杀魏豹。楚下荥阳城，生得周苛。项王谓周苛曰："为我将，我以公为上将军，封三万户。"周苛骂曰："若不趣降汉，汉今虏若，若非汉敌也。"项王怒，烹周苛，并杀枞公。

汉王之出荥阳，南走宛、叶，得九江王布，行收兵，复入保成皋。

汉之四年，项王进兵围成皋，汉王逃，独与滕公出成皋北门，渡河走修武，从张耳、韩信军。诸将稍稍得出成皋，从汉王。楚遂拔成皋。欲西，汉使兵距之巩，令其不得西。是时，彭越渡河击楚东阿，杀楚将军薛公。项王乃自东击彭越。

汉王得淮阴侯兵，欲渡河南。郑忠说汉王，乃止，壁河内。使刘贾将兵佐彭越，烧楚积聚。项王东击破之，走彭越。汉王则引兵渡河，复取成皋，军广武，就敖仓食。项王已定东海来，西，与汉俱临广武而军，相守数月。

当此时，彭越数反梁地，绝楚粮食。项王患之，为高俎，置太公其上，告汉王曰："今不急下，吾烹太公。"汉王曰："吾与项羽俱北面受命怀王，曰'约为兄弟'，吾翁即若翁。必欲烹而翁，则幸分我一杯羹。"项王怒，欲杀之。项伯曰："天下事未可知，且为天下者不顾家，虽杀之无益，只益祸耳。"项王从之。

楚、汉久相持未决，丁壮苦军旅，老弱罢转漕。项王谓汉王曰："天下匈匈数岁者，徒以吾两人耳，愿与汉王挑战决雌雄，毋徒苦天下之民父子为也。"汉王笑谢曰："吾宁斗智，不能斗力。"项王令壮士出挑战。汉有善骑射者楼烦，楚挑战三合，楼烦辄射杀之。

项王大怒，乃自被甲持戟挑战。楼烦欲射之，项王瞋目叱之，楼烦目不敢视，手不敢发，遂走还入壁，不敢复出。汉王使人间问之，乃项王也。汉王大惊。于是项王乃即汉王相与临广武间而语。汉王数之，项王怒，欲一战。汉王不听，项王伏弩射中汉王。汉王伤，走入成皋。

项王闻淮阴侯已举河北，破齐、赵，且欲击楚，乃使龙且往击之。淮阴侯与战，骑将灌婴击之，大破楚军，杀龙且。韩信因自立为齐王。项王闻龙且军破，则恐，使盱眙人武涉往说淮阴侯。淮阴侯弗听。是时，彭越复反，下梁地，绝楚粮。项王乃谓海春侯大司马曹咎等曰："谨守成皋，则汉欲挑战，慎勿与战，毋令得东而已。我十五日必诛彭越，定梁地，复从将军。"乃东行击陈留、外黄。外黄不下。数日，已降，项王怒，悉令男子年十五已上诣城东，欲坑之。外黄令舍人儿年十三，往说项王曰："彭越强劫外黄，外黄恐，故且降，待大王。大王至，又皆坑之，百姓岂有归心？从此以东，梁地十余城皆恐，莫肯下矣。"项王然其言，乃赦外黄当坑者。东至睢阳，闻之皆争下项王。

汉果数挑楚军战，楚军不出。使人辱之五六日，大司马怒，渡兵汜水。士卒半渡，汉击之，大破楚军，尽得楚国货赂。大司马咎、长史翳、塞王欣皆自刭汜水上。大司马咎者，故蕲狱掾，长史欣亦故栎阳狱吏，两人尝有德于项梁，是以项王信任之。当是时，项王在睢阳，闻海春侯军败，则引兵还。汉军方围钟离眜于荥阳东，项王至，汉军畏楚，尽走险阻。

是时汉兵盛，食多；项王兵罢，食绝。汉遣陆贾说项王，请太公，项王弗听。汉王复使侯公往说项王，项王乃与汉约，中分天下。割鸿沟以西者为汉，鸿沟而东者为楚。项王许之。即归汉王父母妻子。军皆呼万岁。汉王乃封侯公为平国君。匿弗肯复见。曰："此天下辩士，所居倾国，故号为平国君。"项王已约，乃引兵解而东归。

汉欲西归，张良、陈平说曰："汉有天下太半，而诸侯皆附之。楚兵罢，食尽，此天亡楚之时也，不如因其机而遂取之。今释弗击，此所谓'养虎自遗患'也。"汉王听之。

汉五年，汉王乃追项王至阳夏南，止军，与淮阴侯韩信、建成侯彭越期会而击楚军。至固陵，而信、越之兵不会。楚击汉军，大破之。汉王复入壁，深堑而自守。谓张子房曰："诸侯不从约，为之奈何？"对曰："楚兵且破，信、越未有分地，其不至固宜。君王能与共分天下，今可立致也。即不能，事未可知也。君王能自陈以东傅海，尽与韩信；睢阳以北至谷城，以与彭越。使各自为战，则楚易败也。"汉王曰："善。"于是乃发使者告韩信、彭越曰："并力击楚，楚破，自陈以东傅海与齐王，睢阳以北至谷城与彭相国。"使者至，韩信、彭越皆报曰："请今进兵。"韩信乃从齐往。刘贾军从寿春并行，屠城父，至垓下。大司马周殷叛楚，以舒屠六，举九江兵，随刘贾、彭越皆会垓下，诣项王。

项王军壁垓下，兵少食尽，汉军及诸侯兵围之数重。夜闻汉军四面皆楚歌，项王乃大惊曰："汉皆已得楚乎？是何楚人之多也！"项王则夜起，饮帐中。有美人名虞。常幸从；骏马名骓，常骑之。于是项王乃悲歌慷慨，自为诗曰："力拔山兮气盖世，时不利兮骓不逝。骓不逝兮可奈何，虞兮虞兮奈若何！"歌数阕，美人和之。项王泣数行下，左右皆泣，莫能仰视。于是项王乃上马骑，麾下壮士骑从者八百余人，直夜溃围南出，驰走。

平明，汉军乃觉之，令骑将灌婴以五千骑追之。项王渡淮，骑能属者百余人耳。项王至阴陵，迷失道，问一田父，田父绐曰："左。"左，乃陷大泽中，以故汉追及之，项王乃复引兵而东，至东城，乃有二十八骑。汉骑追者数千人。项王自度不得脱。谓其骑曰："吾起兵至今八岁矣，身七十余战，所当者破，所击者服，未尝败北，遂霸有天下，然今卒困于此，此天之亡我，非战之罪也。今日固决死，愿为诸君快战，必三胜之，为诸君溃围，斩将，刈旗，令诸君知天亡我，非战之罪也。"乃分其骑以为四队，四向。汉军围之数重。项王谓其骑曰："吾为公取彼一将。"令四面骑驰下，期山东为三处。于是项王大呼驰下，汉军皆披靡，遂斩汉一将。是时，赤泉侯为骑将，追项王，项王瞋目而叱之，赤泉侯人马俱惊，辟易数里。与其骑会为三处。汉军不知项王所在，乃分军为三，复围之。

项王乃驰，复斩汉一都尉，杀数十百人，复聚其骑，亡其两骑耳。乃谓其骑曰：“何如？”骑皆伏曰：“如大王言。”

于是，项王乃欲东渡乌江。乌江亭长檥船待，谓项王曰：“江东虽小，地方千里，众数十万人，亦足王也。愿大王急渡。今独臣有船，汉军至，无以渡。”项王笑曰：“天下亡我，我何渡为！且籍与江东子弟八千人渡江而西，今无一人还，纵江东父兄怜而王我，我何面目见之？纵彼不言，籍独不愧于心乎？”乃谓亭长曰：“吾知公长者。吾骑此马五岁，所当无敌，尝一日行千里，不忍杀之，以赐公。”乃令骑皆下马步行，持短兵接战。独籍所杀汉军数百人。项王身亦被十余创，顾见汉骑司马吕马童，曰：“若非吾故人乎？”马童面之，指王翳曰：“此项王也。”项王乃曰：“吾闻汉购我头千金，邑万户，吾为汝德。”乃自刎而死。王翳取其头，余骑相蹂践争项王，相杀者数十人。最其后，郎中骑杨喜，骑司马吕马童，郎中吕胜、杨武各其一体。五人共会其体，皆是。故分其地为五：封吕马童为中水侯，封王翳为杜衍侯，封杨喜为赤泉侯，封杨武为吴防侯，封吕胜为涅阳侯。

项王已死，楚地皆降汉，独鲁不下。汉乃引天下兵欲屠之，为其守礼义，为主死节，乃持项王头视鲁，鲁父兄乃降。始，楚怀王初封项籍为鲁公，及其死，鲁最后下，故以鲁公礼葬项王谷城。汉王为发哀，泣之而去。诸项氏枝属，汉王皆不诛。乃封项伯为射阳侯。桃侯、平皋侯、玄武侯皆项氏，赐姓刘氏。

太史公曰：“吾闻之周生曰‘舜目盖重瞳子’，又闻项羽亦重瞳子。羽岂其苗裔邪？何兴之暴也！夫秦失其政，陈涉首难，豪杰蜂起，相与并争，不可胜数。然羽非有尺寸，乘势起陇亩之中，三年，遂将五诸侯灭秦，分裂天下，而封王侯，政由羽出，号为‘霸王’，位虽不终，近古以来未尝有也。及羽背关怀楚，放逐义帝而自立，怨王侯叛己，难矣。自矜功伐，奋其私智而不师古。谓霸王之业，欲以力征经营天下。五年卒亡其国，身死东城，尚不觉寤而不自责，过矣。乃引‘天亡我，非用兵之罪也’，岂不谬哉！”

陈涉世家

陈胜者，阳城人也，字涉。吴广者，阳夏人也，字叔。

陈涉少时，尝与人佣耕，辍耕之垄上，怅恨久之，曰："苟富贵，无相忘。"庸者笑而应曰："若为庸耕，何富贵也？"陈涉太息曰："嗟乎！燕雀安知鸿鹄之志哉！"

二世元年七月，发闾左适戍渔阳，九百人屯大泽乡。陈胜、吴广皆次当行，为屯长。会天大雨，道不通，度已失期。失期，法皆斩。陈胜、吴广乃谋曰："今亡亦死，举大计亦死，等死，死国可乎？"陈胜曰："天下苦秦久矣。吾闻二世，少子也，不当立，当立者乃公子扶苏。扶苏以数谏故，上使外将兵。今或闻无罪，二世杀之。百姓多闻其贤，未知其死也。项燕为楚将，数有功，爱士卒，楚人怜之。或以为死，或以为亡。今诚以吾众诈自称公子扶苏、项燕，为天下唱，宜多应者。"吴广以为然，乃行卜。卜者知其指意，曰："足下事皆成，有功。然足下卜之鬼乎！"陈胜、吴广喜，念鬼，曰："此教我先威众耳。"乃丹书帛曰"陈胜王"，置人所罾鱼腹中，卒买鱼烹食，得鱼腹中书，固以怪之矣。又间令吴广之次所旁丛祠中，夜篝火，狐鸣呼曰："大楚兴，陈胜王"。卒皆夜惊恐。旦日，卒中往往语，皆指目陈胜。

吴广素爱人，士卒多为用者。将尉醉，广故数言欲亡，忿恚尉，令辱之，以激怒其众。尉果笞广。尉剑挺，广起，夺而杀尉。陈胜佐之，并杀两尉。召令徒属曰："公等遇雨，皆已失期，失期当斩。藉弟令毋斩，而戍死者固十六七。且壮士不死即已，死即举大名耳，王侯将相宁有种乎！"徒属皆曰："敬受命。"乃诈称公子扶苏、项燕，从民欲也。袒右，称大楚。为坛而盟，祭以尉首。陈胜自立为将军，吴广为都尉。攻大泽乡，收而攻蕲。蕲下，乃令符离人葛婴将兵徇蕲以东。攻铚、酂、苦、柘、谯，皆下之。行收兵，比至陈，车六七百乘，骑千余，卒数万人。攻陈，陈守令皆不在，独守丞与战谯门中。弗胜，守丞死。乃入据陈。数日，号令召三老、豪杰与皆来会计事。三老、豪杰皆曰："将军身被坚执锐，伐无道，诛暴秦，复立楚国之社稷，功宜为王。”陈涉乃立为王，号为“张楚”。

当此时，诸郡县苦秦吏者，皆刑其长吏，杀之以应陈涉。乃以吴叔为假王，监诸将以西击荥阳。令陈人武臣、张耳、陈余徇赵地，令汝阴人邓宗徇九江郡。当此时，楚兵数千人为聚者，不可胜数。

葛婴至东城，立襄强为楚王。婴后闻陈王已立，因杀襄强还报。至陈，陈王诛杀葛婴。

陈王令魏人周市北徇魏地。吴广围荥阳。李由为三川守，守荥阳，吴叔弗能下。陈王征国之豪杰与计，以上蔡人房君蔡赐为上柱国。

周文，陈之贤人也，尝为项燕军视日，事春申君，自言习兵，陈王与之将军印，西击秦。行收兵至关，车千乘，卒数十万，至戏，军焉。秦令少府章邯免郦山徒、人奴产子，悉发以击楚大军，尽败之。周文败，走出关，止次曹阳二三月。章邯追败之，复走次渑池十余日。章邯击，大破之。周文自刭，军遂不战。

武臣到邯郸，自立为赵王，陈余为大将军，张耳、召骚为左右丞相。陈王怒，捕系武臣等家室，欲诛之。柱国曰：“秦未亡而诛赵王将相家属，此生一秦也。不如因而立之。”陈王乃遣使者贺赵，而徙系武臣等家属宫中，而封耳子张敖为成都君，趣赵兵亟入关。赵王将相相与谋曰：“王王赵，非楚意也。楚已诛秦，必加兵于赵。计莫如毋西兵，使使北徇燕地以自广也。赵南据大河，北有燕、代，楚虽胜秦，不敢制赵。若楚不胜秦，必重赵。赵乘秦之弊，可以得志于天下。”赵王以为然，因不西兵，而遣故上谷卒史韩广将兵北徇燕也。

燕故贵人豪杰谓韩广曰：“楚已立王，赵又已立王。燕虽小，亦万乘之国也，愿将军立为燕王。”韩广曰：“广母在赵，不可。”燕人曰：“赵方西忧秦，南忧楚，其力不能禁我。且以楚之强，不敢害赵王将相之家，赵独安敢害将军之家！”韩广以为然，乃自立为燕王。居数月，赵奉燕王母及家属归之燕。

当此之时，诸将之徇地者，不可胜数。周市北徇地至狄，狄人田儋杀狄令，自立为齐王，以齐反击周市。市军散，还至魏地，欲立魏后故宁陵君咎为魏王。时咎在陈王所，不得之魏。魏地已定，欲相与立周市为魏王，周市不肯。使者五反，陈王乃立宁陵君咎为魏王，遣之国。周市卒为相。

将军田臧等相与谋曰："周章军已破矣，秦兵旦暮至，我围荥阳城弗能下，秦军至，必大败。不如少遗兵，足以守荥阳，悉精兵迎秦军。今假王骄，不知兵权，不可与计，非诛之，事恐败。"因相与矫王令以诛吴叔，献其首于陈王。陈王使使赐田臧楚令尹印，使为上将。田臧乃使诸将李归等守荥阳城，自以精兵西迎秦军于敖仓。与战，田臧死，军破。章邯进兵击李归等荥阳下，破之，李归等死。

阳城人邓说将兵居郯，章邯别将击破之，邓说军散走陈。铚人伍徐将兵居许，章邯击破之，伍徐军皆散走陈。陈王诛邓说。

陈王初立时，陵人秦嘉、铚人董绁、符离人朱鸡石、取虑人郑布、徐人丁疾等皆特起，将兵围东海守庆于郯。陈王闻，乃使武平君畔为将军，监郯下军。秦嘉不受命，嘉自立为大司马，恶属武平君。告军吏曰："武平君年少，不知兵事，勿听！"因矫以王命杀武平君畔。

章邯已破伍徐，击陈，柱国房君死。章邯又进兵击陈西张贺军。陈王出监战，军破，张贺死。

腊月，陈王之汝阴，还至下城父，其御庄贾杀以降秦。陈胜葬砀，谥曰隐王。陈王故涓人将军吕臣为仓头军，起新阳，攻陈，下之，杀庄贾，复以陈为楚。

初，陈王至陈，令铚人宋留将兵定南阳，入武关。留已徇南阳，闻陈王死，南阳复为秦。宋留不能入武关，乃东至新蔡，遇秦军，宋留以军降秦。秦传留至咸阳，车裂留以徇。

秦嘉等闻陈王军破出走，乃立景驹为楚王，引兵之方与，欲击秦军定陶下。使公孙庆使齐王，欲与并力俱进。齐王曰："闻陈王战败，不知其死生，楚安得不请而立王！"公孙庆曰："齐不请楚而立王，楚何故请齐而立王！且楚首事，当令于天下。"田儋诛杀公孙庆。

秦左右校复攻陈，下之，吕将军走，收兵复聚。鄱盗当阳君黥布之兵相收，复击秦左右校，破之青波，复以陈为楚。会项梁立怀王孙心为楚王。

陈胜王凡六月。已为王，王陈。其故人尝与庸耕者闻之，之陈，扣宫门曰："吾欲见涉。"宫门令欲缚之。自辩数，乃置，不肯为通。

陈王出，遮道而呼涉。陈王闻之，乃召见，载与俱归，入宫，见殿屋帷帐，客曰：“夥颐！涉之为王沈沈者！”楚人谓多为夥，故天下传之，夥涉为王，由陈涉始。客出入愈益发舒，言陈王故情。或说陈王曰：“客愚无知，颛妄言，轻威。”陈王斩之。诸陈王故人皆自引去，由是无亲陈王者。陈王以朱房为中正，胡武为司过，主司群臣。诸将徇地，至，令之不是者，系而罪之，以苛察为忠。其所不善者，弗下吏，辄自治之。陈王信用之。诸将以其故不亲附，此其所以败也。

陈胜虽已死，其所置遣侯王将相竟亡秦，由涉首事也。高祖时为陈涉置守冢三十家砀，至今血食。

褚先生曰：地形险阻，所以为固也；兵革刑法，所以为治也。犹未足恃也。夫先王以仁义为本，而以固塞文法为枝叶，岂不然哉！吾闻贾生之称曰：

秦孝公据崤、函之固，拥雍州之地，君臣固守，以窥周室。有席卷天下，包举宇内，囊括四海之意，并吞八荒之心。当是时也，商君佐之，内立法度，务耕织，修守战之备；外连衡而斗诸侯。于是秦人拱手而取西河之外。

孝公既没，惠文王、武王、昭王蒙故业，因遗策，南取汉中，西举巴蜀，东割膏腴之地，收要害之郡。诸侯恐惧，会盟而谋弱秦。不爱珍器重宝肥饶之地，以致天下之士。合从缔交，相与为一。当此之时，齐有孟尝，赵有平原，楚有春申，魏有信陵，此四君者，皆明知而忠信，宽厚而爱人，尊贤而重士。约从连衡，兼韩、魏、燕、赵、宋、卫、中山之众。于是六国之士有宁越、徐尚、苏秦、杜赫之属为之谋，齐明、周最、陈轸、邵滑、楼缓、翟景、苏厉、乐毅之徒通其意，吴起、孙膑、带他、儿良、王廖、田忌、廉颇、赵奢之伦制其兵。尝以十倍之地，百万之师，仰关而攻秦。秦人开关而延敌，九国之师遁逃而不敢进。秦无亡矢遗镞之费，而天下固已困矣。于是从散约败，争割地而赂秦。秦有余力而制其弊，追亡逐北，伏尸百万，流血漂橹，因利乘便，宰割天下，分裂山河，强国请服，弱国入朝。

施及孝文王、庄襄王、享国之日浅，国家无事。

及至始皇，奋六世之余烈，振长策而御宇内，吞二周而亡诸侯，履至尊而制六合，执敲朴以鞭笞天下，威震四海。南取百越之地，以为桂林、象郡，百越之君俯首系颈，委命下吏。乃使蒙恬北筑长城而守藩篱，却匈奴七百余里，胡人不敢南下而牧马，士亦不敢贯弓而报怨。于是废先王之道，燔百家之言，以愚黔首。隳名城，杀豪俊，收天下之兵聚之咸阳，销锋镝，铸以为金人十二，以弱天下之民。然后践华为城，因河为池，据亿丈之城，临不测之溪以为固。良将劲弩，守要害之处，信臣精卒，陈利兵而谁何。天下已定，始皇之心，自以为关中之固，金城千里，子孙帝王万世之业也。

始皇既没，余威震于殊俗。然而陈涉瓮牖绳枢之子，甿隶之人，而迁徙之徒也。才能不及中人，非有仲尼、墨翟之贤，陶朱、猗顿之富也。蹑足行伍之间，俯仰阡陌之中，率罢散之卒，将数百之众，转而攻秦。斩木为兵，揭竿为旗，天下云会响应，赢粮而景从，山东豪俊遂并起而亡秦族矣。

且天下非小弱也；雍州之地，崤、函之固自若也。陈涉之位，非尊于齐、楚、燕、赵、韩、魏、宋、卫、中山之君也；锄耰棘矜，非铦于句戟长铩也；适戍之众，非俦于九国之师也；深谋远虑，行军用兵之道，非及乡时之士也。然而成败异变，功业相反也。尝试使山东之国与陈涉度长絜大，比权量力，则不可同日而语矣。然而秦以区区之地，致万乘之权，抑八州而朝同列，百有余年矣。然后以六合为家，殽、函为宫。一夫作难而七庙隳，身死人手，为天下笑者，何也？仁义不施，而攻守之势异也。

留侯世家

留侯张良者，其先韩人也。大父开地，相韩昭侯、宣惠王、襄哀王。父平，相釐王，悼惠王。悼惠王二十三年，平卒。卒二十岁，秦灭韩。良年少，未宦事韩。韩破，良家僮三百人，弟死不葬，悉以家财求客刺秦王，为韩报仇，以大父、父五世相韩故。

良尝学礼淮阳，东见仓海君，得力士，为铁锥重百二十斤。秦皇帝东游，良与客狙击秦皇帝博浪沙中，误中副车。秦皇帝大怒，大索天下，求贼甚急，为张良故也。良乃更名姓，亡匿下邳。

良尝闲从容步游下邳圯上，有一老父，衣褐，至良所，直堕其履圯下，顾谓良曰："孺子，下取履！"良愕然，欲殴之，为其老，强忍，下取履。父曰："履我！"良业为取履，因长跪履之。父以足受，笑而去。良殊大惊，随目之。父去里所，复还，曰："孺子可教矣。后五日平明，与我会此。"良因怪之，跪曰："诺。"五日平明，良往。父已先在，怒曰："与老人期，后，何也？"去，曰："后五日早会。"五日鸡鸣，良往。父又先在，复怒曰："后，何也？"去，曰："后五日复早来。"五日，良夜未半往。有顷，父亦来，喜曰："当如是。"出一编书，曰："读此则为王者师矣。后十年兴，十三年孺子见我济北，谷城山下黄石即我矣。"遂去，无他言，不复见。旦日视其书，乃《太公兵法》也。良因异之，常习诵读之。

居下邳，为任侠。项伯常杀人，从良匿。

后十年，陈涉等起兵，良亦聚少年百余人。景驹自立为楚假王，在留。良欲往从之，道遇沛公。沛公将数千人，略地下邳西，遂属焉。沛公拜良为厩将。良数以《太公兵法》说沛公，沛公善之，常用其策。良为他人言，皆不省。良曰："沛公殆天授。"故遂从之，不去见景驹。

及沛公之薛，见项梁。项梁立楚怀王，良乃说项梁曰："君已立楚后，而韩诸公子横阳君成贤，可立为王，益树党。"项梁使良求韩成，立以为韩王。以良为韩申徒，与韩王将千余人西略韩地，得数城，秦辄复取之，往来为游兵颍川。

沛公之从洛阳南出轘辕，良引兵从沛公，下韩十余城，击破杨熊军。沛公乃令韩王成留守阳翟，与良俱南，攻下宛，西入武关，沛公欲以兵二万人击秦峣下军，良说曰："秦兵尚强，未可轻。臣闻其将屠者子，贾竖易动以利，愿沛公且留壁，使人先行，为五万人具食，益为张旗帜诸山上，为疑兵，令郦食其持重宝啖秦将。"秦将果畔，欲连和俱西袭咸阳。沛公欲听之，良曰："此独其将欲叛耳，恐士卒不从。不从必危，不如因其解击之。”沛公乃引兵击秦军，大破之。逐（遂）北至蓝田，再战，秦兵竟败。遂至咸阳，秦王子婴降沛公。

沛公入秦宫，宫室帷帐狗马重宝妇女以千数，意欲留居之。樊哙谏沛公出舍，沛公不听。良曰：“夫秦为无道，故沛公得至此。夫为天下除残贼，宜缟素为资。今始入秦，即安其乐，此所谓‘助桀为虐’。且‘忠言逆耳利于行，毒药苦口利于病’，愿沛公听樊哙言。”沛公乃还军霸上。

项羽至鸿门下，欲击沛公，项伯乃夜驰入沛公军，私见张良，欲与俱去。良曰：“臣为韩王送沛公，今事有急，亡去不义。”乃具以语沛公。沛公大惊，曰：“为将奈何？”良曰：“沛公诚欲倍（背）项羽邪？”沛公曰：“鲰生教我距关无内诸侯，秦地可尽王，故听之。”良曰：“沛公自度能却项羽乎？”沛公默然良久，曰：“固不能也。今为奈何？”良乃固要项伯。项伯见沛公。沛公与饮为寿，结宾婚。令项伯具言沛公不敢倍项羽，所以距关者，备他盗也。及见项羽后解，语在“项羽事”中。

汉元年正月，沛公为汉王，王巴蜀。汉王赐良金百镒，珠二斗，良具以献项伯。汉王亦因令良厚遗项伯，使请汉中地。项王乃许之，遂得汉中地。汉王之国，良送至褒中，遣良归韩。良因说汉王曰：“王何不烧绝所过栈道，示天下无还心，以固项王意。”乃使良还。行，烧绝栈道。

良至韩，韩王成以良从汉王故，项王不遣成之国，从与俱东。良说项王曰：“汉王烧绝栈道，无还心矣。”乃以齐王田荣反书告项王。项王以此无西忧汉心，而发兵北击齐。

项王竟不肯遣韩王，乃以为侯，又杀之彭城。良亡，间行归汉王。汉王亦已还定三秦矣，复以良为成信侯，从东击楚。至彭城，汉败而还。至下邑，汉王下马踞鞍而问曰：“吾欲捐关以东等弃之，谁可与共功者？”良进曰：“九江王黥布，楚枭将，与项王有郄；彭越与齐王田荣反梁地：此两人可急使。而汉王之将独韩信可属大事，当一面。即欲捐之，捐之此三人，则楚可破也。”汉王乃遣随何说九江王布，而使人连彭越。及魏王豹反，使韩信将兵击之，因举燕、代、齐、赵。然卒破楚者，此三人力也。

张良多病，未尝特将也，常为画策，时时从汉王。

汉三年，项羽急围汉王荥阳，汉王恐忧，与郦食其谋桡楚权。食其曰："昔汤伐桀，封其后于杞。武王伐纣，封其后于宋。今秦失德弃义，侵伐诸侯社稷，灭六国之后，使无立锥之地。陛下诚能复立六国后世，毕已受印，此其君臣百姓必皆戴陛下之德，莫不乡风慕义，愿为臣妾。德义已行，陛下南乡称霸，楚必敛衽而朝。"汉王曰："善。趣刻印，先生因行佩之矣。"

食其未行，张良从外来谒。汉王方食，曰："子房前！客有为我计桡楚权者。"具以郦生语告曰："于子房何如？"良曰："谁为陛下画此计者？陛下事去矣。"王曰："何哉？"张良对曰："臣请藉前箸为大王筹之。"曰："昔者汤伐桀而封其后于杞者，度能制桀之死命也。今陛下能制项籍之死命乎？"曰："未能也。""其不可一也。武王代纣，封其后于宋者，度能得纣之头也。今陛下能得项籍之头乎？"曰："未能也。""其不可二也。武王入殷，表商容之闾，释箕子之拘，封比干之墓。今陛下能封圣人之墓，表贤者之闾，式智者之门乎？"曰："未能也。""其不可三也。发钜桥之粟，散鹿台之钱，以赐贫穷。今陛下能散府库以赐贫穷乎？"曰："未能也。""其不可四矣。殷事已毕，偃革为轩，倒置干戈，覆以虎皮，以示天下不复用兵。今陛下能偃武行文，不复用兵乎？"曰："未能也。""其不可五矣。休马华山之阳，示以无所为。今陛下能休马无所用乎？"曰："未能也。""其不可六矣。放牛桃林之阴，以示不复输积。今陛下能放牛不复输积乎？"曰："未能也。""其不可七矣。且天下游士离其亲戚，弃坟墓，去故旧，从陛下游者，徒欲日夜望咫尺之地。今复六国，立韩、魏、燕、赵、齐、楚之后，天下游士各归事其主，从其亲戚，反其故旧坟墓，陛下与谁取天下乎？其不可八矣。且夫楚唯无强，六国立者复桡而从之，陛下焉得而臣之？诚用客之谋，陛下事去矣。"汉王辍食吐哺，骂曰："竖儒，几败而公事！"令趣销印。

汉四年，韩信破齐而欲自立为齐王，汉王怒。张良说汉王，汉王使良授齐王信印，语在"淮阴事"中。

其秋，汉王追楚至阳夏南，战不利而壁固陵，诸侯期不至。良说汉王，汉王用其计，诸侯皆至。语在“项籍事”中。

汉六年正月，封功臣。良未尝有战斗功，高帝曰：“运筹策帷帐中，决胜千里外，子房功也。自择齐三万户。”良曰：“始臣起下邳，与上会留，此天以臣授陛下。陛下用臣计，幸而时中，臣愿封留足矣，不敢当三万户。”乃封张良为留侯，与萧何等俱封。

六年，上已封大功臣二十余人，其余日夜争功不决，未得行封。上在洛阳南宫，从复道望见诸将往往相与坐沙中语。上曰：“此何语？”留侯曰：“陛下不知乎？此谋反耳。”上曰：“天下属安定，何故反乎？”留侯曰：“陛下起布衣，以此属取天下；今陛下为天子，而所封皆萧、曹故人所亲爱，而所诛者皆生平所仇怨。今军吏计功，以天下不足遍封，此属畏陛下不能尽封，恐又见疑平生过失及诛，故即相聚谋反耳。”上乃忧曰：“为之奈何？”留侯曰：“上平生所憎，群臣所共知，谁最甚者？”上曰：“雍齿与我故，数尝窘辱我。我欲杀之，为其功多，故不忍。”留侯曰：“今急先封雍齿以示群臣，群臣见雍齿封，则人人自坚矣。”于是上乃置酒，封雍齿为什方侯，而急趣丞相、御史定功行封。群臣罢酒，皆喜曰：“雍齿尚为侯，我属无患矣。”

刘敬说高帝曰：“都关中。”上疑之。左右大臣皆山东人，多劝上都洛阳：“洛阳东有成皋，西有殽、黾，倍河，向伊、洛，其固亦足恃。”留侯曰：“洛阳虽有此固，其中小，不过数百里，田地薄，四面受敌，此非用武之国也。夫关中左殽、函，右陇、蜀，沃野千里，南有巴蜀之饶，北有胡苑之利，阻三面而守，独以一面东制诸侯。诸侯安定，河、渭漕挽天下，西给京师，诸侯有变，顺流而下，足以委输。此所谓金城千里，天府之国也，刘敬说是也。”于是高帝即日驾，西都关中。

留侯从入关。留侯性多病，即道引不食谷，杜门不出岁余。

上欲废太子，立戚夫人子赵王如意。大臣多谏争，未能得坚决者也。吕后恐，不知所为。人或谓吕后曰：“留侯善画计策，上信用之。”吕后乃使建成侯吕泽劫留侯，曰：“君常为上谋臣，今上欲易太子，君安得高枕而卧乎？”留侯曰：“始上数在困急之中，幸用臣策。今天下安定，以爱欲易太子，骨肉之间，虽臣等百余人何益。”吕泽强要曰：“为我画计。”留侯曰：“此难以口舌争也。顾上有不能致者，天下有四人。四人者年老矣，皆以为上慢侮人，故逃匿山中，义不为汉臣。然上高此四人。今公诚能无爱金玉璧帛，令太子为书，卑辞安车，因使辩士固请，宜来。来，以为客，时时从入朝，令上见之，则必异而问之。问之，上知此四人贤，则一助也。”于是吕后令吕泽使人奉太子书，卑辞厚礼，迎此四人。四人至，客建成侯所。

汉十一年，黥布反，上病，欲使太子将，往击之。四人相谓曰：“凡来者，将以存太子。太子将兵，事危矣。”乃说建成侯曰：“太子将兵，有功则位不益太子；无功还，则从此受祸矣。且太子所与俱诸将，皆尝与上定天下枭将也，今使太子将之，此无异使羊将狼也，皆不肯为尽力，其无功必矣。臣闻‘母爱者子抱’，今戚夫人日夜侍御，赵王如意常报居前，上曰‘终不使不肖子居爱子之上’，明乎其代太子位必矣。君何不急请吕后承间为上泣言：“黥布，天下猛将也，善用兵，今诸将皆陛下故等夷，乃令太子将此属，无异使羊将狼，莫肯为用。且使布闻之，同鼓行而西耳。上虽病，强载辎车，卧而护之，诸将不敢不尽力。上虽苦，为妻子自强。’”于是吕泽立夜见吕后，吕后承间为上泣涕而言，如四人意。上曰：“吾惟竖子固不足遣，而公自行耳。”于是上自将兵而东，群臣居守，皆送至灞上。留侯病，自强起，至曲邮，见上曰：“臣宜从，病甚。楚人剽疾，愿上无与楚人争锋。”因说上曰：“令太子为将军，监关中兵。”上曰：“子房虽病，强卧而傅太子。”是时叔孙通为太傅，留侯行少傅事。

汉十二年，上从击破布军归，疾益甚，愈欲易太子。留侯谏，不听，因疾不视事。叔孙太傅称说引古今，以死争太子。上详许之，犹欲易之。及燕，置酒，太子侍。四人从太子，年皆八十有余，须眉皓齿，衣冠甚伟。上怪之，问曰：“彼何为者？”四人前对，各言名姓，曰东园公，角里先生，绮里季，夏黄公。上乃大惊，曰：“吾求公数岁，公辟逃我，今公何自从吾儿游乎？”四人皆曰：“陛下轻士善骂，臣等义不受辱，故恐而亡匿。窃闻太子为人仁孝，恭敬爱士，天下莫不延颈欲为太子死者，故臣等来耳。”上曰：“烦公幸卒调护太子。”

四人为寿已毕，趋去。上目送之，召戚夫人指示四人者曰："我欲易之，彼四人辅之，羽翼已成，难动矣。吕后真而主矣。"戚夫人泣，上曰："为我楚舞，吾为若楚歌。"歌曰："鸿鹄高飞，一举千里。羽翮已就，横绝四海。横绝四海，当可奈何！虽有矰缴，尚安所施！"歌数阕，戚夫人嘘唏流涕，上起去，罢酒。竟不易太子者，留侯本招此四人之力也。

留侯从上击代，出奇计马邑下，及立萧何相国，所与上从容言天下事甚众，非天下所以存亡，故不著。留侯乃称曰："家世相韩，及韩灭，不爱万金之资，为韩报仇强秦，天下振动。今以三寸舌为帝者师，封万户，位列侯，此布衣之极，于良足矣。愿弃人间事，欲从赤松子游耳。"乃学辟谷，道引轻身。会高帝崩，吕后德留侯，乃强食之，曰："人生一世间，如白驹过隙，何至自苦如此乎！"留侯不得已，强听而食。

后八年卒，谥为文成侯，子不疑代侯。

子房始所见下邳圯上老父与《太公书》者，后十三年从高帝过济北，果见谷城山下黄石，取而葆祠之。留侯死，并葬黄石冢。每上冢伏腊，祠黄石。留侯不疑，孝文帝五年坐不敬，国除。

太史公曰："学者多言无鬼神，然言有物。至如留侯所见老父予书，亦可怪矣。高祖离困者数矣，而留侯常有功力焉，岂可谓非天乎？上曰：'夫运筹策帷帐之中，决胜千里外，吾不如子房。'余以为其人魁梧奇伟，至见其图，状貌如妇人好女。盖孔子曰：'以貌取人，失之子羽。'留侯亦云。"

李将军列传

李将军广者，陇西成纪人也。其先曰李信，秦时为将，逐得燕太子丹者也。故槐里，徙成纪。广家世世受射。孝文帝十四年，匈奴大入萧关，而广以良家子从军击胡，用善骑射，杀首虏多，为汉中郎。广从弟李蔡亦为郎，皆为武骑常侍，秩八百石。尝从行，有所冲陷折关及格猛兽，而文帝曰："惜乎，子不遇时！如令子当高帝时，万户侯岂足道哉！"

及孝景初立，广为陇西都尉，徙为骑郎将。吴楚军时，广为骁骑都尉，从太尉亚夫击吴楚军。取旗，显功名昌邑下。以梁王授广将军印，还，赏不行。徙为上谷太守，匈奴日以合战。典属国公孙昆邪为上泣曰："李广才气，天下无双，自负其能，数与虏敌战，恐亡之。"于是乃徙为上郡太守。后广转为边郡太守，徙上郡。尝为陇西、北地、雁门、代郡、云中太守，皆以力战为名。

匈奴大入上郡，天子使中贵人从广勒习兵击匈奴。中贵人将骑数十纵，见匈奴三人，与战。三人还射，伤中贵人，杀其骑且尽。中贵人走广。广曰："是必射雕者也。"广乃遂从百骑往驰三人。三人亡马步行，行数十里。广令其骑张左右翼，而广身自射彼三人者，杀其二人，生得一人，果匈奴射雕者也。已缚之上马，望匈奴有数千骑，见广，以为诱骑，皆惊，上山陈。广之百骑皆大恐，欲驰还走。广曰："吾去大军数十里，今如此以百骑走，匈奴追射我立尽。今我留，匈奴必以我为大军之诱，必不敢击我。"广令诸骑曰："前！"前未到匈奴陈二里所，止，令曰："皆下马解鞍！"其骑曰："虏多且近，即有急，奈何？"广曰："彼虏以我为走，今皆解鞍以示不走，用坚其意。"于是胡骑遂不敢击。有白马将出护其兵，李广上马与十余骑奔射杀胡白马将，而复还至其骑中，解鞍，令士皆纵马卧。是时会暮，胡兵终怪之，不敢击。夜半时，胡兵亦以为汉有伏军于旁欲夜取之，胡皆引兵而去。平旦，李广乃归其大军。大军不知广所之，故弗从。

居久之，孝景崩，武帝立，左右以为广名将也，于是广以上郡太守为未央卫尉，而程不识亦为长乐卫尉。程不识故与李广俱以边太守将军屯，及出击胡，而广行无部伍行陈，就善水草屯，舍止，人人自便，不击刁斗以自卫，莫府省约文书籍事，然亦远斥候，未尝遇害。程不识正部曲行伍营陈，击刁斗，士吏治军簿至明，军不得休息，然亦未尝遇害。不识曰："李广军极简易，然虏卒犯之，无以禁也；而其士卒亦佚乐，咸乐为之死。我军虽烦扰，然虏亦不得犯我。”是时汉边郡李广、程不识皆为名将，然匈奴畏李广之略，士卒亦多乐从李广而苦程不识。程不识孝景时以数直谏为太中大夫，为人廉，谨于文法。

后汉以马邑城诱单于，使大军伏马邑旁谷。而广为骁骑将军，领属护军将军。是时单于觉之，去，汉军皆无功。其后四岁，广以卫尉为将军，出雁门击匈奴。匈奴兵多，破败广军，生得广。单于素闻广贤，令曰："得李广必生致之。”胡骑得广，广时伤病，置广两马间，络而盛卧广。行十余里，广详死，睨其旁有一胡儿骑善马，广暂腾而上胡儿马，因推堕儿，取其弓，鞭马南驰数十里，复得其余军，因引而入塞。匈奴捕者骑数百追之，广行取胡儿弓，射杀追骑，以故得脱。于是至汉，汉下广吏。吏当广所失亡多，为虏所生得，当斩，赎为庶人。

顷之，家居数岁。广家与故颍阴侯孙屏野居蓝田南山中射猎。尝夜从一骑出，从人田间饮。还至霸陵亭，霸陵尉醉，呵止广。广骑曰："故李将军。”尉曰："今将军尚不得夜行，何乃故也！”止广宿亭下。居无何，匈奴入杀辽西太守，败韩将军，后韩将军徙右北平。于是天子乃召拜广为右北平太守。广即请霸陵尉与俱，至军而斩之。

广居右北平，匈奴闻之，号曰“汉之飞将军”，避之数岁，不敢入右北平。

广出猎，见草中石，以为虎而射之，中石没镞。视之，石也，因复更射之，终不能复入石矣。广所居郡闻有虎，尝自射之。及居右北平射虎，虎腾伤广，广亦竟射杀之。

广廉，得赏赐辄分其麾下，饮食与士共之。终广之身，为二千石四十余年，家无余财，终不言家产事。广为人长，猿臂，其善射亦天性也，虽其子孙他人学者，莫能及广。广讷口少言，与人居则画地为军陈，射阔狭以饮。专以射为戏，竟死。广之将兵，乏绝之处，见水，士卒不尽饮，广不近水。士卒不尽食，广不尝食。宽缓不苛，士以此爱乐为用。其射，见敌急，非在数十步之内，度不中不发，发即应弦而倒。用此，其将兵数困辱，其射猛兽亦为所伤云。

居顷之，石建卒，于是上召广代建为郎中令，元朔六年，广复为后将军，从大将军军出定襄击匈奴。诸将多中首虏率，以功为侯者，而广军无功。后二岁，广以郎中令将四千骑出右北平，博望侯张骞将万骑与广俱，异道。行可数百里，匈奴左贤王将四万骑围广，广军士皆恐，广乃使其子敢往驰之。敢独与数十骑驰，直贯胡骑，出其左右而还，告广曰："胡虏易与耳。"军士乃安。广为圜陈外向，胡急击之，矢下如雨。汉兵死者过半，汉矢且尽。广乃令士持满毋发，而广身自以大黄射其裨将，杀数人，胡虏益解。会日暮，吏士皆无人色，而广意气自如，益治军。军中自是服其勇也。明日，复力战，而博望侯军亦至，匈奴军乃解去。汉军罢，弗能追。是时广军几没，罢归。汉法，博望侯留迟后期，当死，赎为庶人。广军功自如，无赏。

初，广之从弟李蔡与广俱事孝文帝。景帝时，蔡积功劳至二千石。孝武帝时，至代相。以元朔五年为轻车将军，从大将军击右贤王，有功中率，封为乐安侯。元狩二年中，代公孙弘为丞相。蔡为人在下中，名声出广下甚远，然广不得爵邑，官不过九卿，而蔡为列侯，位于三公。诸广之军吏及士卒或取封侯。广尝与望气王朔燕语，曰："自汉击匈奴而广未尝不在其中，而诸部校尉以下，才能不及中人，然以击胡军功取侯者数十人，而广不为后人，然无尺寸之功以得封邑者，何也？岂吾相不当侯邪？且固命也？"朔曰："将军自念，岂尝有所恨乎？"广曰："吾尝为陇西守，羌尝反，吾诱而降，降者八百余人，吾诈而同日杀之。至今大恨独此耳。"朔曰："祸莫大于杀已降，此乃将军所以不得侯者也。"

后二岁，大将军、骠骑将军大出击匈奴，广数自请行。天子以为老，弗许；良久乃许之，以为前将军。是岁，元狩四年也。

广既从大将军青击匈奴，既出塞，青捕虏知单于所居，乃自以精兵走之，而令广并于右将军军，出东道。东道少回远，而大军行水草少，其势不屯行。广自请曰："臣部为前将军，今大将军乃徙令臣出东道，且臣结发而与匈奴战，今乃一得当单于，臣愿居前，先死单于。"大将军青亦阴受上诫，以为李广老，数奇，毋令当单于，恐不得所欲。而是时公孙敖新失侯，为中将军从大将军，大将军亦欲使敖与俱当单于，故徙前将军广。广时知之，固自辞于大将军。

大将军不听，令长史封书与广之莫府，曰：“急诣部，如书。”广不谢大将军而起行，意甚愠怒而就部，引兵与右将军食其合军出东道。军亡导，或失道，后大将军。大将军与单于接战，单于遁走，弗能得而还。南绝幕，遇前将军、右将军。广已见大将军，还入军。大将军使长史持糒醪遗广，因问广、食其失道状，青欲上书报天子军曲折。广未对，大将军使长史急责广之幕府对簿。广曰：“诸校尉无罪，乃我自失道。吾今自上簿。”

至莫府，广谓其麾下曰：“广结发与匈奴大小七十余战，今幸从大将军出接单于兵，而大将军又徙广部行回远，而又迷失道，岂非天哉！且广年六十余矣，终不能复对刀笔之吏。”遂引刀自刭。广军士大夫一军皆哭。百姓闻之，知与不知，无老壮，皆为垂涕。而右将军独下吏，当死，赎为庶人。

李陵既壮，选为建章监，监诸骑。善射，爱士卒。天子以为李氏世将，而使将八百骑。尝深入匈奴二千余里，过居延视地形，无所见虏而还。拜为骑都尉，将丹阳楚人五千人，教射酒泉、张掖以屯卫胡。

数岁。天汉二年秋，贰师将军李广利将三万骑击匈奴右贤王于祁连、天山，而使陵将其射士步兵五千人出居延北可千余里，欲以分匈奴兵，毋令专走贰师也。陵既至期还，而单于以兵八万围击陵军。陵军五千人，兵矢既尽，士死者过半，而所杀伤匈奴亦万余人。且引且战，连斗八日，还，未到居延百余里，匈奴遮狭绝道，陵食乏而救兵不到，虏急击，招降陵。陵曰：“无面目报陛下。”遂降匈奴。其兵尽没，余亡散得归汉者四百余人。

单于既得陵，素闻其家声，及战又壮，乃以其女妻陵而贵之。汉闻，族陵母妻子。自是之后，李氏名败，而陇西之士居门下者皆用为耻焉。

太史公曰：“《传》曰：‘其身正，不令而行；其身不正，虽令不从。’其李将军之谓也？余睹李将军悛悛如鄙人，口不能道辞。及死之日，天下知与不知，皆为尽哀。彼其忠实心诚信于士大夫也？谚曰：‘桃李不言，下自成蹊。’此言虽小，可以谕大也。”

子部

荀子

——战国·荀况 著

劝学

君子曰：学不可以已。青，取之于蓝而青于蓝；冰，水为之而寒于水。木直中绳，輮以为轮，其曲中规，虽有槁暴，不复挺者，輮使之然也。故木受绳则直，金就砺则利，君子博学而日参省乎己，则知明而行无过矣。

故不登高山，不知天之高也；不临深溪，不知地之厚也；不闻先王之遗言，不知学问之大也。干、越、夷、貉之子，生而同声，长而异俗，教使之然也。《诗》曰："嗟尔君子，无恒安息。靖共尔位，好是正直。神之听之，介尔景福。"神莫大于化道，福莫长于无祸。

吾尝终日而思矣，不如须臾之所学也，吾尝跂而望矣，不如登高之博见也。登高而招，臂非加长也，而见者远；顺风而呼，声非加疾也，而闻者彰。假舆马者，非利足也，而致千里；假舟楫者，非能水也，而绝江河。君子生非异也，善假于物也。

南方有鸟焉，名曰蒙鸠，以羽为巢而编之以发，系之苇苕，风至苕折，卵破子死。巢非不完也，所系者然也。西方有木焉，名曰射干，茎长四寸，生于高山之上而临百仞之渊；木茎非能长也，所立者然也。蓬生麻中，不扶而直；白沙在涅，与之俱黑。兰槐之根是为芷，其渐之滫，君子不近，庶人不服，其质非不美也，所渐者然也。故君子居必择乡，游必就士，所以防邪僻而近中正也。

物类之起，必有所始。荣辱之来，必象其德。肉腐出虫，木枯生蠹。怠慢忘身，祸灾乃作。强自取柱，柔自取束。邪秽在身，怨之所构。施薪若一，火就燥也；平地若一，水就湿也。草木畴生，禽兽群焉，物各从其类也。是故质的张而弓矢至焉，林木茂而斧斤至焉，树成荫而众鸟息焉，醯酸而蜹聚焉。故言有招祸也，行有招辱也，君子慎其所立乎！

积土成山，风雨兴焉；积水成渊，蛟龙生焉；积善成德，而神明自得，圣心备焉。故不积跬步，无以至千里；不积小流，无以成江海。骐骥一跃，不能十步；驽马十驾，功在不舍。锲而舍之，朽木不折；锲而不舍，金石可镂。蚓无爪牙之利，筋骨之强，上食埃土，下饮黄泉，用心一也；蟹六跪而二螯，非蛇鳝之穴无可寄托者，用心躁也。是故无冥冥之志者无昭昭之明，无惛惛之事者无赫赫之功。行衢道者不至，事两君者不容。目不能两视而明，耳不能两听而聪。螣蛇无足而飞，鼫鼠五技而穷。《诗》曰："尸鸠在桑，其子七兮。淑人君子，其仪一兮。其仪一兮，心如结兮。"故君子结于一也。

昔者瓠巴鼓瑟而流鱼出听，伯牙鼓琴而六马仰秣。故声无小而不闻，行无隐而不形；玉在山而草木润，渊生珠而崖不枯。为善不积邪，安有不闻者乎？

学恶乎始？恶乎终？曰：其数则始乎诵经，终乎读礼；其义则始乎为士，终乎为圣人。真积力久则入，学至乎没而后止也。故学数有终，若其义则不可须臾舍也。为之，人也；舍之，禽兽也。故《书》者，政事之纪也；《诗》者，中声之所止也；《礼》者，法之大分，类之纲纪也，故学至乎《礼》而止矣。夫是之谓道德之极。《礼》之敬文也，《乐》之中和也，《诗》、《书》之博也，《春秋》之微也，在天地之间者毕矣。

君子之学也，入乎耳，箸乎心，布乎四体，形乎动静，端而言，蠕而动，一可以为法则。小人之学也，入乎耳，出乎口。口、耳之间则四寸耳，曷足以美七尺之躯哉！古之学者为己，今之学者为人。君子之学也，以美其身；小人之学也，以为禽犊。故不问而告谓之傲，问一而告二谓之囋。傲，非也；囋，非也；君子如向矣。

学莫便乎近其人。《礼》、《乐》法而不说，《诗》、《书》故而不切，《春秋》约而不速。方其人之习君子之说，则尊以遍矣，周于世矣。故曰：学莫便乎近其人。

学之经莫速乎好其人，隆礼次之。上不能好其人，下不能隆礼，安特将学杂识志，顺《诗》、《书》而已尔，则末世穷年，不免为陋儒而已。将原先王，本仁义，则礼正其经纬蹊径也。若挈裘领，诎五指而顿之，顺者不可胜数也。不道礼宪，以《诗》、《书》为之，譬之犹以指测河也，以戈舂黍也，以锥飡壶也，不可以得之矣。故隆礼，虽未明，法士也；不隆礼，虽察辩，散儒也。

问楛者，勿告也；告楛者，勿问也；说楛者，勿听也；有争气者，勿与辩也。故必由其道至，然后接之，非其道则避之。故礼恭而后可与言道之方，辞顺而后可与言道之理，色从而后可与言道之致。故未可与言而言谓之傲，可与言而不言谓之隐，不观气色而言谓之瞽。故君子不傲、不隐、不瞽，谨顺其身。《诗》曰："匪交匪舒，天子所予。"此之谓也。

百发失一，不足谓善射；千里跬步不至，不足谓善御；伦类不通，仁义不一，不足谓善学。学也者，固学一之也。一出焉，一入焉，涂巷之人也。其善者少，不善者多，桀、纣、盗跖也。全之尽之，然后学者也。

君子知夫不全不粹之不足以为美也，故诵数以贯之，思索以通之，为其人以处之，除其害者以持养之。使目非是无欲见也，使耳非是无欲闻也，使口非是无欲言也，使心非是无欲虑也。及至其致好之也，目好之五色，耳好之五声，口好之五味，心利之有天下。是故权利不能倾也，群众不能移也，天下不能荡也。生乎由是，死乎由是，夫是之谓德操。德操然后能定，能定然后能应，能定能应，夫是之谓成人。天见其明，地见其光，君子贵其全也。

仲尼

仲尼之门人，五尺之竖子，言羞称乎五伯。是何也？曰：然。彼诚可羞称也。齐桓，五伯之盛者也，前事则杀兄而争国；内行则姑姊妹之不嫁者七人，闺门之内，般乐奢汰，以齐之分奉之而不足；外事则诈邾，袭莒，并国三十五。其事行也若是其险污淫汰也，彼固曷足称乎大君子之门哉！

若是而不亡，乃霸，何也？曰：於乎！夫齐桓公有天下之大节焉，夫孰能亡之？倓然见管仲之能足以托国也，是天下之大知也。安忘其怒，出忘其仇，遂立以为仲父，是天下之大决也。立以为仲父，而贵戚莫之敢妒也；与之高、国之位，而本朝之臣莫之敢恶也；与之书社三百，而富人莫之敢距也。贵贱长少，秩秩焉莫不从桓公而贵敬之，是天下之大节也。诸侯有一节如是，则莫之能亡也；桓公兼此数节者而尽有之，夫又何可亡也？其霸也宜哉！非幸也，数也。

然而仲尼之门人，五尺之竖子言羞称乎五伯，是何也？曰：然。彼非本政教也，非致隆高也，非綦文理也，非服人之心也。乡方略，审劳佚，畜积修斗而能颠倒其敌者也。诈心以胜矣。彼以让饰争，依乎仁而蹈利者也，小人之杰也。彼固曷足称乎大君子之门哉！

彼王者则不然。致贤而能以救不肖，致强而能以宽弱，战必能殆之而羞与之斗，委然成文以示之天下，而暴国安自化矣，有灾缪者然后诛之。故圣王之诛也，綦省矣。文王诛四，武王诛二，周公卒业，至于成王则安以无诛矣。故道岂不行矣哉！文王载百里地而天下一，桀纣舍之，厚于有天下之势而不得以匹夫老。故善用之，则百里之国足以独立矣；不善用之，则楚六千里而为仇人役。故人主不务得道而广有其势，是其所以危也。

持宠处位终身不厌之术：主尊贵之，则恭敬而僔；主信爱之，则谨慎而嗛；主专任之，则据守而详；主安近之，则慎比而不邪；主疏远之，则全一而不倍；主损绌之，则恐惧而不怨。贵而不为夸；信而不忘处谦；任重而不敢专；财利至则言善而不及也，必将尽辞让之义然后受；福事至则和而理，祸事至则静而理，富则施广，贫则用节，可贵可贱也，可富可贫也，可杀而不可使为奸也，是持宠处位终身不厌之术也。虽在贫穷徒处之势，亦取象于是矣，夫是之谓吉人。《诗》曰："媚兹一人，应侯顺德。永言孝思，昭哉嗣服。"此之谓也。

求善处大重，理任大事，擅宠于万乘之国，必无后患之术：莫若好同之，援贤博施，除怨而无妨害人。能耐任之，则慎行此道也。而不耐任，且恐失宠，则莫若早同之，推贤让能，而安随其后。如是，有宠则必荣，失宠则必无罪，是事君者之宝而必无后患之术也。故知者之举事也，满则虑嗛，平则虑险，安则虑危，曲重其豫，犹恐及其祸，是以百举而不陷也。孔子曰："巧而好度必节，勇而好同必胜，知而好谦必贤。"此之谓也。愚者反是。处重擅权，则好专事而妒贤能，抑有功而挤有罪，志骄盈而轻旧怨，以吝啬而不行施道乎上，为重招权于下以妨害人，虽欲无危，得乎哉？是以位尊则必危，任重则必废，擅宠则必辱，可立而待也，可炊而僓也。是何也？则堕之者众而持之者寡矣。

天下之行术，以事君则必通，以为仁则必圣，立隆而勿贰也。然后恭敬以先之，忠信以统之，慎谨以行之，端悫以守之，顿穷则从之疾力以申重之。君虽不知，无怨疾之心；功虽甚大，无伐德之色；省求，多功，爱敬不倦：如是，则常无不顺矣。以事君则必通，以为仁则必圣，夫是之谓天下之行术。

少事长，贱事贵，不肖事贤，是天下之通义也。有人也，势不在人上而羞为人下，是奸人之心也。志不免乎奸心，行不免乎奸道，而求有君子圣人之名，辟之是犹伏而咶天，救经而引其足也，说必不行矣，俞务而俞远。故君子时诎则诎，时伸则伸也。

王制

请问为政？曰：贤能不待次而举，罢不能不待须而废，元恶不待教而诛，中庸民不待政而化。分未定也则有昭缪。虽王公士大夫之子孙也，不能属于礼义，则归之庶人。虽庶人之子孙也，积文学，正身行，能属于礼义，则归之卿相士大夫。故奸言、奸说、奸事、奸能、遁逃反侧之民，职而教之，须而待之，勉之以庆赏，惩之以刑罚，安职则畜，不安职则弃。五疾，上收而养之，材而事之，官施而衣食之，兼覆无遗。才行反时者死无赦。夫是之谓天德，王者之政也。

听政之大分：以善至者待之以礼，以不善至者待之以刑。两者分别则贤不肖不杂，是非不乱。贤不肖不杂则英杰至，是非不乱则国家治。若是，名声日闻，天下愿，令行禁止，王者之事毕矣。凡听，威严猛厉而不好假道人，则下畏恐而不亲，周闭而不竭，若是，则大事殆乎驰，小事殆乎遂。和解调通，好假道人而无所凝止之，则奸言并至，尝试之说锋起，若是，则听大事烦，是又伤之也。

故法而不议，则法之所不至者必废。职而不通，则职之所不及者必坠。故法而议，职而通，无隐谋，无遗善，而百事无过，非君子莫能。故公平者，职之衡也；中和者，听之绳也；其有法者以法行，无法者以类举，听之尽也；偏党而无经，听之辟也。故有良法而乱者，有之矣；有君子而乱者，自古及今，未尝闻也。传曰："治生乎君子，乱生乎小人。"此之谓也。

分均则不偏，势齐则不壹，众齐则不使。有天有地而上下有差，明王始立而处国有制。夫两贵之不能相事，两贱之不能相使，是天数也。势位齐而欲恶同，物不能澹则必争，争则必乱，乱则穷矣。先王恶其乱也，故制礼义以分之，使有贫富贵贱之等，足以相兼临者，是养天下之本也。《书》曰："维齐非齐。"此之谓也。

马骇舆则君子不安舆，庶人骇政则君子不安位。马骇舆则莫若静之，庶人骇政则莫若惠之。选贤良，举笃敬，兴孝弟，收孤寡，补贫穷，如是，则庶人安政矣。庶人安政，然后君子安位。传曰："君者，舟也；庶人者，水也。水则载舟，水则覆舟。"此之谓也。故君人者欲安则莫若勤政爱民矣。欲荣则莫若隆礼敬士矣，欲立功名则莫若尚贤使能矣，是君人者之大节也。三节者当，则其余莫不当矣；三节者不当，则其余虽曲当，犹将无益也。孔子曰："大节是也，小节是也，上君也。大节是也，小节一出焉，一入焉，中君也。大节非也，小节虽是也，吾无观其余矣。"

成侯、嗣公，聚敛计数之君也，未及取民也；子产，取民者也，未及为政者也；管仲，为政者也，未及修礼者也。故修礼者王，为政者强，取民者安，聚敛者亡。故王者富民，霸者富士，仅存之国富大夫，亡国富筐箧，实府库。筐箧已富，府库已实，而百姓贫，夫是之谓上溢而下漏，入不可以守，出不可以战，则倾覆灭亡可立而待也。故我聚之以亡，敌得之以强。聚敛者，召冠、肥敌、亡国、危身之道也，故明君不蹈也。

王夺之人，霸夺之与，强夺之地。夺之人者臣诸侯，夺之与者友诸侯，夺之地者敌诸侯。臣诸侯者王，友诸侯者霸，敌诸侯者危。

用强者，人之城守，人之出战，而我以力胜之也，则伤人之民必甚矣。伤人之民甚，则人之民恶我必甚矣。人之民恶我甚，则日欲与我斗。人之城守，人之出战，而我以力胜之，则伤吾民必甚矣。伤吾民甚，则吾民之恶我必甚矣。吾民之恶我甚，则日不欲为我斗，人之民日欲与我斗，吾民日不欲为我斗，是强者之所以反弱也。地来而民去，累多而功少，虽守者益，所以守者损，是以大者之所以反削也。诸侯莫不怀怨交接而不忘其敌，伺强大之间，承强大之敝，此强大之殆时也。

知强大者不务强也，虑以王命全其力，凝其德。力全则诸侯不能弱也，德凝则诸侯不削也，天下无王霸主则常胜矣。是知强道者也。

彼霸者则不然，辟田野，实仓廪，便备用，案谨募选阅材伎之士，然后渐庆赏以先之，严刑罚以纠之。存亡继绝，卫弱禁暴，而无兼并之心，则诸侯亲之矣；修友敌之道以敬接诸侯，则诸侯说之矣。所以亲之者，以不并也，并之见则诸侯疏矣；所以说之者，以友敌也，臣之见则诸侯离矣。故明其不并之行，信其友敌之道，天下无王霸主，则常胜矣。是知霸道者也。

闵王毁于五国，桓公劫于鲁庄，无它故焉，非其道而虑之以王也。

彼王者不然，仁眇天下，义眇天下，威渺天下。仁眇天下，故天下莫不亲也。义眇天下，故天下莫不贵也。威渺天下，故天下莫敢敌也。以不敌之威，辅服人之道，故不战而胜，不攻而得，甲兵不劳而天下服。是知王道者也。知此三具者，欲王而王，欲霸而霸，欲强而强矣。

王者之人：饰动以礼义，听断以类，明振毫末，举措应变而不穷，夫是之谓有原。是王者之人也。

王者之制：道不过三代，法不贰后王。道过三代谓之荡，法贰后王谓之不雅。衣服有制，宫室有度，人徒有数，丧祭械用皆有等宜，声则凡非雅声者举废，色则凡非旧文者举息，械用则凡非旧器者举毁。夫是之谓复古。是王者之制也。

王者之论：无德不贵，无能不官，无功不赏，无罪不罚，朝无幸位，民无幸生，尚贤使能而等位不遗，折愿禁悍而刑罚不过，百姓晓然皆知夫为善于家而取赏于朝也，为不善于幽而蒙刑于显也。夫是之谓定论。是王者之论也。

王者之法：等赋、政事，财万物，所以养万民也。田野什一，关市几而不征，山林泽梁以时禁发而不税。相地而衰政，理道之远近而致贡，通流财物粟米，无有滞留，使相归移也。四海之内若一家，故近者不隐其能，远者不疾其劳，无幽娴隐僻之国莫不驱使而安乐之。夫是之谓人师，是王者之法也。

北海则有走马、吠犬焉，然而中国得而畜使之；南海则有羽翮、齿革、曾青、丹干焉，然而中国得而财之；东海则有紫、纮、鱼、盐焉，然而中国得而衣食之；西海则有皮革、文旄焉，然而中国得而用之。故泽人足乎木，山人足乎鱼，农夫不斫削、不陶冶而足械用，工贾不耕田而足菽粟。故虎豹为猛矣，然君子剥而用之。故天之所覆，地之所载，莫不尽其美、致其用，上以饰贤良，下以养百姓而安乐之。夫是之谓大神。诗曰："天作高山，大王荒之；彼作矣，文王康之。"此之谓也。

此类行杂，以一行万，始则终，终则始，若环之无端也，舍是而天下以衰矣。天地者，生之始也；礼义者，治之始也；君子者，礼义之始也。为之，贯之，积重之，致好之者，君子之始也。故天地生君子，君子理天地；君子者，天地之参也，万物之总也，民之父母也。无君子则天地不理，礼义无统，上无君师，下无父子，夫是之谓至乱。君臣、父子、兄弟、夫妇，始则终，终则始，与天地同理，与万世同久，夫是之谓大本。故丧祭、朝聘、师旅一也。贵贱、杀生、与夺一也。君君、臣臣、父父、子子、兄兄、弟弟一也。农农、士士、工工、商商一也。

水火有气而无生，草木有生而无知，禽兽有知而无义；人有气、有生、有知，亦且有义，故最为天下贵也。力不若牛，走不若马，而牛马为用，何也？曰：人能群，彼不能群也。人何以能群？曰：分。分何以能行？曰：义。故义以分则和，和则一,一则多力，多力则强，强则胜物，故宫室可得而居也。故序四时，裁万物，兼利天下，无它故焉，得之分义也。

故人生不能无群，群而无分则争，争则乱，乱则离，离则弱，弱则不能胜物，故宫室不可得而居也，不可少顷舍礼义之谓也。能以事亲谓之孝，能以事兄为之弟，能以事上谓之顺，能以使下谓之君。君者，善群也。群道当则万物皆得其宜，六畜皆得其长，群生皆得其命。故养长时则六畜育，杀生时则草木殖，政令时则百姓一，贤良服。

圣人之制也，草木荣华滋硕之时则斧斤不入山林，不夭其生，不绝其长也；鼋鼍、鱼、鳖、鳅鳝孕别之时，罔罟毒药不入泽，不夭其生，不绝其长也；春耕、夏耘、秋收、冬藏四者不失时，故五谷不绝而百姓有余食也；污池渊沼川泽谨其时禁，故鱼鳖优多而百姓有余用也；斩伐养长不失其时，故山林不童而百姓有余材也。

圣人之用也，上察于天，下错于地，塞备天地之间，加施万物之上；微而明，短而长，狭而广，神明博大以至约。故曰：一与一是为人者，谓之圣人。

序官：宰爵知宾客、祭祀、飨食、牺牲之牢数；司徒知百宗、城郭、立器、之数；司马，知师旅、甲兵、乘白之数。修宪命，审诗商，禁淫声，以时顺修，使夷俗邪音不敢乱雅，大师之事也。修堤梁，通沟浍，行水潦，安水臧，以时决塞，岁虽凶败水旱，使民有所耘艾，司空之事也。相高下，视肥垲，序五种，省农功，谨蓄藏，以时顺修，使农夫朴力而寡能，治田之事也。修火宪，养山林薮泽草木鱼鳖百索，以时禁发，使国家足用而财物不屈，虞师之事也。顺州里，定廛宅，养六畜，闲树艺，劝教化，趋孝弟，以时顺修，使百姓顺命，安乐处乡，乡师之事也。论百工，审时事，辨功苦，尚完利，便备用，使雕琢文采不敢专造于家，工师之事也。相阴阳，占祲兆，钻龟陈卦，主攘择五卜，知其吉凶妖祥，伛巫跛击之事也。修采清，易道路，谨盗贼，平室肆，以时顺修，使商旅安而货财通，治市之事也。析愿禁悍，防淫除邪，戮之以五刑，使暴悍以变，奸邪不作，司寇之事也。本政教，正法则，兼听而时稽之，度其功劳，论其庆赏，以时慎修，使百官免尽而众庶不偷，冢宰之事也。论礼乐，正身行，广教化，美风俗，兼覆而调一之，辟公之事也。全道德，致隆高，綦文理，一天下，振毫末，使天下莫不顺比从服，天王之事也。故政事乱，则冢宰之罪也；国家失俗，则辟公之过也；天下不一，诸侯俗反，则天王非其人也。

具具而王，具具而霸，具具而存，具具而亡。用万乘之国者，威强之所以立也，名声之所以美也，敌人之所以屈也，国之所以安危臧否也，制与在此，亡乎人。王霸、安存、危殆、灭亡，制与在我，亡乎人。夫威强未足以殆邻敌也，名声未足以县天下也，则是国未能独立也，岂渠得免夫累乎！天下胁于暴国，而党为吾所不欲于是者，日与桀同事同行，无害为尧，是非功名之所就也，非存亡安危之所堕也。功名之所就，存亡安危之所堕，必将于愉殷赤心之所。诚以其国为王者之所，亦王，以其国为危殆灭亡之所，亦危殆灭亡。

殷之日，案以中立无有所偏而为纵横之事，偃然案兵无动，以观夫暴国之相卒也。案平政教，审节奏，砥砺姓，为是之日，而兵钊天下之劲矣；案修仁义，伉隆高，正法则，选贤良，养百姓，为是之日，而名声钊天下之美矣。权者重之，兵者劲之，名声者美之。夫尧、舜者，一天下也，不能加毫末于是矣。

权谋倾覆之人退，则贤良知圣之士案自进矣。刑政平，百姓和，国俗节，则兵劲城固，敌国案自诎矣。务本事，积财物，而勿忘栖迟薛越也，是使群臣百姓皆以制度行，则财物积，国家案自富矣。三者体此而天下服，暴国之君案自不能用其兵矣。何则？彼无与至也。彼其所与至者，必其民也；其民之亲我也，欢若父母，好我芳若芝兰，反顾其上则若灼黥，若仇雠；彼人之情性也虽桀、跖，岂有肯为其所恶贼其所好者哉！彼以夺矣。故古之人有以一国取天下者，非德行之也，修政其所莫不愿，如是而可以诛暴禁悍矣。故周公南征而北国怨，曰：何独不来也？东征而西国怨，曰：何独后我也？孰能有与是斗者与？安以其国为是者王。

殷之日，安以静兵息民，慈爱百姓，辟田野，实仓廪，便备用，安谨募选阅材伎之士；然后渐庆赏以先之，严刑罚以防之，择士之知事者使相率贯也，是以厌然畜积修饰而物用之足也。兵革器械者，彼将日日暴露毁折之中原，我今将修饰之，拊循之，掩盖之于府库。货财粟米者，彼将日日栖迟薛越之中野，我今将畜积并聚之于仓廪。材技股肱、健勇爪牙之士，彼将日日挫顿竭之于仇敌，我今将来致之，并阅之，砥砺之于朝廷。如是，则彼日积敝，我日积完；彼日积贫，我日积富；彼日积劳，我日积佚。君臣上下之间者，彼将厉厉焉日日相离疾也，我今将顿顿焉日日相亲爱也，以是待其敝。安以其国为是者霸。

立身则从庸俗，事行则从庸故，进退贵贱则举庸士，之所以接下之人百姓者则庸宽惠，如是者则安存。立身则轻楛，事行则蠲疑，进退贵贱则举佞说，之所以接下之人百姓者，则好取侵夺，如是者危殆。立身则憍暴，事行则倾覆，进退贵贱则举幽险诈故，之所以接下之人百姓者，则好用其死力矣，而慢其功劳，好用其籍敛矣，而忘其本务，如是者灭亡。此五等者，不可不善择也，王、霸、安存、危殆、灭亡之具也。善择者制人，不善择者人制之；善择之者王，不善择之者亡。夫王者之与亡者，制人之与人制之也，是其为相县也亦远矣。

富国

万物同宇而异体，无宜而有用为人，数也。人伦并处，同求而异道，同欲而异知，生也。皆有可也，知愚同；所可异也，知愚分。势同而知异，行私而无祸，纵欲而不穷，则民心奋而不可说也。如是，则知者未得治也；知者未得治，则功名未成也；功名未成，则群众未县也；群众未县，则君臣未立也。无君以制臣，无上以制下，天下害生纵欲。欲恶同物，欲多而物寡，寡则必争矣。故百技所成，所以养一人也。而能不能兼技，人不能兼官，离居不相持则穷，群而无分则争。穷者患也，争者祸也。救患除祸，则莫若明分使群矣。强胁弱也，知惧愚也，民下违上，少陵长，不以德为政，如是，则老弱有失养之忧，而壮者有纷争之祸矣。事业所恶也，功利所好也，职业无分，如是，则人有树事之患，而有争功之祸矣。男女之合，夫妇之分，婚姻娉内送逆无礼，如是，则人有失合之忧，而有争色之祸矣。故知者为之分也。

足国之道，节用裕民而善臧其余。节用以礼，裕民以政。彼裕民，故多余，裕民则民富，民富则田肥以易，田肥以易则出实百倍。上以法取焉，而下以礼节用之。余若丘山，不时焚烧，无所臧之，夫君子奚患乎无余？故知节用裕民，则必有仁义圣良之名，而且有富厚丘山之积矣。此无它故焉，生于节用裕民也。不知节用裕民则民贫，民贫则田瘠以秽，田瘠以秽，则出实不半，上虽好取侵夺，犹将寡获也，而或以无礼节用之，则必有贪利纠譑之名，而且有空虚穷乏之实矣。此无他故焉，不知节用裕民也。《康诰》曰："弘覆乎天，若德裕乃身。"此之谓也。

礼者，贵贱有等，长幼有差，贫富轻重皆有称者也。故天子袾裷衣冕，诸侯玄裷衣冕，大夫裨冕，士皮弁服。德必称位，位必称禄，禄必称用。由士以上则必以礼乐节之，众庶百姓则必以法数制之。量地而立国，计利而畜民，度人力而授事，使民必胜事，事必出利，利足以生民，皆使衣食百用出入相揜，必时臧余，谓之称数。故自天子通于庶人，事无大小多少，由是推之。故曰：朝无幸位，民无幸生。此之谓也。

轻田野之税，平关市之征，省商贾之数，罕兴力役，无夺农时，如是，则国富矣。夫是之谓以政裕民。

人之生，不能无群，群而无分则争，争则乱，乱则穷矣。故无分者，人之大害也；有分者，天下之本利也；而人君者，所以管分之枢要也。故美之者，是美天下之本也；安之者，是安天下之本也；贵之者，是贵天下之本也。古者先王分割而等异之也，故使或美或恶，或厚或薄，或佚或乐，或劬或劳，非特以为淫泰夸丽之声，将以明仁之文，通仁之顺也。故为之雕琢、刻镂、黼黻、文章，使足以辨贵贱而已，不求其观；为之钟鼓、管磬、琴瑟、竽笙，使足以辨吉凶，合欢定和而已，不求其余；为之宫室台榭，使足以避燥湿，养德辨轻重而已，不求其外。《诗》曰：“雕琢其章，金玉其相。亹亹我王，纲纪四方。”此之谓也。

若夫重色而衣之，重味而食之，重财物而制之，合天下而君之，非特以为淫泰也，固以为王天下，治万变，材万物，养万民，兼制天下者，为莫若仁人之善也夫！故其知虑足以治之，其仁厚足以安之，其德音足以化之，得之则治，失之则乱。百姓诚赖其知也，故相率而为之劳苦以务佚之，以养其知也；诚美其厚也，故为之出死断亡以覆救之，以养其厚也；诚美其德也，故为之雕琢、刻镂、黼黻、文章以藩饰之，以养其德也。故仁人在上，百姓贵之如帝，亲之如父母，为之出死断亡而愉者，无它故焉，其所是焉诚美，其所得焉诚大，其所利焉诚多。《诗》曰：“我任我辇，我车我牛，我行既集，盖云归哉！”此之谓也。

故曰：君子以德，小人以力。力者，德之役也。百姓之力，待之而后功；百姓之群，待之而后和；百姓之财，待之而后聚；百姓之势，待之而后安；百姓之寿，待之而后长。父子不得不亲，兄弟不得不顺，男女不得不欢，少者以长，老者以养。故曰：“天地生之，圣人成之。”此之谓也。

今之世而不然：厚刀布之敛以夺之财，重田野之税以夺之食，苛关市之征以难其事。不然而已矣，有掎挈伺诈，权谋倾覆，以相颠倒，以靡敝之，百姓晓然皆知其污漫暴乱而将大危亡也。是以臣或弑其君，下或杀其上，粥其城，倍其节，而不死其事者，无它故焉，人主自取之也。《诗》曰：“无言不雠，无德不报。”此之谓也。

兼足天下之道在明分。掩地表亩，刺草殖谷，多粪肥田，是农夫众庶之事也。守时力民，进事长功，和齐百姓，使人不偷，是将率之事也。高者不旱，下者不水，寒暑和节而五谷以时孰，是天之事也。若夫兼而覆之，兼而爱之，兼而制之，岁虽凶败水旱，使百姓无冻馁之患，则是圣君贤相之事也。

墨子之言，昭昭然为天下忧不足。夫有余不足，非天下之公患也，特墨子之私忧过计也。今是土之生五谷也，人善治之则亩数盆，一岁而再获之，然后瓜桃枣李一本数以盆鼓，然后荤菜百蔬以泽量，然后六畜禽兽一而刳车，鼋鼍、鱼鳖、鳅鳝以时别，一而成群，然后飞鸟凫雁若烟海，然后昆虫万物主其间，可以相食养者不可胜数也。夫天地之生万物也，固有余足以食人矣；麻葛、茧丝、鸟兽之羽毛齿革也，固有余足以衣人矣。夫有余不足，非天下之公患也，特墨子之私忧过计也。

天下之公患，乱伤之也。胡不尝试相与求乱之者谁也？我以墨子之“非乐”也，则使天下乱；墨子之“节用”也，则使天下贫；非将堕之也，说不免焉。墨子大有天下，小有一国，将蹙然衣粗食恶，忧戚而非乐，若是则瘠，瘠则不足欲，不足欲则赏不行。墨子大有天下，小有一国，将少人徒，省官职，上功劳苦，与百姓均事业，齐功劳，若是则不威，不威则罚不行。赏不行，则贤者不可得而进也；罚不行，则不肖者不可得而退也。贤者不可得而进也，不肖者不可得而退也，则能不能不可得而官也。若是则万物失宜，事变失应，上失天时，下失地利，中失人和，天下敖然，若烧若焦。墨子虽为之衣褐带索，啜菽饮水，恶能足之乎！既以伐其本，竭其原，而焦天下矣。

故先王圣人为之不然。知夫为人主上者，不美不饰之不足以一民也，不富不厚之不足以管下也，不威不强之不足以禁暴胜悍也。故必将撞大钟、击鸣鼓、吹笙竽、弹琴瑟以塞其耳；必将雕琢、刻镂、黼黻、文章以塞其目；必将刍豢稻粱、五味芬芳以塞其口，然后众人徒、备官职、渐庆赏、严刑罚以戒其心。使天下生民之属，皆知己之所愿欲之举在是于也，故其赏行；皆知己之所畏恐之举在是于也，故其罚威。赏行罚威，则贤者可得而进也，不肖者可得而退也，能不能可得而官也。若是，则万物得宜，事变得应，上得天时，下得地利，中得人和，则财货浑浑如泉源，汸汸如河海，暴暴如丘山，夫天下何患乎不足也？故儒术诚行，则天下大而富，使而功，撞钟击鼓而和。《诗》曰：“钟鼓喤喤，管磬玱玱，降福穰穰。

降福简简，威仪反反。既醉既饱，福禄来反。”此之谓也。故墨术诚行则天下尚俭而弥贫，非斗而日争，劳苦顿萃而愈无功，愀然忧戚非乐而日不和。《诗》曰：“天方荐瘥，丧乱弘多。民言无嘉，憯莫惩嗟。”此之谓也。

垂事养民，拊循之，呕呕之，冬日则为之饘粥，夏日则与之瓜麸，以偷取少顷之誉焉，是偷道也，可以少顷得奸民之誉，然而非长久之道也。事必不就，功必不立，是奸治者也。僈然要时务民，进事长功，轻非誉而恬失民，事进矣而百姓疾之，是又偷偏者也。徙坏堕落，必反无功，故垂事养誉不可，以遂功而忘民亦不可，皆奸道也。

故古人为之不然，使民夏不宛暍，冬不冻寒，急不伤力，缓不后时，事成功立，上下俱富，而百姓皆爱其上，人归之如流水，亲之欢如父母，为之出死断亡而愉者，无它故焉，忠信调和均辨之至也。故君国长民者欲趋时遂功，则和调累解，速乎急疾；忠信均辨，说乎赏庆矣；必先修正其在我者，然后徐责其在人者，威乎刑罚。三德者诚乎上，则下应之如景向，虽欲无明达，得乎哉！《书》曰：“乃大明服，惟民其力，懋和而有疾。”此之谓也。

故不教而诛，则刑繁而邪不胜；教而不诛，则奸民不惩；诛而不赏，则勤励之民不劝；诛赏而不类，则下疑俗俭而百姓不一。故先王明礼义以壹之，致忠信以爱之，尚贤使能以次之；爵服庆赏以申重之，时其事、轻其任、以调齐之，潢然兼覆之，养长之，如保赤子。若是，故奸邪不作，盗贼不起，而化善者劝勉矣。是何邪？则其道易，其塞固，其政令一，其防表明。故曰：上一则下一矣，上二则下二矣，辟之若草木，枝叶必类本。此之谓也。

不利而利之，不如利而后利之之利也；不爱而用之，不如爱而后用之之功也。利而后利之，不如利而不利者之利也；爱而后用之，不如爱而不用者之功也。利而不利也，爱而不用也者，取天下矣。利而后利之，爱而后用之者，保社稷也。不利而利之，不爱而用之者，危国家者也。

观国之治乱臧否，至于疆易而端已见矣。其候徼支缭，其竟关之政尽察，是乱国已。入其境，其田畴秽，都邑露，是贪主已。观其朝廷，则其贵者不贤；观其官职，则其治者不能；观其便嬖，则其信者不悫；是暗主已。凡主相臣下百吏之属，其于货财取与计数也，须孰尽察；其于礼义节奏也，芒轫僈楛，是辱国已。其耕者乐田，其战士安难，其百吏好法，其朝廷隆礼，其卿相调议，是治国已。观其朝廷，则其贵者贤；观其官职，则其治者能；观其便嬖，则其信者悫：是明主已。凡主相臣下百吏之属，其于货财取与计数也，宽饶简易，其于礼义节奏也，陵谨尽察，是荣国已。贤齐则其亲者先贵，能齐则其故者先官，其臣下百吏，污者皆化而修，悍者皆化而愿，躁者皆化而悫，是明主之功已。

观国之强弱贫富有征验：上不隆礼则兵弱，上不爱民则兵弱，已诺不信则兵弱，庆赏不渐则兵弱，将率不能则兵弱。上好功则国贫，上好利则国贫，士大夫众则国贫，工商众则国贫，无制数度量则国贫。下贫则上贫，下富则上富。故田野县鄙者，财之本也；垣窌仓廪者，财之末也；百姓时和、事业得叙者，货之源也；等赋府库者，货之流也。故明主必谨养其和，节其流，开其源，而时斟酌焉，潢然使天下必有余而上不忧不足。如是则上下俱富，交无所藏之，是知国计之极也。故禹十年水，汤七年旱，而天下无菜色者，十年之后，年谷复熟而陈积有余。是无它焉，知本末源流之谓也。故田野荒而仓廪实，百姓虚而府库满，夫是之谓国蹶。伐其本，竭其源，而并之其末，然而主相不知恶也，则其倾覆灭亡可立而待也。以国持之而不足以容其身，夫是之谓至贪，是愚主之极也。将以求富而丧其国，将以求利而危其身，古有万国，今有十数焉。是无它故焉，其所以失之一也。君人者亦可以觉矣。百里之国足以独立矣。

凡攻人者，非以为名，则案以为利也；不然，则忿之也。仁人之用国，将修志意，正身行，伉隆高，致忠信，期文理。布衣紃屦之士诚是，则虽在穷阎漏屋，而王公不能与之争名，以国载之，则天下莫之能隐匿也。若是，则为名者不攻也。将辟田野，实仓廪，便备用，上下一心，三军同力，与之远举极战，则不可；境内之聚也保固，视可，午其军，取其将，若拔麷。彼得之不足以药伤补败。彼爱其爪牙，畏其仇敌，若是，则为利者不攻也。将修小大强弱之义以持慎之，礼节将甚文，珪璧将甚硕，货赂将甚厚，所以说之者，必将雅文辩慧之君子也。彼苟有人意焉，夫谁能忿之？若是，则忿之者不攻也。为名者否，为利者否，为忿者否，则国安于盘石，寿于旗、翼。人皆乱，我独治；人皆危，我独安；人皆失丧之，我按起而治之。故仁人之用国，非特将持其有而已也，又将兼人。《诗》曰："淑人君子，其仪不忒。其仪不忒，正是四国。"此之谓也。

持国之难易："事强暴之国难，使强暴之国事我易。"事之以货宝，则货宝单而交不结；约信盟誓，则约定而畔无日；割国之锱铢以赂之，则割定而欲无厌。事之弥烦，其侵人愈甚，必至于资单国举然后已。虽左尧而右舜，未有能以此道得免焉者也。譬之是犹使处女婴宝珠、佩宝玉，负戴黄金而遇中山之盗也，虽为之逢蒙视，诎要桡腘，君卢屋妾，由将不足以免也。故非有一人之道也，直将巧敏拜请而畏事之，则不足以持国安身，故明君不道也。必将修礼以齐朝，正法以齐官，平政以齐民，然后节奏齐于朝，百事齐于官，众庶齐于下。如是，则近者竞亲，远方致愿，上下一心，三军同力，名声足以暴炙之，威强足以捶笞之，拱揖指挥，而强暴之国莫不趋使，譬之是犹乌获与焦侥搏也。故曰：事强暴之国难，使强暴之国事我易。此之谓也。

成相

请成相，世之殃，愚暗愚暗堕贤良。人主无贤，如瞽无相，何伥伥！

请布基，圣人之，愚而自专事不治。主忌苟胜，群臣莫谏，必逢灾。

论臣过，反其施，尊主安国尚贤义。拒谏饰非，愚而上同，国必祸。

曷谓罢？国多私，比周还主党与施。远贤近谗，忠臣蔽塞，主势移。

曷谓贤？明君臣，上能尊主下爱民。主诚听之，天下为一海内宾。

主之孽，谗人达，贤能遁逃国乃蹶。愚以重愚，暗以重暗成为桀。

世之灾，妒贤能，飞廉知政任恶来。卑其志意，大其园囿高其台。

武王怒，师牧野，纣卒易乡启乃下。武王善之，封之于宋立其祖。

世之衰，谗人归，比干见刳箕子累。武王诛之，吕尚招麾殷民怀。

世之祸，恶贤士，子胥见杀百里徙。穆公任之，强配五伯六卿施。

世之愚，恶大儒，逆斥不通孔子拘。展禽三绌，春申道缀基毕输。

请牧基，贤者思，尧在万世如见之。谗人罔极，险陂倾侧此之疑。

基必施，辨贤罢，文武之道同伏戏。由之者治，不由者乱何疑为？

凡成相，辨法方，至治之极复后王。慎、墨、季、惠，百家之说诚不详。

治复一，修之吉，君子执之心如结。众人贰之，谗夫弃之形是诘。

水至平，端不倾，心术如此象圣人。人而有势，直而用抴必参天。

世无王，穷贤良，暴人刍豢仁人糟糠。礼乐灭息，圣人隐伏墨术行。

治之经，礼与刑，君子以修百姓宁。明德慎罚。国家既治四海平。

治之志，后势富，君子诚之好以待，处之敦固，有深藏之能远思。

思乃精，志之荣，好而壹之神以成。精神相及，一而不贰为圣人。

治之道，美不老，君子由之佼以好，下以教诲子弟，上以事祖考。

成相竭，辞不蹶，君子道之顺以达，宗其贤良，辨其殃孽□□□。

请成相，道圣王，尧、舜尚贤身辞让。许由、善卷，重义轻利行显明。

尧让贤，以为民，泛利兼爱德施均。辨治上下，贵贱有等明君臣。

尧授能，舜遇时，尚贤推德天下治。虽有贤圣，适不遇世孰知之？

尧不德，舜不辞，妻以二女任以事。大人哉舜！南面而立万物备。

舜授禹，以天下，尚得推贤不失序，外不避仇，内不阿亲贤者予。

禹劳心力，尧有德，干戈不用三苗服。举舜甽亩，任之天下身休息。

得后稷，五谷殖，夔为乐正鸟兽服。契为司徒，民知孝弟尊有德。

禹有功，抑下鸿，辟除民害逐共工，北决九河，通十二渚疏三江。

禹傅土，平天下，躬亲为民行劳苦，得益、皋陶、横革，直成□为辅。

契玄王，生昭明，居于砥石迁于商。十有四世，乃有天乙是成汤。

天乙汤，论举当，身让卞随举牟光。□□□□，道古贤圣基必张。

愿陈辞，□□□，世乱恶善不此治。隐讳疾贤，良由奸诈鲜无灾。

患难哉！阪为先，圣知不用愚者谋。前车已覆，后未知更何觉时！

不觉悟，不知苦，迷惑失指易上下。中不上达，蒙掩耳目塞门户。

门户塞，大迷惑，悖乱昏莫不知极。是非反易，比周欺上恶正直。

正直恶，心无度，邪枉辟回失道途。已无邮人，我独自美岂无故！

不知戒，后必有，恨后遂过不肯悔。谗夫多进，反覆言语生诈态。

人之态，不如备，争宠嫉贤相恶忌。妒功毁贤，下敛党与上蔽匿。

上壅蔽，失辅势，任用谗夫不能制。郭公长父之难，厉王流于彘。

周幽厉，所以败，不听规谏忠是害。嗟我何人，独不遇时当乱世！

欲衷对，言不从，恐为子胥身离凶，进谏不听，刭而独鹿弃之江。

观往事，以自戒，治乱是非亦可识，□□□□，托于成相以喻意。

请成相，言治方，君论有五约以明。君谨守之，下皆平正国乃昌。

臣下职，莫游食，务本节用财无极。事业听上，莫得相使一民力。

守其职，足衣食，厚薄有等明爵服。利往卬上，莫得擅与孰私得？

君法明，论有常，表仪既设民知方，进退有律，莫得贵贱孰私王？

君法仪，禁不为，莫不说教名不移。修之者荣，离之者辱孰它师？

刑称陈，守其银，下不得用轻私门。罪祸有律，莫得轻重威不分。

请牧基，明有祺，主好论议必善谋。五听修领，莫不理续主执持。

听之经，明其请，参伍明谨施赏刑。显者必得，隐者复显民反诚。

言有节，稽其实，信诞以分赏罚必。下不欺上，皆以情言明若日。

上通利，隐远至，观法不法见不视。耳目既显。吏敬法令莫敢恣。

君教出，行有律，吏谨将之无铍滑。下不私请，各以所宜舍巧拙。

臣谨修，君制变，公察善思论不乱，以治天下，后世法之成律贯。

尧问

尧问于舜曰："我欲致天下，为之奈何？"对曰："执一无失，行微无怠，忠信无倦，而天下自来。执一如天地，行微如日月，忠诚盛于内，贲于外，形于四海，天下其在一隅邪！夫有何足致也？"

魏武侯谋事而当，群臣莫能逮，退朝而有喜色。吴起进曰："亦尝有以楚庄王之语闻于左右者乎？"武侯曰："楚庄王之语何如？"吴起对曰："楚庄王谋事而当，君臣莫逮，退朝而有忧色。申公巫臣进问曰：'王朝而有忧色，何也？'庄王曰：'不谷谋事而当，群臣莫能逮，是以忧也。其在中蘬之言也。曰："诸侯自为得师者王，得友者霸，得疑者存，自为谋而莫己若者亡。"今以不谷之不肖，而群臣莫吾逮，吾国几于亡乎，是以忧也。'楚庄王以忧，而君以憙。"武侯逡巡再拜曰："天使夫子振寡人之过也。"

伯禽将归于鲁，周公谓伯禽之傅曰："汝将行，盍志而子美德乎！"对曰："其为人宽，好自用，以慎。此三者，其美德已。"周公曰："呜呼！以人恶为美德乎？君子好以道德，故其民归道。彼其宽也，出无辨矣，女又美之。彼其好自用也。是所以窭小也。君子力如牛，不与牛争力；走如马，不与马争走；知如士，不与士争知。彼争者，均者之气也，女又美之。彼其慎也，是其所以浅也。闻之曰：无越日不见士。见士问曰：'无乃不察乎？'不闻，即物少至，少至则浅。彼浅者，贱人之道也，女又美之！吾语女，我，文王之为子，武王之为弟，成王之为叔父。吾于天下不贱矣，然而吾所执贽而见者十人，还贽而相见者三十人，貌执之士者百有余人，欲言而请毕事者千有余人，于是吾仅得三士焉，以正吾身，以定天下。吾所以得三士者，亡于十人与三十人中，乃在百人与千人之中。故上士吾薄为之貌，下士吾厚为之貌。人人皆以我为越逾好士，然故士至，士至而后见物，见物然后知其是非之所在。戒之哉！女以鲁国骄人，几矣！夫仰禄之士犹可骄也，正身之士不可骄也。彼正身之士，舍贵而为贱，舍富而为贫，舍佚而为劳，颜色黧黑而不失其所，是以天下之纪不息，文章不废也。”

语曰：缯丘之封人见楚相孙叔敖曰：“吾闻之也：处官久者士妒之，禄厚者民怨之，位尊者君恨之。今相国有此三者而不得罪楚之士民，何也？”孙叔敖曰：“吾三相楚而心瘉卑，每益禄而施瘉博，位滋尊而礼瘉恭，是以不得罪于楚之士民也。”

子贡问于孔子曰：“赐为人下而未知也。”孔子曰：“为人下者乎？其犹土也！深抇之而得甘泉焉，树之而五谷蕃焉，草木殖焉，禽兽育焉；生则立焉，死则入焉；多其功而不德。为人下者其犹土也！”

昔虞不用宫之奇而晋并之，莱不用子马而齐并之，纣刳王子比干而武王得之，不亲贤用知，故身死国亡也。

为说者曰：“孙卿不及孔子。”是不然。孙卿迫于乱世，鳍于严刑，上无贤主，下遇暴秦，礼义不行，教化不成，仁者绌约，天下冥冥，行全刺之，诸侯大倾。当是时也，知者不得虑，能者不得治，贤者不得使。故君上蔽而无睹，贤人拒而不受，然则孙卿怀将圣之心，蒙佯狂之色，视天下以愚。《诗》曰：“既明且哲，以保其身。”此之谓也。是其所以名声不白，徒与不众，光辉不博也。今之学者，得孙卿之遗言余教，足以为天下法式表仪。所存者神，所过者化。观其善行，孔子弗过，世不详察，云非圣人，奈何！天下不治，孙卿不遇时也。德若尧禹，世少知之；方术不用，为人所疑；其知至明，循道正行，足以为纪纲。呜呼？贤哉！宜为帝王。天地不知，善桀、纣，杀贤良。比干剖心，孔子拘匡，接舆避世，箕子佯狂，田常为乱，阖闾擅强。为恶得福，善者有殃。今为说者又不察其实，乃信其名。时世不同，誉何由生；不得为政，功安能成。志修德厚，孰谓不贤乎！

孔子家语

——西汉·孔安国等 著

相鲁

孔子初仕，为中都宰，制为养生送死之节：长幼异食，强弱异任，男女别涂，路无拾遗，器不雕伪，为四寸之棺、五寸之椁，因丘陵为坟，不封不树。行之一年，而西方之诸侯则焉。定公谓孔子曰："学子此法，以治鲁国，何如？"孔子对曰："虽天下可乎，何但鲁国而已哉！"于是二年，定公以为司空。乃别五土之性，而物各得其所生之宜，咸得厥所。先时季氏葬昭公于墓道之南，孔子沟而合诸墓焉。谓季桓子曰："贬君以彰己罪，非礼也。今合之，所以掩夫子之不臣。"由司空为鲁大司寇，设法而不用，无奸民。

定公与齐侯会于夹谷，孔子摄相事，曰："臣闻有文事者必有武备，有武事者必有文备。古者诸侯并出疆，必具官以从，请具左右司马。"定公从之。至会所，为坛位，土阶三等，以遇礼相见，揖让而登。献酢既毕，齐使莱人以兵鼓噪，劫定公。孔子历阶而进，以公退，曰："士，以兵之。吾两君为好，裔夷之俘敢以兵乱之，非齐君所以命诸侯也。裔不谋夏，夷不乱华，俘不干盟，兵不逼好。于神为不祥，于德为愆义，于人为失礼，君必不然。"齐侯心怍，麾而避之。有顷，齐奏宫中之乐，俳优侏儒戏于前。孔子趋进，历阶而上，不尽一等，曰："匹夫荧侮诸侯，罪应诛，请右司马速刑焉。"于是斩侏儒，手足异处。齐侯惧，有惭色。将盟，齐人加载书曰："齐师出境，而不以兵车三百乘从我者，有如此盟。"孔子使兹无还对曰："而不返我汶阳之田，吾以供命者亦如之。"齐侯将设享礼，孔子谓梁丘据曰："齐鲁之故，吾子何不闻焉？事既成矣，而又享之，是勤执事。且牺象不出门，嘉乐不野合，享而既具，是弃礼。若其不具，是用秕稗。用秕稗，君辱；弃礼，名恶。子盍图之？夫享，所以昭德也。不昭，不如其已。”乃不果享。齐侯归，责其群臣曰：“鲁以君子之道辅其君，而子独以夷狄之道教寡人，使得罪。”于是乃归所侵鲁之四邑及汶阳之田。

孔子言于定公曰：“家不藏甲，邑无百雉之城，古之制也。今三家过制，请皆损之。”乃使季氏宰仲由隳三都。叔孙不得意于季氏，因费宰公山弗扰率费人以袭鲁。孔子以公与季孙、叔孙、孟孙入于费氏之宫，登武子之台。费人攻之，及台侧，孔子命申句须、乐颀勒士众下伐之，费人北，遂隳三都之城。强公室，弱私家，尊君卑臣，政化大行。

初，鲁之贩羊有沈犹氏者，常朝饮其羊以诈市人。有公慎氏者，妻淫不制。有慎溃氏，奢侈逾法。鲁之鬻六畜者，饰之以储价。及孔子之为政也，则沈犹氏不敢朝饮其羊，公慎氏出其妻，慎溃氏越境而徙。三月，则鬻牛马者不储价，卖羔豚者不加饰。男女行者别其涂，道不拾遗，男尚忠信，女尚贞顺。四方客至于邑，不求有司，皆如归焉。

贤君

哀公问于孔子曰：“当今之君，孰为最贤？”孔子对曰：“丘未之见也，抑有卫灵公乎？”公曰：“吾闻其闺门之内无别，而子次之贤，何也？”孔子曰：“臣语其朝廷行事，不论其私家之际也。”公曰：“其事何如？”孔子对曰：“灵公之弟曰公子渠牟，其智足以治千乘，其信足以守之。灵公爱而任之。又有士林国者，见贤必进之，而退与分其禄，是以灵公无游放之士。灵公贤而尊之。又有士曰庆足者，卫国有大事，则必起而治之；国无事，则退而容贤。灵公悦而敬之。又有大夫史鳍，以道去卫。而灵公郊舍三日，琴瑟不御，必待史鳍之入而后敢入。臣以此取之，虽次之贤，不亦可乎。”

子贡问孔子曰：“今之人臣孰为贤？”孔子曰：“吾未识也。往者齐有鲍叔，郑有子皮，则贤者矣。”子贡曰：“齐无管仲，郑无子产？”子曰：“赐，汝徒知其一，未知其二也。汝闻用力为贤乎？进贤为贤乎？”子贡曰：“进贤贤哉！”子曰：“然。吾闻鲍叔达管仲，子皮达子产，未闻二子之达贤己之才者也。”

哀公问于孔子曰：“寡人闻忘之甚者，徙而忘其妻，有诸？”孔子对曰：“此犹未甚者也，甚者乃忘其身。”公曰：“可得而闻乎？”孔子曰：“昔者，夏桀贵为天子，富有四海，忘其圣祖之道，坏其典法，废其世祀，荒于淫乐，耽湎于酒。佞臣谄谀，窥导其心；忠士折口，逃罪不言。天下诛桀而有其国，此谓忘其身之甚矣。”

颜渊将西游于宋，问于孔子曰：“何以为身？”子曰：“恭敬忠信而已矣。恭则远于患，敬则人爱之，忠则和于众，信则人任之。勤斯四者，可以政国，岂特一身者哉！故夫不比于数而比于疏，不亦远乎？不修其中而修外者，不亦反乎？虑不先定，临事而谋，不亦晚乎？”

孔子读诗，于《正月》六章，惕然如惧，曰：“彼不达之君子，岂不殆哉？从上依世则道废，违上离俗则身危。时不兴善，己独由之，则曰‘非妖即妄也’。故贤也既不遇天，恐不终其命焉。桀杀龙逢，纣杀比干，皆类是也。诗曰：‘谓天盖高，不敢不局；谓地盖厚，不敢不蹐。’此言上下畏罪，无所自容也。”

子路问于孔子曰：“贤君治国，所先者何？”孔子曰：“在于尊贤而贱不肖。”子路曰：“由闻晋中行氏尊贤而贱不肖矣，其亡何也？”孔子曰：“中行氏尊贤而不能用，贱不肖而不能去。贤者知其不用而怨之，不肖者知其必己贱而仇之。怨仇并存于国，邻敌构兵于郊，中行氏虽欲无亡，岂可得乎？”

孔子闲处，喟然而叹曰：“向使铜鞮伯华无死，则天下其有定矣。”子路曰：“由愿闻其人也。”子曰：“其幼也，敏而好学；其壮也，有勇而不屈；其老也，有道而能下人。有此三者，以定天下也，何难乎哉？”子路曰：“幼而好学，壮而有勇，则可也。若夫有道下人，又谁下哉？”子曰：“由，不知。吾闻以众攻寡，无不克也；以贵下贱，无不得也。昔者周公居冢宰之尊，制天下之政，而犹下白屋之士，日见百七十人。斯岂以无道也，欲得士之用也。恶有道而无下天下君子哉？”

齐景公来适鲁，舍于公馆，使晏婴迎孔子。孔子至，景公问政焉。孔子答曰：“政在节财。”公悦，又问曰：“秦穆公国小，处僻而霸。何也？”孔子曰：“其国虽小，其志大；其处虽僻，而其政中。其举也果，其谋也和，法无私而令不愉。首拔五羖，爵之大夫，与语三日而授之以政。以此取之，虽王可也，其霸少矣。”景公曰：“善哉。”

哀公问政于孔子，孔子对曰：“政之急者，莫大乎使民富且寿也。”公曰：“为之奈何？”孔子曰：“省力役，薄赋敛，则民富矣；敦礼教，远罪疾，则民寿矣。”公曰：“寡人欲行夫子之言，恐吾国贫矣。”孔子曰：“诗云：‘恺悌君子，民之父母。’未有子富而父母贫者也。”

卫灵公问于孔子曰：“有语寡人：有国家者，计之于庙堂之上，则政治矣。何如？”孔子曰：“其可也，爱人者则人爱之，恶人者则人恶之，知得之己者则知得之人。所谓不出环堵之室而知天下者，知反己之谓也。”

孔子见宋君，君问孔子曰：“吾欲使长有国而列都得之，吾欲使民无惑，吾欲使士竭力，吾欲使日月当时，吾欲使圣人自来，吾欲使官府治理，为之奈何？”孔子对曰：“千乘之君，问丘者多矣，而未有若主君之问问之悉也。然主君所欲者尽可得也。丘闻之：邻国相亲，则长有国；君惠臣忠，则列都得之；不杀无辜，无释罪人，则民不惑；士益之禄，则皆竭力；尊天敬鬼，则日月当时；崇道贵德，则圣人自来；任能黜否，则官府治理。”宋君曰：“善哉，岂不然乎！寡人不佞，不足以致之也。”孔子曰：“此事非难，唯欲行之云耳。”

颜回

鲁定公问于颜回曰：“子亦闻东野毕之善御乎？”对曰：“善则善矣。虽然，其马将必佚。”定公色不悦，谓左右曰：“君子固有诬人也。”颜回退，后三日，牧来诉之曰：“东野毕之马佚，两骖曳两服入于厩。”公闻之，越席而起，促驾召颜回。回至，公曰：“前日寡人问吾子以东野毕之御，而子曰：‘善则善矣，其马将佚。’不识吾子奚以知之？”颜回对曰：“以政知之。昔者，帝舜巧于使民，造父巧于使马。舜不穷其民力，造父不穷其马力，是以舜无佚民，造父无佚马。今东野毕之御也，升马执辔，衔体正矣，步骤驰骋，朝礼毕矣，历险致远，马力尽矣，然而犹乃求马不已。臣以此知之。”公曰：“善，诚若吾子之言也。吾子之言，其义大矣，愿少进乎。”颜回曰：“臣闻之，鸟穷则啄，兽穷则攫，人穷则诈，马穷则佚。自古及今，未有穷其下而能无危者也。”公悦，遂以告孔子。孔子对曰：“夫其所以为颜回者，此之类也，岂足多哉。”

孔子在卫，昧旦晨兴，颜回侍侧，闻哭者之声甚哀。子曰：“回，汝知此何所哭乎？”对曰：“回以此哭声，非但为死者而已，又将有生离别者也。”子曰：“何以知之？”对曰：“回闻桓山之鸟，生四子焉，羽翼既成，将分于四海，其母悲鸣而送之，哀声有似于此，谓其往而不返也。回窃以音类知之。”孔子使人问哭者，果曰：“父死家贫，卖子以葬，与子长决。”子曰：“回也，善于识音矣。”

颜渊问于孔子曰：“成人之行若何？”子曰：“达于情性之理，通于物类之变，知幽明之故，睹游气之原，若此，可谓成人矣。既能成人，而又加之以仁义礼乐，成人之行也。若乃穷神知礼，德之盛也。”

颜回问于孔子曰：“臧文仲、武仲孰贤？”孔子曰：“武仲贤哉。”颜回曰：“武仲世称圣人，而身不免于罪，是智不足称也。好言兵讨，而挫锐于邾，是智不足名也。文仲其身虽殁，而言不朽，恶有未贤？”孔子曰：“身殁言立，所以为文仲也。然犹有不仁者三，不智者三，是则不及武仲也。”回曰：“可得闻乎？”孔子曰：“下展禽，置六关，妾织蒲，三不仁；设虚器，纵逆祀，祠海鸟，三不智。武仲在齐，齐将有祸，不受其田，以避其难，是智之难也。夫臧武仲之智，而不容于鲁，抑有由焉。作而不顺，施而不恕也夫。《夏书》曰：‘念兹在兹，顺事恕施。’”

颜回问于君子，孔子曰："爱近仁，度近智，为己不重，为人不轻，君子也夫。"回曰："敢问其次。"子曰："弗学而行，弗思而得，小子勉之。"

仲孙何忌问于颜回曰："仁者一言而必有益于仁智，可得闻乎？"回曰："一言而有益于智，莫如豫；一言而有益于仁，莫如恕。夫知其所不可由，斯知其所由矣。"

颜回问小人，孔子曰："毁人之善以为辩，狡讦怀诈以为智，幸人之有过，耻学而羞不能，小人也。"

颜回问子路曰："力猛于德而得其死者鲜矣，盍慎诸焉？"孔子谓颜回曰："人莫不知此道之美，而莫之御也，莫之为也。何居？为闻者，盍日思也夫。"

颜回问于孔子曰："小人之言，有同乎君子者，不可不察也。"孔子曰："君子以行言，小人以舌言。故君子于为义之上相疾也，退而相爱；小人于为乱之上相爱也，退而相恶。"

颜回问朋友之际如何，孔子曰："君子之于朋友也，心必有非焉，而弗能谓吾不知。其仁人也，不忘久德，不思久怨，仁矣夫。"

叔孙武叔见未仕于颜回，回曰："宾之。"武叔多称人之过而己评论之，颜回曰："固子之来辱也，宜有得于回焉。吾闻诸孔子曰：'言人之恶，非所以美己；言人之枉，非所以正己。'故君子攻其恶，无攻人之恶。"

颜回谓子贡曰："吾闻诸夫子，身不用礼而望礼于人，身不用德而望德于人，乱也。夫子之言，不可不思也。"

本命解

鲁哀公问于孔子曰："人之命与性何谓也？"孔子对曰："分于道，谓之命；形于一，谓之性。化于阴阳，象形而发，谓之生；化穷数尽，谓之死。故命者，性之始也；死者，生之终也。有始则必有终矣。人始生而有不具者五焉：目无见，不能食，不能行，不能言，不能化。及生三月而微煦，然后有见。八月生齿，然后能食。三年腮合，然后能言。十有六而精通，然后能化。阴穷反阳，故阴以阳变；阳穷反阴，故阳以阴化。是以男子八月生齿，八岁而龀；女子七月生齿，七岁而龀，十有四而化。一阳一阴，奇偶相配，然后道合化成。性命之端，形于此也。”公曰：“男子十六通精，女子十四而化，是则可以生民矣。而礼，男子三十而有室，女子二十而有夫也，岂不晚哉？”孔子曰：“夫礼言其极，不是过也。男子二十而冠，有为人父之端。女子十五许嫁，有适人之道。于此而往，则自婚矣。群生闭藏乎阴，而为化育之始。故圣人因时以合偶男女，穷天数之极。霜降而妇功成，嫁娶者行焉。冰泮而农桑起，婚礼而杀于此。男子者，任天道而长万物者也。知可为，知不可为；知可言，知不可言；知可行，知不可行者。是故审其伦而明其别，谓之知，所以效匹夫之听也。女子者，顺男子之教而长其理者也。是故无专制之义，而有三从之道。幼从父兄，既嫁从夫，夫死从子，言无再醮之端。教令不出于闺门，事在供酒食而已。无阃外之非仪也，不越境而奔丧。事无擅为，行无独成，参知而后动，可验而后言，昼不游庭，夜行以火，所以效匹妇之德也。”孔子遂言曰：“女有五不取：逆家子者，乱家子者，世有刑人子者，有恶疾子者，丧父长子者。妇有七出，三不去。七出者：不顺父母者，无子者，淫僻者，嫉妒者，恶疾者，多口舌者，窃盗者。三不去者：谓有所取无所归，与共更三年之丧，先贫贱后富贵。凡此，圣人所以顺男女之际，重婚姻之始也。”

孔子曰：“礼之所以象五行也，其义四时也。故丧礼有举焉，有恩有义，有节有权。其恩厚者其服重，故为父母斩衰三年，以恩制者也。门内之治恩掩义，门外之治义掩恩。资于事父以事君而敬同，尊尊贵贵，义之大也，故为君亦斩衰三年，以义制者也。三日而食，三月而沐，期而练，毁不灭性，不以死伤生，丧不过三年，齐衰不补，坟墓不修，除服之日鼓素琴，示民有终也，凡此以节制者也。资于事父以事母而爱同，天无二日，国无二君，家无二尊，以一治之。故父在为母齐衰期者，见无二尊也。百官备，百物具，不言而事行者，扶而起；言而后事行者，杖而起；身自执事行者，面垢而已。此以权制者也。亲始死，三日不怠，三月不懈，期悲号，三年忧，哀之杀也。圣人因杀以制节也。”

刑政

仲弓问于孔子曰：“雍闻至刑无所用政，至政无所用刑。至刑无所用政，桀纣之世是也；至政无所用刑，成康之世是也。信乎？”孔子曰：“圣人之治化也，必刑政相参焉。太上以德教民，而以礼齐之。其次以政焉导民，以刑禁之，刑不刑也。化之弗变，导之弗从，伤义以败俗，于是乎用刑矣。颛五刑必即天伦，行刑罚则轻无赦。刑侀也，侀成也。壹成而不可更，故君子尽心焉。”仲弓曰：“古之听讼，尤罚丽于事，不以其心。可得闻乎？”孔子曰：“凡听五刑之讼，必原父子之情，立君臣之义以权之。意论轻重之序，慎测浅深之量以别之。悉其聪明，正其忠爱以尽之。大司寇正刑明辟以察狱，狱必三讯焉。有指无简，则不听也。附从轻，赦从重，疑狱则泛与众共之，疑则赦之。皆以小大之比成之。是故爵人必于朝，与众共之也；刑人必于市，与众弃之也。古者公家不畜刑人，大夫弗养也。士遇之涂，以弗与之言。屏诸四方，唯其所之，不及与政。弗欲生之也。”仲弓曰：“听狱，狱之成成何官？”孔子曰：“成狱成于吏，吏以狱成告于正。正既听之，乃告大司寇。听之，乃奉于王。王命三公卿士参听棘木之下，然后乃以狱之成疑于王。王三宥之，以听命而制刑焉。所以重之也。”仲弓曰：“其禁何禁？”孔子曰：“巧言破律，遁名改作，执左道，以乱政者杀；作淫声，造异服，设伎奇器，以荡上心者杀；行伪而坚，言诈而辩，学非而博，顺非而泽，以惑众者杀；假于鬼神时日卜筮，以疑众者杀。此四诛者不以听。”仲弓曰：“其禁尽于此而已？”孔子曰：“此其急者，其余禁者十有四焉：命服命车，不粥于市；珪璋璧琮，不粥于市；宗庙之器，不粥于市；兵车旌旗，不粥于市；牺牲秬鬯，不粥于市；戎器兵车，不粥于市；用器不中度，不粥于市；布帛精粗不中数，广狭不中量，不粥于市；奸色乱正色，不粥于市；文锦珠玉之器，雕饰靡丽，不粥于市；衣服饮食，不粥于市；果实不时，不粥于市；五木不中伐，不粥于市；鸟兽鱼鳖不中杀，不粥于市。凡执此禁以齐众者，不赦过也。”

曲礼公西赤问

公西赤问于孔子曰：“大夫以罪免，卒，其葬也，如之何？”孔子曰：“大夫废其事，终身不仕，死则葬之以士礼。老而致仕者，死则从其列。”

公仪仲子嫡子死，而立其弟。檀弓问子服伯子曰：“何居？我未之前闻也。”子服伯子曰：“仲子亦犹行古人之道。昔者文王舍伯邑考而立武王，微子舍其孙腯立其弟衍。”子游以问诸孔子，子曰：“否，周制立孙。”

孔子之母既丧，将立葬焉，曰：“古者不祔葬，为不忍先死者之复见也。诗云：‘死则同穴。’自周公以来，祔葬矣。故卫人之祔也，离之，有以闻焉。鲁人之祔也，合之，美夫。吾从鲁。”遂合葬于防，曰：“吾闻之，有备物而不可用也，是故竹不成用，而瓦不成膝，琴瑟张而不平，笙竽备而不和，有钟磬而无簨虡。其曰盟器，神明之也，哀哉，死者而用生者之器，不殆而用殉也。”

子游问于孔子曰：“葬者涂车刍灵，自古有之。然今人或有偶，是无益于丧。”孔子曰：“为刍灵者善矣，为偶者不仁，不殆于用人乎。”

颜渊之丧，既祥，颜路馈祥肉于孔子。孔子自出而受之。入，弹琴以散情，而后乃食之。

孔子尝，奉荐而进，其亲也悫，其行也趋趋以数。已祭，子贡问曰：“夫子之言祭也，济济漆漆焉。今夫子之祭，无济济漆漆，何也？”孔子曰：“济济者，容也，远也。漆漆者，以自反容以远。若容以自反，夫何神明之及交？必如此，则何济济漆漆之有？反馈乐成，进则燕俎，序其礼乐，备其百官，于是君子致其济济漆漆焉。夫言岂一端而已哉，亦各有所当。”

子路为季氏宰，季氏祭，逮昏而奠，终日不足，继以烛，虽有强力之容，肃敬之心，皆倦怠矣。有司跛倚以临事，其为不敬也大矣。他日，子路与焉。室事交于户，堂事当于阶，质明而始行事，晏朝而彻。孔子闻之，曰：“以此观之，孰谓由也而不知礼？”

呻吟语

——明代·吕坤 著

鬼神与梦魂

或问：“人将死而见鬼神，真耶？幻邪？”曰：“人寤则为真见，梦则为妄见。魂游而不附体，故随所之而见物，此外妄也；神与心离合而不安定，故随所交而成景，此内妄也。故至人无梦，愚人无梦，无妄念也。人之将死，如梦然，魂飞扬而乱于目，气浮散而邪客于心，故所见皆妄，非真有也。或有将死而见人拘系者，尤妄也。异端之语入人骨髓，将死而惧，故常若有见。若死必有召之者，则牛羊蚊蚁之死，果亦有召之者耶？大抵草木之生枯，土石之凝散，人与众动之死生、始终、有无，只是一理，更无他说。万一有之，亦怪异也。”

五行与生物

火性发扬，水性流动，木性条畅，金性坚刚，土性重厚。其生物也亦然。

君子与小人

命本在天。君子之命在我，小人之命亦在我。君子以义处命，不以其道得之不处，命不足道也；小人以欲犯命，不可得而必欲得之，命不肯受也。但君子谓命在我，得天命之本然；小人谓命在我，幸气数之或然。是以君子之心常泰，小人之心常劳。

心灵与天平

心要如天平，称物时物忙而衡不忙，物去时即悬空在此。只恁静虚中正，何等自在！

万善与百邪

一念收敛，则万善来同；一念放恣，则百邪乘衅。

待事与养心

宁耐，是思事第一法；安详，是处事第一法；谦退，是保身第一法；涵容，是处人第一法。置富贵、贫贱、死生、常变于度外，是养心第一法。

忍激与祸福

忍、激二字是祸福关。

带走带不走

属纩之时，般般都带不得，惟是带得此心。却教坏了，是空身归去矣，可为万古一恨。

生门与死户

静者生门，躁者死户。

刀剑与寇仇

杀身者不是刀剑，不是寇仇，乃是自家心杀了自家。

家长与修养

一家之中要看得尊长尊，则家治。若看得尊长不尊，如何齐他？得其要在尊长自修。

富贵与淫逸

子弟生富贵家，十九多骄惰淫逸，大不长进。古人谓之豢养，言甘食美服，养此血肉之躯与犬豕等。此辈阘茸，士君子见之为羞，而彼方且志得意满，以此夸人。父兄之孽，莫大于是！

家庭与自我

门户可以托父兄，而丧德辱名非父兄所能庇；生育可以由父母，而求疾蹈险非父母所得由。为人子弟者不可不知。

自然与当然

庄、列见得道理原着不得人为，故一向不尽人事。不知一任自然，成甚世界？圣人明知自然，却把自然阁起，只说个当然，听那个自然。

闻道与幸福

人一生不闻道，真是可怜！

兵法与处世

知彼知我，不独是兵法，处人处事一些少不得底。

制欲与无欲

三氏传心要法，总之不离一静字。下手处皆是制欲，归宿处都是无欲。是则同。

利刃与迅炮

利刃斫木绵，迅炮击风帜，必无害矣。

鬼神与教化

敬事鬼神，圣人维持世教之大端也。其义深，其功大，但自不可凿求，不可道破耳。

有我与无我

天地间惟无无累，有即为累。有身则身为我累，有物则物为我累。惟至人则有我而无我，有物而忘物。此身如在太虚中，何累之有？故能物我两化，化则何有何无？何非有？何非无？故二氏逃有，圣人善处有。

六合与人我

六合是我底六合，那个是人？我是六合底我，那个是我？

心胸与天下

大其心，容天下之物；虚其心，受天下之善；平其心，论天下之事；潜其心，观天下之理；定其心，应天下之变。

万全与缺绽

做人在做个万全。至于名利地位，休要十分占尽，常要分与大家，就带些缺绽不妨。何者？天下无人己俱遂之事。我得人必失，我利人必害，我荣人必辱，我有美名人必有愧色。是以君子贪德而让名，辞完而处缺，使人我一般，不哓哓露头角、立标臬，而胸中自有无限之乐。孔子谦己，尝自附于寻常人，此中极有意趣。

城池与门户

心要有城池，口要有门户。有城池则不出，有门户则不纵。

知足与无厌

万物安于知足，死于无厌。

贪爱与制欲

只一个贪爱心，第一可贱可耻。羊马之于水草，蝇蚁之于腥膻，蜣螂之于积粪，都是这个念头。是以君子制欲。

祸福与生死

仁厚刻薄，是修短关；行止语默，是祸福关；勤惰俭奢，是成败关；饮食男女，是死生关。

毁谤与君子

君子有过不辞谤，无过不反谤，共过不推谤。谤无所损于君子也。

刚明与婉晦

刚、明，世之碍也。刚而婉，明而晦，免祸也夫！

贫富与贵贱

富以能施为德，贫以无求为德，贵以下人为德，贱以忘势为德。

自责与相责

各自责，则天清地宁；各相责，则天翻地覆。

读书与做人

读书人最怕诵底是古人语，做底是自家人。这等读书虽闭户十年，破卷五车，成甚么用！

学病与静治

学者万病，只个静字治得。

中字与敬字

除了中字，再没有道理；除了敬字，再没学问。

随人与自得

休蹑着人家脚跟走，此是自得学问。

纡徐与迫切

天下之物纡徐柔和者多长，迫切躁急者多短。故烈风骤雨，无崇朝之威，暴涨狂澜，无三日之势；催拍促调，非百板之声，疾策紧衔，非千里之辔。人生寿夭祸福，无一不然。褊急者可以思矣。

智愚与巧拙

我益智，人益愚；我益巧，人益拙。何者？相去之远而相责之深也。惟有道者，智能谅人之愚，巧能容人之拙。知分量不相及，而人各有能不能也。

果决与因循

果决人似忙，心中常有馀闲；因循人似闲，心中常有馀累。君子应事接物，常赢得心中有从容闲暇时便好。若应酬时劳扰，不应酬时牵挂，极是吃累的。

使气与使心

使气最害事，使心最害理，君子临事平心易气。

自得与天遇

字到不择笔处，文到不修句处，话到不检口处，事到不苦心处，皆谓之自得。自得者与天遇。

无识见与偏识见

无识见底人，难与说话；偏识见底人，更难与说话。

善用人与不善用人

善用人底，是个人都用得；不善用人底，是个人用不得。

过错与责让

卑幼有过，慎其所以责让之者：对众不责，愧悔不责，暮夜不责，正饮食不责，正欢庆不责，正悲忧不责，疾病不责。

昼夜与日星

天地原无昼夜，日出而成昼，日入而成夜。星常在天，日出而不显其光，日入乃显耳。古人云星从日生，细看来，星不是借日之光以为光。嘉靖壬寅日食既，满天有星。当是时，日且无光，安能生星之光乎？

水火与虚实

水能实虚，火能虚实。

欺心与欺天

心就是天，欺心便是欺天，事心便是事天，更不须向苍苍上面讨。

世人难与言

世人贱老，而圣王尊之；世人弃愚，而君子取之；世人耻贫，而高士清之；世人厌淡，而智者味之；世人恶冷，而幽人宝之；世人薄素，而有道者尚之。悲夫！世之人难与言矣。

圣人与凡人

休作世上另一种人，形一世之短。圣人也只是与人一般，若使人觉异样，便不是圣人。

圣人平天下

圣人平天下，不是夷山填海。高一寸还他一寸，低一分还他一分。

小人荐与君子弃

为小人所荐者，辱也；为君子所弃者，耻也。

士人与死物

烈士死志，守士死职，任士死怨，忿士死斗，贪士死财，躁士死言。

当事与说理

不当事，不知自家不济。才随遇长，识以穷精。坐谈先生只好说理耳。

聪明与昏愚

尽聪明底是尽昏愚，尽木讷底是尽智慧。

掩过与喜誉

世之人，闻人过失，便喜谈而乐道之；见人规己之过，既掩护之，又痛疾之；闻人称誉，便欣喜而夸张之；见人称人之善，既盖藏之，又搜索之。试思这个念头是君子乎？是小人乎？

己美与人美

露己之美者恶，分人之美者尤恶，而况专人之美、窃人之美乎？吾党戒之。

泰然与安稳

处患难时，心居安乐；处贫贱时，心居富贵；处屈局时，心居广大，则无往而不泰然。以渊谷视康庄，以疾病视强健，以不测视无事，则无往而不安稳。

钉子与锁子

入钉惟恐其不坚，拔钉惟恐其不出。下锁惟恐其不严，开锁惟恐其不易。

坐井与游天

坐井者不可与言一度之天，出而四顾，则始觉其大矣。虽然，云木碍眼，所见犹拘也。登泰山之巅，则视天莫知其际矣；虽然，不如身游八极之表，心通九垓之外。天在胸中如太仓一粒，然后可以语通达之识。

爱小体与毁大体

人未有洗面而不闭目，撮红而不虑手者，此犹爱小体也。人未有过檐滴而不疾走，践泥涂而不揭足者，此直爱衣履耳。七尺之躯顾不如一履哉？乃沉之滔天情欲之海，拚于焚林暴怒之场，粉身碎体甘心焉而不顾，悲夫！

梃刃与挞杀

挞人者梃也，而受挞者不怨梃；杀人者刃也，而受杀者不怨刃。

胸中与眼前

诗低处在觅故事寻对头，高处在写胸中自得之趣，说眼前见在之景。

六韬

——西周·姜尚 著

卷一 文韬

文王将田，史编布卜曰："田于渭阳，将大得焉。非龙非螭，非虎非罴，兆得公侯，天遗汝师。以之佐昌，施及三王。"文王曰："兆致是乎？"史编曰："编之太祖史畴为禹占，得皋陶，兆比于此。"文王乃斋三日，乘田车，驾田马，田于渭阳，卒见太公，坐茅以渔。

文王劳而问之曰："子乐渔耶？"太公曰："臣闻君子乐得其志；小人乐得其事。今吾渔甚有似也。殆非乐之也。"文王曰："何谓其有似也？"太公曰："钓有三权，禄等以权，死等以权，官等以权。夫钓以求得也，其情深，可以观大矣。"

文王曰："愿闻其情。"太公曰："源深而水流，水流而渔生之，情也。根深而木长，木长而实生之，情也。君子情同而亲合，亲合而事生之，情也。言语应对者，情之饰也。言至情者，事之极也。今臣言至情不讳，君其恶之乎？"

文王曰："惟仁人能受直谏，不恶至情，何为其然？"太公曰："缗微饵明，小鱼食之。缗调饵香，中鱼食之。缗隆饵丰，大鱼食之。夫鱼食其饵，乃牵于缗；人食其禄，乃服于君。故以饵取鱼，鱼可杀。以禄取人，人可竭。以家取国，国可拔。以国取天下，天下可毕。呜呼！曼曼绵绵，其聚必散。嘿嘿昧昧，其光必远。微哉！圣人之德诱乎，独见。乐哉！圣人之虑，各归其次，而树敛焉。"

文王曰："树敛何若，而天下归之？"太公曰："天下非一人之天下，乃天下之天下也。同天下之利者，则得天下，擅天下之利者，则失天下。天有时，地有财，能与人共之者，仁也。仁之所在，天下归之。免人之死，解人之难，救人之患，济人之急者，德也。德之所在，天下归之。与人同忧同乐，同好同恶者，义也；义之所在，天下赴之。凡人恶死而乐生，好德而归利，能生利者，道也；道之所在，天下归之。”

文王再拜曰：“允哉！敢不受天之诏命乎？”乃载与俱归，立为师。

文王问太公曰：“天下熙熙，一盈一虚，一治一乱，所以然者，何也？其君贤不肖不等乎？其天时变化自然乎？”太公曰：“君不肖，则国危而民乱。君贤圣，则国安而民治。祸福在君，不在天时。”

文王曰：“古之圣贤，可得闻乎？”太公曰：“昔者帝尧之王天下，上世所谓贤君也。”文王曰：“其治如何？”

太公曰：“帝尧王天下之时，金银珠玉不饰，锦绣文绮不衣，奇怪珍异不视，玩好之器不宝，淫佚之乐不听，宫垣屋室不垩，甍桷椽楹不斫，茅茨遍庭不剪。鹿裘御寒，布衣掩形，粝梁之饭，藜藿之羹。不以役作之故，害民耕织之时。削心约志，从事乎无为。吏忠正奉法者，尊其位；廉洁爱人者，厚其禄。民有孝慈者，爱敬之；尽力农桑者慰勉之。旌别淑德，表其门闾。平心正节，以法度禁邪伪。所憎者，有功必赏；所爱者，有罪必罚。存养天下鳏寡孤独，赈赡祸亡之家。其自奉也甚薄，其赋役也甚寡，故万民富乐而无饥寒之色。百姓戴其君如日月，亲其君如父母。”文王曰：“大哉，贤德之君也。”

文王问太公曰：“愿闻为国之大务，欲使主尊人安，为之奈何？”太公曰：“爱民而已。”文王曰：“爱民奈何？”太公曰：“利而勿害，成而勿败，生而勿杀，与而勿夺，乐而勿苦，喜而勿怒。”文王曰：“敢请释其故。”太公曰：“民不失务，则利之；农不失时则成之；省刑罚则生之；薄赋敛，则与之；俭宫室台榭则乐之；吏清不苛[扰]则喜之；民失其务，则害之；农失其时，则败之；无罪而罚，则杀之；重赋敛，则夺之；多营宫室台榭以疲民力，则苦之；吏浊苛扰，则怒之。故善为国者，驭民如父母之爱子，如兄之爱弟，则其饥寒则为之[忧]，见其劳苦则为之悲，赏罚如加于身，赋敛如取于己，此爱民之道也。”

文王问太公曰：“君臣之礼如何？”太公曰：“为上惟临，为下惟沈。临而无远，沉而无隐。为上唯周，为下惟定。周则天也。定则地也。或天或地，大礼乃成。”

文王曰：“主位如何？”太公曰：“安徐而静，柔节无定。善与而不争。虚心平志，待物以正。”

文王曰：“主听如何？”太公曰：“勿妄而许，勿逆而拒。许之则失守，拒之则闭塞。高山仰之，不可极也。深渊度之，不可测也。神明之德，正静其极。”

文王曰：“主明如何？”太公曰：“目贵明，耳贵聪，心贵智。以天下之目视，则无不见也。以天下之耳听，则无不闻也；以天下之心虑，则无不知也。辐辏并进，则明不蔽矣。”

文王寝疾，召太公望，太子发在侧。曰：“呜呼！天将弃予。周之社稷，将以属汝。今予欲师至道之言，以明传之子孙。”

太公曰：“王何所问？”文王曰：“先圣之道，其所止，其所起，可得闻乎？”太公曰：“见善而怠，时至而疑，知非而处，此三者，道之所止也。柔而静，恭而敬，强而弱，忍而刚，此四者，道之所起也。故义胜欲，则昌，欲胜义，则亡；敬胜怠，则吉；怠胜敬，则灭。”

文王问太公曰：“君国主民者，其所以失之者何也？”太公曰：“不谨所与也。人君有六守、三宝。”

文王曰：“六守何也？”太公曰：“一曰仁，二曰义，三曰忠，四曰信，五曰勇，六曰谋，是谓六守。”文王曰：“谨择六守者何。”太公曰：“富之而观其无犯；贵之而观其无骄；付之而观其无转；使之而观其无隐；危之而观其无恐；事之而观其无穷。富之而不犯者仁也；贵之而不骄者义也；付之而不专者忠也；使之而不隐者信也；危之而不恐者勇也；事之而穷者谋也。人君无以三宝借人，借人则君失其威。”

文王曰：“敢问三宝？”太公曰：“大农，大工，大商谓之三宝。农一其乡则谷足，工一其乡则器足，商一其乡则货足。三宝各安其处，民乃不虑。无乱其乡，无乱其族。臣无富于君，都无大于国。六守长，则君昌；三宝全，则国安。”

文王问太公曰："守土奈何？"太公曰："无疏其亲，无怠其众，抚其左右，御其四旁。无借人国柄。借人国柄，则失其权。无掘壑而附丘，无舍本而治末，日中必彗，操刀必割，执斧必伐。日中不彗，是谓失时。操刀不割，失利之期。执斧不伐，贼人将来。涓涓不塞，将为江河。荧荧不救，炎炎奈何？两叶不去，将用斧柯。是故人君必从事于富。不富无以为仁，不施无以合亲。疏其亲，则害，失其众，则败。无借人利器。借人利器，则为人所害而不终于世。"

文王曰："何谓仁义？"太公曰："敬其众，合其亲。敬其众则和，合其亲则喜，是为仁义之纪。无使人夺汝威。因其明，顺其常。顺者，任之以德，逆者，绝之以力。敬之无疑，天下和服。"

文王问太公曰："守国奈何？"太公曰："斋，将语君天地之经，四时所生，仁圣之道，民机之情。"王即斋七日，北面再拜而问之。

太公曰："天生四时，地生万物。天下有民，仁圣牧之。故春道生，万物荣；夏道长，万物成；秋道敛，万物盈；冬道藏，万物寻。盈则藏，藏则复起。其知所终，莫知所始。圣人配之，以为天地经纪。故天下治，仁圣藏；天下乱，仁圣昌，至道其然也。

"圣人之在天地间也，其宝固大矣。因其常而视之，则民安。夫民动而为机，机动而得失争矣。故发之以其阴，会之以其阳。为之先倡，而天下和之。极反其常，莫进而争，莫退而让。守国如此，与天地同光。"

文王问太公曰："王人者，何上何下？何取何去？何禁何止？"太公曰："王人者上贤，下不肖。取诚信，去诈伪；禁暴乱，止奢侈。故王人者，有六贼七害。"

文王曰："愿闻其道。"太公曰："夫六贼者：

"一曰：臣有大作宫室池榭，游观倡乐者，伤王之德。

"二曰：民有不事农桑，任气游侠，犯历法禁，不从吏教者，伤王之化。

"三曰：臣有结朋党，蔽贤智，障主明者，伤王之权。

"四曰：士有抗志高节，以为气势；外交诸侯，不重其主者，伤王之威。

“五曰：臣有轻爵位、贱有司，羞为上犯难者，伤功臣之劳。

“六曰：强宗侵夺，凌侮贫弱，伤庶人之业。

“七害者：

“一曰：无智略权谋，而以重赏尊爵之；故强勇轻战，侥幸于外，王者慎勿使为将。

“二曰：有名无实，出入异言，掩善扬恶，进退为巧，王者慎勿与谋。

“三曰：朴其身躬，恶其衣服，语无为以求名，言无欲以求利，此为人也，王者慎勿近。

“四曰：奇其冠带，伟其衣服；博闻辩辞，虚论高议，以为容美；穷居静处，而诽时俗，此奸人也，王者慎勿宠。

“五曰：谗佞苟得，以求官爵；果敢轻死，以贪禄秩；不图大事，贪利而动；以高谈虚论，悦于人主，王者慎勿使。

“六曰：为雕文刻镂，技巧华饰，而伤农事，王者必禁之。

“七曰：伪方异技，巫蛊左道，不详之言，幻惑良民，王者必止之。

“故民不尽力，非吾民也。士不诚信，非吾士也；臣不忠谏，非吾臣也；吏不平洁爱人，非吾吏也；相不能富国强兵、调和阴阳、以安万乘之主、正群臣、定名实、明赏罚、乐万民、非吾相也。

“夫王者之道，如龙首，高居而远望，深视而审听。示以形，隐其情。若天之高，不可极也；若渊之深，不可测也。故可怒而不怒，奸臣乃作，可杀而不杀，大贼乃发；兵势不行，敌国乃强。”文王曰：“善哉！”

文王问太公曰：“君务举贤，而不能获其功。世乱愈甚，以至危亡者，何也？”太公曰：“举贤而不用，是有举贤之名而无用贤之实也。”

文王曰：“其失安在？”太公曰：“其失在君好用世俗之所誉，而不得真贤也。”文王曰：“何如？”太公曰：“君以世俗之所誉者为贤，以世俗之所毁者为不肖，则多党者进，少党者退。若是，则群邪比周而蔽贤，忠臣死于无罪，奸臣以虚誉取爵位。是以世乱愈甚，则国不免于危亡。”

文王曰：“举贤奈何？”太公曰：“将相分职，而各以官名举人，按名督实。选才考能，令实当其名，名当其实，则得举贤之道也。”

文王问太公曰：“赏所以存劝，罚所以示惩。吾欲赏一以劝百，罪一以惩众，为之奈何？”

太公曰：“凡用赏者贵信，用罚者贵必。赏信罚必于耳目之所闻见，则所不闻见者，莫不阴化矣。夫诚畅于天地，通于神明，而况于人乎。”

卷二 武韬

文王在丰，召太公曰：“呜呼！商王虐极，罪杀不辜，公尚助予忧民，如何？”

太公曰：“王其修德，以下贤惠民，以观天道。天道无殃，不可先倡；人道无灾，不可先谋。必见天殃，又见人灾，乃可以谋。必见其阳，又见其阴，乃知其心；必见其外，又见其内，乃知其意；必见其疏，又见其亲，乃知其情。

“行其道，道可致也。从其门，门可入也。立其礼，礼可成也；争其强，强可胜也。全胜不斗，大兵无创，与鬼神通，微哉！微哉！与人同病相救，同情相成，同恶相助，同好相趋，故无甲兵而胜，无冲机而攻，无沟堑而守。

“大智不智，大谋不谋，大勇不勇，大利不利。利天下者，天下启之；害天下者，天下闭之。天下者，非一人之天下，乃天下人之天下也。取天下者，若逐野兽，而天下皆有分肉之心。若同舟共济，济则皆同其利，败则皆同其害。然则皆有以启之，无有闭之也。

“无取于民者，取民者也；无取于国者，取国者也；无取于天下者，取天下者也。无取民者，民利之；无取国者，国利之；无取天下者天下利之。故道在不可见，事在不可闻，胜在不可知，微哉！微哉！鸷鸟将击，卑飞敛翼；猛兽将搏，弭耳俯伏；圣人将动，必有愚色。

“今彼有商，众口相惑。纷纷渺渺，好色无极。此亡国之徵也。

吾观其野，草菅胜谷。吾观其众，邪曲胜直。吾观其吏，暴虐残贼。败法乱刑，上下不觉。此亡国之时也。

“大明发而万物皆照，大义发而万物皆利，大兵发而万物皆服。大哉圣人之德。独闻独见，乐哉！”

文王问太公曰：“圣人何守？”太公曰：“何忧何啬，万物皆得，何啬何忧，万物皆遒。政之所施，莫知其化。时之所在，莫知其移。圣人守此而万物化。何穷之有，终而复始。优而游之，展转求之；求而得之，不可不藏。既已藏之，不可不行；既以行之，勿复明之。夫天地不自明，故能长生；圣人不自明，故能名彰。

“古之圣人，聚人而为家，聚家而为国，聚国而为天下。分封贤人以为万国，命之曰大纪。陈其政教，顺其民俗，群曲化直，变于形容。万国不通，各乐其所，人爱其上，命之曰大定。呜呼！圣人务静之，贤人务正之；愚人不能正，故与人争。上劳则刑繁，刑繁则民忧，民忧则流亡。上下不安其生，累世不休，命之曰：大失。

“天下之人如流水，障之则止，启之则行，静之则清。呜呼，神哉，圣人见所始，则知所终。”

文王曰：“静之奈何？”太公曰：“天有常形，民有常生。与天下共其生，而天下静矣。太上因之，其次化之。夫民化而从致，是以天无为而成事，民无与而自富，此圣人之德也。”文王曰：“公言乃协予怀，夙夜念之不忘，以用为常。”

文王问太公曰：“文伐之法奈何？”太公曰：“凡文伐有十二节。

“一曰：因其所喜，以顺其志。彼将生骄，必有奸事。苟能因之，必能去之。

“二曰：亲其所爱，以分其威。一人两心，其中必衰。廷无忠臣，社稷必危。

“三曰：阴赂左右，得情甚深。身内情外，国将生害。

“四曰：辅其淫乐，以广其志，厚赂珠玉，娱以美人；卑辞委听，顺命而合，彼将不争，奸节乃定。

“五曰：严其忠臣，而薄其赂，稽留其使，勿听其事。亟为置代，遗以诚事，亲而信之，其君将复合之。苟能严之，国乃可谋。

“六曰：收其内、间其外。才臣外相。敌国内侵，国鲜不亡。

“七曰：欲锢其心，必厚赂之。收其左右忠爱，阴示以利，令之轻业，而蓄积空虚。

“八曰：赂以重宝，因与之谋。谋而利之，利之必信，是谓重亲。重亲之积，必为我用。有国而外，其地必败。

“九曰：尊之以名，无难其身；示以大势，从之必信；致其大尊，先为之荣，微饰圣人，国乃大偷。

“十曰：下之必信，以得其情。承意应事，如与同生。既以得之，乃微收之。时及将至，若天丧之。

“十一曰：塞之以道：人臣无不重贵与富，恶危与咎；阴示大尊，而微输重宝，收其豪杰；内积甚厚，而外为乏，阴内智士，使图其计；纳勇士，使高其气，富贵甚足，而常有繁滋；徒党已具，是谓塞之。有国而塞，安能有国。

“十二曰：养其乱臣以迷之，进美女淫声以惑之，遗良犬马以劳之，明与大势以诱之，上察而与天下图之。

“十二节备，乃成武事。所谓上察天，下察地，徵已见，乃伐之。”

文王问太公曰：“何如而可为天下？”太公曰：“大盖天下，然后能容天下；信盖天下，然后能约天下；仁盖天下，然后能怀天下；恩盖天下，然后能保天下；权盖天下，然后能不失天下；事而不疑，则天运不能移，时变不能迁。此六者备，然后可以为天下政。

“故利天下者，天下启之；害天下者，天下闭之；生天下者，天下德之；杀天下者，天下贼之；彻天下者，天下通之；穷天下者，天下仇之；安天下者，天下恃之；危天下者，天下灾之。天下者非一人之天下，惟有道者处之。”

武王问太公曰：“予欲立功，有三疑：恐力不能攻强、离亲、散众，为之奈何？”太公曰：“因之。慎谋。用财。夫攻强，必养之使强，益之使张。太强必折，太张必缺。攻强以强，离亲以亲，散众以众。

“凡谋之道，周密为宝。设之以事，玩之以利，争心必起。

“欲离其亲，因其所爱，与其庞人，与之所欲，示之所利，因以疏之，无使得志。彼贪利甚喜，遗疑乃止。

“凡攻之道，必先塞其明，而后攻其强，毁其大，除民之害。淫之以色，啗之以利，养之以味，娱之以乐。既离其亲，必使远民，勿使知谋。扶而纳之，莫觉其意，然后可成。

“惠施于民，必无爱财，民如牛马，数喂食之，从而爱之。

“心以启智，智以启财，财以启众，众以启贤。贤之有启，以王天下。”

卷三 龙韬

武王问太公曰：“王者帅师，必有股肱羽翼以成威神，为之奈何？”太公曰：“凡举兵帅师，以将为命。命在通达，不守一术。因能授职，各取所长，随时变化，以为纪纲。故将有股肱羽翼七十二人，以应天道。备数如法，审知命理。殊能异技，万事毕矣。”

武王曰：“请问其目？”太公曰：

“腹心一人：主潜谋应卒，揆天消变，总揽计谋，保全民命。

“谋士五人：主图安危，虑未萌，论行能，明赏罚，授官位，决嫌疑，定可否。

“天文三人：主司星历，候风气，推时日，考符验，校灾异，知人心去就之机。

“地利三人：主三军行止形势，利害消息，远近险易，水涸山阻，不失地利。

“兵法九人：主讲论异同，行事成败，简练兵器，刺举非法。

“通粮四人：主良饮食，备蓄积，通粮道，致五谷，令三军不困乏。

“奋威四人：主择才力，论兵革，风驰电掣，不知所由。

“伏旗鼓三人：主伏旗鼓，明耳目，诡符印，谬号令，暗忽往来，出入若神。

“股肱四人：主任重持难，修沟堑，治壁垒，以备守御。

“通才三人：主拾遗补过，应对宾客，论议谈语，消患解结。

“权士三人：主行奇谲，设殊异，非人所识，行无穷之变。

“耳目七人：主往来，听言视变，览四方之士，军中之情。

“爪牙五人：主扬威武，激励三军，使冒难攻锐，无所疑虑。

“羽翼四人：主扬名誉，震远方，动四境，以弱敌心。

“游士八人：主伺奸候变，开阖人情，观敌之意，以为间谍。

“术士二人：主为谲诈，依托鬼神，以惑众心。

“方士二人：主百药，以治金疮，以痊万病。

“法算二人：主会计三军营垒粮食，财用出入。”

武王问太公曰：“论将之道奈何？”太公曰：“将有五材十过。”武王曰：“敢问其目？”太公曰：“所谓五材者：勇，智，仁，信，忠也。勇则不可犯；智则不可乱；仁则爱人；信则不欺；忠则无二心。

“所谓十过者：有勇而轻死者，有急而心速者，有贪而好利者，有仁而不忍人者，有智而心怯者，有信而喜信人者，有廉洁而不爱人者，有智而心缓者，有刚毅而自用者，有懦而喜任人者。

“勇而轻死者，可暴也。急而心速者，可久也。贪而好利者，可赂也。仁而不忍人者，可劳也。智而心怯者，可窘也。信而喜信人者，可诳也。廉洁而不爱人者，可侮也。智而心缓者，可袭也。刚毅而自用者，可事也。懦而喜任人者，可欺也。

“故兵者，国之大事，存亡之道，命在于将。将者，国之辅，先王之所重也，故置将不可不察也。故曰：兵不两胜，亦不两败。兵出逾境，期不十日，不有亡国，必有破军杀将。”武王曰：“善哉。”

武王问太公曰：“王者举兵，欲简练英雄，知士之高下，为之奈何？”

太公曰：“夫士外貌不与中情相应者十五：有严而不肖者；有温良而为盗者；有貌恭敬而心慢者；有外廉谨而内无至诚者；有精精而无情者；有湛湛而无诚者，有好谋而不决者；有如果敢而不能者；有悾悾而不信者；有恍恍惚惚而反忠实者；有诡激而有攻效者；有外勇而内怯者；有肃肃而反易人者；有嗃嗃而反静悫者；有势虚形劣而出外无所不至，无使不遂者。天下所贱，圣人所贵；凡人不知，非有大明不见其际，此士之外貌不与中情相应者。”

武王曰：“何以知之？”太公曰：“知之有征：一曰问之以言，

以观其详。二曰穷之以辞，以观其变。三曰与之间谍，以观其诚。四曰明白显问，以观其德。五曰使之以财，以观其廉。六曰试之以色，以观其贞。七曰告之以难，以观其勇。八曰醉之以酒，以观其态。八徵皆备，则贤不肖别矣。”

武王问太公曰：“立将之道奈何？”太公曰：“凡国有难，君避正殿，召将而沼之曰：‘社稷安危，一在将军。今某国不臣，愿将军帅师应之。’将既受命。乃命太史钻灵龟，卜吉日；斋三日，至太庙以授斧钺。

“君入庙门，西面而立。将入庙门，北面而立。君亲操钱，持首，授将其柄，曰：‘从此上至天者，将军制之。’复操斧，持柄，授将其刃，曰：‘从此下至渊者，将军制之。见其虚则进，见其实则止。勿以三军为众而轻敌，勿以受命为重而必死，勿以身贵而贱人，勿以独见而违众，勿以辩说为必然。士未坐勿坐。士未食勿食，寒暑必同。如此，士众必尽死力。’

“将已受命，拜而报君曰：‘臣闻国不可从外治，军不可从史御。二心不可以事君，疑志不可以应敌。臣既受命，专斧越之威，臣不敢生还，愿君亦重一言之命于臣。君不许臣，臣不敢将。’君许之，乃辞而行。

“军中之事，不闻君命，皆由将出。临敌决战，无有二心。若此，则无天于上，无地于下，无敌于前，无君于后。是故智者为之谋，勇者为之斗，气厉青云，疾若驰骛；兵不接刃，而敌降服。战胜于外，功立于内。吏迁士赏，百姓欢悦，将无咎殃。是故风雨时节，五谷丰登，社稷安宁。”武王曰：“善哉。”

武王问太公曰：“将何以为威？何以为明？何以为禁止而令行？”太公曰：“将以诛大为威。以赏小为明；以罚审为禁止而令行。故杀一人而三军震者，杀之。赏一人而万人悦者，赏之。杀贵大，赏贵小。杀其当修贵重之人，是刑上极也。赏及牛竖马洗厩养之徒，是赏下通也。刑上极，赏下通，是将威之所行也。”

武王问太公曰：“吾欲三军之众，攻城争先登，野战争先赴；闻金声而怒，闻鼓声而喜，为之奈何？”

太公曰："将有三武。"武王曰："敢闻其目？"太公曰："将冬不服裘，夏不操扇，雨不张盖，名曰，礼将。将不身服礼，无以知士卒之寒暑。出隘塞，犯泥涂，将必先下步，名曰力将。将不身服力，无以知士卒之劳苦军皆定次，将乃就舍，炊者皆熟，将乃就食，军不举火，将亦不举，名曰止欲将。将不身服止欲，无以知士卒之饥饱。

"将与士卒共寒暑、劳苦、饥饱，故三军之众，闻鼓声，则喜；闻金声，则怒。高城深池，矢石繁下，士争先登；白刃始合，士争先赴。士非好死而乐伤也，为其将知寒暑、饥饱之审，而见劳苦之明也。"

武王问太公曰："引兵深入诸侯之地，三军猝有缓急，或利或害，吾将以近通远，从中应外，以给三军之用。为之奈何？"

太公曰："主与将，有阴符，凡八等：有大胜克敌之符，长一尺；破军擒将之符，长九寸；降城得邑之符，长八寸；却敌报这之符，长七寸；誓众坚守之符，长六寸；请粮益兵之符，长五寸；败军亡将之符，长四寸；失利亡士之符，长三寸；诸奉使行符，稽留者，若符事泄，闻者告者，皆诛之。八符者，主将秘闻，所以阴通言语，不泄中外相知之术。敌虽圣智，莫之能识。"武王曰："善哉。"

武王问太公曰："引兵深入诸侯之地，主将欲合兵，行无穷之变，图不测之利。其事繁多，符不能明，相去辽远，言语不通。为之奈何？"

太公曰："诸有阴事大虑，当用书，不用符。主以书遗将，将以书问主。书皆一合再离，三发而一知（再离者，分书为三部。三发而一知者，言三人，人操一分，相参而不知情也）。此谓阴书。敌虽圣智，莫之能识。"武王曰："善哉。"

武王问太公曰："攻伐之道奈何？"太公曰："势因敌家之动，变生于两阵之间，奇正发于无穷之源。故至事不语，用兵不言。且事之至者，其言不足听也。兵之用者，其状不足见也。倏而往，忽而来，能独专而不制者，兵也。

"夫兵闻则议，见则图，知则困，辨则危。

“故善战者，不待张军、善除患者，理于未生，善胜敌者，胜于无形。上战无与战。故争胜于白刃之前者，非良将也。设备于已失之后者，非上圣也。智与众同，非国师也，技与众同，非国工也。

“事莫大于必克，用莫大于玄默，动莫神于不意，谋莫善于不识。

“夫先胜者，先见弱于敌，而后战者也。故事半而功倍也。圣人徵于天地之动，孰知其纪。循阴阳之道，而从其候。当天地盈缩，因以为常。物有生死，因天地之形。故曰：未见形而战，虽众必败。

“善战者，居之不挠，见胜则起，不胜则止，故曰：无恐惧，无犹豫，用兵之害，犹豫最大，三军之灾莫过狐疑。善战者，见利不失，遇时不疑。失利后时，反受其殃。故智者从之而不失；巧者一决而不犹豫。是以疾雷不及掩耳，迅电不及瞑目。赴之若惊，用之若狂；当之者破，近之者亡，孰能御之。

“夫将，有所不言而守者，神也。有所不见而视者，明也。故知神明之道者，野无横敌，对无立国。”武王曰：“善哉。”

武王问太公曰：“凡用兵之法，大要何如？”太公曰：“古之善战者，非能战于天上，非能战于地下；其成与败，皆由神势。得之者昌，失之者亡。

“夫两阵之间，出甲陈兵，纵卒乱行者，所以为变也；深草蓊翳者。所以逃遁也；溪谷险阻者，所以止车御骑也；隘塞山林者，所以少击众也；坳泽窈冥者，所以匿其形也；清明无隐者，所以战勇力也；疾如流矢，击如发机者，所以破精微也；诡伏设奇，远张诳诱者，所以破军擒将也；四分五裂者，所以击圆破方也；因其惊骇者，所以一击十也；因其劳倦暮舍者，所以十击百也；奇技者，所以越深水渡江河也；强弩长兵者，所以逾水战也；长关远候，暴疾谬遁者，所以降城服邑也；鼓行欢嚣者，所以行奇谋也；大风甚雨者，所以搏前擒后也；伪称敌使者，所以绝粮道也；谬号令，与敌同服者，所以备走北也；战必以义者，所以励众胜敌也；尊爵重赏者，所以劝用命也；严刑重罚者，所以进罢怠也；一喜一怒，一予一夺，一文一武，一徐一疾者，所以调和三军，制一臣下；处高敞者，所以警守也；保险阻者，所以为固也；山林茂秽者，所以默往来也；深沟高垒，积粮多者，所以持久也。

“故曰：不知战攻之策，不可以语敌；不能分移，不可以语奇；不通治乱，不可以语变。

“故曰：将不仁，则三军不亲；将不勇，则三军不锐；将不智，则三军大疑；将不明，则三军大倾；将不精微，则三军失其机；将不常戒，则三军失其备；将不强力，则三军失其职。

“故将者，人之司命，三军与之俱治，与之俱乱。得贤将者，兵强国昌。不得贤将者，兵弱国亡。”武王曰：“善哉。”

武王问太公曰：“律音之声，可以知三军之消息，胜负之决乎？”

太公曰：“深哉！王之问也。夫律管十二，其要有五音：宫、商、角、徵、羽，此真正声也，万代不易。五行之神，道之常也。可以知敌。金、木、水、火、土，各以其胜攻之。古者三皇之世，虚无之情，以制刚强。无有文字，皆由五行。五行之道，天地自然。六甲之分，微妙之神。

“其法以天清净，天阴云风雨，夜半遣轻骑，往至敌人之垒，去九百步外，遍持律管当耳，大呼惊之。有声应管，其来甚微。角声应管，当以白虎。徵声应管，当以玄武。商声应管，当以朱雀，羽声应管，当以勾陈。五管声尽不应者，宫也，当以青龙。此五行之符，佐胜之徵，成败之机也。”武王曰：“善哉！”

太公曰：“微妙之音，皆有外候。”武王曰：“何以知之？”太公曰：“敌人惊动则听之。闻枹鼓之音者，角也；见火光者，征也；闻金铁予戟者，商也；闻人啸呼之音者，羽也；寂寞无闻者，宫也。此五者，声色之符也。”

武王问太公曰：“吾欲未战先知敌人之强弱，预见胜败之徵，为之奈何？”

太公曰：“胜败之徵，精神先见，明将察之，其效在人。谨候敌人出入进退，察其动静，言语妖祥，士卒所告。凡三军悦怿，士卒畏法，敬其将命；相喜以破敌，相陈以勇猛，相贤以威武，此强徵也。三军数惊，士卒不齐；相恐以敌强，相语以不利；耳目相属，妖言不止，众口相惑；不畏法令，不重其将，此弱徵也。

“三军齐整，阵势以固，深沟高垒，又有大风甚雨之利；三军无故，旌旗前指；金铎之声扬以清，鼙鼓之声宛如鸣。此得神明之助，大胜之徵也。行阵不固，旌旗乱而相绕；逆大风甚雨之利；士卒恐惧，气绝而不属；戎马惊奔，兵车折轴；金铎之声下以浊，鼙鼓之声湿以沐，此大败之徵也。

“凡攻城围邑，城之气色如死灰，城可屠。城之气出而北，城可克。城之气出而西，城必降。城之气出而南，城不可拔。城之气出而东，城不可攻。城之气出而复入，城主逃北。城之气出而覆我军之上，军必病。城之气出高而无所止，用日长久。凡攻城围邑，过旬不雷不雨，必亟去之，城必有大辅。此所以知可攻而攻，不可攻而止。”

武王曰：“善哉。”

武王问太公曰：“天下安定，国家无事。战攻之具，可无修乎？守御之备，可无设乎？”

太公曰：“战攻守御之具，尽在于人事。耒耜者，其行马、蒺藜也。马牛、车舆者，其营垒、蔽橹也。锄耰之具，其矛戟也。蓑薛、簦笠者，其甲胄、干楯也。镢锸斧锯杵臼，其攻城器也。牛马，所以转输粮也。鸡犬，其伺候也。妇人织纴，其旌旗也。丈夫平壤，其攻城也。春钹草棘，其战车骑也。夏耨田畴，其战步兵也。秋刈禾薪，其粮食储备也。冬实仓廪，其坚守也。田里相伍，其约束符信也。里有吏，官有长，其将帅也。里有周垣，不得相过，其队分也。输粟收刍，其廪库也。春秋治城郭，修沟渠，其堑垒也。

“故用兵之具，尽于人事也。善为国者，取于人事。故必使遂其六畜，辟其田野，安其处所。丈夫治田有亩数，妇人织纴有尺度，其富国强兵之道也。”武王曰：“善哉！”

卷四 虎韬

武王问太公曰："王者举兵，三军器具，攻守之具，科品众寡，岂有法乎？"太公曰："大哉！王之问也。夫攻守之具，各有科品，此兵之大威也。"武王曰："愿闻之。"

太公曰："凡用兵之大数，将甲士万人，法用：

"武冲大扶胥三十六乘。材士、强弩、矛戟为翼，一车三十四人推之，八尺车轮；车上立旗鼓，兵法谓之：震骇。陷坚阵，败强敌。

"武翼大橹、矛戟扶胥七十二具。材士、强弩、矛戟为翼；以五尺车轮，绞车连弩自副。陷坚阵，败强敌。

"提翼小橹扶胥一百四十四具。绞车连弩自副；以鹿车输。陷坚阵，败强敌。

"大黄参连弩大扶胥三十六乘。材士、强弩、矛戟为翼，飞凫电影自副。飞凫，赤茎白羽，以铜为首；电影，青茎赤羽，以铁为首。昼则以绛缟，长六尺，广六寸，为光耀；夜则以白缟，长六尺，广六寸，为流星。陷坚阵，败步骑。

"大扶胥冲车三十六乘。螳螂武士共载，可以击纵横，败强敌。

"轻车骑寇，一名电车，兵法谓之：电击。陷坚阵，败步骑。

"寇夜前来。矛戟扶胥轻车一百六十乘。螳螂武士三人共载，兵法谓之：霆击。陷坚阵，败步骑。

"方首铁棓维朌，重十二斤，柄长五尺以上，千二百枚，一名天棓。大柯斧，刃长八寸，重八斤，柄长五尺以上，千二百枚，一名天越。方首铁锤，重八斤，柄长五尺以上，千二百枚。一名天锤。败步骑群寇。

"飞钩，长八寸，钩芒长四寸，柄长六尺以上，千二百枚，以投其众。

"三军拒守，木螳螂，剑刃，扶胥，广二丈，百二十具。一名行马。平易地，以步兵败车骑。

"木蒺藜，去地二尺五寸，百二十具。败步骑，要穷寇，遮走北。轴旋短冲予戟扶胥百二十具，黄帝所以败蚩尤氏，败步骑，要穷寇，遮走北。

“狭路微径，张铁蒺藜，芒高四寸，广八寸，长六尺以上，千二百具。败步骑。

“突瞑来前促战，白刃接。张地罗，铺两镞蒺藜，参连织女芒间相去二寸，万二千具。旷予草中，方胸铤矛，千二百具；张铤矛法，高一尺五寸，败步骑，要穷寇，遮走北。

“狭路微径，地陷，铁械锁，参连百二十具，败步骑，要穷寇，遮走北。

“垒门拒守，矛戟小盾十二具，绞车连弩自副。三军拒守，天罗、虎落锁连，一部广一丈五尺以上，高八尺，百二十具，虎落剑刃扶胥（车），广一丈五尺，高八尺，五百二十具。

“渡沟堑，飞桥一间，广一丈五尺，长二丈以上，着转关辘轳八具，以环利通索张之。

“渡大水，飞江（即门舟），广一丈五尺，长二丈以上，八具，以环利通索张之。天浮铁螳螂矩内圆，外经四尺以上，环络自副，三十二具，以天浮张飞江，济大海，谓之天潢，一中天舡。

“山林野居，结虎落柴营，环利铁锁长二丈以上，千二百枚。环利大通索，大四寸，长四丈以上，六百枚。环利中通索，大二寸，长四丈以上，二百枚。环利小微螺，长二丈以上，万二千枚。天雨，盖重车上板，结枲钽铻，广四尺，长四丈以上，车一具，以铁杙张之。

“伐木大斧，重八斤，柄长三尺以上，三百枚。棨镢［棨镢］，刃广六寸，柄长五尺以上，三百枚。铜筑固为垂，长五尺以上，三百枚。鹰爪，方胸铁把，柄长七尺，三百枚。方胸铁叉，柄长七尺以上，三百枚，芟草木大镰，柄长七尺以上，三百枚。大橹刀，重八斤，柄长六尺，三百枚。委环铁杙，长三尺以上，三百枚。椓杙大锤，重五斤，柄长二尺以上，百二十具。

“甲士万人，强弩六千，戟楯两千，矛橹两千，修治攻具，砥砺兵器，巧手三百人。此举兵之大数也。”武王曰：“允哉。”

武王问太公曰：“凡用兵为天阵、地阵、人阵，奈何？”

太公曰："日月星辰斗杓，一左一右，一向一背，此谓天阵。丘陵水泉，亦有前后左右之利，此谓地阵。用车用马，用文用武，此谓人阵。"武王曰："善哉！"

武王问太公曰："敌人围我，断我前后，绝我粮道，为之奈何？"

太公曰："此天下之困兵也。暴用之则胜，徐用之则败。如此者，为四武冲阵，以武车骁骑，惊乱其军，而疾击之，可以横行。"

武王曰："若已出围地，欲因以为胜，为之奈何？"太公曰："左军疾左，右军疾右，无与敌人争道。中军迭前迭后，敌人虽众，其将可走。"

武王问太公曰："引兵深入诸侯之地，敌人四合而围我，断我归道，绝我粮食。敌人既众，粮食甚多，险阻又固。我欲必出，为之奈何？"

太公曰："必出之道，器械为宝，勇斗为首。审知敌人空虚之地，无人之处，可以必出。将士人持玄旗，操器械，设衔枚，夜出。勇力、飞足、冒将之士，居前平垒，为军开道。材士、强弩为伏兵，居后。弱卒、车骑居中。阵毕徐行，慎无惊骇。以武冲扶胥，前后拒守。武翼大橹，以蔽左右。敌人若惊，勇力冒将之士疾击而前。弱卒车骑，以属其后。材士强弩，隐伏而处。审候敌人追我，伏兵疾击其后。多其火鼓，若从地出，若从天下。三军勇斗，莫我能御。"

武王曰："前有大水、广堑、深坑，我欲逾渡，无舟楫之备。敌人屯垒，限我军前，塞我归道；斥候常戒；险塞尽守；车骑要我前，勇士击我后，为之奈何？"

太公曰："大水、广堑、深坑，敌人所不守；或能守之，其卒必寡。若此者，以飞江转关与天潢以济吾军。勇力材士，从我所指，冲敌绝阵，皆致其死。先燔吾辎重，烧吾粮食，明告吏士，勇斗则生，不勇则死。已出者，令我踵军，设云火远候，必依草木、丘墓、险阻。敌人车骑，必不敢远追长驱。因以火为记，先出者，令至火而止，为四武冲阵。如此，则三军皆精锐勇斗，莫我能止。"武王曰："善哉！"

武王问太公曰："引兵深入诸侯之地，遇深溪、大谷、险阻之水，吾三军未得毕济，而天暴雨，流水大至。后不得属于前，无舟梁之备，又无水草之资。吾欲毕济，使三军不稽留，为之奈何？”

太公曰：“凡帅师将众，虑不先设，器械不备；教不素信，士卒不习。若此，不可以为王者之兵也。凡三军有大事，莫不习用器械。若攻城围邑，则有辒辒、临冲；视城中，则有云梯、飞楼。三军行止，则有武冲、大橹。前后拒守，绝道遮街，则有材士、强弩，卫其两旁。设营垒，则有天罗、武落、行马、蒺藜。昼则登云梯远望，立五色旗旌。夜则火云万炬，击雷鼓，振鼙铎，吹鸣笳；越沟堑，则有飞桥、转关、辘轳、鉏铻；济大水，则有天潢、飞江；逆波上流，则有浮海、绝江。三军用备，主将何忧。”

武王问太公曰：“吾与敌人临境相拒，彼可以来，我可以往，阵皆坚固，莫敢先举。我欲往而袭之，彼亦可以来。为之奈何？”

太公曰：“分兵三处。令我前军，深沟增垒而无出，列旌旗，击鼙鼓，完为守备。令我后军，多积粮食，无使敌人知我意。发我锐士，潜袭其中，击其不意，攻其无备。敌人不知我情，则止不来矣。”

武王曰：“敌人知我之情，通我之谋，动则得我事。其锐士伏于深草，要我隘路，击我便处，为之奈何？”

太公曰：“令我前军，日出挑战，以劳其意；令我老弱，曳柴扬尘，鼓呼而往来，或出其左，或出其右，去敌无过百步，其将必劳，其卒必骇。如此，则敌人不敢来。吾往者不止，或袭其内，或击其外，三军疾战，敌人必败。”

武王问太公曰：“引兵深入诸侯之地，与敌之军相当。两阵相望，众寡强弱相等，未敢先举。吾欲令敌人将帅恐惧，士卒心伤，行阵不固，后军欲走，前阵数顾。鼓噪而乘之，敌人遂走。为之奈何？”

太公曰：“如此者，发我兵，去寇十里而伏其两旁，车骑百里而越其前后。多其旌旗，益其金鼓。战合，鼓噪而俱起。敌将必恐，其军惊骇。众寡不相救，贵贱不相待，敌人必败。”

武王曰：“敌之地势，不可伏其两旁，车骑又无以越其前后。敌知我虑，先施其备。吾士卒心伤，将帅恐惧，战则不胜，为之奈何？”

太公曰：“微哉！王之问也。如此者，先战五日，发我远候，往视其动静，审候其来，设伏而待之。必于死地，与敌相遇。远我旌旗，疏我行阵。必奔其前，与敌相当。战合而走，击金无止。三里而还，伏兵乃起。或陷其两旁，或击其先后，三军疾战，敌人必走。”武王曰：“善哉！”

武王问太公曰：“引兵深入诸侯之地，与敌相当。而天大寒甚暑，日夜霖雨，旬日不止。沟垒悉坏，隘塞不守，斥候懈怠，士卒不戒。敌人夜来，三军无备，上下惑乱，为之奈何？”

太公曰：“凡三军，以戒为固，以怠为败。令我垒上，谁何不绝；人执旌旗，外内相望，以号相命，勿令乏音，而皆外向。三千人为一屯，诫而约之，各慎其处。敌人若来，视我军之警戒，至而必还，力尽气怠。发我锐士，随而击之。”

武王曰：“敌人知我随之，而伏其锐士，佯北不止。遇伏而还，或击我前，或击我后，或薄我垒。吾三军大恐，扰乱失次，离其处所。为之奈何？”太公曰：“分为三队，随而追之，勿越其伏。三队俱至，或击其前后，或陷其两旁。明号审令，疾击而前，敌人必败。”

武王问太公曰：“引兵深入诸侯之地，与敌相守。敌人绝我粮道，又越我前后，吾欲战胜不可胜，欲守则不可久。为之奈何？”

太公曰：“凡深入敌人之境，必察地之形势，务求便利。依山林险阻，水泉林木，而为之固；谨守关梁，又知城邑丘墓地形之利。如是，则我军坚固，敌人不能绝我粮道，又不能越我前后。”

武王曰：“吾三军过大林、广泽、平易之地，吾盟误失，卒与敌人相薄。以战则不胜，以守则不固。敌人翼我两旁，越我前后，三军大恐，为之奈何？”

太公曰：“凡帅师之法，当常先发远候，去敌二百里，审知敌人所在。地势不利，则以武卫为垒而前，又置两踵军于后，远者百里，近者五十里。既有警急，前后相救，吾三军常完坚，必无毁伤。”武王曰：“善哉！”

武王问太公曰：“战胜深入，略其地，有大城不可下。其别军守险阻，与我相拒。我欲攻城围邑，恐其别军猝至而击我。中外相合，击我表里。三军大乱，上下恐骇。为之奈何？”

太公曰："凡攻城围邑，车骑必远，屯卫警戒，阻其内外。中人绝粮，外不得输，城人恐怖，其将必降。"

武王曰："中人绝粮，外不得输，阴为约誓，相与密谋。夜出，穷寇死战。其车骑锐士，或冲我内，或击我外。士卒迷惑，三军败乱。为之奈何？"

太公曰："如此者，当分军三为，谨视地形而处。审知敌人别军所在，及其大城别堡，为之置遗缺之道，以利其心。谨备勿失，敌人恐惧，不入山林，即归大邑，走其别军，车骑远邀其前，勿令遗脱，中人以为先出者得其径道，其练卒材士必出，其老弱独在，车骑深入长驱。敌人之军，必莫敢至。慎勿与战，绝其粮道，围而守之，必久其日。

"无燔人积聚，无毁人宫室，冢树社丛勿伐。降者勿杀，得而勿戮，示之以仁义，施之以厚德。令其士民曰：罪在一人。如此则天下和服。"武王曰："善哉！"

武王问太公曰："引兵深入诸侯之地，遇深草蓊秽周吾军前后左右。三军行数百里，人马疲倦休止。敌人因天燥疾风之利，燔吾上风，车骑锐士，坚伏吾后。吾三军恐怖，散乱而走。为之奈何？"

太公曰："若此者，则以云梯飞楼，远望左右，谨察前后。见火起，即燔吾前而广延之；又燔吾后。敌人若至；即引军而却，按黑地而坚处，敌人之来。犹在吾后，见火起，必远走。吾按黑地而处，强弩材士，卫吾左右，又燔吾前后。若此，则敌人不能害我。"

武王曰："敌人燔吾左右，又燔吾前后，烟复吾军，其大兵按黑地而起。为之奈何？"

太公曰："若此者，为四武冲阵，强弩翼吾左右，其法无胜亦无负。"

武王问太公曰："何以知敌垒之虚实，自来自去？"

太公曰："将必上知天道，下知地理，中知人事。登高下望，以观敌之变动。望其垒，则知其虚实。望其士卒，则知其来去。"

武王曰："何以知之？"

太公曰："听其鼓无音，铎无声；望其垒上多飞鸟而不惊。上无氛气，必知敌诈而为偶人也。敌大猝去不远，未定而复返者，彼用其士卒太疾也。太疾则前后不相次。不相次则行阵必乱。如此者，急出兵击之。以少击众，则必败矣。”

卷五 豹 韬

武王问太公曰：“引兵深入诸侯之地，遇大林，与敌人分林相拒。吾欲以守则固，以战则胜。为之奈何？”

太公曰：“使吾三军，分为冲阵。便兵所处，弓弩为表，戟盾为里。斩除草木，极广吾道；以便战所。高置旌旗，谨敕三军，无使敌人知吾之情，是谓林战。

“林战之法，率吾矛戟，相与为伍。林间木疏，以骑为辅，战车居前，见便则战，不见便则止。林多险阻，必置冲阵，以备前后。三军疾战，敌人虽众，其将可走。更战更息，各按其部，是为林战之纪。”

武王问太公曰：“敌人深入长驱，侵掠我地，驱我牛马；其三军大至，薄我城下。吾士卒大恐；人民系累，为敌所虏。吾欲以守则固，以战则胜。为之奈何？”

太公曰：“如此者谓之突兵，其牛马必不得食，士卒绝粮，暴击而前。令我远邑别军，选其锐士，疾击其后。审其期日，必会于晦。三军疾战，敌人虽众，其将可虏。”

武王曰：“敌人分为三四，或战而侵掠我地，或止而收我牛马。其大军未尽，而使寇薄我城下，致吾三军恐惧，为之奈何？”

太公曰：“谨候敌人未尽至，则设备而待之。去城四里而为垒，金鼓旌旗，皆列而张。别队为伏兵。令我垒上，多积强弩。百步一突门，门有行马。车骑居外，勇力锐士，隐伏而处。敌人若至，使我轻卒合战而佯走；令我城上立旌旗，击鼙鼓，完为守备。敌人以我为守城，必薄我城下。发吾伏兵，以充其内，或击其外。三军疾战，或击其前，或击其后。勇者不得斗，轻者不及走，名曰突战。敌人虽众，其将必走。”武王曰：“善哉！”

武王问太公曰："引兵深入诸侯之地，与敌人冲军相当。敌众我寡，敌强我弱。敌人夜来，或攻吾左，或攻吾右，三军震动，吾欲以战则胜，以守则固，为之奈何？"

太公曰："如此者谓之震寇。利以出战，不可以守。选吾材士强弩车骑为左右，疾击其前，急攻其后；或击其表，或击其里。其卒必乱，其将必骇。"

武王曰："敌人远遮我前，急攻我后，断我锐兵，绝我材士。吾内外不得相闻，三军扰乱，皆散而走。士卒无斗志，将吏无守心，为之奈何？"

太公曰："明哉，王之问也。当明号审令，出我勇锐冒将之士，人操炬火，二人同鼓。必知敌人所在，或击其表或击其里。微号相知，令之灭火，鼓音皆止。中外相应，期约皆当。三军疾战，敌必败亡。"武王曰："善哉！"

武王问太公曰："引兵深入诸侯之地，猝遇敌人，甚众且武。武车骁骑，绕我左右。吾三军皆震，走不可止。为之奈何？"

太公曰："如此者，谓之败兵。善者以胜，不善者以亡。"

武王曰："用之奈何？"太公曰："伏我材士强弩，武车骁骑，为之左右，常去前后三里。敌人逐我，发我车骑，冲其左右。如此，则敌人扰乱，吾走者自止。"

武王曰："敌人与我车骑相当，敌众我少，敌强我弱。其来整治精锐，吾阵不敢当。为之奈何？"

太公曰："选我材士强弩，伏于左右，车骑坚阵而处。敌人过我伏兵，积弩射其左右；车骑锐兵，疾击其军，或击其前，或击其后，敌人虽众，其将必走。"武王曰："善哉！"

武王问太公曰："引兵深入诸侯之地，遇高山盘石，其上亭亭，无有草木，四面受敌。吾三军恐惧，士卒迷惑。吾欲以守则固，以战则胜。为之奈何？"

太公曰："凡三军处山之高，则为敌所栖，处山之下，则为敌所囚。既以被山而处，必为鸟云之阵。鸟云之阵，阴阳皆备。或屯其阴，或屯其阳。处山之阳，备山之阴，处山之阴，备山之阳。处山之左，备山之右，处山之右，备山之左。其山敌所能陵者，兵备其表。衢道通谷，绝以武车。高置旌旗；谨敕三军，无使敌人知吾之情，是谓：山城。

“行列已定，士卒已阵，法令已行，奇正已设。各置冲阵于山之表，便兵所处。乃分车骑为鸟云之阵。三军疾战，敌人虽众，其将可擒。”

武王问太公曰：“引兵深入诸侯之地，与敌人临水相拒。敌富而众；我贫而寡。逾水击之则不能前。欲久其日，则粮食少。吾居斥卤之地，四旁无邑，又无草木。三军无所掠取，牛马无所刍牧。为之奈何？”

太公曰：“三军无备，牛马无食，士卒无粮。如此者，索便诈敌而亟去之，设伏兵于后。”

武王曰：“敌不可得而诈。吾士卒迷惑。敌人越我前后，吾三军败乱而走。为之奈何？”太公曰：“求途之道，金玉为主，必因敌使，精微为宝。”

武王曰：“敌人知我伏兵，大军不肯济，别将分队以逾于水。吾三军大恐。为之奈何？”

太公曰：“如此者，分为冲阵，便兵所处。须其毕出，发我伏兵，疾击其后，强弩两旁，射其左右。车骑分为鸟云之阵，备其前后。三军疾战。敌人见我战合，其大军必济水而来。发我伏兵，疾击其后；车骑冲其左右。敌人虽众，其将可走。

“凡用兵之大要，当敌临战，必置冲阵，便兵所处。然后，以车骑分为鸟云之阵，此用兵之奇也。所谓鸟云者，鸟散而云合，变化无穷者也。”武王曰：“善哉！”

武王问太公曰：“吾欲以少击众，以弱击强，为之奈何？”太公曰：“以少击众者，必以日之暮，伏以深草，要之隘路。以弱击强者，必得大国之与，邻国之助。”

武王曰：“我无深草，又无隘路，敌人已至，不适日暮；我无大国之与，又无邻国之助。为之奈何？”

太公曰：“妄张诈诱，以荧惑其将，迂其道，令过深草；远其路，令会日暮。前行未渡水，后行未及舍，发我伏兵，疾击其左右，车骑扰乱其前后。敌人虽众，其将可走；事大国之君，下邻国之士，厚其币，卑其辞。如此，则得大国之与，邻国之助矣！”武王曰：“善哉！”

武王问太公曰：“引兵深入诸侯之地，与敌人相遇于险厄之中。吾左山而右水；敌右山而左水，与我分险相拒。吾欲以守则固，以战则胜。为之奈何？”

太公曰：“处山之左，急备山之右；处山之右，急备山之左。险有大水，无舟楫者，以天潢济吾三军。已济者，亟广吾道，以便战所。以武冲为前后，列其强弩，令行阵皆固，衢道谷口，以武冲绝之。高置旌旗，是为车城。

“凡险战之法，以武冲为前，大橹为卫，材士强弩，翼吾左右。三千人为一屯，必置冲阵，便兵所处。左军以左，右军以右，中军以中，并攻而前。已战者，还归屯所，更战更息，必胜乃已。”武王曰：“善哉！”

卷六 犬韬

武王问太公曰：“王者帅师，三军分为数处，将欲期会合战，约誓赏罚，为之奈何？”

太公曰：“凡用兵之法，三军之众，必有分合之变，其大将先定战地战日，然后移檄书与诸将吏，期攻城围邑，各会其所，明告战日，漏刻有时。大将设营而阵，立表辕门，清道而待。诸将吏至者，校其先后；先期至者赏；后期至者斩。如此，则远近奔集，三军俱至，并力合战。”

武王问太公曰：“凡用兵之要，必有武车骁骑，驰阵选锋，见可则击之。如何而可击？”

太公曰：“夫欲击者，当审察敌人十四变。变见则击之，敌人必败。”武王曰：“十四变可得闻乎？”

太公曰："敌人新集可击；人马未食可击；天时不顺可击；地形未得可击；奔走可击；不戒可击；疲劳可击；将离士卒可击；涉长路可击；济水可击；不暇可击；阻难狭路可击；乱行可击；心怖可击。"

武王问太公曰："练士之道奈何？"太公曰："军中有大勇，敢死，乐伤者，聚为一卒，名为冒刃之士。

"有锐气，壮勇、强暴者，聚为一卒，名曰：陷阵之士。

"有奇表长剑，接武齐列者，聚为一卒，名曰：勇锐之士。

"有披距、伸钩，强梁多力、溃破金鼓、绝灭旌旗者，聚为一卒，名曰：勇力之士。

"有逾高绝远，轻足善走者，聚为一卒，名曰：寇兵之士。

"有王臣失势，欲复见功者，聚为一卒，名曰：死斗之士。

"有死将之人，子弟欲为其将报仇者，聚为一卒，名曰：忿死之士。

"有贫穷愤怒，欲快其心者，聚为一卒，名曰：必死之士。

"有赘婿人虏，欲掩迹扬名者，聚为一卒，名曰：励钝之士。

"有胥靡免罪之人，欲逃其耻者，聚为一卒，名曰幸用之士。

"有材技兼人，能负重致远者，聚为一卒，名曰待命之士。

"此军之练士，不可不察也。"

武王问太公曰："合三军之众。欲令士卒服习教战之道，奈何？"

太公曰："凡领三军，必有金鼓之节，所以整齐士众者也。将必明告吏士，申之以三令，以教操兵起居、旌旗指麾之变法。故教吏士：使一人学战；教成，合之十人。十人学战；教成，合之百人。百人学战；教成，合之千人。千人学战；教成，合之万人。万人学战；教成，合之三军之众。大战之法，教成，合之百万之众。故能成其大兵，立威于天下。"武王曰："善哉！"

武王问太公曰："以车与步卒战，一车当几步卒，几步卒当一车？以骑与步卒战，一骑当几步卒，几步卒当一骑？以车与骑战，一车当几骑，几骑当一车？"

太公曰："车者，军之羽翼也，所以陷坚阵，要强敌，遮走北也。骑者，军之伺候也，所以踵败军，绝粮道，击便寇也。

"故车骑不敌战，则一骑不能当步卒一人，三军之众，成阵而相当；则易战之法，一车当步卒八十人，八十人当一车；一骑当步卒八人，八人当一骑；一车当十骑，十骑当一车。险战之法，一车当步卒四十人，四十人当一车；一骑当步卒四人，四人当一骑；一车当六骑，六骑当一车。

“夫车骑者，军之武兵也。十乘败千人，百乘败万人；十骑走百人，百骑走千人，此其大数也。”

武王曰：“车骑之吏数与阵法奈何？”太公曰：“置车之吏数：五车一长，十五车一吏，五十车一率，百车一将。易战之法，五车为列，相去四十步，左右十步，队间六十步。险战之法，车必循道，十五车为聚，三十车为屯，前后相去二十步，左右六步，队间三十六步五车一长。纵横相去二里，各返故道。

“置骑之吏数：五骑一长，十骑一吏，百骑一率，二百骑一将。易战之法：五骑为列，前后相去二十步，左右四步，队间五十步；险战之法：前后相去十步，左右二步，队间二十五步。三十骑为一屯，六十骑为一辈，纵横相去百步，周还各复故处。”武王曰：“善哉！”

武王问太公曰：“选车士奈何？”太公曰：“选车士之法，取年四十以下，长七尺五寸以上，走能逐奔马，及驰而乘之，前后、左右、上下周旋，能束缚旌旗；力能彀八石弩；射前后左右，皆便习者，名曰：武车之士，不可不厚也。”

武王问太公曰：“选骑士奈何？”太公曰：“选骑士之法，取年四十以下，长七尺五寸以上，壮健捷疾，超绝伦等；能驰骑彀射，前后左右，周旋进退；越沟堑，登丘陵，冒险阻，绝大泽；驰强敌，乱大众者，名曰：武骑之士，不可不厚也。”

武王问太公曰：“战车奈何？”太公曰：“步贵知变动，车贵知地形，骑贵知别径奇道，三军同名而异用也。凡车之死地有十，胜地有八。”

武王曰：“十死之地奈何？”太公曰：“往而无以还者，车之死地也。越绝险阻，乘敌远行者，车之竭地也，前易后险者，车之困地也。陷之险阻而难出者，车之绝地也。圮下渐泽，黑土黏埴者，车之劳地也。左险右易，上陵仰阪者，车之逆地也。殷草横亩，犯历深泽者，车之拂地也。车少地易，与步不敌者，车之败地也。后有沟渎，左有深水，右有峻阪者。车之坏地也。日夜霖雨，旬日不止，道路溃陷，前不能进，后不能解者，车之陷地也。此十者，车之死地也。故拙将之所以见擒，明将之所以能避也。”

武王曰：“八胜之地奈何？”太公曰：“敌之前后，行阵未定，即陷之。旌旗扰乱，人马数动，即陷之。士卒或前或后，或左或右，即陷之。阵不坚固；士卒前后相顾，即陷之。前往而疑，后往而怯，即陷之。三军猝惊，皆薄而起，即陷之。战于易地，暮不能解，即陷之。远行而暮舍，三军恐惧，即陷之。此八者，车之胜地也。

“将明于十害八胜，敌虽围周，千乘万骑，前驱旁驰，万战必胜。”武王曰：“善哉！”

武王问太公曰：“战骑奈何？”太公曰：“骑有十胜九败。”

武王曰：“十胜奈何？”太公曰：“敌人始至，行阵未定，前后不属，陷其前骑，击其左右，敌人必走。敌人行阵整齐坚固，士卒欲斗，吾骑翼而勿去，或驰而往，或驰而来，其疾如风，其暴如雷，白昼如昏，数更旌旗，变更衣服，其军可克。敌人行阵不固，士卒不斗。薄其前后，猎其左右，翼而击之，敌人必惧。敌人暮欲归舍，三军恐骇，翼其两旁，疾击其后，薄其垒口，无使得入，敌人必败。敌人无险阻保固，深入长驱，绝其粮道，敌人必饥。地平而易，四面见敌，车骑陷之，敌人必乱。敌人奔走，士卒散乱，或翼其两旁，或掩其前后，其将可擒。敌人暮返，其兵甚众，其行阵必乱。令我骑十而为队，百而为屯，车五而为聚，十而为群，多设旌旗，杂以强弩；或击其两旁，或绝其前后，敌将可虏。此骑之十胜也。”

武王曰：“九败奈何？”太公曰：“凡以骑陷敌而不能破阵，敌人佯走，以车骑返击我后，此骑之败地也。追北逾险，长驱不止，敌人伏我两旁，又绝我后，此骑之围地也。往而无以返，入而无以出，是谓陷于天井，顿于地穴，此骑之死地也。所以入者隘，所以出者远，彼弱可以击我强，彼寡可以击我众，此骑之没地也。大涧深谷，翳茂林木，此骑之竭地也。左右有水，前有大阜，后有高山，三军战于两水之间，敌居表里，此骑之艰地也。敌人绝我粮道，往而无以还，此骑之困地也。汙下沮泽，进退渐洳，此骑之患地也。左有深沟，右有坑阜，高下如平地，进退诱敌，此骑之陷地也。此九者，骑之死地也。明将之所以远避，暗将之所以陷败也。”

武王问太公曰：“步兵与车骑战奈何？”太公曰：“步兵与车骑战，必依丘陵险阻，长兵强弩居前，短兵弱弩居后，更发更止。敌之车骑虽众而至，坚阵疾战，材士强弩，以备我后。”武王曰：“吾无丘陵，又无险阻。敌人之至，既众且武，车骑翼我两旁，猎我前后。吾三军恐惧，乱败而走，为之奈何？”

太公曰：“令我士卒为行马、木蒺藜，置牛马队伍，为四武冲阵，望敌车骑将来，均置蒺藜；掘地匝后，广深五尺，名曰：命笼。人操行马进步，阑车以为垒，推而前后，立而为屯；材士强弩，备我左右。然后令我三军，皆疾战而不解。”武王曰：“善哉。”

三　略

——战国·黄石公 著

上　略

夫主将之法，务揽英雄之心，赏禄有功，通志于众。故与众同好靡不成，与众同恶靡不倾。治国安家，得人也。亡国破家，失人也。含气之类，咸愿得其志。

《军谶》曰：“柔能制刚，弱能制强。”柔者德也，刚者贼也，弱者人之所助，强者怨之所攻。柔有所设，刚有所施，弱有所用，强有所加。兼此四者而制其宜。

端末未见，人莫能知。天地神明，与物推移。变幻无常，因敌转化。不为事先，动而辄随。故能图制无疆，扶成天威，匡正八极，密定九夷。如此谋者，为帝王师。

故曰，莫不贪强，鲜能守微，若能守微，乃保其生。圣人存之，动应事机，舒之弥四海，卷之不盈怀，居之不以室宅，守之不以城郭，藏之胸臆，而敌国服。

《军谶》曰："能柔能刚，其国弥光。能弱能强，其国弥彰。纯柔纯弱，其国必削。纯刚纯强，其国必亡。"

夫为国之道，恃贤与民。信贤如腹心，使民如四肢，则策无遗。所适如肢体相随，骨节相救，天道自然，其巧无间。

军国之要，察众心，施百务。

危者安之，惧者欢之，叛者还之，冤者原之，诉者察之，卑者贵之，强者抑之，敌者残之，贪者丰之，欲者使之，畏者隐之，谋者近之，谗者覆之，毁者复之，反者废者，横者挫之，满者损之，归者招之，服者居住，降者脱之。

获固守之，获厄塞之，获难屯之，获城割之，获地裂之，获财散之。

敌动伺之，敌近备之，敌强下之，敌佚去之，敌陵待之，敌暴绥之，敌悖义之，敌睦携之。顺举挫之，因势破之，放言过之，四纲罗之。

得而勿有，居而勿守，拔而勿久，立而勿取，为者则已，有者则士，焉知利之所在，彼为诸侯，己为天子，使城自保，令士自取。

世能祖祖，鲜能下下。祖祖为亲，下下为君。下下者，务耕桑不夺其时，薄赋敛不匮其财，罕徭役不使其劳，则国富而家娱，然后选士以司牧之。夫所谓士者，英雄也。故曰，罗其英雄，则敌国穷。英雄者，国之干：庶民者，国之本。得其干，收其本，则政行而无怨。

夫用兵之要，在崇礼而重禄。礼崇则智士至，禄重则义士轻死。故禄贤不爱财，赏功不逾时，则下力并而敌国削。夫用人之道，尊以爵，赡以财，则士自来。接以礼，励以义，则士死之。

夫将帅者，必与士卒同滋味而共安危，敌乃可加，故兵有全胜，敌有全因。昔者良将之用兵，有馈箪醪者，使投诸河与士卒同流而饮。夫一箪之醪不能味一河之水，而三军之士思为致死者，以滋味之及己也。

《军谶》曰："军井未达，将不言渴。军幕未办，将不言倦。军灶未炊，将不言饥。冬不服裘，夏不操扇，雨不张盖。"是谓将礼。与之安，与之危，故其众可合而不可离，可用而不可疲，以其恩素蓄、谋素和也。故曰，蓄恩不倦，以一取万。

《军谶》曰："将之所以为威者，号令也。战之所以全胜者，军政也。士之所以轻战者，用命也。"故将无还令，赏罚必信，如天如地，乃可御人。士卒用命，乃可越境。

夫统军持势者，将也；制胜破敌者，众也。故乱将不可使保军，乖众不可使伐人。攻战则不拔，图邑则不废，二者无功，则士力疲弊。士力疲弊，则将孤众悖，以守则不固，以战则奔北，是谓老兵。兵老则将威不行，将无威则士卒轻刑，士卒轻刑则军失伍，军失伍则士卒逃亡，士卒逃亡则敌乘利，敌乘利则军必丧。

《军谶》曰："良将之统军也，恕己而治人。"推惠施恩，士力日新，战如风发，攻如河决。故其众可望而不可当，可下而不可胜。以身先人，故其兵为天下雄。

《军谶》曰："军以赏为表，以罚为里。赏罚明，则将威行。官人得，则士卒服。所任贤，则敌国震。"

《军谶》曰："贤者所适，其前无敌。"故士可下而不可骄，将可乐而不可忧，谋可深而不可疑。士骄则下不顺，将忧则内外不相信，谋疑则敌国奋。以此攻伐，则致乱。夫将者，国之命也。将能制胜，则国家安定。

《军谶》曰："将能清，能将，能平，能整，能受谏，能听讼，能纳人，能采言，能知国俗，能图山川，能表险难，能制军权。"故曰，仁贤之智，圣明之虑，负薪之言，廊庙之语，兴衰之事，将所宜闻。

将者能思士如渴，则策从焉。夫将拒谏，则英雄散。策不从，则谋士叛。善恶同，则功臣倦。专己，则下归咎。自伐，则下少功。信谗，则众离心。贪财，则奸不禁。内顾，则士卒淫。将有一，则众不服。有二，则军无式。有三，则下奔北。有四，则祸及国。

《军谶》曰："将谋欲密，士众欲一，攻敌欲疾。"将谋密，则奸心闭；士众一，则军心结；攻敌疾，则备不及设。军有此三者，则计不夺。将谋泄，则军无势；外窥内，则祸不制；财入营，则众奸会。将有此三者，军必败。

将无虑，则谋士去。将无勇，则吏士恐。将妄动，则军不重。将迁怒，则一军惧。《军谶》曰："虑也，勇也，将之所重。动也，怒也，将之所用。"此四者，将之明诫也。

《军谶》曰："军无财，士不来。军无赏，士不往。"

《军谶》曰："香饵之下，必有悬鱼。重赏之下，必有死夫。"

故礼者，士之所归；赏者，士之所死。招其所归，示其所死，则所求者至。故礼而后悔者，士不止；赏而后悔者，士不使。礼赏不倦，则士争死。

《军谶》曰："兴师之国，务先隆恩。攻取之国，务先养民。"以寡胜众者，恩也。以弱胜强者，民也。故良将之养士，不易于身，故能使三军如一心，则其胜可全。

《军谶》曰："用兵之要，必先察敌情。视其仓库，度其粮食，卜其强弱，察其天地，伺青空隙。故国无军旅之难而运粮者，虚也；民菜色者，穷也。千里馈粮，民有饥色。樵苏后爨，师不宿饱。夫运粮千里，无一年之食；二千里，无二年之食；三千里，无三年之食。是谓国虚。国虚，则民贫。民贫，则上下不亲。敌攻其外，民盗其内。是谓必溃。"

《军谶》曰："上行虐，则下急刻。赋敛重数，刑罚无极，民相残贼。是谓亡国。"

《军谶》曰："内贪外廉，诈誉取名。窃公为恩，令上下昏。饰躬正颜，以获高官。是谓盗端。"

《军谶》曰："群吏朋党，各进所亲。招举奸枉，抑挫仁贤。背公立私，同位相讪。是谓乱源。"

《军谶》曰："强宗聚奸，无位而尊，威无不震。葛藟相连，种德立恩，夺在位权。侵侮下民，国内哗喧，臣蔽不言。是谓乱根。"

《军谶》曰：“世世作奸，侵盗县官。进退求便，委曲弄文，以危其君。是谓国奸。”

《军谶》曰：“吏多民寡，尊卑相若，强弱相虏，莫适禁御，延及君子，国受其咎。”

《军谶》曰：“善善不进，恶恶不退，贤者隐蔽，不肖在位，国受其害。”

《军谶》曰：“枝叶强大，比周居势，卑贱陵贵，久而益大，上不忍废，国受其败。”

《军谶》曰：“佞臣在上，一军皆讼，引威自与，动违于众。无进无退，苟然取容。专任自己，举措伐功。诽谤盛德，诬述庸庸。无善无恶，皆与己同。稽留行事，命令不通。造作奇政，变古易常。君用佞人，必受祸殃。”

《军谶》曰：“奸雄相称，障蔽主明。毁誉并兴，壅塞主聪。各阿所私，令主失忠。”

故主察异言，乃睹其萌；主聘儒贤，奸雄乃遁；主任旧齿，万事乃理；主聘岩穴，士乃得实；谋及负薪，功乃可述；不失人心，德乃洋溢。

中略

夫三皇无言而化流四海，故天下无所归功。

帝者，体天则地，有言有令，而天下太平。君臣让功，四海化行，百姓不知其所以然。故使臣不待礼赏有功，美而无害。

王者，制人以道，降心服志，设矩备衰，四海会同，王职不废。虽有甲兵之备，而无斗战之患。君无疑于臣，臣无疑于主，国定主安，臣以义退，亦能美而无害。

霸者，制士以权，结士以信，使士以赏。信衰则士疏，赏亏则士不用命。

《军势》曰：“出军行师，将在自传。进退内御，则功难成。”

《军势》曰："使智、使勇、使贪、使愚。智者乐立其功，勇者好行其志，贪者邀趋其利，愚者不顾其死。因其至情而用之。此军之微权也。"

《军势》曰："无使辩士谈说敌美，为其惑众。无使仁者主财，为其多施而附于下。"

《军势》曰："禁巫祝，不得为吏士卜问军之吉凶。"

《军势》曰："使义士不以财。故义者，不为不仁者死；智者，不为暗者谋。"

主，不可以无德，无德则臣叛；不可以无威，无威则失权。臣，不可以无德，无德则无以事君；不可以无威，无威则国弱，威多则身蹶。

故圣王御世，观盛衰，度得失，而为之制。故诸侯二师，方伯三师，天子六师。世乱，则叛逆生。王泽竭，则盟誓相诛伐。德同势敌，无以相倾，乃揽英雄之心，与众同好恶，然后加之以权变。故非计策，无以决嫌定疑；非通谲奇，无以破奸息寇；非阴谋，无以成功。

圣人体天，贤者法地，智者师古。是故《三略》为衰世作。"上略"设礼赏，别奸雄，著成败。"中略"差德行，审权变。"下略"陈道德，察安危，明贼贤之咎。故人主深晓"上略"，则能任贤擒敌；深晓"中略"，则能御将统众；深晓"下略"，则能明盛衰之源，审治国之纪。人臣深晓"中略"，则能全功保身。

夫高鸟死，良弓藏；敌国灭，谋臣亡。亡者，非丧其身也，谓夺其威废其权也。封之于朝，极人臣之位，以显其功。中州善国，以富其家。美色珍玩，以悦其心。

夫人众一合而不可卒离，威权一与而不可卒移，还师罢军，存之于阶，故弱之以位，夺之以国，是谓霸者之略。故霸者之作，其论驳也。存社稷罗英雄者，"中略"之势也。故世主秘焉。

下 略

夫能扶天下之危者，则据天下之安；能除天下之忧者，则享天下之乐；能救天下之祸者，则获天下之福。故泽及于民，则贤人归之；泽及昆虫，则圣人归之。贤人所归，则其国强；圣人所归，则六合同。求贤以德，致圣以道。贤去，则国微。圣去，则国乖。微者危之阶，乖者亡之征。贤人之政，降人以体。

圣人之政，降人以心。体降可以图始，心降可以保终。降体以礼，降心以乐。所谓乐者，非金石丝竹也。谓人乐其家，谓人乐其族，谓人乐其业，谓人乐其邑，谓人乐其政令，谓人乐其道德。如此君人者，乃作乐以节之，使不失其和。故有德之君，以乐乐人。无德之君，以乐乐身。乐人者，久而长。乐身者，不久而亡。

释近谋远者，劳而无功。释远谋近者，佚而有终。佚政多忠臣，劳政多怨民。故曰，务广地者荒，务广德者强，能有其有者安，贪人之有者残。残灭之政，累世受患。造作过制，虽成必败。

舍己而教人者逆，正己而化人者顺。逆者乱之招，顺者治之要。

道德仁义礼，五者一体也。道者人之所蹈，德者人之所得，仁者人之所亲，义者人之所宜，礼者人之所体，不可无一焉。故夙兴夜寐，礼之制也；讨贼报仇，义之决也；恻隐之心，仁之发也；得己得人，德之路也；使人均平，不失其所，道之化也。

出君下臣，名曰命；施于竹帛，名曰令；奉而行之，名曰政。夫命失则令不行，令不行则政不正，政不正则道不通，道不通则邪臣胜，邪臣胜则主威伤。

千里迎贤其路远，致不肖其路近。是以明王舍近而取远，故能全功尚人，而下尽力。

废一善则众善衰，赏一恶则众恶归。善者得其佑，恶者受其诛，则国安而众善至。

众疑无定国，众惑无治民。疑定惑还国乃可安。

一令逆则百令失，一恶施则百恶结。故善施于顺民，恶加于凶民，则令行而无怨。使怨治怨，是谓逆天。使仇治仇，其祸不救。治民使平，致平以清，则民得其所，而天下宁。

犯上者尊，贪鄙者富，虽有圣王，不能致其治。犯上者诛，贪鄙者拘，则化行而众恶消。

清白之士，不可以爵禄得；节义之士，不可以威刑胁。故明君求贤，必观其所以而致焉。致清白之士，修其礼；致节义之士，修其道。而后士可致，而名可保。

夫圣人君子，明盛衰之源，通成败之端，审治乱之机，知去就之节。虽穷不处亡国之位，虽贫不食乱邦之禄。潜名抱道者，时至而动，则极人臣之位。德合于己，则建殊绝之功。故其道高而名扬于后世。

圣王之用兵，非乐之也，将以诛暴讨乱也。夫以义诛不义，若决江河而溉爝火，临不测而挤欲坠，其克必矣。所以优游恬淡而不进者，重伤人物也。夫兵者，不祥之器，天道恶之；不得已而用之，是天道也。夫人之在道，若鱼之在水，得水而生，失水而死。故君子者常畏惧而不敢失道。

豪杰秉职，国威乃弱。杀生在豪杰，国势乃竭。豪杰低首，国乃可久。杀生在君，国乃可安。四民用虚，国乃无储。四民用足，国乃安乐。

贤臣内，则邪臣外。邪臣内，则贤臣毙。内外失宜，祸乱传世。

大臣疑主，众奸集聚。臣当君尊，上下乃昏。君当臣处，上下失序。

伤贤者，殃及三世。蔽贤者，身受其害。嫉贤者，其名不全。进贤者，福流子孙。故君子急于进贤而美名彰焉。

利一害百，民去城郭。利一害万，国乃思散。去一利百，人乃慕泽。去一利万，政乃不乱。

孙子兵法

——春秋·孙武 著

计 篇

孙子曰：

兵者，国之大事，死生之地，存亡之道，不可不察也。

故经之以五事，校之以计而索其情：一曰道，二曰天，三曰地，四曰将，五曰法。道者，令民与上同意也，故可以与之死，可以与之生，而不畏危。天者，阴阳、寒暑、时制也。地者，高下、远近、险易、广狭、死生也。将者，智、信、仁、勇、严也。法者，曲制、官道、主用也。凡此五者，将莫不闻，知之者胜，不知者不胜。故校之以计，而索其情，曰：主孰有道？将孰有能？天地孰得？法令孰行？兵众孰强？士卒孰练？赏罚孰明？吾以此知胜负矣。

将听吾计，用之必胜，留之；将不听吾计，用之必败，去之。

计利以听，乃为之势，以佐其外。势者，因利而制权也。

兵者，诡道也。故能而示之不能，用而示之不用，近而示之远，远而示之近。利而诱之，乱而取之，实而备之，强而避之，怒而挠之，卑而骄之，佚而劳之，亲而离之。攻其无备，出其不意。此兵家之胜，不可先传也。

夫未战而庙算胜者，得算多也；未战而庙算不胜者，得算少也。多算胜，少算不胜，而况于无算乎！吾以此观之，胜负见矣。

作战篇

孙子曰：凡用兵之法，驰车千驷，革车千乘，带甲十万，千里馈粮，则内外之费，宾客之用，胶漆之材，车甲之奉，日费千金，然后十万之师举矣。其用战也胜，久则顿兵挫锐，攻城则力屈，久暴师则国用不足。夫顿兵挫锐，屈力殚货，则诸侯乘其弊而起，虽有智者，不能善其后矣。故兵闻拙速，未睹巧之久也。夫兵久而国利者，未之有也。故不尽知用兵之害者，则不能尽知用兵之利也。

善用兵者，役不再籍，粮不三载，取用于国，因粮于敌，故军食可足也。

国之贫于师者远输，远输则百姓贫。近于师者贵卖，贵卖则百姓财竭，财竭则急于丘役。力屈财殚，中原内虚于家。百姓之费，十去其七；公家之费，破车罢马，甲胄矢弩，戟盾蔽橹，丘牛大车，十去其六。

故智将务食于敌，食敌一钟，当吾二十钟；萁秆一石，当吾二十石。

故杀敌者，怒也；取敌之利者，货也。故车战，得车十乘已上，赏其先得者，而更其旌旗，车杂而乘之，卒善而养之，是谓胜敌而益强。

故兵贵胜，不贵久。

故知兵之将，生民之司命，国家安危之主也。

谋攻篇

孙子曰：凡用兵之法，全国为上，破国次之；全军为上，破军次之；全旅为上，破旅次之；全卒为上，破卒次之；全伍为上，破伍次之。是故百战百胜，非善之善者也；不战而屈人之兵，善之善者也。

故上兵伐谋，其次伐交，其次伐兵，其下攻城。攻城之法为不得已。修橹轒辒，具器械，三月而后成；距闉，又三月而后已。将不胜其忿，而蚁附之，杀士三分之一，而城不拔者，此攻之灾也。故善用兵者，屈人之兵而非战也，拔人之城而非攻也，毁人之国而非久也，必以全争于天下，故兵不顿，而利可全，此谋攻之法也。

故用兵之法，十则围之，五则攻之，倍则分之，敌则能战之，少则能守之，不若则能避之。故小敌之坚，大敌之擒也。

夫将者，国之辅也，辅周则国必强，辅隙则国必弱。

故君之所以患于军者三：不知军之不可以进而谓之进，不知军之不可以退而谓之退，是为縻军；不知三军之事，而同三军之政者，则军士惑矣；不知三军之权而同三军之任，则军士疑矣。三军既惑且疑，则诸侯之难至矣，是谓乱军引胜。

故知胜有五：知可以战与不可以战者胜，知众寡之用者胜，上下同欲者胜，以虞待不虞者胜，将能而君不御者胜。此五者，知胜之道也。

故曰：知彼知己，百战不殆；不知彼而知己，一胜一负；不知彼，不知己，每战必殆。

形篇

孙子曰：昔之善战者，先为不可胜，以待敌之可胜。不可胜在己，可胜在敌。故善战者，能为不可胜，不能使敌必可胜。故曰：胜可知，而不可为。不可胜者，守也；可胜者，攻也。守则不足，攻则有余。善守者，藏于九地之下；善攻者，动于九天之上，故能自保而全胜也。

见胜不过众人之所知，非善之善者也；战胜而天下曰善，非善之善者也。故举秋毫不为多力，见日月不为明目，闻雷霆不为聪耳。古之所谓善战者，胜于易胜者也。故善战者之胜也，无奇胜，无智名，无勇功。故其战胜不忒，不忒者，其所措必胜，胜已败者也。故善战者，立于不败之地，而不失敌之败也。是故胜兵先胜而后求战，败兵先战而后求胜。善用兵者，修道而保法，故能为胜败之政。

兵法：一曰度，二曰量，三曰数，四曰称，五曰胜。地生度，度生量，量生数，数生称，称生胜。

故胜兵若以镒称铢，败兵若以铢称镒。

胜者之战民也，若决积水于千仞之谿者，形也。

势 篇

孙子曰：凡治众如治寡，分数是也；斗众如斗寡，形名是也；三军之众，可使必受敌而无败者，奇正是也；兵之所加，如以碫投卵者，虚实是也。

凡战者，以正合，以奇胜。故善出奇者，无穷如天地，不竭如江河。终而复始，日月是也。死而复生，四时是也。声不过五,五声之变，不可胜听也。色不过五,五色之变，不可胜观也。味不过五，五味之变，不可胜尝也。战势不过奇正，奇正之变，不可胜穷也。奇正相生，如循环之无端，孰能穷之?

激水之疾，至于漂石者，势也；鸷鸟之疾，至于毁折者，节也。是故善战者，其势险，其节短。势如彍弩，节如发机。

纷纷纭纭，斗乱而不可乱也；混混沌沌，形圆而不可败也。

乱生于治，怯生于勇，弱生于强。治乱，数也；勇怯，势也；强弱，形也。

故善动敌者，形之，敌必从之；予之，敌必取之；以利动之，以卒待之。

故善战者，求之于势，不责于人，故能择人而任势。任势者，其战人也，如转木石。木石之性，安则静，危则动，方则止，圆则行。故善战人之势，如转圆石于千仞之山者，势也。

虚实篇

孙子曰：凡先处战地而待敌者佚，后处战地而趋战者劳。故善战者，致人而不致于人。

能使敌人自至者，利之也；能使敌人不得至者，害之也。故敌佚能劳之，饱能饥之，安能动之。出其所必趋，趋其所不意。

行千里而不劳者，行于无人之地也。攻而必取者，攻其所不守也；守而必固者，守其所不攻也。

故善攻者，敌不知其所守；善守者，敌不知其所攻。

微乎微乎，至于无形，神乎神乎，至于无声，故能为敌之司命。

进而不可御者，冲其虚也；退而不可追者，速而不可及也。故我欲战，敌虽高垒深沟，不得不与我战者，攻其所必救也；我不欲战，画地而守之，敌不得与我战者，乖其所之也。

故形人而我无形，则我专而敌分；我专为一，敌分为十，是以十攻其一也，则我众而敌寡；能以众击寡者，则吾之所与战者，约矣。吾所与战之地不可知，不可知，则敌所备者多，敌所备者多，则吾所与战者，寡矣。

故备前则后寡，备后则前寡，备左则右寡，备右则左寡，无所不备，则无所不寡。寡者备人者也，众者使人备己者也。

故知战之地，知战之日，则可千里而会战；不知战地，不知战日，则左不能救右，右不能救左，前不能救后，后不能救前，而况远者数十里、近者数里乎？

以吾度之，越人之兵虽多，亦奚益于胜败哉？！

故曰：胜可为也。敌虽众，可使无斗。

故策之而知得失之计，作之而知动静之理，形之而知死生之地，角之而知有余不足之处。故形兵之极，至于无形；无形，则深涧不能窥，智者不能谋。

因形而错胜于众，众不能知；人皆知我所以胜之形，而莫知吾所以制胜之形；故其战胜不复，而应形于无穷。

夫兵形象水，水之形，避高而趋下；兵之形，避实而击虚。水因地而制流，兵因敌而制胜。故兵无常势，水无常形，能因敌变化而取胜者，谓之神。

故五行无常胜，四时无常位，日有短长，月有死生。

军争篇

孙子曰：凡用兵之法，将受命于君，合军聚众，交和而舍，莫难于军争。军争之难者，以迂为直，以患为利。故迂其途，而诱之以利，后人发，先人至，此知迂直之计者也。

故军争为利，军争为危。举军而争利，则不及；委军而争利，则辎重捐。是故卷甲而趋，日夜不处，倍道兼行，百里而争利，则擒三将军；劲者先，疲者后，其法十一而至；五十里而争利，则蹶上将军，其法半至；三十里而争利，则三分之二至。是故军无辎重则亡，无粮食则亡，无委积则亡。

故不知诸侯之谋者，不能豫交；不知山林、险阻、沮泽之形者，不能行军；不用乡导者，不能得地利。

故兵以诈立，以利动，以分合为变者也。

故其疾如风，其徐如林，侵掠如火，不动如山，难知如阴，动如雷震。

掠乡分众，廓地分利，悬权而动。

先知迂直之计者胜，此军争之法也。

《军政》曰："言不相闻，故为金鼓；视不相见，故为旌旗。"夫金鼓旌旗者，所以一人之耳目也；人既专一，则勇者不得独进，怯者不得独退，此用众之法也。故夜战多火鼓，昼战多旌旗，所以变人之耳目也。

故三军可夺气，将军可夺心。是故朝气锐，昼气惰，暮气归。故善用兵者，避其锐气，击其惰归，此治气者也。以治待乱，以静待哗，此治心者也。以近待远，以逸待劳，以饱待饥，此治力者也。无邀正正之旗，勿击堂堂之阵，此治变者也。

故用兵之法，高陵勿向，背丘勿逆，佯北勿从，锐卒勿攻，饵兵勿食，归师勿遏，围师必阙，穷寇勿迫，此用兵之法也。

九变篇

孙子曰：凡用兵之法，将受命于君，合军聚众，圮地无舍，衢地交合，绝地无留，围地则谋，死地则战。

途有所不由，军有所不击，城有所不攻，地有所不争，君命有所不受。

故将通于九变之利者，知用兵矣；将不通于九变之利者，虽知地形，不能得地之利矣；治兵不知九变之术，虽知五利，不能得人之用矣。

是故智者之虑，必杂于利害。杂于利，而务可信也；杂于害，而患可解也。

是故屈诸侯者以害，役诸侯者以业，趋诸侯者以利。

故用兵之法，无恃其不来，恃吾有以待也；无恃其不攻，恃吾有所不可攻也。

故将有五危：必死，可杀也；必生，可虏也；忿速，可侮也；廉洁，可辱也；爱民，可烦也。凡此五者，将之过也，用兵之灾也。覆军杀将，必以五危，不可不察也。

行军篇

孙子曰：凡处军、相敌：绝山依谷，视生处高，战隆无登，此处山之军也。绝水必远水；客绝水而来，勿迎之于水内，令半济而击之，利；欲战者，无附于水而迎客；视生处高，无迎水流，此处水上之军也。绝斥泽，惟亟去无留；若交军于斥泽之中，必依水草，而背众树，此处斥泽之军也。平陆处易，而右背高，前死后生，此处平陆之军也。凡此四军之利，黄帝之所以胜四帝也。

凡军好高而恶下，贵阳而贱阴，养生而处实，军无百疾，是谓必胜。丘陵堤防，必处其阳，而右背之。此兵之利，地之助也。

上雨，水沫至，欲涉者，待其定也。

凡地有绝涧、天井、天牢、天罗、天陷、天隙，必亟去之，勿近也。吾远之，敌近之；吾迎之，敌背之。

军行有险阻、潢井、葭苇、山林、翳荟者，必谨复索之，此伏奸之所处也。

敌近而静者，恃其险也；远而挑战者，欲人之进也；其所居易者，利也。

众树动者，来也；众草多障者，疑也；鸟起者，伏也；兽骇者，覆也；尘高而锐者，车来也；卑而广者，徒来也；散而条达者，樵采也；少而往来者，营军也。

辞卑而益备者，进也；辞强而进驱者，退也；轻车先出居其侧者，陈也；无约而请和者，谋也；奔走而陈兵车者，期也；半进半退者，诱也。

杖而立者，饥也；汲而先饮者，渴也；见利而不进者，劳也；鸟集者，虚也；夜呼者，恐也；军扰者，将不重也；旌旗动者，乱也；吏怒者，倦也；粟马肉食，军无悬缻，不返其舍者，穷寇也；谆谆翕翕，徐与人言者，失众也；数赏者，窘也；数罚者，困也；先暴而后畏其众者，不精之至也；来委谢者，欲休息也。兵怒而相迎，久而不合，又不相去，必谨察之。

兵非贵益多也，惟无武进，足以并力、料敌、取人而已。夫惟无虑而易敌者，必擒于人。

卒未亲附而罚之，则不服，不服则难用也。卒已亲附而罚不行，则不可用也。故令之以文，齐之以武，是谓必取。令素行以教其民，则民服；令不素行以教其民，则民不服。令素行者，与众相得也。

地形篇

孙子曰：地形有“通”者，有“挂”者，有“支”者，有“隘”者，有“险”者，有“远”者。我可以往，彼可以来，曰“通”。“通”形者，先居高阳，利粮道，以战则利。可以往，难以返，曰

“挂”。“挂”形者，敌无备，出而胜之；敌若有备，出而不胜，难以返，不利。我出而不利，彼出而不利，曰“支”。“支”形者，敌虽利我，我无出也；引而去之，令敌半出而击之，利。“隘”形者，我先居之，必盈之以待敌。若敌先居之，盈而勿从，不盈而从之。“险”形者，我先居之，必居高阳以待敌。若敌先居之，引而去之，勿从也。“远”形者，势均，难以挑战，战而不利。凡此六者，地之道也，将之至任，不可不察也。

故兵有“走”者，有“驰”者，有“陷”者，有“崩”者，有“乱”者，有“北”者。凡此六者，非天之灾，将之过也。夫势均，以一击十，曰“走”；卒强吏弱，曰“驰”；吏强卒弱，曰“陷”；大吏怒而不服，遇敌怼而自战，将不知其能，曰“崩”；将弱不严，教道不明，吏卒无常，陈兵纵横，曰“乱”；将不能料敌，以少合众，以弱击强，兵无选锋，曰“北”。凡此六者，败之道也，将之至任，不可不察也。

夫地形者，兵之助也。料敌制胜，计险厄远近，上将之道也。知此而用战者必胜，不知此而用战者必败。

故战道必胜，主曰无战，必战可也；战道不胜，主曰必战，无战可也。故进不求名，退不避罪，唯人是保，而利合于主，国之宝也。

视卒如婴儿，故可与之赴深溪；视卒如爱子，故可与之俱死。厚而不能使，爱而不能令，乱而不能治，譬若骄子，不可用也。

知吾卒之可以击，而不知敌之不可击，胜之半也；知敌之可击，而不知吾卒之不可以击，胜之半也；知敌之可击，知吾卒之可以击，而不知地形之不可以战，胜之半也。故知兵者，动而不迷，举而不穷。故曰：知彼知己，胜乃不殆；知天知地，胜乃可全。

九地篇

孙子曰：用兵之法，有“散地”，有“轻地”，有“争地”，有“交地”，有“衢地”，有“重地”，有“圮地”，有“围地”，有“死地”。诸侯自战其地，为“散地”；入人之地而不深者，为“轻地”；我得则利，彼得亦利者，为“争地”；我可以往，彼可以来者，为“交地”；诸侯之地三属，先至而得天下之众者，为“衢地”；入人之地深，背城邑多者，为“重地”；行山林、险阻、沮泽，凡难行之道者，为“圮地”；所由入者隘，所从归者迂，彼寡可以击吾之众者，为“围地”；疾战则存，不疾战则亡者，为“死地”；是故“散地”则无战，“轻地”则无止，“争地”则无攻，“交地”则无绝，“衢地”则合交，“重地”则掠，“圮地”则行，“围地”则谋，“死地”则战。

所谓古之善用兵者，能使敌人前后不相及，众寡不相恃，贵贱不相救，上下不相收，卒离而不集，兵合而不齐。合于利而动，不合于利而止。敢问：“敌众整而将来，待之若何？”曰：“先夺其所爱，则听矣。”

兵之情主速，乘人之不及，由不虞之道，攻其所不戒也。

凡为客之道：深入则专，主人不克；掠于饶野，三军足食；谨养而勿劳，并气积力，运兵计谋，为不可测。投之无所往，死且不北。死焉不得，士人尽力。兵士甚陷则不惧，无所往则固，深入则拘，不得已则斗。是故其兵不修而戒，不求而得，不约而亲，不令而信。禁祥去疑，至死无所之。吾士无余财，非恶货也；无余命，非恶寿也。令发之日，士卒坐者涕沾襟，偃卧者涕交颐。投之无所往者，诸、刿之勇也。

故善用兵者，譬如“率然”；“率然”者，常山之蛇也。击其首则尾至，击其尾则首至，击其中则首尾俱至。敢问：“兵可使如‘率然’乎？”曰：“可。”夫吴人与越人相恶也，当其同舟共济，遇风，其相救也，如左右手。是故方马埋轮，未足恃也；齐勇若一，政之道也；刚柔皆得，地之理也。故善用兵者，携手若使一人，不得已也。

将军之事：静以幽，正以治。能愚士卒之耳目，使之无知。易其事，革其谋，使人无识；易其居，迂其途，使人不得虑。帅与之期，如登高而去其梯；帅与之深入诸侯之地，而发其机，焚舟破釜，若驱群羊，驱而往，驱而来，莫知所之。聚三军之众，投之于险，此谓将军之事也。九地之变，屈伸之利，人情之理，不可不察。

凡为客之道：深则专，浅则散。去国越境而师者，绝地也；四达者，衢地也；入深者，重地也；入浅者，轻地也；背固前隘者，围地也；无所往者，死地也。

是故“散地”，吾将一其志；“轻地”，吾将使之属；“争地”，吾将趋其后；“交地”，吾将谨其守；“衢地”，吾将固其结；“重地”，吾将继其食；“圮地”，吾将进其途；“围地”，吾将塞其阙；“死地”，吾将示之以不活。

故兵之情：围则御，不得已则斗，过则从。

是故不知诸侯之谋者，不能预交；不知山林、险阻、沮泽之形者，不能行军；不用乡导者，不能得地利。四五者，不知一，非霸、王之兵也。夫霸、王之兵，伐大国，则其众不得聚；威加于敌，则其交不得合。是故不争天下之交，不养天下之权，信己之私，威加于敌，故其城可拔，其国可隳。施无法之赏，悬无政之令，犯三军之众，若使一人。犯之以事，勿告以言；犯之以利，勿告以害。

投之亡地然后存，陷之死地然后生。夫众陷于害，然后能为胜败。

故为兵之事，在于顺详敌之意，并敌一向，千里杀将，此谓巧能成事者也。

是故政举之日，夷关折符，无通其使；厉于廊庙之上，以诛其事。敌人开阖，必亟入之。先其所爱，微与之期。践墨随敌，以决战事。是故始如处女，敌人开户；后如脱兔，敌不及拒。

火攻篇

孙子曰：凡火攻有五：一曰火人，二曰火积，三曰火辎，四曰火库，五曰火队。行火必有因，烟火必素具。发火有时，起火有日。时者，天之燥也；日者，月在箕、壁、翼、轸也。凡此四宿者，风起之日也。

凡火攻，必因五火之变而应之。火发于内，则早应之于外。火发兵静者，待而勿攻，极其火力，可从而从之，不可从而止。火可发于外，无待于内，以时发之。火发上风，无攻下风。昼风久，夜风止。凡军必知有五火之变，以数守之。

故以火佐攻者明，以水佐攻者强。水可以绝，不可以夺。

夫战胜攻取，而不修其功者凶，命曰“费留”。故曰：明主虑之，良将修之。非利不动，非得不用，非危不战。主不可以怒而兴师，将不可以愠而致战；合于利而动，不合于利而止。怒可以复喜，愠可以复悦；亡国不可以复存，死者不可以复生。故明君慎之，良将警之，此安国全军之道也。

用间篇

孙子曰：凡兴师十万，出征千里，百姓之费，公家之奉，日费千金。内外骚动，怠于道路，不得操事者，七十万家。相守数年，以争一日之胜，而爱爵禄百金，不知敌之情者，不仁之至也，非人之将也，非主之佐也，非胜之主也。故明君贤将，所以动而胜人，成功出于众者，先知也。先知者不可取于鬼神，不可象于事，不可验于度，必取于人，知敌之情者也。

故用间有五：有因间、有内间、有反间、有死间、有生间。五间俱起，莫知其道，是谓神纪，人君之宝也。因间者，因其乡人而用之。内间者，因其官人而用之。反间者，因其敌间而用之。死间者，为诳事于外，令吾间知之，而传于敌间也。生间者，反报也。

故三军之事，莫亲于间，赏莫厚于间，事莫密于间。非圣智不能用间，非仁义不能使间，非微妙不能得间之实。微哉！微哉！无所不用间也。间事未发，而先闻者，间与所告者皆死。

凡军之所欲击，城之所欲攻，人之所欲杀，必先知其守将、左右、谒者、门者、舍人之姓名，令吾间必索知之。

必索敌人之间来间我者，因而利之，导而舍之，故反间可得而用也。因是而知之，故乡间、内间可得而使也；因是而知之，故死间为诳事可使告敌；因是而知之，故生间可使如期。五间之事，主必知之，知之必在于反间，故反间不可不厚也。

昔殷之兴也，伊挚在夏；周之兴也，吕牙在殷。故惟明君贤将能以上智为间者，必成大功。此兵之要，三军之所恃而动也。

吴子兵法

——战国·吴起 著

图国第一

吴起儒服，以兵机见魏文侯。文侯曰："寡人不好军旅之事。"起曰："臣以见占隐，以往察来，主君何言与心违？今君四时，使斩离皮革，掩以朱漆，画以丹青，烁以犀象。冬日衣之则不温，夏日衣之则不凉。为长戟二丈四尺，短戟一丈二尺。革车奄户，缦轮笼毂，观之于目则不丽，乘之以田则不轻，不识主君安用此也？若以备进战退守，而不求能用者，譬犹伏鸡之搏狸、乳犬之犯虎，虽有斗心，随之死矣。昔承桑氏之君，修德废武，以灭其国。有扈氏之君，恃众好勇，以丧其社稷。明主鉴兹，必内修文德，外治武备。故当敌而不进，无逮于义矣；僵尸而哀之，无逮于仁矣。"

于是文侯身自布席，夫人捧觞，醮吴起于庙，立为大将，守西河。与诸侯大战七十六，全胜六十四，馀则钧解。辟土四面，拓地千里，皆起之功也。

吴子曰："昔之图国家者，必先教百姓而亲万民。有四不和：不和于国，不可以出军；不和于军，不可以出阵；不和于阵，不可以进战；不和于战，不可以决胜。是以有道之主，将用其民，先和而造大事。不敢信其私谋，必告于祖庙，启于元龟，参之天时，吉乃后举。民知君之爱其命，惜其死，若此之至，而与之临难，则士以进死为荣，退生为辱矣。"

吴子曰："夫道者，所以反本复始；义者，所以行事立功；谋者，所以违害就利；要者，所以保业守成。若行不合道，举不合义，而处大居贵，患必及之。是以圣人绥之以道，理之以义，动之以礼，抚之以仁。此四德者，修之则兴，废之则衰。故成汤讨桀而夏民喜悦，周武伐纣而殷人不非。举顺天人，故能然矣。"

吴子曰："凡制国治军，必教之以礼，励之以义，使有耻也。夫人有耻，在大足以战，在小足以守矣。然战胜易，守胜难。故曰：'天下战国，五胜者祸，四胜者弊，三胜者霸，二胜者王，一胜者帝。'是以数胜得天下者稀，以亡者众。"

吴子曰："凡兵之所起者有五：一曰争名，二曰争利，三曰积恶，四曰内乱，五曰因饥。其名又有五：一曰义兵，二曰强兵，三曰刚兵，四曰暴兵，五曰逆兵。禁暴救乱曰义，恃众以伐曰强，因怒兴师曰刚，弃礼贪利曰暴，国乱人疲，举事动众曰逆。五者之数，各有其道：义必以礼服，强必以谦服，刚必以辞服，暴必以诈服，逆必以权服。"

武侯问曰："愿闻治兵、料人、固国之道。"起对曰："古之明王，必谨君臣之礼，饰上下之仪，安集吏民，顺俗而教，简募良材，以备不虞。昔齐桓募士五万，以霸诸侯。晋文召为前行四万，以获其志。秦缪置陷阵三万，以服邻敌。故强国之君，必料其民。民有胆勇气力者，聚为一卒。乐以进战效力，以显其忠勇者，聚为一卒。能逾高超远、轻足善走者，聚为一卒。王臣失位而欲见功于上者，聚为一卒。弃城去守，欲除其丑者，聚、为一卒。此五者，军之练锐也。有此三千人，内出可以决围，外入可以屠城矣。"

武侯问曰："愿闻陈必定，守必固，战必胜之道。"起对曰："立见且可，岂直闻乎！君能使贤者居上，不肖者处下，则陈已定矣。民安其田宅，亲其有司，则守已固矣。百姓皆是吾君而非邻国，则战已胜矣。"

武侯尝谋事，群臣莫能及，罢朝而有喜色。起进曰："昔楚庄王尝谋事，群臣莫能及，罢朝而有忧色。申公问曰：'君有忧色，何也？'曰：'寡人闻之，世不绝圣，国不乏贤，能得其师者王，能得其友者霸。今寡人不才，而群臣莫及者，楚国其殆矣。’此楚庄王之所忧，而君说之，臣窃惧矣。”于是武侯有惭色。

料敌第二

武侯谓吴起曰："今秦胁吾西，楚带吾南，赵冲吾北，齐临吾东，燕绝吾后，韩据吾前。六国兵四守，势甚不便，忧此奈何？"起对曰："夫安国家之道，先戒为宝。今君已戒，祸其远矣。臣请论六国之俗：夫齐阵重而不坚，秦阵散而自斗，楚阵整而不久，燕阵守而不走，三晋阵治而不用。

"夫齐性刚，其国富，君臣骄奢而简于细民，其政宽而禄不均，一阵两心，前重后轻，故重而不坚。击此之道，必三分之，猎其左右，胁而从之，其阵可坏。秦性强，其地险，其政严，其赏罚信，其人不让，皆有斗心，故散而自战。击此之道，必先示之以利而引去之，士贪于得而离其将，乘乖猎散，设伏投机，其将可取。楚性弱，其地广，其政骚，其民疲，故整而不久。击此之道，袭乱其屯，先夺其气，轻进速退，弊而劳之，勿与争战，其军可败。燕性悫，其民慎，好勇义，寡诈谋，故守而不走。击此之道，触而迫之，陵而远之，驰而后之，则上疑而下惧，谨我车骑必避之路，其将可虏。三晋者，中国也，其性和，其政平，其民疲于战，习于兵；轻其将，薄其禄，士无死志，故治而不用。击此之道，阻阵而压之，众来则拒之，去则追之，以倦其师。此其势也。

"然则一军之中，必有虎贲之士，力轻扛鼎，足轻戎马，搴旗取将，必有能者。若此之等，选而别之，爱而贵之，是谓军命。其有工用五兵，材力健疾，志在吞敌者，必加其爵列，可以取胜。厚其父母妻子，劝赏畏罚。此坚阵之士，可与持久。能审料此，可以击倍。"武侯曰："善！"吴子曰："凡料敌，有不卜而与之战者八：一曰疾风大寒，早兴寤迁，剖冰济水，不惮艰难；二曰盛夏炎热，晏兴无间，行驱饥渴，务于取远；三曰师既淹久，粮食无有，百姓怨怒，妖祥数起，上不能止；四曰军资既竭，薪刍既寡，天多阴雨，欲掠无所；五曰徒众不多，水地不利，人马疾疫，四邻不至；六曰道远日暮，士众劳惧，倦而未食，解甲而息；七曰将薄吏轻，士卒不固，三军数惊，师徒无助；八曰阵而未定，舍而未毕，行阪涉险，半隐半出。诸如此者，击之勿疑。有不占而避之者六：一曰土地广大，人民富众；二曰上爱其下，惠施流布；三曰赏信刑察，发必得时；四曰陈功居列，任贤使能；五曰师徒之众，兵甲之精；六曰四邻之助，大国之援。凡此不如敌人，避之勿疑，所谓见可而进，知难而退也。”

武侯问曰：“吾欲观敌之外以知其内，察其进以知其止，以定胜负，可得闻乎？”起对曰：“敌人之来，荡荡无虑，旌旗烦乱，人马数顾，一可击十，必使无措。诸侯未会，君臣未和，沟垒未成，禁令未施，三军匈匈，欲前不能，欲去不敢，以半击倍，百战不殆。”

武侯问敌必可击之道。起对曰：“用兵必须审敌虚实而趋其危。敌人远来新至，行列未定可击；既食未设备可击；奔走可击；勤劳可击；未得地利可击；失时不从可击；涉长道后行未息可击；涉水半渡可击；险道狭路可击；旌旗乱动可击；阵数移动可击；将离士卒可击；心怖可击。凡若此者，选锐冲之，分兵继之，急击勿疑。”

治兵第三

武侯问曰：“进兵之道何先？”起对曰：“先明四轻、二重、一信。”曰：“何谓也？”对曰：“使地轻马，马轻车，车轻人，人轻战。明知险易，则地轻马；刍秣以时，则马轻车；膏锏有余，则车轻人；锋锐甲坚，则人轻战。进有重赏，退有重刑。行之以信。审能达此，胜之主也。”

武侯问曰：“兵何以为胜？”起对曰：“以治为胜。”又问曰：“不在众寡乎？”对曰：“若法令不明，赏罚不信，金之不止，鼓之不进，虽有百万，何益于用？所谓治者，居则有礼，动则有威，进不可当，退不可追，前却有节，左右应麾，虽绝成阵，虽散成行。与之安，与之危，其众可合而不可离，可用而不可疲，投之所往，天下莫当。名曰父子之兵。”

吴子曰：“凡行军之道，无犯进止之节，无失饮食之适，无绝人马之力。此三者，所以任其上令。任其上令，则治之所由生也。若进止不度，饮食不适，马疲人倦而不解舍，所以不任其上令。上令既废，以居则乱，以战则败。”

吴子曰：“凡兵战之场，立尸之地。必死则生，幸生则死。其善将者，如坐漏船之中，伏烧屋之下。使智者不及谋，勇者不及怒，受敌可也。故曰，用兵之害，犹豫最大；三军之灾，生于狐疑。”

吴子曰：“夫人常死其所不能，败其所不便。故用兵之法，教戒为先。一人学战，教成十人。十人学战，教成百人。百人学战，教成千人。千人学战，教成万人。万人学战，教成三军。以近待远，以逸待劳，以饱待饥。圆而方之，坐而起之，行而止之，左而右之，前而后之，分而合之，结而解之，每变皆习，乃授其兵。是谓将事。”

吴子曰：“教战之令，短者持矛戟，长者持弓弩，强者持旌旗，勇者持金鼓，弱者给厮养，智者为谋主。乡里相比，什伍相保，一鼓整兵，二鼓习阵，三鼓趋食，四鼓严辨，五鼓就行。闻鼓声合，然后举旗。”

武侯问曰：“三军进止，岂有道乎？”起对曰：“无当天灶，无当龙头。天灶者，大谷之口。龙头者，大山之端。必左青龙，右白虎，前朱雀，后玄武，招摇在上，从事于下。将战之时，审候风所从来。风顺致呼而从之，风逆坚阵以待之。”

武侯问曰：“凡畜卒骑，岂有方乎？”起对曰：“夫马，必安其处所，适其水草，节其饥饱。冬则温厩，夏则凉庑。刻剔毛鬣，谨落四下。戢其耳目，无令惊骇。习其驰逐，闲其进止。人马相亲，然后可使。车骑之具，鞍、勒、衔、辔，必令完坚。凡马不伤于末，必伤于始，不伤于饥，必伤于饱。日暮道远，必数上下。宁劳于人，慎无劳马。常令有余，备敌覆我。能明此者，横行天下。”

论将第四

吴子曰："夫总文武者，军之将也。兼刚柔者，兵之事也。凡人论将，常观于勇。勇之于将，乃数分之一尔。夫勇者必轻合，轻合而不知利，未可也。故将之所慎者五：一曰理，二曰备，三曰果，四曰戒，五曰约。理者，治众如治寡。备者，出门如见敌。果者，临敌不怀生。戒者，虽克如始战。约者，法令省而不烦。受命而不辞，敌破而后言返，将之礼也。故师出之日，有死之荣，无生之辱。"

吴子曰："凡兵有四机：一曰气机，二曰地机，三曰事机，四曰力机。三军之众，百万之师，张设轻重，在于一人，是谓气机。路狭道险，名山大塞，十夫所守，千夫不过，是谓地机。善行间谍，轻兵往来，分散其众，使其君臣相怨，上下相咎，是谓事机。车坚管辖，舟利橹楫，士习战阵，马闲驰逐，是谓力机。知此四者，乃可为将。然其威、德、仁、勇，必足以率下安众，怖敌决疑，施令而下不敢犯，所在而寇不敢敌。得之国强，去之国亡，是谓良将。"

吴子曰："夫鼙鼓金铎，所以威耳。旌旗麾帜，所以威目。禁令刑罚，所以威心。耳威于声，不可不清。目威于色，不可不明。心威于刑，不可不严。三者不立，虽有其国，必败于敌。故曰：将之所麾，莫不从移；将之所指，莫不前死。"

吴子曰："凡战之要，必先占其将而察其才。因形用权，则不劳而功举。其将愚而信人，可诈而诱；贪而忽名，可货而赂；轻变无谋，可劳而困；上富而骄，下贫而怨，可离而间；进退多疑，其众无依，可震而走；士轻其将而有归志，塞易开险，可邀而取；进道易，退道难，可来而前；进道险，退道易，可薄而击；居军下湿，水无所通，霖雨数至，可灌而沈；居军荒泽，草楚幽秽，风飙数至，可焚而灭；停久不移，将士懈怠，其军不备，可潜而袭。"

武侯问曰："两军相望，不知其将，我欲相之，其术如何？"起对曰："令贱而勇者，将轻锐以尝之，务于北，无务于得，观敌之来，一坐一起。其政以理，其追北佯为不及，其见利佯为不知，如此将者，名为智将，勿与战矣。若其众谨哗，旌旗烦乱，其卒自行自止，其兵或纵或横，其追北恐不及，见利恐不得，此为愚将，虽众可获。”

应变第五

武侯问曰：“车坚马良，将勇兵强，卒遇敌人，乱而失行，则如之何？”起对曰：“凡战之法，昼以旌旗旛麾为节，夜以金鼓笳笛为节。麾左而左，麾右而右。鼓之则进，金之则止。一吹而行，再吹而聚，不从令者诛。三军服威，士卒用命，则战无强敌，攻无坚阵矣。”

武侯问曰：“若敌众我寡，为之奈何？”起对曰：“避之于易，邀之于阨。故曰：以一击十，莫善于阨；以十击百，莫善于险；以千击万，莫善于阻。今有少卒卒起，击金鸣鼓于阨路，虽有大众，莫不惊动。故曰：‘用众者务易，用少者务隘。’”

武侯问曰：“有师甚众，既武且勇；背大阻险，右山左水；深沟高垒，守以强弩；退如山移，进如风雨；粮食又多，难与长守，则如之何？”起对曰：“大哉问乎！此非车骑之力，圣人之谋也。能备千乘万骑，兼之徒步，分为五军，各军一衢。夫五军五衢，敌人必惑，莫之所加。敌若坚守，以固其兵，急行间谍，以观其虑。彼听我说，解之而去；不听我说，斩使焚书。分为五战，战胜勿追，不胜疾归。如是佯北，安行疾斗，一结其前，一绝其后，两军衔枚，或左或右，而袭其处，五军交至，必有其利。此击强之道也。”

武侯问曰：“敌近而薄我，欲去无路，我众甚惧，为之奈何？”起对曰：“为此之术，若我众彼寡，各分而乘之；彼众我寡，以方从之；从之无息，虽众可服。”

武侯问曰：“若遇敌于溪谷之间，傍多险阻，彼众我寡，为之奈何？”起对曰：“遇诸丘陵、林谷、深山、大泽，疾行亟去，勿得从容。若高山深谷，卒然相遇，必先鼓噪而乘之。进弓与弩，且射且虏。审察其政，乱则击之勿疑。”

武侯问曰：“左右高山，地甚狭迫，卒遇敌人，击之不敢，去之不得，为之奈何？”起对曰：“此谓谷战，虽众不用。募吾材士，与敌相当，轻足利兵，以为前行，分车列骑，隐于四旁，相去数里，无见其兵，敌必坚阵，进退不敢。于是出旌列旆，行出山外营之，敌人必惧。车骑挑之，勿令得休，此谷战之法也。”

武侯问曰：“吾与敌相遇大水之泽，倾轮没辕，水薄车骑，舟楫不设，进退不得，为之奈何？”起对曰：“此谓水战，无用车骑，且留其傍。登高四望，必得水情。知其广狭，尽其浅深，乃可为奇以胜之。敌若绝水，半渡而薄之。”

武侯问曰：“天久连雨，马陷车止，四面受敌，三军惊骇，为之奈何？”起对曰：“凡用车者，阴湿则停，阳燥则起，贵高贱下，驰其强车，若进若止，必从其道。敌人若起，必逐其迹。”

武侯问曰：“暴寇卒来，掠吾田野，取吾牛羊，则如之何？”起对曰：“暴寇之来，必虑其强，善守勿应。彼将暮去，其装必重，其心必恐，还退务速，必有不属，追而击之，其兵可覆。”

吴子曰：“凡攻敌围城之道，城邑既破，各入其宫。御其禄秩，收其器物。军之所至，无刊其木、发其屋、取其粟、杀其六畜、燔其积聚，示民无残心。其有请降，许而安之。”

励士第六

武侯问曰：“严刑明赏，足以胜乎？”起对曰：“严明之事，臣不能悉。虽然，非所恃也。夫发号布令而人乐闻，兴师动众而人乐战，交兵接刃而人乐死。此三者，人主之所恃也。”

武侯曰：“致之奈何？”对曰：“君举有功而进飨之，无功而励之。”于是武侯设坐庙廷，为三行飨士大夫。上功坐前行，肴席，兼重器上牢；次功坐中行，肴席器差减；无功坐后行，肴席无重器。飨毕而出，又颁赐有功者父母妻子于庙门外，亦以功为差。有死事之家，岁使使者劳赐其父母，著不忘于心。行之三年，秦人兴师，临于西河，魏士闻之，不待吏令，介胄而奋击之者以万数。

武侯召吴起而谓曰："子前日之教行矣。"起对曰："臣闻人有短长，气有盛衰。君试发无功者五万人，臣请率以当之。脱其不胜，取笑于诸侯，失权于天下矣。今使一死贼伏于旷野，千人追之，莫不枭视狼顾。何者？恐其暴起而害己也。是以一人投命，足惧千夫。今臣以五万之众，而为一死贼，率以讨之，固难敌矣。"

于是武侯从之，兼车五百乘，骑三千匹，而破秦五十万众，此励士之功也。先战一日，吴起令三军曰："诸吏士当从受敌。车骑与徒，若车不得车，骑不得骑，徒不得徒，虽破军，皆无功。故战之日，其令不烦而威震天下。"

司马法

——战国·司马穰苴 著

仁本第一

古者，以仁为本、以义治之谓正。正不获意，则权；权出于战，不出于中人。是故杀人安人，杀之可也；攻其国，爱其民，攻之可也；以战止战，虽战可也。

故仁见亲，义见说，智见恃，勇见身，信见信。内得爱焉，所以守也；外得威焉，所以战也。

战道：不违时，不历民病，所以爱吾民也；不加丧，不因凶，所以爱夫其民也；冬夏不兴师，所以兼爱民也。

故国虽大，好战必亡；天下虽安，忘战必危。天下既平，天下大恺，春蒐秋弥，诸侯春振旅，秋治兵，所以不忘战也。

古者，逐奔不过百步，纵绥不过三舍，是以明其礼也；不穷不能，而哀怜伤病，是以明其义也；成列而鼓，是以明其信也；争义不争利，是以明其义也；又能舍服，是以明其勇也；知终知始，是以明其智也。六德以时合教，以为民纪之道也，自古之政也。

先王之治：顺天之道，设地之宜；官民之德，而正名治物；立国辨职，以爵分禄。诸侯说怀，海外来服；狱弭而兵寝，圣德之至也。

其次，贤王制礼乐法度，乃作五刑；兴甲兵以讨不义，巡狩者方，会诸侯，考不同。其有失命、乱常、背德、逆天之时而危有功之君，遍告于诸侯，彰明有罪。乃告于皇天上帝、日月星辰，祷于后土、四海神祇、山川冢社，乃造于先王。然后冢宰征师于诸侯曰："某国为不道，征之，以某年月日，师至于某国，会天子，正刑。"

冢宰与百官布令于军曰："入罪人之地，无暴神祇，无行田猎，无毁土功，无燔墙屋，无伐林木，无取六畜、禾黍、器械。见其老幼，奉归勿伤。虽遇壮者，不校勿敌。敌若伤之，医药归之。"既诛有罪，王及诸侯，修正其国，举贤立明，正复厥职。

王霸之所以治诸侯者六：以土地形诸侯，以政令平诸侯，以礼信亲诸侯，以材力说诸侯，以谋人维诸侯，及兵革服诸侯。同患同利，以合诸侯；比小事大，以和诸侯。

会之以发禁者九：凭弱犯寡者则眚之，贼贤害民则伐之，暴内陵外则坛之，野荒民散则削之，负固不服则侵之，贼杀其亲则正之，放弑其君则残之，犯令陵政则杜之，外内乱，禽兽行，则灭之。

天子之义第二

天子之义，必纯取法天地而观于先圣。士庶之义，必奉于父母而正于君长。故虽有明君，士不先教，不可用也。古之教民，必立贵贱之伦经，使不相陵。德义不相逾，材技不相掩，勇力不相犯，故力同而意和也。

古者，国容不入军，军容不入国，故德义不相逾。上贵，不伐之士；不伐之士，上之器也；苟不伐则无求，无求则不争。国中之听，必得其情；军旅之听，必得其宜；故材技不相掩。从命为士，上赏；犯命为士上戮；故勇力不相犯，既致教其民然后谨选而使之。事极修，则百官给矣，教极省，则民兴良矣；习惯成，则民体俗矣，教化之至也。

古者逐奔不远，纵绥不及，不远则难诱，不及则难陷。以礼为固，以仁为胜，既胜之后，其教可复；是以君子贵之也。

有虞氏戒于国中，欲民体其命也；夏后氏誓于军中，欲民先成其虑也；殷誓于军门之外，欲民先意，以行事也；周将交刃而誓之，以致民志也。

夏后氏正其德也，未用兵之刃，故其兵不杂；殷义也，始用兵之刃矣；周力也，尽用兵之刃矣。

夏赏于朝，贵善也；殷戮于市，威不善也；周赏于朝，戮于市，劝君子惧小人也。三王彰其德一也。

兵不杂，则不利；长兵以卫，短兵以守。太长则难犯；太短则不及；太轻则锐，锐则易乱；太重则钝，钝则不济。

戎车：夏后氏曰钩车，先正也；殷曰寅车，先疾也；周曰元戎，先良也。

旗：夏后氏玄，首人之执也；殷白，天之义也；周黄，地之道也。

章：夏后氏以日月，尚明也；殷以虎白，戎也；周以龙，尚文也。

师多务威，则民诎；少威，则民不胜。上使民不得其义，百姓不得其叙，技用不得其利，牛马不得其任，有司凌之，此谓多威，多威则民诎。上不尊德而任诈慝，不尊道而任勇力，不贵用命而贵犯命，不贵善行而贵暴行。凌之有司，此谓少威，少威则民不胜。

军旅以舒为主，舒则民力足。虽交兵致刃，徒不驱，车不驰，逐奔不逾列，是以不乱。军旅之固，不失行列之政，不绝人马之力，迟速不过诫命。

古者国容不入军，军容不入国。军容入国，则民德废；国容入军，则民德弱。故在国言文而语温，在朝恭以逊；修己以待人，不召不至，不问不言，难进易退，在军抗而立，在行遂而果，介者不拜，兵车不式，城上不趋，危事不齿。故礼与法表里也，文与武左右也。

古者贤王，明民之德，尽民之善，故无废德，无简民，赏无所生，罚无所试。有虞氏不赏不罚，而民可用，至德也；夏赏而不罚，致教也；殷罚而不赏，至威也；周以赏罚，德衰也。

赏不逾时，欲民速得为善之利也；罚不迁列，欲民速睹，为不善之害也。大捷不赏，上下皆不伐善；上苟不伐善，则不骄矣；下苟不伐善，必亡等矣。上下不伐善若此，让之至也。大败不诛，上下皆以不善在己；上苟以不善在己，必悔其过；下苟以不善在己，必远其罪。上下分恶，若此，让之至也。

古者戍军，三年不兴，睹民之劳也。上下相报，若此，和之至也。得意则凯歌，示喜也。偃伯灵台，答民之劳，示休也。

定爵第三

凡战：定爵位，著功罪；收游士，申教诏；讯厥众，求厥技；方虑极物，辨嫌推疑；养力索巧，因心之动。

凡战：固众相利，治乱，进止，服正，成耻约法省罚；小罪乃杀，小罪胜，大罪因。

顺天、阜财、怿众、利地、右兵，是谓五虑。顺天，奉时；阜财因敌；怿众，勉若；利地，守隘险阻；右兵，弓矢御，殳矛守，戈戟助。凡五兵五当，长以卫短，短以救长。

迭战则久，皆战则强。见物与侔，是谓两之。主固勉若，视敌而举。

将心，心也；众心，心也；马、牛、车、兵、佚、饱，力也。教，惟豫；战，惟节。将军，身也；卒，支也；五指，拇也。

凡战，智也；斗，勇也；阵，巧也。用其所欲，行其所能，废其不欲不能，于敌反是。

凡战：有天，有财，有善。时日不迁，龟胜微行，是谓有天；众有有，因生美，是谓有财；人习阵利，极物以豫，是谓有善。

人勉及任，是谓乐人。大军以固，多力以烦，堪物简治，见物应卒，是谓行豫。轻车轻徒，弓矢固御，是谓大军。密静多内力，是谓固阵。因是进退，是谓多力。上暇人教，是谓烦阵。然有以职，是谓堪物。因是辨物，是谓简治。

称众因地，因敌，令阵，攻战守，进退止，前后序，车徒因，是谓战参。不服、不信、不和、怠、疑、厌、慑、枝、柱、诎、顿、肆、崩、缓，是谓战患。

骄骄、慑慑、吟旷、虞、惧、事悔，是谓毁折。

大小、坚柔、参伍、众寡、凡两，是谓战权。

凡战：间远观迩；因时，因财；贵信，恶疑。

作兵义作事时，使人惠，见敌静，见乱暇见危难，无忘其众。居国惠以信，在军广以武，刃上果以敏。居国和，在军法，刃上察。居国见好，在军见方，刃上见信。

凡阵，行惟疏，战惟密，兵惟杂。人教厚，静乃治，威利章，相守义，则人勉；虑多成，则人服；时中服，厥次治。物既章，目乃明；虑既定，心乃强；进退无疑。见敌无谋，听诛无谁。其名，无变，其旗……。

凡事善则长，因古则行；誓作章，人乃强；灭厉祥，灭厉祥之道一：曰义、被之以信，临之以强。

成基一天下之形，人莫不说，是谓兼用其人。一曰权，成其溢，夺其好，我自其外，使自其内。

一曰人，二曰正，三曰辞，四曰巧，五曰火，六曰水，七曰兵，是谓七政。荣、利、耻、死，是谓四守。容色积威，不过改意，凡此道也。

唯仁有亲；有仁无信，反败厥身。人人；正正；辞辞；火火……。

凡战之道：既作其气，因发其政；假之以色，道之以辞；因惧而戒，因欲而事；蹈敌制地，以职命之；是谓战法。

凡人之形，由众之求；试以名行，必善行之。若行不行，身以将之，若行而行，因使勿忘；三乃成章，人生之宜，谓之法。

凡治乱之道：一曰仁，一曰信，三曰直，四曰一,五曰义，六曰变，七曰尊。立法：一曰受，二曰法，三曰立，四曰疾，五曰御其服，六曰等其色，七曰百官宜，无淫服。

凡军：使法在己曰专，与下畏法曰法：军无小听战无小利；日成，行微：曰道。

凡战：正不符，则事专；不服，则法；不相信则一。若怠则动之；若疑则变之；若人不信上，则行其不复；自古之政也。

严位第四

凡战之道：位欲严，政欲栗，力欲窕，气欲闲，心欲一。

凡战之道：等道义，立卒伍，定行列，正纵横，察名实，立进俯，坐进跪，畏则密，危则坐。远者视之则不畏，迩者勿视则不散。位，下左右，下甲，坐，誓徐行之。位逮徒甲，筹以轻重，振马噪，徒甲畏亦密之。跪坐、坐伏则膝行，而宽誓之。起噪，鼓而进，则以铎止子。衔枚誓，糗坐，膝行而推之。执戮禁顾，噪以先之；若畏太盛，则勿戮杀，示以颜色告之以所生，循省其职。凡三军：人戒分日，人禁不息，不可以分食；方其疑惑，可师，可服。

凡战，以力久，以气胜，以固久，以危胜。本心固，新气胜，以甲固，以兵胜。凡车以密固，徒以坐固，甲以重固，兵以轻胜。

人有胜心，惟敌之视；人有畏心，惟畏之视。两心交定，两利若一；两为之职，惟权视之。

凡战，以轻行轻，则危；以重行重，则无功；以轻行重，则败。以重行轻则战；故战，相为轻重。

舍，谨甲兵；行阵，行列；战，谨进止。

凡战，敬则慊，率则服；上烦，轻；上暇重；奏鼓轻，舒鼓重；服肤轻，服美重。

凡马车坚，甲兵利，轻乃重。

上同无获，上专多死，上生多疑，上死不胜。

凡人，死爱，死怒，死威，死义，死利。凡战之道，教约人轻死，道约人死正。

凡战，若胜若否、若天若人。

凡战，三军之戒，无过三日，一卒之警，无过分日；一人之禁，无过皆息。

凡大善用本，其次用末；执略守微，本末唯权，战也。

凡胜，三军一人，胜。

凡鼓，鼓旌旗、鼓车、鼓马、鼓徒、鼓兵、鼓首、鼓足，鼓兼齐。

凡战，既固勿重，重进勿尽，凡尽危。

凡战，非阵之难，使人可阵难；非使可阵难，使人可用难；非知之难，行之难。

人，方有性，性州异；教成俗，俗州异，道化俗。

凡众寡，既胜若，兵不告利，甲不告坚，车不告固，马不告良；众不自多，未获道。

凡战胜，则与众分善。若将复战则重赏罚。若使不胜，取过在己，复战则誓以居前，无复先术，胜否勿反；是谓正则。

凡民，以仁救，以义战，以智决，以勇斗，以信专，以利劝，以功胜。故心中仁，行中义；堪物智也，堪大勇也，堪久信也。

让以和，人以洽；予以不循，争贤以为人，说其心，效其力。

凡战，击其微静，避其强静；击其倦劳，避其闲窕；击其大惧，避其小惧，自古之政也。

用众第五

凡战之道，用寡固，用众治；寡利烦，众利正。用众进止，用寡进退。众以合寡，则远裹而阙之；若分而迭击，寡以待众；若众疑之，则自用之。擅利则释旗，迎而反之。敌若众，则相众而受裹。敌若寡若畏，则避之开之。

凡战，背风，背高，右高左险；历沛历圮，兼舍环龟。

凡战，设而观其作，视敌而举。待则循而勿鼓，待众之作；攻则屯而伺之。

凡战，众寡以观其变，进退以观其固，危而观其惧，静而观其怠，动而观其疑，袭而观其治。击其疑，加其卒，致其屈，袭其规。因其不避，阻其图，夺其虑，乘其惧。

凡从奔勿息，敌人或止于路，则虑之。凡近敌都，必有进路，退必有反虑。

凡战，先则弊，后则慑；息则怠，不息亦弊，息久亦反。

其慑书亲绝，是谓绝顾之虑；选良次兵，是谓益人之强；弃任节食，是谓开人之意；自古之政也。

尉缭子

——战国·尉缭 著

天官第一

梁惠王问尉缭子曰："黄帝'刑德'可以百战百胜，有之乎？"

尉缭子对曰："刑以伐之，德以守之，非所谓天官时日阴阳向背也。黄帝者，人事而已矣。何者？今有城，东西攻不能取，南北攻不能取，四方岂无顺时乘之者耶？然不能取者，城高池深，兵器备具，财谷多积，豪士一谋者也。若城下池浅守弱，则取之矣。由是观之，天官时日，不若人事也。案《天官》曰：'背水陈为绝(纪)[地]，向阪陈为废军。'武王伐纣，背济水向山阪而陈，以二万二千五百人，击纣之亿万而灭商，岂纣不得《天官》之陈哉？楚将公子心与齐人战，时有彗星出，柄在齐。柄所在胜，不可击。公子心曰：'彗星何知！以彗斗者，固倒而胜焉。'明日与齐战，大破之。黄帝曰：'先神先鬼，先稽我智。'谓之天(时)[官]，人事而已。"

兵谈第二

量土地肥饶而立邑。建城称地，以城称人，以人称粟。三相称，则内可以固守，外可以战胜。战胜于外，备主于内，胜备相应，犹合符节，无异故也。

治兵者，若秘于地，若邃于天，生于无。故（关）[开]之，大不窕，小不恢。明乎“禁、舍、开、塞”，民流者亲之，地不任者任之。夫土广而任则国富，民众而（治）[制]则国治。富治者，民不发轫，（车）[甲]不出暴，而威制天下。故曰，兵胜于朝廷。

不暴甲而胜者，主胜也，陈而胜者，将胜也。兵起，非可以忿也，见胜则（与）[兴]，不见胜则止。患在百里之内，不起一日之师。患在千里之内，不起一月之师。患在四海之内，不起一岁之师。将者，上不制于天，下不制于地，中不制于人。宽不可激而怒，清不可事以财。夫心狂、目盲、耳聋，以三悖率人者，难矣。

兵之所及，羊肠亦胜，锯齿亦胜，缘山亦胜，入谷亦胜；方亦胜，圆亦胜。重者、如山如林，如江如河；轻者如炮如燔，如垣压之，如云覆之，令之聚不得以散，散不得以聚；左不得以右，右不得以左。[兵]如总木，弩如羊角，人人无不腾陵张胆，绝乎疑虑，堂堂决而去。

制谈第三

凡兵，制必先定。制先定则士不乱，士不乱则刑乃明。金鼓所指，则百人尽斗；陷行乱陈，则千人尽斗；覆军杀将，则万人齐刃，天下莫能当其战矣。

古者士有什伍，车有偏列。鼓鸣旗麾，先登者，未尝非多力国士也。先死者，[亦]未尝非多力国士[也]。损敌一人而损我百人，此资敌而伤我甚焉，世将不能禁；征役分军而逃归，或临战自北，则逃人伤甚焉，世将不能禁；杀人于百步之外者，弓矢也。杀人于五十步之内者，矛戟也。将已鼓而士卒相嚣，拗矢、折矛、抱戟利后发。战有此数者，内自败也，世将不能禁。士失什伍，车失偏列，奇兵捐将而走，大众亦走，世将不能禁。夫将能禁此四者，则高山陵之，深水绝之，坚陈犯之。不能禁此四者，犹亡舟楫绝江河，不可得也。

民非乐死而恶生也，号令明，法制审，故能使之前。明赏于前，决罚于后，是以发能中利，动则有功。（今）［令］百人一卒，千人一司马，万人一将，以少诛众，以弱诛强。试听臣言其术，足使三军之众，诛一人无失刑。父不敢舍子，子不敢舍父，况国人乎？一贼仗剑击于市，万人无不避之者。臣谓非一人之独勇，万人皆不肖也。何则？必死与必生固不侔也。听臣之术，足使三军之众为一死贼。莫敢当其前，莫敢随其后，而能独出独入焉。独出独入者，王霸之兵也。

有提十万之众而天下莫当者，谁？曰：桓公也。有提七万之众，而天下莫当者谁？曰：吴起也。有提三万之众而天下莫当者谁？曰：武子也。今天下诸国士，所率无不及二十万之众者，然不能济功名者，不明乎“禁、舍、开、塞”也。明其制，一人胜之，则十人亦以胜之也；十人胜之，则百千万人亦以胜之也。故曰，便吾器用，养吾武勇，发之如鸟击，如赴千仞之谿。

今国被患者，以重宝出聘，以爱子出质，以地界出割，得天下助卒。名为十万，其实不过数万尔。其兵来者，无不谓其将曰：“无为天下先战。”其实不可得而战也。

量吾境内之民，无伍莫能正矣。经制十万之众，而王必能使之衣吾衣，食吾食。战不胜，守不固者，非吾民之罪，内自致也。天下诸国助我战，犹良骥騄駬（耳）之駃，彼驽马鬐兴角逐，何能绍吾气哉？吾用天下之用为用，吾制天下之制为制，修吾号令，明吾刑赏，使天下非农无所得食，非战无所得爵，使民扬臂争出农战，而天下无敌矣。故曰：发号出令，信行国内。

民言有可以胜敌者，毋许其空言，必试其能战也。视人之地而有之，分人之民而畜之，必能内有其贤者也。不能内有其贤而欲有天下，必覆军杀将。如此，虽战胜而国益弱，得地而国益贫，由国中之制弊矣。

战威第四

凡兵有以道胜，有以威胜，有以力胜。讲武料敌，使敌之气失而师散，虽形全而不为之用，此道胜也。审法制，明赏罚，便器用，使民有必战之心，此威胜也。破军杀将，乘阗发机，溃众夺地，成功乃返，此力胜也。王侯知此，[所]以三胜者毕矣。

夫将（卒）[之]所以战者，民也；民之所以战者气也。气实则斗，气夺则走。刑如未加，兵未接，而所以夺敌者五：一曰庙胜之论；二曰受命之论；三曰逾垠之论；四曰深沟高垒之论；五曰举陈加刑之论。此五者，先料敌而后动，是以击虚夺之也。

善用兵者，能夺人而不夺于人。夺者心之机也。令者，一众心也。众不审则数变，数变则令虽出，众不信矣。故令之法，小过无更，小疑无申。故上无疑令，则众不二听；动无疑事，则众不二志。

未有不信其心而能得其力者，未有不得其力而能致其死战者也。故国必有礼[信]亲爱之义，则可以饥易饱；国必有孝慈廉耻之俗，则可以死易生。古者率民，必先礼信而后爵禄，先廉耻而后刑罚，先亲爱而后律其身。故战者，必本乎率身以励众士，如心之使四肢也。志不励，则士不死节；士不死节，则众不战。励士之道，民之生，不可不厚也；爵列之等，死丧之亲，民之所营，不可不显也。必也因民所生而制之，因民所（荣）[营]而显之。田禄之实，饮食之亲，乡里相劝，死生相救，兵役相从，此民之所励也。使什伍如亲戚，卒伯如朋友；止如堵墙，动如风雨，车不结辙，士不旋踵，此本战之道也。

地所以养民也，城所以守地也，战所以守城也。故务耕者民不饥，务守者地不危，务战者城不围。三者，先王之本务[也]。本务[者]兵最急（本者）。故先王专于兵有五焉：委积不多则士不行；

赏禄不厚则民不劝；武士不选则众不强；器用不便则力不壮；刑赏不中则众不畏。务此五者，静能守其所固，动能成其所欲。夫以居攻出，则居欲重，阵欲坚，发欲毕，（阙）［斗］欲齐。

王国富民，霸国富士，仅存之国富大夫，亡国富仓府。所谓上满下漏，患无所救。故曰：举贤任能，不时日而事利；明法审令，不卜筮而获吉；贵功养劳，不祷词而得福。又曰：天时不如地利，地利不如人和。圣人所贵，人事而已。

夫勤劳之师，将（不）［必］先已。暑不张盖，寒不重衣，险必下步，军井成而后饮，军食熟而后饭，军垒成而后舍，劳佚必以身同之。如此，师虽久而不老不弊。

攻权第五

兵以静胜，国以专胜。力分者弱，心疑者背。夫力弱故进退不豪，纵敌不擒。将吏士卒，动静一身。心既疑背，则计决而不动，动决而不禁。异口虚言，将无修容，卒无常试，发功必衄。是谓疾陵之兵，无足与斗。

将帅者心也，群下者支节也。其心动以诚，则支节必力；其心动以疑，则友节必背。夫将不心制，卒不节动，虽胜，幸胜也，非攻权也。

夫民无两畏也。畏我侮敌，畏敌侮我。见侮者败，立威者胜。凡将能其道者，吏畏其将也；吏畏其将者，民畏其吏也；民畏其吏者，敌畏其民也。是故知胜败之道者，必先知畏侮之权。夫不爱说其心者，不我用也；不严畏其心者，不我举也。爱在下顺，威在上立。爱故不二，威故不犯。故善将者，爱与威而已。

战不必胜，不可以言战；攻不必拔，不可以言攻。不然，虽刑赏不足信也。信在期前，事在未兆。故众已聚不虚散，兵已出不徒归，求敌若求亡子，击敌若救溺人。分险者无战心，挑战者无全气，斗战者无胜兵。

凡挟义而战者，贵从我起。争私结怨，应不得已。怨结虽起，待之贵后。故争必当待之，息必当备之。

兵有胜于朝廷，有胜于原野，有胜于市井。斗则得，服则失，幸以不败，此不意彼惊惧而曲胜之也。曲胜，言非全也，非全胜者无权名。故明主战攻［之］日，合鼓合［角］，节以兵刃，不求胜而胜也。

兵有去备撤威而胜者，以其有法故也。有器用之早定也，其应敌也周，其总率也极。故五人而伍，十人而什，百人而卒，千人而率，万人而将，已（用）［周］已极。其朝死则朝代，暮死则暮代。权敌审将，而后举兵。

故凡集兵，千里者旬日，百里者一日，必集敌境。卒聚将至，深入其地，错绝其道，栖其大城大邑。使之登城逼危，男女数重，各逼地形，而攻要塞。据一城邑而数道绝，从而攻之。敌将帅不能信，吏卒不能和，刑有所不从者，则我败之矣。敌救未至，而一城已降。

津梁未发，要塞未修，城险未设，渠答未张，则虽有城无守矣。远堡未入，戍客未归，则虽有人无人矣。六畜未聚，五谷未收，财用未敛，则虽有资无资矣。夫城邑空虚而资尽者，我因其虚而攻之。法曰："独出独入，敌不接刃而致之。"此之谓也。

守权第六

凡守者，进不郭（围）［圉］，退不亭障以御战，非善者也。豪杰雄俊，坚甲利兵，劲弩强矢，尽在郭中。乃收窖廪，毁折而入保。令客气十百倍，而主之气不半焉，敌攻者伤之甚也。然而世将弗能知。

夫守者不失险者也。守法：城一丈，十人守之，工食不与焉。出者不守，守者不出。一而当十，十而当百，百而当千，千而当万。故为城郭者，非妄费于民聚土壤也，诚为守也。千丈之城，则万人之守也。池深而广，城坚而厚，士民备，薪食给，弩坚矢强，矛戟称之，此守法也。攻者不下十余万之众，其有必救之军者，则有必守之城。无必救之军者，则无必守之城。若彼［城］坚而救诚，则愚夫蠢妇，无不蔽城尽资血（城）者。期年之城，守余于攻者，救余于守者。若彼城坚而救不诚，则愚夫蠢妇，无不守陴而泣下，此人之常情也。遂发其窖廪救抚，则亦不能止矣。必鼓其豪杰雄俊，坚甲利兵，劲弩强矢并于前，（分历）［幺麽］毁瘠者并于后。

十万之军顿于城下。救必开之，守必出之。（据出）［出据］要塞，但救其后，无绝其粮道，中外相应。此救而示之不诚，则倒敌而待之者也。后其壮，前其老，彼敌无前，守不得而止矣。此守权之谓也。

十二陵第七

威在于不变。惠在于因时。机在于应事。战在于治气。攻在于意表。守在于外饰。无过在于度数。无（因）［困］在于豫备。慎在于畏小。智在于治大。除害在于敢断。得众在于下人。

悔在于任疑。孽在于屠戮。偏在于多私。不祥在于恶闻己过。不度在于竭民财。不明在于受间。不实在于轻发。固陋在于离贤。祸在于好利。害在于亲小人。亡在于无所守。危在于无号令。

武议第八

凡兵不攻无过之城，不杀无罪之人。夫杀人之父兄，利人之货财，臣妾人之子女，此皆盗也。故兵者，所以诛暴乱，禁不义也。兵之所加者，农不离其田业，贾不离其肆宅，士大夫不离其官府，由其武议，在于一人。故兵不血刃而天下亲焉。

万乘农战，千乘救守，百乘事养，农战不外索权，救守不外索助，事养不外索资。夫出不足战，入不足守者，治之以市。市者，所以（外）［给］战守也。万乘无千乘之助，必有百乘之市。

凡诛者，所以明武也。杀一人而三军震者，杀之；(杀)[赏]一人而万人喜者（杀）[赏]之。杀之贵大，赏之贵小。当杀而虽贵重，必杀之，是刑上究也；赏及牛童马圉者，是赏下流也。夫能刑上究、赏下流，此将之武也。故人主重将。夫将提鼓挥枹，临难决战，接兵角刃，鼓之而当，则赏功立名；鼓之而不当，则身死国亡。是存亡安危，在于枹端，奈何无重将也！夫提鼓挥枹，接兵角刃，君以武事成攻者，臣以为非难也。

古人曰："无蒙冲而攻，无渠答而守，是为无善之军。"视无见，听无闻，由国无市也。夫市也者，百货之官也。市贱卖贵，以限士人。人食粟一斗，马食（粟）[菽]三斗，人有饥色，马有瘠形。何也？市[有]所出而官无主也。夫提天下之节制，而无百货之官，无谓其能战也。

起兵直使甲胄生虮[虱]者，必为吾所效用也。鸷鸟逐雀，有袭人之怀，入人之室者，非出生，后有惮也。

太公望年七十屠牛朝歌，卖食盟津。过七年余而主不听，人人(之谓)[谓之]狂夫也。及遇文王，则提三万之众，一战而天下定，非武议安得此合也？故曰：良马有策，远道可致；贤士有合，大道可明。武王伐纣，师渡盟津，右旄左钺，死士三百，战士三万。纣之陈亿万，飞廉、恶来身先戟斧，陈开百里。武王不罢士民，兵不血刃而[克]商诛纣。无祥异也，人事修不修而然也。今世将考孤虚，占（城）[咸]池，合龟兆。视吉凶，观星辰风云之变，欲以成胜立功，臣以为难。夫将者，上不制于天，下不制于地，中不制于人。故兵者凶器也，争者逆德也，将者死官也。故不得已而用之。无天于上，无地于下，无主于后，无敌于前。一人之兵，如狼如虎，如风如雨，如雷如霆，震震冥冥，天下皆惊。

胜兵似水。夫水至柔弱者也，然所触丘陵，必为之崩，无异也，性专而触诚也。今以莫邪之利，犀兕之坚，三军之众，有所奇正，则天下莫当其战矣。故曰：举贤用能，不时日而事利；明法审令，不卜筮而获吉；贵功养劳，不祷词而得福。又曰，天时不如地利，地利不如人和。古之圣人，谨人事而已。

吴起与秦战，舍不平陇亩，朴樕盖之，以蔽霜露。如此何也？不自高人故也。乞人之死不索尊，竭人之力不责礼。故古者甲胄之士不拜，示人无已烦也。夫烦人而欲乞其死，竭其力，自古至今未尝闻矣。将受命之日忘其家。张军宿野忘其亲，援（抱）枹而鼓忘其身。吴起临战，左右进剑。起曰："将专主旗鼓尔，临难决疑，挥兵指刃，此将事也。一剑之任，非将事也。"三军成行，一舍而后成三舍，三舍之余，如决川源。望敌在前，因其所长而用之。敌白者垩之，赤者赭之。吴起与秦战，未合，一夫不胜其勇，前获双首而还，吴起立斩之。军吏谏曰："此材士也，不可斩。"起曰："材士则是也，非吾令也，斩之。"

将理第九

凡将，理官也，万物之主也，不私于一人。夫能无（移）[私]于一人，故万物至而制之，万物至而命之。君子不救囚于五步之外，虽钩矢射之，弗追也。故善审囚之情，不待箠楚而囚之情可毕矣。笞人之背，灼人之胁，束人之指而讯囚之情，虽国士有不胜其酷而自诬矣。

今世谚云："千金不死，百金不刑。"试听臣之言，行臣之术，虽有尧舜之智，不能（关）[开]一言；虽有万金，不能用一铢。今夫（决狱）[系者]，小圄不下十数，中圄不下百数，大圄不下千数。十人联百人之事，百人联千人之事，千人联万人之事。所联之者，亲戚兄弟也，其次婚姻也，其次知识故人也。是农无不离田业，贾无不离肆宅，士大夫无不离官府。如此关联良民，皆囚之情也。兵法曰："十万之师出，日费千金。"今良民十万而联于（囚）[囹]圄，上不能省，臣以为危也。

原官第十

官者，事之所主，为治之本也。制者，职分四民，治之分也。

贵爵富禄必称，尊卑之体也。好善罚恶，正比法，会计民之具也。(均井地)[均地分]，节赋敛，取与之度也。程工人，备器用，匠工之功也。分地塞要，殄怪禁淫之事也。守法稽断，臣下之节也，明法稽验，主上之操也。明主守，等轻重，臣主之权也。

明赏赉，严诛责，止奸之术也。审开塞，守一道，为政之要也。下达上通，至聪之听也。知国有无之数，用其仂也，知彼弱者，强之体也。知彼动者，静之决也。官分文武，惟王之二术也。

俎、豆同制，天子之会也。游说(开)[间]谍无自入，正议之术也。诸侯有谨天子之礼，君(民)[臣]继世，承王之命也。更造易常，违王明德，故礼得以伐也。

官无事治，上无庆赏，民无狱讼，国无商贾，何王之至[也]！明举上达，在王垂听也。

治本第十一

凡治人者何？曰：非五谷无以充腹，非丝麻无以盖形。故充腹有粒，盖形有缕。夫在耘耨，妻在机杼，民无二事，则有储蓄。夫无雕文刻镂之事，女无绣饰纂组之作。木器液，金器腥。圣人饮于土，食于土，故埏埴以为器，天下无费。今也金木之性，不寒而衣绣饰；马牛之性，食草饮水而给菽粟。是治失其本而宜设之制也。春夏夫出于南亩，秋冬女练[于]布帛，则民不困。今(短)[裋]褐不蔽形，糟糠不充腹，失其治也。古者土无肥饶，人无勤惰，古人何得而今人何失邪？耕有不终亩，织有日断机，而奈何(寒饥)[饥寒]？盖古治之行，今治之止也。

夫谓治者，使民无私也。民无私则天下为一家，而无私耕私织，共寒其寒，共饥其饥。故如有子十人不加一饭，有子一人不损一饭，焉有喧呼酖酒以败善类乎？民有轻佻，则欲心（与）[兴]，争夺之患起矣。横生于一夫，则民私饭有储食，私用有储财。民一犯禁而拘以刑治，乌有以为人上也。善政执其制，使民无私。为下不敢私，则无为非者矣。反本缘理，出乎一道。则欲心去，争夺止，囹圄空；野充粟多，安民怀远，外无天下之难，内无暴乱之事，治之至也。

苍苍之天，莫知其极。帝王之君，谁为法则？往世不可及，来世不可待，求己者也。所谓天子者，四焉：一曰神明，二曰垂光，三曰洪叙，四曰无敌。此天子之事也。野物不为牺牲，杂学不为通儒。今说者曰："百里之海，不能饮一夫；三尺之泉，足以止三军渴。"臣谓欲生于无度，邪生于无禁。太上神化，其次因物，其下在于无夺民时，无损民财。夫禁必以武而成，赏必以文而成。

战权第十二

兵法曰："千人而成权，万人而成武。"权先加人者，敌不力交；武先加人者，敌无威接。故兵贵先，胜于此，则胜彼矣；弗胜于此，则弗胜彼矣。

凡我往则彼来，彼来则我往，相为胜败，此战之理然也。夫精诚在乎神明，战（楹）[权]在乎道之所极：有者无之，无者有之，安所信之。先王之所传闻者，任正去诈，存其慈顺，决无留刑。故知道者，必先图不知止之败，恶在乎必往有功？轻进而求战，敌复图止，我往而敌制胜矣。故兵法曰："求而从之，见而加之，主人不敢当而陵之，必丧其权。"

凡夺者无气，恐者不守（可守），败者无人，兵无道也。意往而不疑则从之，夺敌者无前则加之，明视而高居则威之，兵道极矣。

其言无谨，偷矣，其陵犯无节，（被）[破]矣，水溃雷击，三军乱矣。必安其危，去其患，以智决之。高之以廊庙之（谕）[论]，重之以受命之论，锐之以逾垠之论，则敌国可不战而服。

重刑令第十三

夫将自千人以上，有战而北，守而降，离地逃众，命曰“国贼”。身戮家残，去其籍，发其坟墓，暴其骨于市，男女公于官。自百人以上，有战而北，守而降，离地逃众，命曰“军贼”。身死家残，男女公于官。使民内畏重刑，则外轻敌。故先王明制度于前，重威刑于后。刑重则内畏，内畏则外坚矣。

伍制令第十四

军中之制，五人为伍，伍相保也；十人为什，什相保也；五十人为属，属相保也；百人为闾，闾相保也。伍有干令犯禁者，揭之，免于罪；知而弗揭，全伍有诛。什有干令犯禁者，揭之免于罪；知而弗揭，全什有诛。属有干令犯禁者，揭之，免于罪；知而弗揭，全属有诛。闾有干令犯禁者，揭之，免于罪；知而弗揭，全闾有诛。

吏自什长以上至左右将，上下皆相保也。有干令犯禁者，揭之，免于罪；知而弗揭者，皆与同罪。

夫什伍相结，上下相联，无有不得之奸，无有不揭之罪。父不得以私其子，兄不得以私其弟，而况国人聚舍同食，乌能以干令相私者哉！

分塞令第十五

中军、左、右、前、后军，皆有（地分）[分地]，方之以行垣，而无通其交往。将有分地，帅有分地，伯有分地，皆营其沟域，而明其塞令，使非百人无得通。非其百人而入者，伯诛之；伯不诛，与之同罪。

军中纵横之道，百有二十步而立一府柱，量人与地。柱道相望，禁行清道。非将吏之符节，不得通行。采薪（之）[刍]牧者，皆成行伍，不成行伍者，不得通行。吏属无节，士无伍者，横门诛之。逾分干地者，诛之。故内无干令犯禁，则外无不获之奸。

束伍令第十六

束伍之令曰：五人为伍，共一符，收于将吏之所。亡伍而得伍，当之；得伍而不亡，有赏；亡伍不得伍，身死家残。亡长得长，当之；得长不亡，有赏；亡长不得长，身死家残；复战得首长，除之。亡将得将，当之；得将不亡，有赏；亡将不得将，坐离地遁逃之法。

战诛之法曰：什长得诛十人，伯长得诛什长，千人之将得诛百人之长，万人之将得诛千人之将，左右将军得诛万人之将，大将军无不得诛。

经卒令第十七

经卒者，以经令分之为三分焉：左军苍旗，卒戴苍羽；右军白旗，卒戴白羽；中军黄旗，卒戴黄羽。

卒有五章：前一行苍章，次二行赤章，次三行黄章，次四行白章，次五行黑章。次以经卒，亡章者有诛。

前一五行，置章于首；次二五行，置章于项；次三五行，置章于胸；次四五行，置章于腹；次五五行，置章于腰。如此，卒无非其吏，吏无非其卒。见非而不（诰）[诘]，见乱而不禁，其罪如之。

鼓行交斗，则前行进为犯难，后行（进）[退]为辱众。逾五行而前者有赏，逾五行而后者有诛。所以知进退先后，吏卒之功也。故曰："鼓之，前如雷霆，动如风雨，莫敢当其前，莫敢蹑其后。"言有经也。

勒卒令第十八

金、鼓、铃、旗，四者各有法：鼓之则进，重鼓则击。金之则止，重金则退。铃传令也。旗麾之左则左，麾之右则右。奇兵则反是。一鼓一击而左，一鼓一击而右。一步一鼓，步鼓也。十步一鼓，趋鼓也；音不绝，骛鼓也。商，将鼓也；角，帅鼓也；小鼓，伯鼓也。三鼓同，则将、帅、伯，其心一也。奇兵则反是。鼓失次者有诛，喧哗者有诛，不听金、鼓、铃、旗而动者有诛。

百人而教战，教成合之千人；千人教成，合之万人；万人教成，会之于三军。三军之众，有分有合，为大战之法。教成试之以阅。方亦胜，圆亦胜，错（邪）[斜]亦胜，临险亦胜。敌在山，缘而从之；敌在渊，没而从之。求敌若求亡子，从之无疑，故能败敌而制其命。

夫蚤决先（敌）[定]。若计不先定，虑不蚤决，则进退不定，疑生必败。故正兵贵先，奇兵贵后，或先或后，制敌者也。世将不知法者，专命而行，先击而勇，无不败者也。

其举有疑而不疑，其往有信而不信，其致有迟疾而不迟疾，是三者，战之累也。

将令第十九

将军受命，君必先谋于庙，行令于廷。君身以斧钺授将，曰："左、右、中军，皆有分职，若逾分而上请者死。军无二令，二令者诛，留令者诛，失令者诛。"将军告曰："出国门之外，期日中，设营表置辕门期之，如过时则坐法。"将军入营，即闭门清道。有敢行者诛，有敢高言者诛，有敢不从令者诛。

踵军令第二十

所谓踵军者，去大军百里，期于会地，为三日熟食，前军而行，为战合之表。合表乃起踵军飨士，使为之战势，是谓趋战者也。

兴军者，前踵军而行，合表乃起，去大军一倍其道，去踵军百里，期于会地，为六日熟食，使为战备分卒据要害。战利则追北，按兵而趋之。踵军遇有还者，诛之。所谓诸将之兵在四奇之内者胜也。

兵有什伍，有分有合，豫为之职，守要塞关梁而分居之。战合表起，即皆会也。大军为计日之食，起战具无不及也。令行而起，不如令者有诛。

凡称分塞者，四境之内当兴军踵军既行，则四境之民无得行者。奉王之命，授持符节，名为顺职之吏。非顺职之吏而行者，诛之。战合表起，顺职之吏乃行，用以相参。故欲战，先安内也。

兵教上第二十一

兵之教令，分营居陈，有非令而进退者，加犯教之罪。前行者前行教之，后行者后行教之，左行者左行教之，右行者右行教之。教举五人，其甲首有赏。弗教，如犯教之罪。罗地者自揭其伍，伍内互揭之，免其罪。

凡伍临陈，若一人有不进死于敌，则教者如犯法者之罪。凡什保什，若亡一人而九人不尽死于敌，则教者如犯法者之罪。自什以上至于裨将，有不若法者，则教者如犯法者之罪。凡明刑罚，正劝赏，必在乎兵教之法。

将异其旗，卒异其章。左军章左肩，右军章右肩，中军章胸前，书其章曰："某甲某士。"前后章各五行，尊章置首上，其次差降之。伍长教其四人，以板为鼓，以瓦为金，以竿为旗。击鼓而进，低旗则趋，击金而退；麾而左之，麾而右之；金鼓俱击而坐。伍长教成，合之什长；什长教成，合之卒长；卒长教成，合之伯长；伯长教成，合之兵尉；兵尉教成，合之裨将；裨将教成，合之大将；大将教之，陈于中野。置大表，三百步而一。既陈去表，百步而决，百步而趋，百步而鹜。习战以成其节，乃为之赏法。自尉吏而下尽有旗，战胜得旗者，各视其所得之爵，以明赏劝之心。战胜在乎立威，立威在乎戮力，戮力在乎正罚。正罚者，所以明赏也。

令民背国门之限，决死生之分，教之死而不疑者，有以也。令守者必固，战者必斗；奸谋不作，奸民不语；令行无变，兵行无猜；轻者若霆，奋敌若惊；举功别德，明如白黑。令民从上令，如四肢应心也。前军绝行乱陈破坚如溃者，有以也。

此之谓兵教，所以开封疆，守社稷，除患害，成武德也。

兵教下第二十二

臣闻人君有必胜之道，故能并兼广大，以一其制度，则威加天下有十二焉：一曰连刑，谓同罪保伍也；二曰地禁，谓禁止行道，以网外奸也；三曰全车，谓甲首相附，三五相同，以结其联也；四曰开塞，谓分地以限，各死其职而坚守也；五曰分限，谓左右相禁，前后相待，垣车为固，以逆以止也；六曰号别，谓前列务进，以别其后者，不得争先登不次也；七曰五章，谓彰明行列，始卒不乱也；八曰全曲，谓曲折相从，皆有分部也；九曰金鼓，谓兴有功，致有德也；十曰陈车，谓接连前矛，马冒其目也；十一曰死士，谓众军之中有材力者，乘于战车，前后纵横，出奇制敌也；十二曰力卒，谓经其全曲，不麾不动也；此十二者教成，犯令不舍。兵弱能强之，主卑能尊之，令弊能起之，民流能亲之，人众能治之，地大能守之。国车不出于阃，组甲不出于橐而威服天下矣。

兵有五致：为将忘家；逾垠忘亲；指敌忘身；必死则生；急胜为下。百人被刃，陷行乱陈；千人被刃，擒敌杀将；万人被刃，横行天下。

武王问太公望曰："吾欲少间而极用人之要。"望对曰："赏如山，罚如溪。太上无过，其次补过，使人无得私语。诸罚而请不罚者死，诸赏而请不赏者死。”

伐国必因其变，示之财以观其穷，示之弊以观其病，上乖者下离。若此之类，是伐之因也。凡兴师，必审内外之权，以计其去。兵有备阙，粮食有余不足，校所出入之路，然后兴师伐乱，必能入之。地大而城小者，必先收其地；城大而地窄者，必先攻其城；地广而人寡者，则绝其阨；地狭而人众者，则筑大堙以临之。无丧其利，无夺其时，宽其政，夷其业，救其弊，则足以施天下。

今战国相攻，大伐有德，自伍而两，自两而师，不一其令。率俾民心不定，徒尚骄侈，谋患辩讼，吏究其事，累且败也。日暮路远，还有挫气；师老将贪，争掠易败。

凡将轻、垒卑、众动，可攻也；将重、垒高、众惧，可围也。凡围必开其小利，使渐夷弱，则节吝有不食者矣。众夜击者，惊也；众避事者，离也。待人之救，期战而蹙，皆心失而伤气也。伤气败军，曲谋败国。

兵令上第二十三

兵者，凶器也，争者，逆德也。事必有本，故王者伐暴乱，本仁义焉。战国则以立威，抗敌相图而不能废兵也。

兵者以武为植，以文为种；武为表，文为里。能审此二者，知胜败矣。文所以视利害、辨安危，武所以犯强敌、力攻守也。专一则胜，离散则败。

陈以密则固，锋以疏则达。卒畏将甚于敌者胜，卒畏敌甚于将者败。所以知胜败者，称将于敌也，敌与将犹权衡焉。安静则治，暴疾则乱。

出卒陈兵有常令，行伍疏数有常法，先后之次有适宜。常令者，非追北袭邑攸用也。前后不次则失也，乱先后斩之。常陈皆向敌，有内向，有外向，有立陈，有坐陈。夫内向所以顾中也，外向所以备外也，立陈所以行也，坐陈所以止也。立坐之陈，相参进止，将在其中。坐之兵剑斧，立之兵戟弩，将亦居中。善御敌者，正兵先合，而后扼之，此必胜之术也。

陈之斧钺，饰之旗章，有功必赏，犯令必死，存亡死生，在枹之端。虽天下有善兵者，莫能御此矣。矢射未交，长刃未接，前噪者谓之虚，后噪者谓之实，不噪者谓之祕。虚、实、[祕]者，兵之体也。

兵令下第二十四

诸去大军为前御之备者，边县列候，各相去三五里。闻大军为前御之备战，则皆禁行，所以安内也。

内卒出戍，令将吏授旗鼓戈甲。发日，后将吏及出县封界者，以坐后戍法。兵戍边一岁遂亡，不候代者，法比亡军。父母妻子知之，与同罪；弗知，赦之。卒后将吏而至大将所一日，父母妻子尽同罪，卒逃归至家一日，父母妻子弗捕执及不言，亦同罪。

诸战而亡其将吏者，及将吏弃卒独北者，尽斩之。前吏弃其卒而北，后吏能斩之而夺其卒者赏，军无功者戍三岁。三军大战，若大将死而从吏五百人以上不能死敌者斩，大将左右近卒在陈中者皆斩；余士卒有军功者夺一级，无军功者戍三岁。战亡伍人，及伍人战死不得其尸，同伍尽夺其功；得其尸，罪皆赦。

军之利害，在国之名实。今名在官而实在家，官不得其实，家不得其名。聚卒为军，有空名而无实，外不足以御敌，内不足以守国，此军之所以不给，将之所以夺威也。臣以谓卒逃归者，同舍伍人及吏罚入粮为饶，名为军实，是有一军之名，而有二实之出，国内空虚，自竭民岁，曷以免奔北之祸乎？今以法止逃归，禁亡军，是兵之一胜也。什伍相联，及战斗则卒吏相救，是兵之二胜也。将能立威，卒能节制，号令明信，攻守皆得，是兵之三胜也。

臣闻古之善用兵者，能杀士卒之半，其次杀其十三，其下杀其十一。能杀其半者，威加海内；杀十三者，力加诸侯；杀十一者，令行士卒。故曰：百万之众不用命，不如万人之斗也；万人之斗［不用命］，不如百人之奋也。赏如日月，信如四时，令如斧钺，（制）［利］如干将，士卒不用命者，未之有也。

李卫公问对

——唐朝·李靖 著

卷 上

正合奇胜

太宗曰："高丽数侵新罗，朕遣使谕，不奉诏，将讨之，如何？"靖曰："探知盖苏文自恃知兵，谓中国无能讨，故违命。臣请师三万，擒之。"

太宗曰："兵少地遥，何术临之？"靖曰："臣以正兵。"

太宗曰："平突厥时用奇兵，今言正兵，何也？"靖曰："诸葛亮七擒孟获，无他道也，正兵而已矣。"

太宗曰："晋马隆讨凉州，亦是依八阵图，作偏箱车。地广，则用鹿角车营；路狭，则为木屋，施于车上，且战且前。信乎，正兵古人所重也。"靖曰："臣讨突厥，西行数千里，若非正兵，安能致远？偏箱鹿角，兵之大要，一则治力，一则前拒，一则束部伍，三者迭相为用，斯马隆所得古法深矣。"

太宗曰："朕破宋老生，初交锋，义师少却，朕亲以铁骑自南原驰下，横突之，老生兵断后，大溃，遂擒之。此正兵乎？奇兵乎？"靖曰："陛下天纵圣武，非学而能。臣按兵法，自黄帝以来，先正而后奇，先仁义而后权谲。且霍邑之战，师以义举者，正也，建成坠马，右军少却者，奇也。"

太宗曰："彼时少却，几败大事，曷谓之奇耶？"靖曰："凡兵以前向为正，后却为奇。且右军不却，则老生安致之来哉？法曰：'利而诱之，乱而取之。'老生不知兵，恃勇急进，不意断后，见擒于陛下，此所谓以奇为正也。"

太宗曰："霍去病暗与孙吴合，诚有是夫？当右军之却也，高祖失色，及朕奋击，反为我利，孙吴暗合，卿实知言。"

示形误敌

太宗曰："凡兵却，皆谓之奇乎？"靖曰："不然，夫兵却，旗参差而不齐，鼓大小而不应，令喧嚣而不一，此真败却也，非奇也。若旗齐鼓应，号令如一，纷纷纭纭，虽退走，非败也，必有奇也。法曰：'佯北勿追。'又曰：'能而示之不能。'皆奇之谓也。"

太宗曰："霍邑之战，右军少却，其天乎？老生被擒，其人乎？"靖曰："若非正兵变为奇，奇兵变为正，则安能胜哉？故善用兵者，奇正在人而已，变而神之，所以推乎天也。"太宗俯首。

太宗曰："奇、正素分之欤？临时制之欤？"靖曰："按曹公《新书》曰：'己二而敌一，则一术为正，一术为奇；己五而敌一，则三术为正，二术为奇。'此言大略耳！唯孙武云：'战势不过奇正，奇正之变，不可胜穷；奇正相生，如循环之无端，孰能穷之？斯得之矣。安有素分之耶？若士卒未习吾法，偏裨未熟吾令，则必为之二术。教战时，各认旗鼓，迭相分合，故曰：分合为变，此教战之术耳。教阅既成，众知吾法，然后如驱群羊，由将所指，孰分奇正之别哉？孙武所谓形人而我无形，此乃奇正之极致，是以素分者，教阅也。临时制变者，不可胜穷也。"太宗曰："深乎！深乎！曹公必知之矣！但《新书》所以授诸将而已，非奇正本法。"

太宗曰："曹公云'奇兵旁击'。卿谓若何？"靖曰："臣按曹公注《孙子》曰：'先出合战为正，后出为奇。'此与旁击之说异焉。臣愚谓大众所合为正，将所自出为奇。乌有先后旁击之拘哉？"

太宗曰："吾之正，使敌视以为奇，吾之奇，使敌视以为正，斯所谓'形人'者欤？以奇为正，以正为奇，变化莫测，斯所谓无形者欤？”靖再拜曰：“陛下神圣，迥出古人，非臣所及。”

兵贵定谋

太宗曰：“分合为变者，奇正安在？”靖曰：“善用兵者，无不正，无不奇，使敌莫测。故正亦胜，奇亦胜。三军之士，止知其胜，莫知其所以胜，非变而能通，安能至是哉？分合所出，惟孙武能之，吴起而下，莫可及焉。”

太宗曰：“吴术若何？”靖曰：“臣靖略言之，魏武侯问吴起两军相向，起曰：‘使贱而勇者前击，锋始交而北，北而勿罚，观敌进取，一坐一起，奔北不追，则敌有谋矣。若悉众追北，行止纵横，此敌人不才，击之勿疑。’臣谓吴术大率多此类，非孙武所谓以正合也。”

太宗曰：“卿舅韩擒虎，尝言卿可与论孙吴，亦奇正之谓乎？”靖曰：“擒虎安知奇正之极，但以奇为奇，以正为正尔！曾未知奇正相变，循环无穷者也。”

太宗曰：“古人临阵出奇，攻人不意，斯亦相变之法乎？”靖曰：“前代战斗，多是以小术而胜无术，以片善而胜无善，斯安足以论兵法也？若谢玄之破苻坚，非谢玄之善也，盖苻坚之不善也。”太宗顾侍臣，检《谢玄传》阅之，曰：“苻坚甚处是不善。”靖曰：“臣观《苻坚载记》曰：‘秦诸军皆溃败，唯慕容垂一军独全，坚以千余骑赴之，垂子宝劝垂杀坚，不果。’此有以见秦师之乱，慕容垂独全，盖坚为垂所陷明矣。夫为人所陷而欲胜敌，不亦难乎？臣故曰：无术焉，苻坚之类是也。”太宗曰：“《孙子》谓多算胜少算，有以知少算胜无算，凡事皆然。”

将通九变

太宗曰：“黄帝兵法，世传《握奇文》，或谓为《握机文》，何谓也？”靖曰：“奇音机，故或传为机，其义则一。考其辞云：‘四为正，四为奇，余奇为握机。’奇，余零也，因此音机。臣愚谓兵无不是机，安在乎握而言也？当为余奇则是。夫正兵受之于君，奇兵将所自出。《法》曰：‘令素行，以教其民者，则民服。’此受之于君者也。又曰：‘兵不豫言，君命有所不受。’此将所自出者也。凡将，正而无奇，则守将也；奇而无正，则斗将也；奇正皆得，国之辅也。是故握机、握奇，本无二法，在学者兼通而已。”

太宗曰：“阵数有九，中心零者，大将握之，四面八向，皆取准焉。阵间容阵，队间容队，以前为后，以后为前，进无速奔，退无遽走，四头八尾，触处为首，敌冲其中，两头皆救。数起于五，而终于八，此何谓也？”靖曰：“诸葛亮以石纵横布为八行方阵之法，即此图也，臣尝教阅，必先此阵，世所传《握机文》，盖得其粗也。”

太宗曰：“天、地、风、云、龙、虎、鸟、蛇、斯八阵，何义也？”靖曰：“传之者误也，古人秘藏此法，故诡设八名耳。八阵本一也，分为八焉。若天地者，本乎旗号。风云者，本乎幡名。龙、虎、鸟、蛇者，本乎队伍之别。后世误传，诡设物象，何止八而已乎？”

太宗曰：“数起于五，而终于八，则非设象，实古制也，卿试陈之。”靖曰：“臣按黄帝始立丘井之法，因以制兵，故井分四道，八家处之，其形井字，开方九焉。五为阵法，四为间地，此所谓数起于五也；虚其中，大将居之，环其四面，诸部连绕，此所谓终于八也。及乎变化制敌，则纷纷纭纭，斗乱而法不乱，混混沌沌，形圆而势不散，此所谓散而成八，复而为一者也。”

太宗曰：“深乎！黄帝之制兵也。后世虽有天智神略，莫能出其阃阈，降此，孰有继之者乎？”靖曰：“周之始兴，则太公实缮其法，始于岐都，以建井亩，戎车三百辆，虎贲三百人，以立军制，六步七步，六伐七伐，以教战法。陈师牧野，太公以百夫致师，以成武功，以四万五千人，胜纣七十万众。周《司马法》，本太公者也。太公既没，齐人得其遗法。至桓公霸天下，任管仲，复修太公法，谓之节制之师，诸侯毕服。”

太宗曰：“儒者多言管仲霸臣而已，殊不知兵法乃本于王制也，诸葛亮王佐之才，自比管、乐，以此知管仲亦王佐也。但周衰时，王不能用，故假齐兴师尔。”靖再拜曰：“陛下神圣，知人如此，老臣虽死，无愧昔贤也。臣靖言管仲制齐之法：三分齐国以为三军；五家为轨，故五人为伍；十轨为里，故五十人为小戎；四里为连，故二百人为卒；十连为乡，故二千人为旅；五乡一师，故万人为军。亦由《司马法》一师五旅，一旅五卒之义焉。共实皆得太公之遗法。”

定制统兵

太宗曰：“《司马法》，人言穰苴所述，是欤？否也？”靖曰：“按《史记·穰苴传》，齐景公时，穰苴善用兵，败燕晋之师，景公尊为司马之官，由是称司马穰苴，子孙号司马氏。至齐威王，追论古司马法，又述穰苴所学，遂有《司马穰苴书》数十篇。今世所传兵家者流，又分权谋、形势、阴阳、技巧四种，皆出《司马法》也。”

太宗曰：“汉张良、韩信，序次兵法，凡百八十二家，删取要用，定著三十五家！今失其传，何也？”靖曰：“张良所学，太公《六韬》、‘三略’是也；韩信所学，穰苴、孙武是也。然大体不出三门四种而已。”

太宗曰：“何谓三门？”靖曰：“臣按《太公谋》八十一篇，所谓阴谋不可以言穷；《太公言》七十一篇，不可以兵穷；《太公兵》八十五篇，不可以财穷。此三门也。”

太宗曰：“何谓四种？”靖曰：“汉任宏所论是也。凡兵家流，权谋为一种，形势为一种，及阴阳、技巧二种，此四种也。”

太宗曰：“《司马法》首序蒐狩，何也？”靖曰：“顺其时，而要之以神，重其事也。周礼最为大政，成为岐阳之蒐，康有酆宫之朝，穆有涂山之会，此天子之事也。及周衰，齐桓有召陵之师，晋文有践土之盟，此诸侯奉行天子之事也。其实用九伐之法，以威不恪，假之以朝会，因之以巡狩，训之以甲兵，言无事兵不妄举，必于农隙，不忘武备也，故首序蒐狩，不其深乎？”

太宗曰：“春秋楚子二广之法云：‘百官象物而动，军政不戒而备。’此亦得周制欤？”靖曰：“按左氏云：‘楚子乘广，三十乘，广有一卒，卒偏之两。军行右辕，以辕为法，故挟辕而战，皆周制也。’臣谓百人曰卒，五十人曰两，此是每车一乘用士百五十人，比周制差多耳。周一乘，步卒七十二人，甲士三人。以二十五人为一甲，凡三甲，共七十五人。楚，山泽之国，车少而人多。分为三队，则与周制同矣。”

太宗曰：“春秋荀吴伐狄，毁车为行，亦正兵欤？奇兵欤？”靖曰：“荀吴用车法耳。虽舍车而法在其中焉。一为左角，一为右角，一为前拒，分为三队，此一乘法也，千万乘皆然。臣按曹公《新书》云：‘攻车七十五人，前拒一队，左右角二队，守车一队。炊子十人，守装五人，厩养五人，樵汲五人，共二十五人。’攻守二乘，凡百人。兴兵十万，用车千乘，轻重二千，此大率荀吴之旧法也。又观汉魏之间军制，五车为队，仆射一人，十车为师，率长一人，凡车千乘，将吏二人，多多仿此。臣以今法参用之，则跳荡，骑兵也；战锋队，步骑相半也；驻队，兼车乘而出也。臣西讨突厥，越险数千里，此制未尝敢易，盖古法节制，信可重也。”

兵不厌诈

太宗幸灵州回，召靖赐坐，曰：“朕命道宗及阿史那社尔等讨薛延陀，而铁勒诸部乞置汉官，朕皆从其请，延陀西走，恐为后患，故遣李勣讨之。今北荒悉平，然诸部番汉杂处，以何道经久，使得两全安之？”靖曰：“陛下敕自突厥至回纥部落，凡置驿六十六处，以通斥候，斯已得策矣；然臣愚以为汉戍宜自为一法，番落宜自为一法，教习各异，勿使混同，或遇寇至，则密敕主将，临时变号易服，出奇击之。”

太宗曰：“何道也？”靖曰：“此所谓‘多方以误之’之术也。番而示之汉，汉而示之番，彼不知番汉之别，则莫能测我攻守之计矣。善用兵者，先为不可测，则敌乖其所之也。”

太宗曰：“正合朕意。卿可密教边将。只以此番汉，便见奇正之法矣。”靖再拜曰：“圣虑天纵，闻一知十，臣安能极其说哉？”

教得其道

太宗曰：“诸葛亮言：‘有制之兵，无能之将，不可败也。无制之兵，有能之将，不可胜也。’朕疑此谈非极致之论。”靖曰：“武侯有所激云耳。臣按《孙子》有曰：‘教习不明，吏卒无常，陈兵纵横，曰乱。’自古乱军引胜，不可胜纪。夫教道不明者，言教阅无古法也。吏卒无常者，言将臣权任无久职也。乱军引胜者，言已自溃败，非敌胜之也。是以武侯言：兵卒有制，虽庸将未败，若兵卒自乱，虽贤将危之，又何疑焉？”

太宗曰：“教阅之法，信不可忽。”靖曰：“教得其道，则士乐为用；教不得法，虽朝督暮责，无益于事矣。臣所以区区古制，皆纂以图者，庶乎成有制之兵也。”太宗曰：“卿为我择古阵法，悉图以上。”

太宗曰：“番兵唯劲马奔冲，此奇兵欤？汉兵唯强弩犄角，此正兵欤？”靖曰：“按《孙子》云：‘善用兵者，求之于势，不责于人，故能择人而任势。’夫所谓择人者，各随番汉所长而战也。番长于马，马利乎速斗；汉长于弩，弩利乎缓战。此自然各任其势也，然非奇正所分。臣前曾部番汉必变号易服者，奇正相生之法也。马亦有正，弩亦有奇，何常之有哉？”

太宗曰：“卿更细言其术。”靖曰：“先形之，使敌从之，是其术也。”

太宗曰：“朕悟之矣！《孙子》曰：‘形兵之极，至于无形。’又曰：‘因形以措胜于众，众不能知。’其此之谓乎！”靖再拜曰：“深乎！陛下圣虑，已思过半矣。”

太宗曰：“近契丹、奚皆内属，置松漠、饶乐二都督，统于安北都护，朕用薛万彻，如何？”靖曰：“万彻不如阿史那社尔及执失思力、契苾何力，此皆番臣之知兵者也。因尝与之言松漠、饶乐山川道路，番情逆顺，远至于西域部落十数种，历历可信。臣教之以阵法，无不点头服义，望陛下任之无疑。若万彻则勇而无谋，难以独任。”太宗笑曰：“番人皆为卿役使。古人云：‘以蛮夷攻蛮夷，中国之势也。’卿得之矣。”

卷中

避实击虚

太宗曰："朕观诸兵书，无出孙武，孙武十三篇，无出'虚实'。夫用兵识虚实之势，则无不胜焉。今诸将中，但能言避实击虚，及其临敌，则鲜识虚实者；盖不能致人，而反为敌所致故也。如何？卿悉为诸将言其要。"靖曰："先教之以奇正相变之术，然后语之以虚实之形，可也。诸将多不知以奇为正，以正为奇，且安识虚是实，实是虚哉？"

太宗曰："'策之而知得失之计，作之而知动静之理，形之而知死生之地，角之而知有余不足之处，此则奇正为我'，虚实在敌欤？"靖曰："奇正者，所以致敌之虚实也。敌实则我必以正；敌虚则我必以奇。苟将不知奇正，则虽知敌虚实，安能致之哉？臣奉诏，但教诸将以奇正，然后虚实自知焉。"

太宗曰："以奇为正者，敌意其奇，则吾正击之；以正为奇者，敌意其正，则吾奇击之，使敌势常虚，我势常实。当以此法授诸将，使易晓耳。"靖曰："千章万句，不出乎致人而不致于人而已。臣当以此教诸将。"

太宗曰："朕置瑶池都督，以隶安西都护，番汉之兵如何处置？"靖曰："天之生人，本无番汉之别，然地远荒漠，必以射猎而生，由此常习战斗。若我恩信抚之，衣食周之，则皆汉人矣。陛下置此都护，臣请收汉戍卒，处之内地，减省粮馈，兵家所谓治力之法也。但择汉吏有熟番情者，散守堡障，此足以经久。或遇有警，则汉卒出焉。"

太宗曰："《孙子》所言治力何如？"靖曰："以近待远，以逸待劳，以饱待饥，此略言其概耳。善用兵者，推此三义而有六焉：以诱待来，以静待躁，以重待轻，以严待懈，以治待乱，以守待攻；反是则力有弗逮，非治力之术，安能临兵哉？"太宗曰："今人习《孙子》者，但诵空文，鲜克推广其义，治力之法，宜徧告诸将。"

攻守相宜

太宗曰："旧将老卒，凋零殆尽；诸军新置，不经阵敌，今教以何道为要？"靖曰："臣常教士，分为三等，必先结伍法。伍法既成，授之军校，此一等也。军校之法，以一为十，以十为百，此一等也。授之裨将，裨将乃总诸校之队，聚为阵图，此一等也。将军察此三等之教，于是大阅，稽考制度，分别奇正，誓众行罚，陛下临高观之，无施不可。"

太宗曰："伍法有数家，孰者为要？"靖曰："臣按《春秋左氏传》云'先偏后伍'，又《司马法》曰'五人为伍'，《尉缭子》有束武令，汉制有尺籍伍符。后世符藉，以纸为之，于是失其制矣。臣酌其法，自五人而变为二十五人，自二十五人而变为七十五人，此则步卒七十二人、甲士三人之制也。舍车用骑，则二十五人当八马，此则五兵五当之制也。是则诸家兵法，唯伍法为要。小列之五人，大列之二十五人，参列之七十五人。又五参其数，得三百七十五人，三百人为正，六十人为奇，此则百五十人分为二正，而三十人分为二奇，盖左右等也。穰苴所谓'五人为伍，十伍为队'，至今因之，此其要也。"

太宗曰："朕与李勣论兵，多同卿说，但勣不究出处尔，卿所制六花阵法，出何术乎？"靖曰："臣所本诸葛亮八阵法也。大阵包小阵，大营包小营，隅落钩连，曲折相对，古制如此。臣为图因之，故外画之方，内环之圆，是成六花，俗所号尔。"

太宗曰："内圆外方，何谓也？"靖曰："方生于正，圆生于奇，方所以矩其步，圆所以缀其旋，是以步数定于地，行缀应乎天，步定缀齐，则变化不乱，八阵为六，武侯之旧法焉。"

太宗曰："画方以见步，点圆以见兵，步教足法，兵教手法，手足便利，思过半乎。"靖曰："吴起云：'绝而不离，却而不散。'此步法也。教士犹布棋于盘，若无画路，棋安用之？孙武曰：'地生度，度生量，量生数，数生称，称生胜，胜兵若以镒称铢，败兵若以铢称镒。'皆起于度量方圆也。"

太宗曰："深乎！孙武之言。不度地之远近，形之广狭，则何以制其节乎？"靖曰："庸将罕能知其节者也。善战者，其势险，其节短，势如纩弩，节如发机。臣修其术，凡立队相去各十步，驻队去前队二十步，每隔一队立一战队。前进以五十步为节，角一声，诸队皆散立，不过十步之内。至第四角声，笼枪跪坐。于是鼓之，三呼三击，三十步至五十步，以制敌之变。马军从背出，亦以五十步临时节止，前正后奇，观敌如何。再鼓之，则前奇后正，复邀敌来，伺隙捣虚，此六花大率皆然也。"

潜地动天

太宗曰："曹公《新书》云：'作阵对敌，必先立表，引兵就表而阵，一部受敌，余部不进救者斩。'此何术乎？"靖曰："临敌立表，非也，此但教战时法耳。古人善用兵者，教正不教奇，驱众若驱群羊，与之进，与之退，不知所之也。曹公骄而好胜，当时诸将，奉《新书》者，莫敢攻其短，且临敌立表，无乃晚乎？臣窃观陛下所制破阵乐舞，前出四表，后缀八幡，左右折旋，趋步金鼓，各有其节，此即八阵图，四头八尾之制也。人间但见乐舞之盛，岂有知军容如斯焉？"太宗曰："昔汉高帝定天下，歌云：'安得猛士兮守四方。'盖兵法可以意授，不可以语传，朕为破阵乐舞，唯卿以晓其表矣，后世其知我不苟作也。"

太宗曰："方色五旗为正乎？幡麾折冲为奇乎？分合为变，其队数曷为得宜？"靖曰："臣参用古法，凡三队合，则旗相倚而不交；五队合，则两旗交；十队合，则五旗交。吹角，开五交之旗，则一复散而为十；开二交之旗，则一复散而为五；开相倚不交之旗，则一复散而为三。兵散则以合为奇，合则以散为奇，三令五申，三散三合，复归于正，四头八尾，乃可教焉，此队法所宜也。"太宗称善。

太宗曰："曹公有战骑、陷骑、游骑，今马军何等比乎？"靖曰："臣按《新书》云：'战骑居前，陷骑居中，游骑居后。'如此，则是各立名号，分为三类耳。大抵骑队八马，当车徒二十四人，二十四骑，当车徒七十二人，此古制也。车徒常教以正，骑队常教以奇。据曹公前后及中，分为三覆，不言两厢，举一端言也。后人不晓三覆之义，则战骑必前于陷骑、游骑，如何使用？臣熟用此法，回军转阵，则游骑当前，战骑当后，陷骑临变而分，皆曹公之术也。”太宗笑曰：“多少人为曹公所惑。”

太宗曰：“车、步、骑三者一法也。其用在人乎？”靖曰：“臣按春秋鱼丽阵，先偏后伍，此则车步无骑，谓之左右拒，言拒御而已，非取出奇胜也。晋荀吴伐狄，舍车为行，此则骑多为便，唯务奇胜，非拒御而已。臣均其术，凡一马当三人，车步称之，混为一法，用之在人，敌安知吾车果何出？骑果何来？徒果何从哉？或潜九地，或动九天，其知如神，唯陛下有焉，臣何足以知之？”

刚柔相济

太宗曰：“太公书云：‘地方六百步，或六十步，表十二辰。’其术如何？”靖曰：“画地方一千二百步，开方之形也。每部占地二十步之方，横以五步立一人，纵以四步立一人，凡二千五百人，分五方，空地四处，所谓阵间容阵者也。武王伐纣，虎贲各掌三千人，每阵六千人，共三万之众，此太公画地之法也。”

太宗曰：“卿六花阵画地几何？”靖曰：“大阅：地方千二百步者，其义六阵，各占地四百步，分为东西两厢，空地一千二百步为教战之所，臣尝教士三万，每阵五千人，以其一为营法，五为方、圆、曲、直、锐之形，每阵五变，凡二十五变而止。”

太宗曰：“五行阵如何？”靖曰：“本因五方色立此名。方、圆、曲、直、锐，实因地形使然，凡军不素习此五者，安可以临敌乎？兵，诡道也，故强名五行焉。文之以术数相生相克之义，其实兵形像水，因地制流，此其旨也。”

太宗曰：“李勣言牝牡方圆伏兵法。古有是否？”靖曰：“牝牡之法，出于俗传，其实阴阳二义而已。臣按范蠡云：‘后则用阴，先则用阳，尽敌阳节，盈吾阴节而夺之。’此兵家阴阳之妙也。范蠡又云：‘设右为牝，益左为牡，早晏以顺天道。’此则左右早晏，临时不同，在乎奇正之变者也。左右者，人之阴阳；早晏者，天之阴阳；

奇正者，天人相变之阴阳。若执而不变，则阴阳俱废，如何守牝牡之形而已。故形之者，以奇示敌，非吾正也。胜之者，以正击敌，非吾奇也。此谓奇正相变。兵伏者，不止山谷草木伏藏，所以为伏也。其正如山，其奇如雷，敌虽对面，莫测吾奇正所在，至此夫何形之有哉？”

太宗曰：“四兽之阵，又以商羽徵角象之，何道也？”靖曰：“诡道也。”

太宗曰：“可废乎？”靖曰：“存之所以能废之也。若废而不用，诡愈甚焉。”

太宗曰：“何谓也？”靖曰：“假之以四兽之阵，及天地风云之号，又加商金、羽水、徵火、角木之配，此皆兵家自古诡道。存之，则余诡不复增矣；废之，则使贪使愚之术，从何而施哉？”太宗良久曰：“卿宜秘之，无泄于外。”

太宗曰：“严刑峻法，使人畏我，而不畏敌，朕甚惑之。昔光武以孤军当王莽百万之众，非有刑法临之，此何由乎？”靖曰：“兵家胜败，情状万殊，不可以一事推也。如陈胜吴广败秦师，岂胜广刑法能加于秦乎？光武之起，盖顺人心之怨莽也。况又王寻王邑不晓兵法，徒夸兵众，所以知败。臣按《孙子》曰：‘卒未亲附而罚之，则不服；已亲附而罚不行，则不可用。’此言凡将先有爱结于士，然后可以严刑也。若爱未加，而独用峻法，鲜克济焉。”

太宗曰：“《尚书》云：‘威克厥爱，允济；爱克厥威，允罔功。’何谓也？”靖曰：“爱设于先，威设于后，不可反是也。若威加于前，爱救于后，无益于事矣。《尚书》所以慎戒其终，非所以作谋于始也。故《孙子》之法，万代不刊。”

太宗曰：“卿平萧铣，诸将皆欲籍伪臣家，以赏士卒，独卿不从，以为蒯通不戮于汉，既而江汉归顺。朕由是思古人有言曰：‘文能附众，武能威敌。其卿之谓乎？’”靖曰：“汉光武平赤眉，入贼营中，按行。贼曰：‘萧王推赤心于人腹中。’此盖先料人情，本非为恶，岂不豫虑哉？臣顷讨突厥，总番汉之众，出塞千里，未尝戮一杨干，斩一庄贾，亦推赤诚，存至公而已矣。陛下过听，擢臣以不次之位，若于文武，则何敢当！”

主客变易

太宗曰：“昔唐俭使突厥，卿因而击败之，人言卿以俭为死间，朕至今疑焉，如何？”靖再拜曰：“臣与俭比肩事主，料俭说必不能柔服，故臣因纵兵击之，所以去大恶不顾小义也。人谓以俭为死间，非臣之心。按《孙子》，用间最为下策。臣尝著论，其末云：‘水能载舟，亦能覆舟，或用间以成功，或凭间以倾败。’若束发事君，当朝正色，忠以尽节，信以竭诚。虽有善间，安可用乎？唐俭小义，陛下何疑？”太宗曰：“诚哉！非仁义不能使间，此岂纤人所为乎？周公大义灭亲，况一使人乎？灼无疑矣。”

太宗曰：“兵，贵为主，不贵为客，贵速不贵久。何谓也？”靖曰：“兵不得已而用之，安在为客且久哉？《孙子》曰‘远输则百姓贫’，此为客之弊也。又曰：‘役不再籍，粮不三载。’此不可久之验也。臣较量主客之势，则有变客为主，变主为客之术。”

太宗曰：“何谓也？”靖曰：“因粮于敌，是变客为主也。饱能饥之，佚能劳之，是变主为客也。故兵不拘主客迟速，唯发必中节，所以为宜。”

太宗曰：“古人有诸？”靖曰：“昔越伐吴，以左右二军，鸣鼓而进，吴分兵御之。越以中军潜涉，不鼓，袭败吴师，此变客为主之验也。石勒与姬澹战，澹兵远来，勒遣孔苌为前锋，逆袭澹军。孔苌退而澹来追，勒以伏兵夹击之，澹军大败，此变劳为佚之验也。古人如此者多。”

太宗曰：“铁蒺藜、行马，太公所制是乎？”靖曰：“有之，然拒敌而已。兵贵致人，非欲拒之也。太公《六韬》，言守御之具尔，非攻战所施也。”

卷 下

分合有道

太宗曰："太公云：'以步兵与车骑战者，必依丘墓、险阻。'又《孙子》云：'天隙之地，丘暮故城，兵不可处。'如何？"靖曰："用众在乎心一，心一在乎禁祥去疑。倘主将有所疑忌，则群情摇；群情摇，则敌乘衅而至矣。故安营据地，便乎人事而已。若涧、井、陷、隙之地，及如牢如罗之处，人事不便者也；故兵家引而避之，防敌乘我。丘墓故城，非绝险处，我得之为利，岂宜反去之乎？太公所说，兵之至要也。"

太宗曰："朕思凶器，无甚于兵者，行兵苟便于人事，岂以避忌为疑，今后诸将有以阴阳拘忌，失于事宜者，卿当丁宁诫之。"靖再拜谢曰："臣按《尉缭子》云：'黄帝以德守之，以刑伐之。'是谓刑德，非天官时日之谓也。然诡道可使由之，不可使知之，后世庸将，泥于术数，是以多败，不可不诫也。陛下圣训，臣即宣告诸将。"

太宗曰："兵有分有聚，各贵适宜，前代事迹，孰为善此者？"靖曰："苻坚总百万之众，而败于淝水，此兵能合而不能分之所致也。吴汉讨公孙述，与副将刘尚分屯，相去二十里。述来攻汉，尚出合击，大破之。此兵分而能合之所致也。太公云：'分不分为縻军，聚不聚为孤旅。'"太宗曰："然苻坚初得王猛，实知兵，遂取中原。及猛卒，坚果败，此縻军之谓乎？吴汉为光武所任，兵不遥制，故汉果平蜀，此不陷孤旅之谓乎？得失事迹，足以万代鉴。"

太宗曰："朕观千章万句，不出乎'多方以误之'一句而已。"靖良久曰："诚如圣语，大凡用兵，若敌人不误，则我师安能克哉？譬如奕横，两敌均焉，一着或失，竟莫能救。是古今胜败，率由一误而已，况多失者乎！"

知彼知己

太宗曰："攻守二事，其实一法欤？《孙子》言：'善攻者，敌不知其所守；善守者，敌不知其所攻。'即不言敌来攻我，我亦攻之；我若自守，敌亦守之，攻守两齐，其术奈何？”靖曰：“前代似此相攻相守者多矣，皆曰：守则不足，攻则有余，便谓不足为弱，有余为强。盖不悟攻守之法也。臣按《孙子》云：‘不可胜者守也，可胜者攻也。’谓敌未可胜，则我且自守；待敌之可胜，则攻之耳！非以强弱为辞也。后人不晓其义，则当攻而守，当守而攻。二役既殊，故不能一其法。”

太宗曰：“信乎！有余不足，使后人惑其强弱。殊不知守之法，要在示敌以不足；攻之法，要在示敌以有余也。示敌以不足，则敌必来攻，此是敌不知其所攻者也；示敌以有余，则敌必自守，此是敌不知其所守者也。攻守一法，敌与我分二事，若我事得，则敌事败；敌事得，则我事败。得失成败，彼我之事分焉。攻守者，一而已矣，得一者，百战百胜。故曰：‘知彼知己，百战不殆。’其知一之谓乎？”靖再拜曰：“深乎，圣人之法也。攻是守之机，守是攻之策，同归乎胜而已矣。若攻不知守，守不知攻，不唯二其事，抑又二其官，虽口诵《孙》、《吴》，而心不思妙攻守两齐之说，其孰能知其然哉？”

太宗曰：“《司马法》言：‘国虽大，好战必亡；天下虽安，忘战必危。’此亦攻守一道乎？”靖曰：“有国有家者，曷尝不讲乎攻守也？夫攻者，不止攻其城，击其阵而已，必有攻其心之术焉。守者，不止完其壁，坚其阵而已，必也守吾气而有待焉。大而言之，为君之道；小而言之，为将之法。夫攻其心者，所谓知彼者也；守吾气者，所谓知己者也。”

御将定威

太宗曰：“诚哉！朕尝临阵，先料敌之心与己之心孰审，然后彼可得而知焉。察敌之气与己之气孰治，然后我可得而知焉。是以知彼知己，兵家大要。今之将臣，虽未知彼，苟能知己，则安有失利者哉？”靖曰：“孙武所谓‘先为不可胜’者，知己者也。‘以待敌之可胜’者，知彼者也。又曰：‘不可胜在己，可胜在敌。’臣斯须不敢失此诫。”

太宗曰：“《孙子》言三军可夺气之法：‘朝气锐，昼气惰，暮气归。善用兵者，避其锐气，击其惰归。’如何？”靖曰：“夫含生禀血，鼓作斗争，虽死不省者，气使然也。故用兵之法，必先察吾士众，激吾胜气，乃可以击敌焉。吴起四机，以气机为上，无他道也。能使人人自斗，则其锐莫当。所谓朝气锐者，非限时刻而言也，举一日始末为喻也。凡三鼓，而敌不衰不竭，则安能必使之惰归哉？盖学者徒诵空文，而为敌所诱，苟悟夺之之理，则兵可任矣。”

太宗曰：“卿尝言李勣能兵法，久可用否？然非朕控御，则不可用也。他日太子治，若何御之？”靖曰：“为陛下计，莫若黜勣，令太子复用之，则必感恩图报，于理有损乎？”太宗曰：“善！朕无疑矣！”

太宗曰：“李勣若与长孙无忌共掌国政，他日如何？”靖曰：“勣忠义，臣可保任也。无忌佐命大功，陛下以肺腑之亲，委之辅相。然外貌下士，内实嫉贤，故尉迟敬德面折其短，遂引退焉。侯君集恨其忘旧，因以犯逆，皆无忌致其然也。陛下询及臣，臣不敢避其说。”太宗曰：“勿泄也，朕徐思其处置。”

太宗曰：“汉高祖能将将，其后韩、彭见诛，萧何下狱，何故如此？”靖对曰“臣观刘、项皆非将将之君。当秦之亡也，张良本为韩报仇，陈平、韩信，皆怨楚不用，故假汉之势，自为奋耳！至于萧、曹、樊、灌，悉由亡命，高祖因之以得天下。设使六国之后复立，人人各怀其旧，则虽有能将将之才，岂为汉用哉？臣谓汉得天下，由张良借箸之谋，萧何漕挽之功也。以此言之，韩、彭见诛，范增不用，其事同也。臣故谓刘、项皆非将将之君。”

太宗曰：“光武中兴，能保全功臣，不任以吏事，此则善于将将乎？”靖曰：“光武虽籍前构，易于成功，然莽势不下于项籍，寇、邓未越于萧、曹；独能推赤心，用柔治，保全功臣，贤于高祖远矣。以此论将将之道，臣谓光武得之。”

太宗曰：“古者出师命将，斋三日，授之以钺，曰‘从此至天，将军制之’；又授之斧，曰‘从此至地，将军制之’；又推其毂曰：‘进退惟时，既行，军中但闻将军之令，不闻君命。’朕谓此礼久废，今欲与卿参定遣将之仪，如何？”靖曰：“臣窃谓圣人制作，致斋于庙者，所以假威于神也；授斧钺又推其毂者，所以委寄以权也。今陛下每有出师，必与公卿议论，告庙而后遣，此则邀以神至矣，每有任将，必使之便宜从事，此则假以权重矣，何异于致斋推毂耶？尽合古礼，其义同焉，不须参定。”上曰：“善！”乃命近臣书此二事，为后世法。

节制之兵

太宗曰：“阴阳术数，废之可乎？”靖曰：“不可。兵者，诡道也，托之以阴阳术数，则使贪使愚，兹不可废也。”

太宗曰：“卿尝言，天官时日，明将不法，暗将拘之，废宜亦然。”靖曰：“昔纣以甲子日亡，武王以甲子日兴。天官时日，甲子一也，殷乱周治，兴亡异焉。又宋武帝以往亡日起兵，军吏以为不可。帝曰：‘我往彼亡。’果克之，由此言之，可废明矣。然而田单为燕所围，单命一人为神，拜而祠之，神言燕可破；单于是以火牛出击燕，大破之。此是兵家诡道，天官时日，亦犹此也。”

太宗曰：“田单托神怪而破燕，太公焚蓍龟而灭纣，二事相反，何也？”靖曰：“其机一也，或逆而取之，或顺而行之，是也。昔太公佐武王，至牧野，遇雷雨，旗鼓毁折，散宜生欲卜吉而后行。此则因军中疑惧，必假卜以问神焉。太公以为腐草枯骨无足问，且以臣伐君岂可再乎？然观散宜生发机于前，太公成机于后，逆顺虽异，其理致则同。臣前所谓术数不可废者，盖存其机于未萌也。及其成功，在人事而已矣。”

太宗曰：“当今将帅，唯李勣、道宗，薛万彻，除道宗以亲属外，孰堪大用？”靖曰：“陛下尝言勣、道宗用兵，不大胜，亦不大败；万彻若不大胜，即须大败。臣愚思圣言，不求大胜，亦不大败者，节制之兵也。或大胜，或大败者，幸而成功者也。故孙武云：‘善战者，立于不败之地，而不失敌之败也。’节制在我云尔。”

太宗曰：“两阵相临，欲言不战，安可得乎？”靖曰：“昔晋师伐秦，交绥而退。《司马法》曰：‘逐奔不远，纵绥不及。’臣谓绥者，御辔之索也。我兵既有节制，敌兵亦正行伍，岂敢轻战哉？故有出而交绥，退而不逐，各防其失败者者也。孙武云：‘勿击堂堂之阵，无邀正正之旗。’若两阵体均势等，苟一轻肆，为其所乘，则或大败，理使然也。是故兵有不战，有必战。夫不战者在我，必战者在敌。”

太宗曰：“不战在我，何谓也？”靖曰：“孙武云：‘我不欲战，画地而守之，敌不得与我战者，乖其所之也。敌有人焉，则交绥之间，未可图也，故曰不战在我。夫必战在敌者，孙武云：‘善动敌者，形之，敌必从之，予之，敌必取之，以利动之，以本待之。’敌无人焉，则必来战，吾得以乘而破之。故曰必战者在敌。”

太宗曰：“深乎！节制之兵，得其法则昌，失其法则亡，卿为纂述历代善于节制者，具图来上，朕当择其精微，垂于后世。”靖曰：“臣前所进黄帝太公二阵图，并《司马法》，诸葛亮奇正之法，此已精悉。历代名将，用其一、二，成功者亦众矣。但史官鲜克知兵，不能纪其实迹焉。臣敢不奉诏，当纂述以闻。”

不战而胜

太宗曰：“兵法孰为最深？”靖曰：“臣尝分三等，使学者当渐而至焉：一曰道，二曰天地，三曰将法。夫道之说，至精至微，《易》所谓聪明睿智神武而不杀者是也。夫天之说阴阳，地之说险易；善用兵者，能以阴夺阳，以险攻易。孟子所谓天时地利者是也。夫将法之说，在乎任人利器，《三略》所谓得士者昌，管仲所谓器必坚利者是也。”

太宗曰：“然！吾谓不战而屈人之兵者，上也。百战百胜者，中也。深沟高垒以自守者，下也。以是较量，孙武著书，三等皆具焉。”靖曰：“观其文，迹其事，亦可差别矣。若张良、范蠡、孙武、脱然高引，不知所往，此非知道，安能尔乎？若乐毅、管仲、诸葛亮，战必胜，守必固，此非察天时地利，安能尔乎？其次王猛之保秦，谢安之守晋，非任将择才，缮完自固，安能尔乎？故习兵之学，必先由下以及中，由中以及上，则渐而深矣。不然，则垂空言，徒记诵，无足取也。”

太宗曰："道家忌三世为将者，不可妄传也，亦不可不传也。卿其慎之。"靖再拜出，尽传其书与李勣。

管子

——春秋·管仲 著

牧民

凡有地牧民者，务在四时，守在仓廪。国多财则远者来，地辟举则民留处；仓廪实则知礼节，衣食足则知荣辱；上服度则六亲固，四维张则君令行。故省刑之要，在禁文巧；守国之度，在饰四维；顺民之经，在明鬼神，祇山川，敬宗庙，恭祖旧。不务天时则财不生，不务地利则仓廪不盈。野芜旷则民乃菅，上无量则民乃妄，文巧不禁则民乃淫，不璋两原则刑乃繁。不明鬼神则陋民不悟，不祇山川则威令不闻，不敬宗庙则民乃上校，不恭祖旧则孝悌不备。四维不张，国乃灭亡。

——右国颂

国有四维，一维绝则倾，二维绝则危，三维绝则覆，四维绝则灭。倾可正也，危可安也，覆可起也，灭不可复错也。何谓四维？一曰礼，二曰义，三曰廉，四曰耻。礼不逾节，义不自进，廉不蔽恶，耻不从枉。故不逾节则上位安，不自进则民无巧诈，不蔽恶则行自全，不从枉则邪事不生。

——右四维

政之所兴，在顺民心；政之所废，在逆民心。民恶忧劳，我佚乐之；民恶贫贱，我富贵之；民恶危坠，我存安之；民恶灭绝，我生育之。能佚乐之，则民为之忧劳；能富贵之，则民为之贫贱；能存安之，则民为之危坠；能生育之，则民为之灭绝。故刑罚不足以畏其意，杀戮不足以服其心。故刑罚繁而意不恐，则令不行矣；杀戮众而心不服，则上位危矣。故从其四欲，则远者自亲；行其四恶，则近者叛之。故知予之为取者，政之宝也。

——右四顺

错国于不倾之地。积于不涸之仓。藏于不竭之府。下令于流水之原。使民于不争之官。明必死之路。开必得之门。不为不可成。不求不可得。不处不可久。不行不可复。

错国于不倾之地者，授有德也。积于不涸之仓者，务五谷也。藏于不竭之府者，养桑麻育六畜也。下令于流水之原者，令顺民心也。使民于不争之官者，使各为其所长也。明必死之路者，严刑罚也。开必得之门者，信庆赏也。不为不可成者，量民力也。不求不可得者，不强民以其所恶也。不处不可久者，不偷取一世也。不行不可复者，不欺其民也。故授有德，则国安。务五谷，则食足。养桑麻育六畜，则民富。令顺民心，则威令行。使民各为其所长，则用备。严刑罚，则民远邪。信庆赏，则民轻难。量民力，则事无不成。不强民以其所恶，则诈伪不生。不偷取一世，则民无怨心。不欺其民，则下亲其上。

——右士经

以家为乡，乡不可为也；以乡为国，国不可为也；以国为天下，天下不可为也。以家为家，以乡为乡，以国为国，以天下为天下。毋曰不同生，远者不听；毋曰不同乡，远者不行；毋曰不同国，远者不从。如地如天，何私何亲；如月如日，唯君之节。

御民之辔，在上之所贵；道民之门，在上之所先；召民之路，在上之所好恶。故君求之则臣得之，君嗜之则臣食之，君好之则臣服之，君恶之则臣匿之。毋蔽汝恶，毋异汝度，贤者将不汝助。言室满室，言堂满堂，是谓圣王。城郭沟渠不足以固守，兵甲强力不足以应敌，博地多财不足以有众，唯有道者能备患于未形也，故祸不萌。

天下不患无臣，患无君以使之；天下不患无财，患无人以分之。故知时者可立以为长，无私者可置以为政，审于时而察于用，而能备官者，可奉以为君也。缓者后于事，衤于财者失所亲，信小人者失士。

——右六亲五法

乘马

凡立国都，非于大山之下必于广川之上。高毋近旱而水用足，下毋近水而沟防省。因天材，就地利，故城郭不必中规矩，道路不必中准绳。

——右立国

无为者帝，为而无以为者王，为而不贵者霸。不自以为所贵，则君道也；贵而不过度，则臣道也。

——右大数

地者政之本也，朝者义之理也，市者货之准也，黄金者用之量也，诸侯之地千乘之国者器之制也。五者其理可知也，为之有道。

地者政之本也，是故地可以正政也。地不平均和调，则政不可正也。政不正则事不可理也。

——右地政

春秋冬夏，阴阳之推移也；时之短长，阴阳之利用也；日夜之易，阴阳之化也。然则阴阳正矣，虽不正，有余不可损，不足不可益也。天也，莫之能损益也。然则可以正政者，地也。故不可不正也。正地者，其实必正。长亦正，短亦正，小亦正，大亦正，长短大小尽正。正不正则官不理，官不理则事不治，事不治则货不多。

是故何以知货之多也？曰：事治；何以知事之治也？曰：货多。货多事治，则所求于天下者寡矣。为之有道。

——右阴阳

朝者义之理也。是故爵位正而民不怨，民不怨则不乱，然后义可理。理不正则不可以治，而不可以理也。故一国之人不可以皆贵，皆贵则事不成而国不利也。为事之不成，国之不利也，使无贵者则民不能自理也。是故辨于爵列之尊卑，则知先后之序、贵贱之义矣。为之有道。

——右爵位

市者货之准也。是故百货贱则百利不得，百利不得则百事治，百事治则百用节矣。是故事者生于虑，成于务，失于傲。不虑则不生，不务则不成，不傲则不失。故曰：市者可以知治乱，可以知多寡，而不能为多寡。为之有道。

——右务市事

黄金者用之量也。辨于黄金之理则知侈俭，知侈俭则百用节矣。故俭则伤事，侈则伤货。俭则金贱，金贱则事不成，故伤事。侈则金贵，金贵则货贱，故伤货。货尽而后知不足，是不知量也；事已而后知货之有余，是不知节也。不知量，不知节，不可。为之有道。

——右黄金

诸侯之地，千乘之国者，器之制也。天下乘马服牛，而任之轻重有制。有一宿之行，道之远近有数矣。是知诸侯之地千乘之国者，所以知地之小大也，所以知任之轻重也。重而后损之，是不知任也；轻而后益之，是不知器也。不知任，不知器，不可。谓之有道。

——右诸侯之地千乘之国

地之不可食者，山之无木者，百而当一。涸泽，百而当一。地之无草木者，百而当一。楚（樊）棘杂处，民不得入焉，百而当一。薮，镰缨得入焉，九而当一。蔓山，其木可以为材，可以为轴，斤斧得入焉，九而当一。汎山其木可以为棺，可以为车，斤斧得入焉，十而当一。流水，网罟得入焉，五而当一。林，其木可以为棺，可以为车，斤斧得入焉，五而当一。泽，网罟得入焉，五而当一。命之曰：地均以实数。

方六里命之曰暴，五暴命之曰部，五部命之曰聚。聚者有市，无市则民乏。五聚命之曰某乡，四乡命之曰方。官制也。官成而立邑：五家而伍，十家而连，五连而暴，五暴而长，命之曰某乡；四乡命之曰都。邑制也。邑成而制事：四聚为一离，五离为一制，五制为一田，二田为一夫，三夫为一家。事制也。事成而制器：方六里为一乘之地也。一乘者，四马也。一马，其甲七，其蔽五；四乘，其甲二十有八，其蔽二十，白徒三十人奉车两。器制也。

方六里，一乘之地也；方一里，九夫之田也。黄金一镒，百乘一宿之尽也。无金则用其绢，季绢三十三制当一镒。无绢则用其布，经暴布百两当一镒。一镒之金，食百乘之一宿。则所布之地六步一斟，命之曰中。

岁有市，无市则民不乏矣。方六里名之曰社，有邑焉，名之曰央。亦关市之赋。黄金百镒为一箧，其货一谷笼为十箧，其商苟在市者三十人，其正月、十二月，黄金一镒。命之曰正。分春曰书比，立夏曰月程，秋曰大稽；与民数得亡。

三岁修封，五岁修界，十岁更制，经正也。十仞见水不大潦，五尺见水不大旱。十一仞见水轻征，十分去二三,二则去三四,四则去四,五则去半，比之于山。五尺见水，十分去一,四则去三,三则去二,二则去一,三尺而见水，比之于泽。

距国门以外，穷四竟之内，丈夫二犁，童五尺一犁，以为三日之功。正月令农始作，服于公田农耕。及雪释，耕始焉，芸卒焉。士，闻见博、学意察，而不为君臣者，与功而不与分焉。贾，知贾之贵贱，日至于市，而不为官贾者，与功而不与分焉。工，治容貌功能，日至于市，而不为官工者，与功而不与分焉。不可使而为工，则视贷离之实，而出夫粟。

是故智者知之，愚者不知，不可以教民；巧者能之，拙者不能，不可以教民。非一令而民服之也，不可以为大善；非夫人能之也，不可以为大功。是故非诚贾不得食于贾，非诚工不得食于工，非诚农不得食于农，非信士不得立于朝。是故官虚而莫敢为之请，君有珍车珍甲而莫之敢有，君举事臣不敢诬其所不能。君知臣，臣亦知君知已也。故臣莫敢不竭力俱操其诚以来。

道曰：均地分力，使民知时也。民乃知时日之蚤晏，日月之不足，饥寒之至于身也。是故夜寝蚤起，父子兄弟不忘其功，为而不倦，民不惮劳苦。故不均之为恶也，地利不可竭，民力不可殚。不告之以时而民不知，不道之以事而民不为。与之分货，则民知得正矣；审其分，则民尽力矣。是故不使而父子兄弟不忘其功。

——右士农工商

圣人之所以为圣人者，善分民也。圣人不能分民，则犹百姓也。于己不足，安得名圣？是故有事则用，无事则归之于民，唯圣人为善托业于民。民之生也，辟则愚，闭则类。上为一，下为二。

——右圣人

上地方八十里，万室之国一,千室之都四。中地方百里，万室之国一,千室之都四。下地方百二十里，万室之国一,千室之都四。以上地方八十里与下地方百二十里，通于中地方百里。

——右地里

兵　法

明一者皇，察道者帝，通德者王，谋得兵胜者霸。故夫兵，虽非备道至德也，然而所以辅王成霸。今代之用兵者不然，不知兵权者也。故举兵之日而境内贫，战不必胜，胜则多死，得地而国败。此四者，用兵之祸者也。四祸其国而无不危矣。

大度之书曰：举兵之日而境内不贫，战而必胜，胜而不死，得地而国不败。为此四者若何？举兵之日而境内不贫者，计数得也。战而必胜者，法度审也。胜而不死者，教器备利，而敌不敢校也。得地而国不败者，因其民也。因其民，则号制有发也。教器备利，则有制也。法度审，则有守也。计数得，则有明也。治众有数，胜敌有理，察数而知理，审器而识胜，明理而胜敌。定宗庙，遂男女，官四分，则可以定威德；制法仪，出号令，然后可以一众治民。

兵无主，则不早知敌。野无吏，则无蓄积。官无常，则下怨上；器械不巧，则朝无定；赏罚不明，则民轻其产。故曰：早知敌，则独行；有蓄积，则久而不匮；器械巧，则伐而不费；赏罚明，则勇士劝也。

三官不缪，五教不乱，九章著明，则危危而无害，穷穷而无难。故能致远以数，纵强以制。三官：一曰鼓，鼓所以任也，所以起也，所以进也；二曰金，金所以坐也，所以退也，所以免也，三曰旗。旗所以立兵也，所以利兵也，所以偃兵也。此之谓三官。有三令，而兵法治也。五教：一曰，教其目以形色之旗；二曰，教其身以号令之数；三曰，教其足以进退之度；四曰，教其手以长短之利；五曰，教其心以赏罚之诚。五教各习，而士负以勇矣。九章：一曰，举日章则昼行。二曰，举月章则夜行；三曰，举龙章则行水；四曰，举虎章则行林；五曰，举鸟章则行陂；六曰，举蛇章则行泽；七曰，举鹊章则行陆；八曰，举狼章则行山；九曰，举韟章则载食而驾。九章既定，而动静不过。

三官、五教、九章，始乎无端，卒乎无穷。始乎无端者，道也；卒乎无穷者，德也。道不可量，德不可数也。故不可量则众强不能图，不可数则伪诈不敢向。两者备施，则动静有功。径乎不知，发乎不意。径乎不知，故莫之能御也；发乎不意，故莫不能应也。故全胜而无害。因便而教，准利而行。教无常，行无常。两者备施，动乃有功。

器成教施，追亡逐遁若飘风，击刺若雷电。绝地不守，恃固不枝。中处而无敌，令行而不留。器成教施，散之无方，聚之不可计。

教器备利，进退若雷电，而无所疑匮。一气专定，则傍通而不疑；厉士利械，则涉难而不匮。进无所疑，退无所匮，敌乃为用。凌山阬，不待钩梯；历水谷，不须舟楫。径于绝地，攻于恃固，独出独入而莫之能止。实不独入，故莫之能止；实不独出，故莫之能敛。无名之至尽，尽而不意，故不能疑神。

畜之以道，则民和；养之以德，则民合。和合故能谐，谐故能辑，谐辑以悉，莫之能伤。定一至，行二要，纵三权，施四教，发五机，设六行，论七数，守八应，审九器，章十号，故能全胜大胜。

无守也，故能守胜。数战则士罢，数胜则君骄。夫以骄君使罢民，则国安得无危？故至善不战，其次一之。破大胜强，一之至也。乱之不以变，乘之不以诡，胜之不以诈，一之实也。近则用实，远则施号；力不可量，强不可度，气不可极，德不可测，一之原也。众若时雨，寡若飘风，一之终也。

制适，器之至也；用敌，教之尽也。不能致器者，不能利适；不能尽教者，不能用敌。不能用敌者穷，不能致器者困。远用兵则可以必胜。出入异涂，则伤其敌。深入危之，则士自修，士自修则同心同力。善者之为兵也，使敌若据虚，若搏景。无设无形焉，无不可以成也；无形无为焉，无不可以化也。此之谓道矣。若亡而存，若后而先，威不足以命之。

霸言

霸王之形，象天则地，化人易代，创制天下，等列诸侯，宾属四海，时匡天下；大国小之，曲国正之，强国弱之，重国轻之，乱国并之，暴王残之。僇其罪，卑其列，维其民，然后王之。夫丰国之谓霸，兼正之国之谓王。夫王者有所独明。德共者不取也，道同者不王也。夫争天下者，以威易危暴，王之常也。君人者有道，霸王者有时。国修而邻国无道，霸王之资也。夫国之存也，邻国有焉；国之亡也，邻国有焉。邻国有事，邻国得焉；邻国有事，邻国亡焉。

天下有事，则圣王利也。国危，则圣人知矣。夫先王所以王者，资邻国之举不当也。举而不当，此邻敌之所以得意也。

夫欲用天下之权者，必先布德诸侯。是故先王有所取，有所与，有所诎，有所信，然后能用天下之权。夫兵幸于权，权幸于地。故诸侯之得地利者，权从之；失地利者，权去之。夫争天下者，必先争人。明大数者，得人；审小计者，失人。得天下之众者王，得其半者霸。是故圣王卑礼以下天下之贤而王之，均分以钓天下之众而臣之。故贵为天子，富有天下，而伐不谓贪者，其大计存也。以天下之财，利天下之人；以明威之振，合天下之权；以遂德之行，结诸侯之亲；以奸佞之罪，刑天下之心；因天下之威，以广明王之伐；攻逆乱之国，赏有功之劳；封贤圣之德，明一人之行，而百姓定矣。夫先王取天下也，术术乎大德哉，物利之谓也。夫使国常无患，而名利并至者，神圣也，国在危亡，而能寿者，明圣也。是故先王之所师者，神圣也；其所赏者，明圣也。夫一言而寿国，不听而国亡，若此者，大圣之言也。夫明王之所轻者马与玉，其所重者政与军。若失主不然，轻予人政，而重予人马；轻予人军而重与人玉；重宫门之营而轻四境之守，所以削也。

夫权者，神圣之所资也；独明者，天下之利器也；独断者，微密之营垒也。此三者，圣人之所则也。圣人畏微而愚人畏明，圣人之憎恶也内，愚人之憎恶也外，圣人将动必知，愚人至危易辞。圣人能辅时，不能违时。智者善谋，不如当时。精时者，日少而功多。夫谋无主则困，事无备则废。是以圣王务具其备，而慎守其时。以备待时，以时兴事，时至而举兵。绝坚而攻国，破大而制地，大本而小标，全近而攻远。以大牵小，以强使弱，以众致寡，德利百姓，威震天下；令行诸侯而不拂，近无不服，远无不听。夫明王为天下正，理也。按强助弱，圉暴止贪，存亡定危，继绝世，此天下之所载也，诸侯之所与也，百姓之所利也，是故天下王之。知盖天下，断最一世，材振四海，王之佐也。

千乘之国得其守，诸侯可得而臣，天下可得而有也。万乘之国失其守，国非其国也。天下皆理己独乱，国非其国也；诸侯皆令己独孤，国非其国也；邻国皆险己独易，国非其国也。此三者，亡国之征也。夫国大而政小者，国从其政；国小而政大者，国益大。大而不为者，复小；强而不理者，复弱；众而不治者，复寡；贵而无礼者，复贱；重而凌节者，复轻；富而骄肆者，复贫。故观国者观君，观军者观将，观备者观野。其君如明而非明也，其将如贤而非贤也，其人如耕者而非耕也，三守既失，国非其国也。地大而不为，命曰土满；人众而不治，命曰人满；兵威而不止，命曰武满。三满而不止，国非其国也。地大而不耕，非其地也；卿贵而不臣，非其卿也；人众而不亲，非其人也。

夫无土而欲富者忧，无德而欲王者危，施薄而求厚者孤。夫上夹而下苴、国小而都大者弑。主尊臣卑，上威下敬，令行人服，治之至也。使天下两天子，天子不可治也；一国而两君，一国不可治也；一家而两父，一家不可治也。夫令，不高不行，不抟不听。尧舜之人，非生而治也；桀纣之人，非生而乱也。故治乱在上也。夫霸王之所始也，以人为本。本治则国固，本乱则国危。故上明则下敬，政平则人安，士教和则兵胜敌，使能则百事理，亲仁则上不危，任贤则诸侯服。

霸王之形，德义胜之，智谋胜之，兵战胜之，地形胜之，动作胜之，故王之。夫善用国者，因其大国之重，以其势小之；因强国之权，以其势弱之；因重国之形，以其势轻之。强国众，合强以攻弱，以图霸。强国少，合小以攻大，以图王。强国众，而言王势者，愚人之智也；强国少，而施霸道者，败事之谋也。夫神圣，视天下之形，知动静之时；视先后之称，知祸福之门。强国众，先举者危，后举者利。强国少，先举者王，后举者亡。战国众，后举可以霸；战国少，先举可以王。

夫王者之心，方而不最，列不让贤，贤不齿第择众，是贪大物也。是以王之形大也。夫先王之争天下也以方心，其立之也以整齐，其理之也以平易。立政出令用人道，施爵禄用地道，举大事用天道。是故先王之伐也，伐逆不伐顺，伐险不伐易，伐过不伐不及。四封之内，以正使之；诸侯之会，以权致之。近而不服者，以地患之；

远而不听者，以刑危之。一而伐之，武也；服而舍之，文也；文武具满，德也。夫轻重强弱之形，诸侯合则强，孤则弱。骥之材，而百马伐之，骥必罢矣。强最一代，而天下攻之，国必弱矣。强国得之也以收小，其失之也以恃强。小国得之也以制节，其失之也以离强。夫国小大有谋，强弱有形。服近而强远，王国之形也；合小以攻大，敌国之形也；以负海攻负海，中国之形也；折节事强以避罪，小国之形也。自古至今，未尝有能先作难，违时易形，以立功名者；无有常先作难，违时易形，而不败者也。夫欲臣伐君，正四海者，不可以兵独攻而取也。必先定谋虑，便地形，利权称，亲与国，视时而动，王者之术也。夫先王之伐也，举之必义，用之必暴，相形而知可，量力而知攻，攻得而知时。是故先王之伐也，必先战而后攻，先攻而后取地。故善攻者，料众以攻众，料食以攻食，料备以攻备。以众攻众，众存不攻；以食攻食，食存不攻；以备攻备，备存不攻。释实而攻虚，释坚而攻膬，释难而攻易。

夫抟国不在敦古，治世不在善攻，霸王不在成曲。夫举失而国危，刑过而权倒，谋易而祸及，计得而强信，功得而名从，权重而令行，固其数也。

夫争强之国，必先争谋，争形，争权。令人主一喜一怒者，谋也；令国一轻一重者，形也；令兵一进一退者，权也。故精于谋则人主之愿可得，而令可行也；精于形，则大国之地可夺，强国之兵可圉也；精于权，则天下之兵可齐，诸侯之君可朝也。夫神圣视天下之形，知世之所谋，知兵之所攻，知地之所归，知令之所加矣。夫兵攻所憎而利之，此邻国之所不亲也。权动所恶，而实寡归者，强。擅破一国，强在后世者，王。擅破一国，强在邻国者，亡。

九　变

凡民之所以守战至死而不德其上者，有数以至焉。曰：大者亲戚坟墓之所在也，田宅富厚足居也。不然，则州县乡党与宗族足怀乐也。不然，则上之教训、习俗，慈爱之于民也厚，无所往而得之。不然，则山林泽谷之利足生也。不然，则地形险阻，易守而难攻也。不然，则罚严而可畏也。不然，则赏明而足劝也。不然，则有深怨于敌人也。不然，则有厚功于上也。此民之所以守战至死而不德其上者也。

今恃不信之人，而求以智；用不守之民，而欲以固；将不战之卒，而幸以胜；此兵之三暗也。

事语

桓公问管子曰："事之至数可闻乎？"管子对曰："何谓至数？"桓公曰："秦奢教我曰：'帷盖不修，衣服不众，则女事不泰。俎豆之礼不致牲，诸侯太牢，大夫少牢，不若此，则六畜不育。非高其台榭，美其宫室，则群材不散。'此言何如？"管子曰："非数也。"桓公曰："何谓非数？"管子对曰："此定壤之数也。彼天子之制，壤方千里，齐诸侯方百里，负海子七十里，男五十里，若胸臂之相使也。故准徐、疾、赢、不足，虽在下也，不为君忧。彼壤狭而欲举与大国争者，农夫寒耕暑耘，力归于上，女勤于辑绩徽织，功归于府者，非怨民心伤民意也，非有积蓄不可以用人，非有积财无以劝下。泰奢之数，不可用于厄隘之国。"桓公曰："善。"

桓公又问管子曰："佚田谓寡人曰：'善者用非其有，使非其人，何不因诸侯权以制天下？'"管子对曰："佚田之言非也。彼善为国者，壤辟举则民留处，仓廪实则知礼节。且无委致围，城脆致冲。夫不定内，不可以持天下。佚田之言非也。"

管子曰："岁藏一，十年而十也。岁藏二，五年而十也。谷十而守五，绨素满之，五在上。故视岁而藏，县时积岁，国有十年之蓄，富胜贫，勇胜怯，智胜愚，微胜不微，有义胜无义，练士胜驱众。凡十胜者尽有之，故发如风雨，动如雷霆，独出独入，莫之能禁止，不待权与。故佚田之言非也。"桓公曰："善。"

商君书

——战国·商鞅 著

更 法

孝公平画，公孙鞅、甘龙、杜挚三大夫御于君。虑世事之变，讨正法之本，求使民之道。

君曰："代立不忘社稷，君之道也；错法务民主张，臣之行也。今吾欲变法以治，更礼以教百姓，恐天下之议我也。"

公孙鞅曰："臣闻之：'疑行无成，疑事无功。'君亟定变法之虑，殆无顾天下之议之也。且夫有高人之行者，固见负于世；有独知之虑者，必见骜于民。语曰：'愚者暗于成事，知者见于未萌。民不可与虑始，而可与乐成。'郭偃之法曰：'论至德者不和于俗，成大功者不谋于众。'法者所以爱民也，礼者所以便事也。是以圣人苟可以强国，不法其故。苟可以利民，不循其礼。"

孝公曰："善！"

甘龙曰："不然。臣闻之：'圣人不易民而教，知者不变法而治。'因民而教者，不劳而功成；据法而治者，吏习而民安。今若变法，不循秦国之故，更礼以教民，臣恐天下之议君，愿孰察之。"

公孙鞅曰："子之所言，世俗之言也。夫常人安于故习，学者溺于所闻。此两者，所以居官而守法，非所与论于法之外也。三代不同礼而王，五霸不同法而霸。故知者作法，而愚者制焉；贤者更礼，而不肖者拘焉。拘礼之人不足与言事，制法之人不足与论变。君无疑矣。"

杜挚曰："臣闻之：'利不百，不变法；功不十，不易器。'臣闻：'法古无过，循礼无邪。'君其图之！"

公孙鞅曰："前世不同教，何古之法？帝王不相复，何礼之循？伏羲、神农，教而不诛；黄帝、尧、舜，诛而不怒；及至文、武，各当时而立法，因事而制礼。礼、法以时而定；制、令各顺其宜；兵甲器备，各便其用。臣故曰：治世不一道，便国不必法古。汤、武之王也，不修古而兴；殷、夏之灭也，不易礼而亡。然则反古者未必可非，循礼者未足多是也。君无疑矣。"

孝公曰："善！吾闻穷巷多怪，曲学多辨。愚者笑之，智者哀焉。狂夫之乐，贤者丧焉。拘世以议，寡人不之疑矣。"于是遂出垦草令。

垦令

无宿治，则邪官不及为私利于民。而百官之情不相稽，则农有余日；邪官不及为私利于民，则农不败；农不败而有余日，则草必垦矣。

訾粟而税，则上壹而民平。上壹，则信；信，则臣不敢为邪。民平，则慎；慎，则难变。上信而官不敢为邪，民慎而难变，则下不非上，中不苦官。下不非上，中不苦官，则壮民疾农不变。壮民疾农不变，则少民学之不休。少民学之不休，则草必垦矣。

无以外权爵任与官，则民不贵学问，又不贱农。民不贵学，则愚；愚，则无外交；无外交，则国安不殆。民不贱农，则勉农而不偷。国家不殆，勉农而不偷，则草必垦矣。

禄厚而税多，食口众者，败农者也。则以其食口之数贱而重使之，则辟淫游惰之民无所于食。民无所于食，则必农；农，则草必垦矣。

使商无得籴，农无得粜。农无得粜，则窳惰之农勉疾。商不得籴，则多岁不加乐。多岁不加乐，则饥岁无裕利。无裕利，则商怯；商怯，则欲农。窳惰之农勉疾，商欲农，则草必垦矣。

声服无通于百县，则民行作不顾，休居不听。休居不听，则气不淫。行作不顾，则意必壹。意壹而气不淫，则草必垦矣。

无得取庸，则大夫家长不建缮，爱子不惰食，惰民不窳而庸。民无所于食，是必农。大夫家长不建缮，则农事不伤。爱子、惰民不窳，则故田不荒。农事不伤，农民益农，则草必垦矣。

废逆旅，则奸伪、躁心、私交、疑农之民不行，逆旅之民无所于食，则必农。农，则草必垦矣。

壹山泽，则恶农、慢惰、倍欲之民无所于食。无所于食，则必农。农，则草必垦矣。

贵酒肉之价，重其租，令十倍其朴，然则商贾少，农不能喜酣奭，大臣不为荒饱。商贾少，则上不费粟。民不能喜酣奭，则农不慢。大臣不荒，则国事不稽，主无过举。上不费粟，民不慢农，则草必垦矣。

重刑而连其罪，则褊急之民不斗，很刚之民不讼，怠惰之民不游，费资之民不作，巧谀、恶心之民无变也。五民者不生于境内，则草必垦矣。

使民无得擅徙，则诛愚。乱农农民无所于食而必农。愚心、躁欲之民壹意，则农民必静。农静、诛愚，则草必垦矣。

均出余子之使令，以世使之，又高其解舍，令有甬官食概。不可以辟役，而大官未可必得也，则余子不游事人，则必农。农，则草必垦矣。

国之大臣诸大夫，博闻、辨慧、游居之事，皆无得为，无得居游于百县，则农民无所闻变见方。农民无所闻变见方，则知农无从离其故事，而愚农不知，不好学问。愚农不知，不好学问，则务疾农。知农不离其故事，则草必垦矣。

令军市无有女子。而命其商，令人自给甲兵，使视军兴；又使军市无得私输粮者。则奸谋无所于伏，盗输粮者不私稽，轻惰之民不游军市。盗粮者无所售，送粮者不私，轻惰之民不游军市，则农民不淫，国粟不劳，则草必垦矣。

百县之治一形，则从迂者不敢更其制，过而废者不能匿其举。过举不匿，则官无邪人。迂者不饰，代者不更，则官属少而民不劳。

官无邪，则民不敖；民不敖，则业不败。官属少，征不烦。民不劳，则农多日。农多日，征不烦，业不败，则草必垦矣。

重关市之赋，则农恶商，商有疑惰之心。农恶商，商疑惰，则草必垦矣。

以商之口数使商，令之厮、舆、徒、重者必当名，则农逸而商劳。农逸，则良田不荒；商劳，则去来赍送之礼无通于百县。则农民不饥，行不饰。农民不饥，行不饰，则公作必疾，而私作不荒，则农事必胜。农事必胜，则草必垦矣。

令送粮无取僦，无得反庸，车牛舆重设必当名。然则往速来疾，则业不败农。业不败农，则草必垦矣。

无得为罪人请于吏而饷食之，则奸民无主。奸民无主，则为奸不勉。农民不伤，奸民无朴。奸民无朴，则农民不败。农民不败，则草必垦矣。

兵守

四战之国贵守战，负海之国贵攻战。四战之国，好举兴兵以距四邻者，国危。四邻之国一兴事，而己四兴军，故曰国危。四战之国，不能以万室之邑舍钜万之军者，其国危。故曰：四战之国务在守战。

守有城之邑，不如以死人之力与客生力战。其城拔者，死人之力也，客不尽夷城，客无从入，此谓以死人之力与客生力战。城尽夷，客若有从入，则客必罢，中人必佚矣。以佚力与罢力战，此谓以生人力与客死力战。皆曰："围城之患，患无不尽死而邑。"此三者，非患不足，将之过也。

守城之道，盛力也。故曰客，治簿檄，三军之多，分以客之候车之数。三军：壮男为一军，壮女为一军，男女之老弱者为一军，此之谓三军也。壮男之军，使盛食、厉兵，陈而待敌。壮女之军，使盛食、负垒，陈而待令；客至而作土以为险阻及耕格阱；发梁撤屋，给从之，不洽而熯之，使客无得以助攻备。老弱之军，使牧牛马羊彘，草木之可食者，收而食之，以获其壮男女之食。而慎使三军无相过。壮男过壮女之军，则男贵女，而奸民有从谋，而国亡；喜与，其恐有蚤闻，勇民不战。壮男壮女过老弱之军，则老使壮悲，弱使强怜；悲怜在心，则使勇民更虑，而怯民不战。故曰：慎使三军无相过。此盛力之道。

徕民

地方百里者，山陵处什一，薮泽处什一，谿谷流水处什一，都邑蹊道处什一，恶田处什二，良田处什四，以此食作夫五万，其山陵、薮泽、谿谷可以给其材，都邑蹊道足以处其民，先王制土分民之律也。

今秦之地，方千里者五，而谷土不能处二，田数不满百万，其薮泽、谿谷、名山、大川之材物货宝，又不尽为用，此人不称土也。秦之所与邻者，三晋也；所欲用兵者，韩、魏也。彼土狭而民众，其宅参居而并处；其寡萌贾息，民上无通名，下无田宅，而恃奸务末作以处；人之复阴阳泽水者过半。此其土之不足以生其民也，似有过秦民之不足以实其土也，意民之情，其所欲者田宅也，而晋之无有也信，秦之有余也必。如此而民不西者，秦士戚而民苦也。臣窃以王吏之明为过见。此其所以弱不夺三晋民者，爱爵而重复也，其说曰：三晋之所以弱者，其民务乐而复爵轻也。秦之所以强者，其民务苦而复爵重也。今多爵而久复，是释秦之所以强，而为三晋之所以弱也。此王吏重爵爱复之说也，而臣窃以为不然。夫所以为苦民而强兵者，将以攻敌而成所欲也。兵法曰："敌弱而兵强。"此言不失吾所以攻，而敌失其所守也。今三晋不胜秦，四世矣。自魏襄以来，野战不胜，守城必拔，小大之战，三晋之所亡于秦者，不可胜数也。若此而不服，秦能取其地，而不能夺其民也。

今王发明惠：诸侯之士来归义者，今使复之，三世无知军事；

秦四竟之内，陵阪丘隰，不起十年征者。于律也足以造作夫百万。曩者臣言曰："意民之情，其所欲者田宅也，晋之无有也信，秦之有余也必。若此而民不西者，秦士戚而民苦也。"今利其田宅，而复之三世，此必与其所欲而不使行其所恶也，然则山东之民无不西者矣。且直言之谓也，不然，夫实圹什虚，也天宝，而百万事本，其所益多也，岂徒不失其所以攻乎？

夫秦之所患者，兴兵而伐，则国家贫；安居而农，则敌得休息。此王所不能两成也，故三世战胜，而天下不服。今以故秦事敌，而使新民作本，兵虽百宿于外，竟内不失须臾之时，此富强两成之效也。臣之所谓兵者，非谓悉兴尽起也，论竟内所能给军卒车骑，令故秦兵，新民给刍食。天下有不服之国，则王以此春围其农，夏食其食，秋取其刈，冬陈其宝，以大武摇其本，以广文安其嗣。王行此，十年之内，诸侯将无异民，而王何为爱爵而重复乎？

周军之胜，华军之胜，秦斩首而东之，东之无益亦明矣，而吏犹以为大功，为其损敌也，今以草茅之地徕三晋之民而使之事本，此其损敌也与战胜同实，而秦得之以为粟，此反行两登之计也。且周军之胜、华军之胜、长平之胜，秦所亡民者几何？民客之兵不得事本者几何？臣窃以为不可数矣。假使王之群臣，有能用之、费此之半、弱晋强秦、若三战之胜者，王必加大赏焉。今臣之所言，民无一日之繇，官无数钱之费，其弱晋强秦，有过三战之胜，而王犹以为不可，则臣愚不能知已。

齐人有东郭敞者，犹多愿，愿有万金。其徒请赒焉，不与，曰："吾将以求封也。"其徒怒而去之宋。曰："此爱于无也，故不如以先与之有也。"今晋有民，而秦爱其复，此爱非其有以失其有也，岂异东郭敞之爱非其有以亡其徒乎？且古有尧、舜，当时而见称；中世有汤、武，在位而民服。此三王者，万世之所称也，以为圣王也，然其道犹不能取用于后。今复之三世，而三晋之民可尽也。是非王贤立今时，而使后世为王用乎？然则非圣别说，而听圣人难也。

弱民

民弱国强，国强民弱。故有道之国，务在弱民。朴则强，淫则弱。弱则轨，淫则越志。弱则有用，越志则强。故曰：以强去强者，弱；以弱去强者，强。

民，善之则亲，利之用则和。用则有任，和则匮，有任乃富于政。上舍法，任民之所善，故奸多。

民贫则力富，力富则淫，淫则有虱。故民富而不用，则使民以食出，各必有力，则农不偷。农不偷，六虱无萌。故国富而贫治，重强。

兵易弱难强。民乐生安佚，死难难正，易之则强。事有羞，多奸；寡赏，无失。多奸疑，敌失必，利。兵至强，威；事无羞，利。用兵久处利势，必王。故兵行敌之所不敢行，强；事兴敌之所羞为，利。

法有，民安其次；主变，事能得齐。国守安，主操权，利。故主贵多变，国贵少变。

利出一孔，则国多物；出十孔，则国少物。守一者治，守十者乱。治则强，乱则弱。强则物来，弱则物去。故国致物者强，去物者弱。

民，辱则贵爵，弱则尊官，贫则重赏。以刑治民则乐用；以赏战民则轻死。故战事兵用曰强。民有私荣，则贱列卑官；富则轻赏。治民羞辱以刑，战则战。民畏死、事乱而战，故兵农怠而国弱。

农、商、官三者，国之常食官也。农辟地，商致物，官法民。三官生虱六：曰“岁”，曰“食”；曰“美”，曰“好”；曰“志”，曰“行”。六者有朴，必削。农有余食，则薄燕于岁；商有淫利有美好，伤器；官设而不用，志、行为卒。六虱成俗，兵必大败。

法枉，治乱；任善，言多。治众，国乱；言多，兵弱。法明，治省；任力，言息。治省，国治；言息，兵强。故治大，国小；治小，国大。

政作民之所恶，民弱；政作民之所乐，民强。民弱，国强；民强，国弱。故民之所乐民强，民强而强之，兵重弱。民之所乐民强，民强而弱之，兵重强。故以强，重弱；弱，重强。王。以强政强，弱，弱存；以弱政弱，强，强去。强存则弱，强去则王。故以强政弱，削；以弱政强，王也。

明主之使其臣也，用必加于功，赏必尽其劳。人主使其民信此如日月，则无敌矣。今离娄见秋毫之末，不能以明目易人；乌获举千钧之重，不能以多力易人；圣贤在体性也，不能以相易也。今当世之用事者，皆欲为上圣，举法之谓也。背法而治，此任重道远而无马、牛，济大川而无舡、楫也。今夫人众兵强，此帝王之大资也，苟非明法以守之也，与危亡为邻。故明主察法，境内之民无辟淫之心，游处之士迫于战阵，万民疾于耕战。有以知其然也。楚国之民，齐疾而均，速若飘风；宛钜铁钝，利若蜂虿；胁蛟犀兕，坚若金石；江、汉以为池，汝、颍以为限；隐以邓林，缘以方城。秦师至，鄢、郢举，若振槁；唐蔑死于垂涉，庄蹻发于内，楚分为五。地非不大也，民非不众也，甲兵财用非不多也；战不胜，守不固，此无法之所生也，释权衡而操轻重者。

慎法

凡世莫不以其所以乱者治，故小治而小乱，大治而大乱，人主莫能世治其民，世无不乱之国。奚谓以其所以乱者治？夫举贤能，世之所治也，而治之所以乱。世之所谓贤者，言正也；所以为善正也，党也。听其言也，则以为能；问其党，以为然。故贵之不待其有功，诛之不待其有罪也。此其势正使污吏有资而成其奸险，小人有资而施其巧诈。初假吏民奸诈之本，而求端悫其末，禹不能以使十人之众，庸主安能以御一国之民？

彼而党与人者，不待我而有成事者也。上举一与民，民倍主位而向私交。民倍主位而向私交，则君弱而臣强。君人者不察也，非侵于诸侯，必劫于百姓。彼言说之势，愚智同学之，士学于言说之人，则民释实事而诵虚词。民释实事而诵虚词，则力少而非多。君人者不察也，以战必损其将，以守必卖其城。

故有明主忠臣产于今世而散领其国者，不可以须臾忘于法。破胜党任，节去言谈，任法而治矣。使吏非法无以守，则虽巧不得为奸；使民非战无以效其能，则虽险不得为诈。夫以法相治，以数相举者，不能相益；訾言者，不能相损。民见相誉无益，相管附恶；见訾言无损，习相憎不相害也。夫爱人者不阿，憎人者不害，爱恶各以其正，治之至也。臣故曰：法任而国治矣。

千乘能以守者，自存也；万乘能以战者，自完也；虽桀为主，不肯诎半辞以下其敌。外不能战，内不能守，虽尧为主，不能以不臣谐所谓不若之国。自此观之，国之所以重，主之所以尊者，力也。于此二者力本，而世主莫能致力者，何也？使民之所苦者无耕，危者无战。二者，孝子难以为其亲，忠臣难以为其君。今欲驱其众民，与之孝子忠臣之所难，臣以为非劫以刑而驱以赏莫可。而今夫世俗治者，莫不释法度而任辩慧，后功力而进仁义，民故不务耕战。彼民不归其力于耕，即食屈于内；不归其节于战，则兵弱于外。入而食屈于内，出而兵弱于外，虽有地万里、带甲百万，与独立平原一贯也。

且先王能令其民蹈白刃，被矢石。其民之欲为之？非。如学之，所以避害。故吾教令：民之欲利者，非耕不得；避害者，非战不免。境内之民莫不先务耕战，而后得其所乐。故地少粟多，民少兵强。能行二者于境内，则霸王之道毕矣。

定 分

公问于公孙鞅曰："法令以当时立之者，明旦欲使天下之吏民皆明知而用之，如一而无私，奈何？"

公孙鞅曰：为法令，置官吏，朴足以知法令之谓者，以为天下正，则奏天子。天子则各主法令之，皆降，受命，发官。各主法令之民，敢忘行主法令之所谓之名，各以其所忘之法令名罪之。主法令之吏有迁徙物故，辄使学读法令所谓，为之程式，使日数而知法令之所谓；不中程，为法令以罪之。有敢剟定法令、损益一字以上，罪死不赦。诸官吏及民有问法令之所谓也于主法令之吏，皆各以其故所欲问之法令明告之。各为尺六寸之符，明书年、月、日、时、所问法令之名，以告吏民。主法令之吏不告，及之罪，而法令之所谓也，皆以吏民之所问法令之罪，各罪主法令之吏。即以左券予吏之问法令者，主法令之吏谨藏其右券，木柙以室藏之，封以法令之长印。即后有物故，以券书从事。

法令皆副，置一副天子之殿中，为法令为禁室，有铤钥，为禁而以封之，内藏法令一副禁室中，封以禁印。有擅发禁室印，及入禁室视禁法令，及禁剟一字以上，罪皆死不赦。一岁受法令以禁令。

天子置三法官，殿中置一法官，御史置一法官及吏，丞相置一法官。诸侯、郡、县皆各为置一法官及吏，皆此秦一法官。郡、县、诸侯一受宝来之法令，学问并所谓。吏民知法令者，皆问法官。故天下之吏民无不知法者。吏明知民知法令也，故吏不敢以非法遇民，民不敢犯法以干法官也。遇民不修法，则问法官，法官即以法之罪告之，民即以法官之言正告之吏。吏知其如此，故吏不敢以非法遇民，民又不敢犯法。如此，天下之吏民虽有贤良辩慧，不能开一言以枉法；虽有千金，不能以用一铢。故知诈贤能者皆作而为善，皆务自治奉公。民愚则易治也，此所生于法明白易知而必行。

法令者，民之命也，为治之本也，所以备民也。为治而去法令，犹欲无饥而去食也，欲无寒而去衣也，欲东而西行也，其不几亦明矣。一兔走，百人逐之，非以兔为可分以为百，由名之未定也。夫卖兔者满市，而盗不敢取，由名分已定也。故名分未定，尧、舜、禹、汤且皆如鹜焉而逐之；名分已定，贪盗不取。今法令不明，其名不定，天下之人得议之。其议，人异而无定。人主为法于上，下民议之于下，是法令不定，以下为上也。此所谓名分之不定也。夫名分不定，尧、舜犹将皆折而奸之，而况众人乎？此令奸恶大起、人主夺威势、亡国灭社稷也道也。今先圣人为书而传之后世，必师受之，乃知所谓之名；不师受之，而人以其心意议之，至死不能知其名与其意。故圣人必为法令置官也，置吏也，为天下师，所以定名分也，名分定，则大诈贞信，巨盗愿悫，而各自治也。故夫名分定，势治之道也；名分不定，势乱之道也。故势治者不可乱，势乱者不可治。夫势乱而治之，愈乱；势治而治之，则治。故圣王治治不治乱。

夫微妙意志之言，上知之所难也。夫不待法令绳墨，而无不正者，千万之一也。故圣人以千万治天下，故夫知者而后能知之，不可以为法，民不尽知；贤者而后知之，不可以为法，民不尽贤。故圣人为法，必使之明白易知，名正，愚知遍能知之；为置法官，置主法之吏，以为天下师，令万民无陷于险危。故圣人立天下而无刑死者，非不刑杀也，行法令，明白易知，为置法官吏为之师，以道之知，万民皆知所避就，避祸就福，而皆以自治也。故明主因治而终治之，故天下大治也。

韩非子

——战国·韩非 著

初见秦

臣闻："不知而言，不智；知而不言，不忠。"为人臣不忠，当死；言而不当，亦当死。虽然，臣愿悉言所闻，唯大王裁其罪。

臣闻：天下阴燕阳魏，连荆固齐，收韩而成从，将西面以与秦强为难。臣窃笑之。世有三亡，而天下得之，其此之谓乎！臣闻之曰："以乱攻治者亡，以邪攻正者亡。"今天下之府库不盈，囷仓空虚，悉其士民，张军数十百万，其顿首戴羽为将军断死于前不至千人，皆以言死。白刃在前，斧锧在后，而却走不能死也，非其士民不能死也，上不能故也。言赏则不与，言罚则不行，赏罚不信，故士民不死也。今秦出号令而行赏罚，有功无功相事也。出其父母怀衽之中，生未尝见寇耳。闻战，顿足徒裼，犯白刃，蹈炉炭，断死于前者皆是也。夫断死与断生者不同，而民为之者，是贵奋死也。夫一人奋死可以对十，十可以对百，百可以对千，千可以对万，万可以克天下矣。今秦地折长补短，方数千里，名师数十百万。秦之号令赏罚，地形利害，天下莫若也。以此与天下，天下不足兼而有也。是故秦战未尝不克，攻未尝不取，所当未尝不破，开地数千里，此其大功也。然而兵甲顿，士民病，蓄积索，田畴荒，囷仓虚，四邻诸侯不服，霸王之名不成。此无异故，其谋臣皆不尽其忠也。

臣敢言之：往者齐南破荆，东破宋，西服秦，北破燕，中使韩、魏，土地广而兵强，战克攻取，诏令天下。齐之清济浊河，足以为限；长城巨防，足以为塞。齐，五战之国也，一战不克而无齐。由此观之，夫战者，万乘之存亡也。且臣闻之曰："削迹无遗根，无与祸邻，祸乃不存。"秦与荆人战，大破荆，袭郢，取洞庭、五湖、江南，荆王君臣亡走，东服于陈。当此时也，随荆以兵，则荆可举；荆可举，则其民足贪也，地足利也，东以弱齐、燕，中以凌三晋。然则是一举而霸王之名可成也，四邻诸侯可朝也，而谋臣不为，引军而退，复与荆人为和。令荆人得收亡国，聚散民，立社稷主，置宗庙，令率天下西面以与秦为难。此固以失霸王之道一矣。天下又比周而军华下，大王以诏破之，兵至梁郭下。围梁数旬，则梁可拔；拔梁，则魏可举；举魏，则荆、赵之意绝；荆、赵之意绝，则赵危；赵危而荆狐疑；东以弱齐、燕，中以凌三晋。然则是一举而霸王之名可成也，四邻诸侯可朝也，而谋臣不为，引军而退，复与魏氏为和。令魏氏反收亡国，聚散民，立社稷主，置宗庙，令率天下西面以与秦为难。此固以失霸王之道二矣。前者穰侯之治秦也，用一国之兵而欲以成两国之功，是故兵终身暴露于外，士民疲病于内，霸王之名不成。此固以失霸王之道三矣。

赵氏，中央之国也，杂民所居也，其民轻而难用也。号令不治，赏罚不信，地形不便，下不能尽其民力。彼固亡国之形也，而不忧民萌，悉其士民军于长平之下，以争韩上党。大王以诏破之，拔武安。当是时也，赵氏上下不相亲也，贵贱不相信也。然则邯郸不守。拔邯郸，管山东河间，引军而去，西攻修武，逾华，绛代、上党。代四十六县，上党七十县，不用一领甲，不苦一士民，此皆秦有也。以代、上党不战而毕为秦矣，东阳、河外不战而毕反为齐矣，中山、呼沲以北不战而毕为燕矣。然则是赵举，赵举则韩亡，韩亡则荆、魏不能独立，荆、魏不能独立，则是一举而坏韩、蠹魏、拔荆，东以弱齐、燕，决白马之口以沃魏氏，是一举而三晋亡，从者败也。大王垂拱以须之，天下编随而服矣，霸王之名可成。而谋臣不为，引军而退，复与赵氏为和。夫以大王之明，秦兵之强，弃霸王之业，地曾不可得，乃取欺于亡国。是谋臣之拙也。且夫赵当亡而不亡，秦当霸而不霸，天下固以量秦之谋臣一矣。乃复悉士卒以攻邯郸，不能拔也，弃甲兵弩，战竦而却，天下固已量秦力二矣。军乃引而退复，并于李下，大王又并军而至，与战不能克之也，又不能反，军罢而去，天下固量秦力三矣。内者量吾谋臣，外者极吾兵力。由是观之，臣以为天下之从，几不能矣。内者，吾甲兵顿，士民病，蓄积索，田畴荒，囷仓虚；外者，天下皆比意甚固。愿大王有以虑之也。

且臣闻之曰："战战栗栗，日慎一日，苟慎其道，天下可有。"何以知其然也？昔者纣为天子，将率天下甲兵百万，左饮于淇溪，右饮于洹溪，淇水竭而洹水不流，以与周武王为难。武王将素甲三千，战一日，而破纣之国，禽其身，据其地而有其民，天下莫伤。知伯率三国之众以攻赵襄主于晋阳，决水而灌之三月，城且拔矣，襄主钻龟筮占兆，以视利害，何国可降。乃使其臣张孟谈。于是乃潜行而出，反知伯之约，得两国之众，以攻知伯，禽其身，以复襄主之初。今秦地折长补短，方数千里，名师数十百万。秦国之号令赏罚，地形利害，天下莫如也。以此与天下，可兼而有也。臣昧死愿望见大王，言所以破天下之从，举赵，亡韩，臣荆、魏，亲齐、燕，以成霸王之名，朝四邻诸侯之道。大王诚听其说，一举而天下之从不破，赵不举，韩不亡，荆、魏不臣，齐、燕不北，霸王之名不成，四邻诸侯不朝，大王斩臣以徇国，以为王谋不忠者也。

和氏

楚人和氏得玉璞楚山中，奉而献之厉王。厉王使玉人相之。玉人曰："石也。"王以和为诳，而刖其左足。及厉王薨，武王即位。和又奉其璞而献之武王。武王使玉人相之。又曰："石也。"王又以和为诳，而刖其右足。武王薨，文王即位。和乃抱其璞而哭于楚山之下，三日三夜，泪尽而继之以血。王闻之，使人问其故，曰："天下之刖者多矣，子奚哭之悲也？"和曰："吾非悲刖也，悲夫宝玉而题之以石，贞士而名之以诳，此吾所以悲也。"王乃使玉人理其璞而得宝焉，遂命曰"和氏之璧"。

夫珠玉，人主之所急也。和虽献璞而未美，未为主之害也，然犹两足斩而宝乃论，论宝若此其难也。今人主之于法术也，未必和璧之急也；而禁群臣士民之私邪。然则有道者之不僇也，特帝王之璞未献耳。主用术，则大臣不得擅断，近习不敢卖重；官行法，则浮萌趋于耕农，而游士危于战陈；则法术者乃群臣士民之所祸也。人主非能倍大臣之议，越民萌之诽，独周乎道言也，则法术之士虽至死亡，道必不论矣。

昔者吴起教楚悼王以楚国之俗曰："大臣太重，封君太众。若此，则上逼主而下虐民，此贫国弱兵之道也。不如使封君之子孙三世而收爵禄，绝减百吏之禄秩，损不急之枝官，以奉选练之士。"悼王行之期年而薨矣，吴起枝解于楚。商君教秦孝公以连什伍，设告坐之过，燔诗书而明法令，塞私门之请而遂公家之劳，禁游宦之民而显耕战之士。孝公行之，主以尊安，国以富强，八年而薨，商君车裂于秦。楚不用吴起而削乱，秦行商君法而富强。二子之言也已当矣，然而枝解吴起而车裂商君者，何也？大臣苦法而细民恶治也。当今之世，大臣贪重，细民安乱，甚于秦、楚之俗，而人主无悼王、孝公之听，则法术之士，安能蒙二子之危也而明己之法术哉？此世所以乱无霸王也。

南面

人主之过，在己任臣矣，又必反与其所不任者备之，此其说必与其所任者为仇，而主反制于其所不任者。今所与备人者，且曩之所备也。人主不能明法而以制大臣之威，无道得小人之信矣。人主释法而以臣备臣，则相爱者比周而相誉，相憎者朋党而相非。非誉交争，则主惑乱矣。人臣者，非名誉请谒无以进取，非背法专制无以为威，非假于忠信无以不禁；三者，惛主坏法之资也。人主使人臣虽有智能，不得背法而专制；虽有贤行，不得逾功而先劳；虽有忠信，不得释法而不禁：此之谓明法。

人主有诱于事者，有壅于言者，二者不可不察也。人臣易言事者，少索资，以事诬主。主诱而不察，因而多之，则是臣反以事制主也。如是者谓之诱，诱于事者困于患。其进言少，其退费多，虽有功，其进言不信。不信者有罪，事有功者必赏，则群臣莫敢饰言以惛主。主道者，使人臣前言不复于后，后言不复于前，事虽有功，必伏其罪，谓之任下。

人臣为主设事而恐其非也，则先出说设言曰："议是事者，妒事者也。"人主藏是言，不更听群臣；群臣畏是言，不敢议事。二势者用，则忠臣不听而誉臣独任。如是者谓之壅于言。壅于言者制于臣矣。主道者，使人臣必有言之责，又有不言之责。言无端末辩无所验者，此言之责也；以不言避责持重位者，此不言之责也。人主使人臣言者必知其端以责其实，不言者必问其取舍以为之责，则人臣莫敢妄言矣，又不敢默然矣，言、默则皆有责也。

人主欲为事，不通其端末，而以明其欲，有为之者，其为不得利，必以害反。知此者，任理去欲。举事有道，计其入多，其出少者，可为也。惑主不然，计其入，不计其出，出虽倍其入，不知其害，则是名得而实亡。如是者功小而害大矣。凡功者，其入多，其出少，乃可谓功。今大费无罪而少得为功，则人臣出大费而成小功，小功成而主亦有害。

不知治者，必曰："无变古，毋易常。"变与不变，圣人不听，正治而已。然则古之无变，常之毋易，在常古之可与不可。伊尹毋变殷，太公毋变周，则汤、武不王矣。管仲毋易齐，郭偃毋更晋，则桓、文不霸矣。凡人难变古者，惮易民之安也。夫不变古者，袭乱之迹；适民心者。恣奸之行也。民愚而不知乱，上懦而不能更，是治之失也。人主者，明能知治，严必行之，故虽拂于民，必立其治。说在商君之内外而铁殳，重盾而豫戒也。故郭偃之始治也，文公有官卒；管仲始治也，桓公有武车：戒民之备也。是以愚戆窳堕之民，苦小费而忘大利也，故夤虎受阿谤。而辗小变而失长便，故邹贾非载旅。狎习于乱而容于治，故郑人不能归。

观行

古之人目短于自见，故以镜观面；智短于自知，故以道正己。故镜无见疵之罪，道无明过之怨。目失镜，则无以正须眉；身失道，则无以知迷惑。西门豹之性急，故佩韦以缓己；董安于之心缓，故佩弦以自急。故以有余补不足、以长续短之谓明主。

天下有信数三：一曰智有所不能立，二曰力有所不能举，三曰强有所不能胜。故虽有尧之智而无众人之助，大功不立；有乌获之劲而不得人助，不能自举；有贲、育之强而无法术，不得长生。故世有不可得，事有不可成。故乌获轻千钧而重其身，非其身重于千钧也，势不便也。离朱易百步而难眉睫，非百步近而眉睫远也，道不可也。故明主不穷乌获以其不能自举，不困离朱以其不能自见。因可势，求易道，故用力寡而功名立。时有满虚，事有利害，物有生死，人主为三者发喜怒之色，则金石之士离心焉。圣贤之扑浅深矣。故明主观人，不使人观己。明于尧不能独成，乌获不能自举，贲、育之不能自胜，以法术则观行之道毕矣。

用人

闻古之善用人者，必循天顺人而明赏罚。循天，则用力寡而功立；顺人，则刑罚省而令行；明赏罚，则伯夷不避、盗跖不乱。如此，则白黑分矣。治国之臣，效功于国以履位，见能于官以受职，尽力于权衡以任事。人臣皆宜其能，胜其官，轻其任，而莫怀余力于心，莫负兼官之责于君。故内无伏怨之乱，外无马服之患。明君使事不相干，故莫讼；使士不兼官，故技长；使人不同功，故莫争讼。争讼止，技长立，则强弱不觳力，冰炭不合形，天下莫得相伤，治之至也。

释法术而心治，尧不能正一国；去规矩而妄意度，奚仲不能成一轮；废尺寸而差短长，王尔不能半中。使中主守法术，拙匠守规矩尺寸，则万不失矣。君人者能去贤巧之所不能，守中拙之所万不失，则人力尽而功名立。

明主立可为之赏，设可避之罚。故贤者劝赏而不见子胥之祸，不肖者少罪而不见伛剖背，盲者处平而不遇深溪，愚者守静而不陷险危。如此，则上下之恩结矣。古之人曰："其心难知，喜怒难中也。"故以表示目，以鼓语耳，以法教心。君人者释三易之数而行之一难知之心，如此，则怒积于上而怨积于下。以积怒而御积怨，则两危矣。明主之表易见，故约立；其教易知，故言用；其法易为，故令行。三者立而上无私心，则下得循法而治，望表而动，随绳面斫，因攒而缝。如此，则上无私威之毒，而下无愚拙之诛。故上居明而少怒，下尽忠而少罪。

闻之曰："举事无患者，尧不得也。"而世未尝无事也。君人者不轻爵禄，不易富贵，不可与救危国。故明主厉廉耻，招仁义。昔者介子推无爵禄而义随文公，不忍口腹而仁割其肌，故人主结其德，书图著其名。人主乐乎使人以公尽力，而苦乎以私夺威；人臣安乎以能受职，而苦乎以一负二。故明主除人臣之所苦，而立人主之所乐。上下之利，莫长于此。不察私门之内，轻虑重事，厚诛薄罪，久怨细过，长侮偷快，数以德追祸，是断手而续以玉也，故世有易身之患。

人主立难为而罪不及，则私怨立；人臣失所长而奉难给，则伏怨结。劳苦不抚循，忧悲不哀怜；喜则誉小人，贤不肖俱赏；怒则毁君子，使伯夷与盗跖俱辱；故臣有叛主。

使燕王内憎其民而外爱鲁人，则燕不用而鲁不附。民见憎，不能尽力而务功；鲁见说，而不能离死命而亲他主。如此，则人臣为隙穴，而人主独立。以隙穴之臣而事独立之主，此之谓危殆。

释仪的而妄发，虽中小不巧；释法制而妄怒，虽杀戮而奸人不恐。罪生甲，祸归乙，伏怨乃结。故至治之国，有赏罚而无喜怒，故圣人极；有刑法而死无螫毒，故奸人服。发矢中的，赏罚当符，故尧复生，羿复立。如此，则上无殷、夏之患，下无比干之祸，君高枕而臣乐业，道蔽天地，德极万世矣。

夫人主不塞隙穴而劳力于赭垩，暴雨疾风必坏。不去眉睫之祸而慕贲、育之死，不谨萧墙之患而固金城于远境，不用近贤之谋而外结万乘之交于千里，飘风一旦起，则贲、育不及救，而外交不及至，祸莫大于此。当今之世，为人主忠计者，必无使燕王说鲁人，无使近世慕贤于古，无思越人以救中国溺者。如此，则上下亲，内功立，外名成。

大体

古之全大体者：望天地，观江海，因山谷，日月所照，四时所行，云布风动；不以智累心，不以私累己；寄治乱于法术，托是非于赏罚，属轻重于权衡；不逆天理，不伤情性；不吹毛而求小疵，不洗垢而察难知；不引绳之外，不推绳之内；不急法之外，不缓法之内；守成理，因自然；祸福生乎道法，而不出乎爱恶；荣辱之责在乎己，而不在乎人。故至安之世，法如朝露，纯朴不散，心无结怨，口无烦言。故车马不疲弊于远路，旌旗不乱于大泽，万民不失命于寇戎，雄骏不创寿于旗幢；豪杰不著名于图书，不录功于盘盂，记年之牒空虚。故曰：“利莫长于简，福莫久于安。”使匠石以千岁之寿操钩，视规矩，举绳墨，而正太山；使贲、育带干将而齐万民；虽尽力于巧，极盛于寿，太山不正，民不能齐。故曰：古之牧天下者，不使匠石极巧以败太山之体，不使贲、育尽威以伤万民之性。因道全法，君子乐而大奸止。澹然闲静，因天命，持大体。故使人无离法之罪，鱼无失水之祸。如此，故天下少不可。

上不天则下不遍覆，心不地则物不必载。太山不立好恶，故能成其高；江海不择小助，故能成其富。故大人寄形于天地而万物备，历心于山海而国家富。上无忿怒之毒，下无伏怨之患，上下交朴，以道为舍。故长利积，大功立，名成于前，德垂于后，治之至也。

问田

徐渠问田鸠曰：“臣闻智士不袭下而遇君，圣人不见功而接上。令阳成义渠，明将也，而措于毛伯；公孙亶回，圣相也，而关于州部，何哉？”田鸠曰：“此无他故异物，主有度、上有术之故也。且足下独不闻楚将宋觚而失其政，魏相冯离而亡其国？二君者驱于声词，眩乎辩说，不试于毛伯，不关乎州部，故有失政亡国之患。由是观之，夫无毛伯之试，州部之关，岂明主之备哉！”

堂谿公谓韩子曰：“臣闻服礼辞让，全之术也；修行退智，遂之道也。今先生立法术，设度数，臣窃以为危于身而殆于躯。何以效之？所闻先生术曰：‘楚不用吴起而削乱，秦行商君而富强。二子之言已当矣，然而吴起支解而商君车裂者，不逢世遇主之患也。’逢遇不可必也，患祸不可斥也。夫舍乎全遂之道而肆乎危殆之行，窃为先生无取焉。”韩子曰：“臣明先生之言矣。夫治天下之柄，齐民萌之度，甚未易处也。然所以废先王之教，而行贱臣之所取者，窃以为立法术，设度数，所以利民萌便众庶之道也。故不惮乱主暗上之患祸，而必思以齐民萌之资利者，仁智之行也。惮乱主暗上之患祸，而避乎死亡之害，知明夫身而不见民萌之资利者，贪鄙之为也。臣不忍向贪鄙之为，不敢伤仁智之行。先王有幸臣之意，然有大伤臣之实。”

制　分

夫凡国博君尊者，未尝非法重而可以至乎令行禁止于天下者也。是以君人者分爵制禄，则法必严以重之。夫国治则民安，事乱则邦危。法重者得人情，禁轻者失事实。且夫死力者，民之所有者也，情莫不出其死力以致其所欲；而好恶者，上之所制也，民者好利禄而恶刑罚。上掌好恶以御民力，事实不宜失矣，然而禁轻事失者，刑赏失也。其治民不秉法为善也，如是，则是无法也。

故治乱之理，宜务分刑赏为急。治国者莫不有法，然而有存有亡；亡者，其制刑赏不分也。治国者，其刑赏莫不有分：有持以异为分，不可谓分；至于察君之分，独分也。是以其民重法而畏禁，愿毋抵罪而不敢胥赏。故曰：不待刑赏而民从事矣。

是故夫至治之国，善以止奸为务。是何也？其法通乎人情，关乎治理也。然则去微奸之道奈何？其务令之相规其情者也。则使相窥奈何？曰：盖里相坐而已。禁尚有连于己者，理不得相窥，唯恐不得免。有奸心者不令得忘，窥者多也。如此，则慎己而窥彼，发奸之密。告过者免罪受赏，失奸者必诛连刑。如此，则奸类发矣。奸不容细，私告任坐使然也。

夫治法之至明者，任数不任人。是以有术之国，不用誉则毋适，境内必治，任数也。亡国使兵公行乎其地，而弗能圉禁者，任人而无数也。自攻者人也，攻人者数也。故有术之国，去言而任法。

凡畸功之循约者虽知，过刑之于言者难见也，是以刑赏惑乎贰。所谓循约难知者，奸功也。臣过之难见者，失根也。循理不见虚功，度情诡乎奸根，则二者安得无两失也？是以虚士立名于内，而谈者为略于外，故愚、怯、勇、慧相连而以虚道属俗而容乎世。故其法不用，而刑罚不加乎僇人。如此，则刑赏安得不容其二？实故有所至，而理失其量，量之失，非法使然也，法定而任慧也。释法而任慧者，则受事者安得其务？务不与事相得，则法安得无失，而刑安得无烦？是以赏罚扰乱，邦道差误，刑赏之不分白也。

慎子

——战国·慎到 著

威德

天有明，不忧人之暗也；地有财，不忧人之贫也；圣人有德，不忧人之危也。天虽不忧人之暗，辟户牖必取己明焉，则天无事也；地虽不忧人之贫，伐木刈草必取己富焉，则地无事也。圣人虽不忧人之危，百姓准上而比于下，其必取己安焉，则圣人无事也。故圣人处上，能无害人，不能使人无己害也，则百姓除其害矣。圣人之有天下也，受之也，非敢取之也。百姓之于圣人也，养之也，非使圣人养己也。则圣人无事矣。毛嫱、西施，天下之至姣也。衣之以皮倛，则见者皆走；易之以元緆，则行者皆止。

由是观之，则元緆色之助也，姣者辞之，则色厌矣。走背跋（踚）穷谷野走十里，药也，走背辞药则足废。故腾蛇游雾，飞龙乘云，云罢雾霁，与蚯蚓同，则失其所乘也。故贤而屈于不肖者，权轻也；不肖而服于贤者，位尊也。尧为匹夫，不能使其邻家。至南面而王，则令行禁止。由此观之，贤不足以服不肖，而势位足以屈贤矣。故无名而断者，权重也；弩弱而矰高者，乘于风也；身不肖而令行者，得助于众也。故举众越高者，不慢于药；爱赤子者，不慢于保；绝险历远者，不慢于御。此得助则成，释助则废矣。夫三王五伯之德，参于天地，通于鬼神，周于生物者，其得助博也。古者，工不兼事，士不兼官。工不兼事则事省，事省则易胜；士不兼官则职寡，职寡则易守。故士位可世，工事可常。百工之子，不学而能者，非生巧也，言有常事也。今也国无常道，官无常法，是以国家日缪。教虽成，官不足。官不足则道理匮，道理匮则慕贤智，慕贤智，则国家之政要在一人之心矣。古者，立天子而贵之者，非以利一人也。曰：天下无一贵，则理无由通，通理以为天下也。故立天子以为天下，非立天下以为天子也；立国君以为国，非立国以为君也；立官长以为官，非立官以为长也。法虽不善，犹愈于无法，所以一人心也。夫投钩以分财，投策以分马，非钩策为均也，使得美者，不知所以德，使得恶者不知所以怨，此所以塞愿望也。故蓍龟，所以立公识也；权衡，所以立公正也；书契，所以立公信也；度量，所以立公审也；法制礼籍，所以立公义也。凡立公，所以弃私也。明君动事分功必由慧，定赏分财必由法，行德制中必由礼。故欲不得干时，爱不得犯法，贵不得逾亲，禄不得逾位，士不得兼官，工不得兼事，以能受事，以事受利，若是者，上无羡赏，下无羡财。

因循

天道因则大，化则细。因也者，因人之情也。人莫不自为也，化而使之为我，则莫可得而用矣。是故先王见不受禄者不臣，禄不厚者不与入难。人不得其所以自为也，则上不取用焉。故用人之自为，不用人之为我，则莫不可得而用矣。此之谓因。

民杂

民杂处而各有所能，所能者不同，此民之情也。大君者，太上也，兼畜下者也，下之所能不同，而皆上之用也。是以大君因民之能为资，尽包而畜之，无能去取焉。是故不设一方以求于人，故所求者无不足也。大君不择其下，故足。不择其下，则易为下矣，易为下则莫不容，莫不容故多下。多下之谓太上。君臣之道，臣事事而君无事，君逸乐而臣任劳，臣尽智力以善其事，而君无与焉，仰成而已。故事无不治，治之正道然也。人君自任，而务为善以先下，则是代下负任蒙劳也。臣反逸矣。故曰：君人者，好为善以先下，则下不敢与君争为善以先君矣，皆私其所知以自覆掩。有过则臣反责君，逆乱之道也。君之智，未必最贤于众也。以未最贤而欲以善尽被下，则不赡矣。若使君之智最贤，以一君而尽赡下则劳，劳则有倦，倦则衰，衰则复反于不赡之道也。是以人君自任而躬事，则臣不事事。是君臣易位也，谓之倒逆。倒逆则乱矣。人君苟任臣而勿自躬，则臣皆事事矣。是君臣之顺，治乱之分，不可不察也。

知忠

乱世之中，亡国之臣，非独无忠臣也；治国之中，显君之臣，非独能尽忠也。治国之人，忠不偏于其君；乱世之人，道不偏于其臣。然而治乱之世，同世有忠道之人，臣之欲忠者不绝世，而君未得宁其上，无遇比干、子胥之忠，而毁瘁主君于暗墨之中，遂染溺灭名而死。由是观之，忠未足以救乱世，而适足以重非。何以识其然也？曰：父有良子而舜放瞽叟，桀有忠臣而过盈天下。然则孝子不生慈父之家，而忠臣不生圣君之下。故明主之使其臣也，忠不得过职，而职不得过官。是以过修于身，而下不敢以善骄矜。守职之吏，人务其治，而莫敢淫偷其事。官正以敬其业，和顺以事其上。如此，则至治已。亡国之君，非一人之罪也；治国之君，非一人之力也。将治乱，在乎贤使任职而不在于忠也。故智盈天下，泽及其君；忠盈天下，害及其国。故桀之所以亡，尧不能以为存。然而尧有不胜之善，而桀有运非之名，则得人与失人也。故廊庙之材，盖非一木之枝也；粹白之裘，盖非一狐之皮也；治乱安危，存亡荣辱之施，非一人之力也。

德 立

立天子者，不使诸侯疑焉；立诸侯者，不使大夫疑焉；立正妻者，不使嬖妾疑焉；立嫡子者，不使庶孽疑焉。疑则动，两则争，杂则相伤。害在有与不在独也。故臣有两位者国必乱，臣两位而国不乱者，君在也，恃君而不乱矣，失君必乱；子有两位者家必乱，子两位而家不乱者，父在也，恃父而不乱矣，失父必乱。臣疑其君，无不危之国；孽疑其宗，无不危之家。

君 人

君人者，舍法而以身治，则诛赏予夺从君心出矣。然则受赏者虽当，望多无穷；受罚者虽当，望轻无已。君舍法，而以心裁轻重，则同功殊赏，同罪殊罚矣。怨之所由生也。是以分马者之用策，分田者之用钩，非以钩策为过于人智也，所以去私塞怨也。故曰：大君任法而弗躬，则事断于法矣。法之所加，各以其分，蒙其赏罚而无望于君也。是以怨不生而上下和矣。

公孙龙子

——战国·公孙龙 著

名实论

天地与其所产焉，物也。物以物其所物而不过焉，实也。实以实其所实〔而〕不旷焉，位也。出其所位，非位，位其所位焉，正也。

以其所正，正其所不正；不以其所不正，疑其所正。其正者，正其所实也；正其所实者，正其名也。

其名正，则唯乎其彼此焉。谓彼而彼不唯乎彼，则彼谓不行；谓此而此不唯乎此，则此谓不行。其以当，不当也；不当而当，乱也。故彼，彼当乎彼，则唯乎彼，其谓行彼；此，此当乎此，则唯乎此，其谓行此。其以当而当也；以当而当，正也。

故彼，彼止于彼，此，此止于此，可。彼此而彼且此，此彼而此且彼，不可。

夫名实，谓也。知此之非此也，知此之不在此也，则不谓也。知彼之非彼也，知彼之不在彼也，则不谓也。

至矣哉！古之明王。审其名实，慎其所谓。至矣哉！古之明王。

坚白论

坚、白、石，三，可乎？

曰：不可。

曰：二，可乎？

曰：可。

曰：何哉？

曰：无坚得白，其举也二；无白得坚，其举也二。

曰：得其所白，不可谓无白；得其所坚，不可谓无坚。而之石也，之于然也，非三也？

曰：视不得其所坚而得其所白者，无坚也；拊不得其所白而得其所坚者，无白也。

曰：天下无白，不可以视石；天下无坚，不可以谓石。坚、白、石不相外，藏三，可乎？

曰：有自藏也，非藏而藏也。

曰：其白也，其坚也，而石必得以相盈。其自藏奈何？

曰：得其白，得其坚，见与不见离。一一不相盈，故离。离也者，藏也。

曰：石之白，石之坚，见与不见，二与三，若广修而相盈也。其非举乎？

曰：物白焉，不定其所白；物坚焉，不定其所坚。不定者，兼，恶乎其石也？

曰：循石，非彼无石；非石，无所取乎白〔坚〕。〔坚白〕石不相离者，固乎然，其无已。

曰：于石一也；坚白二也，而在于石。故有知焉，有不知焉；有见焉，有不见焉。故知与不知相与离，见与不见相与藏。藏故，孰谓之不离？

曰：目不能坚，手不能白，不可谓无坚，不可谓无白。其异任也，其无以代也。坚白域于石，恶乎离？

曰：坚未与石为坚，而物兼未与物为坚，而坚必坚。其不坚石、物而坚。天下未有若坚，而坚藏。白固不能自白，恶能白石、物乎？若白者必白，则不白物而白焉。黄、黑与之然。石其无有，恶取坚白石乎？故离也。离也者，因是。力与知，果不若因是。且犹白，以目以火见，而火不见，则火与目不见，而神见。神不见，而见离。坚以手，而手以捶，是捶与手知，而不知。而神与不知。神乎，是之谓离焉。离也者天下，故独而正。

指物论

曰：物莫非指，而指非指。

曰：天下无指，物无可以谓物。非指者，天下而物，可谓指乎？指也者，天下之所无也。物也者，天下之所有也。以天下之所有，为天下之所无，未可。

曰：天下无指，而物不可谓指也。不可谓指者，非指也。非指者，物莫非指也。天下无指，而物不可谓指者，非有非指也。非有非指者，物莫非指也。物莫非指者，而指非指也。

曰：天下无指者，生于物之各有名，不为指也。不为指而谓之指，是无不为指。以有不为指之无不为指，未可。

曰：且指者，天下之所无。天下无指者，物不可谓无指也。不可谓无指者，非有非指也。非有非指者，物莫非指。指，非非指也；指与物，非指也。使天下无物指，谁径谓非指？天下无物，谁迳谓指？天下有指无物指，谁径谓非指？径谓无物非指？且夫指固自为非指，奚待于物而乃与为指？

通变论

曰：二有一乎？

曰：二无一。

曰：二有右乎？

曰：二无右。

曰：二有左乎？

曰：二无左。

曰：右可谓二乎？

曰：不可。

曰：左可谓二乎？

曰：不可。

曰：左与右可谓二乎？

曰：可。

曰：谓变非不变，可乎？

曰：可。

曰：右有与，可谓变乎？

曰：可。

曰：变奚？

曰：右。

曰：右苟变，安可谓右？苟不变，安可谓变？

曰：二苟无左，又无右，二者左与右，奈何？

曰：羊合牛非马，牛合羊非鸡。

曰：何哉？

曰：羊与牛唯异，羊有齿，牛无齿，而牛之非羊也，羊之非牛也，未可。是不俱有，而或类焉。

曰：羊有角，牛有角。牛之而羊也，羊之而牛也，未可。是俱有，而类之不同也。羊牛有角，马无角；马有尾，羊牛无尾。故曰：羊合牛非马也。非马者，无马也。无马者，羊不二，牛不二，而羊牛二。是而羊，而牛，非马，可也。若举而以是，犹类之不同。若左右，犹是举。

牛羊有毛，鸡有羽。谓鸡足，一；数足，二。二而一，故三。谓牛羊足，一；数足，四。四而一，故五。牛羊足五，鸡足三。故曰：牛合羊非鸡。"非"有以非鸡也。与马以鸡，宁马。材不材，其无以类审矣。举是谓乱名，是狂举。

曰：他辩。

曰：青以白非黄，白以青非碧。

曰：何哉？

曰：青白不相与而相与，反而对也。不相邻而相邻，不害其方也。不害其方者，反而对。各当其所，若左右不骊。故一于青不可，一于白不可。恶乎其有黄矣哉？黄其正矣，是正举也。其有君臣之于国焉，故强寿矣。而且青骊乎白，而白不胜也。白足之胜矣，而不胜，是木贼金也。木贼金者碧，碧则非正举矣。青白不相与而相与，不相胜，则两明也。争而明，其色碧也。与其碧，宁黄。黄其马也，其与类乎；碧其鸡也，其与暴乎。暴乎则君臣争而两明也，两明者，昏不明，非正举也。非正举者，名实无当，骊色章焉，故曰两明也。两明而道丧，其无有以正焉。

白马论

"白马非马"，可乎？

曰：可。

曰：何哉？

曰：马者，所以命形也；白者，所以命色也。命色者非命形也。

故曰“白马非马”。

曰：有白马，不可谓无马也。不可谓无马者，非马也？有白马为有马，白之非马，何也？

曰：求马，黄、黑马皆可致，求白马，黄、黑马不可致。使白马乃马也，是所求一也。所求一者，白者不异马也。所求不异，如黄、黑马有可有不可，何也？可与不可，其相非明。故黄、黑马一也，而可以应有马，而不可以应有白马，是白马之非马，审矣。

曰：以马之有色为非马，天下非有无色之马也。天下无马，可乎？

曰：马固有色，故有白马。使马无色，有马如已耳，安取白取？故白者非马也。白马者，马与白也。马与白，马也？故曰：白马非马也。

曰：马未与白为马，白未与马为白。合马与白，复名白马，是相与以不相与为名，未可。故曰：白马非马，未可。

曰：以有白马为有马，谓有白马为黄马，可乎？

曰：未可。

曰：以有马为异有黄马，是异黄马于马也。异黄马于马，是以黄马为非马。以黄马为非马，而以白马为有马，此飞者入池，而棺椁异处，此天下之悖言乱辞也。

曰：有白马不可谓无马者，离白之谓也。不离者，有白马不可谓马也。故所以为有马者，独以马为有马耳，非以白马为有马耳。故其为有马也，不可以谓白马也。

曰：白者不定所白，忘之而可也。白马者，言白定所白也。定所白者，非白也。马者，无去取于色，故黄、黑皆所以应。白马者，有去取于色，黄、黑马皆所以色去，故唯白马独可以应耳。无去者非有去也，故曰：白马非马。

迹府

公孙龙，六国时辩士也。疾名实之散乱，因资材之所长，为“守白”之论。假物取譬，以“守白”辩，谓白马为非马也。白马为非马者，言白所以名色，言马所以名形也。色非形，形非色也。夫言色，则形当不与；言形，则色不宜从。今合以为物，非也。如求白马于厩中，无有，而有骊色之马，然不可以应有白马也。不可以应有白马，则所求之马亡矣，亡则白马竟非马。欲推是辩以正名实，而化天下焉。

龙与孔穿会赵平原君家。穿曰：“素闻先生高谊，愿为弟子久，但不取先生以白马为非马耳。请去此术，则穿请为弟子。”龙曰：“先生之言悖。龙之所以为名者，乃以白马之论尔。今使龙去之，则无以教焉。且欲师之者，以智与学不如也。今使龙去之，此先教而后师之也。先教而后师之者，悖。且白马非马，乃仲尼之所取。龙闻楚王张繁弱之弓，载忘归之矢，以射蛟，兕于云梦之圃。而丧其弓，左右请求之，王曰：‘止！楚人遗弓，楚人得之，又何求乎？’仲尼闻之曰：‘楚王仁义而未遂也。亦曰人亡弓，人得之而已，何必楚？’若此，仲尼异楚人于所谓人。夫是仲尼异楚人于所谓人，而非龙异白马于所谓马，悖。先生修儒术，而非仲尼之所取；欲学，而使龙去所教，则虽百龙。固不能当前矣。”孔穿无以应焉。

公孙龙，赵平原君之客也。孔穿，孔子之叶也。穿与龙会，穿谓龙曰：“臣居鲁，侧闻下风，高先生之智，说先生之行，愿受业之日久矣，乃今得见。然所不取先生者，独不取先生之以白马为非马耳。请去白马非马之学，穿请为弟子。”公孙龙曰：“先生之言，悖。龙之学，以白马为非马者也。使龙去之，则龙无以教。无以教，而乃学于龙也者，悖。夫欲且学于龙者，以智与学焉为不逮也。今教龙去白马非马，是先教而后师之也。先教而后师之，不可。先生之所以教龙者，似齐王之谓尹文也。齐王之谓尹文曰：‘寡人甚好士，以齐国无士，何也？’尹文曰：‘愿闻大王之所谓士者。’齐王无以应。尹文曰：‘今有人于此，事君则忠，事亲则孝，交友则信，处乡则顺。有此四行，可谓士乎？’齐王曰：‘善！此真吾所谓士也。’尹文曰：‘王得此人，肯以为臣乎？’王曰：‘所愿而不可得也。’是时，齐王好勇。于是，尹文曰：‘使此人广庭大众之中，见侵侮而终不敢斗，王将以为臣乎？’王曰：‘钜士也？见侮而不斗，辱也。辱，则寡人不以为臣矣。’尹文曰：‘唯见侮而不斗，未失其四行也。是人未失其四行，其所以为士也。然而王一以为臣，一不以为臣，则向之所谓士者，乃非士乎？’齐王无以应。尹文曰：‘今有人君，将理其国，人有非则非之，无非则亦非之；有功则赏之，无功则亦赏之。而怨人之不理也，可乎？’齐王曰：‘不可。’尹文曰：‘臣窃观下吏之理齐，其方若此矣。’王曰：‘寡人理国，信若先生之言，人虽不理，寡人不敢怨也。意未至然与？’尹文曰：‘言之，敢无说乎？’王之令曰：杀人者死，伤人者刑。人有畏王之令者，见侮而终不敢斗，是全王之令也。而王曰：见侮而不斗者，辱也。谓之辱，非之也。无非，而王辱之，故因除其籍不以为臣也。不以为臣者，罚之也。此无罪而王罚之也。且王辱不敢斗者，必荣敢斗者也。荣敢斗者，是而王是之，必以为臣矣。必以为臣者，赏之也。彼无功而王赏之。王之所赏，吏之所诛也。上之所是，而法之所非也。赏罚是非，相与四谬，虽十黄帝，不能理也。’齐王无以应焉。故龙以子之言有似齐王。子知难白马之非马，不知所以难之说。以此，犹知好士之名，而不知察士之类。”

鬼谷子

——战国·鬼谷先生 著

上 卷

捭阖第一

粤若稽古，圣人之在天地间也，为众生之先，观阴阳之开阖以命物，知存亡之门户，筹策万类之终始，达人心之理，见变化之朕焉，而守司其门户。故圣人之在天下也，自古至今，其道一也。

变化无穷，各有所归。或阴或阳，或柔或刚，或开或闭，或弛或张。是故圣人一守司其门户，审察其所先后，度权量能，校其伎巧短长。

夫贤、不肖、智、愚、勇、怯、仁、义，有差。乃可捭，乃可阖；乃可进，乃可退；乃可贱，乃可贵；无为以牧之。

审定有无，以其实虚；随其嗜欲，以见其志意。微排其所言，而捭反之，以求其实，贵得其指。阖而捭之，以求其利。或开而示之，或阖而闭之。开而示之者，同其情也；阖而闭之者，异其诚也。可与不可审明其计谋，以原其同异。离合有守，先从其志。

即欲捭之贵周，即欲阖之贵密。周密之贵微，而与道相追。捭之者，料其情也；阖之者，结其诚也。皆见其权衡轻重，乃为之度数，圣人因而为之虑。其不中权衡度数，圣人因而自为之虑。

故捭者，或捭而出之，或捭而纳之；阖者，或阖而取之，或阖而去之。捭阖者，天地之道。捭阖者，以变动阴阳，四时开闭，以化万物。纵横反击，反覆反忤，必由此矣。

捭阖者，道之大化，说之变也。必豫审其变化。口者，心之门户也；心者，神之主也。志意、喜欲、思虑、智谋，此皆由门户出入。故关之捭阖，制之以出入。捭之者，开也，言也，阳也；阖之者，闭也，默也，阴也，阴阳其和，终始其义。

故言长生、安乐、富贵、尊荣、显名、爱好、财利、得意、喜欲，为“阳”，曰“始”；故言死、忧患、贫贱、苦辱、弃损、亡利、失意、有害、刑戮、诛罚，为“阴”，曰“终”。

诸言法阳之类者，皆曰“始”，言善以始其事；诸言法阴之类者，皆曰“终”，言恶以终为谋。

捭阖之道，以阴阳试之。故与阳言者，依崇高；与阴言者，依卑小。以下求小，以高求大。由此言之，无所不出，无所不入，无所不可。可以说人，可以说家，可以说国，可以说天下。

为小无内，为大无外。益损、去就、倍反，皆以阴阳御其事。阳动而行，阴止而藏；阳动而出，阴随而入。阳还终始，阴极反阳。

以阳动者，德相生也；以阴静者，形相成也。以阳求阴，苞以德也；以阴结阳，施以力也。阴阳相求，由捭阖也。此天地阴阳之道，而说人之法也。为万事之先，是谓圆方之门户。

反应第二

古之大化者，乃与无形俱生。反以观往，覆以验来；反以知古，覆以知今；反以知彼，覆以知己。动静虚实之理，不合来今，反古而求之。事有反而得覆者，圣人之意也，不可不察。

人言者，动也；己默者，静也。因其言，听其辞。言有不合者，反而求之，其应必出。

言有象，事有比；其有象比，以观其次。象者，象其事；比者，比其辞也。以无形求有声。其钓语合事，得人实也。其张置网而取兽也，多张其会而司之。道合其事，彼自出之，此钓人之网也。

常持其网驱之，其方无比，乃为之变。以象动之，以报其心、见其情，随而牧之。

己反往，彼覆来，言有象比，因而定基。重之袭之，反之覆之，万事不失其辞。圣人所诱愚智，事皆不疑。

古善反听者，乃变鬼神以得其情。其变当也，而牧之审也。牧之不审，得情不明；得情不明，定基不审。变象比，必有反辞，以还听之。欲闻其声反默，欲张反睑，欲高反下，欲取反与。欲开情者，象而比之，以牧其辞，同声相呼，定理同归。

或因此，或因彼；或以事上，或以牧下。此听真伪、知同异、得其情诈也。

动作言默，与此出入，喜怒由此以见其式，皆以先定为之法则。以反求覆，观其所托，故用此者。

己欲平静，以听其辞，察其事，论万物，别雄雌。虽非其事，见微知类。若探人而居其内，量其能，射其意也。符应不失，如螣蛇之所指，若羿之引矢，故知之始己，自知而后知人也。其相知也。若比目之鱼；见形也，若光之与影也。其察言也不失，若磁石之取针，如舌之取燔骨。

其与人也微，其见情也疾。如阴与阳，如阳与阴；如圆与方，如方与圆。未见形，圆以道之；既见形，方以事之。进退左右，以是司之己不先定，牧人不正，事用不巧，是谓"忘情失道"；已审先定以牧人，策而无形容，莫见其门，是谓"天神"。

内揵第三

君臣上下之事，有远而亲，近而疏；就之不用，去之反求；日进前而不御，遥闻声而相思。

事皆有内揵，素结本始。或结以道德，或结以党友，或结以财货，或结以采色。用其意，欲入则入，欲出则出；欲亲则亲，欲疏则疏；欲就则就，欲去则去；欲求则求，欲思则思。若蚨母之从其子也，出无间，入无朕，独往独来，莫之能止。

内者，进说辞也。揵者，揵所谋也。欲说者务隐度，计事者务循顺。阴虑可否，明言得失，以御其志。方来应时，以合其谋。详思来揵，往应时当也。夫内有不合者，不可施行也。乃揣切时宜，往便所为，以求其变。以变求内者，若管取揵。

言往者，先顺辞也；说来者，以变言也。善变者审知地势，乃通于天，以化四时，使鬼神，合于阴阳，而牧人民。

见其谋事，知其志意。事有不合者，有所未知也。合而不结者，阳亲而阴疏。事有不合者，圣人不为谋也。

故远而亲者，有阴德也；近而疏者，志不合也。就而不用者，策不得也；去而反求者，事中来也。日进前而不御者，施不合也；遥闻声而相思者，合于谋待决事也。

故曰：不见其类而为之者见逆，不得其情而说之者见非。得其情，乃制其术。此用可出可入，可揵可开。故圣人立事以此先知而揵万物。

由夫道德、仁义、礼乐、计谋，先取《诗》、《书》，混说损益，议去论就。欲合者用内，欲去者用外。处内者，必明道数，揣策来事，见疑决之。策无失计，立功建德。治民入产业，曰：揵而内合。上暗不治，下乱不寤，揵而反之。内自得而外不留，说而飞之。若命自来，己迎而御之；若欲去之，因危与之。环转因化，莫之所为，退为大仪。

抵巇第四

物有自然，事有合离。有近而不可见，远而可知。近而不可见者，不察其辞也；远而可知者，反往以验来也。

巇者，罅也；罅者，峒也，峒成大隙也。巇始有朕，可抵而塞，可抵而却，可抵而息，可抵而匿，可抵而得，此谓抵巇之理也。

事之危也，圣人知之，独保其用，因化说事，通达计谋，以识细微。

经起秋毫之末，挥之于太山之本。其施外，兆萌牙蘖之谋，皆由抵巇，抵巇隙为道术。

天下分错，上无明主，公侯无道德，则小人谗贼，贤人不用，圣人窜匿，贪利诈伪者作。君臣相惑，土崩瓦解，而相伐射，父子离散，乖乱反目，是谓萌牙巇罅。

圣人见萌牙巇罅，则抵之以法。世可以治，则抵而塞之；不可治，则抵而得之。或抵如此，或抵如彼；或抵反之，或抵覆之。五帝之政，抵而塞之；三王之事，抵而得之。诸侯相抵，不可胜数，当此之时，能抵为右。

自天地之合离终始，必有巇隙，不可不察也。察之以捭阖，能用此道，圣人也。

圣人者，天地之使也。世无可抵，则深隐而待时。时有可抵，则为之谋。可以上合，可以检下，能因能循，为天地守神。

中 卷

飞箝第五

凡度权量能，所以征远来近。立势而制事，必先察同异，别是非之语；见内外之辞，知有无之数；决安危之计，定亲疏之事；然后乃权量之。其有隐括，乃可征、乃可求、乃可用。引钩钳之辞，飞而钳之。钩钳之语，其说辞也，乍同乍异。其不可善者：或先征之，而后重累；或先以重累，而后毁之；或以重累为毁，或以毁为重累。其用，或称财货、琦玮、珠玉、白璧、采色以事之，或量能立势以钩之，或伺候见瞯而钳之，其事用抵巇。

将欲用之于天下，必度权量能，见天时之盛衰，制地形之广狭，岨崄之难易，人民货财之多少，诸侯之交孰亲孰疏、孰爱孰憎，心意之虑怀。审其意，知其所好恶，乃就说其所重，以飞钳之辞钩其所好，以钳求之。

用之于人，则量智能、权材力、料气势，为之枢机以迎之随之，以钳和之，以意宜之，此飞钳之缀也。用于人，则空往而实来，缀而不失，以究其辞。可钳而从，可钳而横；可引而东，可引而西；可引而南，可引而北；可引而反，可引而覆；虽覆能复，不失其度。

忤合第六

凡趋合倍反，计有适合。化转环属，各有形势，反覆相求，因事为制。是以圣人居天地之间，立身、御世、施教、扬声、明名也，必因事物之会，观天时之宜，因之所多所少，以此先知之，与之转化。

世无常贵，事无常师。圣人常为无不为，所听无不听。成于事而合于计谋，与之为主。合于彼而离于此，计谋不两忠，必有反忤。反于是忤于彼，忤于此反于彼，其术也。用之天下，必量天下而与之；用之国，必量国而与之；用之家，必量家而与之；用之身，必量身材能气势而与之。大小进退，其用一也。必先谋虑计定，而后行之以飞钳之术。

古之善背向者，乃协四海、包诸侯，忤合之地而化转之，然后以之求合。故伊尹五就汤，五就桀，然后合于汤。吕尚三就文王，三入殷，而不能有所明。然后合于文王。此知天命之箝，故归之不疑也。

非至圣达奥，不能御世；非劳心苦思，不能原事；不悉心见情，不能成名；材质不惠，不能用兵；忠实无真，不能知人。故“忤合”之道，己必自度材能知睿，量长短远近孰不如，乃可以进，乃可以退，乃可以纵，乃可以横。

揣篇第七

古之善用天下者，必量天下之权，而揣诸侯之情。量权不审，不知强弱轻重之称；揣情不审，不知隐匿变化之动静。

何谓量权？曰：度于大小，谋于众寡；称货财之有无，料人民多少、饶乏，有余不足几何？辨地形之险易，孰利孰害？谋虑，孰长孰短？君臣之亲疏，孰贤孰不肖？与宾客之知睿，孰少孰多？观天时之祸福，孰吉孰凶？诸侯之亲，孰用孰不用？百姓之心，去就变化，孰安孰危？孰好孰憎？反侧孰便？能知如此者，是谓量权。

揣情者，必以其甚喜之时，往而极其欲也，其有欲也，不能隐其情；必以其甚惧之时，往而极其恶也，其有恶也，不能隐其情。情欲必失其变。

感动而不知其变者，乃且错其人勿与语，而更问所亲知其所安。夫情变于内者，形见于外，故常必以其见者而知其隐者，此所以谓测深揣情。

故计国事者，则当审权量；说人主，则当审揣情。谋虑情欲，必出于此。乃可贵，乃可贱；乃可重，乃可轻；乃可利，乃可害；

乃可成，乃可败；其数一也。故虽有先王之道、圣智之谋，非揣情，隐匿无所索之。此谋之大本也，而说之法也。

常有事于人，人莫先事而至，此最难为。故曰：揣情最难守司，言必时其谋虑。故观蜎飞蠕动，无不有利害，可以生事美；生事者，几之势也。此揣情饰言，成文章，而后可论之。

摩篇第八

摩之，符也；内符者，揣之主也。用之有道，其道必隐。

微摩之以其所欲，测而探之，内符必应。其应也，必有为之。故微而去之，是谓塞窌、匿端、隐貌、逃情，而人不知，故能成其事而无患。摩之在此，符之在彼。从而应之，事无不可。

古之善摩者，如操钓而临深渊，饵而投之，必得鱼焉。故曰：主事日成，而人不知；主兵日胜，而人不畏也。圣人谋之于阴，故曰"神"；成之于阳，故曰"明"。所谓主事日成者，积德也，而民安之，不知其所以利；积善也，而民道之，不知其所以然，而天下比之神明也。主兵日胜者，常战于不争不费，而民不知所以服，不知所以畏，而天下比之神明也。

其摩者，有以平，有以正；有以喜，有以怒；有以名，有以行；有以廉，有以信；有以利，有以卑。平者，静也；正者，直也；喜者，悦也；怒者，动也；名者，发也；行者，成也；廉者，洁也；信者，明也；利者，求也；卑者，谄也。

故圣所独用者，众人皆有之；然无成功者，其用之非也。故谋莫难于周密，说莫难于悉听，事莫难于必成，此三者然后能之。

故谋必欲周密，必择其所与通者说也，故曰：或结而无隙也。夫事成必合于数，故曰：道、数与时相偶者也。说者听，必合于情，故曰：情合者听。故物归类，抱薪趋火，燥者先燃；平地注水，湿者先濡。此物类相应，于事譬犹是也，此言内符之应外摩也如是。故曰：摩之以其类，焉有不相应者？乃摩之以其欲，焉有不听者？故曰：独行之道。未几者不晚，成而不抱，久而化成。

权篇第九

说之者，说之也；说之者，资之也。饰言者，假之也；假之者，益损也。应对者，利辞也；利辞者，轻论也。成义者，明之也；明之者，符验也。难言者，却论也；却论者，钓几也。

佞言者，谄而于忠；谀言者，博而于智；平言者，决而于勇；戚言者，权而于信；静言者，反而于胜。

先意成欲者，谄也；繁称文辞者，博也；策选进谋者，权也；纵舍不宜者，决也；先分不足而窒非者，反也。

故口者，几关也，所以闭情意也；耳目者，心之佐助也，所以窥间见奸邪。故曰：参调而应，利道而动。故系言而不乱，翱翔而不迷，变易不危者，观要得理。

故无目者，不可示以五色；无耳者，不可告以五音。故不可以往者，无所开之也；不可以来者，无所受之也。物有不通者，故不事也。古人有言曰："口可以食，不可以言。"言者有讳忌也。众口铄金，言有曲故也。

人之情，出言则欲听，举事则欲成。是故智者不用其所短，而用愚人之所长；不用其所拙，而用愚人之所工，故不困也。言其有利者，从其所长也；言其有害者，避其所短也。故介虫之悍也，必以坚厚，螫虫之动也；必以毒螫。故禽兽之用其长，而谈者知用其用也。

故曰：辞言五，曰病、曰怨、曰忧、曰怒、曰喜。故曰：病者，感衰气而不神也；怨者，肠绝而无主也；忧者，闭塞而不泄也；怒者，妄动而不治也；喜者，宣散而无要也。此五者精则用之，利则行之。

故与智者言，依于博；与博者言，依于辨；与辨者言，依于要；与贵者言，依于势；与富者言，依于高；与贫者言，依与利；与贱者言，依与谦；与勇者言，依与敢；于愚者言，依于锐；此其术也，而人常反之。是故与智者言，将此以明之；与不智者言，将此以教之；而甚难为也。故言多类，事多变。故终日言，不失其类，故事不乱。终日不变，而不失其主，故智贵不妄。听贵聪，智贵明，辞贵奇。

谋篇第十

为人凡谋有道，必得其所因，以求其情。审得其情，乃立三仪，三仪者曰上、曰中、曰下。参以立焉，以生奇。奇不知其所拥，始于古之所从。

故郑人之取玉也，载司南之车，为其不惑也。夫度材、量能、揣情者，亦事之司南也。故同情而俱相亲者，其俱成者也；同欲而相疏者，其偏害者也；同恶而相亲者，其俱害者也；同恶而相疏者，偏害者也。故相益则亲，相损则疏，其数行也，此所以察同异之分类一也。故墙坏于隙，木毁于其节，斯盖其分也。

故变生于事，事生谋，谋生计，计生议，议生说，说生进，进生退，退生制，因以制于事。故百事一道，而百度一数也。

夫仁人轻货，不可诱以利，可使出费；勇士轻难，不可惧以患，可使据危；智者达于数、明于理，不可欺以诚，可示以道理，可使立功，是三才也。故愚者易蔽也，不肖者易惧也，贪者易诱也，是因事而裁之。故为强者，积于弱也（为直者，积于曲也）；有余者，积于不足也；此其道行也。

故外亲而内疏者，说内；内亲而外疏者，说外。故因其疑以变之，因其见以然之，因其说以要之，因其势以成之，因其恶以权之，因其患以斥之。摩而恐之，高而动之，微而正之，符而应之，拥而塞之，乱而惑之，是谓计谋。

计谋之用，公不如私，私不如结，结而无隙者也。正不如奇，奇流而不止者也。故说人主者，必与之言奇；说人臣者，必与之言私。

其身内、其言外者，疏；其身外、其言深者，危。无以人之近所不欲，而强之于人；无以人之所不知，而教之于人。人之有好也，学而顺之；人之有恶也，避而讳之；故阴道而阳取之也。故去之者，纵之；纵之者，乘之。貌者不美，又不恶，故至情托焉。

可知者，可用也；不可知者，谋者所不用也。故曰：事贵制人，而不贵见制于人。制人者，握权也；见制于人者，制命也。故圣人之道阴，愚人之道阳；智者事易，而不智者事难。以此观之，亡不可以为存，而危不可以为安，然而无为而贵智矣。

智用于众人之所不能知，而能用于众人之所不能见。既用，见可否，择事而为之，所以自为也；见不可，择事而为之，所以为人也。故先王之道阴。言有之曰："天地之化，在高与深；圣人之制道，在隐与匿。"非独忠、信、仁、义也，中正而已矣。道理达于此之义，则可与言。由能得此，则可与谷远近之义。

决篇第十一

为人凡决物，必托于疑者，善其用福，恶其有患，善至于诱也，终无惑偏。有利焉，去其利则不受也，奇之所托。若有利于善者，隐托于恶，则不受矣，致疏远。故其有使失利，其有使离害者，此事之失。

圣人所以能成其事者有五：有以阳德之者，有以阴贼之者，有以信诚之者，有以蔽匿之者，有以平素之者。阳励于一言，阴励于二言，平素枢机以用四者，微而施之。于是度以往事，验之来事，参之平素，可则决之。

公王大人之事也，危而美名者，可则决之；不用费力而易成者，可则决之；用力犯勤苦，然则不得已而为之者，则可决之；去患者，可则决之；从福者，可则决之。故夫决情定疑，万事之机，以正乱治决成败，难为者。故先王乃用蓍龟者，以自决也。

符言第十二

安、徐、正、静，其被节无不肉。善与而不静，虚心平意，以待倾损。有主位。

目贵明，耳贵聪，心贵智，以天下之目视者，则无不见；以天下之耳听者，则无不闻；以天下之心虑者，则无不知。辐溱并进。则明不可塞。右主明。

德之术曰：勿坚而拒之。许之则防守，拒之则闭塞。高山仰之可极，深渊度之可测；神明之位术、正静其莫之极！有主德。

用赏贵信，用刑贵正。赏赐贵信，必验耳目之所见闻，其所不见闻者，莫不闇化矣。诚畅于天下神明，而况奸者干君？右主赏。

一曰天之，二曰地之，三曰人之。四方、上下、左右、前后，荧惑之处安在？右主问。

心为九窍之治，君为五官之长。为善者，君与之赏；为非者，君与之罚。君因其政之所以求，因与之，则不劳。圣人用之，故能赏之。因之循理，故能久长。右主因。

人主不可不周；人主不周，则群臣生乱。家于其无常也，内外不通，安知所开？开闭不善，不见原也。右主周。

一曰长目，二曰飞耳，三曰树明。千里之外，隐微之中，是谓洞天下奸，莫不闇变更。右主恭。

循名而为实，安而完；名实相生，反相为情。故曰：名当则生于实，实生于理，理生于名实之德，德生于和，和生于当。右主名。

转丸（亡佚）

胠乱（亡佚）

〈说明〉

《转丸》、《胠乱》二篇都已经亡佚。陶弘景注本说："或有取庄周《胠箧》而充之次第者。按，鬼谷之书，崇尚计谋，祖述圣智；而庄周《胠箧》乃以圣人为大盗之资，圣法为桀跖之失，乱天下者圣人之由也。盖欲纵圣弃智，驱一代于混茫之中，殊非此书之意。盖无取焉。或曰：《转丸》、《胠箧》者，《本经》、《中经》是也。"秦恩复《鬼谷子叙》认为亡佚尚多："则知书之脱佚，不仅《转丸》、《胠乱》二篇也。"

下　卷

本经阴符七篇

（一）盛神法五龙

盛神法五龙。盛神中有五气，神为之长，心为之舍，德为之人。养神之所，归诸道。道者，天地之始，一其纪也。物之所造，天之所生。包宏无形。化气，先天地而成，莫见其形，莫知其名，谓之“神灵”。故道者，神明之源，一其化端，是以德养五气，心能得一，乃有其术。术者，心气之道，所由舍者，神乃为之使。

九窍十二舍者，气之门户，心之总摄也。生之受之天，谓之真人。真人者，与天为一。而知之者，内修炼而知之，谓之圣人。圣人者，以类知之。

故人与生一，出于化物。知类在窍，有所疑惑，通于心术，术必有不通。其通也，五气得养，务在舍神，此之谓化。

化有五气者，志也，思也，神也，德也。神其一长也。静和者养气，养气得其和。四者不衰，四边威势无不为，存而舍之，是谓神化。归于身，谓之真人。

真人者，同天而合道，执一而养，产万类，怀天心，施德养，无为以包志虑思意，而行威势者也。士者，通达之神盛，乃能养志。

（二）养志法灵龟

养志法灵龟。养志者，心气之思不达也。有所欲，志存而思之。志者，欲之使也。欲多志则心散，心散则志衰，志衰则思不达也。故心气一，则欲不徨；欲不徨，则志意不衰；志意不衰，则思理达矣。理达则和通，和通则乱气不烦于胸中。

故内以养气，外以知人。养志则心通矣，知人则分职明矣。将欲用之于人，必先知其养气志；知人气盛衰，而养其气志，察其所安，以知其所能。

志不养，则心气不固；心气不固，则思虑不达；思虑不达，则志意不实；志意不实，则应对不猛；应对不猛，则失志而心气虚；志失而心气虚；则丧其神矣。神丧则髣髴，髣髴则参会不一。

养志之始，务在安己；己安，则志意实坚；志意实坚，则威势不分，神明常固守，乃能分之。

（三）实意法螣蛇

实意法螣蛇。实意者，气之虑也。

心欲安静，虑欲深远。心安静，则神明荣；虑深远，则计谋成。神明荣，则志不乱；计谋成，则功不可间。

意虑定，则心遂安；则其所行不错，神者得则凝。识气寄，奸邪得而倚之，诈谋得而惑之，言无由心矣。

故信心术，守真一而不化，待人意虑之交会，听之候之也。

计谋者，存亡枢机。虑不会，则听不审矣；候之不得，计谋失矣；则意无所信，虚而无实。

无为而求，安静五脏，和通六腑，精神、魂魄，固守不动。乃能内视、反听、定志，思之大（太）虚，待神往来。以观天地开辟，知万物所造化，见阴阳之终始，原人事之政理。不出户而知天下，不窥牖而见天道。不见而命，不行而至。是谓“道知”，以通神明，应于无方而神宿矣。

（四）分威法伏熊

分威法伏熊。分威者，神之覆也。故静固志意，神归其舍，则威覆盛矣。威覆盛，则内实坚；内实坚，则莫当；莫当，则能以分人之威而动其势，如其天。

以实取虚，以有取无，若以镒称铢。故动者心随，唱者必和。挠其一指，观其余次。动变见形，无能间者。审于唱和，以间见间，动变明而威可分。将欲动变，必先养志、伏意以视间。

知其固实者，自养也；让己者，养人也。故神存兵亡，乃为之形势。

（五）散势法鸷鸟

散势法鸷鸟。散势者，神之使也。用之，必循间而动。威肃内盛，推间而行之，则势散。夫散势者，心虚志溢。意失威势，精神不专，其言外而多变。

故观其志意为度数，乃以揣说图事，尽圆方，齐长短。无则不散势，散势者待间而动，动势分矣故善思间者，必内精五气，外视虚实，动而不失分散之实。动则随其志意，知其计谋。

势者，利害之决，权变之威，势败者，不以神肃察也。

（六）转圜法猛兽

转圜法猛兽。转圜者，无穷之计；无穷者，必有圣人之心，以原不测之智，以不测之智而通心术。而神道混沌为一，以变论万义类，说义无穷。

智略计谋，各有形容，或圆或方，或阴或阳，或吉或凶，事类不同。故圣人怀止之用，转圆而求其合。故兴造化者为始，动作无不包大道，以观神明之域。

天地无极，人事无穷，各以成其类。见其计谋，必知其吉凶成败之所终也。

转圜者，或转而吉，或转而凶。圣人以道先知存亡，乃知转圜而从方。圜者，所以合语；方者，所以错事。转化者，所以观计谋；接物者，所以观进退之意。皆见其会，乃为要结，以接其说也。

（七）损兑法灵蓍

损兑法灵蓍。损兑者，几危之决也。事有适然，物有成败，几危之动，不可不察。故圣人以无为待有德，言察辞，合于事。兑者，知之也；损者，行之也。

损之说之，物有不可者，圣人不为辞也。故智者不以言失人之言，故辞不烦而心不虑，志不乱而意不邪。当其难易，而后为之谋，自然之道以为实。

圆者不行，方者不止，是谓大功。益之损之，皆为之辞。用分威散势之权，以见其兑威。其机危，乃为之决。

故善损兑者，譬若决水于千仞之堤，转圆石于万仞之溪。

持枢

持枢，谓春生、夏长、秋收、冬藏，天之正也。不可干而逆之；逆之者，虽成必败。故人君亦有天枢，生养成藏。亦复不可干而逆之；逆之，虽盛必衰。此天道，人君之大网也。

中经

中经，谓振穷趋急，施之能言、厚德之人。救物执，穷者不忘恩也。能言者，俦善博惠；施德者，依道；而救拘执者，养使小人。

盖士当世异时，或当因免阗坑，或当伐害能言，或当破德为雄，或当抑拘成罪，或当戚戚自善，或当败败自立。故道贵制人，不贵制于人也。制人者，握权；制于人者，失命。

是以见形为容，象体为貌，闻声和音，解仇斗郄，缀去却语，摄心守义。本经记事者，纪道数，其变要在"持枢"、"中经"。

"见形为容，象体为貌"者，谓爻为之生也。可以影响形容、象貌而得之也。有守之人，目不视非，耳不听邪，言必《诗》《书》，行不僻淫，以道为形，以听为容，貌庄色温，不可象貌而得之。如是隐情、塞郄而去之。

"闻声和音"，谓声气不合，则恩受不接，故商、角不二合，徵、羽不相配。能为四声主者，其唯宫乎？故音不和则不悲，是以声散、伤、丑、害者，言必逆于耳也。虽有美行盛誉，不可比目、合翼相须也，此乃气不合、音不调者也。

"解仇头郄"，谓解赢微之仇。斗郄者，斗强也。

强郄既斗，称胜者，高其功，盛其势。弱者哀其负，伤其卑，行其名，耻其宗。故胜者斗其功势，苟进而不知退。弱者闻哀其负，见其伤，则强大力倍，死而（为）是也。郄无极大，御无强大，则皆可胁而并。

"缀去"者，谓缀己之系言，使有余思也。故接贞信者，称其行、厉其志，言可为、可复，会之期喜。以他人之庶引验，以结往明疑，疑而去之。

“却语”者，察伺短也。故言多必有数短之处，识其短，验之。动以忌讳，亦以时禁。然后结以安其心，收语盖藏而却之。无见己之所不能于多方之人。

“摄心”者，谓逢好学伎术者，则为之称远；方验之，惊以奇怪，人系其心于己。效之于人，验去乱其前，吾归于诚己。

“遭淫色酒”者，为之术，音乐动之，以为必死，生曰少之忧。喜以自所不见之事，终可以观漫澜之命，使有后会。

“守义”者，谓守以人义，探心在内以合也。探心，深得其主也。从外制内，事有系，由而随也。故小人比人，则左道而用之，至能败家夺国。非贤智不能守家以义，不能守国以道。圣人所贵道微妙者，诚以其可以转危为安，救亡使存也。

茶 经

——唐朝·陆羽 著

茶经卷上

一之源

茶者，南方之嘉木也。一尺二尺，乃至数十尺。其巴山、峡川有两人合抱者，伐而掇之。其树如瓜芦，叶如栀子，花如白蔷薇，实如栟榈，茎如丁香，根如胡桃。（瓜芦木出广州，似茶，至苦涩。栟榈，蒲葵之属，其子似茶。胡桃与茶根皆下孕，兆至瓦砾苗木上抽。）

其字：或从草，或从木，或草木并。（从草当作“茶”，其字出《开元文字音义》；从木当作“梌树”，其字出《本草》；草木并作“荼”，其字出《尔雅》。）

其名：一曰“茶”，二曰“槚”，三曰“蔎”，四曰“茗”，五曰

“荈”。（周公云：槚，苦茶。扬报战云：蜀西南人，谓茶曰蔎。郭弘农云：早取为茶，晚取为茗；或一曰荈耳。）

其地：上者生烂石，中者生栎壤，下者生黄土。

凡艺而不实，植而罕茂，法如种瓜。三岁可采。

野者上，园者次；阳崖阴林，紫者上，绿者次；笋者上，牙者次；叶卷上，叶舒次。阴山坡谷者不堪采掇，性凝滞，结瘕疾。

茶之为用，味至寒，为饮最宜。精行俭德之人，若热渴、凝闷、脑疼、目涩、四肢烦、百节不舒，聊四五啜与醍醐、甘露抗衡也。采不时，造不精，杂以卉，莽饮之成疾。

茶为累也亦犹人参。上者生上党，中者生百济、新罗，下者生高丽；有生泽州、易州、幽州、檀州者为药无效。况非此者，设服荠苨使六疾不瘳。知人参为累则茶累尽矣。

二之具

籝（加追反）一曰篮，一曰笼，一曰筥。以竹织之，受五升或一斗、二斗、三斗者，茶人负以采茶也。（籝，《汉书》音盈，所谓黄金满籝，不如一经。颜师古云：籝，竹器也，受四升耳。）

灶 无用突（窔）者，釜用唇口者。

甑 或木或瓦，匪腰而泥。篮以箄之，篾以系之。始其蒸也入乎箄，既其熟也出乎箄，釜涸注于甑中甑不带而泥之。又以谷木枝三桠者制之，散所蒸牙笋并叶，畏流其膏。

杵臼 一曰碓，惟恒用者佳。

规 一曰模，一曰棬，以铁制之，或圆或方或花。

承 一曰台，一曰砧，以石为之。不然，以槐、桑木半埋地中，遣无所摇动。

檐 一曰衣，以油绢或雨衫、单服败者为之。以檐置承上，又以规置檐上以造茶也。茶成，举而易之。

芘莉 一曰赢子，一曰篣筤（篣筤，篮笼也）。以二小竹长三尺、躯二尺五寸，柄五寸，以篾织方眼，如圃人土罗，阔二尺，以列茶也。

棨　一曰锥刀。柄以坚木为之，用穿茶也。

朴　一曰鞭。以竹为之，穿茶以解茶也。

焙　凿地深二尺，阔二尺五寸，长一丈。上作短墙，高二尺，泥之。

贯　削竹为之。长二尺五寸，以贯茶焙之。

棚　一曰栈。以木构于焙上，编木两层，高一尺，以焙茶也。茶之半干升下棚，全干升上棚。

穿　江东淮南剖竹为之，巴山、峡川纫穀皮为之。江东以一斤为上穿，半斤为中穿，四两、五两为小穿；峡中以一百二十斤为上穿，八十斤为中穿，五十斤为小穿。“穿”字旧作钗钏之“钏”字或作“贯串”。今则不然，如磨、扇、弹、钻、缝五字，文以平声书之，义以去声呼之。其字以“穿”名之。

育　以木制之，以竹编之，以纸糊之。中有隔，上有覆，下有床，傍有门，掩一扇。中置一器，贮煻煨火，令煴煴然。江南梅雨时，焚之以火。（育者，以其藏养为名。）

三之造

凡采茶，在二月、三月、四月之间。

茶之笋者，生烂石沃土，长四、五寸，若薇蕨始抽，凌露采焉。茶之牙者，发于丛薄之上，有三枝、四枝、五枝者，选其中枝颖拔者采焉。

其日，有雨不采，晴有云不采，晴，采之。蒸之、捣之、拍之、焙之、穿之、封之，茶之乾矣。

茶有千万状，鲁莽而言，如胡人靴者蹙缩然（京虽反也），犎牛臆者廉襜然，浮云出山者轮菌然，轻飙拂水者涵澹然。有如陶家之子罗，膏土以水澄泚之，谓澄泥也。又如新治地者，遇暴雨流潦之所经，此皆茶之精腴。有如竹箨者，枝干坚实，艰于蒸捣，故其形籭簁然，上离下师。有如霜荷者，茎叶凋沮，易其状貌，故厥状萎悴然，此皆茶之瘠老者也。

自采至于封七经目，自胡靴至于霜荷八等。或以光黑平正言佳者，斯鉴之下也；以皱黄坳垤言佳者，鉴之次也；若皆言佳及皆言不佳者，鉴之上也。何者？出膏者光，含膏者皱；宿制者则黑，日成者则黄；蒸压则平正，纵之则坳垤。此茶与草木叶一也。

茶之否臧，存于口诀。

茶经卷中

四之器

风炉	灰承	筥	炭挝	火筴	鍑	交床
夹	纸囊	碾	拂末	罗合	则	水方
漉水囊	瓢	竹筴	鹾簋	揿	熟盂	盌
畚	札	涤方	滓方	巾	具列	都篮

风炉灰承

风炉，以铜铁铸之，如古鼎形。厚三分，缘阔九分，令六分虚中，致其杇墁。凡三足，古文书二十一字：一足云“坎上巽下离于中”；一足云“体均五行去百疾”；一足云“圣唐灭胡明年铸”。其三足之间设三窗，底一窗以为通飙漏烬之所。上并古文书六字。一窗之上书“伊公”二字，一窗之上书“羹陆”二字，一窗之上书“氏茶”二字。所谓“伊公羹，陆氏茶”也。置墆埭，于其内设三格，其一格有“翟”焉，翟者火禽也，画一卦曰“离”；其一格有“彪”焉，彪者风兽也，画一卦曰“巽”；其一格有“鱼”焉，鱼者水虫也，画一卦曰“坎”。“巽”主风，“离”主火，“坎”主水。风能兴火，火能熟水，故备其三卦焉。其饰以莲葩、垂蔓、曲水、方文之类。其炉或锻铁为之，或运泥为之。其灰承作三足，铁柈抬之。

筥

筥，以竹织之，高一尺二寸，径阔七寸，或用藤作，木楦，如筥形，织之六出，固眼其底，盖若筣簏，口铄之。

炭挝

炭挝，以铁六棱制之，长一尺，锐一丰，中执细头，系一小辗以饰挝也。若今之河陇军人木吾也，或作鎚或作斧，随其便也。

火筴

火筴，一名筯，若常用者，圆直，一尺三寸，顶平截，无葱台勾鏁之属，以铁或熟铜制之。

鍑

鍑，以生铁为之，今人有业冶者，所谓急铁，其铁以耕刀之趄鍊而铸之。内模土，而外模沙，土滑于内，易其摩涤，沙涩于外，吸其炎焰。方其耳以正令也，广其缘以务远也，长其脐以守中也。脐长则沸中，沸中则末易扬、末易扬则其味淳也。洪州以瓷为之，莱州以石为之，瓷与石皆雅器也，性非坚实，难可持久。用银为之，至洁，但涉于侈丽。雅则雅矣，洁亦洁矣，若用之恒，而卒归于铁也。

交床

交床，以十字交之，剜中令虚以支鍑也。

夹

夹以小青竹为之，长一尺二寸，令一寸有节，节已上剖之以炙茶也。彼竹之蓧津润于火，假其香洁以益茶味，恐非林谷间莫之致。或用精铁熟铜之类，取其久也。

纸囊

纸囊，以剡藤纸白厚者夹缝之，以贮所炙茶，使不泄其香也。

碾 拂末

碾，以桔木为之，次以梨、桑、桐、柘为之。内圆而外方，内圆备于运行也，外方制其倾危也。内容堕而外无余木。堕形如车轮，不辐而轴焉。长九寸，阔一寸七分，堕径三寸八分，中厚一寸，边厚半寸，轴中方而执圆。其拂末以鸟羽制之。

罗合

罗末以合盖贮之，以则置合中。用巨竹剖而屈之，以纱绢衣之。其合以竹节为之，或屈杉以漆之，高三寸，盖一寸，底二寸，口径四寸。

则

则，以海贝蛎蛤之属或以铜铁竹匕策之类。则者，量也，准也、度也。凡煮水一升，用末方寸匕，若好薄者减之，嗜浓者增之，故云则也。

水方

水方，以椆木、槐、楸、梓等合之，其里并外缝漆之，受一斗。

漉水囊

漉水囊，若常用者，其格以生铜铸之，以备水湿无有苔秽腥涩，意以熟铜苔秽铁腥涩也。林栖谷隐者或用之竹木。木与竹非持久涉远之具，故用之生铜。其囊织青竹以卷之，裁碧缣以逢之，细翠钿以缀之，又作绿油囊以贮之。圆径五寸，柄一寸五分。

瓢

瓢，一曰牺杓，剖瓠为之，或刊木为之。晋舍人杜毓《荈赋》云："酌之以匏。"匏，瓢也。口阔、胫薄，柄短。永嘉中，余姚人虞洪入瀑布山采茗，遇一道士云："吾丹丘子，祈子他日瓯牺之余，乞相遗也。"牺，木杓也。今常用以梨木为之。

竹筴

竹筴，或以桃、柳、蒲、葵木为之，或以柿心木为之，长一尺，银裹两头。

鹾簋

鹾簋揭，以瓷为之，圆径四寸，若合形。或瓶或罍，贮盐花也。其揭竹制，长四寸一分，阔九分，揭，策也。

熟盂

熟盂，以贮熟水，或瓷或沙，受二升。

碗

碗，越州上，鼎州次，婺州次，岳州次，寿州、洪州次。或者以邢州处越州上，殊为不然，若邢瓷类银，越瓷类玉，邢不如越一也；若邢瓷类雪，则越瓷类冰，邢不如越二也；邢瓷白而茶色丹，越瓷青而茶色绿，邢不如越三也。晋·杜毓《荈赋》所谓"器择陶拣，出自东瓯。"瓯，越也。瓯，越州上，口唇不卷，底卷而浅，受半升已下。越州瓷、岳瓷皆青，青则益茶，茶作白红之色。邢州瓷白，茶色红。寿州瓷黄，茶色紫。洪州瓷褐，茶色黑，悉不宜茶。

畚

畚，以白蒲捲而编之，可贮盌十枚。或用筥，其纸帊以剡纸夹缝，令方，亦十之也。

札

札，缉栟榈皮，以茱萸木夹而缚之，或截竹束而管之，若巨笔形。

涤方

涤方，以贮涤洗之余，用楸木合之，制如水方，受八升。

滓方

滓方，以集诸滓，制如涤方，处五升。

巾

巾，以絁布为之，长二尺。作二枚互用之，以洁诸器。

具列

具列，或作床，或作架，或纯木纯竹而制之。或木法竹，黄黑可扃而漆者，长三尺，阔二尺，高六寸。具列者，悉敛诸器物，悉以陈列也。

都篮

都篮，以悉设诸器而名之。以竹篾内作三角方眼，外以双篾阔者经之，以单篾纤者缚之，递压双经作方眼，使玲珑。高一尺五寸，底阔一尺，高二寸，长二尺四寸，阔二尺。

茶经卷下

五之煮

凡炙茶，慎勿于风烬间炙，熛焰如钻，使炎凉不均。持以逼火，屡其翻正，候炮（普教反）。出培塿，状暇蟆背，然后去火五寸。卷而舒，则本其始，又炙之。若火干者，以气熟止；日干者，以柔止。

其始，若茶之至嫩者，蒸罢热捣，叶烂而芽笋存焉。假以力者，持千钧杵亦不之烂，如漆科珠，壮士接之不能驻其指。及就，则似无穰骨也，炙之，则其节若倪，倪如婴儿之臂耳。既而承热用纸囊贮之，精华之气无所散越，候寒末之。末之上者，其屑如细米；末之下者，其屑如菱角。

其火，用炭，次用劲薪（谓桑、槐、桐、枥之类也）。其炭曾经燔炙为膻腻所及，及膏木、败器不用之（膏木为柏、桂、桧也；败器谓朽废器也）。古人有“劳薪之味”，信哉！

其水，用山水上，江水中，井水下（《荈赋》所谓：“水则岷方之注，挹彼清流。”）。其山水，拣乳泉、石池漫流者上，其瀑涌湍漱勿食之，久食令人有颈疾。又多别流于山谷者，澄浸不泄，自火天至霜郊以前，或潜龙蓄毒于其间，饮者可决之以流其恶，使新泉涓涓然，酌之。其江水，取去人远者。井取汲多者。

其沸，如鱼目，微有声为一沸，缘边如涌泉连珠为二沸，腾波鼓浪为三沸。已上水老不可食也。初沸，则水合量调之以盐味，谓弃其啜余（啜，尝也，市税反，又市悦反），无乃䭗䰞而钟其一味乎？（上古暂反，下吐滥反。无味也。）第二沸出水一瓢，以“竹筴”环激汤心，“则”量末，当中心而下。有顷，势若奔涛溅沫，以所出水止之，而育其“华”也。

凡酌置诸盌，令沫饽均（《字书》并《本草》：沫饽均茗沫也，饽，蒲笏反）。沫饽，汤之华也。华之薄者曰沫，厚者曰饽，细轻者曰花。如枣花漂漂然于环池之上，又如回潭曲渚青萍之始生，又如晴天爽朗有浮云鳞然。其沫者，若绿钱浮于水湄，又如菊英堕于鐏俎之中。饽者，以滓煮之，及沸，则重华累沫，皤皤然若积雪耳。《荈赋》所谓“焕如积雪，烨如春藪”有之。第一煮水沸，而弃其沫之上有水膜如黑云母，饮之则其味不正。其第一者为“隽永”（徐县、全县二反。至美者，曰隽永。隽，味也；永，长也。史长曰“隽永。”汉书蒯通著“隽永”二十篇也），或留熟（盂）以贮之，以备育华、救沸之用。诸第一与第二、第三盌次之，第四、第五盌外，非渴甚莫之饮。

凡煮水一升，酌分五盌（盌数少至三，多至五。若人多至十，加两炉），趁热连饮之，以重浊凝其下，精英浮其上。如冷，则精英随气而竭，饮啜不消亦然矣。

茶性“俭”，不宜广，（广）则其味黯澹。且如一满盌，啜半而味寡，况其广乎！

其色缃也，其馨𩡌也（香至美曰𩡌，𩡌音备）。其味甘，槚也；不甘而苦，荈也；啜苦咽甘，茶也。（一本云：其味苦而不甘，槚也；甘而不苦，荈也。）

六之饮

翼而飞，毛而走，呿而言，此三者俱生于天地间，饮啄以活。饮之时义远矣哉！至若救渴饮之以浆，蠲忧忿饮之以酒；荡昏寐饮之以茶。茶之为饮，发乎神农氏，闻于鲁周公，齐有晏婴，汉有扬雄、司马相如，吴有韦曜，晋有刘琨、张载远、祖纳、谢安、左思之徒，皆饮焉。滂时浸俗，盛于国朝两都并荆俞间，以为比屋之饮。

饮有粗茶、散茶、末茶、饼茶者。乃斫、乃熬、乃炀、乃舂，贮于瓶缶之中，以汤沃焉，谓之痷茶；或用葱、姜、枣、桔皮、茱萸、薄荷之等，煮之百沸，或扬令滑，或煮去沫。斯沟渠间弃水耳，而习俗不已。

于戏！天育万物皆有至妙，人之所工但猎浅易。所庇者屋，屋精极；所著者衣，衣精极；所饱者饮食，食与酒皆精极之。

茶有九难：一曰造，二曰别，三曰器，四曰火，五曰水，六曰炙，七曰末，八曰煮，九曰饮。阴采夜焙，非造也；嚼味嗅香，非别也；膻鼎腥瓯，非器也；膏薪庖炭，非火也；飞湍壅潦，非水也；外熟内生，非炙也；碧粉缥尘，非末也；操艰搅遽，非煮也；夏兴冬废，非饮也。

夫珍鲜馥烈者，其盌数三；次之者，盌数五。若坐客数至五，行三盌；至七，行五盌；若六人已下，不约盌数，但阙一人而已，其“隽永”补所阙人。

七之事

三皇炎帝神农氏，周鲁周公旦，齐相晏婴，汉仙人丹丘子、黄山君，司马文园令相如、扬执戟雄，吴归命侯、韦太傅宏嗣，晋惠帝、刘司空琨、琨兄子兖州刺史演、张黄门孟阳、傅司隶咸、江洗马统、孙参军楚、左记室太冲、陆吴兴纳、纳兄子会稽史俶、谢冠军安石、郭宏农璞、桓扬州温、杜舍人毓、武康小山寺释法瑶、沛国夏侯恺、余姚虞洪、北地傅巽、丹阳宏君举、乐安任育长、宣城秦精、敦煌单道开、剡县陈务妻、广陵老姥、河内山谦之，后魏瑯琊王肃，宋新安王子鸾、鸾弟豫章王子尚、鲍照妹令晖、八公山沙门昙济，齐世祖武帝，梁刘廷尉、陶先生弘景，皇朝徐英公勣。

《神农·食经》："茶茗久服，令人有力，悦志。"

周公《尔雅》："槚，苦荼。"

《广雅》云："荆巴间采叶作饼，叶老者，饼成以米膏出之。欲煮茗饮，先炙令赤色，捣末，置瓷器中，以汤浇覆之。用葱、姜、桔子芼之，其饮醒酒，令人不眠。"

《晏子春秋》："婴相齐景公时，食脱粟之饭，炙三戈五卵，茗菜而已。"

司马相如《凡将篇》："乌喙、桔梗、芫华、款冬、贝母、木蘗、蒌芩、草芍药、桂、漏芦、蜚廉、雚菌、荈诧、白敛、白芷、菖蒲、芒消、莞椒、茱萸。"

《方言》："蜀西南人，谓茶曰蔎。"

《吴志·韦曜传》："孙皓每飨宴坐席，无不率以七升为限。虽不尽入口，皆浇灌取尽。曜饮酒不过二升，皓初礼异，密赐茶荈以代酒。"

晋《中兴书》："陆纳为吴兴太守时，卫将军谢安常欲诣纳（《晋书》云：纳为吏部尚书），纳兄子俶怪纳无所备，不敢问之，乃私蓄十数人馔。安既至，所设唯茶果而已，俶遂陈盛馔，珍羞必具。及安去，纳杖俶四十，云："汝既不能光益叔父，奈何秽吾素业。"

《晋书》："桓温为扬州牧，性俭，每宴饮唯下七奠，拌茶果而已。"

《搜神记》："夏侯恺因疾死，宗人字苟奴，察见鬼神。见恺来收马，并病其妻，著平上帻，单衣，入坐生时西壁大床，就人觅茶饮。"

刘琨《与兄子南兖州刺史演书》云："前得安州乾姜一斤，桂一斤，黄芩一斤，皆所需也。吾体中愦闷，常仰真茶，汝可置之。"

傅咸《司隶教》曰："闻南方有蜀妪，作茶粥卖，为廉事，打破其器具，后又卖饼于市。而禁茶粥，以因蜀姥，何哉？”

《神异记》：“余姚人虞洪入山采茗，遇一道士，牵三青牛，引洪至瀑布山，曰：予丹丘子也，闻子善具饮，常思见惠，山中有大茗，可以相给。祈子他日有瓯牺之余，乞相遗也。因立奠祀，后常令家人入山，获大茗焉。”

左思《娇女诗》：“吾家有娇女，皎皎颇白皙；小字为纨素，口齿自清历；有姊字惠芳，眉目粲如画；驰骛翔园林，果下皆生摘；贪华风雨中，倏忽数百适；心为茶荈剧，吹嘘对鼎鬲。”

张孟阳《登成都楼诗》云：“借问扬子舍，想见长卿庐；程卓累千金，骄侈拟五都；门有连骑客，翠带腰吴钩；鼎食随时进，百和妙且殊；披林采秋桔，临江钓春鱼；黑子过龙醢，果馔逾蟹蝑；芳茶冠六情，溢味播九区；人生苟安乐，兹土聊可娱。”

傅巽《七诲》：“蒲桃宛柰，齐柿燕栗，峘阳黄梨，巫山朱桔，南中茶子，西极石蜜。”

弘君举《食檄》：“寒温既毕，应下霜华之茗，三爵而终；应下诸蔗、木瓜、元李、杨梅、五味橄榄、悬豹、葵羹各一杯。”

孙楚歌：“茱萸出芳树颠，鲤鱼出洛水泉；白盐出河东，美豉出鲁渊；姜、桂、茶、荈出巴蜀，椒、桔、木兰出高山；蓼芳出沟渠，精稗出中田。”

华佗《食论》：“苦茶久食益意思。”

壶居士《食忌》：“苦茶久食羽化；与韭同食，令人体重。”

郭璞《尔雅注》云：“树小似栀子，冬生，叶可煮羹饮。今呼：早取为荼，晚取为茗，或一曰荈。蜀人名之苦茶。”

《世说》：“任瞻字育长，少时有令名，自过江失志，既下饮，问人云：此为荼为茗？觉人有怪色，乃自分明云：‘向问饮为热、为冷耳？’”

《续搜神记》：“晋武帝时，宣城人秦精常入武昌山采茗，遇一毛人，长丈余，引精至山下，示以丛茗而去。俄而复还，乃探怀中桔以遗精。精怖，负茗而归。”

晋，四王起事，惠帝蒙尘。还洛阳，黄门以瓦盂盛茶，上至尊。

《异苑》："剡县陈务妻少，与二子寡居，好饮茶茗。以宅中有古冢，每饮辄先祀之。二子患之曰：'古冢何知，徒以劳。'意欲掘去之，母苦禁而止。其夜梦一人云：吾止此冢三百余年，卿二子恒欲见毁，赖相保护，又享吾佳茗，虽泉壤朽骨，岂忘翳桑之报！及晓，于庭中获钱十万，似久埋者，但贯新耳。母告二子，惭之。从是祷馈愈甚。"

《广陵耆老传》："晋元帝时，有老姥，每旦独提一器茗，往市鬻之，市人竞买，自旦至夕，其器不减。所得钱散路傍孤贫乞人，人或异之，州法曹絷之狱中。至夜，老姥执所鬻茗器，从狱牖中飞出。"

《艺术传》："敦煌人单道开不畏寒暑，常服小石子。所服药有松、桂、蜜之气，所余茶苏而已。"

《释道该说续名僧传》："宋释法瑶姓杨氏，河东人。永嘉中过江，遇沈台真，请真君武康小山寺。年垂悬车，饭所饮茶。永明中敕吴兴，礼致上京，年七十九。"

宋《江氏家传》："江统字应元，迁愍怀太子洗马，常上疏谏云：今西园卖醯面、蓝子菜、茶之属，亏败国体。"

《宋录》："新安王子鸾、豫章王子尚诣昙济道人于八公山，道人设茶茗。子尚味之曰：此甘露也，何言茶茗。"

王微《杂诗》："寂寂掩高阁，寥寥空广厦；待君竟不归，收领今就檟。"

鲍照妹令晖著《香茗赋》。

南齐世祖武皇帝《遗诏》："我灵座上，慎勿以牲为祭，但设饼果、茶饮、乾饭、酒、脯而已。"

梁刘孝绰《谢晋安王饷米等启》："传诏李孟孙宣教旨垂赐米、酒、瓜、笋、菹、脯、酢、茗八种。气苾新城，味芳云松。江潭抽节，迈昌荇之珍。壃场擢翘，越葺精之美。羞非纯束野麐，裛似雪之驴。鲊异陶瓶河鲤，操如琼之粲。茗同食粲，酢颜望柑。免千里宿舂，省三月种聚。小人怀惠，大懿难忘。"

陶弘景《杂录》："苦茶轻身换骨，昔丹丘子、黄山君服之。"

《后魏录》："琅琊王肃仕南朝，好茗饮，莼羹。及还北地，又好羊肉、酪浆。人或问之，茗何如酪？肃曰：茗不堪与酪为奴。”

《桐君录》：“西阳、武昌、庐江、昔陵好茗，皆东人作清茗。茗有饽，饮之宜人。凡可饮之物，皆多取其叶，天门冬拔揳取根，皆益人。又巴东别有真茗茶，煎饮令人不眠。俗中多煮檀叶，并皁李作茶，并冷。又南方有瓜芦木，亦似茗，至苦涩，取为屑茶饮，亦可通夜不眠。煮盐人但资此饮，而交、广最重，客来先设，乃加以香芼辈。”

《坤元录》：“辰州溆浦县西北三百五十里无射山，云蛮俗当吉庆之时，亲族集会，歌舞于山上，山多茶树。”

《括地图》：“临遂县东一百四十里有茶溪。”

山谦之《吴兴记》：“乌程县西二十里有温山，出御荈。”

《夷陵图经》：“黄牛、荆门、女观、望州等山，茶茗出焉。”

《永嘉图经》：“永嘉县东三百里有白茶山。”

《淮阴图经》：“山阳县南二十里有茶坡。”

《茶陵图经》云：“茶陵者，所谓陵谷生茶茗焉。”

《本草·木部》：“茗，苦荼，味甘苦，微寒，无毒。主瘘疮，利小便，去痰渴热，令人少睡。秋采之苦，主下气消食。《注》云：‘春采之。’”

《本草·菜部》：“苦荼，一名荼，一名选，一名游冬。生益州川谷山陵道傍，凌冬不死，三月三日采乾。《注》云：‘疑此即是今茶，一名荼，令人不眠。’”

《本草注》：“按《诗》云：‘谁谓荼苦？’又云：‘堇荼如饴’皆苦菜也。陶谓之苦荼，木类，非菜流。茗，春采谓之苦樣（途遐反）。”

《枕中方》：“疗积年瘘，苦茶、蜈蚣并炙，令香熟，等分，捣筛，煮甘草汤洗，以末傅之。”

《孺子方》：“疗小儿无故惊蹶，以苦茶、葱须煮服之。”

八之出

山南以峡州上（峡州生远安、宜都、夷陵三县山谷），襄州、荆州次（襄州生南鄣县山谷，荆州生江陵县山谷），衡州下（生衡山、茶陵二县山谷），金州、梁州又下（金州生西城、安康二县山谷，梁州生襄城、金牛二县山谷）。

淮南以光州上（生光山县黄头港者与峡州同），义阳郡、舒州次（生义阳县钟山者与襄州同，舒州生太湖县潜山者与荆州同。寿州下，盛唐县生霍山者与衡山同），蕲州、黄州又下（蕲州生黄梅县山谷，黄州生麻城县山谷，并与荆州、梁州同）。

浙西以湖州上（湖州生长城县顾渚山谷，与峡州、光州同。生山桑、儒师二寺，白茅山悬脚岭与襄州、荆南义阳郡同。生凤亭山伏翼阁飞云、曲水二寺、啄木岭与寿州、常州同。生安吉、武康二县山谷与金州，梁州同），常州次（常州义兴县、生君山悬脚岭北峰下，与荆州、义阳郡同，生圈岭善权寺、石亭山与舒州同），宣州、杭州、睦州、歙州下（宣州生宣城县雅山与蕲州同。太平县生上睦、临睦与黄州同。杭州临安、于潜二县生天目山与舒州同。钱塘生天竺、灵隐二寺，睦州生桐庐县山谷，歙州生婺源山谷，与衡州同），润州、苏州又下（润州江宁县生傲山，苏州长州县生洞庭山与金州、蕲州、梁州同）。

剑南以彭州上（生九陇县鞍山至德寺、棚口，与襄州同），绵州、蜀州次（绵州龙安县生松岭关，与荆州同。其西，昌明、神泉县西山者并佳，有过松岭者不堪采。蜀州青城县生丈人山，与绵州同。青城县有散茶，木茶），邛州次，雅州、泸州下（雅州百丈山、名山，泸州泸川者与金州同也），眉州、汉州又下（眉州丹陵县生铁山者，汉州绵竹县生竹山者与润州同）。

浙东以越州上（余姚县生瀑布泉岭曰仙茗，大者殊异，小者与襄州同），明州、婺州次（明州鄞县生榆荚村，婺州東阳县东目山，与荆州同），台州下（台州米县生赤城者，与歙州同）。

黔中生恩州、播州、费州、夷州。

江南生鄂州、袁州、吉州。

岭南生福州、建州、韶州，象州。（福州生闽方山，山阴县也。）

其恩、播、费、夷、鄂、袁、吉、福、建、韶、象十一州未详，往往得之，其味极佳。

九之略

其造具，若方春禁火之时，于野寺山园，丛手而掇，乃蒸，乃舂、乃以火干之，则又棨、朴、焙、贯、棚、穿、育等七事皆废。其煮器，若松间石上可坐，则具列废。

用槁薪鼎锧之属，则风炉灰承、炭挝、火筴、交床等废；若瞰泉临涧，则水方、涤方、漉水囊废；若五人已下，茶可末而精者，则罗废；若援藟跻嵒引絙入洞，于洞口炙而末之，或纸包盒贮，则碾、拂末等废；既瓢、盌、筴、札，熟盂、鹾簋悉以一筥盛之，则都篮废。

但城邑之中，王公之门，二十四器阙一，则茶废矣。

十之图

用绢素或四幅或六幅分布写之，陈诸座隅。则茶之源、之具、之造、之器、之煮、之饮、之事、之出、之略目击而存。于是《茶经》之始终备焉。

老 子

——春秋·李聃 著

一 章

道可道，非常道；名可名，非常名。

无名，天地之始；有名，万物之母。

故常无欲，以观其妙；常有欲，以观其徼。

此两者同出而异名，同谓之玄。玄之又玄，众妙之门。

二 章

天下皆知美之为美，斯恶已；皆知善之为善，斯不善已。

有、无相生，难、易相成，长、短相形，高、下相盈，音、声相和，前、后相随。

是以圣人处无为之事，行不言之教。万物作而弗始，生而弗有，为而弗恃，功成而弗居。夫唯弗居，是以不去。

三 章

不尚贤，使民不争；不贵难得之货，使民不为盗；不见可欲，使心不乱。

是以圣人之治：虚其心，实其腹；弱其志，强其骨。常使民无知无欲，使夫知者不敢为也。为无为，则无不治。

四 章

道冲，而用之或不盈。

渊兮，似万物之宗：

挫其锐，解其纷；和其光，同其尘。

湛兮，似或存。吾不知其谁之子，象帝之先。

五 章

天地不仁，以万物为刍狗；圣人不仁，以百姓为刍狗。

天地之间，其犹橐籥乎？虚而不屈，动而愈出。

多言数穷，不如守中。

六 章

谷神不死，是谓玄牝。玄牝之门，是谓天地根。绵绵若存，用之不勤。

七 章

天长地久。天地所以能长且久者，以其不自生，故能长生。

是以圣人后其身而身先，外其身而身存。非以其无私邪？故能成其私。

八 章

上善若水。水善利万物而不争，处众人之所恶，故几于道。

居善地，心善渊，与善仁，言善信，政善治，事善能，动善时。

夫唯不争，故无尤。

九 章

持而盈之，不如其已；
揣而锐之，不可常保。
金玉满堂，莫之能守。
富贵而骄，自遗其咎。
功遂身退，天之道也。

十 章

载营魄抱一，能无离乎？

专气致柔，能婴儿乎？

涤除玄览，能无疵乎？

爱民治国，能无知乎？

天门开阖，能为雌乎？

明白四达，能无为乎？

生之畜之，生而不有，为而不恃，长而不宰，是谓玄德。

十一章

三十辐，共一毂，当其无，有车之用；

埏埴以为器，当其无，有器之用；

凿户牖以为室，当其无，有室之用。

故有之以为利，无之以为用。

十二章

五色，令人目盲；五音，令人耳聋；五味，令人口爽；驰骋畋猎，令人心发狂；难得之货，令人行妨。

是以圣人为腹不为目，故去彼取此。

十三章

宠辱若惊，贵大患若身。

何谓“宠辱若惊”？宠为上，辱为下，得之若惊，失之若惊，是谓宠辱若惊。

何谓“贵大患若身”？吾所以有大患者，为吾有身。及吾无身，吾有何患？

故贵以身为天下，若可寄天下；爱以身为天下，若可托天下。

十四章

视之不见，名曰夷；听之不闻，名曰希；搏之不得，名曰微。此三者，不可致诘，故混而为一。其上不皎，其不下昧。绳绳兮不可名，复归于无物。是谓无状之状，无物之象，是谓惚恍。迎之，不见其首；随之，不见其后。

执古之道，以御今之有。能知古始，是谓道纪。

十五章

古之善为士者，微妙玄通，深不可识。夫唯不可识，故强为之容：

豫兮，若冬涉川；

犹兮，若畏四邻；

俨兮，其若客；

涣兮，若冰之将释；

敦兮，其若朴；

旷兮，其若谷；

混兮，其若浊；

孰能浊以止？静之徐清；孰能安以久？动之徐生。

保此道者，不欲盈。夫唯不盈，故能蔽不新成。

十六章

致虚极，守静笃。

万物并作，吾以观其复。

夫物芸芸，各复归其根。归根曰静，是谓复命，复命曰常，知常曰明。不知常，妄作，凶。

知常，容。容乃公，公乃全，全乃天，天乃道，道乃久，没身不殆。

十七章

太上，不知有之；其次，亲而誉之；其次，畏之；其次，侮之。信不足焉，有不信焉。

悠兮，其贵言。

功成事遂，百姓皆谓“我自然”。

十八章

大道废，有仁义；
智慧出，有大伪。
六亲不和，有孝慈；
国家昏乱，有忠臣。

十九章

绝圣弃智，民利百倍；
绝仁弃义，民复孝慈；
绝巧弃利，盗贼无有。
此三者以为文不足。
故令有所属，见素抱朴，少私寡欲，绝学无忧。

二十章

唯之与阿，相去几何？善之与恶，相去若何？人之所畏，不可不畏。

荒兮其未央哉！

众人熙熙，如享太牢，如春登台。

我独泊兮，其未兆，如婴儿之未孩。儽儽兮，若无所归。

众人皆有余，而我独若遗。我愚人之心也哉！沌沌兮。

俗人昭昭，我独昏昏；

俗人察察，我独闷闷。

澹兮其若海，飂兮若无止。

众人皆有以，我独顽且鄙。

我独异於人，而贵食母。

二十一章

孔德之容，惟道是从。

道之为物，惟恍惟惚。惚兮恍兮，其中有象；恍兮惚兮，其中有物。窈兮冥兮，其中有精；其精甚真，其中有信。

自今及古，其名不去，以阅众甫。吾何以知众甫之状哉？以此。

二十二章

曲则全，枉则直；洼则盈，敝则新；少则得，多则惑。

是以圣人抱一为天下式：不自见，故明；不自是，故彰；不自伐，故有功；不自矜，故长。

夫唯不争，故天下莫能与之争。古之所谓“曲则全”者，岂虚言哉？诚全而归之。

二十三章

希言自然。

故飘风不终朝，骤雨不终日。孰为此者？天地。天地尚不能久，而况于人乎？故从事于道者同于道，德者同于德，失者同于失。同于道者，道亦乐得之；同于德者，德亦乐得之；同于失者，失亦乐得之。

信不足焉，有不信焉。

二十四章

跂者不立，跨者不行；自见者不明，自是者不彰；自伐者无功，自矜者不长。

其在道也，曰余食赘行，物或恶之，故有道者不处。

二十五章

有物混成，先天地生。寂兮寥兮，独立而不改，周行而不殆，可以为天地母。吾不知其名，强字之曰“道”，强为之名曰“大”。大曰逝，逝曰远，远曰反。

故道大，天大，地大，王亦大。域中有四大，而王居其一焉。

人法地，地法天，天法道，道法自然。

二十六章

重为轻根，静为躁君。

是以圣人终日行不离辎重。虽有荣观，燕处超然。奈何万乘之主，而以身轻天下？

轻则失本，躁则失君。

二十七章

善行，无辙迹；善言，无瑕谪；善数，不用筹策；善闭，无关楗而不可开；善结，无绳约而不可解。

是以圣人常善救人，故无弃人；常善救物，故无弃物。是谓袭明。

故善人者，不善人之师；不善人者，善人之资。不贵其师，不爱其资；虽智，大迷，是谓要妙。

二十八章

知其雄，守其雌，为天下谿。为天下谿，常德不离，复归于婴儿。

知其白，守其黑，为天下式。为天下式，常德不忒，复归于无极。知其荣，守其辱，为天下谷。为天下谷，常德乃足，复归于朴。

朴散则为器，圣人用之则为官长。故大制不割。

二十九章

将欲取天下而为之，吾见其不得已。天下神器，不可为也。为者败之，执者失之。

故物或行或随，或嘘或吹，或强或羸，或挫或隳。

是以圣人去甚、去奢、去泰。

三十章

以道佐人主者，不以兵强天下。其事好还：师之所处，荆棘生焉；大军之后，必有凶年。

善有果而已，不敢以取强。果而勿矜，果而勿伐，果而勿骄，果而不得已，果而勿强。

物壮则老，是谓不道，不道早已。

三十一章

夫兵者，不祥之器，物或恶之，故有道者不处。

君子居则贵左，用兵则贵右。兵者，不祥之器，非君子之器，不得已而用之，恬淡为上。胜而不美，而美之者，是乐杀人。夫乐杀人者，则不可得志于天下矣。

吉事尚左，凶事尚右。偏将军居左，上将军居右，言以丧礼处之。杀人之众，以哀悲莅之。战胜，以丧礼处之。

三十二章

道常无名，朴虽小，天下莫能臣。侯王若能守之，万物将自宾。

天地相合，以降甘露，民莫之令而自均。

始制有名，名亦既有，夫亦将知止，知止可以不殆。

譬道之在天下，犹川谷之于江海。

三十三章

知人者智，自知者明。

胜人者有力，自胜者强。

知足者富。强行者有志。不失其所者久。死而不亡者寿。

三十四章

大道泛兮，其可左右。万物恃之以生而不辞，功成不名有。衣养万物而不为主，常无欲。可名于小，万物归焉而不为主；可名为大，以其终不自为大，故能成其大。

三十五章

执大象，天下往，往而不害，安平泰。

乐与饵，过客止。道之出口，淡乎其无味，视之不足见，听之不足闻，用之不足既。

三十六章

将欲歙之，必固张之；将欲弱之，必固强之；将欲废之，必固兴之；将欲夺之，必固与之。是谓微明。

柔弱胜刚强。鱼不可脱于渊，国之利器不可以示人。

三十七章

道常无为而无不为。侯王若能守之，万物将自化。化而欲作，吾将镇之以无名之朴。无名之朴，夫亦将无欲，不欲以静，天下将自定。

三十八章

上德不德，是以有德；下德不失德，是以无德。

上德无为而无以为；下德为之而有以为。

上仁为之而无以为；上义为之而有以为。

上礼为之而莫之应，则攘臂而扔之。

故失道而后德，失德而后仁，失仁而后义，失义而后礼。

夫礼者，忠信之薄，而乱之首。

前识者，道之华，而愚之始。是以大丈夫处其厚，不居其薄；处其实，不居其华。故去彼取此。

三十九章

昔之得一者：天得一以清，地得一以宁，神得一以灵，谷得一以盈，万物得一以生，侯王得一以为天下正。

其致之，天无以清，将恐裂；地无以宁，将恐发；神无以灵，将恐歇；谷无以盈，将恐竭；万物无以生，将恐灭；侯王无以贵高，将恐蹶。

故贵以贱为本，高以下为基。是以侯王自谓孤、寡、不穀，此非以贱为本邪？非乎！故致数舆无舆。不欲琭琭如玉，珞珞如石。

四十章

反者，道之动；

弱者，道之用。

天下万物生于有，有生于无。

四十一章

上士闻道，勤而行之；中士闻道，若存若亡；下士闻道，大笑之。不笑，不足以为道。故建言有之："明道若昧，进道若退，夷道若纇，上德若谷，大白若辱，广德若不足，建德若偷，质真若渝，大方无隅，大器晚成，大音希声，大象无形。"道隐无名，夫唯道，善贷且成。

四十二章

道生一,一生二,二生三,三生万物。万物负阴而抱阳，冲气以为和。

人之所恶，唯孤、寡、不穀，而王公以为称。故物，或损之而益，或益之而损。人之所教，我亦教之。"强梁者不得其死。"吾将以为教父。

四十三章

天下之至柔，驰骋天下之至坚。无有入无间，吾是以知无为之有益。

不言之教，无为之益，天下希及之。

四十四章

名与身孰亲？身与货孰多？得与亡孰病？

是故甚爱必大费；多藏必厚亡。

知足不辱，知止不殆，可以长久。

四十五章

大成若缺，其用不敝。
大盈若冲，其用不穷。
大直若屈，大巧若拙，大辩若讷。
躁胜寒，静胜热，清静为天下正。

四十六章

天下有道，却走马以粪。天下无道，戎马生于郊。
祸莫大于不知足；咎莫大于欲得。故知足之足，常足矣。

四十七章

不出户，知天下；不窥牖，见天道。其出弥远，其知弥少。
是以圣人不行而知，不见而名，不为而成。

四十八章

为学日益，为道日损。损之又损，以至于无为。
无为而无不为。取天下常以无事，及其有事，不足以取天下。

四十九章

圣人无常心，以百姓心为心。
善者，吾善之；不善者，吾亦善之，德善。
信者，吾信之；不信者，吾亦信之，德信。

圣人在天下，歙歙为天下浑其心，百姓皆注其耳目，圣人皆孩之。

五十章

出生入死，生之徒十有三，死之徒十有三，人之生、动之死地亦十有三。

夫何故？以其生生之厚。盖闻善摄生者，陆行不遇兕虎，入军不被甲兵。兕无所投其角，虎无所措其爪，兵无所容其刃。夫何故？以其无死地。

五十一章

道生之，德蓄之，物形之，势成之。

是以万物莫不尊道而贵德。

道之尊，德之贵，夫莫之命而常自然。

故道生之，德畜之，长之育之，亭之毒之，养之覆之。生而不有，为而不恃，长而不宰，是谓玄德。

五十二章

天下有始，以为天下母。既得其母，以知其子。既知其子，复守其母，没身不殆。

塞其兑，闭其门，终身不勤。开其兑，济其事，终身不救。

见小曰明，守柔曰强。用其光，复归其明，无遗身殃，是为习常。

五十三章

使我介然有知，行于大道，唯施是畏。

大道甚夷，而民好径。朝甚除，田甚芜，仓甚虚；服文采，带利剑，厌饮食，财货有余，是谓盗夸。非道也哉！

五十四章

善建者不拔，善抱者不脱，子孙以祭祀不辍。

修之于身，其德乃真；修之于家，其德乃余；修之于乡，其德乃长；修之于国，其德乃丰；修之于天下，其德乃普。

故以身观身，以家观家，以乡观乡，以国观国，以天下观天下。吾何以知天下然哉？以此。

五十五章

含德之厚，比于赤子。蜂虿虺蛇不螫，猛兽不据，攫鸟不搏。骨弱筋柔而握固。未知牝牡之合而朘作，精之至也；终日号而不嗄，和之至也。

知和曰常，知常曰明，益生曰祥，心使气曰强。物壮则老，谓之不道。不道早已。

五十六章

知者不言，言者不知。塞其兑，闭其门，挫其锐，解其纷，和其光，同其尘，是谓玄同。故不可得而亲，不可得而疏；不可得而利，不可得而害；不可得而贵，不可得而贱。故为天下贵。

五十七章

以正治国，以奇用兵，以无事取天下。吾何以知其然哉？以此：

天下多忌讳，而民弥贫；民多利器，国家滋昏；人多技巧，奇物滋起；法令滋彰，盗贼多有。

故圣人云："我无为，而民自化；我好静，而民自正；我无事，而民自富；我无欲，而民自朴。"

五十八章

其政闷闷，其民淳淳；其政察察，其民缺缺。

祸兮福之所倚，福兮祸之所伏。孰知其极？其无正。正复为奇，善复为妖。人之迷，其日固久。

是以圣人方而不割，廉而不刿，直而不肆，光而不耀。

五十九章

治人、事天莫若啬。

夫唯啬，是谓早服，早服，谓之重积德。重积德，则无不克；无不克，则莫知其极；莫知其极，可以有国；有国之母，可以长久。是谓深根固柢、长生久视之道。

六十章

治大国若烹小鲜。

以道莅天下，其鬼不神。非其鬼不神，其神不伤人。非其神不伤人，圣人亦不伤人。夫两不相伤，故德交归焉。

六十一章

大国者下流，天下之交；天下之牝，牝常以静胜牡，以静为下。

故大国以下小国，则取小国。小国以下大国，则取大国。故或下以取，或下而取。大国不过欲兼畜人，小国不过欲入事人。夫两者各得其所欲，大者宜为下。

六十二章

道者万物之奥。善人之宝，不善人之所保。

美言可以市尊，美行可以加人。人之不善，何弃之有！故立天子，置三公，虽有拱璧以先驷马，不如坐进此道。

古之所以贵此道者何？不曰以求得，有罪以免邪？故为天下贵。

六十三章

为无为，事无事，味无味。

大小多少，报怨以德。图难于其易，为大于其细；天下难事必作于易，天下大事必作于细。是以圣人终不为大，故能成其大。

夫轻诺必寡信，多易必多难。是以圣人犹难之，故终无难矣。

六十四章

其安易持，其未兆易谋，其脆易泮，其微易散。为之于未有，治之于未乱。

合抱之木，生于毫末；九层之台，起于累土；千里之行，始于足下。

为者败之，执者失之。是以圣人无为，故无败；无执，故无失。

民之从事，常于几成而败之。慎终如始，则无败事。

是以圣人欲不欲，不贵难得之货；学不学，复众人之所过。以辅万物之自然，而不敢为。

六十五章

古之善为道者，非以明民，将以愚之。

民之难治，以其智多。故以智治国，国之贼；不以智治国，国之福。

知此两者亦稽式。常知稽式，是谓玄德。玄德深矣、远矣，与物反矣。然后乃至大顺。

六十六章

江海所以能为百谷王者，以其善下之，故能为百谷王。

是以圣人欲上民，必以言下之；欲先民，必以身后之。是以圣人处上而民不重，处前而民不害。是以天下乐推而不厌。以其不争，故天下莫能与之争。

六十七章

天下皆谓我：道大，似不肖。夫唯大，故似不肖。若肖，久矣其细也夫。

我有三宝，持而保之：一曰慈，二曰俭，三曰不敢为天下先。

慈，故能勇；俭，故能广；不敢为天下先，故能成器长。

今舍慈且勇，舍俭且广，舍后且先，死矣。夫慈，以战则胜，以守则固。天将救之，以慈卫之。

六十八章

善为士者不武，善战者不怒，善胜敌者不与，善用人者为之下。是谓不争之德，是谓用人之力，是谓配天、古之极。

六十九章

用兵有言："吾不敢为主而为客，不敢进寸而退尺。"是谓行无行，攘无臂，扔无敌，执无兵。

祸莫大于轻敌，轻敌则几丧吾宝。

故抗兵相若，哀者胜矣。

七十章

吾言甚易知，甚易行；天下莫能知，莫能行。

言有宗，事有君。夫唯无知，是以不我知。

知我者希，则我者贵。是以圣人被褐怀玉。

七十一章

知不知，上；不知知，病。圣人不病，以其病病，是以不病。

七十二章

民不畏威，则大威至：

无狎其所居，无厌其所生。夫唯不厌，是以不厌。

是以圣人自知，不自见；自爱，不自贵。故去彼取此。

七十三章

勇于敢，则杀；勇于不敢，则活。此两者，或利或害。天之所恶，孰知其故？是以圣人犹难之。

天之道，不争而善胜，不言而善应，不召而自来，繟然而善谋。天网恢恢，疏而不失。

七十四章

民不畏死，奈何以死惧之？若使民常畏死，而为奇者，吾得执而杀之，孰敢？

常有司杀者杀。夫代司杀者杀，是谓代大匠斫。夫代大匠斫者，希有不伤其手矣。

七十五章

民之饥，以其上食税之多，是以饥；

民之难治，以其上之有为，是以难治；

民之轻死，以其上求生之厚，是以轻死。

夫唯无以生为者，是贤于贵生。

七十六章

人之生也柔弱，其死也坚强。

万物草木之生也柔脆，其死也枯槁。

故坚强者死之徒，柔弱者生之徒。

是以兵强则灭，木强则折。

强大处下，柔弱处上。

七十七章

天之道，其犹张弓与？高者抑之，下者举之；有余者损之，不足者补之。

天之道，损有余而补不足，人之道则不然，损不足以奉有余。

孰能有余以奉天下？唯有道者。

是以圣人为而不恃，功成而不处，其不欲见贤。

七十八章

天下莫柔弱于水，而攻坚强者莫之能胜，其无以易之。

弱之胜强，柔之胜刚，天下莫不知，莫能行。

是以圣人云："受国之垢，是谓社稷主；受国不祥，是为天下王。"正言若反。

七十九章

和大怨，必有余怨，安可以为善？

是以圣人执左契，而不责于人。有德司契，无德司彻。

天道无亲，常与善人。

八十章

小国寡民。使有什伯之器而不用，使民重死而不远徙。虽有舟舆，无所乘之；虽有甲兵，无所陈之；使人复结绳而用之。

甘其食，美其服，安其居，乐其俗。邻国相望，鸡犬之声相闻，民至老死，不相往来。

八十一章

信言不美，美言不信；

善者不辩，辩者不善；

知者不博，博者不知。

圣人不积，既以为人，己愈有；既以与人，己愈多。

天之道，利而不害；圣人之道，为而不争。

庄 子

——战国·庄周 著

逍遥游

一

北冥有鱼，其名为鲲。鲲之大，不知其几千里也。化而为鸟，其名为鹏。鹏之背，不知其几千里也；怒而飞，其翼若垂天之云。是鸟也，海运则将徙于南冥。南冥者，天池也。

《齐谐》者，志怪者也。《谐》之言曰："鹏之徙于南冥也，水击三千里，抟扶摇而上者九万里，去以六月息者也。"野马也，尘埃也，生物之以息相吹也。天之苍苍，其正色邪？其远而无所至极邪？其视下也，亦若是则已矣。

且夫水之积也不厚，则其负大舟也无力。覆杯水于坳堂之上，则芥为之舟；置杯焉则胶，水浅而舟大也。风之积也不厚，则其负大翼也无力。故九万里，则风斯在下矣，而后乃今培风；背负青天而莫之夭阏者，而后乃今将图南。

蜩与学鸠笑之曰："我决起而飞，抢榆枋，时则不至而控于地而已矣，奚以之九万里而南为？"适莽苍者，三食而反，腹犹果然；

适百里者，宿舂粮；适千里者，三月聚粮。之二虫又何知？

小知不及大知，小年不及大年。奚以知其然也？朝菌不知晦朔，蟪蛄不知春秋，此小年也。楚之南有冥灵者，以五百岁为春，五百岁为秋；上古有大椿者，以八千岁为春，八千岁为秋。而彭祖乃今以久特闻，众人匹之，不亦悲乎！

汤之问棘也是已！

穷发之北，有冥海者，天池也。有鱼焉，其广数千里，未有知其修者，其名为鲲。有鸟焉，其名为鹏，背若太山，翼若垂天之云，抟扶摇羊角而上者九万里，绝云气，负青天，然后图南，且适南冥也。斥鴳笑之曰："彼且奚适也？我腾跃而上，不过数仞而下，翱翔蓬蒿之间，此亦飞之至也。而彼且奚适也？"此小大之辨也。

故夫知效一官，行比一乡，德合一君，而征一国者，其自视也亦若此矣。而宋荣子犹然笑之。且举世而誉之而不加劝，举世而非之而不加沮，定乎内外之分，辨乎荣辱之境，斯已矣。彼其于世未数数然也。虽然，犹有未树也。夫列子御风而行，泠然善也，旬有五日而后反。彼于致福者，未数数然也。此虽免乎行，犹有所待者也。若夫乘天地之正，而御六气之辨，以游无穷者，彼且恶乎待哉！故曰：至人无己，神人无功，圣人无名。

二

尧让天下于许由，曰："日月出矣，而爝火不熄，其于光也，不亦难乎！时雨降矣，而犹浸灌，其于泽也，不亦劳乎！夫子立而天下治，而我犹尸之，吾自视缺然。请致天下。"

许由曰："子治天下，天下既已治也。而我犹代子，吾将为名乎？名者，实之宾也。吾将为宾乎？鹪鹩巢于深林，不过一枝；偃鼠饮河，不过满腹。归休乎君，予无所用天下为！庖人虽不治庖，尸祝不越樽俎而代之矣。"

肩吾问于连叔曰："吾闻言于接舆，大而无当，往而不返。吾惊怖其言，犹河汉而无极也；大有径庭，不近人情焉。"

连叔曰："其言谓何哉？"

"曰：'藐姑射之山，有神人居焉，肌肤若冰雪，绰约若处子。不食五谷，吸风饮露。乘云气，御飞龙，而游乎四海之外。其神凝，使物不疵疠而年谷熟。'吾以是狂而不信也。"

连叔曰："然！瞽者无以与乎文章之观，聋者无以与乎钟鼓之声。岂唯形骸有聋盲哉？夫知亦有之。是其言也，犹时女也。之人也，之德也，将磅礴万物以为一，世蕲乎乱，孰弊弊焉以天下为事！之人也，物莫之伤，大浸稽天而不溺，大旱金石流、土山焦而不热。是其尘垢秕糠，将犹陶铸尧舜者也，孰肯以物为事！

"宋人资章甫而适诸越，越人断发文身，无所用之。尧治天下之民，平海内之政，往见四子藐姑射之山，汾水之阳，窅然丧其天下焉。"

三

惠子谓庄子曰："魏王贻我大瓠之种，我树之成而实五石，以盛水浆，其坚不能自举也。剖之以为瓢，则瓠落无所容。非不呺然大也，吾为其无用而掊之。"

庄子曰："夫子固拙于用大矣。宋人有善为不龟手之药者，世世以洴澼絖为事。客闻之，请买其方百金。聚族而谋曰：'我世世为洴澼絖，不过数金；今一朝而鬻技百金，请与之。'客得之，以说吴王。越有难，吴王使之将，冬与越人水战，大败越人，裂地而封之。能不龟手，一也；或以封，或不免于洴澼絖，则所用之异也。今子有五石之瓠，何不虑以为大樽而浮乎江湖，而忧其瓠落无所容？则夫子犹有蓬之心也夫！"

惠子谓庄子曰："吾有大树，人谓之樗。其大本拥肿而不中绳墨，其小枝卷曲而不中规矩，立之途，匠者不顾。今子之言，大而无用，众所同去也。"

庄子曰："子独不见狸狌乎？卑身而伏，以候敖者；东西跳梁，不辟高下；中于机辟，死于罔罟。今夫斄牛，其大若垂天之云。此能为大矣，而不能执鼠。今子有大树，患其无用，何不树之于无何有之乡，广莫之野，彷徨乎无为其侧，逍遥乎寝卧其下。不夭斤斧，物无害者，无所可用，安所困苦哉！”

渔父

孔子游乎缁帷之林，休坐乎杏坛之上。弟子读书，孔子弦歌鼓琴。奏曲未半，有渔父者下船而来，须眉交白，被发揄袂，行原以上，距陆而止，左手据膝，右手持颐以听。曲终而招子贡、子路二人俱对。

客指孔子曰："彼何为者也？"

子路对曰："鲁之君子也。"

客问其族。子路对曰："族孔氏。"

客曰："孔氏者何治也？"

子路未应，子贡对曰："孔氏者，性服忠信，身行仁义，饰礼乐，选人伦，上以忠于世主，下以化于齐民，将以利天下。此孔氏之所治也。"

又问曰："有土之君与？"

子贡曰："非也。"

"侯王之佐与？"

子贡曰："非也。"

客乃笑而还行，言曰："仁则仁矣，恐不免其身。苦心劳形以危其真。呜呼远哉，其分于道也！"

子贡还，报孔子。孔子推琴而起，曰："其圣人与！"乃下求之。至于泽畔，方将杖拏而引其船，顾见孔子，还向而立。孔子反走，再拜而进。

客曰："子将何求？"

孔子曰："曩者先生有绪言而去，丘不肖，未知所谓，窃待于下风，幸闻咳唾之音以卒相丘也！"

客曰："嘻！甚矣，子之好学也！"

孔子再拜而起，曰："丘少而修学，以至于今，六十九岁矣，无所得闻至教，敢不虚心！"

客曰："同类相从，同声相应，固天之理也。吾请释吾之所有，而经子之所以。子之所以者，人事也。天子、诸侯、大夫、庶人，此四者自正，治之美也；四者离位，而乱莫大焉。官治其职，人忧其事，乃无所陵。故田荒室露，衣食不足，征赋不属，妻妾不和，长少无序，庶人之忧也；能不胜任，官事不治，行不清白，群下荒怠，功美不有，爵禄不持，大夫之忧也；廷无忠臣，国家昏乱，工技不巧，贡职不美，春秋后伦，不顺天子，诸侯之忧也；阴阳不和，寒暑不时，以伤庶物，诸侯暴乱，擅相攘伐，以残民人，礼乐不节，财用穷匮，人伦不饬，百姓淫乱，天子有司之忧也。今子既上无君侯有司之势，而下无大臣职事之官，而擅饰礼乐，选人伦，以化齐民，不泰多事乎！

"且人有八疵，事有四患，不可不察也。非其事而事之，谓之总；莫之顾而进之，谓之佞；希意道言，谓之谄；不择是非而言，谓之谀；好言人之恶，谓之谗；析交离亲，谓之贼；称誉诈伪以败恶人，谓之慝；不择善否，两容颊适，偷拔其所欲，谓之险。此八疵者，外以乱人，内以伤身，君子不友，明君不臣。所谓四患者：好经大事，变更易常，以挂功名，谓之叨；专知擅事，侵人自用，谓之贪；见过不更，闻谏愈甚，谓之很；人同于己则可，不同于己，虽善不善，谓之矜。此四患也。能去八疵，无行四患，而始可教已。"

孔子愀然而叹，再拜而起曰："丘再逐于鲁，削迹于卫，伐树于宋，围于陈蔡。丘不知所失，而离此四谤者，何也？"

客凄然变容曰："甚矣，子之难悟也！人有畏影恶迹而去之走者，举足愈数而迹愈多，走愈疾而影不离身，自以为尚迟，疾走不休，绝力而死。不知处阴以休影，处静以息迹，愚亦甚矣！子审仁义之间，察同异之际，观动静之变，适受与之度，理好恶之情，和喜怒之节，而几于不免矣。谨修而身，慎守其真，还以物与人，则无所累矣。今不修之身而求之人，不亦外乎！"

孔子愀然曰："请问何谓真？"

客曰："真者，精诚之至也。不精不诚，不能动人。故强哭者，虽悲不哀，强怒者，虽严不威，强亲者，虽笑不和。真悲无声而哀，真怒未发而威，真亲未笑而和。真在内者，神动于外，是所以贵真也。其用于人理也，事亲则慈孝，事君则忠贞，饮酒则欢乐，处丧则悲哀。忠贞以功为主，饮酒以乐为主，处丧以哀为主，事亲以适为主，功成之美，无一其迹矣。事亲以适，不论所以矣；饮酒以乐，不选其具矣；处丧以哀，无问其礼矣。礼者，世俗之所为也；真者，所以受于天也，自然不可易也。故圣人法天贵真，不拘于俗。愚者反此。不能法天而恤于人，不知贵真，禄禄而受变于俗，故不足。惜哉，子之蚤湛于人伪，而晚闻大道也！"

孔子又再拜而起曰："今者丘得遇也，若天幸然。先生不羞而比之服役，而身教之。敢问舍所在，请因受业而卒学大道。"

客曰："吾闻之，可与往者，与之至于妙道；不可与往者，不知其道，慎勿与之，身乃无咎。子勉之！吾去子矣，吾去子矣！"乃刺船而去，延缘苇间。

颜渊还车，子路授绥，孔子不顾，待水波定，不闻拏音而后敢乘。

子路旁车而问曰："由得为役久矣，未尝见夫子遇人如此其威也。万乘之主，千乘之君，见夫子未尝不分庭伉礼，夫子犹有倨敖之容。今渔父杖拏逆立，而夫子曲要磬折，言拜而应，得无太甚乎？门人皆怪夫子矣，渔人何以得此乎？"

孔子伏轼而叹，曰："甚矣，由之难化也！湛于礼仪有间矣，而朴鄙之心至今未去。进，吾语汝！夫遇长不敬，失礼也；见贤不尊，不仁也。彼非至人，不能下人，下人不精，不得其真，故长伤身。惜哉！不仁之于人也，祸莫大焉，而由独擅之。且道者，万物之所由也，庶物失之者死，得之者生，为事逆之则败，顺之则成。故道之所在，圣人尊之。今渔父之于道，可谓有矣，吾敢不敬乎！"

集部

楚辞

——战国·屈原、宋玉等 著

离骚

帝高阳之苗裔兮，朕皇考曰伯庸。
摄提贞于孟陬兮，惟庚寅吾以降。
皇览揆余初度兮，肇锡余以嘉名；
名余曰正则兮，字余曰灵均。
纷吾既有此内美兮，又重之以修能；
扈江离与辟芷兮，纫秋兰以为佩。
汩余若将不及兮，恐年岁之不吾与。
朝搴阰之木兰兮，夕揽洲之宿莽。
日月忽其不淹兮，春与秋其代序。
惟草木之零落兮，恐美人之迟暮。
不抚壮而弃秽兮，何不改乎此度？
乘骐骥以驰骋兮，来吾导夫先路。
昔三后之纯粹兮，固众芳之所在；
杂申椒与菌桂兮，岂惟纫夫蕙茝？
彼尧舜之耿介兮，既遵道而得路；
何桀纣之猖披兮，夫唯捷径以窘步！
惟夫党人之偷乐兮，路幽昧以险隘；
岂余身之惮殃兮，恐皇舆之败绩。
忽奔走以先后兮，及前王之踵武。
荃不察余之中情兮，反信谗而齌怒。
余固知謇謇之为患兮，忍而不能舍也。
指九天以为正兮，夫唯灵修之故也。
曰黄昏以为期兮，羌中道而改路。

初既与余成言兮，后悔遁而有他。
余既不难夫离别兮，伤灵修之数化。
余既滋兰之九畹兮，又树蕙之百亩；
畦留夷与揭车兮，杂杜衡与芳芷。
冀枝叶之峻茂兮，愿俟时乎吾将刈。
虽萎绝其亦何伤兮，哀众芳之芜秽。
众皆竞进以贪婪兮，凭不厌乎求索。
羌内恕己以量人兮，各兴心而嫉妒。
忽驰骛以追逐兮，非余心之所急。
老冉冉其将至兮，恐修名之不立。
朝饮木兰之坠露兮，夕餐秋菊之落英。
苟余情其信姱以练要兮，长颇颔亦何伤？
揽木根以结茝兮，贯薜荔之落蕊；
矫菌桂以纫蕙兮，索胡绳之纚纚。
謇吾法夫前修兮，非世俗之所服；
虽不周于今之人兮，愿依彭咸之遗则。
长太息以掩涕兮，哀民生之多艰。
余虽好修姱以鞿羁兮，謇朝谇而夕替。
既替余以蕙纕兮，又申之以揽茝。
亦余心之所善兮，虽九死其犹未悔。
怨灵修之浩荡兮，终不察夫民心！
众女嫉余之蛾眉兮，谣诼谓余以善淫。
固时俗之工巧兮，偭规矩而改错；
背绳墨以追曲兮，竞周容以为度。
忳郁邑余侘傺兮，吾独穷困乎此时也！
宁溘死以流亡兮，余不忍为此态也！
鸷鸟之不群兮，自前世而固然。
何方圜之能周兮，夫孰异道而相安？
屈心而抑志兮，忍尤而攘诟；
伏清白以死直兮，固前圣之所厚。

悔相道之不察兮，延伫乎吾将反。
回朕车以复路兮，及行迷之未远。
步余马于兰皋兮，驰椒丘且焉止息。
进不入以离尤兮，退将复修吾初服。
制芰荷以为衣兮，集芙蓉以为裳。
不吾知其亦已兮，苟余情其信芳。
高余冠之岌岌兮，长余佩之陆离。
芳与泽其杂糅兮，惟昭质其犹未亏。
忽反顾以游目兮，将往观乎四荒。
佩缤纷其繁饰兮，芳菲菲其弥章。
民生各有所乐兮，余独好修以为常。
虽体解吾犹未变兮，岂余心之可惩？
女媭之婵媛兮，申申其詈予。
曰："鲧婞直以亡身兮，终然殀乎羽之野。
汝何博謇而好修兮，纷独有此姱节。
薋菉葹以盈室兮，判独离而不服。
众不可户说兮，孰云察余之中情？
世并举而好朋兮，夫何茕独而不予听？"
依前圣以节中兮，喟凭心而历兹。
济沅湘以南征兮，就重华而陈词：
"启《九辩》与《九歌》兮，夏康娱以自纵；
不顾难以图后兮，五子用失乎家巷。
羿淫游以佚畋兮，又好射夫封狐；
固乱流其鲜终兮，浞又贪夫厥家。
浇身被服强圉兮，纵欲而不忍；
日康娱以自忘兮，厥首用夫颠陨。
夏桀之常违兮，乃遂焉而逢殃。
后辛之菹醢兮，殷宗用而不长。
汤禹俨而祗敬兮，周论道而莫差；
举贤而授能兮，循绳墨而不颇。

皇天无私阿兮，览民德焉错辅。
夫维圣哲以茂行兮，苟得用此下土。
瞻前而顾后兮，相观民之计极。
夫孰非义而可用兮，孰非善而可服！
阽余身而危死兮，览余初其犹未悔。
不量凿以正枘兮，固前修以菹醢。
曾歔欷余郁邑兮，哀朕时之不当。
揽茹蕙以掩涕兮，沾余襟之浪浪。”
跪敷衽以陈辞兮，耿吾既得此中正。
驷玉虬以乘鹥兮，溘埃风余上征。
朝发轫于苍梧兮，夕余至乎县圃。
欲少留此灵琐兮，日忽忽其将暮。
吾令羲和弭节兮，望崦嵫而勿迫。
路曼曼其脩远兮，吾将上下而求索。
饮余马于咸池兮，总余辔乎扶桑。
折若木以拂日兮，聊逍遥以相羊。
前望舒使先驱兮，后飞廉使奔属。
鸾皇为余先戒兮，雷师告余以未具。
吾令凤鸟飞腾兮，继之以日夜。
飘风屯其相离兮，帅云霓而来御。
纷总总其离合兮，斑陆离其上下。
吾令帝阍开关兮，倚阊阖而望予。
时暧暧其将罢兮，结幽兰而延伫。
世溷浊而不分兮，好蔽美而嫉妒。
朝吾将济于白水兮，登阆风而绁马。
忽反顾以流涕兮，哀高丘之无女。
溘吾游此春宫兮，折琼枝以继佩。
及荣华之未落兮，相下女之可诒。
吾令丰隆乘云兮，求宓妃之所在。
解佩纕以结言兮，吾令蹇修以为理。

纷总总其离合兮，忽纬繣其难迁。
夕归次于穷石兮，朝濯发乎洧盘。
保厥美以骄傲兮，日康娱以淫游。
虽信美而无礼兮，来违弃而改求。
览相观于四极兮，周流乎天余乃下。
望瑶台之偃蹇兮，见有娀之佚女。
吾令鸩为媒兮，鸩告余以不好。
雄鸠之鸣逝兮，余犹恶其佻巧。
心犹豫而狐疑兮，欲自适而不可。
凤皇既受诒兮，恐高辛之先我。
欲远集而无所止兮，聊浮游以逍遥。
及少康之未家兮，留有虞之二姚。
理弱而媒拙兮，恐导言之不固。
世溷浊而嫉贤兮，好蔽美而称恶。
闺中既以邃远兮，哲王又不寤。
怀朕情而不发兮，余焉能忍而与此终古！
索藑茅以筳篿兮，命灵氛为余占之。
曰："两美其必合兮，孰信修而慕之？
思九州之博大兮，岂唯是其有女？"
曰："勉远逝而无狐疑兮，孰求美而释女？
何所独无芳草兮，尔何怀乎故宇？"
世幽昧以昡曜兮，孰云察余之善恶？
民好恶其不同兮，惟此党人其独异！
户服艾以盈要兮，谓幽兰其不可佩。
览察草木其犹未得兮，岂珵美之能当？
苏粪壤以充帏兮，谓申椒其不芳。
欲从灵氛之吉占兮，心犹豫而狐疑。
巫咸将夕降兮，怀椒糈而要之。

百神翳其备降兮，九疑缤其并迎。

皇剡剡其扬灵兮，告余以吉故。
曰："勉升降以上下兮，求榘矱之所同。
汤禹严而求合兮，挚咎繇而能调。
苟中情其好修兮，又何必用夫行媒？
说操筑于傅岩兮，武丁用而不疑。
吕望之鼓刀兮，遭周文而得举；
宁戚之讴歌兮，齐桓闻以该辅。
及年岁之未晏兮，时亦犹其未央；
恐鹈鴂之先鸣兮，使夫百草为之不芳。"
何琼佩之偃蹇兮，众薆然而蔽之？
惟此党人之不谅兮，恐嫉妒而折之。
时缤纷其变易兮，又何可以淹留？
兰芷变而不芳兮，荃蕙化而为茅。
何昔日之芳草兮，今直为此萧艾也！
岂其有他故兮，莫好修之害也！
余以兰为可恃兮，羌无实而容长。
委厥美以从俗兮，苟得列乎众芳！
椒专佞以慢慆兮，榝又欲充夫佩帏。
既干进而务入兮，又何芳之能祗！
固时俗之流从兮，又孰能无变化？
览椒兰其若兹兮，又况揭车与江离？
惟兹佩之可贵兮，委厥美而历兹；
芳菲菲而难亏兮，芬至今犹未沬。
和调度以自娱兮，聊浮游而求女；
及余饰之方壮兮，周流观乎上下。
灵氛既告余以吉占兮，历吉日乎吾将行。
折琼枝以为羞兮，精琼爢以为粻。
为余驾飞龙兮，杂瑶象以为车。
何离心之可同兮，吾将远逝以自疏。
邅吾道夫昆仑兮，路修远以周流。

扬云霓之晻蔼兮，鸣玉鸾之啾啾。
朝发轫于天津兮，夕余至乎西极。
凤皇翼其承旂兮，高翱翔之翼翼。
忽吾行此流沙兮，遵赤水而容与。
麾蛟龙使梁津兮，诏西皇使涉予。
路修远以多艰兮，腾众车使径待。
路不周以左转兮，指西海以为期。
屯余车其千乘兮，齐玉轪而并驰。
驾八龙之婉婉兮，载云旗之委蛇。
抑志而弭节兮，神高驰之邈邈。
奏《九歌》而舞《韶》兮，聊假日以偷乐。
陟升皇之赫戏兮，忽临睨夫旧乡。
仆夫悲余马怀兮，蜷局顾而不行。
乱曰：已矣哉！
国无人莫我知兮，又何怀乎故都？
既莫足与为美政兮，吾将从彭咸之所居。

九 歌

东皇太一

吉日兮辰良，穆将愉兮上皇；
抚长剑兮玉珥，璆锵鸣兮琳琅。
瑶席兮玉瑱，盍将把兮琼芳；
蕙肴蒸兮兰藉，奠桂酒兮椒浆。
扬枹兮拊鼓，（□□□兮□□）；
疏缓节兮安歌，陈竽瑟兮浩倡。
灵偃蹇兮姣服，芳菲菲兮满堂；
五音纷兮繁会，君欣欣兮乐康！

云中君

浴兰汤兮沐芳，华采衣兮若英。
灵连蜷兮既留，烂昭昭兮未央。
謇将憺兮寿宫，与日月兮齐光。
龙驾兮帝服，聊翱游兮周章。
灵皇皇兮既降，猋远举兮云中。
览冀州兮有余，横四海兮焉穷。
思夫君兮太息，极劳心兮忡忡。

湘 君

君不行兮夷犹，蹇谁留兮中洲？
美要眇兮宜修，沛吾乘兮桂舟！
令沅湘兮无波，使江水兮安流。
望夫君兮未来，吹参差兮谁思？
驾飞龙兮北征，邅吾道兮洞庭。
薜荔柏兮蕙绸，荪桡兮兰旌。
望涔阳兮极浦，横大江兮扬灵。
扬灵兮未极，女婵媛兮为余太息。
横流涕兮潺湲，隐思君兮陫侧。
桂棹兮兰枻，斲冰兮积雪。
采薜荔兮水中，搴芙蓉兮木末。
心不同兮媒劳，恩不甚兮轻绝。
石濑兮浅浅，飞龙兮翩翩。
交不忠兮怨长，期不信兮告余以不闲。
鼂驰骛兮江皋，夕弭节兮北渚。
鸟次兮屋上，水周兮堂下。
捐余玦兮江中，遗余佩兮醴浦。
采芳洲兮杜若，将以遗兮下女。
时不可兮再得，聊逍遥兮容与！

湘夫人

帝子降兮北渚，目眇眇兮愁予。
袅袅兮秋风，洞庭波兮木叶下。
登白薠兮骋望，与佳期兮夕张。
鸟何萃兮蘋中？罾何为兮木上？
沅有茝兮醴有兰，思公子兮未敢言。
荒忽兮远望，观流水兮潺湲。
麋何食兮庭中？蛟何为兮水裔？
朝驰余马兮江皋，夕济兮西澨。
闻佳人兮召予，将腾驾兮偕逝。
筑室兮水中，葺之兮荷盖。
荪壁兮紫坛，播芳椒兮成堂。
桂栋兮兰橑，辛夷楣兮药房。
罔薜荔兮为帷，擗蕙櫋兮既张。
白玉兮为镇，疏石兰兮为芳。
芷葺兮荷屋，缭之兮杜衡。
合百草兮实庭，建芳馨兮庑门。
九嶷缤兮并迎，灵之来兮如云。
捐余袂兮江中，遗余褋兮醴浦。
搴汀洲兮杜若，将以遗兮远者。
时不可兮骤得，聊逍遥兮容与。

大司命

广开兮天门，纷吾乘兮玄云。
令飘风兮先驱，使涑雨兮洒尘。
君回翔兮以下，逾空桑兮从女。
纷总总兮九州，何寿夭兮在予！

高飞兮安翔，乘清气兮御阴阳。
吾与君兮斋速，导帝之兮九坑。
灵衣兮被被，玉佩兮陆离。
壹阴兮壹阳，众莫知兮余所为。
折疏麻兮瑶华，将以遗兮离居。
老冉冉兮既极，不寖近兮愈疏。
乘龙兮辚辚，高驰兮冲天。
结桂枝兮延伫，羌愈思兮愁人。
愁人兮奈何？愿若今兮无亏。
固人命兮有当，孰离合兮可为？

少司命

秋兰兮麋芜，罗生兮堂下。
绿叶兮素枝，芳菲菲兮袭予。
夫人兮自有美子，荪何以兮愁苦？
秋兰兮青青，绿叶兮紫茎。
满堂兮美人，忽独与余兮目成。
入不言兮出不辞，乘回风兮载云旗。
悲莫悲兮生别离，乐莫乐兮新相知。
荷衣兮蕙带，倏而来兮忽而逝。
夕宿兮帝郊，君谁须兮云之际？
与女游兮九河，冲风至兮水扬波。
与女沐兮咸池，晞女发兮阳之阿。
望美人兮未来，临风怳兮浩歌。
孔盖兮翠旌，登九天兮抚彗星。
竦长剑兮拥幼艾，荪独宜兮为民正。

东 君

暾将出兮东方，照吾槛兮扶桑；
抚余马兮安驱，夜皎皎兮既明。
驾龙辀兮乘雷，载云旗兮委蛇；
长太息兮将上，心低徊兮顾怀。
羌声色兮娱人，观者憺兮忘归。
緪瑟兮交鼓，箫钟兮瑶簴；
鸣篪兮吹竽，思灵保兮贤姱；
翾飞兮翠曾，展诗兮会舞；
应律兮合节，灵之来兮蔽日。
青云衣兮白霓裳，举长矢兮射天狼；
操余弧兮反沦降，援北斗兮酌桂浆；
撰余辔兮高驰翔，杳冥冥兮以东行。

河 伯

与女游兮九河，冲风起兮横波。
乘水车兮荷盖，驾两龙兮骖螭。
登昆仑兮四望，心飞扬兮浩荡。
日将暮兮怅忘归，惟极浦兮寤怀。
鱼鳞屋兮龙堂，紫贝阙兮朱宫，
灵何为兮水中？
乘白鼋兮逐文鱼，与女游兮河之渚。
流澌纷兮将来下。
子交手兮东行，送美人兮南浦。
波滔滔兮来迎，鱼邻邻兮媵予。

山鬼

若有人兮山之阿，被薜荔兮带女罗。
既含睇兮又宜笑，子慕予兮善窈窕。
乘赤豹兮从文狸，辛夷车兮结桂旗。
被石兰兮带杜衡，折芳馨兮遗所思。
余处幽篁兮终不见天，路险难兮独后来。
表独立兮山之上，云容容兮而在下。
杳冥冥兮羌昼晦，东风飘兮神灵雨。
留灵修兮憺忘归，岁既晏兮孰华予。
采三秀兮於山间，石磊磊兮葛蔓蔓。
怨公子兮怅忘归，君思我兮不得闲。
山中人兮芳杜若，饮石泉兮荫松柏。
君思我兮然疑作。
雷填填兮雨冥冥，猿啾啾兮狖夜鸣。
风飒飒兮木萧萧，思公子兮徒离忧。

国殇

操吴戈兮被犀甲，车错毂兮短兵接。
旌蔽日兮敌若云，矢交坠兮士争先。
凌余阵兮躐余行，左骖殪兮右刃伤。
霾两轮兮絷四马，援玉枹兮击鸣鼓。
天时坠兮威灵怒，严杀尽兮弃原野。
出不入兮往不反，平原忽兮路超远。
带长剑兮挟秦弓，首身离兮心不惩。
诚既勇兮又以武，终刚强兮不可凌。
身既死兮神以灵，魂魄毅兮为鬼雄。

九　章

怀　沙

滔滔孟夏兮，草木莽莽。
伤怀永哀兮，汩徂南土。
眴兮杳杳，孔静幽默。
郁结纡轸兮，离慜而长鞠。
抚情效志兮，冤屈而自抑。
刓方以为圜兮，常度未替。
易初本迪兮，君子所鄙。
章画志墨兮，前图未改。
内厚质正兮，大人所盛。
巧倕不斵兮，孰察其拨正。
玄文处幽兮，矇瞍谓之不章。
离娄微睇兮，瞽以为无明。
变白以为黑兮，倒上以为下。
凤皇在笯兮，鸡鹜翔舞。
同糅玉石兮，一概而相量。
夫惟党人之鄙固兮，羌不知余之所臧。
任重载盛兮，陷滞而不济。
怀瑾握瑜兮，穷不知所示。
邑犬之群吠兮，吠所怪也。
非俊疑杰兮，固庸态也。
文质疏内兮，众不知余之异采。
材朴委积兮，莫知余之所有。
重仁袭义兮，谨厚以为丰。
重华不可遻兮，孰知余之从容。
古固有不并兮，岂知其何故也?
汤禹久远兮，邈而不可慕。

惩违改忿兮，抑心而自强。
离慜而不迁兮，愿志之有像。
进路北次兮，日昧昧其将暮。
舒忧娱哀兮，限之以大故。
乱曰：
浩浩沅湘，分流汩兮。
修路幽蔽，道远忽兮。
怀质抱情，独无匹兮。
伯乐既没，骥焉程兮。
民生禀命，各有所错兮。
定心广志，余何畏惧兮。
曾伤爰哀，永叹喟兮。
世溷浊莫吾知，人心不可谓兮。
知死不可让，愿勿爱兮。
明告君子，吾将以为类兮！

思美人

思美人兮，揽涕而伫眙。
媒绝路阻兮，言不可结而诒。
蹇蹇之烦冤兮，陷滞而不发。
申旦以舒中情兮，志沈菀而莫达。
愿寄言于浮云兮，遇丰隆而不将。
因归鸟而致辞兮，羌迅高而难当。
高辛之灵盛兮，遭玄鸟而致诒。
欲变节以从俗兮，愧易初而屈志。
独历年而离愍兮，羌冯心犹未化。
宁隐闵而寿考兮，何变易之可为！
知前辙之不遂兮，未改此度。
车既覆而马颠兮，蹇独怀此异路。
勒骐骥而更驾兮，造父为我操之。

迁逡次而勿驱兮，聊假日以须时。
指嶓冢之西隈兮，与纁黄以为期。
开春发岁兮，白日出之悠悠。
吾将荡志而愉乐兮，遵江夏以娱忧。
揽大薄之芳茝兮，搴长洲之宿莽。
惜吾不及古人兮，吾谁与玩此芳草？
解萹薄与杂菜兮，备以为交佩。
佩缤纷以缭转兮，遂萎绝而离异。
吾且儃佪以娱忧兮，观南人之变态。
窃快在中心兮，扬厥凭而不竢。
芳与泽其杂糅兮，羌芳华自中出。
纷郁郁其远蒸兮，满内而外扬。
情与质信可保兮，羌居蔽而闻章。
令薜荔以为理兮，惮举趾而缘木。
因芙蓉而为媒兮，惮褰裳而濡足。
登高吾不说兮，入下吾不能。
固朕形之不服兮，然容与而狐疑。
广遂前画兮，未改此度也。
命则处幽，吾将罢兮，愿及白日之未暮也。
独茕茕而南行兮，思彭咸之故也。

卜居

屈原既放，三年不得复见。竭知尽忠，而蔽鄣于谗。
心烦虑乱，不知所从。乃往见太卜郑詹尹曰：
“余有所疑，愿因先生决之。”
詹尹乃端策拂龟曰：“君将何以教之？”
屈原曰：
“吾宁悃悃款款，朴以忠乎？

将送往劳来斯无穷乎？
宁诛锄草茅以力耕乎？将游大人以成名乎？
宁正言不讳以危身乎？将从俗富贵以偷生乎？
宁超然高举以保真乎？将哫訾栗斯喔咿儒儿，
以事妇人乎？宁廉洁正直以自清乎？
将突梯滑稽，如脂如韦以絜楹乎？
宁昂昂若千里之驹乎？
将泛泛若水中之凫，与波上下，偷以全吾躯乎？
宁与骐骥亢轭乎？将随驽马之迹乎？
宁与黄鹄比翼乎？将与鸡鹜争食乎？
此孰吉孰凶？何去何从？
世溷浊而不清：蝉翼为重，千钧为轻；
黄钟毁弃，瓦釜雷鸣；
谗人高张，贤士无名。吁嗟默默兮，谁知吾之廉贞？”
詹尹乃释策而谢曰：
“夫尺有所短，寸有所长；物有所不足，智有所不明；
数有所不逮，神有所不通。用君之心，行君之意。
龟策诚不能知此事。”

渔 父

屈原既放，游于江潭，
行吟泽畔，颜色憔悴，形容枯槁。
渔父见而问之曰：“子非三闾大夫与？
何故至于斯？”
屈原曰：“举世皆浊我独清；
众人皆醉我独醒，是以见放。”
渔父曰：
“圣人不凝滞于物，而能与世推移。

世人皆浊，何不淈其泥而扬其波？
众人皆醉，何不餔其糟而歠其釃？
何故深思高举，自令放为？”
屈原曰：“吾闻之：
新沐者必弹冠，新浴者必振衣。
安能以身之察察，受物之汶汶者乎？
宁赴湘流，葬于江鱼之腹中，
安能以皓皓之白，而蒙世俗之尘埃乎？”
渔父莞尔而笑，鼓枻而去，
歌曰：“沧浪之水清兮，可以濯吾缨，
沧浪之水浊兮，可以濯吾足。”
遂去，不复与言。

大招

青春受谢，白日昭只。春气奋发，万物遽只。冥凌浃行，魂无逃只。魂魄归徕！无远遥只。

魂乎归徕！无东无西，无南无北只！东有大海，溺水浟浟只。螭龙并流，上下悠悠只。雾雨淫淫，白皓胶只。魂乎无东！汤谷寂寥只。

魂乎无南！南有炎火千里，蝮蛇蜒只。山林险隘，虎豹蜿只。鰅鳙短狐，王虺骞只。魂乎无南！蜮伤躬只。

魂乎无西！西方流沙，漭洋洋只。豕首纵目，被发鬤只。长爪踞牙，诶笑狂只。魂乎无西！多害伤只。

魂乎无北！北有寒山，逴龙赩只。代水不可涉，深不可测只。天白颢颢，寒凝凝只。魂乎无往！盈北极只。

魂魄归徕，闲以静只。自恣荆楚，安以定只。

逞志究欲，心意安只。穷身永乐，年寿延只。魂乎归徕！乐不可言只。

五谷六仞，设菰粱只，鼎臑盈望，和致芳只。内鸧鸽鹄，味豺羹只。魂乎归徕！恣所尝只。鲜蠵甘鸡，和楚酪只。醢豚苦狗，脍苴蓴只。吴酸蒿蒌，不沾薄只。魂兮归徕！恣所择只。

炙鸹烝凫，煔鹑陈只。煎鲼脽雀，遽爽存只。魂兮归徕！丽以先只。

四酎并孰，不涩嗌只。清馨冻饮，不歠役只。吴醴白蘖，和楚沥只。魂乎归徕！不遽惕只。

代秦郑卫，鸣竽张只。伏戏《驾辩》，楚《劳商》只。讴和《扬阿》，赵箫倡只。魂乎归徕！定空桑只。

二八接舞，投诗赋只。叩钟调磬，娱人乱只。四上竞气，极声变只。魂乎归徕！听歌諠只。

朱唇皓齿，嫭以姱只。比德好闲，习以都只。丰肉微骨，调以娱只。魂乎归徕！安以舒只。

嫮目宜笑，娥眉曼只。容则秀雅，稚朱颜只。魂乎归徕！静以安只。

姱修滂浩，丽以佳只。曾颊倚耳，曲眉规只。滂心绰态，姣丽绰态，姣丽施只。小腰秀颈，若鲜卑只。魂乎归徕！思怨移只。

易中利心，以动作只。粉白黛黑，施芳泽只。长袂拂面，善留客只。魂乎归徕！以娱昔只。

青色直眉，美目婳只。靥辅奇牙，宜笑嗎只。丰肉微骨，体便娟只。魂乎归徕，恣所便只。

夏屋广大，沙堂秀只。南房小坛，观绝霤只。

曲屋步壛，宜扰畜只。腾驾步游，猎春囿只。

琼毂错衡，英华假只。茝兰桂树，郁弥路只。魂乎归徕！恣志虑只。

孔雀盈园，畜鸾皇只。鹍鸿群晨，杂鹙鸧只。鸿鹄代游，曼鹔鷞只。魂乎归徕！凤皇翔只。

曼泽怡面，血气盛只。永宜厥身，保寿命只。室家盈廷，爵禄盛只。魂乎归徕！居室定只。

接径千里，山若云只。三圭重侯，听类神只。察笃夭隐，孤寡存只。魂乎归徕！正始昆只。

田邑千畛，人阜昌只。美冒众流，德泽章只。先威后文，善美明只。魂乎归徕！赏罚当只。

名声若日，照四海只。德誉配天，万民理只。北至幽陵，南交阯只；西薄羊肠，东穷海只。魂乎归徕！尚贤士只。

发政献行，禁苛暴只。举杰压陛，诛讥罢只。直赢在位，近禹麾只。豪杰执政，流泽施只。

魂乎归徕！国家为只。

雄雄赫赫，天德明只。三公穆穆，登降堂只。诸侯毕极，立九卿只。

昭质既设，大侯张只。执弓挟矢，揖辞让只。魂乎归徕！尚三王只。

风赋

楚襄王游于兰台之宫，宋玉、景差侍。有风飒然而至，王乃披襟而当之曰："快哉此风！寡人所与庶人共者邪？"宋玉对曰："此独大王之风耳，庶人安得而共之？"王曰："夫风者，天地之气，溥畅而至，不择贵贱高下而加焉。今子独以为寡人之风，岂有说乎？"宋玉对曰："臣闻于师：枳句来巢，空穴来风。其所托者然，则风气殊焉。"

王曰："夫风始安生哉？"宋玉对曰："夫风生于地，起于青蘋之末。侵淫溪谷，盛怒于土囊之口。缘泰山之阿，舞于松柏之下。飘忽淜滂，激飏熛怒。耾耾雷声，回穴错迕。蹶石伐木，梢杀林莽。至其将衰也，被丽披离，冲孔动楗。眴焕粲烂，离散转移。故其清凉雄风，则飘举升降。乘凌高城，入于深宫。邸华叶而振气，徘徊于桂椒之间，翱翔于激水之上，将击芙蓉之精。猎蕙草，离秦衡。概新夷，被荑杨。回穴冲陵，萧条众芳。然后徜徉中庭，北上玉堂，跻于罗帷，经于洞房。乃得为大王之风也。故其风中人，状直憯凄惏栗，清凉增欷。清清泠泠，愈病析酲。发明耳目，宁体便人。此所谓大王之雄风也。”

王曰：“善哉论事！夫庶人之风，岂可闻乎？”宋玉对曰：“夫庶人之风，塕然起于穷巷之间，堀堁扬尘。勃郁烦冤，冲孔袭门。动沙堁，吹死灰。骇溷浊，扬腐余。邪薄入瓮牖，至于室庐。故其风中人，状直憞溷郁邑，驱温致湿。中心惨怛，生病造热。中唇为胗，得目为蔑。啗齰嗽获，死生不卒。此所谓庶人之雌风也。”

高唐赋并序

昔者楚襄王与宋玉游于云梦之台，望高唐之观。其上独有云气，崒兮直上，忽兮改容，须臾之间，变化无穷。王问玉曰：“此何气也？”玉对曰：“所谓朝云者也。”王曰：“何谓朝云？”玉曰：“昔者先王尝游高唐，怠而昼寝，梦见一妇人曰：‘妾巫山之女也，为高唐之客。闻君游高唐，愿荐枕席。’王因幸之。去而辞曰：‘妾在巫山之阳，高丘之阻，旦为朝云，暮为行雨。朝朝暮暮，阳台之下。’旦朝视之如言。故为立庙，号曰‘朝云’。”王曰：“朝云始出，状若何也？”玉对曰：“其始出也，暊兮若松榯。其少进也，晰兮若姣姬。扬袂鄣日，而望所思。忽兮改容，偈兮若驾驷马，建羽旗。湫兮如风，凄兮如雨。风止雨霁，云无处所。”王曰：“寡人方今可以游乎？”玉曰：“可。”王曰：“其何如矣？”玉曰：“高矣显矣，临望远矣！广矣普矣，万物祖矣！上属于天，下见于渊，珍怪奇伟，不可称论。”王曰：“试为寡人赋之。”玉曰：“唯唯。”

惟高唐之大体兮，殊无物类之可仪比。巫山赫其无畴兮，道互折而曾累。登巉岩而下望兮，临大阺之稸水。遇天雨之新霁兮，观百谷之俱集。濞汹汹其无声兮，溃淡淡而并入。滂洋洋而四施兮，蓊湛湛而弗止。长风至而波起兮，若丽山之孤亩。势薄岸而相击兮，隘交引而却会。崒中怒而特高兮，若浮海而望碣。石砾礧礧而摩兮，硙震天之礚礚。巨石溺溺之瀺灂兮，沫潼潼而高厉。水澹澹而盘纡兮，洪波淫淫之溶滴。奔扬踊而相击兮，云兴声之霈霈。猛兽惊而跳骇兮，妄奔走而驰迈。虎豹豺兕，失气恐喙。雕鹗鹰鹞，飞扬伏窜，股战胁息，安敢妄挚。

于是水虫尽暴，乘渚之阳。鼋鼍鳣鲔，交积纵横。振鳞奋翼，蜲蜲蜿蜿。中阪遥望，玄木冬荣，煌煌荧荧，夺人目精。烂兮若列星，曾不可殚形。榛林郁盛，葩华覆盖。双椅垂房，纠枝还会。徙靡澹淡，随波暗蔼。东西施翼，猗狔丰沛。绿叶紫裹，丹茎白蒂。纤条悲鸣，声似竽籁。清浊相和，五变四会。感心动耳，回肠伤气。孤子寡妇，寒心酸鼻。长吏隳官，贤士失志。愁思无已，叹息垂泪。

登高远望，使人心瘁。盘岸巑岏，裖陈硙硙。磐石险峻，倾崎崖隤。岩岖参差，从横相追。陬互横牾，背穴偃蹠。交加累积，重叠增益。状若砥柱，在巫山下。仰视山巅，肃何千千，炫耀虹霓。俯视崝嵘，寥窈冥室。不见其底，虚闻松声。倾岸洋洋，立而熊经。久而不去，足尽汗出。悠悠忽忽，怊怅自失。使人心动，无故自恐。贲、育之断，不能为勇。卒愕异物，不知所出。纚纚莘莘，若生于鬼，若出于神。状似走兽，或象飞兽。谲诡奇伟，不可究陈。上至观侧，地盖底平。箕踵漫衍，芳草罗生。秋兰茝蕙，江离载菁。青荃射干，揭车苞并。薄草靡靡，联延夭夭。越香掩掩，众雀嗷嗷。雌雄相失，哀鸣相号。王雎鹂黄，正冥楚鸠，秭归思妇，垂鸡高巢。其鸣喈喈，当年遨游，更唱迭和，赴曲随流。

有方之士，羡门高溪。上成郁林，公乐聚谷。进纯牺，祷璇室。醮诸神，礼太一。传祝已具，言辞已毕。王乃乘玉舆，驷仓螭。垂旒旌，旆合谐。䌷大弦而雅声流，冽风过而增悲哀。于是调讴，令人惏悷憯凄，胁息增欷。于是乃纵猎者，基址如星。传言羽猎，衔枚无声。弓弩不发，罘罕不倾。涉漭漭，驰苹苹飞鸟未及起，走兽未及发。何节奄忽，蹄足洒血？举功先得，获车已实？

王将欲往见，必先斋戒，差时择日。简舆玄服，建云旆，霓为旌，翠为盖。风起雨止，千里而逝。盖发蒙，往自会。思万方，忧国害。开贤圣，辅不逮。九窍通郁精神察（滞），延年益寿千万岁。

大言赋

楚襄王与唐勒、景差、宋玉游于阳云之台。王曰：“能为寡人大言者，上座。”王因唏曰：“操是太阿剥一世，流血冲天，车不可以厉。”至唐勒曰：“壮士愤兮绝天维，北斗戾兮太山夷。”至景差曰：“校士猛毅皋陶嘻，大笑至兮摧覆思。锯牙云，晞甚大，吐舌万里唾一世。”至宋玉曰：“方地为车，圆天为盖，长剑耿耿倚天外。”王曰：“未可也。”玉曰：“并吞四夷，饮枯河海，跋越九州，无所容止。身大四塞，愁不可长，据地跆天，迫不得仰。”

小言赋

楚襄王既登阳云之台，令诸大夫景差、唐勒、宋玉等并造大言赋，赋毕而宋玉受赏。王曰：“此赋之迂诞则极巨伟矣，抑未备也。且一阴一阳，道之所贵；小往大来，剥复之类也。是故卑高相配而天地位；三光并照则小大备。能高而不能下，非兼通也；能粗而不能细，非妙工也。然则上坐者未足明赏贤人，有能为小言赋者，赐之云梦之田。”景差曰：“载氛埃兮乘剽尘，体轻蚊翼，形微蚤鳞，聿遑浮踊，凌云纵身，经由针孔，出入罗巾，缥缈翩绵，乍见乍泯。”唐勒曰：“析飞糠以为舆，剖粃糟以为舟。泛然投乎杯水中，淡若巨海之洪流。凭蚋眦以顾盼，附蠛蠓而遐游。宁隐微以无准，原存亡而不忧。”又曰：“馆于蝇须，宴于毫端，烹虱胫，切虮肝，会九族而同哜，犹委余而不殚。”宋玉曰：“无内之中，微物潜生，比之无象，言之无名，蒙蒙景灭，昧昧遗形，超于太虚之域，出于未兆之庭。纤于毳末之微蔑，陋于茸毛之方生。视之则渺渺，望之则冥冥，离朱为之叹闷，神明不能察其情。二子之言，磊磊皆不小，何如此之为精？”王曰：“善。”赐以云梦之田。

舞赋

楚襄王既游云梦，将置酒宴饮，谓宋玉曰："寡人欲觞群臣，何以娱之？"玉曰："臣闻《激楚》、《结风》、《阳河》之舞，材人之穷观，天下之至妙。噫！可进乎？"王曰："试为寡人赋之。"玉曰："唯，唯。"尔乃郑女出进，二八徐侍，姣服极丽，姁媮致态，貌嫽妙以妖冶，红颜晔其杨华、眉连娟以增绕，目流睇而横波。珠翠灼烁而照耀兮，华袿飞髾而杂纤罗。顾形影，自整装，顺微风，挥若芳，动朱唇，纡清扬，亢音高歌，为乐之方。其始兴也，若俯若仰，若来若往，雍容惆怅，不可为象。罗衣从风，长袖交横，骆驿飞散，飒沓合并，绰约闲靡，机迅体轻。于是合场递进，案次而俟，埒簇角妙，夸容乃理，轶态横出，瑰姿谲起，回身还入，迫于急节，纡形赴远，漼以摧折，纤谷蛾飞，缤猋若绝。体如游龙，袖如素蜺，迁延微笑，退复次列，观者称丽，莫不怡说。

文心雕龙

——南朝宋·刘勰 著

原道第一

文之为德也大矣，与天地并生者何哉？夫玄黄色杂，方圆体分；日月叠璧，以垂丽天之象；山川焕绮，以铺理地之形，此盖道之文也。仰观吐曜，俯察含章，高卑定位，故两仪既生矣。唯人参之，性灵所钟，是谓三才。为五行之秀气，实天地之心。心生而言立，言立而文明，自然之道也。

傍及万品，动植皆文：龙凤以藻绘呈瑞，虎豹以炳蔚凝姿；云霞雕色，有逾画工之妙；草木贲华，无待锦匠之奇。夫岂外饰，盖自然耳。至于林籁结响，调如竽瑟；泉石激韵，和若球锽。故形立则章成矣，声发则文生矣。夫以无识之物，郁然有彩，有心之器，其无文欤？

人文之元，肇自太极，幽赞神明，《易》象惟先。庖牺画其始，仲尼翼其终。而《乾》、《坤》两位，独制《文言》。言之文也，天地之心哉！若乃《河图》孕乎八卦，《洛书》韫乎九畴，玉版金镂之实，丹文绿牒之华，谁其尸之？亦神理而已。

自鸟迹代绳，文字始炳。炎皞遗事，纪在《三坟》，而年世渺邈，声采靡追。唐虞文章，则焕乎为盛。元首载歌，既发吟咏之志；益稷陈谟，亦垂敷奏之风。夏后氏兴，业峻鸿绩，九序惟歌，勋德弥缛。

逮及商周，文胜其质，《雅》、《颂》所被，英华日新。文王患忧，繇辞炳曜，符采复隐，精义坚深。重以公旦多材，振其徽烈，剬诗缉颂，斧藻群言。至夫子继圣，独秀前哲。熔钧六经，必金声而玉振；雕琢情性，组织辞令，木铎起而千里应，席珍流而万世响，写天地之辉光，晓生民之耳目矣。

爰自风姓，暨于孔氏，玄圣创典，素王述训，莫不原道心以敷章，研神理而设教。取象乎《河》、《洛》，问数乎蓍龟，观天文以极变，察人文以成化，然后能经纬区宇，弥纶彝宪，发辉事业，彪炳辞义。故知道沿圣以垂文，圣因文而明道，旁通而无滞，日用而不匮。《易》曰："鼓天下之动者存乎辞。"辞之所以能鼓天下者，乃道之文也。

赞曰：道心惟微，神理设教。光采玄圣，炳耀仁孝。龙图献体，龟书呈貌。天文斯观，民胥以效。

征圣第二

夫作者曰圣，述者曰明。陶铸性情，功在上哲。夫子文章，可得而闻，则圣人之情，见乎辞矣。

先王声教，布在方册；夫子风采，溢于格言。是以远称唐世，则焕乎为盛；近褒周代，则郁哉可从，此政化贵文之征也。郑伯入陈，以文辞为功；宋置折俎，以多文举礼。此事迹贵文之征也。褒美子产，则云“言以足志，文以足言”；泛论君子，则云“情欲信，辞欲巧”，此修身贵文之征也。然则志足而言文，情信而辞巧，乃含章之玉牒，秉文之金科矣。

夫鉴周日月，妙极机神；文成规矩，思合符契。或简言以达旨，或博文以该情，或明理以立体，或隐义以藏用。故《春秋》一字以褒贬，“丧服”举轻以包重，此简言以达旨也。《邠诗》联章以积句，《儒行》缛说以繁辞，此博文以该情也。书契断决以象夬，文章昭晰以象离，此明理以立体也。四象精义以曲隐，五例微辞以婉晦，此隐义以藏用也。故知繁略殊形，隐显异术，抑引随时，变通会适，征之周孔，则文有师矣。

是以子政论文，必征于圣；稚圭劝学，必宗于经。《易》称“辨物正言，断辞则备”，《书》云“辞尚体要，弗惟好异”。故知正言所以立辩，体要所以成辞；辞成无好异之尤，辩立有断辞之义。虽精义曲隐，无伤其正言；微辞婉晦，不害其体要。体要与微辞偕通，正言共精义并用，圣人之文章，亦可见也。颜阖以为：“仲尼饰羽而画，徒事华辞。”虽欲訾圣，弗可得已。然而圣文之雅丽，固衔华而佩实者也。天道难闻，犹或钻仰；文章可见，胡宁勿思？若征圣立言，则文其庶矣。

赞曰：妙极生知，睿哲惟宰。精理为文，秀气成采。鉴悬日月，辞富山海。百龄影徂，千载心在。

正纬第四

夫神道阐幽，天命微显，马龙出而大《易》兴，神龟见而《洪范》耀。故《系辞》称“河出图，洛出书，圣人则之”，斯之谓也。但世夐文隐，好生矫诞，真虽存矣，伪亦凭焉。

夫六经彪炳，而纬候稠叠；《孝》、《论》昭晰，而钩谶葳蕤。按经验纬，其伪有四。盖纬之成经，其犹织综；丝麻不杂，布帛乃成。今经正纬奇，倍摘千里，其伪一矣。经显，圣训也；纬隐，神教也。圣训谊广，神教宜约。而今纬多于经，神理更繁，其伪二矣。有命自天，乃称符谶，而八十一篇皆托于孔子，则是尧造《绿图》，昌制《丹书》，其伪三矣。商周以前，图箓频见；春秋之末，群经方备。先纬后经，体乖织综，其伪四矣。伪既倍摘，则义异自明，经足训矣，纬何豫焉？

原夫图箓之见，乃昊天休命，事以瑞圣，义非配经。故河不出图，夫子有叹，如或可造，无劳喟然。昔康王《河图》，陈于东序，故知前世符命，历代宝传。仲尼所撰，序录而已。于是伎数之士，附以诡术，或说阴阳，或序灾异，若鸟鸣似语，虫叶成字，篇条滋蔓，必假孔氏。通儒讨核，谓伪起哀平，东序秘宝，朱紫乱矣。

至于光武之世，笃信斯术。风化所靡，学者比肩，沛献集纬以通经，曹褒撰谶以定礼，乖道谬典，亦已甚矣。是以桓谭疾其虚伪，尹敏戏其深瑕，张衡发其僻谬，荀悦明其诡诞。四贤博练，论之精矣。

若乃羲、农、轩、皞之源，山渎钟律之要，白鱼赤乌之符，黄金紫玉之瑞，事丰奇伟，辞富膏腴，无益经典而有助文章。是以后来辞人，采摭英华。平子恐其迷学，奏令禁绝；仲豫惜其杂真，未许煨燔。前代配经，故详论焉。

赞曰：荣河温洛，是孕图纬。神宝藏用，理隐文贵。世历二汉，朱紫腾沸。芟夷谲诡，糅其雕蔚。

辨骚第五

自《风》、《雅》寝声，莫或抽绪，奇文郁起，其《离骚》哉！固已轩翥诗人之后，奋飞辞家之前。岂去圣之未远，而楚人之多才乎！

昔汉武爱《骚》，而淮南作传，以为“《国风》好色而不淫，《小雅》怨诽而不乱，若《离骚》者可谓兼之，蝉蜕秽浊之中，浮游尘埃之外，皭然涅而不缁，虽与日月争光可也”。班固以为露才扬己，忿怼沉江；羿浇二姚，与左氏不合；昆仑悬圃，非经义所载；然其文辞丽雅，为词赋之宗，虽非明哲，可谓妙才。王逸以为诗人提耳，屈原婉顺，《离骚》之文，依经立义；驷虬乘翳，则时乘六龙；昆仑流沙，则《禹贡》敷土；名儒辞赋，莫不拟其仪表，所谓“金相玉质，百世无匹”者也。

及汉宣嗟叹，以为皆合经术；扬雄讽味，亦言体同《诗》雅。四家举以方经，而孟坚谓不合传，褒贬任声，抑扬过实，可谓鉴而弗精，玩而未核者也。

将核其论，必征言焉。故其陈尧舜之耿介，称汤武之祗敬，典诰之体也；讥桀纣之猖披，伤羿浇之颠陨，规讽之旨也；虬龙以喻君子，云霓以譬谗邪，比兴之义也；每一顾而掩涕，叹君门之九重，忠怨之辞也。观兹四事，同于《风》、《雅》者也。

至于托云龙，说迂怪，丰隆求宓妃，鸩鸟媒娀女，诡异之辞也；康回倾地，夷羿彃日，木夫九首，土伯三目，谲怪之谈也；依彭咸之遗则，从子胥以自适，狷狭之志也；士女杂坐，乱而不分，指以为乐，娱酒不废，沉湎日夜，举以为欢，荒淫之意也。摘此四事，异乎经典者也。故论其典诰则如彼，语其夸诞则如此。固知《楚辞》者，体慢于三代，而风雅于战国，乃《雅》、《颂》之博徒，而词赋之英杰也。

观其骨鲠所树，肌肤所附，虽取熔经意，亦自铸伟辞。故《骚经》、《九章》，朗丽以哀志；《九歌》、《九辩》，绮靡以伤情；《远游》、《天问》，瑰诡而惠巧；《招魂》、《招隐》，耀艳而深华；《卜居》标放言之致，《渔父》寄独往之才。故能气往轹古，辞来切今，惊采绝艳，难与并能矣。

自《九怀》以下，遽蹑其迹；而屈宋逸步，莫之能追。故其叙情怨，则郁伊而易感；述离居，则怆怏而难怀；论山水，则循声而得貌；言节候，则披文而见时。是以枚、贾追风以入丽，马、扬沿波而得奇。其衣被词人，非一代也。

故才高者菀其鸿裁，中巧者猎其艳辞，吟讽者衔其山川，童蒙者拾其香草。若能凭轼以倚《雅》、《颂》，悬辔以驭楚篇，酌奇而不失其真，玩华而不坠其实；则顾盼可以驱辞力，咳唾可以穷文致，亦不复乞灵于长卿，假宠于子渊矣。

赞曰：不有屈原，岂见《离骚》？惊才风逸，壮志烟高。山川无极，情理实劳。金相玉式，艳溢锱毫。

明诗第六

大舜云："诗言志，歌永言。"圣谟所析，义已明矣。是以在心为志，发言为诗，舒文载实，其在兹乎？诗者，持也，持人情性；三百之蔽，义归无邪，持之为训，有符焉尔。

人禀七情，应物斯感，感物吟志，莫非自然。昔葛天氏乐辞云："《玄鸟》在曲。"黄帝《云门》，理不空绮。至尧有《大唐》之歌，舜造《南风》之诗。观其二文，辞达而已。

及大禹成功，九序惟歌；太康败德，五子咸怨。顺美匡恶，其来久矣。自商暨周，《雅》、《颂》圆备，四始彪炳，六义环深。子夏监绚素之章，子贡悟琢磨之句。故商、赐二子，可与言诗。

自王泽殄竭，风人辍采，《春秋》观志，讽诵旧章，酬酢以为宾荣，吐纳而成身文。逮楚国讽怨，则《离骚》为刺。秦皇灭典，亦造仙诗。汉初四言，韦孟首唱。匡谏之义，继轨周人。孝武爱文，《柏梁》列韵。严、马之徒，属辞无方。至成帝品录，三百余篇，朝章国采，亦云周备；而辞人遗翰，莫见五言，所以李陵、班婕妤见疑于后代也。

按《召南·行露》，始肇半章；孺子《沧浪》，亦有全曲；《暇豫》优歌，远见春秋；《邪径》童谣，近在成世：阅时取证，则五言久矣。又古诗佳丽，或称枚叔，其《孤竹》一篇，则傅毅之辞。比采而推，两汉之作乎？观其结体散文，直而不野；婉转附物，怊怅切情，实五言之冠冕也。至于张衡《怨》篇，清典可味；《仙诗》、《缓歌》，雅有新声。

暨建安之初，五言腾踊：文帝、陈思，纵辔以骋节；王、徐、应、刘，望路而争驱。并怜风月，狎池苑，述恩荣，叙酣宴，慷慨以任气，磊落以使才；造怀指事，不求纤密之巧；驱辞逐貌，惟取昭晰之能：此其所同也。

及正始明道，诗杂仙心，何晏之徒，率多浮浅。唯嵇志清峻，阮旨遥深，故能标焉。若乃应璩《百一》，独立不惧，辞谲义贞，亦魏之遗直也。

晋世群才，稍入轻绮，张、潘、左、陆，比肩诗衢，采缛于正始，力柔于建安；或讙文以为妙，或流靡以自妍。此其大略也。

江左篇制，溺乎玄风，嗤笑徇务之志，崇盛亡机之谈。袁、孙以下，虽各有雕采，而辞趣一揆，莫与争雄，所以景纯《仙篇》，挺拔而为俊矣。

宋初文咏，体有因革，庄老告退，而山水方滋。俪采百字之偶，争价一句之奇；情必极貌以写物，辞必穷力而追新。此近世之所竞也。

故铺观列代，而情变之数可鉴；撮举同异，而纲领之要可明矣。若夫四言正体，则雅润为本；五言流调，则清丽居宗。华实异用，惟才所安。故平子得其雅，叔夜含其润，茂先凝其清，景阳振其丽；兼善则子建、仲宣，偏美则太冲、公干。然诗有恒裁，思无定位，随性适分，鲜能通圆。若妙识所难，其易也将至；忽之为易，其难也方来。至于三六杂言，则出自篇什；离合之发，则明于图谶；回文所兴，则道原为始；联句共韵，则柏梁余制。巨细或殊，情理同致，总归诗囿，故不繁云。

赞曰：民生而志，咏歌所含。兴发皇世，风流《二南》。神理共契，政序相参。英华弥缛，万代永耽。

乐府第七

乐府者，“声依永，律和声”也。钧天九奏，既其上帝；葛天八阕，爰乃皇时。自《咸》、《英》以降，亦无得而论矣。至于涂山歌于“候人”，始为南音；有娀谣乎“飞燕”，始为北声；夏甲叹于东阳，东音以发；殷整思于西河，西音以兴。心声推移，亦不一概矣。

匹夫庶妇，讴吟土风，诗官采言，乐盲被律，志感丝篁，气变金石，是以师旷觇风于盛衰，季札鉴微于兴废，精之至也。

夫乐本心术，故响浃肌髓。先王慎焉，务塞淫滥。敷训胄子，必歌九德，故能情感七始，化动八风。自雅声浸微，溺音腾沸。秦燔《乐经》，汉初绍复，制氏纪其铿锵，叔孙定其容与。于是《武德》兴乎高祖，《四时》广于孝文。虽摹《韶》、《夏》，而颇袭秦旧，中和之响，阒其不还。

暨武帝崇礼，始立乐府，总赵代之音，撮齐楚之气，延年以曼声协律，朱、马以《骚》体制歌。《桂华》杂曲，丽而不经；《赤雁》群篇，靡而非典；河间荐雅而罕御，故汲黯致讥于《天马》也。至宣帝雅颂，诗效《鹿鸣》，迩及元成，稍广淫乐。正音乖俗，其难也如此！暨后汉郊庙，惟杂雅章，辞虽典文，而律非夔旷。

至于魏之三祖，气爽才丽，宰割辞调，音靡节平。观其《北上》众引，《秋风》列篇，或述酣宴，或伤羁戍，志不出于淫荡，辞不离于哀思。虽三调之正声，实《韶》、《夏》之郑曲也。

逮于晋世，则傅玄晓音，创定雅歌，以咏祖宗。张华新篇，亦充庭万。然杜夔调律，音奏舒雅，荀勖改悬，声节哀急，故阮咸讥其离声。后人验其铜尺，和乐精妙，固表里而相资矣。

故知诗为乐心，声为乐体。乐体在声，瞽师务调其器；乐心在诗，君子宜正其文。好乐无荒，晋风所以称远；伊其相谑，郑国所以云亡。故知季札观辞，不直听声而已。

若夫艳歌婉娈，怨志诀绝，淫辞在曲，正响焉生？然俗听飞驰，职竞新异，雅咏温恭，必欠伸鱼睨；奇辞切至，则拊髀雀跃。诗声俱郑，自此阶矣。

凡乐辞曰诗，诗声曰歌。声来被辞，辞繁难节。故陈思称：李延年闲于增损古辞，多者则宜减之，明贵约也。观高祖之咏《大风》，孝武之叹“来迟”，歌童被声，莫敢不协。子建、士衡，咸有佳篇，并无诏伶人，故事谢丝管，俗称乖调，盖未思也。至于斩伎鼓吹，汉世铙挽，虽戎丧殊事，而并总入乐府。缪袭所致，亦有可算焉。昔子政品文，诗与歌别，故略具乐篇，以标区界。

赞曰：八音摛文，树辞为体。讴吟坰野，金石云陛。韶响难追，郑声易启。岂唯观乐，于焉识礼。

铭箴第十一

昔帝轩刻舆几以弼违，大禹勒笋簴而招谏；成汤盘盂，著日新之规，武王户席，题必戒之训；周公慎言于金人，仲尼革容于欹器：则列圣鉴戒，其来久矣。

故铭者，名也，观器必名焉，正名审用，贵乎盛德。盖臧武仲之论铭也，曰："天子令德，诸侯计功，大夫称伐。"夏铸九牧之金鼎，周勒肃慎之楛矢，令德之事也；吕望铭功于昆吾，仲山镂绩于庸器，计功之义也；魏颗纪勋于景钟，孔悝表勤于卫鼎，称伐之类也。

若乃飞廉有石椁之锡，灵公有蒿里之谥，铭发幽石，吁可怪矣。赵灵勒迹于番吾，秦昭刻博于华山，夸诞示后，吁可笑也。详观众例，铭义见矣。

至于始皇勒岳，政暴而文泽，亦有疏通之美焉。若班固《燕然》之勒，张昶《华阴》之碣，序亦盛矣。蔡邕铭思，独冠古今。桥公之钺，吐纳典谟；朱穆之鼎，全成碑文：溺所长也。至如敬通杂器，准矱戒铭，而事非其物，繁略违中。崔骃品物，赞多戒少；李尤积篇，义俭辞碎。蓍龟神物，而居博弈之中；衡斛嘉量，而在臼杵之末，曾名品之未暇，何事理之能闲哉！魏文《九宝》，器利辞钝。唯张载《剑阁》，其才清采，迅足骎骎，后发前至，勒铭岷汉，得其宜矣。

箴者，针也，所以攻疾防患，喻针石也。斯文之兴，盛于三代。夏商二箴，余句颇存。及周之辛甲，《百官箴》一篇，体义备焉。迄至春秋，微而未绝。故魏绛讽君于后羿，楚子训民于在勤。战代以来，弃德务功，铭辞代兴，箴文委绝。至扬雄稽古，始范《虞箴》，作《卿尹》、《州牧》二十五篇。及崔、胡补缀，总称《百官》，指事配位，鞶鉴可征。信所谓追清风于前古，攀辛甲于后代者也。

至于潘勖《符节》，要而失浅；温峤《侍臣》，博而患繁；王济《国子》，引广事杂；潘尼《乘舆》，义正体芜。凡斯继作，鲜有克衷。至于王朗《杂箴》，乃置巾履，得其戒慎，而失其所施。观其约文举要，宪章《戒铭》，而水火井灶，繁辞不已，志有偏也。

夫箴诵于官，铭题于器，名目虽异，而警戒实同。箴全御过，故文资确切；铭兼褒赞，故体贵弘润。其取事也必核以辨，其摛文也必简而深，此其大要也。然矢言之道盖阙，庸器之制久沦，所以箴铭异用，罕施于（当作后）代。惟秉文君子，宜酌其远大焉。

赞曰：铭实表器，箴惟德轨。有佩于言，无鉴于水。秉兹贞厉，敬言乎履。义典则弘，文约为美。

诔碑第十二

周世盛德，有铭诔之文。大夫之材，临丧能诔。诔者，累也，累其德行，旌之不朽也。夏商以前，其详靡闻。周虽有诔，未被于士。又贱不诔贵，幼不诔长，在万乘则称天以诔之。读诔定谥，其节文大矣。自鲁庄战乘丘，始及于士。逮尼父卒，哀公作诔，观其慭遗之切，呜呼之叹，虽非睿作，古式存焉。至柳妻之诔惠子，则辞哀而韵长矣。

暨乎汉世，承流而作，扬雄之《诔元后》，文实烦秽，沙麓撮其要，而挚疑成篇。安有累德述尊，而阔略四句乎？杜笃之诔，有誉前代。《吴诔》虽工，而他篇颇疏，岂以见称光武而改盼千金哉！傅毅所制，文体伦序；孝山崔瑗，辨絜相参。观其序事如传，辞靡律调，固诔之才也。

潘岳构意，专师孝山，巧于序悲，易入新切。所以隔代相望，能征厥声者也。至如崔骃诔赵，刘陶诔黄，并得宪章，工在简要。陈思叨名，而体实繁缓，《文皇诔》末，百言自陈，其乖甚矣。若夫殷臣诔汤，追褒玄鸟之祚；周史歌文，上阐后稷之烈。诔述祖宗，盖诗人之则也。

至于序述哀情，则触类而长。傅毅之《诔北海》，云："白日幽光，氛雾杳冥。"始序致感，遂为后式。景而效者，弥取于工矣。

详夫诔之为制，盖选言录行，传体而颂文，荣始而哀终。论其人也，暧乎若可觌；道其哀也，凄焉如可伤。此其旨也。

碑者，埤也。上古帝皇，纪号封禅，树石埤岳，故曰碑也。周穆纪迹于弇山之石，亦古碑之意也。又宗庙有碑，树之两楹，事止丽牲，未勒勋绩。而庸器渐缺，故后代用碑，以石代金，同乎不朽。自庙徂坟，犹封墓也。

自后汉以来，碑碣云起，才锋所断，莫高蔡邕。观杨赐之碑，骨鲠训典；陈、郭二文，词无择言。周胡众碑，莫非清允。其叙事也该而要，其缀采也雅而泽；清词转而不穷，巧义出而卓立；察其为才，自然而至。孔融所创，有慕伯喈。张、陈两文，辨给足采，亦其亚也。及孙绰为文，志在碑诔。温、王、郄、庾，辞多枝杂。《桓彝》一篇，最为辨裁。

夫属碑之体，资乎史才，其序则传，其文则铭。标序盛德，必见清风之华；昭纪鸿懿，必见峻伟之烈。此碑之制也。夫碑实铭器，铭实碑文。因器立名，事光（当作先）于诔。是以勒石赞勋者，入铭之域；树碑述已者，同诔之区焉。

赞曰：写实追虚，碑诔以立。铭德慕行，文采允集。观风似面，听辞如泣。石墨镌华，颓影岂忒？

哀吊第十三

赋宪之谥，短折曰哀。哀者，依也。悲实依心，故曰哀也。以辞遣哀，盖下流之悼，故不在黄发，必施夭昏。昔三良殉秦，百夫莫赎，事均夭横，《黄鸟》赋哀，抑亦诗人之哀辞乎？

暨汉武封禅，而霍子侯暴亡，帝伤而作诗，亦哀辞之类矣。及后汉汝阳主亡，崔瑗哀辞，始变前式。然“履突鬼门”，怪而不辞；“驾龙乘云”，仙而不哀，又卒章五言，颇似歌谣，亦仿佛乎汉武也。

至于苏慎、张升，并述哀文，虽发其情华，而未极心实。建安哀辞，惟伟长差善，《行女》一篇，时有恻怛。及潘岳继作，实踵其美。观其虑善辞变，情洞悲苦，叙事如传，结言摹《诗》，促节四言，鲜有缓句。故能义直而文婉，体旧而趣新，《金鹿》、《泽兰》，莫之或继也。

原夫哀辞大体，情主于痛伤，而辞穷乎爱惜。幼未成德，故誉止于察惠；弱不胜务，故悼加乎肤色。隐心而结文则事惬，观文而属心则体奢。奢体为辞，则虽丽不哀；必使情往会悲，文来引泣，乃其贵耳。

吊者，至也。《诗》云：“神之吊矣。”言神之至也。君子令终定谥，事极理哀，故宾之慰主，以至到为言也。压溺乖道，所以不吊矣。又宋水、郑火，行人奉辞，国灾民亡，故同吊也。及晋筑虒台，齐袭燕城，史赵、苏秦，翻贺为吊，虐民构敌，亦亡之道。凡斯之例，吊之所设也。或骄贵而殒身，或狷忿以乖道，或有志而无时，或美才而兼累，追而慰之，并名为吊。

自贾谊浮湘，发愤吊屈，体同而事核，辞清而理哀，盖首出之作也。及相如之吊二世，全为赋体。桓谭以为其言恻怆，读者叹息；及平章要切，断而能悲也。扬雄吊屈，思积功寡，意深反《骚》，故辞韵沉膇。班彪、蔡邕，并敏于致诘，然影附贾氏，难为并驱耳。胡、阮之吊夷齐，褒而无间峕；仲宣所制，讥呵实工。然则胡、阮嘉其清，王子伤其隘，各其志也。祢衡之吊平子，缛丽而轻清；陆机之吊魏武，序巧而文繁。降斯以下，未有可称者矣。

夫吊虽古义，而华辞未造；华过韵缓，则化而为赋。固宜正义以绳理，昭德而塞违，割析褒贬，哀而有正，则无夺伦矣。

赞曰：辞定所表，在彼弱弄。苗而不秀，自古斯恸。虽有通才，迷方告控。千载可伤，寓言以送。

杂文第十四

智术之子，博雅之人，藻溢于辞，辞盈乎气。苑囿文情，故日新殊致。宋玉含才，颇亦负俗，始造对问，以申其志，放怀寥廓，气实使之。及枚乘摛艳，首制《七发》，腴辞云构，夸丽风骇。盖七窍所发，发乎嗜欲，始邪末正，所以戒膏粱之子也。扬雄覃思文阁，业深综述，碎文琐语，肇为连珠，其辞虽小而明润矣。凡此三者，文章之枝派，暇豫之末造也。

自对问以后，东方朔效而广之，名为《客难》，托古慰志，疏而有辨。扬雄《解嘲》，杂以谐谑，回环自释，颇亦为工。班固《宾戏》，含懿采之华；崔骃《达旨》，吐典言之裁；张衡《应间》，密而兼雅；崔实《客讥》，整而微质；蔡邕《释诲》，体奥而文炳；景纯《客傲》，情见而采蔚。虽迭相祖述，然属篇之高者也。

至于陈思《客问》，辞高而理疏；庾敳《客咨》，意荣而文悴。斯类甚众，无所取裁矣。原兹文之设，乃发愤以表志。身挫凭乎道胜，时屯寄于情泰，莫不渊岳其心，麟凤其采。此立本之大要也。

自《七发》以下，作者继踵，观枚氏首唱，信独拔而伟丽矣。及傅毅《七激》，会清要之工；崔骃《七依》，入博雅之巧；张衡《七辨》，结采绵靡；崔瑗《七厉》，植义纯正；陈思《七启》，取美于宏壮；仲宣《七释》，致辨于事理。自桓麟《七说》以下，左思《七讽》以上，枝附影从，十有余家，或文丽而义暌，或理粹而辞驳。观其大抵所归，莫不高谈宫馆，壮语畋猎，穷瑰奇之服馔，极蛊媚之声色；甘意摇骨体（当作髓），艳辞动魂识。虽始之以淫侈，而终之以居正，然讽一劝百，势不自反。子云所谓"先骋郑卫之声，曲终而奏雅"者也。唯《七厉》叙贤，归以儒道，虽文非拔群，而意实卓尔矣。

自《连珠》以下，拟者间出。杜笃、贾逵之曹，刘珍、潘勖之辈，欲穿明珠，多贯鱼目。可谓寿陵匍匐，非复邯郸之步；里丑捧心，不关西施之颦矣。唯士衡运思，理新文敏，而裁章置句，广于旧篇，岂慕朱仲四寸之珰乎？夫文小易周，思闲可赡。足使义明而词净，事圆而音泽，磊磊自转，可称珠耳！

详夫汉来杂文，名号多品，或典、诰、誓、问，或览、略、篇、章，或曲、操、弄、引，或吟、讽、谣、咏。总括其名，并归杂文之区；甄别其义，各入讨论之域。类聚有贯，故不曲述。

赞曰：伟矣前修，学坚多饱。负文余力，飞靡弄巧。枝辞攒映，嘒若参昴。慕颦之心，于焉祇搅。

谐隐第十五

芮良夫之诗云："自有肺肠，俾民卒狂。"夫心险如山，口壅若川，怨怒之情不一，欢谑之言无方。昔华元弃甲，城者发"睅目"之讴；臧纥丧师，国人造"侏儒"之歌。并嗤戏形貌，内怨为俳也。又"蚕蟹"鄙谚，"狸首"淫哇，苟可箴戒，载于礼典。故知谐辞隐言，亦无弃矣。

谐之言皆也，辞浅会俗，皆悦笑也。昔齐威酣乐，而淳于说甘酒；楚襄宴集，而宋玉赋好色：意在微讽，有足观者。及优旃之讽漆城，优孟之谏葬马，并谲辞饰说，抑止昏暴。是以子长编史，列传滑稽，以其辞虽倾回，意归义正也。但本体不雅，其流易弊。于是东方、枚皋，餔糟啜醨，无所匡正，而诋嫚媟弄，故其自称"为赋，乃亦俳也。见视如倡"，亦有悔矣。

至魏文因俳说以著《笑书》，薛综凭宴会而发嘲调，虽抃推席，而无益时用矣。然而懿文之士，未免枉辔；潘岳《丑妇》之属，束皙《卖饼》之类，尤而效之，盖以百数。魏晋滑稽，盛相驱扇，遂乃应瑒之鼻，方于盗削卵；张华之形，比乎握舂杵。曾是莠言，有亏德音，岂非溺者之妄笑，胥靡之狂歌欤？

讔者，隐也，遁辞以隐意，谲譬以指事也。昔还社求拯于楚师，喻智井而称麦麴；叔仪乞粮于鲁人，歌佩玉而呼庚癸；伍举刺荆王以大鸟，齐客讥薛公以海鱼；庄姬托辞于龙尾，臧文谬书于羊裘：

隐语之用，被于纪传。大者兴治济身，其次弼违晓惑。盖意生于权谲，而事出于机急，与夫谐辞，可相表里者也。

汉世《隐书》十有八篇，歆、固编文，录之歌末。昔楚庄、齐威，性好隐语。至东方曼倩，尤巧辞述。但谬辞诋戏，无益规补。自魏代以来，颇非俳优，而君子嘲隐，化为谜语。谜也者，回互其辞，使昏迷也。或体目文字，或图象品物，纤巧以弄思，浅察以衒辞，义欲婉而正，辞欲隐而显。荀卿《蚕赋》，已兆其体；至魏文、陈思，约而密之；高贵乡公，博举品物，虽有小巧，用乖远大。

夫观古之为隐，理周要务，岂为童稚之戏谑，搏髀而抃笑哉？然文辞之有谐隐，譬九流之有小说，盖稗官所采，以广视听。若效而不已，则髡袒而入室，旃孟之石交乎？

赞曰：古之嘲隐，振危释惫。虽有丝麻，无弃菅蒯。会义适时，颇益讽诫。空戏滑稽，德音大坏。

史传第十六

开辟草昧，岁纪绵邈，居今识古，其载籍乎！轩辕之世，史有苍颉，主文之职，其来久矣。《曲礼》曰："史载笔，左右。"史者，使也；执笔左右，使之记也。古者，左史记事者，右史记言者（应为"左史记言，右史记事"）。言经则《尚书》，事经则《春秋》。唐虞流于典谟，商夏被于诰誓。自周命维新，姬公定法，䌷三正以班历，贯四时以联事，诸侯建邦，各有国史，彰善瘅恶，树之风声。

自平王微弱，政不及雅，宪章散紊，彝伦攸斁。昔者夫子闵王道之缺，伤斯文之坠，静居以叹凤，临衢而泣麟。于是就太师以正《雅》、《颂》，因鲁史以修《春秋》，举得失以表黜陟，征存亡以标劝戒；褒见一字，贵逾轩冕；贬在片言，诛深斧钺。然睿旨存亡幽隐，经文婉约。丘明同时，实得微言，乃原始要终，创为传体。传者，转也。转受经旨，以授于后，实圣文之羽翮，记籍之冠冕也。

及至纵横之世，史职犹存。秦并七王，而战国有策。盖录而弗叙，故即简而为名也。汉灭嬴项，武功积年，陆贾稽古，作《楚汉春秋》。爰及太史谈，世惟执简；子长继志，甄序帝绩。比尧称典，则位杂中贤；法孔题经，则文非玄圣。故取式《吕览》，通号曰纪，纪纲之号，亦宏称也。故本纪以述皇王，列传以总侯伯，八书以铺政体，十表以谱年爵，虽殊古式，而得事序焉。尔其实录无隐之旨，博雅弘辩之才，爱奇反经之尤，条例踳落之失，叔皮论之详矣。

及班固述汉，因循前业。观司马迁之辞，思实过半。其十志该富，赞序弘丽，儒雅彬彬，信有遗味。至于宗经矩圣之典，端绪丰赡之功，遗亲攘美之罪，征贿鬻笔之愆，公理辨之究矣。观夫左氏缀事，附经间出，于文为约，而氏族难明。及史迁各传，人始区详而易览，述者宗焉。

及孝惠委机，吕后摄政，班、史立纪，违经失实。何则？庖牺以来，未闻女帝者也。汉运所值，难为后法。牝鸡无晨，武王首誓；妇无与国，齐桓著盟。宣后乱秦，吕氏危汉，岂唯政事难假，亦名号宜慎矣。张衡司史，而惑同迁、固，元平二后，欲为立纪，谬亦甚矣。寻子弘虽伪，要当孝惠之嗣；孺子诚微，实继平帝之体。二子可纪，何有于二后哉？

至于后汉纪传，发源东观。袁、张所制，偏驳不伦；薛、谢之作，疏谬少信。若司马彪之详实，华峤之准当，则其冠也。及魏代三雄，记传互出。《阳秋》、《魏略》之属，《江表》、《吴录》之类，或激抗难征，或疏阔寡要，唯陈寿三志，文质辨洽，荀、张比之于迁、固，非妄誉也。

至于晋代之书，繁乎著作。陆机肇始而未备，王韶续末而不终；干宝述纪，以审正得序；孙盛《阳秋》，以约举为能。按《春秋》经传，举例发凡，自《史》、《汉》以下，莫有准的。至邓璨《晋纪》，始立条例，又摆落汉魏，宪章殷周，虽湘川曲学，亦有心典谟。及安国立例，乃邓氏之规焉。

原夫载籍之作也，必贯乎百氏，被之千载，表征盛衰，殷鉴兴废，使一代之制，共日月而长存；王霸之迹，并天地而久大。是以在汉之初，史职为盛，郡国文计，先集太史之府，欲其详悉于体国也；阅石室，启金匮，抽裂帛，检残竹，欲其博练于稽古也。是立义选言，宜依经以树则；劝戒与夺，必附圣以居宗；然后诠评昭整，苛滥不作矣。然纪传为式，编年缀事，文非泛论，按实而书，岁远则同异难密，事积则起讫易疏，斯固总会之为难也。或有同归一事，而数人分功，两纪则失于复重，偏举则病于不周，此又铨配之未易也。故张衡摘史班之舛滥，傅玄讥《后汉》之尤烦，皆此类也。

若夫追述远代，代远多伪。公羊高云“传闻异辞”，荀况称“录远略近”，盖文疑则阙，贵信史也。然俗皆爱奇，莫顾实理。传闻而欲伟其事，录远而欲详其迹。于是弃同即异，穿凿傍说，旧史所无，我书则传，此讹滥之本源，而述远之巨蠹也。

至于记编同时，时同多诡，虽定哀微辞，而世情利害。勋荣之家，虽庸夫而尽饰；迍败之士，虽令德而嗤埋。吹霜煦露，寒暑笔端，此又同时之枉，可为叹息者也。故述远则诬矫如彼，记近则回邪如此。析理居正，唯素心乎！

若乃尊贤隐讳，固尼父之圣旨，盖纤瑕不能玷瑾瑜也；奸慝惩戒，实良史之直笔，农夫见莠，其必锄也。若斯之科，亦万代一准焉。至于寻繁领杂之术，务信弃奇之要，明白头讫之序，品酌事例之条，晓其大纲，则众理可贯。然史之为任，乃弥纶一代，负海内之责，而赢是非之尤。秉笔荷担，莫此之劳。迁、固通矣，而历诋后世。若任情失正，文其殆哉！

赞曰：史肇轩黄，体备周孔。世历斯编，善恶偕总。腾褒裁贬，万古魂动。辞宗丘明，直归南董。

诸子第十七

诸子者，入道见志之书。太上立德，其次立言。百姓之群居，苦纷杂而莫显；君子之处世，疾名德之不章。唯英才特达，则炳曜垂文，腾其姓氏，悬诸日月焉。昔风后、力牧、伊尹，咸其流也。篇述者，盖上古遗语，而战代所记者也。至鬻熊知道，而文王谘询，余文遗事，录为《鬻子》。子自肇始，莫先于兹。及伯阳识礼，而仲尼访问，爰序《道德》，以冠百氏。然则鬻惟文友，李实孔师，圣贤并世，而经子异流矣。

逮及七国力政，俊乂蜂起。孟轲膺儒以磬折，庄周述道以翱翔；墨翟执俭确之教，尹文课名实之符；野老治国于地利，驺子养政于天文；申、商刀锯以制理，鬼谷唇吻以策勋，尸佼兼总于杂术，青史曲缀以街谈。承流而枝附者，不可胜算。并飞辩以驰述，餍禄而余荣矣。

暨于暴秦烈火，势炎昆冈，而烟燎之毒，不及诸子。逮汉成留思，子政雠校，于是《七略》芬菲，九流鳞萃，杀青所编，百有八十余家矣。

迄至魏晋，作者间出，谰言兼存，琐语必录，类聚而求，亦充箱照轸矣。然繁辞虽积，而本体易总，述道言治，枝条《五经》。其纯粹者入矩，踳驳者出规。《礼记·月令》，取乎吕氏之纪；三年问丧，写乎《荀子》之书，此纯粹之类也。若乃汤之问棘，云蚊睫有雷霆之声；惠施对梁王，云蜗角有伏尸之战；《列子》有移山跨海之谈，《淮南》有倾天折地之说，此踳驳之类也。是以世疾诸子混洞虚诞。

按《归藏》之经，大明迂怪。乃称羿毙十日，嫦娥奔月。殷汤如兹，况诸子乎？至如商、韩，六虱五蠹，弃教废仁，轘药之祸，非虚至也。公孙之白马孤犊，辞巧理拙，魏牟比之鸮鸟，非妄贬也。昔东平求诸子、《史记》，而汉朝不与，盖以《史记》多兵谋，而诸子杂诡术也。然洽闻之士，宜撮纲要，览华而食实，弃邪而采正，极睇参差，亦学家之壮观也。

研夫孟、荀所述，理懿而辞雅；管、晏属篇，事核而言练；列御寇之书，气伟而采奇；邹子之说，心奢而辞壮；墨翟、随巢，意显而语质；尸佼、尉缭，术通而文钝；鹖冠绵绵，亟发深言；鬼谷渺渺，每环奥义。情辨以泽，文子擅其能；辞约而精，尹文得其要。慎到析密理之巧，韩非著博喻之富；吕氏鉴远而体周，淮南泛采而文丽。斯则得百氏之华采，而辞气之大略也。

若夫陆贾《新语》、贾谊《新书》、扬雄《法言》、刘向《说苑》、王符《潜夫》、崔寔《政论》、仲长《昌言》、杜夷《幽求》，咸叙经典，或明政术，虽标论名，归乎诸子。何者？博明万事为子，适辨一理为论。彼皆蔓延杂说，故入诸子之流。

夫自六国以前，去圣未远，故能越世高谈，自开户牖。两汉以后，体势浸弱，虽明乎坦途，而类多依采。此远近之渐变也。嗟乎！身与时舛，志共道申。标心于万古之上，而送怀于千载之下，金石靡矣，声其销乎？

赞曰：大夫处世，怀宝挺秀；辨雕万物，智周宇宙。立德何隐，含道必授。条流殊述，若有区囿。

论说第十八

圣哲彝训曰经，述经叙理曰论。论者，伦也。伦理无爽，则圣意不坠。昔仲尼微言，门人追记，故仰其经目，称为《论语》。盖群论立名，始于兹矣。

自《论语》以前，经无论字。《六韬》二论，后人追题乎！详观论体，条流多品：陈政，则与议说合契；释经，则与传注参体；辨史，则与赞评齐行；铨文，则与叙引共纪。故议者宜言，说者说语，传者转师，注者主解，赞者明意，评者平理，序者次事，引者胤辞。八名区分，一揆宗论。论也者，弥纶群言，而研精一理者也。

是以庄周《齐物》，以论为名；不韦《春秋》，六论昭列。至石渠论艺，白虎通讲聚，述圣言通经，论家之正体也。及班彪《王命》，严尤《三将》，敷述昭情，善入史体。魏之初霸，术兼名法，傅嘏、王粲，校练名理。迄至正始，务欲守文，何晏之徒，始盛玄论。于是聃、周当路，与尼父争途矣。详观兰石之《才性》，仲宣之《去伐》，叔夜之《辨声》，太初之《本玄》，辅嗣之“两例”，平叔之“二论”，并师心独见，锋颖精密，盖论之英也。至如李康《运命》，同《论衡》而过之；陆机《辨亡》，效《过秦》而不及：然亦其美矣。

次及宋岱、郭象，锐思于几神之区；夷甫、裴頠，交辨于有无之域，并独步当时，流声后代。然滞有者，全系于形用；贵无者，专守于寂寥；徒锐偏解，莫诣正理；动极神源，其般若之绝境乎！逮江左群谈，唯玄是务；虽有日新，而多抽前绪矣。

至如张衡《讥世》，韵似俳说；孔融《孝廉》，但谈嘲戏；曹植《辩道》，体同书抄：言不持正，论如其已。

原夫论之为体，所以辩正然否，穷于有数，究于无形，迹坚求通，钩深取极；乃百虑之筌蹄，万事之权衡也。故其义贵圆通，辞忌枝碎，必使心与理合，弥缝莫见其隙；辞共心密，敌人不知所乘：斯其要也。是以论如析薪，贵能破理，斤利者越理而横断，辞辩者反义而取通：览文虽巧，而检迹如妄。唯君子能通天下之志，安可以曲论哉！

若夫注释为词，解散论体，杂文虽异，总会是同。若秦延君之注《尧典》，十余万字；朱普之解《尚书》，三十万言：所以通人恶烦，羞学章句。若毛公之训《诗》，安国之传《书》，郑君之释《礼》，王弼之解《易》，要约明畅，可为式矣。

说者，悦也，兑为口舌，故言咨悦怿。过悦必伪，故舜惊谗说。说之善者，伊尹以论味隆殷，太公以辨钓兴周。及烛武行而纾郑，端木出而存鲁，亦其美也。

暨战国争雄，辩士云涌，从横参谋，长短角势，转丸骋其巧辞，飞钳伏其精术。一人之辩，重于九鼎之宝；三寸之舌，强于百万之师。六印磊落以佩，五都隐赈而封。至汉定秦楚，辩士弭节，郦君既毙于齐镬，蒯子几入乎汉鼎；虽复陆贾籍甚，张释附会，杜钦文辩，楼护唇舌，颉颃万乘之阶，抵嘘公卿之席，并顺风以托势，莫能逆波而泝洄矣。

夫说贵抚会，弛张相随，不专缓颊，亦在刀笔。范雎之言事，李斯之止逐客，并顺情入机，动言中务，虽批逆鳞，而功成计合，此上书之善说也。至于邹阳之说吴、梁，喻巧而理至，故虽危而无咎矣。敬通之说鲍、邓，事缓而文繁，所以历骋而罕遇也。

凡说之枢要，必使时利而义贞，进有契于成务，退无阻于荣身。自非谲敌，则唯忠与信。披肝胆以献主，飞文敏以济辞，此说之本也。而陆氏直称“说炜晔以谲诳”，何哉？

赞曰：理形于言，叙理成论。词深人天，至远方寸。阴阳莫忒，鬼神靡遁。说尔飞钳，呼吸沮劝。

诏策第十九

皇帝御宇，其言也神。渊嘿黼扆，而响盈四表，惟诏策乎？昔轩辕、唐虞，同称为“命”。“命”之为义，制性之本也。其在三代，事兼诰誓。誓以训戎，诰以敷政。命喻自天，故授官锡胤。《易》之《姤》象：“后以施命诰四方。”诰命动民，若天下之有风矣。

降及七国，并称曰命。命者，使也。秦并天下，改命曰制。汉初定仪则，则命有四品：一曰策书，二曰制书，三曰诏书，四曰戒敕。敕戒州部，诏诰百官，制施赦命，册封王侯。策者，简也。制者，裁也。诏者，告也。敕者，正也。《诗》云“畏此简书”，《易》称“君子以制数度”，《礼》称“明君之诏”，《书》称“敕天之命”，并本经典以立名目。远诏近命，习秦制也。

《记》称“丝纶”，所以应接群后。虞重纳言，周贵喉舌。故两汉诏诰，职在尚书。王言之大，动入史策，其出如綍，不反若汗。是以淮南有英才，武帝使相如视草；陇右多文士，光武加意于书辞。岂直取美当时，亦敬慎来叶矣。

观文、景以前，诏体浮杂，武帝崇儒，选言弘奥。册封三王，文同训典；劝诫渊雅，垂范后代；及制诰严助，即云厌承明庐，盖宠才之恩也。孝宣玺书，责博于陈遂，亦故旧之厚也。逮光武拨乱，留意斯文，而造次喜怒，时或偏滥。诏赐邓禹，称司徒为尧；敕责侯霸，称黄钺一下。若斯之类，实乖宪章。暨明、章崇学，雅诏间出。安、和政弛，礼阁鲜才，每为诏敕，假手外请。

建安之末，文理代兴，潘勖九锡，典雅逸群；卫凯禅诰，符命炳耀，弗可加已。自魏晋诰策，职在中书，刘放、张华，互管斯任，施命发号，洋洋盈耳。魏文帝下诏，辞义多伟，至于“作威作福”，其万虑之一弊乎？晋氏中兴，惟明帝崇才，以温峤文清，故引入中书。自斯以后，体宪风流矣！

夫王言崇秘，大观在上，所以百辟其刑，万邦作孚。故授官选贤，则义炳重离之辉；优文封策，则气含风雨之润；敕戒恒诰，则笔吐星汉之华；治戎燮伐，则声有洊雷之威；眚灾肆赦，则文有春露之滋；明罚敕法，则辞有秋霜之烈：此诏策之大略也。

戒敕为文，实诏之切者，周穆命郊父受敕宪，此其事也。魏武称作敕戒，当指事而语，勿得依违，晓治要矣。及晋武敕戒，备告百官：敕都督以兵要，戒州牧以董司，警郡守以恤隐，勒牙门以御卫，有训典焉。

戒者，慎也。禹称“戒之用休”。君父至尊，在三同极。汉高祖之《敕太子》，东方朔之《戒子》，亦顾命之作也。及马援以下，各贻家戒。班姬《女戒》，足称母师也。

教者，效也，出言而民效也。契敷五教，故王侯称教。昔郑弘之守南阳，条教为后所述，乃事绪明也；孔融之守北海，文教丽而罕施，乃治体乖也。若诸葛孔明之详约，庾稚恭之明断，并理得而辞中，教之善也。

自教以下，则又有命。《诗》云“有命在天”，明命为重也。《周礼》曰“师氏诏王”，明诏为轻也。今诏重而命轻者，古今之变也。

赞曰：皇王施令，寅严宗诰。我有丝言，兆民伊好。辉音峻举，鸿风远蹈。腾义飞辞，涣其大号。

檄移第二十

震雷始于曜电，出师先乎威声。故观电而惧雷壮，听声而惧兵威。兵先乎声，其来已久。昔有虞始戒于国，夏后初誓于军，殷誓军门之外，周将交刃而誓之。故知帝世戒兵，三王誓师，宣训我众，未及敌人也。至周穆西征，祭公谋父称“古有威让之令，令有文告之辞”，即檄之本源也。

及春秋征伐，自诸侯出，惧敌弗服，故兵出须名，振此威风，暴彼昏乱，刘献公之所谓“告之以文辞，董之以武师”者也。齐桓征楚，诘菁茅之阙；晋厉伐秦，责箕部之焚。管仲、吕相，奉辞先路，详其意义，即今之檄文。

暨乎战国，始称为檄。檄者，皦也，宣露于外，皦然明白也。张仪《檄楚》，书以尺二。明白之文，或称露布。露布者，盖露板不封，布诸视听也。

夫兵以定乱，莫敢自专。天子亲戎，则称恭行天罚，诸侯御师，则云肃将王诛。故分阃推毂，奉辞伐罪，非唯致果为毅，亦且厉辞为武。使声如冲风所击，气似欃枪所扫，奋其武威，总其罪人，惩其恶稔之时，显其贯盈之数，摇奸宄之胆，订信顺之心；使百尺之冲，摧折于咫书，万雉之城，颠坠于一檄者也。

观隗嚣之檄亡新，布其三逆，文不雕饰，而辞切事明。陇右文士，得檄之体矣。陈琳之檄豫州，壮有骨鲠，虽奸阉携养，章密太甚，发丘摸金，诬过其虐；然抗辞书衅，皦然露骨矣。敢指曹公之锋，幸哉免袁党之戮也。钟会檄蜀，征验甚明；桓温檄胡，观衅尤切：并壮笔也。

凡檄之大体，或述此休明，或叙彼苛虐，指天时，审人事，算强弱，角权势，标蓍龟于前验，悬鞶鉴于已然。虽本国信，实参兵诈。谲诡以驰旨，炜晔以腾说。凡此众条，莫或违之者也。故其植义扬辞，务在刚健。插羽以示迅，不可使辞缓，露板以宣众，不可使义隐。必事昭而理辨，气盛而辞断；此其要也。若曲趣密巧，无所取才矣。又州郡征吏，亦称为檄，固明举之义也。

移者，易也，移风易俗，令往而民随者也。相如之《难蜀老》，文晓而喻博，有移檄之骨焉。及刘歆之《移太常》，辞刚而义辨，文移之首也。陆机之《移百官》，言约而事显，武移之要者也。故檄移为用，事兼文武，其在金革，则逆党用檄，顺命资移，所以洗濯民心，坚同符契。意用小异，而体义大同。与檄参伍，故不重论也。

赞曰：三驱驰纲，九伐先话。鞶鉴吉凶，蓍龟成败。摧压鲸鲵，抵落蜂虿。移实易俗，草偃风迈。

封禅第二十一

夫正位北辰，向明南面，所以运天枢，毓黎献者，何尝不经道纬德，以勒皇绩者哉！《绿图》曰："潬潬嗃嗃、棼棼雉雉，万物尽化。"言至德所被也。《丹书》曰："义胜欲则从，欲胜义则凶。"言戒慎之至也。则戒慎以崇其德，至德以凝其化，七十有二君，所以封禅矣！

昔黄帝神灵，克膺鸿瑞，勒功乔岳，铸鼎荆山。大舜巡岳，显乎《虞典》。成康封禅，闻之《乐纬》。及齐桓之霸，爰窥王迹，夷吾谲谏，拒以怪物。固知玉牒金镂，专在帝皇也。然而西鹣东鲽，南茅北黍，空谈非征，勋德而已。是史迁八书，明述封禅者，固禋祀之殊礼，铭号之秘祝，祀天之壮观矣。

秦皇铭岱，文自李斯，法家辞气，体乏弘润，然疏而能壮，亦彼时之绝采也。铺观两汉隆盛，孝武禅号于肃然，光武巡封于梁父，诵德铭勋，乃鸿笔耳。观相如《封禅》，蔚为唱首，尔其表权舆，序皇王，炳玄符，镜鸿业，驱前古于当今之下，腾休明于列圣之上，歌之以祯瑞，赞之以介丘，绝笔兹文，固维新之作也。及光武勒碑，则文自张纯，首胤典谟，末同祝辞，引《钩讖》，叙离乱，计武功，述文德，事核理举，华不足而实有余矣。凡此二家，并岱宗实迹也。

及扬雄《剧秦》，班固《典引》，事非镌石，而体因纪禅。观《剧秦》为文，影写长卿，诡言遁辞，故兼包神怪。然骨掣靡密，辞贯圆通，自称极思，无遗力矣！《典引》所叙，雅有懿采，历鉴前作，能执厥中，其致义会文，斐然余巧。故称《封禅》靡而不典，《剧秦》典而不实。岂非追观易为明，循势易为力欤！

至于邯郸《受命》，攀响前声，风末力寡，辑韵成颂，虽文理颇序，而不能奋飞。陈思《魏德》，假论客主，问答迂缓，且已千言，劳深绩寡，飙焰缺焉。

兹文为用，盖一代之典章也。构位之始，宜明大体，树骨于训典之区，选言于宏富之路，使意古而不晦于深，文今而不坠于浅，义吐光芒，辞成廉锷，则为伟矣。虽复道极数殚，终然相袭，而日新其采者，必超前辙焉。

赞曰：封勒帝绩，对越天休。逖听高岳，声英克彪。树石九旻，泥金八幽。鸿律蟠采，如龙如虬。

章表第二十二

夫设官分职，高卑联事。天子垂珠以听，诸侯鸣玉以朝。敷奏以言，明试以功。故尧咨四岳，舜命八元，固辞再让之请，“俞往钦哉”之授，并陈辞帝庭，匪假书翰。然则敷奏以言，则章表之义也；明试以功，即授爵之典也。

至太甲既立，伊尹书诫。思庸归亳，又作书以赞。文翰献替，事斯见矣。周监二代，文理弥盛，再拜稽首，对扬休命，承文受册，敢当丕显，虽言笔未分，而陈谢可见。

降及七国，未变古式，言事于王，皆称“上书”。秦初定制，改书曰奏。汉定礼仪，则有四品：一曰章，二曰奏，三曰表，四曰议。章以谢恩，奏以按劾，表以陈情，议以执异。章者，明也。《诗》云：“为章于天。”谓文明也。其在文物，赤白曰章。表者，标也。《礼》有《表记》，谓德见于仪；其在器式，揆景曰表。章表之目，盖取诸此也。

按《七略》、《艺文》，谣咏必录；章表奏议，经国之枢机，然阙而不纂者，乃各有故事而布在职司也。前汉表谢，遗篇寡存。及后汉察举，必试章奏。左雄奏议，台阁为式；胡广章奏，天下第一。并当时之杰笔也。观伯始谒陵之章，足见其典文之美焉。

昔晋文受册，三辞从命，是以汉末让表，以三为断。曹公称：“为表不必三让，又勿得浮华。”所以魏初表章，指事造实，求其靡丽，则未足美矣。至于文举之荐祢衡，气扬采飞；孔明之辞后主，志尽文畅。虽华实异旨，并表之英也。琳、瑀章表，有誉当时。孔璋称健，则其标也。陈思之表，独冠群才，观其体赡而律调，辞清而志显，应物制巧，随变生趣，执辔有余，故能缓急应节矣。

逮晋初笔札，则张华为俦，其三让公封，理周辞要，引义比事，必得其偶。世珍《鹪鹩》，莫顾章表。及羊公之《辞开府》，有誉于前谈；庾公之《让中书》，信美于往载；序志显类，有文雅焉。刘琨《劝进》、张骏《自序》，文致耿介，并陈事之美表也。

原夫章表之为用也，所以对扬王庭，昭明心曲。既其身文，且亦国华。章以造阙，风矩应明；表以致禁，骨采宜耀。循名课实，以章为本者也。是以章式炳贲，志在典谟，使要而非略，明而不浅。表体多包，情伪屡迁，必雅义以扇其风，清文以驰其丽。然悬恻者辞为心使，浮侈者情为文屈，必使繁约得正，华实相胜，唇吻不滞，则中律矣。子贡云："心以制之，言以结之。"盖一辞意也。荀卿以为"观人美辞，丽于黼黻文章"，亦可以喻于斯乎！

赞曰：敷表绛阙，献规黼扆。言必贞明，义则弘伟。肃恭节文，条理首尾。君子秉文，辞令有斐。

奏启第二十三

昔唐虞之臣，敷奏以言；秦汉之辅，上书称奏。陈政事，献典仪，上急变，劾愆谬，总谓之奏。奏者，进也。言敷于下，情进于上也。

秦始立奏，而法家少文。观王绾之奏勋德，辞质而义近；李斯之奏骊山，事略而意诬。政无膏润，形于篇章矣。

自汉以来，奏事或称上疏，儒雅继踵，殊采可观。若夫贾谊之《务农》、晁错之《兵事》、匡衡之《定郊》、王吉之《观礼》、温舒之《缓狱》、谷永之《谏仙》，理既切至，辞亦通畅，可谓识大体矣。

后汉群贤，嘉言罔伏：杨秉耿介于灾异，陈蕃愤懑于尺一，骨鲠得焉；张衡指摘于史职，蔡邕铨列于朝仪，博雅明焉。魏代名臣，文理迭兴，若高堂天文，黄观教学，王朗节省，甄毅考课，亦尽节而知治矣。晋氏多难，世交屯夷。刘颂殷勤于时务，温峤恳恻于费役，并体国之忠规矣。

夫奏之为笔，固以明允笃诚为本，辨析疏通为首。强志足以成务，博见足以穷理，酌古御今，治繁总要，此其体也。

若乃按劾之奏，所以明宪清国。昔周之太仆，绳愆纠谬；秦之御史，职主文法；汉置中丞，总司按劾。故位在鸷击，砥砺其气，必使笔端振风，简上凝霜者也。观孔光之奏董贤，则实其奸回；路粹之奏孔融，则诬其衅恶。名儒之与险士，固殊心焉。若夫傅咸劲直，而按辞坚深；刘隗切正，而劾文阔略：各其志也。

后之弹事，迭相斟酌，惟新日用，而旧准弗差。然函人欲全，矢人欲伤，术在纠恶，势必深峭。《诗》刺谗人，投畀豺虎；《礼》疾无礼，方之鹦猩；墨翟非儒，目以羊彘；孟轲讥墨，比诸禽兽。《诗》、《礼》、儒、墨，既其如兹，奏劾严文，孰云能免？是以世人为文，竞于诋诃，吹毛取瑕，次骨为戾，复似善骂，多失折衷。若能辟礼门以悬规，标义路以植矩，然后逾垣者折肱，捷径者灭趾，何必躁言丑句，诟病为切哉！

是以立范运衡，宜明体要。必使理有典刑，辞有风轨，总法家之裁，秉儒家之文，不畏强御，气流墨中，无纵诡随，声动简外，乃称绝席之雄，直方之举耳。

启者，开也。高宗云："启乃心，沃朕心。"取其义也。孝景讳启，故两汉无称。至魏国笺记，始云"启闻"。奏事之末，或云"谨启"。自晋来"盛启"，用兼表奏。陈政言事，既奏之异条；让爵谢恩，亦表之别干。必敛饬入规，促其音节，辨要轻清，文而不侈，亦启之大略也。

又表奏确切，号为"谠言"。谠者，偏也。王道有偏，乖乎荡荡。矫正其偏，故曰谠言也。孝成称班伯之谠言，贵直也。自汉置八仪，密奏阴阳；皂囊封板，故曰封事。晁错受《书》，还上"便宜"。后代便宜，多附封事，慎机密也。夫王臣匪躬，必吐謇谔，事举人存，故无待泛说也。

赞曰：皂饰司直，肃清风禁。笔锐干将，墨含淳酖。虽有次骨，无或肤浸。献政陈宜，事必胜任。

议对第二十四

“周爰谘谋”，是谓为议。议之言宜，审事宜也。《易》之《节卦》：“君子以制度数，议德行。”《周书》曰：“议事以制，政乃弗迷。”议贵节制，经典之体也。

昔管仲称轩辕有明台之议，则其来远矣。洪水之难，尧咨四岳；宅揆之举，舜畴五臣；三代所兴，询及刍荛；《春秋》释宋，鲁僖务议。及赵灵胡服，而季父争论；商鞅变法，而甘龙交辨。虽宪章无算，而同异足观。

迄至有汉，始立驳议。驳者，杂也，杂议不纯，故曰驳也。自两汉文明，楷式昭备，蔼蔼多士，发言盈庭，若贾谊之遍代诸生，可谓捷于议也。至如吾丘之驳挟弓，安国之辨匈奴，贾捐之之陈于珠崖，刘歆之辨于祖宗，虽质文不同，得事要矣。若乃张敏之断轻侮，郭躬之议擅诛，程晓之驳校事，司马芝之议货钱，何曾蠲出女之科，秦秀定贾充之谥；事实允当，可谓达议体矣。汉世善驳，则应劭为首；晋代能议，则傅咸为宗。然仲瑗博古，而铨贯有叙；长虞识治，而属辞枝繁。及陆机断议，亦有锋颖，而谀辞弗剪，颇累文骨。亦各有美，风格存焉。

夫动先拟议，明用稽疑，所以敬慎群务，弛张治术。故其大体所资，必枢纽经典，采故实于前代，观通变于当今；理不谬摇其枝，字不妄舒其藻。又郊祀必洞于礼，戎事必练于兵，田谷先晓于农，断讼务精于律。然后标以显义，约以正辞，文以辨洁为能，不以繁缛为巧；事以明核为美，不以环隐为奇。此纲领之大要也。

若不达政体，而舞笔弄文，支离构辞，穿凿会巧，空骋其华，固为事实所摈。设得其理，亦为游辞所埋矣。昔秦女嫁晋，从文衣之媵，晋人贵媵而贱女；楚珠鬻郑，为薰桂之椟，郑人买椟而还珠。若文浮于理，末胜其本，则秦女楚珠，复在于兹矣。

又对策者，应诏而陈政也。射策者，探事而献说也。言中理准，譬射侯中的，二名虽殊，即议之别体也。古之造士，选事考言。汉文中年，始举贤良。晁错对策，蔚为举首。及孝武益明，旁求俊乂，对策者以第一登庸，射策者以甲科入仕。斯固选贤要术也。观晁氏之对，证验古今，辞裁以辨，事通而赡，超升高第，信有征矣。仲舒之对，祖述《春秋》，本阴阳之化，究列代之变，烦而不慁者，事理明也。公孙之对，简而未博，然总要以约文，事切而情举，所以太常居下，而天子擢上也。杜钦之对，略而指事，辞以治宣，不为文作。及后汉鲁丕，辞气质素，以儒雅中策，独入高第。凡此五家，并前代之明范也。

魏晋已来，稍务文丽，以文纪实，所失已多。及其来选，又称疾不会，虽欲求文，弗可得也。是以汉饮博士，而雉集乎堂；晋策秀才，而麏兴于前：无他怪也，选失之异耳！

夫驳议偏辨，各执异见；对策揄扬，大明治道。使事深于政术，理密于时务，酌三五以熔世，而非迂缓之高谈；驭权变以拯俗，而非刻薄之伪论；风恢恢而能远，流洋洋而不溢，王庭之美对也。难矣哉，士之为才也！或练治而寡文，或工文而疏治，对策所选，实属通才，志足文远，不其鲜欤！

赞曰：议惟畴政，名实相课。断理必纲，摛辞无懦。对策王庭，同时酌和。治体高秉，雅谟远播。

神思第二十六

古人云："形在江海之上，心存魏阙之下。"神思之谓也。文之思也，其神远矣。故寂然凝虑，思接千载，悄焉动容，视通万里；吟咏之间，吐纳珠玉之声；眉睫之前，卷舒风云之色：其思理之致乎？

故思理为妙，神与物游。神居胸意，而志气统其关键；物沿耳目，而辞令管其枢机。枢机方通，则物无隐貌；关键将塞，则神有遁心。是以陶钧文思，贵在虚静，疏瀹五藏，澡雪精神。积学以储宝，酌理以富才，研阅以穷照，驯致以怿辞。然后使玄解之宰，寻声律而定墨；独照之匠，窥意象而运斤。此盖驭文之首术，谋篇之大端。

夫神思方运，万涂竞萌，规矩虚位，刻镂无形。登山则情满于山，观海则意溢于海，我才之多少，将与风云而并驱矣。方其搦翰，气倍辞前；暨乎篇成，半折心始。何则？意翻空而易奇，言征实而难巧也。是以意授于思，言授于意，密则无际，疏则千里。或理在方寸，而求之域表；或义在咫尺，而思隔山河。是以秉心养术，无务苦虑，含章司契，不必劳情也。

人之禀才，迟速异分；文之制体，大小殊功。相如含笔而腐毫，扬雄辍翰而惊梦，桓谭疾感于苦思，王充气竭于沉虑。张衡研《京》以十年，左思练《都》以一纪，虽在巨文，亦思之缓也。淮南崇朝而赋《骚》，枚皋应诏而成赋，子建援牍如口诵，仲宣举笔似宿构，阮瑀据案而制书，祢衡当食而草奏，虽有短篇，亦思之速也。

若夫骏发之士，心总要术，敏在虑前，应机立断；覃思之人，情饶歧路，鉴在疑后，研虑方定。机敏故造次而成功，虑疑故愈久而致绩。难易虽殊，并资博练。若学浅而空迟，才疏而徒速，以斯成器，未之前闻。是以临篇缀虑，必有二患：理郁者苦贫，辞溺者伤乱。然则博见为馈贫之粮，贯一为拯乱之药，博而能一，亦有助乎心力矣。

若情数诡杂，体变迁贸，拙辞或孕于巧义，庸事或萌于新意。视布于麻，虽云未费，杼轴献功，焕然乃珍。至于思表纤旨，文外曲致，言所不追，笔固知止。至精而后阐其妙，至变而后通其数，伊挚不能言鼎，轮扁不能语斤，其微矣乎！

赞曰：神用象通，情变所孕。物以貌求，心以理应。刻镂声律，萌芽比兴。结虑司契，垂帷制胜。

体性第二十七

夫情动而言形，理发而文见，盖沿隐以至显，因内而符外者也。然才有庸俊，气有刚柔，学有浅深，习有雅郑，并情性所铄，陶染所凝，是以笔区云谲，文苑波诡者矣。故辞理庸俊，莫能翻其才；风趣刚柔，宁或改其气；事义浅深，未闻乖其学；体式雅郑，鲜有反其习：各师成心，其异如面。

若总其归涂，则数穷八体：一曰典雅，二曰远奥，三曰精约，四曰显附，五曰繁缛，六曰壮丽，七曰新奇，八曰轻靡。典雅者，熔式经诰，方轨儒门者也。远奥者，馥采典文，经理玄宗者也。精约者，核字省句，剖析毫厘者也。显附者，辞直义畅，切理厌心者也。繁缛者，博喻酿采，炜烨枝派者也。壮丽者，高论宏裁，卓烁异采者也。新奇者，摈古竞今，危侧趣诡者也。轻靡者，浮文弱植，缥缈附俗者也。故雅与奇反，奥与显殊，繁与约舛，壮与轻乖。文辞根叶，苑囿其中矣。

若夫八体屡迁，功以学成，才力居中，肇自血气；气以实志，志以定言，吐纳英华，莫非情性。是以贾生俊发，故文洁而体清；长卿傲诞，故理侈而辞溢；子云沉寂，故志隐而味深；子政简易，故趣昭而事博；孟坚雅懿，故裁密而思靡；平子淹通，故虑周而藻密；仲宣躁锐，故颖出而才果；公干气褊，故言壮而情骇；嗣宗俶傥，故响逸而调远；叔夜俊侠，故兴高而采烈；安仁轻敏，故锋发而韵流；士衡矜重，故情繁而辞隐。触类以推，表里必符。岂非自然之恒资，才气之大略哉？

夫才有天资，学慎始习，斲梓染丝，功在初化。器成彩定，难可翻移。故童子雕琢，必先雅制，沿根讨叶，思转自圆。八体虽殊，会通合数，得其环中，则辐辏相成。故宜摹体以定习，因性以练才。文之司南，用此道也。

赞曰：才性异区，文辞繁诡。辞为肤根，志实骨髓。雅丽黼黻，淫巧朱紫。习亦凝真，功沿渐靡。

通变第二十九

夫设文之体有常，变文之数无方。何以明其然耶？凡诗赋书记，名理相因，此有常之体也；文辞气力，通变则久，此无方之数也。

名理有常，体必资于故实；通变无方，数必酌于新声。故能骋无穷之路，饮不竭之源。然绠短者衔渴，足疲者辍涂，非文理之数尽，乃通变之术疏耳。故论文之方，譬诸草木，根干丽土而同性，臭味晞阳而异品矣。

是以九代咏歌，志合文则。黄歌《断竹》，质之至也；唐歌《在昔》，则广于黄世；虞歌《卿云》，则文于唐时；夏歌《雕墙》，缛于虞代；商周篇什，丽于夏年。至于序志述时，其揆一也。

暨楚之骚文，矩式周人；汉之赋颂，影写楚世；魏之策制，顾慕汉风；晋之辞章，瞻望魏采。搉而论之，则黄唐淳而质，虞夏质而辨，商周丽而雅，楚汉侈而艳，魏晋浅而绮，宋初讹而新。从质及讹，弥近弥淡。何则？竞今疏古，风末气衰也。

今才颖之士，刻意学文，多略汉篇，师范宋集。虽古今备阅，然近附而远疏矣。夫青生于蓝，绛生于茜，虽逾本色，不能复化。桓君山云："予见新进丽文，美而无采；及见刘、扬言辞，常辄有得。"此其验也。故练青濯绛，必归蓝茜，矫讹翻浅，还宗经诰；斯斟酌乎质文之间，而檃括乎雅俗之际，可与言通变矣。

夫夸张声貌，则汉初已极。自兹厥后，循环相因，虽轩翥出辙，而终入笼内。枚乘《七发》云："通望兮东海，虹洞兮苍天。"相如《上林》云："视之无端，察之无涯，日出东沼，月生西陂。"马融《广成》云："天地虹洞，固无端涯，大明出东，月生西陂。"扬雄《校猎》云："出入日月，天与地沓。"张衡《西京》云："日月于是乎出入，象扶桑于濛汜。"此并广寓极状，而五家如一。诸如此类，莫不相循，参伍因革，通变之数也。

是以规略文统，宜宏大体。先博览以精阅，总纲纪而摄契，然后拓衢路，置关键，长辔远驭，从容按节，凭情以会通，负气以适变，采如宛虹之奋鬐，光若长离之振翼，乃颖脱之文矣。若乃龌龊于偏解，矜激乎一致，此庭间之回骤，岂万里之逸步哉！

赞曰：文律运周，日新其业。变则其久，通则不乏。趋时必果，乘机无怯。望今制奇，参古定法。

定势第三十

夫情致异区，文变殊术，莫不因情立体，即体成势也。势者，乘利而为制也。如机发矢直，涧曲湍回，自然之趣也。圆者规体，其势也自转；方者矩形，其势也自安。文章体势，如斯而已。

是以模经为式者，自入典雅之懿；效《骚》命篇者，必归艳逸之华；综意浅切者，类乏酝藉；断辞辨约者，率乖繁缛。譬激水不漪，槁木无阴，自然之势也。

是以绘事图色，文辞尽情，色糅而犬马殊形，情交而雅俗异势。熔范所拟，各有司匠，虽无严郛，难得逾越。然渊乎文者，并总群势，奇正虽反，必兼解以俱通；刚柔虽殊，必随时而适用。若爱典而恶华，则兼通之理偏，似夏人争弓矢，执一不可以独射也。若雅郑而共篇，则总一之势离，是楚人鬻矛誉楯，两难得而俱售也。

是以括囊杂体，功在铨别，宫商朱紫，随势各配。章表奏仪，则准的乎典雅；赋颂歌诗，则羽仪乎清丽；符檄书移，则楷式于明断；史论序注，则师范于核要；箴铭碑诔，则体制于弘深；连珠七辞，则从事于巧艳。此循体而成势，随变而立功者也。虽复契会相参，节文互杂，譬五色之锦，各以本采为地矣。

桓谭称："文家各有所慕，或好浮华而不知实核，或美众多而不见要约。"陈思亦云："世之作者，或好烦文博采，深沉其旨者；或好离言辩白，分析毫厘者。所习不同，所务各异。"言势殊也。刘桢云："文之体指虚实强弱，使其辞已尽而势有余，天下一人耳，不可得也。"公干所谈，颇亦兼气。然文之任势，势有刚柔，不必壮言慷慨，乃称势也。又陆云自称："往日论文，先辞而后情，尚势而不取悦泽。及张公论文，则欲宗其言。"夫情固先辞，势实须泽，可谓先迷后能从善矣。

自近代辞人，率好诡巧，原其为体，讹势所变，厌黩旧式，故穿凿取新。察其讹意似难，而实无他术也，反正而已。故文反正为乏，辞反正为奇。效奇之法，必颠倒文句，上字而抑下，中辞而出外，回互不常，则新色耳。

夫通衢夷坦，而多行捷径者，趋近故也；正文明白，而常务反言者，适俗故也。然密会者以意新得巧，苟异者以失体成怪。旧练之才，则执正以驭奇；新学之锐，则逐奇而失正。势流不反，则文体遂弊。秉兹情术，可无思耶？

赞曰：形生势成，始末相承。湍回似规，矢激如绳。因利骋节，情采自凝。枉辔学步，力止寿陵。

王勃诗

圣泉宴

披襟乘石磴，列籍（一作席）俯春泉。
兰气熏山酌，松声韵野弦。
影飘垂叶外，香度落花前。
兴洽林塘晚，重岩起夕烟。

游梵宇三觉寺

杏（一作香）阁披青磴，雕台控紫岑。
叶齐山路（一作径）密，花积野坛深。
萝幌栖禅影，松门听（一作引）梵音。
遽忻陪妙躅，延赏（一作想）涤烦襟。

麻平晚行

百年怀土望，千里倦游情。
高低寻戍道，远近听泉声。
涧叶才分色，山花不辨名。
羁心何处尽，风急暮猿清。

送卢主簿

穷途非所恨，虚室自相依。
城阙居年满，琴尊俗事稀。
开襟方未已，分袂忽多违。
东岩富松竹，岁暮幸同归。

饯韦兵曹

征骖临野次，别袂惨江垂。
川霁浮烟敛，山明落照移。
鹰风凋晚叶，蝉露泣（一作泫）秋枝。
亭皋分远望，延想间云涯。

白下驿饯唐少府

下驿穷交日，昌亭旅食年。
相知何用早，怀抱即依然。
浦楼低晚照，乡路隔风烟。
去去如何道，长安在日边。

杜少府之任蜀州（一作川）

城阙辅（一作俯）三秦，风烟望五津。
与君离别意，同（一作俱）是宦游人。
海内存知己，天涯若比邻。
无为在歧路，儿女共沾巾。

仲春郊外

东园垂柳径，西堰落花津。
物色连三月，风光绝（一作绕）四邻。
鸟飞村觉曙，鱼戏水知青。
初晴山院里，何处染嚣尘。

郊　兴

空园歌独酌，春日赋闲居。
泽兰侵小径，河柳覆长渠。
雨去花光湿，风归叶影疏。
山人不惜醉，唯畏绿尊虚。

郊园即事

烟霞春旦（一作早）赏，松竹故年心。
断山疑画障，县溜泻鸣琴。
草遍南亭合，花开（一作浓）北院深。
闲居饶酒赋，随兴欲抽簪。

观佛迹寺

莲座神容俨（一作促），松崖圣趾（一作迹）馀。
年长金迹浅，地久石文（一作芝）疏。
颓华临曲磴，倾影赴前除。
共嗟（一作悲）陵谷远，俄视化城（一作成）虚。

春日还郊

闲情兼嘿语（一作嘿），携杖赴岩泉。
草绿萦新带，榆青缀古钱。
鱼床侵岸水，鸟路入山烟。
还题平子赋，花树满春田。

对酒春园作

投簪下山阁，携酒对河梁。
狭水牵长镜，高花送断香。
繁莺歌似曲，疏蝶舞成行。
自然催一醉，非但阅年光。

观内怀仙

玉架残书隐，金坛旧迹（一作路）迷。
牵花寻紫涧（一作洞），步叶下清溪。
琼浆犹类乳，石髓尚如泥。
自能成羽翼，何必仰（一作俟）云梯。

秋日别王长史

别路馀（一作长）千里，深恩重百年。
正悲西候日，更动北梁（一作京）篇。
野色笼寒雾，山光敛暮烟。
终知难再奉，怀德自潸然。

上巳浮江宴韵得遥字

上巳年光促，中川兴绪遥。
绿齐山叶满，红泄片花（一作岸）销。
泉声喧后涧，虹影照前桥。
遽悲春望远，江路积波潮。

长　柳

晨征犯烟磴，夕憩在云关。
晚风清近壑，新月照澄湾。
郊童樵唱返，津叟钓歌还。
客行无与晤（一作旧），赖此释愁颜。

铜雀妓二首

金凤邻铜雀，漳河望邺城。
君王无处所，台榭若平生。
舞席（一作筵）纷何（一作可）就，歌梁俨未倾。
西陵松槚冷，谁见绮罗情。

妾本深宫妓，层城闭九重。
君王欢爱尽，歌舞为谁容。
锦衾不复襞，罗衣谁再缝。
高台西北望，流涕向青松。

羁游饯别

客心悬陇路，游子倦（一作惓）江干。
槿丰（一作浓）朝砌静，筱密夜窗寒。
琴声销别恨，风景驻离欢。
宁觉山川远，悠悠旅思难。

易阳早发

饬装侵晓月，奔策候残星。
危阁寻丹障，回梁属翠屏。
云间迷树影，雾里失峰形。
复此凉（一作商）飙至，空山飞夜萤。

焦岸早行和陆四

侵星违旅馆，乘月戒征俦。
复嶂迷晴色，虚岩辨暗（一作岸）流。
猿吟山漏晓，萤散野风秋。
故人渺何际，乡关云雾浮。

深湾夜宿

津涂临巨壑，村宇架危岑。
堰绝滩声隐，风交树影深。
江童暮理楫，山女夜调砧。
此时故乡远，宁知游子心。

伤裴录事丧子

兰阶霜候早，松露穸（一作夜）台深。
魄散珠胎没，芳销玉树沉。
露文晞宿草，烟照惨平林。
芝焚（一作焚芝）空叹息，流恨满籯金。

泥　溪

弭棹凌奔壑，低鞭蹑峻岐。江涛出岸险，峰磴入云危。
溜急船文乱，岩斜骑影移。水烟笼翠渚，山照落丹崖。
风生蘋浦叶，露泣（一作泫）竹潭枝。泛水虽云美，劳歌谁复知。

三月曲水宴得烟字

彭泽官初去，河阳赋始传。田园归旧国，诗酒间长筵。
列室窥丹洞，分楼瞰紫烟。萦回亘津渡，出没控郊鄽。
凤琴调上客，龙辔俨群仙。松石偏宜古，藤萝不记年。
重檐交密树，复磴拥危泉。抗石晞南岭，乘沙眇北川。
傅岩来筑处，磻溪入钓前。日斜真趣远，幽思梦凉蝉。

秋日仙游观赠道士（一作骆宾王诗，无首四句）

石图分帝宇，银牒洞灵宫。回丹萦岫室，复翠上岩栊。
雾浓金灶静，云暗玉坛空。野花常捧露，山叶自吟风。
林泉明月在，诗酒故人同。待余逢石髓，从尔命飞鸿。

晚　留（一作届凤州）

宝鸡辞旧役，仙凤历遗墟。
去此近城阙，青山明月初。

羁　春

客心千里倦，春事一朝归。
还伤北园里，重见落花飞。

林塘怀友

芳屏画春草，仙杼织朝霞。
何如山水路，对面即飞花。

山扉夜坐

抱琴开野室，携酒对情人。
林塘花月下（一作夜），别似（一作是）一家春。

春 庄

山中兰叶径，城外李桃园。
岂知人事静，不觉鸟声喧。

春 游

客念纷无极，春泪倍成行。
今朝花树下，不觉恋年光。

春 园

山泉两处晚，花柳一园春。
还持千日醉，共作百年人。

林泉独饮

丘壑经涂赏，花柳遇时春。
相逢今（一作令）不醉，物色自轻人。

登城春望

物外山川近，晴初景霭新。
芳郊花柳遍，何处不宜春。

他乡叙兴

缀叶归烟晚，乘花落照春。
边城琴酒处，俱是越乡人。

杨炯诗

广溪峡

广溪三峡首，旷望兼川陆。山路绕羊肠，江城镇鱼腹。
乔林百丈偃，飞水千寻瀑。惊浪回高天，盘涡转深谷。
汉氏昔云季，中原争逐鹿。天下有英雄，襄阳有龙伏。
常山集军旅，永安兴版筑。池台忽已倾，邦家遽沦覆。
庸才若刘禅，忠佐为心腹。设险犹可存，当无贾生哭。

巫　峡

三峡七百里，唯言巫峡长。重岩窅不极，叠嶂凌苍苍。
绝壁横天险，莓苔烂锦章。入夜分明见，无风波浪狂。
忠信吾所蹈，泛舟亦何伤。可以涉砥柱，可以浮吕梁。
美人今何在，灵芝徒有（一作自）芳。山空夜猿啸，征客泪沾裳。

西陵峡

绝壁耸万仞，长波射千里。盘薄荆之门，滔滔南国纪。
楚都昔全盛，高丘烜望祀。秦兵一旦侵，夷陵火潜起。

四维不复设，关塞良难恃。洞庭且忽焉（一作然），孟门终已矣。
自古天地辟，流为峡中水。行旅相赠言，风涛无极已。
及余践斯地，瑰奇信为美。江山若有灵，千载伸知己。

从军行

烽火照西京，心中自不平。
牙璋辞凤阙，铁骑绕龙城。
雪暗凋旗画，风多杂鼓声。
宁为百夫长，胜作一书生。

梅花落

窗外一株梅，寒花五出开。
影随朝日远，香逐便风来。
泣对铜钩障，愁看玉镜台。
行人断消息，春恨几裴回。

折杨柳

边地遥（一作迷）无极，征人去不还。
秋容凋翠羽，别泪损红颜。
望断流星驿，心驰明月关。
藁砧何处在，杨柳自堪攀。

紫骝马

侠客重周游，金鞭控紫骝。
蛇弓白羽箭，鹤辔赤茸秋。
发迹来南海，长鸣向北州。
匈奴今未灭，画地取封侯。

战城南

塞北途辽远，城南战苦辛。
旛（一作幢）旗如鸟翼，甲胄似鱼鳞。
冻水寒伤马，悲风愁杀人。
寸心明白日，千里暗黄尘。

送临津房少府

岐路三秋别，江津万里长。
烟霞驻征盖，弦奏促飞觞。
阶树含斜日，池风泛早凉。
赠言未终竟，流涕忽沾裳。

送梓州周司功

御沟一相送，征马屡盘桓。
言笑方无日，离忧独未宽。
举杯聊劝酒，破涕暂为欢。
别后风清夜，思君蜀路难。

送杨处士反初卜居曲江

雁门归去远，垂老脱袈裟。
萧寺休为客（一作相），曹溪便寄家。
绿琪千岁树，黄槿四时花。
别怨应无限，门前桂水斜。

送刘校书从军

天将下三宫，星门召（一作启）五戎。坐谋资庙略，飞檄伫文雄。
赤土流星剑，乌号明月弓。秋阴生蜀道，杀气绕湟中。
风雨何年别，琴尊此日同。离亭不可望，沟水自西东。

贺知章诗

福　和

穆穆天子，告成岱宗。
大裘如濡，执珽有颙。
乐以平志，礼以和容。
上帝临我，云胡肃邕。

太　和

昭昭有唐，天俾万国。
列祖应命，四宗顺则。

申锡无疆，宗我同德。
曾孙继绪，享神配极。

晓发

江皋闻曙钟，轻枻理还舼。
海潮夜约约，川露晨溶溶。
始见沙上鸟，犹埋云外峰。
故乡杳无际，明发怀朋从。

（《唐文粹》、《唐诗纪事》载此诗。并作绝句云：“故乡杳无际，江皋闻曙钟。始见沙上鸟，犹埋云外峰。”）

奉和御制春台望

青阳布王道，玄览陶真性。欣若天下春，高逾域中圣。

神皋类观赏，帝里如悬镜。缭绕八川浮，岧峣双阙映。

晓色遍昭阳，晴云卷建章。华滋的皪丹青树，颢气氤氲金玉堂。

尚有灵蛇下鄜畤，还征瑞宝入陈仓。自昔秦奢汉穷武，后庭万馀宫百数。

旗回五丈殿千门，连绵南隥出西垣。广画螓蛾夸（一作华）窈窕，罗生玳瑁象昆仑。

乃眷天晴兴隐恤，古来土木良非一。荆临章观赵丛台。何如尧阶将禹室。

层栏窗窱下龙舆，清管逶迤半绮疏。一听南风引鸾舞，长谣北极仰鹑居。

望人家桃李花

山源夜雨度仙家，朝发东园桃李花。桃花红兮李花白，照灼城隅复南陌。

南陌青楼十二重，春风桃李为谁容。弃置千金轻不顾，踟蹰五马谢相逢。

徒言南国容华晚，遂叹西家飘落远。的皪长奉（一作春）明光殿，氛氲半入披香苑。

苑中珍木元自奇，黄金作叶白银枝。千年万岁不凋落，还将桃李更相宜。

桃李从来露井傍，成蹊结影矜艳阳。莫道春花不可树，会持仙实荐君王。

送人之军

常经绝脉塞，复见断肠流。
送子成今别，令人起昔愁。
陇云晴半雨，边草夏先秋。
万里长城寄，无贻汉国忧。

奉和圣制送张说上集贤学士赐宴赋得谟字

西学垂玄览，东堂发圣谟。天光烛武殿，时宰集鸿都。
枯朽沾皇泽，翾飞舞帝梧。迹同游汗漫，荣是出（一作拔）泥涂。
三叹承汤鼎，千欢接舜壶。微躯不可答，空欲咏依蒲。

奉和圣制送张说巡边

荒憬（一作境）尽怀忠，梯航已自通。九攻虽不战，五月尚持戎。遣戍征周牒，恢（一作临）边重汉功。选车命元宰，授律取文雄。胄出天弧上，谋成帝幄中。诏旂分夏物，专土（一作讨）锡唐弓。帐宿伊川右，钲传（一作吹）晋苑东。饔人藉蒉实，乐正理丝桐。岐陌涵馀雨，离川照晚虹。恭闻咏方叔，千载舞皇风。

题袁氏别业（一作偶游主人园）

主人不相识，偶坐为林泉。
莫谩愁沽酒，囊中自有钱。

咏　柳（一作柳枝词）

碧玉妆成一树高，万条垂下绿丝绦。
不知细叶谁裁出，二月春风似剪刀。

采莲曲

稽山罢（一作云）雾郁嵯峨，镜水无风也自波。
莫言春度芳菲尽，别有中流采芰荷。

回乡偶书二首

少小离乡（一作家）老大回，乡音难改鬓（一作面）毛衰。
儿童相见不相识，笑（一作借，一作却）问客从何处来。

离别家乡岁月多，近来人事半销磨。
唯有门前镜湖水，春风不改旧时波。

王维诗

辋川闲居赠裴秀才迪

寒山转苍翠，秋水日潺湲。
倚杖柴门外，临风听暮蝉。
渡头馀落日，墟里上孤烟。
复值接舆醉，狂歌五柳前。

酬张少府

晚年唯（一作惟）好静，万事不关心。
自顾无长策，空知返旧林。
松风吹解带，山月照弹琴。
君（一作若）问穷通理，渔歌入浦深。

送丘为落第归江东

怜君不得意，况复柳条春。
为客黄金尽，还家白发新。
五湖三亩宅（一作地），万里一归人。
知尔（一作祢）不能荐，羞称（一作为）献纳臣。

送赵都督赴代州得青字

天官动将星，汉上（一作地）柳条青。
万里鸣刁斗，三军出井陉。
忘身辞凤阙，报国取龙庭。
岂学书生辈，窗间（一作中）老（一作著）一经。

送梓州李使君

万壑树参天，千山响（一作乡音听）杜鹃。
山中一夜（一作半）雨，树杪百重泉。
汉女输橦（一作賨）布，巴人讼芋田。
文翁翻教授，不敢倚先贤。

送友人南归

万里春应尽，三江雁亦稀。
连天汉水广，孤客郢城归。
郧国稻苗秀，楚人菰米（一作菜）肥。
悬知倚门望，遥识老莱衣。

过香积寺（一作王昌龄诗）

不知香积寺，数里入云峰。
古木无人径，深山何处钟。
泉声咽危石，日色冷青松。
薄暮空潭曲，安禅制毒龙。

山居秋暝

空山新雨后，天气晚来秋。
明月松间照，清泉石上流。
竹喧归浣女，莲动下渔舟。
随意春芳歇，王孙自可留。

终南别业（一作初至山中，一作入山寄城中故人）

中岁颇好道，晚家南山陲。
兴来每独往，胜事空（一作只）自知。
行到水穷处，坐看云起时。
偶然值林（一作见林，一作邻）叟，谈笑无（一作滞）还期。

归嵩山作

清（一作晴）川带长薄，车马去闲闲。
流水如有意，暮禽（一作云）相与还。
荒城临古渡，落日满秋山。
迢递嵩高下，归来且闭（一作掩）关。

归辋川作

谷口疏钟动，渔樵稍欲稀。
悠然远山暮，独向白云归。
菱蔓弱难定，杨花轻易飞。
东皋春草色，惆怅掩柴扉。

山居即事

寂寞掩柴扉，苍茫对落晖。
鹤巢松树遍，人访荜门稀。
绿竹含新粉，红莲落故衣。
渡头烟火起，处处采菱归。

终南山（一作终山行）

太乙近天都，连山（一作天）接（一作到）海隅。
白云回望合，青霭入看无。
分野中峰变，阴晴众壑殊。
欲投人处宿，隔水（一作浦）问樵夫。

观　猎

风劲（一作动）角弓鸣，将军猎渭城。
草枯鹰眼疾，雪尽马蹄轻。
忽过新丰市，还归细柳营。
回看射雕（一作落雁，一作失雁）处，千里暮云平。

汉江临泛（一作眺）

楚塞三湘接，荆门九派通。
江流天地外，山色有无中。
郡邑浮前浦，波澜动远空。
襄阳好风日（一作风日好），留醉与山翁（一作公）。

使至塞上

单车欲问边，属国过居延。（一作衔命辞天阙，单车欲问边。）
征蓬出汉塞，归雁入胡天。
大漠孤烟直，长河落日圆。
萧关逢候吏（一作骑），都护在燕然。

秋夜独坐（一作冬夜书怀）

独坐悲双鬓，空堂欲二更。
雨中山果落，灯下草虫鸣。
白发终难变，黄金不可成。
欲知除老病，唯有学无生。

留别钱起

卑栖却得性，每与白云归。
徇禄仍怀橘，看山免采薇。

暮禽先去马，新月待开扉。
霄汉时回首，知音青琐闱。

留别丘为

归鞍白云外，缭绕出前山。
今日又明日，自知心不闲。
亲劳簪组送，欲趁莺花还。
一步一回首，迟迟向近关。

过始皇墓（时年十五，一作二十一）

古墓成苍岭，幽宫象紫台。
星辰七曜隔，河汉九泉开。
有海人宁渡，无春雁不回。
更闻松韵切，疑是大夫哀。

送孙秀才（《纪事》作王缙诗）

帝城风日好，况复建平家。
玉枕双文簟，金盘五色瓜。
山中无鲁酒，松下饭胡麻。
莫厌田家苦，归期远复赊。

奉和圣（一作御）制从蓬莱向兴庆阁道中留春雨中春望之作应制

渭水自萦秦塞（一作甸）曲，黄山旧绕汉宫斜。
銮舆迥出千（一作仙）门柳，阁道回（一作遥）看上苑花。
云里帝城双凤阙，雨中春树万人家。
为乘阳气行时令，不是宸游玩（一作重）物华。

和贾（一作贾至）舍人早朝大明宫之作

绛帻鸡人送（一作报）晓筹，尚衣方进翠云裘。
九天（一作重）阊阖开宫殿，万国衣冠拜冕旒。
日色才临仙掌动，香烟欲傍衮龙浮。
朝罢须裁五色诏，佩声归向（一作到）凤池头。

酬郭给事

洞门高阁霭馀辉（一作晖），桃李阴阴柳絮飞。
禁里疏钟官舍晚，省中啼鸟吏人稀。
晨摇玉佩趋金殿，夕奉天书拜琐闱。
强欲从君无那老，将因卧病解朝衣。

出　塞（题下一有作字。时为御史监察塞上作）

居延城外猎天骄，白草连山野火烧。
暮云空碛时驱马，秋日平原好射雕。
护羌校尉朝乘障，破虏将军夜渡辽。
玉靶角弓珠勒马，汉家将赐霍嫖姚。

春日与裴迪过新昌里访吕逸人不遇

桃源一向（一作四面，一作面面）绝风尘，柳市南头访隐沦。
到门不敢题凡鸟，看竹何须问主人。
城上（一作外）青山如屋里，东家流水入西邻。
闭户著书多岁月，种松皆老作龙鳞。

辋川别业

不到东山向一年，归来才及种春田。
雨中草色绿堪染，水上桃花红欲（一作亦）然。
优娄比丘经论学，伛偻丈人乡里贤。
披衣倒屣且相见，相欢语笑衡门前。

鹿　柴（柴，十迈切，本作砦，篱落也）

空山不见人，但闻人语响。
返景入深林，复照青苔上。

宫槐陌

仄径荫宫槐，幽阴多绿苔。
应门但迎扫，畏有山僧来。

临湖亭

轻舸迎上（一作仙）客，悠悠湖上来。
当轩对尊酒，四面芙蓉开。

柳　浪

分行接绮树，倒影入清漪。
不学御沟上，春风伤别离。

白石滩

清浅白石滩，绿蒲向堪把。
家住水东西，浣纱明月下。

北垞

北垞湖水北，杂树映朱阑。
逶迤南川水，明灭青林端。

竹里馆

独坐幽篁里，弹琴复长啸。
深林人不知，明月来相照。

辛夷坞

木末芙蓉花，山中发红萼。
涧户寂无人，纷纷开且落。

漆园

古人非傲吏，自阙经世务。
偶寄一微官，婆娑数株树。

椒园

桂尊迎帝子，杜若赠佳人。
椒浆奠瑶席，欲下云中君（一作身）。

少年行四首

新丰美酒斗十千，咸阳游侠多少年。
相逢意气为君饮，系马高楼垂柳边。

出身仕汉羽林郎，初随骠骑战渔阳。
孰知不向边庭苦（一作死），纵死犹闻侠骨香。

一身能擘（一作臂）两雕弧，虏骑千重（一作群）只似无。
偏坐金鞍调白羽，纷纷射杀五单于。

汉家君臣欢宴终，高议云台论战功。
天子临轩赐侯印，将军佩出明光宫。

赠裴旻将军

腰间宝剑七星文，臂上雕弓百战勋。
见说云中擒黠虏，始知天上有将军。

九月九日忆山东兄弟（时年十七）

独在异乡为异客，每逢佳节倍思亲。
遥知兄弟登高处，遍插茱萸少一人。

渭城曲（一作送元二使安西）

渭城朝雨浥轻尘，客舍青青（一作依依）杨柳春（一作柳色新）。
劝君更尽一杯酒，西出阳关无故人。

叹白发

宿昔朱颜成暮齿，须臾白发变垂髫。
一生几许伤心事，不向空门何处销。

伊州歌

清风明月苦相思，荡子从戎十载馀。
征人去日殷勤嘱，归雁来时数附书。

孟浩然诗

从张丞相游南纪城猎戏赠裴迪张参军

从禽非吾乐，不好云梦田。岁暮登城望，偏令乡思悬。

公卿有几几（一作数子），车（一作联）骑何翩翩。世禄金张贵，官曹幕府贤（一作连）。

顺时行杀气，飞刃争割鲜。十里届宾馆，征声匝妓筵。

高标回落日，平楚散（一作历）芳烟。何意狂歌客，从公亦在旃。

登江中孤屿赠白云先生王迥

悠悠清江水，水落沙屿出。回潭石下深，绿篠岸傍密。

鲛人潜不见，渔父歌自逸。忆与君别时，泛舟如昨日。

夕阳开返（一作晚）照，中坐兴非一。南望鹿门山，归来恨如（一作相）失。

晚春卧病寄张八

南陌春将晚，北窗独卧病。林园久不游，草木一何盛。

狭径花障迷（一作将尽），闲庭竹扫净。翠羽戏兰苕，赪鳞动荷柄。

念我平生好，江乡远从政。云山阻梦思，衾枕劳歌（一作感）咏。

歌（一作感）咏复何为，同心恨别离。世途皆自媚，流俗寡相知。

贾谊才空逸，安仁鬓欲丝（一作垂）。遥情每东注，奔晷复西驰。

常恐填沟壑，无由振羽仪。穷通若有命，欲向论中推。

秋登兰山寄张五

（一作九月九日岘山寄张子容。一作秋登万山寄张文儃）

北（一作此）山白云里，隐者自怡悦。

相望试（一作始）登高，心飞逐鸟灭（一作心随雁飞灭）。

愁因薄暮起，兴是清秋发。

时见归村人（一作村人归），沙行（一作平，一作平沙）渡头歇。

天边树若荠，江畔舟（一作洲）如月。何当载酒来，共醉重阳节。

入峡寄弟

吾昔与尔（一作汝）辈，读书常闭门。未尝冒湍险，岂顾垂堂言。

自此历江湖，辛勤难具论。往来行旅弊，开凿禹功存。

壁（一作直）立千峰（一作严）峻，潈流万壑奔。我来凡几宿，无夕不闻猿。

浦上摇（一作思）归恋，舟中失梦魂。泪沾明月峡，心断鹡鸰原。

离阔星难聚，秋深露已繁。因君下南楚，书此示（一作寄）乡园。

宿扬子津寄润州长山刘隐士

所思在建业（一作梦寐），欲往大江深。
日夕望京口，烟波愁我心。
心驰茅山洞，目极枫树林。
不见少微星（一作隐），星（一作风）霜劳（一作徒）夜吟。

书怀贻京邑同好

维先自邹鲁，家世重儒风。诗礼袭遗训，趋庭沾（一作绍）末躬。
昼夜常自强，词翰（一作赋）颇亦工（一作攻）。三十既成立，嗟吁命不通。
慈亲向羸老，喜惧在深衷。甘脆朝不足，箪瓢夕屡空。
执鞭慕夫子，捧檄怀毛公。感激遂弹冠，安能守固穷。
当途诉知己，投刺匪求蒙。秦楚邈离异，翻飞何日同。

还山贻湛法师

幼（一作幻）闻无生理，常欲观此身。
心迹罕兼遂，崎岖多在尘。
晚途归旧壑，偶与支公邻。
导以微妙法，结为清净因。（近本无以上二句。下有喜得林下契，共推席上珍。念慈泛苦海，方便示迷津四句。）
烦恼业顿舍，山林情转殷。
朝来问疑义，夕话得清真。
墨妙称古绝，词华惊世人。
禅房闭虚静，花药连冬春。
平石藉琴砚，落泉洒衣巾。
欲知冥灭意（一作意冥灭），朝夕海鸥驯。

夏日（一作夕）南亭怀辛大

山光忽西落（一作发），池月渐东上。
散发乘夕凉，开轩卧闲敞。
荷风送香气，竹露滴清响。
欲取鸣琴弹，恨无知音赏。
感此怀故人，中（一作终）宵劳梦想。

秋宵月下有怀

秋空明月悬，光彩露沾湿。
惊鹊栖未（一作不）定，飞萤卷帘入。
庭槐寒影疏，邻杵夜声急。
佳期旷何许，望望空伫立。

送丁大凤进士赴举呈张九龄

吾观鹪鹩赋，君负王佐才。
惜无金张援，十上空归来。
弃置乡园老，翻飞羽翼摧。
故人今在位，岐路莫迟回。

送吴悦游韶阳

五色怜凤雏，南飞适鹧鸪。
楚人不相识，何处求椅梧。
去去日千里，茫茫天一隅。
安能与斥鷃，决起但枪榆。

适越留别谯县张主簿申屠少府

朝乘汴河流（一作去），夕次谯县界。
幸值（一作因）西风吹，得与故人会。
君学梅福隐，余从（一作随）伯鸾迈。
别后能相思，浮云在（一作去）吴会。

送陈七赴西军

吾观非常者，碌碌在目前。
君负鸿鹄志，蹉跎书剑年。
一闻边烽动，万里忽争先。
余亦赴京国（一作阙），何当献凯还。

送从弟邕下第后寻会稽

疾风吹征帆，倏尔向空没。
千里在（一作去）俄顷，三江坐超忽。
向来共欢娱，日夕成楚越。
落羽更分飞，谁能不惊骨。

送辛大之鄂渚不及

送君不相见，日暮独愁绪（一作余。楚词曰：眇眇兮愁予。余、予，唐韵并有上声。或改作绪，非）。
江上空（一作久）裴回，天边迷处所。
郡邑经樊邓，山河（一作云）入嵩汝。
蒲轮去渐遥，石径徒延伫。

江上别流人

以我越乡客（一作里），逢君谪居者。
分飞黄鹤楼，流落（一作宕）苍梧野。
驿使乘云去，征帆沿溜下。
不知从此分，还袂何时把。

宴包二融宅（一作宴鲍二宅）

闲居枕清洛，左右接大野。门庭无杂宾，车辙多长者。

是时（一作岁）方盛夏，风物自潇洒。五日休沐归，相携竹林下。

开襟成欢趣，对酒不能罢。烟暝栖鸟迷（一作还），余将（一作亦）归白社。

与王昌龄宴王道士房（一作与王昌龄宴黄十一）

归来卧青山，常梦游清都。
漆园有傲吏，惠好（一作我，一作县）在招呼。
书幌神仙录，画屏山海图。
酌霞复对此，宛似入蓬壶。

襄阳公宅饮

窈窕夕阳（一作阴）佳（一作在），丰茸春色好。欲觅淹留处，无过狭斜道。

绮席卷龙须，香杯浮玛瑙。

北林积修树，南池生别岛。

手拨金翠花，心迷玉红（一作芝）草。谈笑光六义，发论明三倒。
座非陈子惊，门还魏公扫。荣辱（一作华）应无间，欢娱当共保。

宿天台桐柏观

海行信风帆，夕宿逗云岛。
缅寻沧洲趣，近爱赤城好。
扪萝亦践苔，辍棹恣探（一作穷）讨。
息阴憩桐柏，采秀弄芝草。
鹤唳清露垂，鸡鸣信潮早。
愿言解缨绂（一作络），从此去（一作无）烦恼。
高步凌四明（一作壁），玄踪得三老。
纷吾远游意，学（一作乐）彼长生道。
日夕望三山，云涛空浩浩。

题终南翠微寺空上人房（一作宿终南翠微寺）

翠微终南里，雨后宜返照。闭关久沈冥，杖策一登眺。
遂造幽人室，始知静者妙。儒道虽异门，云林颇同调。
两心相喜得，毕景共谈笑。暝还高窗眠（一作昏），时见远山烧。
缅怀赤城标，更忆临海峤。风泉有清音（一作听），何必苏门啸。

宿业师（一作来公）山房期（一作待）丁大不至

夕阳度西岭，群壑倏已暝。
松月生夜凉，风泉满清听。
樵人归欲尽，烟（一作磴）鸟栖初定。
之子期宿（一作未）来，孤琴（一作宿）候萝径。

耶溪泛舟

落景馀清辉，轻桡（一作棹）弄溪渚。
澄明（一作泓澄）爱水物，临泛何容与。
白首垂钓翁。新妆浣纱女。
相看（一作看看）似（一作未）相识，脉脉不得语。

彭蠡湖中望庐山

太虚生月晕，舟子（一作中）知天风。
挂席候（一作知）明发，眇漫平湖中。
中流见匡阜，势压九江雄。
黤黕容霁（一作凝黛）色，峥嵘当晓（一作曙）空。
香炉（一作炉峰）初上日，瀑布（一作水）喷成虹。
久欲追尚子，况兹怀远公。
我来限（一作恨）于役，未暇息微躬。
淮海途将半，星霜岁欲穷。
寄言岩栖者，毕趣当来同。

登（一作题）鹿门山（题下一有怀古二字）

清晓因兴来，乘流越江岘。沙禽近方（一作初，又作相）识，浦树遥（一作还）莫辨。
渐至（一作到）鹿门山，山明翠微浅。岩潭多屈曲，舟楫屡回转。
昔闻庞德公，采药遂不返。金涧饵（一作养）芝术，石床卧苔藓。
纷吾感耆旧，结揽事攀践。隐迹今尚存，高风邈已远。
白云何时去，丹桂空偃蹇。探讨意未穷，回艇（一作舻）夕阳晚。

游明禅师西山兰若

西山多奇状，秀出倚前楹。停午收彩翠，夕阳照分明。

吾师住其下，禅坐证（一作说）无生。结庐就嵌窟，剪苕（一作竹）通往（一作径）行。

谈空对樵叟，授法与山精。日暮方辞去，田园归冶城。

岁暮海上作

仲尼既云（一作已）殁，余亦浮于海。

昏（一作又）见斗柄回，方（一作始）知岁星（一作新）岁改。

虚舟行所适，垂钓非有待。

为问乘槎人，沧洲（一作浪）复谁（一作何）在。

高适诗

塞　上

东出卢龙塞，浩然客思孤。亭堠列万里，汉兵犹备胡。

边尘涨北溟，虏骑（一作塞马）正南驱。转斗岂长策，和亲非远图。

惟昔李将军，按节出皇（一作临此）都。总戎扫大漠，一战擒单于。

常怀感激心，愿效纵横谟。倚剑欲谁语，关（一作山）河空郁纡。

蓟门行五首

蓟门逢古（一作故）老，独立思氛氲。
一身既零丁，头鬓白纷纷。
勋庸今已矣，不识霍将军。

汉家能用武，开拓穷异域。
戍卒厌糠核，降胡饱衣食。
关（一作开）亭试一望，吾欲泪沾臆。

边城十一月，雨雪乱霏霏。
元戎号令严，人马亦轻肥。
羌胡无尽日，征战几时归。

幽州多骑射，结发重横行。
一朝事将军，出入有声名。
纷纷猎秋草，相向角弓鸣。

黯黯（一作茫茫）长城外，日没更烟尘。
胡骑虽凭陵，汉兵不顾身。
古树满空塞，黄云愁杀人。

和贺兰判官望北海作

圣代务平典，輶轩推上才。迢遥（一作亭）溟海际，旷望沧波开。
四牡未遑息，三山安在哉。巨鳌不可钓，高浪何崔嵬。
湛湛朝百谷，茫茫连九垓。挹流纳广大，观异增迟回。
日出见鱼目，月圆知蚌胎。迹非想像到，心以精灵猜。
远色带孤屿，虚声涵殷雷。风行越裳贡，水遏天吴灾。

揽辔隼将击，忘机鸥复来。缘情韵骚雅，独立遗尘埃。
吏道竟残（一作吾）用，翰林仍忝陪。长鸣谢知己，所愧非龙媒。

酬司空璲少府

飘摇未得意，感激与谁论。
昨日遇夫子，仍欣吾道存。
江山满词赋，札翰起凉温。
吾见风雅作，人知德业尊。
惊飙荡万木，秋气屯高原。
燕赵何苍茫，鸿雁来翩翻。
此时与君别，握手欲无言。

酬李少府

出塞魂屡（一作犹）惊，怀贤意难说。
谁知吾道间，乃在客中别。
日夕捧琼瑶，相思无休歇。
伊人虽薄宦，举代推高节。
述作凌江山，声华满冰雪。
一登蓟丘上（一作山），四顾何惨烈。
来雁无尽时，边风正骚屑。
将从崖谷遁，且与沉浮绝。
君若登青云，余当投魏阙。

酬裴秀才

男儿贵得意，何必相知早。
飘荡与物永（一作华），蹉跎觉年（一作身）老。
长卿无产业，季子惭妻嫂。
此事难重陈，未于（一作为）众人道。

酬陆少府

朝临淇水岸，还望卫人邑。
别意在山阿，征途背原隰。
萧萧（一作稍稍）前村口，唯见转蓬入。
水渚人去迟，霜天雁飞急。
固应不远别（一作我行应不远），所与路（一作终）未及。
欲济川上舟，相思空伫立。

淇上酬薛三据兼寄郭少府微

（一作王昌龄诗）

自从别京华，我心乃萧索。十年守章句，万事空寥落。
北上登蓟门，茫茫见沙漠。倚剑对风尘，慨然思卫霍。
拂衣去燕赵。驱马怅不乐。天长沧洲路，日暮邯郸郭。
酒肆或淹留，渔潭屡栖泊。独行备艰险，所见穷善恶。
永顾（一作愿）拯刍荛，孰云（一作辞）干鼎镬。皇情念淳古，时俗何浮薄。
理道资（一作须）任贤，安人在求瘼。故交负灵奇，逸气抱謇谔。
隐轸经济具，纵横建安作。才望忽先鸣，风期无宿诺。

飘摇劳州县，迢递限言谑。东驰眇贝丘，西顾弥虢略。
淇水徒自流，浮云不堪托。吾谋适可用，天路岂寥廓。
不然买山田，一身与耕凿。且欲同鷦鷯，焉能志鸿鹄（一作鹤）。

酬岑二十主簿秋夜见赠之作

舍下蛩乱鸣，居然自萧索。缅怀高秋兴，忽枉清夜作。
感物我心劳，凉风惊二毛。池枯菡萏死，月出梧桐高。
如何异乡（一作州）县，复得交才彦。汩没嗟后时，蹉跎耻相见。
箕山别来久，魏阙谁不恋。独有江海心，悠悠（一作然）未尝倦。

答侯少府

常日好读书，晚年学垂纶。
漆园多乔木，睢水清粼粼。
诏书下柴门，天命敢逡巡。
赫赫三伏时，十日到咸秦。
褐衣不得见，黄绶翻在身。
吏道顿羁束，生涯难重陈。
北使经大寒，关山饶苦辛。
边兵若刍狗，战骨成埃尘。
行矣勿复言，归欤伤我神。
如何燕赵陲，忽遇平生亲。
开馆纳征骑，弹弦娱远宾。
飘摇天地间，一别方兹晨。
东道有佳作，南朝无此人。
性灵出万象，风骨超常伦。
吾党谢王粲，群贤推郄诜。
明时取秀才，落日过蒲津。

节苦名已富，禄微家转贫。
相逢愧薄游。抚己荷陶钧。
心事正堪尽，离居（一作忧）宁太频。
两河归路遥，二月芳草新。
柳接漳沱暗，莺连渤海春。
谁谓行路难，猥当希代珍。
提握每终日，相思犹比邻。
江海有扁舟，丘园有角巾。
君意定何适，我怀知所遵。
浮沉各异宜，老大贵全真。
莫作云霄计，遑遑随缙绅。

宋中别周、梁、李三子

曾是不得意，适来兼别离。
如何一尊酒，翻作满堂悲。
周子负高价，梁生多逸词。
周旋梁宋间，感激建安时。
白雪（一作云）正如此，青云（一作天）无自疑。
李侯怀英雄（一作清英），肮脏乃天资。
方寸且无间，衣冠当在斯。
俱为千里游，忽（一作匆）念两乡辞。
且见壮心在，莫嗟携手迟。
凉风吹北原，落日满（一作照）西陂。
露下草初白，天长云屡滋。
我心不可问（一作得），君去（一作兮）定何之。
京洛多知己，谁能忆左思。

宋中别李八

岁晏谁不归，君归意可说。
将趋倚门望，还念同人别。
驻马临长亭，飘然事明发。
苍茫眺千里，正值苦寒节。
旧国多转蓬，平台下明月。
世情薄疵贱，夫子怀贤哲。
行矣各勉旃，吾当挹馀烈。

别王彻

归客自南楚，怅然思北林（一作临）。萧条秋风暮，回首江淮深。
留君终日（一作留连愁作）欢，或为梁父吟。时辈想鹏举，他人嗟陆沉。
载酒登平台，赠君千里心。浮云暗长路，落日有归禽。
离别未足悲，辛勤当自任。吾知十年后，季子多黄金。

送萧十八与房侍御回还

常苦（一作悲）古人远，今见斯人古。澹泊遗声华，周旋必邹鲁。
故交在梁宋，游方出庭户。匹马鸣朔风，一身济河浒。
辛勤采兰咏，款曲翰林主。岁月催别离，庭闱远风土。
寥寥寒烟静，莽莽夕阴吐（一作云苦）。明发不在兹，青天眇难睹。

宋中送族侄式颜

（时张大夫贬括州，使人召式颜，遂有此作）

大夫击东胡，胡尘不敢起。
胡人山下哭，胡马海边死。
部曲尽公侯，舆台亦朱紫。
当时有勋业，末路遭谗毁。
转旆燕赵间，剖符括苍里。
弟兄莫相见，亲族远枌梓。
不改青云心，仍招布衣士。
平生怀感激，本欲候知己。
去矣难重陈，飘然自兹始。
游梁且未遇，适越今何以。
乡山西北愁，竹箭东南美。
峥嵘缙云外，苍莽几千里。
旅雁悲啾啾，朝昏孰云已。
登临多瘴疠，动息在风水。
虽有贤主人，终为客行子。
我携一尊酒，满酌聊劝尔。
劝尔惟一言，家声勿沦滓。

又送族侄式颜

惜君才未遇，爱君才若此。
世上五百年，吾家一千里。
俱游帝城下，忽在梁园里。
我今行山东，离忧不能已。

秋胡行（一作鲁秋胡）

妾本邯郸未嫁时，容华倚翠人未知。一朝结发从君子，将妾迢迢东鲁（一作路）陲。

时逢大道无艰阻，君方游宦从陈汝。蕙楼独卧频度春，彩阁辞君几徂暑。

三月垂杨蚕未眠，携笼结侣南陌边。道逢行子不相只，赠妾黄金买少年。

妾家夫婿经离久，寸心誓与长相守。愿言行路莫多情，道（一作送）妾贞心在人口。

日暮蚕饥相命归，携笼端饰来庭闱。劳心苦力终无恨，所冀（一作贵）君恩即（一作那）可依。

闻说行人已归止，乃是向来赠金子。相看颜色不复言，相顾怀惭有何已。

从来自隐无疑背，直为君情也相会。如何咫尺仍有情，况复迢迢千里外。

誓将（一作此时）顾恩不顾身，念君此日赴河津。莫道向来不得意，故欲留规诫后人。

古大梁行

古城莽苍（一作苍茫）饶荆榛，驱马荒城愁杀人。
魏王宫观（一作馆，一作殿）尽禾黍，信陵宾客随灰尘。
忆昨雄都旧朝市，轩车照耀歌钟起。
军容带甲三十万，国步连营（一作衡）一（一作五）千里。
全盛须臾那可论，高台曲池无复存。
遗墟但见狐狸迹（一作窟），古地空馀草木根。
暮天摇落伤怀抱，倚剑悲歌对秋草。

侠客犹传朱亥名，行人尚识夷门道。
白璧黄金万户侯，宝刀骏马填山丘。
年代凄凉不可问，往来唯有水东流。

邯郸少年行

邯郸城南（一作西）游侠子，自矜（一作言）生长邯郸里。
千场纵博家仍富，几度报仇身不死。
宅中歌笑日纷纷，门外车马常（一作轰）如云（一作如云屯）。
未知肝胆向谁是，令人却忆平原君。
君不见今人（一作即今）交态薄，黄金用尽还疏索。
以兹感叹（一作激）辞旧游，更于时事无所求。
且与少年饮美酒，往来射猎西山头。

燕歌行并序

开元二十六年（《英华》作十六年），客有从元戎出塞而还者，作《燕歌行》以示适。感征戍之事，因而和焉。

汉家烟尘在东北，汉将辞家破残贼。
男儿本自重横行，天子非常赐（一作借）颜色。
摐金伐鼓下榆关，旌旆逶迤碣石间。
校尉羽书飞瀚海，单于猎火照狼山。
山川萧条极边土，胡骑凭陵杂风雨。
战士军前半死生，美人帐下犹歌舞。
大漠穷秋塞草腓（一作衰），孤城落日斗兵稀。
身当恩遇恒（一作常）轻敌，力尽关山未解围。
铁衣远戍辛勤久，玉箸应啼别离后。
少妇城南欲断肠，征人蓟北空回首。
边庭（一作风）飘摇那可度（一作越），绝域苍茫（一作黄）更何（一作何所）有。

杀气三时（一作日）作阵云，寒声（一作风）一夜传刁斗。
相看白刃血（一作雪，一作徒）纷纷，死节从来岂顾勋。
君不见沙场征战苦，至今犹忆李将军。

古歌行

君不见汉家三叶从代至，高皇旧臣多富贵。
天子垂衣方晏如，庙堂拱手无馀议。
苍竹偃卧休征战，露台百金以为费。
田舍老翁不出门，洛阳少年莫论事。

人日寄杜二拾遗

人日题诗寄草堂，遥怜故人思故乡。
柳条弄色不忍见，梅花满枝空（一作堪）断肠。
身在远藩（一作南蕃）无所预，心怀百忧复千虑。
今年人日空相忆，明年人日（一作此日）知何处。
一卧东山三十春，岂知书剑老风尘。龙钟还忝二千石，愧尔东西南北人。

九日酬颜少府

檐前白日应可惜，篱下黄花为谁有。
行（一作客）子迎霜未授衣，主人得钱始（一作肯）沽酒。
苏秦憔悴人（一作时）多厌，蔡泽栖迟（一作栖遑）世看丑。
纵使登高只断肠，不如独坐空搔首。

送别

昨夜离心正郁陶，三更白露西风高。
萤飞木落何淅沥，此时梦见西归客。
曙钟寥亮三四声，东邻嘶马使人惊。
揽衣出户一相送，唯见归云纵复横。

赠别晋三处士

有人家住清河源，渡河问我游梁园。
手持道经注已毕，心知内篇口不言。
卢门十年见秋草，此心惆怅谁能道。
知己从来不易知，慕君为人与君好。
别时九月桑叶疏，出门千里无行车。
爱君且欲君先达，今上求贤早上书。

送浑将军出塞

将军族贵兵且强，汉家已是浑邪王。子孙相承在朝野，至今部曲燕支下。

控弦尽用阴山儿，登（一作临）阵常骑大宛马。银鞍玉勒绣蝥弧，每逐嫖姚破骨都。

李广从来先将士，卫青未肯学孙吴。传有沙场千万骑，昨日边庭羽书至。

城头画角三四声。匣里宝刀昼夜鸣。意气能甘万里去，辛勤判（一作动）作一年行。

黄云白草无前后，朝建旌旄夕刁斗。塞下应多侠少年，关西不见春杨柳。

从军借问所从谁，击剑酣歌当此时。远别无轻绕朝策，平戎早寄仲宣诗。

送蔡山人

东山布衣明古今，自言独未逢知音。
识者阅见一生事，到处豁然千里心。
看书学剑长辛苦，近日方思谒明主。
斗酒相留醉复醒，悲歌数年泪如雨。
丈夫遭遇不可知，买臣主父皆如斯。
我今蹭蹬无所似，看尔崩腾何若为。

封丘作（一作县）

我本渔樵孟诸野，一生自是悠悠者。
乍可狂歌草泽中，宁（一作那）堪作吏风尘下。
只言小邑无所为，公门百事皆有期。
拜迎官长心欲碎（一作破），鞭挞黎庶令人悲。
归（一作悲）来向家问妻子，举家欢笑今如此。
生事应须南亩田，世情尽付东流水。
梦想旧山安在哉，为衔君命且（一作日）迟回。
乃知梅福徒为尔，转忆陶潜归去来。

岑参诗

白雪歌送武判官归京

北风卷地白草折，胡天八月即飞雪。
忽如（一作然）一夜春风来，千树万树梨花开。
散入珠帘湿罗幕，狐裘不暖锦衾薄。
将军角（一作雕）弓不得控，都护铁衣冷难着。
瀚海阑干百丈（一作千尺）冰，愁云惨淡万里凝。
中军置酒饮归客，胡琴琵琶与羌笛。
纷纷暮雪下辕门，风掣红旗冻不翻。
轮台东门送君去，去时雪满天山路。
山回路转不见君，雪上空留马行处。

热海行送崔侍御还京

侧闻阴山胡儿语，西头热海水如煮。海上众鸟不敢飞，中有鲤鱼长且肥（海中有赤鲤）。

岸旁青草常不歇，空中白雪遥旋灭。蒸沙烁石燃虏云，沸浪炎波煎汉月。

阴火潜烧天地炉，何事偏烘西一隅？势吞月窟侵太白，气连赤坂通单于。

送君一醉天山郭，正见夕阳海边落。柏台霜威寒逼人，热海炎气为之（一作君）薄。

轮台歌奉送封大夫出师西征

轮台城头夜吹角，轮台城北旄头落。
羽书昨夜过渠黎，单于已在金山西。
戍楼西望烟尘黑，汉兵屯在轮台北。
上将拥旄西出征，平明（一作小胡）吹笛大军行。
四边伐（一作戍）鼓雪海涌，三军大呼阴山动。
虏塞兵气连云屯，战场白骨缠草根。
剑河风急雪片阔，沙（一作河）口石冻马蹄脱。
亚相勤王甘苦辛，誓将报主静边尘。
古来青史谁不见，今见功名胜古人。

敷水歌送窦渐入京

罗敷昔时秦氏女，千载无人空处所。昔时流水至今流，万事皆逐东流去。

此水东流无尽期，水声还似旧来时。岸花仍自羞红脸，堤柳犹能学翠眉。

春去秋来不相待，水中月色长不改。罗敷养蚕空耳闻，使君五马今何在。

九月霜天水正寒，故人西去度征鞍。水底鲤鱼幸无数，愿君别后垂尺素。

天山雪歌送萧治（一作沼）归京

天山有雪常不开，千峰万岭雪崔嵬。北风夜卷赤亭口，一夜天山雪更厚。

能兼汉月照银山，复逐胡风过铁关。交河城边飞鸟绝，轮台路上马蹄滑。

晻霭寒氛万里凝，阑干阴崖千丈冰。将军狐裘卧不暖，都护宝刀冻欲断。

正是天山雪下时，送君走马归京师。雪中何以赠君别，惟有青青松树枝。

火山云歌送别

火山突兀赤亭口，火山五月火云厚。
火云满山凝未开，飞鸟千里不敢来。
平明乍逐胡风断，薄暮浑随塞雨回。
缭绕斜吞铁关树，氛氲半掩交河戍。
迢迢征路火山东，山上孤云随马去。

青门歌送东台张判官

青门金锁平旦开，城头日出使车回。
青门柳枝正堪折，路傍一日几人别。
东出青门路不穷，驿楼官树灞陵东。
花扑征衣看似绣（一作锦），云随去马色疑骢。
胡姬酒垆日未午，丝绳玉缸酒如乳。
灞头落花没马蹄，昨夜微雨花成泥。
黄鹂翅湿飞转低，关东尺书醉懒题。
须臾望君不可见，扬鞭飞鞚疾如箭。
借问使乎何时来，莫作东飞伯劳西飞燕。

梁园歌送河南王说判官

君不见梁孝王修竹园，颓墙隐辚势仍存。
娇娥曼脸成草蔓，罗帷珠帘空竹根。
大梁一旦人代改，秋月春风不相待。
池中几度雁新来，洲上千年鹤应在（梁园中有雁池、鹤洲）。
梁园二月梨花飞，却似梁王雪下时。
当时置酒延枚叟，肯料平台狐兔走。
万事翻覆如浮云，昔人空在今人口。
单父古来称宓生，只今为政有吾兄（家兄时宰单父）。
辎轩若过梁园道，应傍琴台闻政声。

走马川行奉送出师西征（一作行）

君不见走马川行，雪海边（一作君不见走马沧海边），平沙莽莽黄入天。
轮台九月风夜吼，一川碎石大如斗，随风满地石乱走。
匈奴草黄马正肥，金山西见烟尘飞，汉家大将西出师。
将军金甲夜不脱，半夜军行戈相拨，风头如刀面如割。
马毛带雪汗气蒸，五花连钱旋作冰，幕中草檄砚水凝。
虏骑闻之应胆慑，料知短兵不敢接，车师西门伫献捷。

函谷关歌送刘评事使关西

君不见函谷关，崩城毁壁至今在。树根草蔓遮古道，空谷千年长不改。

寂寞无人空旧山，圣朝无外（一作事）不须关。白马公孙何处去，青牛老人更不还。

苍苔白骨空满地，月与古时长相似。野花不省见行人，山鸟何曾识关吏。

故人方乘使者车，吾知郭丹却不如。请君时忆关外客，行到关西多致书。

胡笳歌送颜真卿使赴河陇

君不闻胡笳声最悲，紫髯绿（一作碧）眼胡人吹。吹之一曲犹未了，愁杀楼兰征戍儿。

凉秋八月萧关道，北风吹断天山草。昆仑山南月欲斜，胡人向月吹胡笳。

胡笳怨兮将送君，秦山遥望陇山云。边城夜夜多愁梦，向月胡笳谁喜闻？

秦筝歌送外甥萧正归京

汝不闻秦筝声最苦，五色缠弦十三柱。
怨调慢声如欲语，一曲未终日移午。
红亭水木不知暑，忽弹黄钟和白纻。
清风飒来云不去，闻之酒醒泪如雨。
汝归秦兮弹秦声，秦声悲兮聊送汝。

送费子归武昌

汉阳归客悲秋草，旅舍叶飞愁不扫。
秋来倍忆武昌鱼，梦著只在巴陵道。
曾随上将过祁连，离家十年恒在边。
剑锋可惜虚用尽，马蹄无事今已穿。

知君开馆常爱客，樗蒱百金每一掷。
平生有钱将与人，江上故园空四壁。
吾观费子毛骨奇，广眉大口仍赤髭。
看君失路尚如此，人生贵贱那得知？
高秋八月归南楚，东门一壶聊出祖。
路指凤皇山北云，衣沾鹦鹉洲边雨。
勿叹蹉跎白发新，应须守道勿羞贫。
男儿何必恋妻子，莫向江村老却人。

送韩巽入都觐省便赴举

槐叶苍苍柳叶黄，秋高八月天欲霜。
青门百壶送韩侯，白云千里连嵩丘。
北堂倚门望君忆，东归扇枕后秋色。
洛阳才子能几人，明年桂枝是君得。

赠西岳山人李冈

君隐处，当一星。
莲花峰头饭黄精，仙人掌上演丹经。
鸟可到，人莫攀，隐来十年不下山。
袖中短书谁为达，华阴道士卖药还。

王昌龄诗

变行路难

向晚横吹悲，风动马嘶合。
前驱引旗（一作旌）节，千里阵云匝。
单于下阴山，砂砾空飒飒。
封侯取一战，岂复念闺阁。

塞下曲四首

蝉鸣空桑林（一作桑树间），八月萧关道。
出塞入塞寒（一作复入塞），处处黄芦草。
从来幽并客，皆共尘沙（一作向沙场）老。
莫学游侠儿，矜夸紫骝好。

饮马渡秋水，水寒风似刀。
平沙日未没，黯黯见临洮。
昔日（一作当日）长（一作龙）城战，咸言意气高。
黄尘足（一作漏，一作是）今古，白骨乱蓬蒿。（此首一本题作望临洮。）

奉诏甘泉宫，总征天下兵。
朝廷备礼出，郡国豫郊迎。
纷纷几万人，去者无全生。
臣愿节宫厩，分以赐边城。（一本无以下二首，同塞上曲题作三首。）

边头何惨惨，已葬霍将军。
部曲皆相吊，燕南代北闻。
功勋多被黜，兵马亦寻分。
更遣黄龙戍，唯当哭塞云。（一本此首题作塞上曲。）

塞上曲

秋风夜渡河，吹却雁门桑。
遥见胡地猎，鞴马宿严霜。
五道分兵去，孤军百战场。
功多翻下狱，士卒但心伤。

从军行二首

向夕临大荒，朔风轸归虑。
平沙万里馀，飞鸟宿何处？
虏骑猎长原，翩翩傍河去。
边声摇白草，海气生黄雾。
百战苦风尘，十年履霜露。
虽投定远笔，未坐将军树。
早知行路难，悔不理章句！

秋草（一作风）马蹄轻，角弓持弦急。
去为龙城战，正值胡兵袭。
军气横大荒，战酣日将入。
长风金鼓动，白露铁衣湿。
四起愁边声，南庭时伫立。
断蓬孤自转，寒雁飞相及。
万里云沙涨，平原冰霰涩。

惟闻汉使还，独向刀环泣。（一本无此首。）

少年行二首

西陵侠少年，送客短长亭。青槐夹两道（一作路），白马如流星。

闻道羽书急，单于寇井陉。气高轻赴难，谁顾（一作惟愿）燕山铭！

走马远相寻，西楼下夕阴。结交期一剑，留意赠千金。

高阁歌声远，重门柳色深。夜阑须尽饮，莫负百年心。（一本无此首。）

长歌行

旷野饶悲风，飕飕黄（一作多）蒿草。系马倚（一作停）白杨，谁知我怀抱。

所是（一作见）同袍（一作怀）者，相逢尽衰老。北（一作况）登汉家陵，南望长安道。

下有枯树根，上有鼯（一作鼷）鼠窠。高皇子孙尽，千载无人过。

宝玉频发掘，精灵其奈何。人生须达命，有酒且长歌。

悲哉行

勿（一作每）听白头吟，人间易忧怨！
若非沧浪子，安得从所愿？
北上太行山，临风阅吹万。
长云数千里，倏忽还肤寸。
观其微灭时，精意莫能论。

百年不容息，是处生意蔓。
始悟海上人，辞君永飞遁。

古 意

桃花四面发，桃叶一枝开。
欲暮黄鹂啭，伤心玉镜台。
清筝向明月，半夜春风来。

放歌行

南渡（一作望）洛阳津，西望十二楼。明堂坐天子，月朔朝诸侯。

清乐动千门，皇风被九州。庆云从东来（一作出），泱漭抱日流。

升平贵论道，文墨将何求？有诏征草泽，微诚将献谋（一作献谋猷）。

冠冕如星罗，拜揖曹与周。望尘非吾（一作君）事，入赋（一作职）且迟留。

幸蒙国士识，因脱负薪裘。今者放歌行，以慰梁甫愁。

但营数斗禄，奉养每丰羞。若（一作愿）得金膏遂，飞云亦可俦（一作求）。

越 女（乐府诗集作采莲曲）

越女作桂舟，还将桂为楫。
湖上水渺漫，清江不（一作初）可涉。
摘取芙蓉花，莫摘芙蓉叶。
将归问夫婿，颜色何如妾？

听弹风入松阕赠杨补阙

商风入我弦，夜竹深有露。弦悲与林寂，清景不可度。
寥落幽居心，飕飗青松树。松风吹草白，溪水寒日暮。
声意去复还，九变（一作辨）待一顾。空山多雨雪，独立君始悟。

出郴（一作柳）山口至叠（一作垒）石湾野人室中寄张十一

槠柟无冬春，柯叶连峰稠。
阴壁下苍黑，烟含清江楼。
景开独沿曳，响答随兴酬。
旦夕望吾友，如何迅孤舟。
叠沙积为岗，崩剥雨露幽。
石脉尽横亘，潜潭何时流？
既见万古色，颇尽一物由。
永与世人远，气还草木收。
盈缩理无馀，今往何必忧。
郴土群山高，耆老如中州。
孰云议舛（一作外）降，岂是娱宦游。
阴火昔所伏，丹砂将尔谋。
昨临苏耽井，复向衡阳求。
同（一作问）疚来相依，脱身当有筹。
数月乃离居，风湍成阻修。
野人善竹器，童子能溪讴。
寒月波荡漾，羁鸿去悠悠。

同从弟南斋玩月忆山阴崔少府

高卧南斋时，开帷（一作帐）月初吐。
清耀（一作辉）淡（一作澹）水木，演漾在窗户。
苒（一作荏）苒几盈虚，澄澄变今古。
美人清江畔，是夜越吟苦。
千里其（一作共）如何（一作何如），微风吹（一作出）兰（一作芳）杜。

从军行

大将军出战，白日暗榆关。
三面黄金甲，单于破胆还。

从军行七首

烽火城西百尺楼，黄昏独上（一作坐）海风秋。
更吹羌（一作横）笛关山月，无那（一作谁解）金闺万里愁。

琵琶起舞换新声，总是关山旧（一作离）别情。
撩乱边愁听（一作弹）不尽，高高秋月照长城。

关城榆叶早疏黄，日暮云沙古战场。
表请回军掩尘骨，莫教兵士哭龙荒。

青海长云暗雪山，孤城遥望玉（一作雁）门关。
黄沙百战穿金甲，不破楼兰终（一作竟）不还。

大漠风尘日色昏，红旗半卷出辕门。
前军夜战洮河北，已报生擒吐谷浑。

胡瓶落膊紫薄汗，碎叶城西秋月团。
明敕星驰封宝剑，辞君一夜取楼兰。（《统签》注云：薄汗疑作駮幹。）

玉门山嶂几千重，山北山南总是烽。
人依远戍须看火，马踏深山不见踪。

出塞二首

秦时明月汉时关，万里长征人（一作征夫尚）未还。
但使龙（一作卢）城飞将在，不教胡马度阴山。

骝马新跨白玉鞍，战罢沙场月色寒。
城头铁鼓声犹振，匣里金刀血未干。

采莲曲二首

吴姬越艳楚王妃，争弄莲舟水湿衣。
来时浦口花迎入，采罢江头月送归。

荷叶罗裙一色裁。芙蓉向脸两边开。
乱入池中看不见，闻歌始觉有人来。

殿前曲二首

贵人妆梳殿前催，香风吹入殿后来。
仗引笙歌大宛马，白莲花发照池台。

胡部笙歌西殿头，梨园弟子和凉州。
新声一段高楼月，圣主千秋乐未休。

春宫曲（唐人绝句作殿前曲）

昨夜风开露井桃，未央前殿月轮高。
平阳歌舞新承（一作承新）宠，帘外春寒赐锦袍。

西宫秋怨

芙蓉不及美人妆，水殿风来珠翠香。
谁分（一作问）含啼（一作却恨含情）掩秋扇，空悬明月待君王。

长信秋词五首

金井梧桐秋叶黄，珠帘不卷夜来霜。
熏（一作金）笼（一作炉）玉枕无颜色，卧听南宫（一作宫中）清漏长。

高殿秋砧响夜阑，霜深犹忆御衣寒。
银灯青琐裁缝歇，还向金城明主看。

奉帚平明金（一作秋）殿开，且将团扇暂（一作暂将团扇共）裴回。

玉颜不及寒鸦色，犹带昭阳日影来。

真成薄命久寻思，梦见君王觉后疑。

火照西宫知夜饮，分明复道奉恩时。

长信宫中秋月明，昭阳殿下捣衣声。

白露堂中细草迹，红罗帐里不胜情。

青楼曲二首

白马金鞍从武皇，旌旗十万宿长杨。

楼头小妇鸣筝坐，遥见飞尘入建章。

驰道杨花满御沟，红妆缦绾上青楼。

金章紫绶千馀骑，夫婿朝回初拜侯。

青楼怨

香帏风动花入楼，高调鸣筝缓夜愁。

肠断关山不解说，依依残月下帘钩。

浣纱女

钱塘江畔是谁家，江上女儿全胜花。

吴王在时不得出，今日公然来浣纱。

闺 怨

闺中少妇不曾（一作知）愁，春日凝妆上翠楼。
忽见陌头杨柳色，悔教夫婿觅封侯。

西江寄越弟

南浦逢君岭外还，沅溪更远洞庭山。
尧时恩泽如春雨，梦里相逢同入关。

李四仓曹宅夜饮

霜天留后（一作饮）故情欢，银烛金炉夜不寒。
欲问吴江别来意（一作处），青山明月梦中看。

宴春源

源向春城花几重，江明深翠引诸峰。
与君醉失松溪路，山馆寥寥传暝钟。

龙标野宴

沅溪夏晚足凉风，春酒相携就竹丛。
莫道弦歌愁远谪，青山明月不曾空。

听流人水调子

孤舟微月对枫林，分付鸣筝与客心。
岭色千重万重雨，断弦收与泪痕深。

梁 苑

梁园秋竹古时烟，城外风悲欲暮天。
万乘旌旗何处在，平台宾客有谁怜。

武陵龙兴观黄道士房问易因题（一作赠）

斋心问易太阳宫，八卦真形一气中。
仙老言馀鹤飞去，玉清坛上雨濛濛。

送魏二

醉别江楼橘柚香，江风引雨入舟凉。
忆君遥在潇湘月（一作上，一作湘山月），愁听清猿梦里长。

别李浦之京

故园今在灞陵西，江畔逢君醉不迷。
小弟邻庄尚渔猎，一封书寄数行啼。

送狄宗亨

秋在水清山暮蝉，洛阳树色鸣皋烟。
送君归去愁不尽，又惜空度凉风天。

送薛大赴安陆

津头云雨暗湘山，迁客离忧楚地颜。
遥送扁舟安陆郡，天边何处穆陵关。

芙蓉楼送辛渐二首

寒雨连江夜入吴，平明送客楚山孤。
洛阳亲友如相问，一片冰心在玉壶。

丹阳城南秋海阴，丹阳城北楚云深。
高楼送客不能醉，寂寂寒江明月心。

李白诗

远别离

远别离，古有皇英之二女；乃在洞庭之南，潇湘之浦。

海水直下万里深，谁人不言此离苦？日惨惨兮云冥冥，猩猩啼烟兮鬼啸雨。

我纵言之将何补？皇穹窃恐不照余之忠诚，云（一作雷）凭凭兮欲吼怒。

尧舜当之亦禅禹，君失臣兮龙为鱼，权归臣兮鼠变虎。

或言（一作云）尧幽囚，舜野死。九疑联绵皆相似，重瞳孤坟竟何（一作准）是？

帝子泣兮绿云间，随风波兮去无还。恸哭兮远望，见苍梧之深山。

苍梧山崩湘水绝，竹上之泪乃可灭。

蜀道难

噫吁嚱！危乎高哉！蜀道之难难于上青天！

蚕丛及鱼凫，开国何茫然。尔来四万八千岁，不与秦塞通人烟。

西当太白有鸟道，可以横绝峨眉巅。地崩山摧壮士死，然后天梯石栈相（一作方）钩连。

上有六龙回日之高标（一作横河断海之浮云），下有冲波逆折之回川。

黄鹤之飞尚不得过，猿猱欲度愁攀援（一作缘）。青泥何盘盘，百步九折萦岩峦。

扪参历井仰胁息，以手抚膺坐长叹。

问君（一作征人）西游何时（一作当）还，畏途巉岩不可攀。

但见悲鸟号古（一作枯）木，雄飞雌从（一作呼雌，一作从雌）绕林间。

又闻子规啼夜月，愁空山。蜀道之难难于上青天，使人听此凋朱颜！

连峰去天不盈尺（一作入烟几千尺），枯松倒挂倚绝壁。

飞湍瀑流争喧豗，砯崖转石万壑雷。其险也如（一作若）此，嗟尔远道之人胡为乎来哉。

剑阁峥嵘而崔嵬，一夫当关，万夫（一作人）莫开。

所守或匪亲（一作人），化为狼与豺。

朝避猛虎，夕避长蛇。磨牙吮血，杀人如麻。

锦城虽云乐，不如早还家。蜀道之难难于上青天，侧身西望长咨（一作令人）嗟。

梁甫吟

长啸《梁甫吟》，何时见阳春？君不见朝歌屠叟辞棘津，八十西来钓渭滨。

宁羞白发照清（一作渌）水，逢时吐（一作壮）气思经纶。

广张三千六百钓，风期（一作雅）暗与文王亲。大贤虎变愚不测，当年颇似寻常人。

君不见高阳酒徒起草中，长揖山东隆准公。

入门不拜（一作入门开说，一作一开游说）骋雄辩，两女辍洗来趋风。

东下齐城七十二，指挥（一作麾）楚汉如旋蓬。

狂客（一作生）落魄（一作拓）尚如此，何况壮士当群雄！

我欲攀龙见明主，雷公砰訇震天鼓。

帝傍投壶多玉女，三时大笑开（一作生）电光。

倏烁晦冥起风雨，阊阖九门不可通。

以额扣关阍者怒，白日不照吾精诚，杞国无事忧天倾。

猰貐磨牙竞人肉，驺虞不折生草茎。手接飞猱搏雕虎，侧足焦原未言苦。

智者可卷愚者豪，世人见我轻鸿毛。力排南山三壮士，齐相杀之费二桃。

吴楚弄兵无剧孟，亚夫咍尔为徒劳。梁甫吟（《梁甫吟》），声正悲。

张公两龙剑，神物合有时。风云感会起屠钓，大人岘屼当安之。

乌夜啼

黄云城边乌欲栖，归飞哑哑枝上啼。
机中织锦（一作闺中织妇）秦川女（一作家女），碧纱如烟隔窗语。
停梭怅然忆远人（一作向人问故夫），独宿孤（一作空）房（一作欲说辽西）泪如雨。

乌栖曲

姑苏台上乌栖时，吴王宫里醉西施。
吴歌楚舞欢未毕，青山欲（一作犹）衔半边日。
银箭金壶（一作金壶丁丁）漏水多，起看秋月坠江波。
东方渐高奈乐（一作尔）何。

战城南

去年战桑乾源，今年战葱河道。洗兵条支海上波，放马天山雪中草。

万里长征战，三军尽衰老。匈奴以杀戮为耕作，古来唯见白骨黄沙田。

秦家筑城避（一作备）胡处，汉家还有烽火燃。烽火燃不息，征战（一作长征）无已时。

野战格斗死，败马号鸣向天悲。乌鸢啄人肠，衔飞上挂枯树枝（一作衔飞上枯枝）。

士卒涂草莽，将军空尔为。乃知兵者是凶器，圣人不得已而用之。

将进酒

君不见黄河之水天上来，奔流到海不复回！

君不见高堂明镜悲白发，朝如青丝暮成雪。

人生得意须尽欢，莫使金樽空对月。

天生我材必有用，千金散尽还复来。

烹羊宰牛且为乐，会须一饮三百杯。

岑夫子，丹丘生，将进酒，君（一作杯）莫停。

与君歌一曲，请君为我侧（一作倾）耳听。

钟鼓馔玉不（一作何）足贵（一作钟鼎玉帛岂足贵），但愿长醉不愿（一作复）醒。

古来圣贤皆寂寞，惟有饮者留其名。

陈王昔时宴平乐，斗酒十千恣欢谑。

主人何为言少钱，径须沽取对君酌。

五花马，千金裘，呼儿将出换美酒，与尔同销万古愁！

行路难三首

金樽清酒斗十千，玉盘珍羞直万钱。

停杯投箸不能食，拔剑四顾心茫然。

欲渡黄河冰塞川，将登太行雪满山（一作暗天）。

闲来垂钓碧（一作坐）溪上，忽复乘舟梦日边。

行路难！行路难！多歧路，今安在？

长风破浪会有时，直挂云帆济沧海。

大道如青天，我独不得出。

羞逐长安社中儿，赤鸡白狗（一作雉）赌梨栗。

弹剑作歌奏苦声，曳裾王门不称情。

淮阴市井笑韩信，汉朝公卿忌贾生。

君不见昔时燕家重郭隗，拥篲（一作腰）折节无嫌猜。
剧辛乐毅感恩分，输肝剖胆效英才。
昭王白骨萦烂（一作蔓）草，谁人更扫黄金台？
行路难！归去来！

有耳莫洗颍川水，有口莫食首阳蕨。
含光混世贵无名，何用孤高比云月。
吾观自古贤达人，功成不退皆殒身。
子胥既弃吴江上，屈原终投湘水滨。
陆机雄才（一作才多）岂自保？李斯税驾苦不早；
华亭鹤唳讵可闻，上蔡苍鹰何足道。
君不见吴中张翰称（一作真）达生，秋风忽忆江东行。
且乐生前一杯酒，何须身后千载名！

长相思

长相思，在长安。
络纬秋啼金井栏，微（一作凝）霜凄凄簟色寒。
孤灯不明（一作寐）思欲绝，卷帷望月空长叹，美人如花（一作佳期迢迢）隔云端。
上有青冥之长天，下有渌水之波澜；天长路远魂飞苦，梦魂不到关山难。
长相思，摧心肝！

关山月

明月出天山，苍茫云海间。长风几万里，吹度玉门关。
汉下白登道，胡窥青海湾。由来征战地，不见有人还。

戍客望边色（一作邑），思归多苦颜。高楼当此夜，叹息未应闲（一作还）。

长干行二首

妾发初覆额，折花门前剧。
郎骑竹马来，绕床弄青梅。
同居长干里，两小无嫌猜。
十四为君妇，羞颜未尝（一作尚不）开。
低头向暗壁，千唤不一回。
十五始展眉，愿同尘与灰。
常存抱柱信，岂（一作耻）上望夫台。
十六君远行，瞿塘滟滪堆。
五月不可触，猿声（一作鸣）天上哀。
门前迟（一作旧）行迹，一一生绿（一作苍）苔。
苔深不能扫，落叶秋风早。
八月胡蝶来（一作黄），双飞西园草。
感此伤妾心，坐愁红颜老。
早晚下三巴，预将书报家。
相迎不道远，直至长风沙。

忆妾（一作昔）深闺里，烟尘不曾识。
嫁与长干人，沙头候风色。
五月南风兴，思君下（一作在）巴陵。
八月西风起，想君发扬子。
去来悲如何？见少离别多。
湘潭几日到，妾梦越风波。
昨夜狂风度，吹折江头树。
淼淼暗无边，行人在何处。

好乘浮云骢，佳期兰渚东。
鸳鸯绿蒲上，翡翠锦屏中。
自怜十五馀，颜色桃花红。
那作商人妇，愁水复愁风。（此篇一作张潮。黄庭坚作李益。）

古朗月行

小时不识月，呼作白玉盘。又疑瑶台镜，飞在白（一作青）云端。
仙人垂两足，桂树作（一作何）团团。白兔捣药成，问言与谁（一作谁与）餐？
蟾蜍蚀圆影，大明夜已残。羿昔落九乌，天人清且安。
阴精此沦惑，去去不足观。忧来其如何，凄（一作恻）怆摧心肝。

独不见

白马谁家子，黄龙边塞儿。
天山三丈雪，岂是远行时？
春蕙忽秋草，莎鸡鸣西（一作曲）池。
风摧寒棕（一作梭）响，月入霜闺悲。
忆与君别年，种桃齐蛾眉。
桃今百馀尺，花落成枯枝。
终然独不见，流泪空自知。

塞下曲六首

五月天山雪，无花只有寒。
笛中闻《折柳》，春色未曾看。
晓战随金鼓，宵眠抱玉鞍。

愿将腰下剑，直为斩楼兰。

天兵下北荒，胡马欲南饮。
横戈从百战，直为衔恩甚。
握雪海上餐，拂沙陇头寝。
何当破月氏，然后方高枕。

骏马似（一作如）风飚，鸣鞭出渭桥。
弯弓辞汉月，插羽破天骄。
阵解星芒尽，营空海雾消。
功成画麟阁，独有霍嫖姚！

白马黄金塞，云砂绕梦思。
那堪愁苦节，远忆边城儿？
萤飞秋窗满，月度霜闺迟。
摧残梧桐叶，萧飒沙棠枝。
无时独不见，流泪空自知。

塞虏乘秋人，天兵出汉家。
将军分虎竹，战士卧龙沙。
边月随弓影，胡霜拂剑花。
玉关殊未入，少妇莫长嗟！

烽火动沙漠，连照甘泉云。
汉皇按剑起，还召李将军。
兵（一作杀）气天上合，鼓声陇底闻。
横行负勇气，一战净妖氛。

塞上曲

大汉无中策，匈奴犯渭桥。五原秋草绿，胡马一何骄？
命将征西极，横行阴山侧。燕支落汉家，妇女无华色。
转战渡黄河，休兵乐事多。萧条清万里，瀚海寂无波。

玉阶怨

玉阶生白露，夜久侵罗袜。
却下水晶帘，玲珑望秋月。

襄阳曲四首

襄阳行乐处，歌舞《白铜鞮》。
江城回渌水，花月使人迷。

山公醉酒时，酩酊高（一作襄）阳下。
头上白接䍦，倒著还骑马。

岘山临汉江，水绿沙如雪（一作水色如霜雪）。
上有堕泪碑，青苔久磨灭。

且醉习家池，莫看堕泪碑。
山公欲上马，笑杀襄阳儿。

大堤曲

汉水临（一作横）襄阳，花开大堤暖。
佳期大堤下，泪向南云满。
春风无复（一作复无）情，吹我梦魂散。
不见眼中人，天长音信断。

清平调三首

天宝中，白供奉翰林。禁中初重木芍药，得四本红、紫、浅红、通白者，移植于兴庆池东沉香亭。会花开，上乘照夜白，太真妃以步辇从，诏选梨园中弟子尤者，得乐一十六色。李龟年以歌擅一时，手捧檀板，押众乐前，欲歌之。上曰："赏名花，对妃子，焉用旧乐词？"遂命龟年持金花笺，宣赐李白，立进《清平调》三章。白承诏，宿酲未解，因援笔赋之。龟年歌之。太真持颇梨七宝杯，酌西凉州葡萄酒，笑领歌词，意甚厚。上因调玉笛以倚曲，每曲偏将换，则迟其声以媚之。太真饮罢。敛绣巾重拜。上自是顾李翰林尤异于他学士。

云想衣裳花想容，春风拂槛露华浓。
若非群玉山头见，会向瑶台月下逢。

一枝秾（一作红）艳露凝香，云雨巫山枉断肠。
借问汉宫谁得似？可怜飞燕倚新妆。

名花倾国两相欢，长（一作常）得君王带笑看。
解释春风无限恨，沉香亭北倚栏（一作阑）干。

赠孟浩然

吾爱孟夫子，风流天下闻。
红颜弃轩冕，白首卧松云。
醉月频中圣，迷花不事君。
高山安可仰，徒此揖清芬。

庐山谣寄卢侍御虚舟

我本楚狂人，凤歌笑孔丘。手持绿玉杖，朝别黄鹤楼。

五岳寻仙不辞远，一生好入名山游。庐山秀出南斗傍，屏风九叠云锦张，影落明湖青黛光。

金阙前开二峰长，银河倒挂三石梁。香炉瀑布遥相望，回崖沓嶂凌苍苍。

翠影红霞映朝日，鸟飞不到吴天长。登高壮观天地间，大江茫茫去不还。

黄云万里动风色，白波九道流雪山。好为庐山谣，兴因庐山发。

闲窥石镜清我心，谢公行处苍苔没。早服还丹无世情，琴心三叠道初成。

遥见仙人彩云里，手把芙蓉朝玉京。先期汗漫九垓上，愿接卢敖游太清。

梦游天姥吟留别（一作别东鲁诸公）

海客谈瀛洲，烟涛微茫信难求。
越人语天姥，云霓（一作霞）明灭或可睹。
天姥连天向天横，势拔五岳掩赤城。
天台四万八千丈，对此欲倒东南倾。

我欲因之梦吴越，一夜飞渡镜湖月。
湖月照我影，送我至剡溪。
谢公宿处今尚在，渌水荡漾清猿啼。
脚著谢公屐，身登青云梯。
半壁见海日，空中闻天鸡。
千岩万转路不定，迷花倚石忽已暝。
熊咆龙吟殷岩泉，栗深林兮惊层巅。
云青青兮欲雨，水澹澹兮生烟。
列缺霹雳，丘峦崩摧。
洞天石扇，訇然中开。
青冥浩荡不见底，日月照耀金银台。
霓为衣兮风为马，云之君兮纷纷而来下。
虎鼓瑟兮鸾回车，仙之人兮列如麻。
忽魂悸以魄动，恍惊起而长嗟。
惟觉时之枕席，失向来之烟霞。
世间行乐亦如此，古来万事东流水。
别君去时何时还？
且放白鹿青崖间，须行即骑访名山。
安能摧眉折腰事权贵，使我不得开心颜！

金陵酒肆留别

风吹（一作白门）柳花满店香，吴姬压酒唤（一作劝，一作使）客尝。

金陵子弟来相送，欲行不行各尽觞。

请君试问（一作问取）东流水，别意与之谁短长？

金陵白下亭留别

驿亭三杨树，正当白下门。
吴烟暝长条，汉水啮古根。
向来送行处，回首阻笑言。
别后若见之，为余一攀翻。

黄鹤楼送孟浩然之广陵

故人西辞黄鹤楼，烟花三月下扬州。
孤帆远影碧山尽，惟见长江天际流。

留别贾舍人至二首

大梁白云起，飘摇（一作飖）来南洲。
裴回苍梧野，十见罗浮秋。
鳌抃山海倾，四溟扬洪流。
意欲托孤凤，从之摩天游。
凤苦道路难，翱翔还昆丘。
不肯衔我去，哀鸣惭不周。
远客谢主人，明珠难暗投。
拂拭倚天剑，西登岳阳楼。
长啸万里风，扫清胸中忧。
谁念刘越石，化为绕指柔。

秋风吹胡霜，凋此檐下芳。
折芳怨岁晚，离别凄以伤。
谬攀青琐贤，延我于北堂。

君为长沙客，我独之夜郎。
劝此一杯酒，岂惟道路长。
割珠两分赠，寸心贵不忘。
何必儿女仁，相看泪成行。

登金陵凤凰台

凤凰台上凤凰游，凤去台空江自流。
吴宫花草埋幽径，晋代衣冠成古丘。
三山半落青天外，二水中分白鹭洲。
总为浮云能蔽日，长安不见使人愁。

望庐山瀑布水二首

西登香炉峰，南见瀑布水。
挂流三百（一作千）丈，喷壑数十里。
欻如飞电（一作练）来，隐若白虹起。
初惊河汉（一作银河）落，半洒云天里（一作半泻金潭里）。
仰观势转雄，壮哉造化功。
海风吹不断，江（一作山）月照还空。
空中乱潀射，左右洗青壁。
飞珠散轻霞，流沫沸穹石。
而我乐名山，对之心益闲。
无论漱琼液，还得洗尘颜。
且谐宿所好，永愿辞人间。

日照香炉生紫烟，遥看瀑布挂前川。（一作庐山上与星斗连，日照香炉生紫烟。）

飞流直下三千尺，疑是银河落九天。

登庐山五老峰

庐山东南五老峰，青天削出金芙蓉。
九江秀色可揽结，吾将此地巢云松。

望黄鹤楼（萧本作“楼”，误。应为“山”）

东望黄鹤山，雄雄半空出。四面生白云，中峰倚红日。
岩峦行穹跨，峰嶂亦冥密。颇闻列仙人，于此学飞术。
一朝向蓬海，千载空石室。金灶生烟埃，玉潭秘清谧。
地古遗草木，庭寒老芝术。蹇余羡攀跻，因欲保闲逸。
观奇遍诸岳，兹岭不可匹。结心寄青松，永悟客情毕。

鹦鹉洲

鹦鹉来过吴江水，江上洲传鹦鹉名。
鹦鹉西飞陇山去，芳洲之树何青青！
烟开兰叶香风暖，岸夹桃花锦浪生。
迁客此时徒极目，长洲孤月向谁明？

秋登巴陵望洞庭

清晨登巴陵，周览无不极。明湖映天光，彻底见秋色。
秋色何苍然，际海俱澄鲜。山青灭远树，水绿无寒烟。
来帆出江中，去鸟向日边。风清长沙浦，山（一作霜）空云梦田。
瞻光惜颓发，阅水悲徂年。北渚既荡漾，东流自潺湲。
郢人唱《白雪》，越女歌《采莲》。听此更肠断，凭崖泪如泉。

金陵望汉江

汉江回万里，派作九龙盘。
横溃豁中国，崔嵬飞迅湍。
六帝沦亡后，三吴不足观。
我君混区宇，垂拱众流安。
今日任公子，沧浪罢钓竿。

秋登宣城谢朓北楼

江城如画里，山晓望晴空。两水夹明镜，双桥落彩虹。
人烟寒橘柚，秋色老梧桐。谁念北楼上，临风怀谢公？

望天门山

天门中断楚江开，碧水东流至（一作直）北（一作此）回。
两岸青山相对出，孤帆一片日边来。

杜甫诗

望 岳

岱宗夫如何？齐鲁青未了。
造化钟神秀，阴阳割昏晓。
荡胸生层云，决眦入归鸟。
会当凌绝顶，一览众山小。

丽人行

三月三日天气新，长安水边多丽人。
态浓意远淑且真，肌理细腻骨肉匀。
绣（一作画）罗衣裳照暮春，蹙金孔雀银麒麟。
头上何所有？翠微（一作为）匎（乌合反）叶（一作匐匎）垂鬓唇。
背（一作身）后何所见？珠压腰衱（一作襻，一作肢）稳称身。
就中云幕椒房亲，赐名大国虢与秦。
紫驼之峰（一作珍）出翠釜，水精之盘行素鳞。
犀箸厌饫久未下，銮刀缕切空（一作坐）纷纶。
黄门飞鞚不动尘，御厨络绎（一作丝络）送八珍。
箫鼓（一作管）哀吟感鬼神，宾从杂（一作合）遝实要津。
后来鞍马何逡巡？当轩（一作道）下马入锦茵。
杨花雪落覆白蘋，青鸟飞去衔红巾？
炙手可热势（一作世）绝伦，慎莫近（一作向）前丞相嗔。

（明皇每年十月幸华清宫，杨国忠姊妹五家扈从，每家为一队，著一色衣。五家合队，照映如百花之焕发，灿烂芳馥于路。而国忠私于虢国，不避雄狐之刺。每入朝，或联镳方驾，不施帏幔，同入禁中。）

哀江头

少陵汉宣帝葬杜陵，许后葬南园，谓之小陵，后人呼为少陵，杜甫家焉。

少陵野老吞声哭，春日潜行曲江曲。
江头宫殿锁千门，细柳新蒲为谁绿。
忆昔霓旌下南苑，苑中万物生颜色。
昭阳殿里第一人，同辇随君侍君侧。
辇前才（一作词）人带弓箭，白马嚼（一作噍）啮黄金勒。

翻身向天（一作空）仰射云，一箭（一作笑，一作发）正坠双飞翼。

明眸皓齿今何在？血污游魂归不得。

清渭东流剑阁深，去住彼此无消息。

人生有情泪沾臆，江水（一作草）江花岂终极。

黄昏胡骑尘满城，欲往城南忘南（一作望城）北。

哀王孙

《旧书》：天宝十五载六月九日，潼关不守。十二日，明皇自延秋出幸蜀，亲王妃主俱不及从。

长安城头头（一作多，一作颈）白乌，夜飞延秋门上呼。

又向（一作来）人家啄大屋，屋底达官走避胡。

金鞭断折九马死。骨肉不待（一作得）同驰驱。

腰下宝玦青珊瑚，可怜王孙泣路隅。

问之不肯道姓名，但道困苦乞为奴。

已经百日窜荆棘，身上无有完肌肤。

高帝子孙尽隆准（一作高准，音拙），龙种自与常人殊。

豺狼在邑龙在野，王孙善保千金躯。

不敢长语临交衢，且为王孙立斯须。

昨夜东（一作春）风吹血腥，东来橐驼（一作骆驼）满旧都。

朔方健儿好身手，昔何勇锐今何愚。

窃闻天（一作太）子已传位，圣德北服南单于。

花门剺面请雪耻，慎勿出口他人狙。

哀哉王孙慎勿疏，王陵佳气无时无。

北征

（原注：归至凤翔，墨制放往鄜州作。按鄜在凤翔东北，故曰北征。）

皇帝二载秋，闰八月初吉。杜子将北征，苍茫问家室。

维时遭艰虞（一作危），朝野少暇日。顾惭恩私被，诏许归蓬荜。

拜（一作奉）辞诣阙下（一作阁门），怵惕久未出。虽乏谏诤姿，恐君有遗失。

君诚中兴主，经纬固密勿。东胡反未已，臣甫愤所切。

挥涕恋行在，道途（一作路）犹恍惚。乾坤含（一作合）疮痍，忧虞何时毕？

靡靡逾阡陌，人烟眇萧瑟（一作索）。所遇多被伤，呻吟更流血。

回首凤翔县，旌旗晚明灭。前登寒山重，屡得饮马窟。

邠郊入地底，泾水中荡潏。猛虎立我前，苍崖吼时裂。

菊垂今秋花，石戴（一作带，一作载）古车辙。青云动高兴，幽事亦可悦。

山果多琐细，罗生杂橡栗。或红如丹砂，或黑如点漆。

雨露之所濡，甘苦（一作酸）齐结实。缅（一作缥）思桃源内，益叹身世拙。

坡陀望鄜畤，岩谷（一作谷岩）互出没。我行已水滨，我仆犹木末。

鸱鸟（一作枭）鸣黄桑，野鼠拱乱穴。夜深（一作中）经战场，寒月照白骨。

潼关百万师，往者散（一作败）何卒。遂令半秦民，残害为异物。

况我堕（一作随）胡尘，及归尽华发。经年至茅屋，妻子衣百结。

恸哭松声回（一作迴），悲泉共幽（一作鸣）咽。平生所娇儿，颜色白胜雪。

见耶背面啼，垢腻脚不袜。床前两小女，补绽才过膝。

海图拆波涛，旧绣移曲折。天吴及紫凤，颠倒在裋（一作短）褐。

老夫情怀恶，呕泄（一作咽）卧数日（一作数日卧呕泄）。那无囊中帛，救汝寒凛栗。

粉黛亦解苞（一作包），衾裯稍罗列。瘦妻面复光，痴女头自栉。

学母无不为，晓妆随手抹。移时施朱铅，狼藉画眉阔。

生还对童稚，似欲忘饥渴。问事竞挽须，谁能即嗔喝。

翻思在贼愁，甘受杂乱聒。新妇且慰意，生理焉能说（一作脱）。

至尊尚蒙尘，几日休练卒。仰观（一作看）天色改，坐（一作旁）觉妖气（一作氛）豁。

阴风西北来，惨澹随回鹘（一作纥）。其王愿助顺，其俗善（一作喜）驰突。

送兵五千人，驱马一万匹。此辈少为贵，四方服勇决。

所用皆鹰腾，破敌过（一作如）箭疾。圣心颇虚伫，时议气欲夺。

伊洛指掌收，西京不足拔。官军请深入，蓄锐何（一作可，一作伺）俱发。

此举开青徐，旋瞻略恒碣。昊天积霜露，正气有肃杀。

祸转亡胡岁，势成擒胡月。胡命其能久，皇纲未宜绝。

忆昨（一作昔）狼狈初，事与古先别。奸臣竟菹醢，同恶随荡析。

不闻夏殷（当作殷周）衰，中自诛褒妲。周汉获再兴，宣光果明哲。

桓桓陈将军，仗钺奋忠烈。微尔人尽非，于今国犹活。

凄凉大同殿，寂寞白兽闼。都人望翠华，佳气向金阙。

园陵固有神，扫洒数不缺。煌煌太宗业，树立甚宏达。

羌村

峥嵘赤云西，日脚下平地。柴门鸟雀噪，归客（一作客子）千里至。

妻孥怪我在，惊定（一作走）还拭泪。世乱遭飘荡，生还偶然遂。

邻人满墙头，感叹亦歔欷。夜阑更秉烛，相对如梦寐。

晚岁迫偷生，还家少欢趣。娇儿不离膝，畏我复却去。

忆昔好追凉，故绕池边树。萧萧北风劲，抚事煎百虑。

赖知禾黍（一作黍秫，一作黍稌）收，已觉糟床注。如今足斟酌，且用慰迟暮。

群鸡正（一作忽）乱叫，客至鸡斗争（一作正生）。驱鸡上树木，始闻叩柴荆。

父老四五人，问我久远行。手中各有携，倾榼浊复清。

苦（一作莫）辞酒味薄，黍地无人耕。兵革既未息，儿童（一作郎）尽东征。

请为父老歌，艰难愧深（一作馀）情。歌罢仰天叹，四座泪纵横。

新安吏

（原注：收京后作。虽收两京，贼犹充斥。钱谦益曰：以下诸诗，皆乾元二年自华州之东都道途所感而作。）

客行新安道，喧呼闻点兵。借问新安吏，县小更无丁？

府贴（一作符）昨夜（一作日）下，次选中男（天宝三载制：百性年十八为中男）行。

中男绝短小，何以守王城？肥男有母送，瘦男独伶俜。

白水暮东流，青山犹（一作闻）哭声。莫自使眼枯，收汝泪纵横。

眼枯即（一作却）见骨，天地终无情！我军取（一作至，一作收）相州，日夕望其平。

岂意贼难料，归军星散营。（九节度围邺日久，军无统帅，且乏食，史思明自魏来救，战于安阳，官军溃。郭子仪断河阳桥，保东京。）

就粮近故垒，练卒依旧京。掘壕不到水，牧马役亦轻。

此下俱言子仪留守事。况乃王师顺，抚养甚分明。

送行勿泣血（一作垂泣），仆射如父兄（子仪因滏水之败，从司徒降右仆射）。

潼关吏

安禄山兵北。哥舒翰请坚守潼关，明皇听杨国忠言，力趣出兵。翰抚膺恸哭而出，兵至灵宝，溃，关遂失守。

士卒何草草，筑城潼关道。大城铁不如，小城万丈馀。

借问潼关吏，修关（一作筑城）还备胡。要我下马行，为我指山隅。

连云列战格，飞鸟不能逾。胡来但自守，岂复忧西都。

丈（一作大）人视要处，窄（一作穿）狭容单车。艰难奋长戟，万（一作千）古用一夫。

哀哉桃林战，百万化为鱼。请嘱防关将，慎勿（一作莫）学哥舒。

石壕吏（陕县有石壕镇）

暮投石壕村，有吏夜捉人（如延切，见《烈女颂》）。

老翁逾墙走，老妇出门看（一作看门，一作首）。

吏呼一何怒，妇啼一何苦。

听妇前致词，三男邺城戍。

一男附书至（一作到），二男新战死。

存（一作在）者且（一作是）偷生，死者长已矣。

室中更无人，惟（一作所）有乳下孙。

有孙（一作孙有）母未去，出入（一作更）无完裙（一作孙母未便出，见吏无完裙）。

老妪力虽衰，请从吏夜归。

急应河阳役（李光弼与郭子仪相继守河阳城），犹得备晨炊。

夜久语声绝，如闻泣幽咽。

天明登前途，独与老翁别。

新婚别

兔丝附蓬麻，引蔓故（一作固）不长。嫁女与征夫，不如弃路旁。

结发为妻子（一作子妻，一作君妻），席不暖君床。暮婚晨告别，无乃太匆忙！

君行虽（一作既）不远，守边赴（一作戍）河阳。妾身未分明，何以拜姑嫜？

父母养我时，日（一作月）夜令我藏。生女有所归，鸡狗（一作犬）亦得（一作相）将。

君今（一作生）往死（一作死生）地，沈痛迫中肠。誓欲随君去（一作往），形势反苍黄。

勿为（一作政）新婚念，努力事戎行。妇人在军中，兵气恐不扬。

自嗟贫家女，久致（一作致此）罗襦裳。罗襦不复施，对君洗红妆。

仰视百鸟飞，大小必双翔。人事（一作生）多错迕，与君永相望。

垂老别

四郊未宁静，垂老（一作死）不得安。

子孙阵亡尽，焉用身独完？

投杖出门去，同行为辛酸。

幸有牙齿存（一作好），所悲骨髓（一作肉）干。

男儿既介胄，长揖别上官。

老妻卧路啼，岁暮衣裳单。

孰知是死别，且复伤其寒。

此去必不归，还闻劝加餐。

土门（井陉口名土门，八陉之一）壁甚坚，杏园（汲县有杏园镇。土门、杏园，皆在河北）度亦难。

势异邺城下，纵死时犹（一作独）宽。

人生有离合，岂择衰老（一作盛）端？
忆昔少壮日，迟回竟长叹。
万国尽征戍（一作东征），烽火被冈峦。
积尸草木腥，流血川原丹。
何乡为乐土，安敢尚盘桓。
弃绝蓬室居，塌然摧肺肝。

无家别

寂寞天宝后，园庐但蒿藜。我里百（一作万）馀家，世乱各东西。

存者无消息，死者为（一作委）尘泥。贱子因阵败，归来寻旧（一作故）蹊。

人（一作久）行见空巷（一作室），日瘦气惨凄。但对狐与狸，竖毛怒我啼。

四邻何所有？一二老寡妻。宿鸟恋本枝，安辞且穷栖。

方春独荷锄，日暮还灌畦。县吏知我至，召令习鼓鼙。

虽从本州役，内顾无所携。近行止一身，远去终转迷。

家乡既荡尽，远近理亦齐。永痛长病母，五年委沟溪。

生我不得力，终身两酸嘶。人生无家别，何以为蒸黎？

梦李白二首

李白卧庐山，永王璘反，迫致之。璘败，坐系寻阳狱，长流夜郎。久之，得释。

死别已吞声，生别常恻恻。江南瘴疠地，逐（一作远）客无消息。

故人入我梦，明我长相忆。恐非平生魂，路远（一作迷）不可测。

魂来枫叶（一作林）青，魂（一作梦）返关塞黑。君今在罗网，何以（一作似）有羽翼。

落月满屋梁，犹疑照（一作见）颜色。水深波浪阔，无使蛟龙得。

浮云终日行，游子久不至。三夜频梦君，情亲见君意。

告归常局促，苦道来不易。江湖多风波（一作秋多风），舟楫恐失坠。

出门搔白首，若（一作苦）负平生志。冠盖满京华，斯人独憔悴。

孰云网恢恢，将老身（一作才）反累。千秋万岁名，寂寞身后事。

前出塞九首

草堂本，《前出塞》编入天宝未乱以前在京师作。诸本皆与《后出塞》同编。《前出塞》为征秦陇之兵赴交河而作，《后出塞》为征东都之兵赴蓟门而作也。

戚戚去故里，悠悠赴交河。公家有程期，亡命婴祸罗。

君已富土境，开边一何多。充绝父母恩，吞声行负戈。

出门日已远，不受徒旅欺。骨肉恩岂断？男儿死无时。

走马脱辔头，手中挑青丝。捷下万仞（一作丈）冈，俯身试搴旗。

磨刀呜咽水，水赤刃伤手。欲轻肠断声，心绪乱已久。

丈夫誓许国，愤惋复何有。功名图骐驎，战骨当速朽。

送徒既有长，远戍亦有身。生死向前去，不劳吏怒嗔。

路逢相识人，附书与六亲。哀哉两决绝，不复同（一作问）苦辛。

迢迢万馀里，领我赴三军。军中异苦乐，主将宁尽闻。

隔河见胡骑，倏忽数百群。我始为奴仆（卫青奋於奴仆），几时树功勋！

挽弓当挽强，用箭当用长。射人先射马，擒贼（一作寇）先擒王。

杀人亦有限，列（一作立）国自有疆。苟能制侵陵，岂在多杀伤？

驱马天雨雪，军行入高山。径危抱寒石，指落曾冰间。
已去汉月远，何时筑城还？浮云暮南征，可望不可攀。

单于寇我垒，百里风尘昏。雄剑四五动，彼军为我奔。
虏其名王归，系颈授辕门。潜身备行列，一胜何足论？

从军十年馀，能无分寸功？众人贵苟得，欲语羞雷同。
中原有斗争，况在狄与戎？丈夫四方志，安可辞固（一作困）穷？

后出塞五首

男儿生世间，及壮当封侯。
战伐有功业，焉能守旧丘？
召募赴蓟门，军动不可留。
千金买马鞭（一作鞍），百金装刀头。
闾里送我行，亲戚拥道周。
斑白居上列，酒酣进庶羞。
少年别有赠，含笑看吴钩。

朝进东门营（一作营门），暮上河阳桥。
落日照大旗，马鸣风萧萧。
平沙列万幕，部伍各见招。
中天悬明月，令严夜寂寥。
悲笳数声动，壮士惨不骄。
借问大将谁？（天宝二年，禄山入朝，进骠骑大将军。）恐是霍嫖姚。

古人重守边，今人（一作日）重高勋。
岂知英雄主，出师亘（一作直）长云。
六合已一家，四夷且孤军。

遂使貔（一作螭）虎（一作武）士，奋身勇所闻。

拔剑击大荒，日收胡马群。

誓开玄冥北，持以奉吾君。

献凯日继踵，两蕃静无虞。

渔阳豪侠地，击鼓吹笙竽。

云帆转辽海，粳稻来东吴。

越罗与楚练，照耀舆台躯。

主将位益崇，气骄凌上都。

边人不敢议，议者死路衢。（初，禄山逆节渐露，有言其反者，明皇辄缚送之。遂无敢言者。）

我本良家子，出师亦多门。

将骄益愁思，身贵不足论。

跃马二十年，恐辜明主恩。

坐见幽州骑，长驱河洛昏。

中夜间道归，故里但空村。

恶名幸脱免，穷老无儿孙。

茅屋为秋风所破歌

八月秋高风怒号，卷我屋上三重茅。

茅飞度江洒（一作满）江郊，高者挂罥长林梢，下者飘转沉塘（一作堂）坳。

南村群童欺我老无力，忍能对面为盗贼，公然抱茅入竹去。

唇焦口燥呼不得，归来倚杖自叹息。俄顷风定云墨色，秋天漠漠向昏黑。

布衾多年冷似（一作象）铁，骄儿恶卧踏里裂。

床床（一作头）屋漏无干处，雨脚如麻未断绝。

自经丧乱少睡眠，长夜沾湿何由彻？

安得广厦千万间，大庇天下寒士俱欢颜，风雨不动安如山！

呜呼！何时眼前突兀见此屋？吾庐独破（一作坏）受冻死（一作意）亦足！

观公孙大娘弟子舞剑器行并序

大历二年十月十九日，夔府别驾元持（一作特）宅，见临颍李十二娘舞剑器。壮其蔚跂，问其所师（一本此下有答字）？曰："余公孙大娘弟子也。"开元三（一作五）载，余尚童稚，记于郾城观公孙氏舞剑器浑脱，浏漓顿挫，独出冠时。自高头宜春梨园二伎（一作教）坊内人洎外供奉，晓是舞者，圣文神武皇帝初，公孙一人而已。玉貌锦（一作绣）衣，况余白首，今兹弟子，亦匪盛颜。既辨其由来，知波澜莫二。抚事慷慨，聊为《剑器行》。往者吴人张旭，善草书帖，数常于邺（一作叶）县见公孙大娘舞西河剑器，自此草书长进，豪荡感激，即公孙可知矣。

昔有佳人公孙氏，一舞剑器动四方。

观者如山色沮丧，天地为之久低昂。

㸌如羿射九日落，矫如群帝骖龙翔。

来（一作未）如雷霆收震怒，罢如江海凝清光。

绛唇珠袖两寂寞，况（一作脱，一作晚）有弟子传芬芳。

临颍美人在白帝，妙舞此曲神扬扬。

与余问答既有以，感时抚事增惋伤。

先帝侍女八千人，公孙剑器初第一。

五十年间似反掌，风尘倾动（一作澒）洞昏王室。

梨园子弟散如烟，女乐馀姿映寒日。

金粟堆南木已拱，瞿唐（一作塘）石城草（一作暮）萧瑟。

玳筵（一作弦）急管曲复终，乐极哀来月东出。

老夫不知其所往，足茧荒山转愁疾（一作寂）。

魏将军歌

将军昔著从事衫，铁马驰突重两衔。披坚执锐略西极，昆仑月窟东崭岩。

君门羽林万猛士，恶若哮虎子所监。五年起家列霜戟，一日过海收风帆。

平生流辈徒蠢蠢，长安少年气欲尽。魏侯骨耸精爽紧，华岳峰尖见秋隼。

星躔宝校金盘陀（马装也），夜骑天驷超天河。欃枪荧惑不敢动，翠蕤云旓相荡摩。

吾为子起歌都护（乐府有丁督护歌，一曰阿都护。李白集亦作丁都护），酒阑插剑肝胆露。钩陈苍苍风玄武（一作玄武暮），万岁千秋奉明主，临江节士安足数？（宋陆阙有《临江节士歌》。）

月　夜

今夜鄜州月，闺中只独看。
遥怜小儿女，未解忆长安。
香雾云鬟湿，清辉玉臂寒。
何时（一作当）倚虚幌，双照泪痕干。

天末怀李白

凉风起天末，君子意如何？
鸿雁几时到？江湖秋水多。
文章憎命达，魑魅喜人过。
应共冤魂语，投诗赠汨罗。

野望

金华山北（一作南）涪水西，仲冬风日始凄凄。
山连越巂蟠三蜀，水散巴渝下五溪。
独鹤不知何事舞，饥乌似欲向人啼。
射洪春酒寒仍绿，目极伤神谁为携。

闻官军收河南河北

（原注：一作收两河。时史朝义兵败，走死广阳，诸将田承嗣、李怀仙等俱来降。）

剑外忽传收蓟北，初闻涕泪满衣裳。
却看妻子愁何在，漫卷诗书喜欲狂。
白日（一作首）放歌须纵酒，青春做伴好还乡。
即从巴峡穿巫峡，便下襄阳向洛阳（原注：余田园在东京）。

登高

风急天高猿啸哀，渚清沙白鸟飞回。
无边落木萧萧下，不尽长江滚滚来。
万里悲秋常作客，百年多病独登台。
艰难苦恨繁霜鬓，潦倒新停浊酒杯。

偶题

文章千古事，得失寸心知。作者皆殊列，名声岂浪垂。
骚人嗟不见，汉道盛于斯。前辈飞腾入，馀波绮丽为。

后贤兼旧列（一作制，一作利，一作例），历代各清规。法自儒家有，心从弱岁疲。

永怀江左逸，多病（一作谢）邺中奇。騄骥皆良马，骐驎带好儿。

车轮徒已斫，堂构惜（一作肯）仍亏。漫作《潜夫论》，虚传幼妇碑（一作词）。

缘情慰漂荡，抱疾屡迁移。经济惭长策，飞栖假一枝。

尘沙傍蜂虿，江峡绕蛟螭。萧瑟唐虞远，联翩楚汉危。

圣朝兼盗贼，异俗更喧卑。郁郁星辰剑，苍苍云雨池。

两都开幕府，万宇插军麾。南海残铜柱，东风避月支。

音书恨乌鹊，号怒怪熊罴。稼穑分诗兴，柴荆学土宜。

故山迷白阁，秋水隐（一作忆）黄（一作皇）陂。不敢要佳句，愁来赋别离。

秋兴八首

玉露凋伤枫树林，巫山巫峡气萧森。

江间波浪兼天涌，塞上风云接地阴。

丛菊两（一作重）开他日泪，孤舟（时方舣舟以俟出峡）一系故园心。

寒衣处处催刀尺，白帝城高急暮砧。

夔府孤城落日斜，每依南（一作北）斗望京华。

听猿实下三声泪，奉使虚随八月查（一作槎）。

画省香炉违伏枕，山楼粉堞隐悲笳。

请看石上藤萝月，已映洲前芦荻花。

千家山郭静朝晖，一日（一作百处，一作日日）江楼坐翠微。

信宿渔人还泛泛，清秋燕子故飞飞。

匡衡抗疏功名薄，刘向传经心事违。

同学少年多不贱，五陵衣马自轻肥。

闻道长安似弈棋，百年世事不胜（一作堪）悲。
王侯第宅皆新主，文武衣冠异昔时。
直北关山金鼓振，征西车马（一作骑）羽书迟（一作驰）。
鱼龙寂寞秋江冷（鱼龙以秋日为夜），故国平居有所思。

蓬莱宫阙对南山，承露金茎霄汉间。
西望瑶池降王母（杨贵妃初度女道士，故唐人多以王母比之），东来紫气满函关（唐以老子为祖，屡征符瑞）。
云移雉尾开宫扇，日绕龙鳞识圣颜。
一卧沧江惊岁晚，几回青琐照（一作点）朝班。

瞿唐峡口曲江头，万里风烟接素秋。
花萼夹城通御气，芙蓉小苑入边愁。
朱帘绣柱围黄鹤（一作鹄），锦缆牙樯起白鸥。
回首可怜歌舞地，秦中自古帝王州。

昆明池水汉时功，武帝旌旗在眼中。
织女机丝虚月夜（一作夜月），石鲸鳞甲动秋风。
波漂菰米沉云黑，露冷连房坠粉红。
关塞极天唯鸟道，江湖满地一渔翁。

昆吾（亭名，在蓝田）御宿（川名，在樊川）自逶迤，紫阁峰阴入渼陂。（一本二句倒转。）
香稻（一作红稻，一作红饭）啄馀（一作残）鹦鹉粒，碧梧栖老凤皇枝。
佳人拾翠春相问，仙侣同舟晚更移。
彩笔昔游（一作曾）干气象，白头吟望苦低垂。

咏怀古迹五首（吴若本作咏怀一章、古迹四首）

支离东北风尘际，漂（一作飘）泊西南天地间。
三峡楼台淹日月，五溪衣服共云山。
羯胡事主终无赖，词客哀时且未还。
庾信平生最萧瑟，暮年诗赋动江关。（庚信仕周，年侵二毛，时有乡关之思，乃作《哀江南赋》。）

摇落深知宋玉（一作为主）悲，风流儒雅亦吾师。
怅望千秋一洒泪，萧条异代不同时。
江山故宅空文藻，云雨荒台岂梦思？
最是楚宫俱泯灭，舟人指点到今疑。

群山万壑赴荆门，生长明妃尚有村。
一去紫台连朔漠，独留青冢向黄昏。
画图省识春风面，环佩空归月夜魂。
千载琵琶作胡语，分明怨（一作愁）恨曲中论。

蜀主窥吴幸三峡，崩年亦在永安宫（刘备改鱼复为永安，仍于州西置永安宫）。
翠华想像空（一作寒）山里，玉殿虚无野寺中。
古庙杉松巢水鹤，岁时伏腊走村翁。
武侯祠屋常邻近，一体君臣祭祀同。（原注：殿今为寺，庙在宫之东。）

诸葛大名垂宇宙，宗臣遗像肃清高。
三分割据纡筹策，万古云霄一羽毛。
伯仲之间见伊吕（张辅《乐葛优劣论》：孔明将与伊、吕争俦，岂与乐毅为伍），指挥若定失萧曹（崔浩《典论》云：诸葛亮不能与萧、曹匹亚)。

福(一作运)移汉祚难恢(一作终难)复,志决身歼军务劳。

江南逢李龟年

岐王(范)宅里寻常见,崔九(原注:殿中监崔涤,中书令湜之弟)堂前几度闻。

正是(一作值)江南好风景,落花时节又逢君。

登岳阳楼

昔闻洞庭水,今上岳阳楼。
吴楚东南坼,乾坤日夜浮。
亲朋无一字,老病有孤舟。
戎马关山北,凭轩涕泗流。

白居易诗

花非花

花非花,雾非雾。
夜半来,天明去。
来如春梦几多时?
去似朝云无觅处。

钱塘湖春行

孤山寺北贾亭西，水面初平云脚低。
几处早莺争暖树，谁家新燕啄春泥。
乱花渐欲迷人眼，浅草才能没马蹄。
最爱湖东行不足，绿杨阴里白沙堤。

晚归香山寺因咏所怀

我年日已老，我身日已闲。
闲出都门望，但见水与山。
关塞碧岩岩，伊流清潺潺。
中有古精舍，轩户无扃关。
岸草歇可藉，径萝行可攀。
朝随浮云出，夕与飞鸟还。
吾道本迂拙，世途多险艰。
尝闻嵇吕辈，尤悔生疏顽。
巢悟入箕颍，皓知返商巅（一作颜）。
岂唯乐肥遁，聊复祛忧患。
吾亦从此去，终老伊嵩间。

老 热

一饱百情足，一酣万事休。何人不衰老，我老心无忧。
仕者拘职役，农者劳田畴。何人不苦热，我热身自由。
卧风北窗下，坐月南池头。脑凉脱乌帽，足热濯清流。
慵发昼高枕，兴来夜泛舟。何乃有馀适，只缘无过求。
或问诸亲友，乐天是与不。亦无别言语，多道天（一作大）悠悠。

悠悠君不知，此味深且幽。但恐君知后，亦来从我游。

读老子

言者不如（一作知）知者默，此语吾闻于老君。
若道老君是知者，缘何自著五千文。

读庄子

庄生齐物同归一，我道同中有不同。
遂性逍遥虽一致，鸾凰终校胜蛇虫。(《万首绝句》作："去国辞家谪异方，中心自怪少忧伤。为寻庄子知归处。认得无何是本乡。")

读禅经

须知诸相皆非相，若住无馀即有馀。
言下妄言一时了，梦中说梦两重虚。
空花岂得兼求果，阳（一作物）焰如何更觅鱼。
摄动是禅禅是动，不禅不动即如如。

感兴二首

吉凶祸福有来由，但要深知不要忧。只见火光烧润屋，不闻风浪覆虚舟。

名为公器无多取，利是身灾合少求。虽异匏瓜难不食，大都食足早宜休。

鱼能深入宁忧钓，鸟解高飞岂触罗。热处先争炙手去，悔时其奈噬脐何。

尊前诱得猩猩血，幕上偷安燕燕窠。我有一言君记取，世间自取苦人多。

新秋喜凉

过得炎蒸月，尤宜老病身。衣裳朝不润，枕簟夜相亲。
楼月纤纤早，波风袅袅新。光阴与时节，先感是诗人。

初夏闲吟，兼呈韦宾客

孟夏清和月，东都闲散官。体中无病痛，眼下未饥寒。
世事闻常闷，交游见即欢。杯觞留客切，妓乐取人宽。
雪鬓随身老，云心著处安。此中殊有味，试说向君看。

杨柳枝二十韵并序

杨柳枝，洛下新声也。洛之小妓，有善歌之者，词章音韵，听可动人，故赋之。

小妓携桃叶，新声蹋柳枝。妆成剪烛后，醉起拂衫时。
绣履娇行缓，花筵笑上迟。身轻委回雪，罗薄透凝脂。
笙引簧频暖，筝催柱数移。乐童翻怨调，才子与妍词。
便想人如树，先将发比丝。风条摇两带，烟叶贴双眉。
口动樱桃破，鬟低翡翠垂。枝柔腰袅娜，荑嫩手葳蕤。
唳鹤晴呼侣，哀猿夜叫儿。玉敲音历历，珠贯字累累。
袖为收声点，钗因赴节遗。重重遍头别，一一拍心知。

塞北愁攀折，江南苦别离。黄遮金谷岸，绿映杏园池。
春惜芳华好，秋怜颜（一作翠）色衰。取来歌里唱，胜向笛中吹。
曲罢那能别，情多不自持。缠头无别物，一首断肠诗。

夏日闲放

时暑不出门，亦无宾客至。静室深下帘，小庭新扫地。
褰裳复岸帻，闲傲得自恣。朝景枕簟清，乘凉一觉睡。
午餐何所有，鱼肉一两味。夏服亦无多，蕉纱三五事。
资身既给足，长物徒烦费。若比箪瓢人，吾今太富贵。

病中宴坐

有酒病不饮，有诗慵不吟。
头眩（平声）罢垂钩，手痹休援琴。
竟日悄无事，所居闲且深。
外安支离体，中养希夷心。
窗户纳秋景，竹木澄夕阴。
宴坐小池畔，清风时动襟。

戒　药

促促急景中，蠢蠢微尘里。生涯有分限，爱恋无终已。
早夭羡中年，中年羡暮齿。暮齿又贪生，服食求不死。
朝吞太阳精，夕吸秋石髓。徼福反成灾，药误者多矣。
以之资嗜欲，又望延甲子。天人阴骘隙间，亦恐无此理。
域中有真道，所说不如此。后身始身存，吾闻诸老氏。

赠梦得

前日君家饮，昨日王家宴。今日过我庐，三日三会面。
当歌聊自放，对酒交相劝。为我尽一杯，与君发三愿。
一愿世清平，二愿身强健。三愿临老头，数与君相见。

北窗竹石（一作石竹）

一片瑟瑟石，数竿青青竹。向我如有情，依然看不足。
况临北窗（一作檐）下，复近西塘曲。筠风散馀清，苔雨含微绿。
有妻亦衰老，无子方茕独。莫掩夜窗扉，共渠相伴宿。

闲坐看书，贻诸少年

雨砌长寒芜，风庭落秋果。窗间有闲叟，尽日看书坐。
书中见往事，历历知福祸。多取终厚亡，疾驱必先堕。
劝君少干名，名为锢身锁。劝君少求利，利是焚身火。
我心知已久，吾道无不可。所以雀罗门，不能寂寞我。

对酒闲吟，赠同老者

人生七十稀，我年幸过之。远行将尽路（一作路尽），春梦欲觉时。
家事口不问，世名心不思。老既不足叹，病亦不能治。
扶持仰婢仆，将养信妻儿。饥饱进退食，寒暄加减衣。
声妓放郑卫，裘马脱轻肥。百事尽除去，尚馀酒与诗。
兴来吟一篇，吟罢酒一卮。不独适情性，兼用扶衰羸。
云液洒六腑，阳和生四肢。于中我自乐，此外吾不知。
寄问同老者，舍此将安归。莫学蓬心叟，胸中残是非。

香山居士写真诗并序

元和五年，予为左拾遗、翰林学士，奉诏写真于集贤殿御书院，时年三十七。会昌二年，罢太子少傅，为白衣居士，又写真於香山寺藏经堂，时年七十一。前后相望，殆将三纪，观今照昔，慨然自叹者久之。形容非一，世事几变，因题六十字以写所怀。

昔作少学士，图形入集贤。今为老居士，写貌寄香山。
鹤毳变玄发，鸡肤换朱颜。前形与后貌，相去三十年。
勿叹韶华子，俄成皤叟仙。请看东海水，亦变作桑田。

刘禹锡诗

更衣曲

博山炯炯吐香雾，红烛引至更衣处。
夜如何其（一作如何其夜）夜漫漫，邻鸡未鸣寒雁度。
庭前雪压松桂丛，廊下点点悬纱笼。
满堂醉客争笑语，嘈赞琵琶青幕中。

桃源行

渔舟何招招，浮在武陵水。拖（一作垂）纶掷饵信流去，误入桃源行数里。

清源寻尽花绵绵，踏花觅径至洞前。洞门苍黑烟雾生，暗行数步逢虚明。

俗人毛骨惊仙子，争来致词何至此。须臾皆破冰雪颜，笑言

（一作语）委曲问人（一作世）间。

因嗟隐身来种玉，不知人世（一作间）如风烛。筵羞石髓劝客餐，灯爇松脂留客宿。

鸡声犬声遥相闻，晓色葱笼开五云。渔人振衣起出户，满庭无路花纷纷。

翻然恐失（一作迷）乡县处，一息不肯桃源住。桃花满溪水似镜，尘心如垢洗不去。

仙家一出寻无踪，至今流水（一作水流）山重重。

洞庭秋月行

洞庭秋月生湖心，层波万顷如（一作豁）熔金（一作熔黄金）。
孤轮徐转光不定，游气濛濛隔寒镜。
是时白露三秋中，湖平月上天地空。
岳阳楼（一作城）头暮角绝，荡漾已过君山东。
山（一作孤）城苍苍夜寂寂，水月逶迤绕城白。
荡桨巴童歌竹枝，连樯估客吹羌笛。
势高夜久阴力全，金（一作爽）气肃肃开星（一作清）躔。
浮云野马归四裔，遥望星斗当中天。
天鸡相呼曙霞出，敛影含光让朝日。
日出喧喧人不闲，夜来清景非人间。

平蔡州三首

蔡州城中众心死，妖星夜落照壕（一作河）水。
汉家飞将下天来，马箠一挥门洞开。
贼徒崩腾望旗拜，有若群蛰惊春雷。
狂童面缚登槛车，太白（一作大帛）天矫垂捷书。
相公从容来镇抚，常侍郊迎负文弩。

四人归业闾里间，小儿跳浪（一作踉跳）健儿舞。

汝南晨鸡喔喔鸣，城头鼓角音和平。
路傍老人忆旧事，相与感激皆涕零。
老人收泣（一作泪）前致辞，官军入城人不知。
忽惊元和十二载，重（一作喜）见天宝承平时。

九衢车马浑浑流，使臣来献淮西囚。
四夷闻风失匕箸（一作皆失据，一作皆失箸），天子受贺登高楼。
妖童擢发不足数，血污城西一抔土。
南峰（一作烽，一作风）无火楚泽间，夜行不锁穆陵关。
策勋礼毕天下泰，猛士按剑看恒山（时唯恒山不庭）。

八月十五日夜桃源玩月

尘中见月心亦闲，况是清秋仙府间。凝光悠悠寒露坠，此时立在最高山。

碧虚无云风不起，山上长松山下水。群动翛然一顾中，天高地平千万里。

少君引我升玉坛，礼空遥请真仙官。云軿欲下星斗动，天乐一声肌骨寒。

金（一作朝）霞昕昕渐东上，轮欹影促犹频望。绝景良时难再并，他年此日应惆怅。（叔父元和中征昔事为桃源行，后贬官武陵，复为玩月作，并题于观壁。尔来星纪再周，既牵复此郡，仰见文字暗缺，伏虑他年转将尘没，故镌在贞石，以期不朽。太和四年，蔇谨记。）

采菱行并引（一作采芰女）

武陵俗嗜芰菱。岁秋矣，有女郎盛游于马湖，薄言采之，归以御客。古有《采菱曲》，罕传其词。故赋之以俟采诗者。

白马湖平秋日光，紫菱如锦彩鸳翔。荡舟游女满中央，采菱不顾马上郎。

争多逐胜纷相向，时转兰桡破轻浪。长鬟弱袂动（一作披）参差，钗影钏文（一作纹）浮荡漾。

笑语哇咬顾晚晖，蓼花绿岸扣舷（一作船）归。归来共到市桥步，野蔓系船萍满（一作惹）衣。

家家竹楼临广陌，下有连樯多估客。携觞荐芰夜经过，醉踏大堤相应歌。

屈平祠下沅江水，月照寒波白烟起。一曲南音此地闻，长安北望三千里。

松江送处州奚使君

吴越古今路，沧波朝夕流。
从来别离地，能使管弦愁。
江草带烟暮，海云含雨秋。
知君五陵客，不乐石门游。

思归寄山中友人

萧条对秋色，相忆在云泉。
木落病身死（一作起），潮平归思悬。
凉钟山顶寺，暝火渡头船。
此地非吾土，闲留又一年。

有感

死且不自觉，其馀安可论。
昨宵凤池客，今日雀罗门。
骑吏尘未息，铭旌风已翻。
平生红粉爱，惟解哭黄昏。

望夫山

何代提戈去不还，独留形影白云间。
肌肤销尽雪霜色，罗绮点成苔藓斑。
江燕不能传远信，野花空解妒愁颜。
近来岂少征人妇，笑采蘼芜上北山。

答东阳于令寒碧图诗并引

东阳令于兴宗，丞相燕国公之犹子。生绮襦纨裤间，所见皆贵盛，而挚然有心，如山东书生。前年白有司，愿为亲民官以自效，遂补东阳。及莅官，以简易为治，故多暇日。一旦，于县五里，偶得奇境，埋没于翳荟中。于生自以有特操，而生于公侯家，由覆荫入仕，常忽忽叹息。因移是心，开抉泉石，芟去萝茑，斧凡材，畚息壤，而清溪翠岩，森立坌来。因构亭其端，题曰寒碧。碧流贯于庭中，如青龙蜿蜒，冰（去声）彻射入。树石云霞列于前，昏旦万状。惜其居地不得有闻于时，故图之，来乞辞，既无负尤物，予亦久翳萝茑者，睹之慨然，遂赋七言，以贻后之文士。

东阳本是佳山水，何况曾经沈隐侯。
化得邦人解吟咏，如今县令亦风流。

新开潭洞疑仙境，远写丹青到雍州。
落在寻常画师手，犹能三伏凛生秋。

赠同年陈长史员外

明州长史外台郎，忆昔同年翰墨场。
一自分襟多岁月，相逢满眼是凄凉。
推贤有愧韩安国。论旧唯存盛孝章。
所叹谬游东阁下，看君无计出恓惶。

答柳子厚

年方伯玉早，恨比四愁多。
会待休车骑，相随出罻罗。

杨枝词二首

迎得春光先到来，浅黄轻绿映楼台。
只缘袅娜多情思，更被春风长倩猜（一作请挼，一作便被春风长挫摧）。

巫峡巫山杨柳多，朝云暮雨远相和。
因想阳台无限事，来君回唱竹（一作柳）枝歌。

竹枝词二首

杨柳青青江水平，闻郎江上唱歌声。
东边日出西边雨，道是无晴（一作情）却（一作还）有晴（一作情）。

楚水巴山江雨多，巴人能唱本乡歌。
今朝北客思归去，回入纥那披绿罗。

堤上行三首

酒旗相望大堤头，堤下连樯堤上楼。
日暮行人争渡急，浆声幽（一作咿）轧满中流。

江南江北望烟波，入夜行人相应歌。
桃叶传情竹枝怨，水流无限月明多。

春堤缭绕水徘徊，酒舍旗亭次第开。
日晚上楼（一作出帘）招估客，轲峨大艑落帆来。

踏歌词（一作行）四首

春江月出大堤平，堤上女郎连袂行。
唱尽新词欢（一作看）不见，红霞映（一作影）树鹧鸪鸣。

桃蹊柳陌好经过，灯下妆成月下歌。
为是襄王故宫地，至今犹自细腰多。（一作张籍《无题诗》。）

新词宛转递相传，振袖倾鬟风露前。
月落乌啼云雨散，游童陌上拾花钿。

日暮江头（一作江南）闻竹枝，南人行乐北人悲。
自从雪里唱新曲，直到三春花尽时。

步虚词二首

阿母种桃云海际，花落子成三（一作二）千岁。
海风（一作沧海）吹折最繁枝，跪捧琼（一作金）盘献天帝。

华表千年一鹤（一作鹤一）归，凝丹为顶雪为衣。
星星仙语人听尽。却向五云翻翅飞。

阿娇怨

望见葳蕤举翠华，试开金屋扫（一作锁）庭花。
须臾宫女传来信，言（一作云）幸平阳公主家。

秋词二首

自古逢秋悲寂寥，我言秋日胜春朝。
晴（一作横）空一鹤排云上，便引诗情到碧霄。

山明水净夜来霜，数树深红出浅黄。
试上高楼清入骨，岂如春色嗾人狂。

秋扇词

莫道恩情无重来，人间荣谢递相催。
当时初入君怀袖，岂念寒炉有死灰。

竹枝词九首（并引）

四方之歌，异音而同乐。岁正月，余来建平。里中儿联歌竹枝，吹短笛击鼓以赴节。歌者扬袂睢舞，以曲多为贤。聆其音，中黄钟之羽，卒章激讦如吴声，虽伧伫不可分，而含思宛转，有淇澳之艳音。昔屈原居沅湘间，其民迎神，词多鄙陋，乃为作《九歌》。到于今荆楚歌舞之，故余亦作竹枝九篇，俾善歌者扬之，附于末。后之聆巴歈，知变风之自焉。

白帝城头春草生，白盐山下蜀江清。
南人上来歌一曲，北人莫上动乡情。

山桃红花满上头，蜀江春水拍山流。
花红易衰似郎意，水流无限似侬愁。

江上朱楼新雨晴，瀼西春水縠纹生。
桥东桥西好杨柳，人来人去唱歌行。

日出三竿春雾消，江头蜀客驻兰桡。
凭（一作欲）寄狂夫书一纸，家住成都万里桥。

两岸山花似雪开，家家春酒满银杯。
昭君坊中多女伴，永安宫外踏青来。

城西门前滟滪堆，年年波浪不能摧（一作推）。
懊恼（一作恨）人心不如石，少时东去复西来。

瞿塘嘈嘈十二滩，人言（一作此中）道路古来难。
长恨人心不如水，等闲平地起波澜。

巫峡苍苍烟雨时，清猿啼在最高枝。
个里愁人肠自断，由来不是此声悲。

山上层层桃李花，云间烟火是人家。
银钏金钗来负水，长刀短笠去烧畲。

杨柳枝词九首

塞北梅花羌笛吹，淮南桂树小山词。
请君莫奏前朝曲，只唱新翻杨柳枝。

南陌东城春早时，相逢何处不依依。
桃红李白皆夸好，须得垂杨相发挥。

凤阙轻遮翡翠帏，龙池遥望曲尘丝。
御沟春水相（一作柳）辉映，狂杀长安年少儿。

金谷园中莺乱飞，铜驼陌上好风吹。
城中（一作东）桃李须臾尽，争似垂杨无限时。

花萼楼前初种时，美人楼上斗腰肢。
如今抛掷长（一作上）街里，露叶如啼欲向（一作恨）谁！

炀帝行宫汴水滨，数枝（一作株）杨（一作残）柳不胜春。
晚（一作昨）来风起花如雪，飞入宫墙不见人。

御陌青（一作东）门拂地垂，千条金缕万条丝。
如今绾作同心结，将赠行人知不知。

城外春风吹（一作满）酒旗，行人挥袂日西时。
长安陌上无穷树，唯有垂杨管别离。

轻盈袅娜占年华，舞榭妆楼处处遮。
春尽絮花（一作飞）留不得，随风好去落谁家。

浪淘沙九首

九曲黄河万里沙，浪淘风簸自天涯。
如今直上银河去，同到牵牛织女家。

洛水桥边春日斜，碧流清（一作轻）浅见琼砂。
无端陌上狂风急，惊起鸳鸯出浪花。

汴水东流虎眼纹，清淮晓色鸭头春。
君看渡口淘沙处，渡却人间多少人。

鹦鹉洲头浪飐沙，青楼春望日将斜。
衔泥燕子争归舍，独自狂夫不忆家。（一作张籍诗。）

濯锦江边两岸花，春风吹浪正淘沙。
女郎剪下鸳鸯锦，将向中流匹晚霞。

日照澄洲江雾开，淘金（一作沙）女伴满江隈。
美人首饰侯王印，尽是沙（一作江）中浪底来。

八月涛声吼地来，头高数丈触山回。
须臾却入海门去，卷起沙堆似雪堆。

莫道谗言如浪深，莫言迁客似沙沉。
千淘万漉虽辛苦，吹尽狂沙始到金。

流水淘沙不暂停，前波未灭后波生。
令人忽忆潇湘渚，回唱迎神三两声。

石头城

山围故国周遭在，潮打空城寂寞回。
淮水东边旧时月，夜深还过女墙来。

乌衣巷

朱雀桥边野草花，乌衣巷口夕阳斜。
旧时（一作来）王谢堂前燕，飞入寻常百姓家。

韩信庙

将略兵机命世雄，苍黄钟（一作汉）室叹良弓。
遂令后代登坛者，每一寻思怕立功。

秋夜安国观闻笙

织女分明银汉秋，桂枝梧叶共飕飗。
月露满庭人寂寂，霓裳一曲在高楼。

杨柳枝

杨子江头烟景迷，隋家宫树拂金堤。
嵯峨犹有（一作是）当时色，半蘸波中水鸟栖。

夜闻商人船中筝

大艑高帆一百尺，新声促柱十三弦。
扬州市里商人女，来占江西明月天。

柳宗元诗

柳州峒氓

郡城南下接通津，异服殊音不可亲。
青箬裹盐归峒客，绿荷包饭趁虚人（岭南人呼市为虚）。
鹅毛御腊缝山罽，鸡骨占年拜水神。
愁向公庭问重译，欲投章甫作文身。

种柳戏题

柳州柳刺史，种柳柳江边。
谈笑为故事，推移成昔年。
垂阴当覆地，耸干会参天。
好作思人树，惭无惠化传。

柳州二月榕叶落尽偶题

宦情羁思共凄凄，春半如秋意转迷。
山城过雨百花尽，榕叶满庭莺乱啼。

湘口馆潇湘二水所会

九疑浚倾奔，临源委萦回。
会合属空旷，泓澄停风雷。
高馆轩霞表，危楼临山隈。
兹辰始澄霁，纤云尽褰开。
天秋日正中，水碧无尘埃。
杳杳渔父吟，叫叫羁鸿哀。
境胜岂不豫，虑分固难裁。
升高欲自舒，弥使远念来。
归流驶且广，泛舟绝沿洄。

溪　居

久为簪组累，幸此南夷谪。
闲依农圃邻，偶似山林客。
晓耕翻露草，夜榜（一作䠙，孔孟切）响溪石。
来往不逢人，长歌楚天碧。

入黄溪闻猿溪在永州

溪路千里曲，哀猿何处鸣。
孤臣泪已尽，虚作断肠声。

江雪

千山鸟飞绝，万径人踪灭。
孤舟蓑笠翁，独钓寒江雪。

冉溪（公易共名为愚溪者是也）

少时陈力希公侯，许国不复为身谋。
风波一跌逝万里，壮心瓦解空缧囚。
缧囚终老无馀事，愿卜湘西冉溪地。
却学寿张樊敬侯，种漆南园待成器。

早梅

早梅发高树，迥映楚天碧。
朔吹飘夜香，繁霜滋晓白（一作日）。
欲为万里赠，杳杳山水隔。
寒英坐销落，何用慰远客？

田家三首

蓐食徇所务，驱牛向东阡。
鸡鸣村巷白，夜色归暮田。
札札耒耜声，飞飞来乌鸢。
竭兹筋力事，持用穷岁年。
尽输助徭役，聊就空自（一作舍）眠。
子孙日已长，世世还复然。

篱落隔烟火，农谈四邻夕。
庭际秋虫（一作蛩）鸣，疏麻方寂历。
蚕丝尽输税，机杼空倚壁。
里胥夜经过，鸡黍事筵席。
各言官长峻，文字多督责。
东乡后租期，车毂陷泥泽。
公门少推恕，鞭朴恣狼籍。
努力慎经营，肌肤真可惜。
迎新在此岁，唯恐踵前迹。

古道饶蒺藜，萦回古城曲。
蓼花被堤岸，陂水寒更渌。
是时收获竟，落日多樵牧。
风高榆柳疏，霜重梨枣熟。
行人迷去住，野鸟竞栖宿。
田翁笑相念，昏黑慎原陆。
今年幸少丰，无厌饘与粥。

行路难三首

君不见夸父逐日窥虞渊，跳踉北海超昆仑。
披霄决汉出沆漭，瞥裂左右遗星辰。
须臾力尽道渴死，狐鼠蜂蚁争噬吞。
北方竫人长九寸，开口抵掌更笑喧。
啾啾饮食滴与粒，生死亦足终天年。
睢盱大志小成遂，坐使儿女相悲怜。

虞衡斤斧罗千山，工命采斫杙与椽。
深林土剪十取一，百牛连鞅摧双辕。

万围千寻妨道路，东西蹶倒山火焚。
遗余毫末不见保，躏跞硐壑何当存。
群材未成质已夭，突兀哮豁空岩峦。
柏梁天灾武库火，匠石狼顾相愁冤。
君不见南山栋梁益稀少，爱材养育谁复论。

飞雪断道冰成梁，侯家炽炭雕玉房。
蟠龙吐耀虎喙张，熊蹲豹踯争低昂。
攒峦丛崿（五各反）射朱光，丹霞翠雾飘奇香。
美人四向回明珰，雪山冰谷晞太阳。
星躔奔走不得（一作可）止，奄忽双燕栖虹梁。
风台露榭生光饰，死灰弃置参与商。
盛时一去贵反贱，桃笙葵扇安可当。

笼鹰词

凄风淅沥飞岩霜，苍鹰上击翻曙光。
云披雾裂虹蜺断，霹雳掣电捎平冈。
砉然劲翮翦荆棘，下攫狐兔腾苍茫。
爪毛吻血百鸟逝，独立四顾时激昂。
炎风溽暑忽然至，羽翼脱落自摧藏。
草中狸鼠足为患，一夕十顾惊且伤。
但愿清商复为假，拔去万累（一作里）云间翔。

渔　翁

渔翁夜傍西岩宿，晓汲清湘燃楚竹。
烟销日出不见人，欸乃一声山水绿。
回看天际下中流，岩上无心云相逐。

饮 酒

今夕少愉乐，起坐开清尊。
举觞酹先酒（始为酒者也），为（一作遗）我驱忧烦。
须臾心自殊，顿觉天地暄。
连山变幽晦，绿水函晏温。
蔼蔼南郭门，树木一何繁。
清阴可自庇，竟夕闻佳言。
尽醉无复辞，偃卧有芳荪。
彼哉晋楚富，此道未必存。

读 书

幽沉谢世事，俯默（一作然）窥唐虞。上下观古今，起伏千万途。
遇欣或自笑，感戚亦以吁。缥帙各舒散，前后互相逾。
瘴疴扰灵府，日与往昔殊。临文乍了了，彻卷兀若无。
竟夕谁与言，但与竹素俱。倦极便（一作更）倒卧，熟寐乃一苏。
欠伸展肢体，吟咏心自愉。得意适其适，非愿为世儒。
道尽即闭口，萧散捐囚拘。巧者为我拙，智者为我愚。
书史足自悦，安用勤与劬。贵尔六尺躯，勿为名所驱。

感遇二首（永州作）

西陆动凉气，惊乌号北林。栖息岂殊性，集枯安可任。
鸿鹄去不返，勾吴阻且深。徒嗟日沉湎，丸鼓骛奇音。
东海久摇荡，南风已骎骎。坐使青天暮，小星愁太阴。
众情嗜奸利，居货捐（一作损）千金。危根一以振，齐斧来相寻。
揽衣中夜起，感物涕盈襟。微霜众所践，谁念岁寒心。

旭日照寒野，鸒斯起蒿莱。啁啾有馀乐，飞舞西陵隈。
回风旦夕至，零叶委陈荄。所栖不足恃，鹰隼纵横来。

咏 史

燕有黄金台，远致望诸君（乐毅为望诸君）。嗛嗛事强怨，三岁有奇勋。
悠哉辟疆理，东海漫浮云。宁知世情异，嘉谷坐熇焚。
致令委金石，谁顾蠢蠕群。风波欻潜构，遗恨意纷纭。
岂不善图后，交私非所闻。为忠不顾内（一作内）顾，晏子亦垂文。

咏三良

束带值明后，顾盼流辉光。
一心在陈力，鼎列夸四方。
款款效忠信，恩义皎如霜。
生时亮同体，死没宁分张？
壮躯闭幽隧，猛志填黄肠。
殉死礼所非，况乃用其良。
霸基弊不振，晋楚更张皇。
疾病命固乱，魏氏言有章。
从邪陷厥父，吾欲讨彼狂。

咏荆轲

燕秦不两立，太子已为虞。千金奉短计，匕首荆卿趋。
穷年徇所欲，兵势且见屠。微言激幽愤，怒目辞燕都。

朔风动易水，挥爵前长驱。函首致宿怨，献田开版图。

炯然耀（一作曜）电光，掌握罔正（一作匹）夫。造端何其锐，临事竟趦趄。

长虹吐白日，仓卒反受诛。按剑赫凭怒，风雷助号呼。

慈父断子首，狂走无容躯。夷城芟七族，台观皆焚污。

始期忧患弭，卒动灾祸枢。秦皇本诈力，事与桓公殊。

奈何效曹子，实谓勇且愚。世传故多谬，太史征无且。

掩役夫张进骸

生死悠悠尔，一气聚散之。偶来纷喜怒。奄忽已复辞。

为役孰贱辱，为贵非神奇。一朝纩息定，枯朽无妍媸。

生平勤皂枥，剉秣不告疲。既死给槥椟，葬之东山基。

奈何值崩湍，荡析临路垂。髐然暴百骸（一作体），散乱不复支。

从者幸告余，眷之涓然悲。猫虎获迎祭，犬马有盖帷。

伫立唁尔魂。岂复识此为。畚锸载埋瘗，沟渎护其危。

我心得所安，不谓尔有知。掩骼著春令，兹焉适其时。

及物非吾事（一作辈），聊且顾尔私。

韩愈诗

山　石

山石荦确行径微，黄昏到寺蝙蝠飞。升堂坐阶新雨足，芭蕉叶大支（即栀字）子肥。

僧言古壁佛画好，以火来照所见稀。铺床拂席置羹饭，疏粝亦足饱我饥。

夜深静卧百虫绝，清月出岭光入扉。天明独去无道路，出入高下穷烟霏。

山红涧碧纷烂漫，时见松枥皆十围。当流赤足蹋涧石，水声激激风吹衣。

人生如此自可乐，岂必局束（一作促）为人鞿？嗟哉吾党二三子，安得至老不更归！

八月十五夜赠张功曹

张功曹，署也，愈与署以贞元二十一年二月二十四日赦自南方，俱徙掾江陵，至是俟命于郴，而作是诗。

纤云四卷天无河，清风吹空月舒波。沙平水息声影绝，一杯相属君当歌。

君歌声酸辞且苦，不能听终泪如雨。洞庭连天九疑高，蛟龙出没猩鼯号。

十生九死到官所，幽居默默如藏逃。下床畏蛇食畏药，海气湿蛰熏腥臊。

昨者州前捶大鼓，嗣皇继圣登夔皋。赦书一日行万里，罪从大辟皆除死。

迁者追回流者还，涤瑕荡垢清朝班。州家申名使家抑，坎轲只得移荆蛮。

判司卑官不堪说，未免捶楚尘埃间。同时辈流多上道，天路幽险难追攀。

君歌且休听我歌，我歌今与君殊科。一年明月今宵多，人生由命非由他。

有酒不饮奈明（一作月）何！

谒衡岳庙遂宿岳寺题门楼

五岳祭秩皆（一作比）三公，四方环镇嵩当中。
火维地荒足妖怪，天假神柄专其雄。
喷云泄雾藏半腹，虽有绝顶谁能穷？
我来正逢秋雨节，阴气晦昧无清（一作晴）风。
潜心默祷若有应，岂非正直能感通。
须臾静扫众峰出，仰见突兀撑青（一作晴）空。
紫盖连延接天柱，石廪腾掷堆祝融（衡山有五峰，紫盖、天柱、石廪、祝融、芙蓉）？
森然魄动下马拜，松柏一径趋灵宫。
粉墙丹柱动光彩，鬼物图画填青红。
升阶伛偻荐脯酒，欲以菲薄明其衷。
庙令老人识神意，睢盱侦伺能鞠躬。
手持杯珓导我掷，云此最吉馀难同。
窜逐蛮荒幸不死，衣食才足甘长终。
侯王将相望久绝，神纵欲福难为功。
夜投佛寺上高阁，星月掩映云曈昽（一作朦）。
猿鸣钟动不知曙，杲杲寒日生于东。

洞庭湖阻风赠张十一署（时自阳山徙掾江陵）

十月阴气盛，北风无时休。苍茫洞庭岸，与子维双舟。
雾雨晦争泄，波涛怒相投。犬鸡断四听，粮绝谁与谋。
相去不容步，险如碍山丘。清谈可以饱，梦想接无由。
男女喧左右，饥啼但啾啾。非怀北归兴，何用胜羁愁。
云外有白日，寒光自悠悠。能令暂开霁，过是吾无求。

听颖（一作颎）师弹琴

昵昵（一作妮妮）儿女语，恩怨相尔汝。
划然变轩昂，勇士赴敌场。
浮云柳絮无根蒂，天地阔远随飞扬。
喧啾百鸟群，忽见孤凤凰。
跻攀分寸不可上，失势一落千丈强。
嗟余有两耳，未省听丝篁。
自闻颖师弹，起坐在一旁（一作床）。
推手遽止之，湿衣泪滂滂。
颖乎尔诚能，无以冰炭置我肠！

苦寒歌

黄昏苦寒歌，夜半（一作半夜）不能休。
岂不有阳春，节岁（一作岁节）聿其周（一作岁聿不其周），君何爱重裘。
兼味养大贤，冰食葛制神所怜（一作诚可怜）。
填窗塞户慎勿出，暄风暖景明年日。

芍药歌（一本作王司马红芍药歌）

丈人庭中开好花，更无凡木争春华。翠茎红蕊天力与，此恩不属黄钟家。

温馨熟美鲜香起，似笑无言习君子。霜刀翦汝天女劳，何事低头学桃李。

娇痴婢子无灵性（一作性灵），竞挽春衫来此并。欲将双颊一晞（一作稀）红，绿窗磨遍青铜镜。

一尊春酒甘若饴，丈人此乐无人知。花前醉倒歌者谁，楚狂小子韩退之。

赠徐州族侄

我年十八九，壮气起胸中。
作书献云阙，辞家逐秋蓬。
岁时易迁次，身命多厄穷。
一名虽云就，片禄不足充。
今者复何事，卑栖寄徐戎。
萧条资用尽，濩落门巷空。
朝眠未能起，远怀方郁悰。
击门者谁子，问言乃吾宗。
自云有奇术，探妙知天工。
既往怅何及，将来喜还通。
期我语非佞，当为佐时雍。

李贺诗

李凭箜篌引

吴丝蜀桐张高秋，空白（一作山）凝云颓不流。
江娥啼竹素女愁，李凭中国弹箜篌。
昆山玉碎凤皇叫，芙蓉泣露香兰笑。

十二门前融冷光，二十三丝动紫皇。
女娲炼石补天处，石破天惊逗秋雨。
梦入坤（一作神）山教神妪，老鱼跳波瘦蛟舞。
吴质不眠倚桂树，露脚斜飞湿寒兔。

过华清宫

春月夜啼鸦，宫帘隔御花。
云生朱络暗，石断紫钱斜。
玉碗盛残露，银灯点旧纱。
蜀王无近信，泉上有芹芽。

雁门太守行

《幽闲鼓吹》云：贺以诗歌谒韩愈，时愈送客归，极困，解带读之。首篇乃《雁门太守行》，即束带见之。

黑云压城城欲摧，甲光向日（一作月）金鳞开。
角声满天秋色里，塞上（一作土）燕脂凝夜紫。
半卷红旗临易水，霜重鼓寒声（一作声寒）不起。
报君黄金台上意，提携玉龙为君死。

湘 妃

筠竹千年老不死，长伴秦（一作神）娥盖湘水。
蛮娘吟弄满寒空，九山静绿泪花红。
离鸾别凤烟梧中，巫云蜀雨遥相通。
幽愁秋气上青枫（一作清神），凉夜波间吟古龙。

南园十三首

花枝草蔓眼中开，小白长红越女腮。
可怜日暮嫣香落，嫁与春风不用媒。

宫北田塍晓气酣，黄桑饮露窣宫帘。
长腰健妇偷攀折，将喂吴王八茧蚕。

竹里缫丝挑网车，青蝉独噪日光斜。
桃胶迎夏香琥珀，自课越佣能种瓜。

三十未有（一作满）二十馀，白日长饥小甲蔬。
桥头长老相哀念，因遗戎韬一卷书。

男儿何不带吴钩（一作横刀），收取关山五十州。
请君暂上凌烟阁，若个书生万户侯。

寻章摘句老雕虫，晓月当帘挂玉弓。
不见年年辽海上，文章何处哭秋风。

长卿牢落悲空舍，曼倩诙谐取自容。
见买若耶溪水剑，明朝归去事猿公。

春水初生乳燕飞，黄蜂小尾扑花归。
窗含远色通书幌，鱼拥香钩近石矶。

泉沙软卧鸳鸯暖，曲岸回篙舴艋迟。
泻酒木栏椒叶盖，病容扶起种菱丝。

边让今朝忆蔡邕，无心裁曲卧春风。
舍南有竹堪书字，老去溪头作钓翁。

长峦谷口倚稽家，白昼千峰老翠华。
自履藤鞋收石蜜，手牵苔絮长莼花。

松溪黑水新龙卵，桂洞生硝旧马牙。
谁遣（一作为，又作道）虞卿裁道帔，轻绡一匹染朝霞。

小树开朝径，长茸湿夜烟。
柳花惊雪浦，麦雨涨溪田。
古刹疏钟度，遥岚破月悬。
沙头敲石火，烧竹照渔船。

金铜仙人辞汉歌并序

魏明帝青龙元年（应为五年）八月，诏宫官牵车西取汉孝武捧露盘仙人，欲立置前殿。宫官既拆盘，仙人临载，乃潸然泪下。唐诸王孙李长吉，遂作《金铜仙人辞汉歌》。

茂陵刘郎秋风客，夜闻马嘶晓无迹。画栏桂树悬秋香，三十六宫土花碧。

魏官牵车指千里，东关酸风射眸子。空将汉月出宫门，忆君清泪如铅水。

衰兰送客咸阳道，天若有情天亦老。携盘独出月荒凉，渭城已远波声小。

老夫采玉歌

采玉采玉须水碧，琢作步摇徒好色。老夫饥寒龙为愁，蓝溪水气无清白。

夜雨冈头食蓁子，杜鹃口血老夫泪。蓝溪之水厌生人，身死千年恨溪水。

斜山柏风雨如啸，泉脚挂绳青袅袅。村寒白屋念娇婴，古台石磴悬肠草。

致酒行

零落栖迟一杯酒，主人奉觞客长寿。主父西游困不归，家人折断门前柳。

吾闻马周昔作新丰客，天荒地老无人识。空将笺上两行书，直犯龙颜请恩泽。

我有迷魂招不得，雄鸡一声天下白。少年心事当拏云，谁念幽寒坐呜呃。

箜篌引（又曰公无渡河）

公乎公乎，提壶将焉如。
屈平沉湘不足慕，徐衍入海诚为愚。
公乎公乎，床有菅席盘有鱼。
北里有贤兄，东邻有小姑。
陇亩油油黍与葫（一作禾），瓦瓯浊醪蚁浮浮。
黍可食，醪可饮，公乎公乎其奈居。
被发奔流竟何如，贤兄小姑哭呜呜。

神弦别曲

巫山（一作阳）小女隔云别，春风松花山上发。
绿盖独穿香径归，白马花竿前孑孑。
蜀江风澹水如罗，堕兰谁泛相经过。
南山桂树为君死，云衫浅污红脂花。

绿水词

今宵好风月，阿侯在何处？
为有倾人色（一作城），翻成足愁苦。
东湖采莲叶，南湖拔（一作折）蒲根（一作茸）。
未持寄小姑，且持感愁魂（一作秋风）。

沙路曲

柳脸（一作阴）半眠丞相树，珮马钉铃踏沙路。
断烬遗香袅翠烟，烛（一作独）骑啼乌（一作鸣）上天去。
帝家玉龙开九关，帝前动（一作簪）笏移南山。
独垂重印押千官，金窠（一作科）篆字红屈盘。
沙路归来闻好语，旱火不光天下雨。

吕将军歌

吕将军，骑赤兔，独携大胆出秦门，金粟堆边哭陵树。
北方逆气污青天，剑龙夜叫将军闲。
将军振袖挥剑锷，玉阙朱城有门阁。
榼榼银龟摇白马，傅粉女郎火（一作大）旗下。

恒山铁骑请金枪，遥闻箙中花箭香。
西郊寒蓬叶如刺，皇天新（一作亲）栽养神骥。
厩中高桁排（一作挑）蹇蹄，饱食青刍饮白水。
圆苍低迷盖张地，九州人事皆如此。
赤山秀铤御时英，绿眼将军会天意。

休洗红

休洗红，洗多红色浅。
卿卿骋少年，昨日殷桥见。
封侯早归来，莫作弦上箭。

神弦曲

西山日没东山昏，旋风吹马马踏云。
画弦素管声浅繁，花裙绛縩步秋尘。
桂叶刷风桂坠子，青狸哭血寒狐死。
古壁彩虬金帖尾，雨工骑入秋（一作夜骑入）入潭水。
百年老鸮成木魅，笑声碧火巢中起。

将进酒

琉璃锺，琥珀浓，小槽酒滴真珠红。
烹龙炮凤玉脂泣，罗屏（一作帏）绣幕围香（一作春）风。
吹龙笛，击鼍鼓。皓齿歌，细腰舞。
况是青春日将暮，桃花乱落如红雨。
劝君终日酩酊醉（一作归），酒不到刘伶坟上土。

美人梳头歌

西施晓梦绡帐寒，香鬟堕髻半沉檀。辘轳咿哑转鸣玉，惊起芙蓉睡新足。

双鸾开镜秋水光，解鬟临镜立象床。一编香丝云撒地，玉钗落处无声腻。

纤手却盘老鸦色，翠滑宝钗簪不得。春风烂漫恼娇慵，十八鬟多无气力。

妆成鬖髻欹不斜，云裾数步踏雁沙。背人不语向何处？下阶自折樱桃花。

感讽六首

人间春荡荡，帐暖香扬扬。
飞光染幽红，夸娇来洞房。
舞席泥金蛇，桐竹罗花床。
眼逐春暝醉，粉随泪色黄。
王子下马来，曲沼鸣鸳鸯。
焉知肠车转，一夕巡九方？

苦风吹朔寒，沙惊秦木折。
舞影逐空天，画鼓馀清节。
蜀书秋信断，黑水朝波咽。
娇魂从回风，死处悬乡月。

杂杂胡马尘，森森边士戟。
天教胡马战，晓云皆血色。
妇人携汉卒，箭箙囊巾帼。
不惭金印重，踉跄腰鞬力。

恂恂乡门老，昨夜试锋镝。
走马遣书勋，谁能分粉墨？

青门（一作鸟，又作马）放弹去，马色连空郊。
何年帝家物，玉装鞍上摇。
去去走犬归，来来坐烹羔。
千金不了馔，狢（一作格）肉称盘臊。
试问谁家子，乃老（一作云）能佩刀？
西山白盖下，贤俊寒萧萧。

晓菊泫（一作泣）寒露，似悲团扇风。
秋凉经汉殿，班子泣衰红。
本无辞辇意，岂见入空宫？
腰衱佩珠断，灰蝶生阴松。

蝶（一作蜂）飞红粉台，柳扫吹笙道。
十日悬户庭，九秋无衰（一作素）草。
调歌送风转，杯池白鱼小。
水宴截香腴，菱科映青罩。
苹蒙（一作茸）梨花满，春昏弄长啸（一作笑）。
唯愁苦花落，不悟世衰到。
抚旧唯销（一作伤）魂，南山坐悲峭（一作啸）。

莫愁曲

草生龙坡下，鸦噪城堞头。何人此城里？城角栽石榴。
青丝系五马，黄金络双牛。白鱼驾莲船，夜作十里游。
归来无人识，暗上沉香楼。罗床倚瑶瑟，残月倾帘钩。

今日槿花落，明朝桐树秋。莫（一作若）负平生意，何名何（一作作）莫愁？

夜来乐

红罗复帐金流（一作涂）苏，华灯九枝悬鲤鱼。
丽人映月开铜铺，春水滴酒猩猩沽。
（一本有价字）重一篋，香十株，赤金瓜子兼杂麸。
五丝封青凫（一作五色丝封青凫，一作五色丝封青玉凫），阿侯此笑千万馀。
南轩汉转帘影疏，桐林哑哑挟子乌。
剑崖鞭节青石珠，白騧吹湍凝霜须。
漏长送佩承明（一作胡）庐，倡楼嵯峨明月孤。
新客下马故客去，绿蝉秀黛重拂梳。

嘲　雪

昨日发葱岭，今朝下兰渚。
喜从千里来，乱笑含春语（一作雨）。
龙沙湿汉旗，风扇迎秦素。
久别辽城鹤，毛衣已应故。

春怀引

芳蹊密影成花洞，柳结浓烟花（一作阴香）带重。
蟾蜍碾玉挂（一作作）明弓，捍拨装金打仙凤。
宝枕垂云选春梦，钿合碧寒龙脑冻。
阿侯系锦觅周郎，凭仗东风好相送。

白虎行

火乌日暗崩腾云，秦皇虎视苍生群。
烧书灭国无暇日，铸剑佩玦惟（一作呼）将军。
玉坛设醮思冲天，一世一世当万年。
烧丹未得不死药，拏舟海上寻神仙。
鲸鱼张鬣海波沸，耕人半作征人鬼。
雄豪气猛如焰烟（一作猛焰裂烧空），无人为决天河水。
谁最苦兮谁最苦，报人义士深相许。
渐离击筑荆卿歌，荆卿把酒燕丹语。
剑如霜兮胆（一作肠）如铁，出燕城兮望秦月。
天授秦封祚未移（一作终），衮龙衣点荆卿血。
朱旗卓地白虎死，汉皇知（一作却）是真天子。

有所思

去年陌上歌离曲，今日君书远游蜀。
帘外花开二月风，台前泪滴千行竹。
琴心与妾肠，此夜断还续。
想君白马悬雕弓，世间何处无春风？
君心未肯镇如石，妾颜不久如花红。
夜残高碧横长河，河上无梁空白波。
西风未起悲龙梭，年年织素攒双蛾。
江山迢递无休绝，泪眼看灯乍明灭。
自从孤馆深锁窗，桂花几度圆还缺。
鸦鸦向晓鸣森木，风过池塘响丛玉。
白日萧条梦不成，桥南更问仙人卜。

杜牧诗

过华清宫绝句三首

长安回望绣成堆，山顶千门次第开。
一骑红尘妃子笑，无人知是（一作道）荔枝来。

新丰绿树起黄埃，数骑渔阳探使回。（帝使中使辅璆琳探禄山反否，璆琳受禄山金，言禄山不反。）
霓裳一曲千峰上，舞破中原始下来。

万国笙歌醉太平，倚天楼殿月分明。
云中乱拍禄山舞，风过重峦下笑声。

登乐游原

长空澹澹孤鸟没，万古销沉向此中。
看取汉家何事（一作似）业，五陵无树起秋风。

江南春绝句

千里莺啼绿映红，水村山郭酒旗风。
南朝四百八十寺，多少楼台烟雨中。

将赴宣州留题扬州禅智寺

故里溪头松柏双，来时尽日倚松窗。
杜陵隋苑已绝国，秋晚南游更渡江。

登池州九峰楼寄张祜

百感中来不自由，角声孤起夕阳楼。
碧山终日思无尽，芳草何年恨即（一作始）休？
睫在眼前长（一作犹）不见，道非身外更（一作欲）何求？
谁人得似张公子，千首诗轻万户侯。

隋堤柳

夹岸垂杨三百里，只应图画最相宜。
自嫌流落西归疾，不见东风二月时。

柳绝句

数树新开翠影齐，倚风情态被春迷。
依依故国樊川恨，半掩村桥半掩溪（一作拂溪）。

独　柳

含烟一株柳，拂地摇风久。
佳人不忍折，怅望回纤手。

早 雁

金河秋半虏弦开，云外（一作际）惊飞四散哀。
仙掌月明孤影过，长门灯暗数声来。
须知胡骑纷纷在（一作虽随胡马翩翩去），岂逐春风一一回。
莫厌（一作好是）潇湘少人处，水多菰米岸莓苔。

赤 壁（一作李商隐诗）

折戟沉沙铁未（一作半）销，自将磨洗认前朝。
东风不与周郎便，铜雀春深锁二乔。

泊秦淮

烟笼寒水月笼沙，夜泊秦淮近酒家。
商女不知亡国恨，隔江犹唱后庭花。

题乌江亭

胜败兵家（一作由来）事不（一作不可）期，包羞忍耻是男儿。
江东子弟多才（一作豪）俊，卷土重来未可知。

寄扬州韩绰判官

青山隐隐水迢迢（一作遥遥），秋尽江南草木凋。
二十四桥明月夜，玉人何处教吹箫。

遣兴

镜弄白髭须，如何作老夫。
浮生长匆匆，儿小且呜呜。
忍过事堪喜，泰来忧胜无。
治平心径熟，不遣有穷途。

早秋

疏雨洗空旷，秋标惊意新。
大热去酷吏，清风来故人。
尊酒酌未酌，晚（一作晓）花嚬不嚬。
铢秤与缕雪，谁觉老陈陈。

秋思

热去解钳钛，飘萧秋半时。
微雨池塘见，好风襟袖知。
发短梳未足，枕凉闲且攲。
平生分过此，何事不参差。

入商山

早入商山百里云，蓝溪桥下水声分。
流水旧声人旧耳，此回呜咽不堪闻。

少年行

官为骏马监，职帅羽林儿。两绶藏不见，落花何处期。
猎敲白玉镫，怒袖紫金锤。田窦长留醉，苏辛曲让岐。
豪持出塞节，笑别远山眉。捷报云台贺，公卿拜寿卮。

赠渔父

芦花深泽静垂纶，月夕烟朝几十春。
自说孤舟寒水畔，不曾逢著独醒人。

山　行

远上寒山石径斜，白云生处有人家。
停车坐爱枫林晚，霜叶红于二月花。

闻　角

晓楼烟槛出云霄，景下林塘已寂寥。
城角为秋悲更远，护霜云破海天遥。

华清宫

零叶翻红万树霜，玉莲开蕊暖泉香。
行云不下朝元阁，一曲淋铃泪数行。

长安晴望

翠屏山对凤城开，碧落摇光霁后来。
回识六龙巡幸处，飞烟闲绕望春台。

早秋客舍

风吹一片叶，万物已惊秋。独夜他乡泪，年年为客愁。
别离何处尽，摇落几时休？不及磻溪叟，身闲长自由。

秋晚江上遣怀

孤舟天际外，去路望中赊。
贫病远行客，梦魂多在家。
蝉吟秋色树，鸦噪夕阳沙。
不拟彻双鬓，他方掷岁华。

金谷园

繁华事散逐香尘，流水无情草自春。
日暮东风怨啼鸟，落花犹似堕楼人。

江 楼

独酌芳春酒，登楼已半醺。
谁惊一行雁，冲断过江云。

旅宿

旅馆无良伴，凝情自悄然。
寒灯思旧事，断雁警愁眠。
远梦归侵晓，家书到隔年。
湘江好烟月，门系钓鱼船。

杜鹃

杜宇竟何冤，年年叫蜀门。
至今衔积恨，终古吊残魂。
芳草迷肠结，红花染血痕。
山川尽春色，呜咽复谁论。

闻蝉

火云初似灭，晓角欲微清。
故国行千里，新蝉忽数声。
时行仍仿佛，度日更分明。
不敢频倾耳，唯忧白发生。

赠别

眼前迎送不曾休，相续轮蹄似水流。
门外若无南北路，人间应免别离愁。
苏秦六印归何日，潘岳双毛去值秋。
莫怪分襟衔泪语，十年耕钓忆沧洲。

李商隐诗

锦瑟

锦瑟无端五十弦，一弦一柱思华年。
庄生晓梦迷蝴蝶，望帝春心托杜鹃。
沧海月明珠有泪，蓝田日暖玉生烟。
此情可待成追忆，只是当时已惘然。

蝉

本以高难饱，徒劳恨费声。
五更疏欲断，一树碧无情。
薄宦梗犹泛，故园芜已平。
烦君最相警，我亦举家清。

赠刘司户蕡

江风吹（一作扬）浪动云根，重碇危樯白日昏。
已断燕鸿初起势，更惊骚客后归魂。
汉廷急诏（一作召）谁先入，楚路高歌自欲翻。
万里想逢欢复泣，凤巢西隔九重门。

哭刘司户二首

离居星岁易，失望死生分。酒瓮凝余桂，书签冷旧芸。
江风吹雁急，山木带蝉曛。一叫千回首，天高不为闻。

有美扶皇运，无谁荐直言。已为秦逐客，复作楚冤魂。
湓浦应分派，荆江有会源。并将添恨泪，一洒问乾坤。

登乐游原

向晚意不适，驱车登古原。
夕阳无限好，只是近黄昏。

夜雨寄北

君问归期未有期，巴山夜雨涨秋池。
何当共剪西窗烛，却话巴山夜雨时。

令狐八拾遗（绹见招送裴十四归华州）

二十中郎未足希（一作稀），骊驹先自有光辉。
兰亭宴罢方回去，雪夜诗成道韫归。
汉苑风烟吹客梦，云台洞穴接郊扉。
嗟予久抱临邛渴，便欲因君问钓矶。

宿骆氏亭寄怀崔雍崔衮

竹坞无尘水槛清，相思迢递隔重城。
秋阴不散霜飞晚，留得枯荷听雨声。

风 雨

凄凉宝剑篇，羁泊欲穷年。黄叶仍风雨，青楼自管弦。
新知遭薄俗，旧好隔良缘。心断新丰酒，消愁斗（一作又）几千。

寄令狐郎中

嵩云秦树久离居，双鲤迢迢一纸书。
休问梁园旧宾客，茂陵秋雨病相如。

无 题（一云阳城）

白道萦回入暮霞，斑骓嘶断七香车。
春风自共何人笑，枉破阳城十万家。

哭刘蕡

上帝深宫（一作居）闭九阍，巫咸不下问衔冤。
广陵别后春涛隔，湓浦书来秋雨翻。
只有安仁能作诔，何曾宋玉解招魂。
平生风义兼师友，不敢同君哭寝门。

杜工部蜀中离席

人生何处不离群？世路干戈惜暂分。
雪岭未归天外使，松州犹驻殿前军。
座中醉客延醒客，江上晴云杂雨云。
美酒成都堪送老，当垆仍是卓文君。

隋宫

紫泉宫殿锁烟霞，欲取芜城作帝家。
玉玺不缘归日角，锦帆应是到天涯。
于今腐草无萤火，终古垂杨有暮鸦。
地下若逢陈后主，岂宜重问后庭花！

筹笔驿

猿（一作鱼）鸟犹疑畏简书，风云常为护储胥。
徒令上将挥神笔，终见降王走传车。
管乐有才终（一作真）不忝，关、张无命欲（一作复）何如？
他年锦里经祠庙，梁父吟成恨有余。

屏风

六曲连环接翠帷，高楼半夜酒醒时。
掩灯遮雾密如此，雨落月明俱不知。

武侯庙古柏

蜀相阶前柏，龙蛇捧閟宫。
阴成外江畔，老向惠陵东。
大树思冯异，甘棠忆召公。
叶凋湘燕雨，枝拆（一作坼）海鹏风。
玉垒经纶远，金刀历数终。
谁将出师表，一为问昭融？

咏　史

历览前贤国与家，成由勤俭破由奢。
何须琥珀方为枕，岂得真珠始是车？
运去不逢青海马，力穷难拔蜀山蛇。
几人曾预南薰曲？终古苍梧哭翠华。

无题二首

昨夜星辰昨夜风，画楼（一作堂）西畔桂堂东。
身无彩凤双飞翼，心有灵犀一点通。
隔座送钩春酒暖，分曹射覆蜡灯红。
嗟余听鼓应官去，走马兰台类断（一作转）蓬。

闻道阊门萼绿华，昔年相望抵（一作尚）天涯。
岂知一夜秦楼客，偷看吴王苑内花。

汉宫词

青雀西飞竟未回，君王长在集灵台。
侍臣最有相如渴，不赐金茎露一杯。

无题四首

来是空言去绝踪，月斜楼上五更钟。
梦为远别啼难唤，书被催成墨未浓。
蜡照半笼金翡翠，麝熏微度绣芙蓉。
刘郎已恨蓬山远，更隔蓬山一万重。

飒飒东风细雨来，芙蓉塘外有轻雷。
金蟾齿锁烧香入，玉虎牵丝汲井回。
贾氏窥帘韩掾少，宓妃留枕魏王才。
春心莫共花争发，一寸相思一寸灰。

含情春晼（一作院）晚，暂见夜阑干。
楼响将登怯，帘烘欲过难。
多羞钗上燕，真愧镜中鸾。
归去横塘晓，华星送宝鞍。

何处哀筝随急管，樱花永巷垂杨岸。
东家老女嫁不售，白日当天三月半。
溧阳公主年十四，清明暖后同墙看。
归来展转到五更，梁间燕子闻长叹。

无 题

照梁初有情，出水旧知名。
裙衩芙蓉小，钗茸翡翠轻。
锦长书郑重，眉细恨分明。
莫近弹棋局，中心最不平。

无题二首

八岁偷照镜，长眉已能画。
十岁去踏青，芙蓉作裙衩。
十二学弹筝，银甲不曾卸。
十四藏六亲，悬知犹未嫁。
十五泣春风，背面（一作立）秋千下。

幽人不倦赏，秋暑贵招邀。
竹碧转怅望，池清尤寂寥。
露花终裛湿，风蝶强娇饶。
此地如携手，兼君不自聊。

隋 宫（一云隋堤）

乘兴南游不戒严，九重谁省谏书函？
春风举国裁宫锦，半作障泥半作帆。

落花

高阁客竟去，小园花乱飞。
参差连曲陌，迢递送斜晖。
肠断未忍扫，眼穿仍欲归（一作稀）。
芳心向春尽，所得是沾衣。

垂柳

娉婷小苑中，婀娜曲池东。
朝佩皆垂地，仙衣尽带风。
七贤宁占竹，三品且饶松。
肠断灵和殿，先皇玉座空。

曲池

日下繁香不自持，月中流艳与谁期？
迎忧急鼓疏钟断，分隔休灯灭烛时。
张盖欲判江滟滟，回头更望柳丝丝。
从来此地黄昏散，未信河梁是别离。

无题

紫府仙人号宝灯，云浆未饮结成冰。
如何雪月交光夜，更在瑶台十二层。

三月十日流杯亭

身属中军少得归，木兰花尽失春期。
偷随柳絮到城外，行过水西闻子规。

为　有

为有云屏无限娇，凤城寒尽怕春宵。
无端嫁得金龟婿，辜负香衾事早朝。

无　题

相见时难别亦难，东风无力百花残。
春蚕到死丝方尽，蜡炬成灰泪始干。
晓镜但愁云鬓改，夜吟应觉月光寒。
蓬山此去无多路，青鸟殷勤为探看。

咏　史

北湖南埭水漫漫，一片降旗百尺竿。
三百年间同晓梦，钟山何处有龙盘。

富平少侯

七国三边未到忧，十三身袭富平侯。
不收金弹抛林外，却惜银床在井头。
彩树转灯珠错落，绣檀回枕玉雕锼。
当关不报侵晨客，新得佳人字莫愁。

有 感

中路因循我所长，古来才命两相妨。
劝君莫强安蛇足，一盏芳醪不得尝。

题汉祖庙

乘运应须宅八荒，男儿安在恋池隍。
君王自起新丰后，项羽何曾在故乡。

重有感

玉帐牙旗得上游，安危须共主君忧。
窦融表已来关右，陶侃军宜次石头。
岂有蛟龙愁（一作曾，一作长）失水，更无鹰隼与高秋。
昼号夜哭兼幽显，早晚星关雪涕收。

晚 晴

深居俯夹城，春去夏犹清。
天意怜幽草，人间重晚晴。
并添高阁迥，微注小窗明。
越鸟巢干后，归飞体更轻。

安定城楼

迢递高城百尺楼，绿杨枝外（一作上）尽汀洲。
贾生年少虚垂泪（一作涕），王粲春来更远游。

永忆江湖归白发，欲回天地入扁舟。
不知腐鼠成滋味，猜意鹓雏竟未休。

嫦 娥

云母屏风烛影深，长河渐落晓星沉。
嫦娥应悔偷灵药，碧海青天夜夜心。

贾 生

宣室求贤访逐臣，贾生才调更无伦。
可怜夜半虚前席，不问苍生问鬼神。

向 晚

当风横去幰，临水卷空帷。
北土秋千罢，南朝祓禊归。
花情羞脉脉，柳意怅微微。
莫叹佳期晚，佳期自古稀。

无 题

万里风波一叶舟，忆归初罢更夷犹。
碧江地没元相引，黄鹤沙边亦少留。
益德冤魂终报主，阿童高义镇横秋。
人生岂得长无谓？怀古思乡共白头。

范仲淹词

苏幕遮怀旧

碧云天，黄叶地。秋色连波，波上寒烟翠。
山映斜阳天接水，芳草无情，更在斜阳外。
黯乡魂，追旅思，夜夜除非，好梦留人睡。
明月楼高休独倚。酒入愁肠，化作相思泪。

渔家傲秋思

塞下秋来风景异，衡阳雁去无留意。四面边声连角起。千嶂里，长烟落日孤城闭。

浊酒一杯家万里，燕然未勒归无计。羌管悠悠霜满地。人不寐，将军白发征夫泪！

御街行秋日怀旧

纷纷堕叶飘香砌。夜寂静、寒声碎。
真珠帘卷玉楼空，天淡银河垂地。
年年今夜，月华如练，长是人千里。
愁肠已断无由醉。酒未到、先成泪。
残灯明灭枕头攲。谙尽孤眠滋味。
都来此事，眉间心上，无计相回避。

剔银灯与欧阳公席上分题

昨夜因看蜀志，笑曹操、孙权、刘备。
用尽机关，徒劳心力，只得三分天地。
屈指细寻思，争如共、刘伶一醉。
人世都无百岁。
少痴骙、老成尪悴。
只有中间，些子少年，忍把浮名牵系。
一品与千金，问白发、如何回避。

张先词

踏莎行

衾凤犹温，笼鹦尚睡。宿妆稀淡眉成字。映花避月上行廊，珠裙褶褶轻垂地。

翠幕成波，新荷贴水。纷纷烟柳低还起。重墙绕院更重门，春风无路通深意。

西江月

体态看来隐约，梳妆好是家常。
檀槽初抱更安详。立向尊前一行。
小打登钩怕重，尽缠绣带由长。
娇春莺舌巧如簧。飞在四条弦上。

浣溪沙

轻屧来时不破尘。石榴花映石榴裙。有情应得撞腮春。
夜短更难留远梦，日高何计学行云。树深莺过静无人。

师师令

香钿宝珥。拂菱花如水。学妆皆道称时宜，粉色有、天然春意。蜀彩衣长胜未起。纵乱云垂地。

都城池苑夸桃李。问东风何似。不须回扇障清歌，唇一点、小于珠子。正是残英和月坠。寄此情千里。

江南柳

隋堤远，波急路尘轻。今古柳桥多送别，见人分袂亦愁生。何况自关情。

斜照后，新月上西城。城上楼高重倚望，愿身能似月亭亭，千里伴君行。

八宝装

锦屏罗幌初睡起。花阴转、重门闭。正不寒不暖，和风细雨，困人天气。

此时无限伤春意。凭谁诉、厌厌地。这浅情薄倖，千山万水，也须来里。

一丛花令

伤高怀远几时穷。无物似情浓。离愁正引千丝乱，更东陌、飞絮濛濛。嘶骑渐遥，征尘不断，何处认郎踪。

双鸳池沼水溶溶。南北小桡通。梯横画阁黄昏后，又还是、斜月帘栊。沈恨细思，不如桃杏，犹解嫁东风。

西江月

泛泛春船载乐，溶溶湖水平桥。高鬟照影翠烟摇。白纻一声云杪。

倦醉天然玉软，弄妆人惜花娇。风情遗恨几时消。不见卢郎年少。

柳永词

鹤冲天

闲窗漏永，月冷霜花堕。悄悄下帘幕，残灯火。再三追往事，离魂乱、愁肠锁。无语沈吟坐。好天好景，未省展眉则个。

从前早是多成破。何况经岁月，相抛亸。假使重相见，还得似、旧时么。悔恨无计那。迢迢良夜。自家只恁摧挫。

雨霖铃

寒蝉凄切。对长亭晚，骤雨初歇。都门帐饮无绪，留恋处、兰舟催发。执手相看泪眼，竟无语凝噎。念去去、千里烟波，暮霭沈沈楚天阔。

多情自古伤离别。更那堪、冷落清秋节。今宵酒醒何处？杨柳岸、晓风残月。此去经年，应是良辰、好景虚设。便纵有、千种风情，更与何人说？

定风波

伫立长堤，淡荡晚风起。骤雨歇，极目萧疏，塞柳万株，掩映箭波千里。走舟车向此，人人奔名竞利。念荡子、终日驱驱，争觉乡关转迢递。

何意。绣阁轻抛，锦字难逢，等闲度岁。奈泛泛旅迹，厌厌病绪，迩来谙尽，宦游滋味。此情怀、纵写香笺，凭谁与寄？算孟光、争得知我，继日添憔悴。

迷仙引

才过笄年，初绾云鬟，便学歌舞。席上尊前，王孙随分相许。算等闲、酬一笑，便千金慵觑。常只恐、容易蕣华偷换，光阴虚度。

已受君恩顾，好与花为主。万里丹霄，何妨携手同归去。永弃却、烟花伴侣。免教人见妾，朝云暮雨。

凤栖梧

帘下清歌帘外宴。虽爱新声，不见如花面。牙板数敲珠一串，梁尘暗落琉璃盏。

桐树花深孤凤怨。渐遏遥天，不放行云散。坐上少年听不惯。玉山未倒肠先断。

鹊桥仙

届征途，携书剑，迢迢匹马东去。惨离怀，嗟少年易分难聚。佳人方恁缱绻，便忍分鸳侣。当媚景，算密意幽欢，尽成轻负。

此际寸肠万绪。惨愁颜、断魂无语。和泪眼、片时几番回顾。伤心脉脉谁诉。但黯然凝伫。暮烟寒雨。望秦楼何处。

彩云归

蘅皋向晚舣轻航。卸云帆、水驿鱼乡。当暮天、霁色如晴昼，江练静、皎月飞光。那堪听、远村羌管，引离人断肠。此际浪萍风梗，度岁茫茫。

堪伤。朝欢暮宴，被多情、赋与凄凉。别来最苦，襟袖依约，尚有余香。算得伊、鸳衾凤枕，夜永争不思量。牵情处，惟有临岐，一句难忘。

望海潮

东南形胜，三吴都会，钱塘自古繁华。烟柳画桥，风帘翠幕，参差十万人家。云树绕堤沙。怒涛卷霜雪，天堑无涯。市列珠玑，户盈罗绮竞豪奢。

重湖叠巘清嘉。有三秋桂子，十里荷花。羌管弄晴，菱歌泛夜，嬉嬉钓叟莲娃。千骑拥高牙。乘醉听箫鼓，吟赏烟霞。异日图将好景，归去凤池夸。

八声甘州

对潇潇、暮雨洒江天，一番洗清秋。渐霜风凄惨，关河冷落，残照当楼。是处红衰翠减，苒苒物华休。惟有长江水，无语东流。

不忍登高临远，望故乡渺邈，归思难收。叹年来踪迹，何事苦淹留？想佳人、妆楼颙望，误几回、天际识归舟。争知我、倚阑干处，正恁凝愁。

剔银灯

何事春工用意。绣画出、万红千翠。艳杏夭桃，垂杨芳草，各斗雨膏烟腻。如斯佳致。早晚是、读书天气。

渐渐园林明媚。便好安排欢计。论槛买花，盈车载酒，百琲千金邀妓。何妨沈醉。有人伴、日高春睡。

红窗听

如削肌肤红玉莹。举措有、许多端正。二年三岁同鸳寝。表温柔心性。

别后无非良夜永。如何向、名牵利役，归期未定。算伊心里，却冤成薄倖。

临江仙

鸣珂碎撼都门晓，旌幢拥下天人。马摇金辔破香尘。壶浆盈路，欢动一城春。

扬州曾是追游地，酒台花径仍存。凤箫依旧月中闻。荆王魂梦，应认岭头云。

忆帝京

薄衾小枕凉天气，乍觉别离滋味。展转数寒更。起了还重睡。毕竟不成眠，一夜长如岁。

也拟待、却回征辔，又争奈、已成行计。万种思量，多方开解，只恁寂寞厌厌地。系我一生心，负你千行泪。

瑞鹧鸪

宝髻瑶簪，严妆巧，天然绿媚红深。绮罗丛里，独逞讴吟。一曲阳春定价，何啻值千金。倾听处，王孙帝子，鹤盖成阴。

凝态掩霞襟。动象板声声，怨思难任。嘹亮处，回厌弦管低沈。时恁回眸敛黛，空役五陵心。须信道，缘情寄意，别有知音。

鹤冲天

黄金榜上，偶失龙头望。明代暂遗贤，如何向？未遂风云便，争不恣狂荡？何须论得丧？才子词人，自是白衣卿相。

烟花巷陌，依约丹青屏障。幸有意中人，堪寻访。且恁偎红翠，风流事，平生畅。青春都一饷。忍把浮名，换了浅斟低唱。

瑞鹧鸪

天将奇艳与寒梅。乍惊繁杏腊前开。暗想花神、巧作江南信，鲜染燕脂细翦裁。

寿阳妆罢无端饮，凌晨酒入香腮。恨听烟坞深中，谁恁吹羌管、逐风来。绛雪纷纷落翠苔。

苏轼词

水龙吟

昔谢自然欲过海求师蓬莱，至海中，或谓自然："蓬莱隔弱水三十万里，不可到。天台有司马子微，身居赤域，名在绛阙，可往从之。"自然乃还，受道于子微，白日仙去。子微著《坐忘论》七篇，《枢》一篇，年百余。将终，谓弟子曰："吾居玉霄峰，东望蓬莱，尝有真灵降焉。今为东海青童君所召。"乃蝉脱而去。其后，李太白作《大鹏赋》云："尝见子微于江陵，谓余有仙风道骨，可与神游八极之表。"元丰七年冬，余过临淮，而湛然先生梁公在焉。童颜清澈，如二三十许人，然人亦有自少见之者。善吹铁笛，嘹然有穿云裂石之声。乃作《水龙吟》一首，记子微、太白之事，倚其声而歌之。

古来云海茫茫，道山绛阙知何处。人间自有，赤城居士，龙蟠凤举。清净无为，坐忘遗照，八篇奇语。向玉霄东望，蓬莱晻霭，有云驾、骖凤驭。

行尽九州四海，笑粉粉、落花飞絮。临江一见，谪仙风采，无言心许。八表神游，浩然相对，酒酣箕踞。待垂天赋就，骑鲸路稳，约相将去。

水龙吟次韵章质夫杨花词

似花还似非花，也无人惜从教坠。抛家傍路，思量却是，无情有思。萦损柔肠，困酣娇眼，欲开还闭。梦随风里去，寻郎去处，又还被、莺呼起。

不恨此花飞尽，恨西园、落红难缀。晓来雨过，遗踪何在？一池萍碎。春色三分，二分尘土，一分流水。细看来，不是杨花点点，是离人泪。

水调歌头黄州快哉亭赠张偓佺

落日绣帘卷，亭下水连空。知君为我新作、窗户湿青红。长记平山堂上，攲枕江南烟雨，渺渺没孤鸿。认得醉翁语，山色有无中。

一千顷，都镜净，倒碧峰。忽然浪起，掀舞一叶白头翁。堪笑兰台公子，未解庄生天籁，刚道有雌雄。一点浩然气，千里快哉风。

水调歌头

余去岁在东武，作水调歌头以寄子由。今年，子由相从彭门百余日，过中秋而去，作此曲以别余。以其语过悲，乃为和之。其意以不早退为戒，以退而相从之乐为慰云耳。

安石在东海，从事鬓惊秋。中年亲友难别，丝竹缓离愁。一旦功成名遂，准拟东还海道，扶病入西州。雅志困轩冕，遗恨寄沧洲。

岁云暮，须早计，要褐裘。故乡归去千里，佳处辄迟留。我醉歌时君和，醉倒须君扶我，惟酒可忘忧。一任刘玄德，相对卧高楼。

水调歌头

丙辰中秋，欢饮达旦，大醉。作此篇，兼怀子由。

明月几时有？把酒问青天。不知天上宫阙，今夕是何年？我欲乘风归去，又恐琼楼玉宇，高处不胜寒。起舞弄清影，何似在人间？

转朱阁，低绮户，照无眠。不应有恨，何事长向别时圆？人有悲欢离合，月有阴晴圆缺，此事古难全。但愿人长久，千里共婵娟。

水调歌头

欧阳文忠公尝问余：琴诗何者最善？答以退之听颖师琴诗最善。公曰：此诗最奇丽，然非听琴，乃听琵琶也。余深然之。建安章质夫家善琵琶者，乞为歌词。余久不作，特取退之词，稍加概括，使就声律，以遗之云。

昵昵儿女语，灯火夜微明。恩冤尔汝来去，弹指泪和声。忽变轩昂勇士，一鼓填然作气，千里不留行。回首暮云远，飞絮搅青冥。

众禽里，真彩凤，独不鸣。跻攀寸步千险，一落百寻轻。烦子指间风雨。置我肠中冰炭，起坐不能平。推手从归去，无泪与君倾。

念奴娇赤壁怀古

大江东去，浪淘尽、千古风流人物。故垒西边，人道是、三国周郎赤壁。乱石穿空，惊涛拍岸，卷起千堆雪。江山如画，一时多少豪杰。

遥想公瑾当年，小乔初嫁了，雄姿英发。羽扇纶巾，谈笑间、樯虏灰飞烟灭。故国神游，多情应笑，我早生华发。人生如梦，一尊还酹江月。

定风波

十月九日，孟亨之置酒秋香亭，有拒霜独向君猷而开。坐客喜笑，以为非使君莫可当此花，故作是词。

两两轻红半晕腮，依依独为使君回。若道使君无此意，何为，双花不向别人开。

但看低昂烟雨里，不已。劝君休诉十分杯。更问尊前狂副使。来岁。花开时节与谁来。

定风波

三月三日，沙湖道中遇雨。雨具先去，同行皆狼狈，余不觉。已而遂晴，故作此词。

莫听穿林打叶声，何妨吟啸且徐行。竹杖芒鞋轻胜马，谁怕？一蓑烟雨任平生。

料峭春风吹酒醒，微冷，山头斜照却相迎。回首向来潇洒处，归去，也无风雨也无晴。

清平乐秋词

清淮浊汴。更在江西岸。红旆到时黄叶乱。霜入梁王故苑。

秋原何处携壶。停骖访古踟蹰。双庙遗风尚在，漆园傲吏应无。

秦观词

水龙吟

小楼连远横空，下窥绣毂雕鞍骤。朱帘半卷，单衣初试，清明时候。破暖轻风，弄晴微雨，欲无还有。卖花声过尽，斜阳院落，红成阵，飞鸳甃。

玉佩丁东别后，怅佳期参差难又。名韁利锁，天还知道，和天也瘦。花下重门，柳边深巷，不堪回首。念多情但有，当时皓月，向人依旧。

雨中花

指点虚无征路，醉乘斑虬，远访西极。正天风吹落，满空寒白。玉女明星迎笑，何苦自淹尘域。正火轮飞上，雾卷烟开，洞观金碧。

重重观阁，横枕鳌峰，水面倒衔苍石。随处有、奇香幽火，杳然难测。好是蟠桃熟后，阿环偷报消息。在青天碧海，一枝难遇，占取春色。

长相思

铁瓮城高，蒜山渡阔，干云十二层楼。开尊待月，掩箔披风，依然灯火扬州。绮陌南头。记歌名宛转，乡号温柔。曲槛俯清流。想花阴、谁系兰舟。

念凄绝秦弦，感深荆赋，相望几许凝愁。勤勤裁尺素，奈双鱼、难渡瓜洲。晓鉴堪羞。潘鬓点、吴霜渐稠。幸于飞、鸳鸯未老，不应同是悲秋。

鹊桥仙

纤云弄巧，飞星传恨，银汉迢迢暗度。金风玉露一相逢，便胜却人间无数。

柔情似水，佳期如梦，忍顾鹊桥归路。两情若是久长时，又岂在朝朝暮暮。

画堂春

落红铺径水平池，弄晴小雨霏霏。杏园憔悴杜鹃啼，无奈春归。

柳外画楼独上，凭阑手捻花枝。放花无语对斜晖，此恨谁知？

踏莎行

雾失楼台，月迷津渡，桃源望断无寻处。可堪孤馆闭春寒，杜鹃声里斜阳暮。

驿寄梅花，鱼传尺素，砌成此恨无重数。郴江幸自绕郴山，为谁流下潇湘去？

蝶恋花

晓日窥轩双燕语。似与佳人，共惜春将暮。屈指艳阳都几许。可无时霎闲风雨。

流水落花无问处。只有飞云，冉冉来还去。持酒劝云云且住。凭君碍断春归路。

丑奴儿

夜来酒醒清无梦，愁倚阑干。露滴轻寒。雨打芙蓉泪不干。

佳人别后音尘悄，瘦尽难拚。明月无端。已过红楼十二间。

李清照词

渔家傲

雪里已知春信至，寒梅点缀琼枝腻。香脸半开娇旖旎，当庭际，玉人浴出新妆洗。

造化可能偏有意，故教明月玲珑地。共赏金尊沈绿蚁，莫辞醉，此花不与群花比。

清平乐

年年雪里，常插梅花醉。挼尽梅花无好意，赢得满衣清泪。
今年海角天涯，萧萧两鬓生华。看取晚来风势，故应难看梅花。

如梦令

常记溪亭日暮，沉醉不知归路。兴尽晚回舟，误入藕花深处。争渡，争渡，惊起一滩鸥鹭。

如梦令

昨夜雨疏风骤，浓睡不消残酒。试问卷帘人，却道海棠依旧。知否？知否？应是绿肥红瘦。

菩萨蛮

风柔日薄春犹早，夹衫乍著心情好。睡起觉微寒，梅花鬓上残。
故乡何处是？忘了除非醉。沈水卧时烧，香消酒未消。

菩萨蛮

归鸿声断残云碧，背窗雪落炉烟直。烛底凤钗明，钗头人胜轻。
角声催晓漏，曙色回牛斗。春意看花难，西风留旧寒。

浣溪沙

莫许杯深琥珀浓，未成沈醉意先融，疏钟已应晚来风。

瑞脑香消魂梦断，辟寒金小髻鬟松，醒时空对烛花红。

一剪梅

红藕香残玉簟秋，轻解罗裳，独上兰舟。云中谁寄锦书来，雁字回时，月满西楼。

花自飘零水自流，一种相思，两处闲愁。此情无计可消除，才下眉头，却上心头。

蝶恋花

泪湿罗衣脂粉满，四叠阳关，唱到千千遍。人道山长山又断，萧萧微雨闻孤馆。

惜别伤离方寸乱，忘了临行，酒盏深和浅。好把音书凭过雁，东莱不似蓬莱远。

蝶恋花

暖日（一作雨）晴风初破冻，柳眼梅腮，已觉春心动。酒意诗情谁与共？泪融残粉花钿重。

乍试夹衫金缕缝，山枕斜攲，枕损钗头凤。独抱浓愁无好梦，夜阑犹剪灯花弄。

醉花阴

薄雾浓云愁永昼，瑞脑消金兽。佳节又重阳，玉枕纱厨，半夜凉初透。

东篱把酒黄昏后，有暗香盈袖。莫道不消魂，帘卷西风，人比黄花瘦。

念奴娇春情

萧条庭院，又斜风细雨，重门须闭。宠柳娇花寒食近，种种恼人天气。险韵诗成，扶头酒醒，别是闲滋味。征鸿过尽，万千心事难寄。

楼上几日春寒，帘垂四面，玉阑干慵倚。被冷香消新梦觉，不许愁人不起。清露晨流，新桐初引，多少游春意。日高烟敛，更看今日晴未。

声声慢

寻寻觅觅，冷冷清清，凄凄惨惨戚戚。乍暖还寒时候，最难将息。三杯两盏淡酒，怎敌他，晚来风急。雁过也，正伤心，却是旧时相识。

满地黄花堆积，憔悴损，如今有谁堪摘。守着窗儿，独自怎生得黑。梧桐更兼细雨，到黄昏，点点滴滴。这次第，怎一个愁字了得。